W0340606

# La Bourse pour les nuls

Gérard Horny

# La Bourse pour les nuls

FIRST
ÉDITIONS

# La Bourse pour les Nuls, 5e édition



Éditions First, un département d'Édi8
92, avenue de France
75013 Paris - France
Tél. : 01 44 16 09 00
Fax : 01 44 16 09 01
Courriel : firstinfo@efirst.com
Site Internet : www.pourlesnuls.fr

ISBN : 978-2-412-04814-6
Dépôt légal : janvier 2020

Imprimé en Italie par Grafica Veneta

Correction : Florence Fabre et Nathalie Reyss
Dessins humoristiques : Marc Chalvin
Couverture et maquette intérieure : Stéphane Angot et Fabrice Del Rio Ruiz
Infographies : La Finance pour tous
Index : Muriel Mekies

# À propos de l'auteur

**Gérard Horny** est licencié en droit, diplômé de l'Institut d'études politiques de Paris et du Centre de formation des journalistes. Il a effectué l'essentiel de sa carrière dans un hebdomadaire financier, où il a été successivement rédacteur au service économie, chef de service, rédacteur en chef adjoint et enfin rédacteur en chef. Il est aujourd'hui journaliste indépendant.

La presse financière présente une particularité : non seulement elle fournit des informations et commente l'actualité, mais elle donne des conseils. Cela lui vaut des relations denses et suivies avec ses lecteurs, qui écrivent ou téléphonent pour critiquer ses conseils, demander des éclaircissements ou se faire préciser certains points techniques. Les journalistes savent ainsi très exactement ce que veulent leurs lecteurs, quels sont leurs besoins, leurs connaissances, les difficultés pratiques qu'ils rencontrent et les écueils auxquels ils se heurtent le plus souvent. Par ailleurs, au sein de la rédaction d'un journal financier, on discute beaucoup de l'évolution du marché, des valeurs à surveiller en vue d'un achat ou de celles qu'il faudrait vendre. Ces discussions sont enrichies par des échanges quotidiens avec des professionnels de Paris ou d'autres places financières. Cet ouvrage est le fruit du croisement de ces multiples expériences et analyses.

# Sommaire

## Introduction



## Partie 1 Pourquoi s'intéresser à la Bourse

## Partie 3 Comment gérer son portefeuille

## Partie 4 Pour aller plus loin

## Partie 5 La partie des Dix



## Partie 6 Annexes

# Introduction

La Bourse ! Peu de mots ont le pouvoir de déclencher des réactions aussi vives. Pour les uns, la Bourse, c'est l'horreur absolue, le symbole même du capitalisme. C'est l'endroit qu'il fallait brûler, comme en mai 1968, ou devant lequel on va encore manifester (alors qu'il ne se passe plus rien aujourd'hui à la Bourse de Paris, c'est un lieu de colloques ou de défilés de mode ; tout se passe ailleurs, par échanges électroniques). Pour d'autres, c'est la maison du vice, comme un casino : on peut y gagner beaucoup d'argent, mais ce n'est pas très moral, et on peut aussi tout y perdre. Ceux qui « jouent » en Bourse sont désignés sous le vocable peu flatteur de « boursicoteurs ». D'ailleurs, depuis le début de ce siècle, ils sont moins nombreux : les crises se succèdent, d'autres placements, notamment l'immobilier, attirent plus les épargnants que les actions.

Pourtant, si, au cours d'une discussion, vous laissez entendre que votre profession a un rapport avec la Bourse, vous êtes sûr que quelqu'un va ensuite venir vous voir discrètement pour vous demander si vous n'avez pas un « tuyau ». On dit du mal de la Bourse, mais elle attire autant qu'elle inquiète. On n'est plus au début du XX^e^ siècle, où tout était permis sur le marché, où la politique et les affaires entretenaient les rapports les plus troubles, où les journaux financiers étaient en fait des instruments de chantage. Si le monde de la finance n'est pas parfait (des événements nouveaux viennent nous le rappeler périodiquement !), la situation a considérablement évolué. Mais une grande partie de nos concitoyens continuent d'entretenir avec la Bourse des rapports complexes de répulsion-fascination.

Pourtant, si l'on y regarde d'un peu plus près, on s'aperçoit que les choses ne sont pas aussi mystérieuses qu'il y paraît. Il ne faut pas longtemps pour comprendre ce qu'est cet indice CAC 40 dont les radios nous décrivent les évolutions heure par heure. Il ne faut pas longtemps pour comprendre pourquoi une action peut prendre de la valeur (ou en perdre) et en quoi cet investissement diffère du livret A.

Investissement ! Le mot est lancé. Et c'est le mot juste. On ne « joue » pas en Bourse, on « investit ». Et dès lors qu'on investit, il est logique que l'on ait un retour sur investissement. Ce retour sera fonction de la gestion de l'entreprise, de l'environnement international, de l'inflation, de la croissance, des taux d'intérêt, des taux de change.

Certes, les professionnels et les investisseurs particuliers déjà expérimentés emploient volontiers un langage qui peut paraître ésotérique, souvent emprunté à l'anglais. Mais dès que l'on pousse la porte du temple, dès que l'on progresse sur le chemin de la connaissance, on s'aperçoit que, en fin de compte, ce n'est pas si compliqué que cela. Et on se dit qu'il est dommage d'être resté si longtemps éloigné du monde des actions.

Non seulement cela peut être d'un bon rapport (toutes les années ne sont pas mauvaises !), mais en plus c'est intéressant : pour celui qui investit en Bourse, il n'y a plus une nouvelle dans le monde qui ne prenne un sens particulier. Beaucoup de gens, du fait de leur âge et de la taille de leur patrimoine, pourraient se contenter de vivre tranquillement de leurs rentes, mais rien ne les fera quitter la Bourse : pour eux, c'est le meilleur moyen de rester en prise directe avec le monde. Et beaucoup de gens en activité vous le diront : la Bourse les conduit à élargir leur univers bien au-delà de leur horizon professionnel, et c'est pour eux un véritable enrichissement, à tous points de vue !

Alors pourquoi n'entreriez-vous pas vous aussi dans cet univers passionnant ?

# À propos de ce livre

La Bourse est comme un pays étranger où l'on parle une autre langue. Avant d'y entrer, on est un peu inquiet, on hésite même à franchir la frontière. Puis, une fois sur place, on découvre qu'en fait on se débrouille très bien et, avec le temps, on est de plus en plus à l'aise. Notre objectif est donc de vous inciter à franchir la porte et à avancer ensuite pas à pas dans ce nouvel univers où l'on parle de PER, d'OPA, de warrants ou de certificats turbo... Des notions qui sont simplement citées au début sont expliquées plus en détail ensuite, quand il en est besoin. Car derrière un mot nouveau se cache souvent une technique nouvelle. Il n'est pas nécessaire de tout apprendre d'un coup : il faut le faire progressivement, au fur et à mesure de l'évolution de ses besoins. On peut d'abord se contenter d'acheter quelques actions au comptant avant d'envisager de recourir à des techniques plus compliquées, comme les options ou les warrants, ou d'aller sur les marchés de New York ou de Hong Kong...

Ces précisions techniques seront systématiquement accompagnées de rappels à des considérations de bon sens : ne jamais prendre de risques que l'on n'est pas en mesure d'assumer, ne pas se laisser enivrer par ses succès. Il ne faut jamais oublier que la Bourse peut aller dans les deux sens : elle peut monter très haut, mais elle peut aussi descendre très bas et très vite...

# Les conventions utilisées dans ce livre

Les termes techniques que vous rencontrerez ici sont indiqués en *italique* et expliqués dans le texte. Vous apprendrez ainsi ce qu'est une *obligation* (en l'occurrence, un titre de créance négociable représentant une part de la dette d'un État ou d'une entreprise).

Les organismes adorent s'affubler d'intitulés à rallonge, et la Bourse n'échappe pas à la règle. Par exemple, les organismes de placement collectif en valeurs mobilières (OPCVM). Ces acronymes sont explicités en toutes lettres la première fois qu'ils sont employés. Par la suite, je ne retiens que le sigle usuel.

# Comment ce livre est organisé

Notre cheminement sera progressif. D'abord, une première partie qui explique à quoi sert la Bourse et pourquoi on peut s'y enrichir. Dans une deuxième partie, nous verrons comment fonctionne ce marché des actions et comment on peut y accéder. La troisième partie sera consacrée aux techniques utilisées de façon courante dans la gestion d'un portefeuille et, dans une quatrième partie, on pourra découvrir d'autres outils permettant une gestion plus sophistiquée. À la fin de chacune de ces quatre premières parties, un quiz vous permettra de tester vos connaissances. Enfin, avec la partie des Dix, nous passerons en revue, sous une autre forme, tout ce qui aura été appris antérieurement.

## Première partie : Pourquoi s'intéresser à la Bourse

Il faut être clair : on s'intéresse à la Bourse parce qu'on pense pouvoir y gagner de l'argent. Mais il faut savoir pourquoi on peut en gagner là, et comment. C'est ce que nous expliquons dans ce chapitre. En achetant des actions des entreprises, on est directement associé au processus de création de richesse. C'est ce qui explique que les actions soient un des meilleurs placements, si ce n'est le meilleur, en dépit des turbulences qui affectent le marché à intervalles réguliers.

Mais, en matière d'argent, il n'y a pas de hasard : pour gagner plus, il faut prendre plus de risques. En ce qui concerne les actions, ces risques sont liés à l'entreprise dont on achète des actions : va-t-elle tenir toutes ses promesses ? Ils sont aussi liés à l'évolution d'ensemble du marché : les krachs boursiers, cela existe ! L'actualité nous le rappelle périodiquement.

Un constat s'impose : il ne faut pas investir en Bourse l'argent dont on peut avoir besoin demain. Car demain ne sera peut-être pas un bon jour pour revendre ses actions. Mais il n'est pas nécessaire non plus d'être très riche : il suffit d'avoir de quoi acheter quelques actions de plusieurs sociétés différentes pour diversifier ses risques.

Il n'y a pas besoin non plus d'avoir au préalable des connaissances financières extrêmement poussées. La Bourse a son langage et ses règles : on peut apprendre à les maîtriser très vite. C'est le but de cet ouvrage ! Il n'y a pas besoin non plus d'être un « initié », d'avoir des amis bien placés. Tout le monde peut gagner de l'argent en Bourse. Il ne faut pas croire que seuls ceux qui ont des « tuyaux » peuvent y arriver. D'ailleurs, il y a beaucoup à dire sur ces prétendus tuyaux !

En fait, l'information est très accessible : elle est fournie directement par les entreprises ou par les médias. On peut la trouver dans les quotidiens, les hebdomadaires spécialisés, et bien sûr, de plus en plus, sur Internet.

## Deuxième partie : Le b.a.-ba du marché

Avant de passer à l'action, des connaissances minimales sont à acquérir : comment fonctionne le marché, comment il est organisé, comment on passe ses ordres. Tout le monde a entendu parler du CAC 40, mais tout le monde ne sait pas ce qu'il représente (sauf ceux qui ont lu *L'Économie pour les Nuls* !). Il existe plusieurs marchés à Paris, les uns avec les grandes valeurs cotées en continu tout au long de la journée, d'autres plus petits, comme Euronext Access, auparavant appelé marché libre, où les cotations n'ont lieu qu'à certaines heures. Il faut savoir à quel marché appartiennent les valeurs que l'on souhaite acheter.

Ensuite, il faut comprendre comment vivent ces différents marchés, comment des valeurs y font leur apparition, à quel cours, comment et pourquoi ces cours montent ou baissent ensuite, quels sont les grands événements qui peuvent rythmer la vie d'un titre coté (augmentations de capital, OPA, etc.). Nous reviendrons plus en détail sur ces différents événements dans la partie suivante, car ils constituent autant d'occasions de réaliser de bonnes affaires (ou des mauvaises...).

Enfin, il faut savoir comment lire une cote et comment passer un ordre d'achat ou de vente. À l'heure d'Internet, cela ne fait pas de doute : il n'y a plus besoin de passer à sa banque pour donner ses instructions. Mais il faut bien choisir son intermédiaire : tous ne facturent pas le même montant de frais. Et il faut veiller à bien libeller son ordre : certaines actions (des valeurs ou des titres, comme on dit dans le langage boursier) ont des marchés très étroits ; des ordres d'achat qui arrivent nombreux en même temps peuvent provoquer une forte hausse temporaire du titre ; il est plus prudent alors de passer son ordre avec une limite de cours.

## Troisième partie : Comment gérer son portefeuille

On est là au cœur du problème. Parmi toutes les entreprises cotées à Paris ou dans le monde, comment faire son choix ? La première technique est évidemment l'analyse fondamentale. On regarde ce que fait l'entreprise, comment évolue son marché, comment elle se comporte. Est-ce qu'elle perd des parts de marché ou est-ce qu'elle en gagne ? Mais le chiffre d'affaires ne dit pas tout. Il faut aussi savoir quelle est la marge bénéficiaire de l'entreprise, si elle est beaucoup ou peu endettée, si ses bénéfices ont des chances d'augmenter dans le futur ou s'ils risquent de reculer. Quelques ratios sont à connaître, comme le rapport cours-bénéfice, le fameux PER des Anglo-Saxons (*Price Earning Ratio*).

Mais les boursiers ont aussi leurs techniques propres, comme l'analyse graphique, qui repose sur l'étude des mouvements passés d'une action et permet en théorie de deviner si elle s'inscrit dans une tendance haussière ou baissière. Tout le monde n'est pas d'accord sur les mérites de l'analyse graphique, mais c'est une technique que l'on ne peut ignorer.

En combinant ces deux approches, on peut apprendre à acheter ou à vendre au meilleur moment. Mais cela ne suffit pas. Il faut suivre de près l'évolution de l'économie mondiale, en s'intéressant de façon particulière aux indices économiques qui ont un impact fort sur la Bourse, surveiller les taux de change et les taux d'intérêt, garder un œil sur le calendrier des entreprises (dates de publication du chiffre d'affaires, des résultats, etc.).

Enfin, il faut savoir répartir ses risques. Si vous n'avez que des actions Renault et Peugeot et si le marché automobile s'effondre, vous allez au-devant de quelques déconvenues. Les gérants professionnels procèdent à de savantes répartitions d'actifs entre zones géographiques, secteurs d'activité, etc. La gestion personnelle obéit à des règles moins strictes, mais il est conseillé d'avoir un portefeuille diversifié, avec des actions présentant des caractéristiques assez différentes, et de savoir comment évolue l'opinion des professionnels sur ces titres. On n'a jamais raison tout seul contre le marché.

## Quatrième partie : Pour aller plus loin

Avec l'expérience, on peut avoir envie d'investir aux États-Unis ou dans les pays émergents en développement rapide. Pour cela, on regardera comment on peut intervenir sur ces marchés, soit directement, soit par l'intermédiaire de fonds gérés par des professionnels. On s'intéressera aussi à des produits un peu plus compliqués, comme les obligations convertibles, à la fois actions et obligations. Et, au fur et à mesure que l'on progressera dans sa connaissance des marchés et de leurs techniques, on éprouvera le désir de profiter encore plus des phases de hausse, voire de profiter des baisses. On arrive là aux ventes à découvert, aux options de vente ou d'achat, aux warrants, aux certificats, etc. Tous ces produits sont très intéressants, mais ils doivent être maniés avec précaution : les gains potentiels sont à la hauteur des risques de perte !

Enfin, quand on parle de placements, il est indispensable de savoir à quelles ponctions fiscales on s'expose, qu'il s'agisse des dividendes ou des plus-values. Pour les particuliers qui s'intéressent à la Bourse, un régime fiscal spécifique a été conçu : le PEA, plan d'épargne en actions. Il faut savoir comment il fonctionne et quels sont ses avantages et inconvénients.

## Cinquième partie : La partie des Dix

Eh oui, c'est une tradition des ouvrages *Pour les Nuls* de résumer ou de développer des conseils sous la forme de recommandations particulièrement importantes. Nous ne saurions déroger à cet usage qui a fait ses preuves.

D'abord, une façon un peu originale et amusante de revoir ce qui a été expliqué précédemment est de parcourir quelques proverbes boursiers ou quelques expressions utilisées couramment sans qu'on sache encore très bien à qui les attribuer. Tout le monde a probablement au moins une fois dans sa vie entendu dire : « Les arbres ne montent pas jusqu'au ciel. » Nous verrons ce que cela veut dire appliqué à la Bourse ; nous verrons aussi ce que signifient d'autres maximes moins connues.

Et puis, il y a nos dix conseils à ne jamais oublier. Ce sont souvent des conseils de simple bon sens, comme de ne pas concentrer tous ses achats sur un seul secteur. On a vu au début des années 2000 ce que cela donnait que de s'intéresser uniquement aux nouvelles technologies et, à partir de 2007, d'avoir un portefeuille trop exclusivement tourné vers les valeurs bancaires ! Mais, comme on le sait, dans les affaires d'argent, surtout quand on gagne, il est facile de se laisser griser et de perdre le contact avec la réalité. Ces dix conseils sont à relire de temps à autre, même quand on n'est plus un nul !

## Sixième partie : Annexes

Dans cette partie, le lecteur verra où et comment trouver les informations utiles, qu'elles émanent directement des sociétés ou qu'elles soient fournies par les différents médias (Internet, les quotidiens, les hebdomadaires spécialisés).

Enfin, nous l'avons dit, la Bourse, comme tout univers, comme toute activité, a son vocabulaire propre, souvent influencé par l'anglais. Le glossaire permettra de rappeler ce que signifient certains termes un peu barbares ou certains sigles en apparence ésotériques. Cela va toujours mieux quand on sait de quoi on parle.

Et, après, ce sera à vous de jouer ou, plutôt, d'investir !

# Les icônes utilisées dans ce livre

Des icônes placées dans la marge vous permettent de repérer en un coup d'œil le type d'informations proposées selon les passages. Elles orientent votre lecture en fonction de vos besoins. En voici la liste :

**Attention**

Dans ces matières relativement complexes, il y a souvent des chausse-trappes. Cette icône vous met en garde contre les erreurs à éviter.

**Exemple**

Un court exemple vaut souvent mieux qu'un long discours. Si les explications données vous semblent complexes ou abstraites, guettez cette icône et tout s'éclaircira.

**Le saviez-vous**

Cette icône signale les points originaux ou méconnus qui méritent pourtant que l'on s'y arrête.

**À retenir**

Cette icône signale un point qu'il est important de connaître et de mémoriser (une règle de base, une précaution à prendre avant de passer un ordre, etc.).

**Nouveauté**

La réglementation boursière évolue très vite, la législation fiscale n'est pas en reste et de nouveaux produits financiers apparaissent. Cette icône signale les principales modifications intervenues récemment ou en préparation.

**Technique**

Malheureusement, la technique a une certaine importance en Bourse. Cette icône signale des paragraphes demandant un peu plus d'attention, mais que l'on peut passer si l'on n'est pas directement concerné par le sujet traité.

## Et maintenant, par où commencer ?

Vous l'avez compris : cet ouvrage a été conçu pour ceux qui, au départ, ne connaissent rien à la Bourse et n'ont même pas une idée très précise de ce qu'est une action. Si ce n'est pas votre cas, si vous avez déjà quelques notions de base, vous pouvez passer directement au chapitre 5. Mais feuilletez tout de même les trois premiers chapitres : on ne sait jamais, vous pouvez y trouver un détail qui vous avait échappé. Et prenez tout de même un peu de temps pour jeter un œil sur le chapitre 4 : l'organisation du marché et son fonctionnement ont beaucoup changé au cours des dernières années ; vos connaissances ne sont peut-être plus tout à fait à jour.

De la même manière, si vous avez déjà quelques bonnes notions de comptabilité des entreprises, vous pouvez passer rapidement sur le chapitre 7. Mais vérifiez tout de même que vous avez bien compris quels sont les chiffres que les investisseurs boursiers regardent avec le plus d'attention.

Pour le reste, il ne s'agit pas d'un roman : rien n'oblige à lire les chapitres dans l'ordre prévu. Une première lecture rapide pourra être suivie d'un examen plus attentif de telle ou telle partie en fonction de vos besoins.

Mais, de toute façon, laissez-vous d'abord guider par votre curiosité. Une question vous vient à l'esprit ? Allez chercher la réponse tout de suite. Vous avez un doute sur un point particulier ? Vérifiez-le sans plus attendre ! En Bourse, la fortune ne sourit pas aux plus audacieux, mais aux plus curieux et aux mieux informés.

# Partie 1
# Pourquoi s'intéresser à la Bourse

## Dans cette partie...

La première question à se poser chaque fois que l'on songe à placer son argent est de savoir à quoi l'on s'expose. Sur quoi reposent les espoirs de gain que l'on me fait miroiter, quels sont les risques que je courrai ? Quand on a compris cela, on peut aborder en détail les questions purement techniques. Fort logiquement, nous commencerons donc par étudier le rôle de la Bourse dans l'économie, les principales caractéristiques des actions, leurs avantages et leurs inconvénients par rapport à d'autres placements, les performances à en attendre et les précautions à prendre avant de s'aventurer dans cet univers nouveau où il est facile de s'égarer.

DANS CE CHAPITRE

Au cœur des affaires

De la petite boîte à la grande entreprise

L'appel public à l'épargne (ou offre au public)

Un marché où l'on vend et achète des actions

Les entreprises cotées : nos plus beaux fleurons

Pourquoi être actionnaire ?

# Chapitre 1

# La porte ouverte sur le monde des entreprises

En temps ordinaire, on entend peu parler de la Bourse. Juste quelques brefs commentaires avant ou après les informations, pour signaler que le CAC 40 monte ou baisse de quelques points, que l'action de telle société est en hausse, que celle de telle autre est en repli. Et puis, de temps à autre, la Bourse se retrouve au cœur de l'actualité, soit parce qu'elle ne cesse pas de monter et de battre des records, soit au contraire parce qu'elle a entamé une descente que rien ne semble pouvoir arrêter et que le monde financier panique. Et des paniques, il y en a eu beaucoup au début du XXI$^{e}$ siècle !

On peut en conclure que tout cela n'a pas de sens et que la Bourse est une sorte de casino qu'il vaut mieux éviter. Mais, si l'on y regarde de plus près, on s'aperçoit qu'au-delà des soubresauts qui l'agitent périodiquement, la Bourse est un endroit où l'on peut gagner de l'argent. Mais, avant de se demander « comment » (nous le verrons ultérieurement), il faut d'abord se demander « pourquoi ». La vraie question est là : pourquoi la Bourse n'est-elle pas un jeu ? Pourquoi est-il normal que l'on y gagne de l'argent et pourquoi peut-on en perdre ? Pour le comprendre, il est impératif de savoir précisément ce qu'est une Bourse.

# Au cœur des affaires

À l'origine, si l'on en croit les spécialistes, le mot « bourse » est apparu en Belgique au tournant des XIIIe et XIVe siècles ; il aurait été inventé à partir du nom d'un riche particulier de Bruges, Van den Bürse, dans la maison duquel des banquiers se retrouvaient pour échanger des créances et des titres divers. Il viendrait simplement du mot « bourse », enveloppe de cuir destinée à contenir de l'argent, que cela ne nous étonnerait pas, mais cette histoire-là est plus jolie ! C'est maintenant un terme générique : il peut s'appliquer à tous les endroits où des gens se retrouvent pour échanger des produits contre d'autres produits ou, le plus souvent, de l'argent. Ces produits peuvent être des actions de sociétés, des titres d'emprunts émis par des États ou des entreprises, des matières premières industrielles, comme le cuivre, l'aluminium et le zinc, ou agricoles, comme le blé, le maïs, le café et le cacao. Dans cet ouvrage, nous nous intéresserons essentiellement aux marchés d'actions. D'ailleurs, dans le langage courant comme dans les journaux économiques, quand on dit « La Bourse monte » ou « La Bourse baisse », c'est bien des actions de sociétés que l'on parle.

## Le contrôle des entreprises

La question du capital des entreprises est une des plus importantes qui soient. Depuis la parution d'un ouvrage écrit par un certain Karl Marx et intitulé précisément *Le Capital*, on ne s'est pas seulement contenté d'écrire sur le sujet et d'agiter des idées. On s'est battu aussi, on a fait des révolutions et des contre-révolutions pour savoir à qui devaient appartenir les entreprises : à l'ensemble des citoyens (représentés par les collectivités locales ou les États) ou à des actionnaires privés ? Nous n'entrerons pas ici dans ce débat, que l'effondrement du bloc soviétique et la conversion de la Chine dite encore communiste à un capitalisme des plus agressifs semblent avoir au moins provisoirement tranché. Notons toutefois que, en Europe, la question de la propriété de certaines entreprises rendant des services publics (transport, énergie, courrier) fait toujours l'objet de discussions assez vives ; le secteur privé gagne en importance, mais l'État reste actionnaire, majoritaire ou minoritaire, de nombreuses structures (c'est notamment le cas en France, où le projet de privatisation d'Aéroports de Paris (ADP) a soulevé de vives réactions à gauche comme à droite). De même, dans certains pays « émergents », les pouvoirs publics semblent soucieux de continuer à contrôler l'exploitation des richesses naturelles. Enfin, la crise financière qui a commencé en 2007 a été parfois interprétée non comme un accident de parcours, mais comme une crise du système lui-même.

Que cette question ait suscité et suscite encore des controverses n'est pas étonnant. Le pouvoir politique ne peut se désintéresser du pouvoir économique : la production de biens et de services détermine la richesse du pays, son bien-être et le maintien d'un certain ordre social. Que l'État gère lui-même l'activité économique ou qu'il se contente d'édicter les règles du jeu et d'en surveiller le respect, il est forcément impliqué. Cela est vrai dans tous les pays et dans tous les régimes.

Alors, sous des formes diverses, on retrouve partout la question du capital des entreprises. Présentée ainsi, la question semble bien abstraite. En quoi nous concerne-t-elle ? Pourtant, nous allons le voir, le problème se pose en des termes très concrets. Et, pour nos finances personnelles, les conclusions à en tirer ne sont pas inintéressantes du tout.

## Le capital, c'est capital !

Peut-on concevoir une entreprise sans capital, qu'il soit public ou privé ? Oui, c'est effectivement possible, mais avec des limites. On peut créer une entreprise individuelle simplement en remplissant un imprimé dans un centre de formalités des entreprises pour être immatriculé au registre du commerce ou au répertoire des métiers ; l'information est transmise aux caisses d'assurance sociale et à l'administration fiscale. Il n'y a alors pas besoin de *capital social* (capital d'une société), il n'y a pas de statut, pas d'associés, donc personne à réunir en assemblée générale constitutive. Créer une entreprise, en fin de compte, c'est (relativement) simple. Depuis le début de l'année 2009, avec le statut de l'auto-entrepreneur (devenu micro-entrepreneur), cela l'est encore davantage.

À retenir

En réalité, même dans le cas d'une entreprise individuelle, il y a tout de même un capital : c'est le patrimoine personnel de l'entrepreneur. C'est lui qui garantit le financement de la création et du développement de l'entreprise. C'est en fonction de ce patrimoine (et de la qualité du projet) que seront accordés éventuellement des prêts bancaires. Il est toutefois possible, par exemple avec le régime de l'EIRL (entrepreneur individuel à responsabilité limitée), de ne risquer qu'une partie de son patrimoine dans l'aventure.

La formule peut être intéressante pour quelqu'un qui veut créer une petite entreprise dont il restera le maître, voire le seul employé. Cela correspond à l'idée de

« se mettre à son compte ». Mais pour quelqu'un qui veut créer une entreprise avec un projet ambitieux, qui veut grandir, embaucher, investir dans du matériel ou dans la recherche, l'entreprise individuelle, sans capitaux propres, n'offre guère de perspectives. La croissance implique le statut de société et des capitaux. On peut démarrer seul en bricolant dans son garage une voiture ou un ordinateur comme l'ont fait les pionniers de l'automobile ou de l'informatique. Mais rapidement, pour passer à la phase industrielle, il faut trouver des capitaux et créer une société.

## De la petite boîte à la grande entreprise

Une société peut revêtir diverses formes juridiques. Nous n'en évoquerons que deux ici, parce que ce sont les plus courantes et parce que leur exemple suffit à comprendre comment s'organise la création d'une entreprise ayant des besoins en capitaux dépassant les capacités financières d'un entrepreneur isolé.

### Créer une SARL

La plus répandue est la SARL, société anonyme à responsabilité limitée, qui correspond parfaitement aux besoins de la plupart des PME. Pour la créer, il suffit de deux associés au minimum. Le montant du capital social est fixé librement par ceux-ci en fonction des besoins de l'entreprise. L'apport peut se faire en numéraire (on met de l'argent dans l'entreprise) ou en nature (par exemple en apportant à la société son matériel informatique, dont la valeur estimée est alors précisée). Le total de ces apports en numéraire ou en nature détermine le capital social de la société. Celui-ci est ensuite divisé en un certain nombre de parts, chaque associé détenant un nombre de parts correspondant à la valeur de ses apports.

La situation n'est pas figée : un associé peut revendre ses parts à une autre personne (moyennant le paiement d'une taxe), avec le consentement des autres associés, selon une procédure prévue par les statuts ; de nouveaux associés peuvent venir renforcer le capital de la société. Par ailleurs, chacun des associés n'est responsable des pertes de l'entreprise que dans la limite du montant de son apport (avec une exception pour le gérant, qui peut être tenu pour responsable des dettes laissées par la société s'il est prouvé qu'il a commis des fautes de gestion).

Par rapport à l'entreprise individuelle, on voit bien que l'on a franchi là un pas important : la SARL est une société qui peut évoluer, qui peut grandir en faisant appel, si besoin, à de nouveaux capitaux. Lesquels peuvent être apportés par des personnes qui viennent rejoindre l'entreprise, mais aussi par des personnes qui restent extérieures et font confiance à l'équipe en place. Cette formule est parfaitement adaptée aux entreprises familiales, mais les associés peuvent faire partie d'un cercle plus large.

## Créer une société anonyme

Avec la société anonyme (SA), on franchit une nouvelle étape. Ainsi que le précise le Code de commerce, il s'agit d'une société dont le capital est divisé en actions (on ne parle plus de parts) et le nombre des associés (personnes physiques ou morales) peut être seulement de deux (il ne pouvait être inférieur à sept avant septembre 2015 ; il doit toujours atteindre le nombre minimal de sept si les actions de la société sont admises aux négociations sur un marché réglementé ou sur un système multilatéral de négociation). Quant au capital social, il ne peut être inférieur à 37 000 €. Selon le choix effectué par les associés, la société peut être organisée de deux façons :

» **selon la formule classique avec un conseil d'administration (entre 3 et 18 administrateurs, actionnaires ou représentants des actionnaires) et un président nommé par le conseil d'administration en son sein (le président peut aussi occuper le poste de directeur général) ;**

» **ou alors avec un conseil de surveillance, composé de 3 membres au moins, 18 au plus, qui nomme un directoire de 1 à 5 membres (7 pour une société cotée sur un marché réglementé).**

Cette organisation très structurée est prévue pour une entreprise qui, dès le départ, a déjà une certaine taille. Les frais de constitution et de fonctionnement sont élevés : la création d'une SA ne peut se faire sans l'intervention d'un juriste ; la gestion doit être suivie par un expert-comptable ; les comptes annuels doivent être approuvés par l'assemblée générale ordinaire des actionnaires ; certaines décisions doivent être approuvées par des assemblées générales extraordinaires. Précisons qu'il existe une société par actions simplifiée (SAS), au statut plus souple, qui est très appréciée des jeunes entreprises (les start-up).

Les actions peuvent être cédées librement, mais, généralement, des dispositions statutaires ou des pactes d'actionnaires prévoient des clauses d'agrément. Et il faut trouver des acheteurs, ce qui n'est pas évident. Une action de société ne se revend pas comme cela, du jour au lendemain, sauf si elle est cotée. Pour nous, simples épargnants, c'est là que les choses commencent à devenir vraiment intéressantes.

## L'appel public à l'épargne (ou offre au public)

Les fondateurs d'une SA peuvent avoir des idées mais peu de capitaux. Après avoir fait le tour de la famille ou des gens de leur entourage susceptibles de mettre de l'argent dans une entreprise, ils peuvent avoir besoin de recourir à des investisseurs professionnels, des spécialistes de ce que l'on appelle le *capital-risque* (les sociétés de capital-risque apportent du capital et leur expérience à des entreprises qui démarrent – on parle alors d'« amorçage » – ou qui se développent – on parle alors de « capital-développement »). Pour cela, il faut avoir un bon dossier et savoir le défendre.

### Au départ, des investisseurs prennent un risque

Les débuts peuvent être particulièrement difficiles car, contrairement à ce que les mots pourraient le laisser croire, les professionnels du capital-risque n'aiment pas trop le risque ; en tout cas, ils ne prennent que des risques calculés (ce qui est normal quand on travaille avec son argent et plus encore quand on fait travailler l'argent des autres). Les entrepreneurs qui n'en sont vraiment qu'au démarrage ont du mal à attirer les capitaux. Dans un deuxième temps, quand ils ont déjà fait leurs preuves et qu'ils cherchent d'autres capitaux pour accélérer leur développement, ils ont déjà plus de chances de retenir l'attention : on trouve plus de gens prêts à financer la croissance d'une entreprise qui tient la route qu'à aider à amorcer une activité nouvelle.

Ceux qui font du capital-risque ne sont pas des philanthropes. Leur but est de gagner de l'argent. Il existe une règle, qui se confirme toujours et sur laquelle nous aurons souvent l'occasion de revenir : gains et risques vont de pair. Parier sur une entreprise qui démarre ou qui n'en est qu'à ses débuts, c'est risqué. Mais, si l'aventure réussit, il peut y avoir beaucoup d'argent à la clé. On achète une partie du capital d'une petite entreprise et on la revend quand l'entreprise est devenue grande ; le prix n'est alors plus le même. La différence peut être considérable.

### D'autres investisseurs prennent le relais

Celui qui a risqué son argent dans le démarrage ou le développement d'une entreprise ne réalise concrètement son gain que le jour où il vend tout ou partie de ses actions. Pour cela, il faut qu'il trouve des acheteurs, ce qui peut se révéler très difficile, même si l'entreprise est d'excellente qualité. Des acheteurs peuvent être intéressés, mais à condition de détenir la majorité, voire la totalité du capital. Et si le fondateur de l'entreprise veut rester en place ? La solution consiste pour lui et ses partenaires à rechercher des investisseurs professionnels ou à proposer à tous les épargnants d'acheter des titres. Ils font alors, selon la nouvelle terminologie officielle, « offre au public » (jusqu'en avril 2009, on parlait d'« appel public à l'épargne ») ; ils peuvent même demander l'admission de la société sur un marché réglementé.

## Un marché où l'on achète et vend des actions

Comme à l'origine de la finance moderne, où les banquiers se retrouvaient au domicile du mythique M. Van den Bürse, la Bourse est tout simplement un lieu où des intermédiaires professionnels se retrouvent pour échanger des ordres d'achat et de vente.

### Le système classique

L'investisseur (vous, moi) qui veut acheter ou vendre des actions donne un ordre à l'un de ces intermédiaires. Ces derniers confrontent les ordres qu'ils ont reçus et, en fonction de l'offre et de la demande, ils arrivent à se mettre d'accord sur un prix. L'intermédiaire se retourne ensuite vers son client (le donneur d'ordre) pour lui demander de l'argent dans le cas d'un achat (le prix des actions plus une commission) ou lui en verser (le prix des actions vendues moins une commission).

Pour ce faire, il fallait autrefois un bâtiment réservé à cette activité (la Bourse, ou le Stock Market en anglais). Cette organisation subsiste encore maintenant sur certaines places financières et vous pouvez voir dans les reportages des gens qui s'agitent, qui hurlent, qui échangent des signes (c'est encore le meilleur moyen de communiquer dans le vacarme !), avec parfois des vestes de couleurs différentes selon le rôle qu'ils occupent ou la société financière pour laquelle ils travaillent. Mais, de plus en plus, la Bourse est virtuelle, c'est-à-dire que les professionnels ne se retrouvent plus tous les jours à un moment et à un endroit précis ; les ordres d'achat et de vente sont introduits dans un système informatique et tout se passe par ordinateurs interposés. Les professionnels n'ont plus besoin de se déplacer.

## Le marché moderne : efficace, mais moins convivial

L'informatisation des marchés boursiers a des avantages. D'abord, elle est rapide. Avant, pour passer un ordre de Bourse, il fallait aller voir son banquier ou son agent de change (ou lui téléphoner) pour passer son ordre. Maintenant, on va sur le site Internet de son intermédiaire et on tape soi-même son ordre sur son clavier ou son smartphone. Sur l'écran, on peut voir les dernières nouvelles de la société dont on veut vendre ou acheter des actions, la façon dont le cours évolue et les ordres d'achat ou de vente passés par les autres investisseurs. Et, quelques minutes plus tard, on voit si son ordre a été exécuté ou non. Avantage annexe très appréciable : l'informatisation a permis une nette baisse du coût des transactions.

Évidemment, la médaille du progrès a son revers. Prenons l'exemple de la Bourse de Paris. Avant, vous entriez par la porte ouest, vous traversiez la grande salle où se trouvaient les différents panneaux de cotation et la fameuse corbeille (autour de laquelle se négociaient les actions des sociétés les plus importantes) et vous ressortiez par la porte est. Au passage, vous aviez pu sentir l'ambiance, discuter avec les agents de change ou leurs commis. Vous étiez au courant des dernières rumeurs, certains vous avaient glissé à l'oreille un de ces fameux tuyaux qui, en général, se révélaient percés. Bref, vous saviez (ou vous aviez l'impression de savoir et de comprendre) ce qui se passait. Aujourd'hui, sur votre écran, vous voyez une action monter ou descendre sans raison apparente et il vous faut parfois du temps pour trouver une explication.

Comme la nature a horreur du vide, ces échanges d'informations à la Bourse ou dans les restaurants du quartier ont été remplacés par les interventions des internautes dans les forums des sites spécialisés. Vous le verrez à l'usage, ces forums sont souvent très animés...

### Si la corbeille pouvait parler…

Paris n'est pas toujours le point de départ de toutes les innovations. En France, les premiers échanges de parts de sociétés auraient eu lieu à Toulouse dès le XIIIe siècle et la première véritable Bourse est née à Lyon vers 1540. Paris a mis beaucoup plus longtemps à se doter d'un véritable marché et à lui trouver un emplacement stable. Pour Napoléon Ier, dont on connaît le goût des organisations rigoureuses et de la centralisation, cette situation était inacceptable. En 1808, il demande à Alexandre Théodore Brongniart (qui venait de tracer les plans du cimetière du Père-Lachaise…) d'engager les travaux d'un palais de la Bourse sur l'enclos des Filles Saint-Thomas où, avant la Révolution, était situé un couvent. Brongniart, mort en 1813, ne vit pas le palais qui porte son nom et qui ne fut inauguré qu'en 1826, et dont les plans avaient été sérieusement remaniés.

Au milieu de la grande salle centrale trônait la corbeille. Comme son nom le laisse supposer, c'était une barrière circulaire, dont le dessus était garni de velours rouge. Là s'accoudaient les agents de change, qui procédaient eux-mêmes à la cotation des grandes valeurs, celles qui aujourd'hui composeraient le CAC 40. Au centre se trouvait un tas de sable qui accueillait les cendres des cigares de ces messieurs. La corbeille est devenue le symbole du capitalisme financier, la représentation mythique du lieu où se discutaient les grandes affaires et où, le cas échéant, se faisaient et se défaisaient les gouvernements. C'est cette image que le général de Gaulle avait certainement en tête lorsqu'il prononça cette phrase restée fameuse : « La politique de la France ne se fait pas à la corbeille. »

Ce temps-là est révolu. La corbeille a été démontée en juillet 1987. On peut encore en voir un modèle au palais Brongniart ou dans les locaux d'Euronext Paris à La Défense et on peut se faire une idée de l'ambiance qui régnait autour en lisant la description, très réaliste mais féroce, qu'en a faite Zola dans *L'Argent*.

## Les entreprises cotées : nos plus beaux fleurons

Mais revenons à nos moutons, en l'occurrence à nos chefs d'entreprise qui veulent développer leur société et cherchent des capitaux, ou qui ont besoin de trouver de nouveaux actionnaires lorsque les anciens veulent se retirer. La Bourse peut être une solution, mais à condition que l'entreprise ait déjà atteint une certaine taille. L'ordonnance du 22 janvier et l'arrêté du 2 avril 2009, qui réforment l'appel public à l'épargne et assouplissent des règles anciennes jugées pénalisantes pour la place de Paris et les entreprises à la recherche de capitaux, ne prévoient plus qu'un seuil minimal de capital (37 000 €), que la société fasse appel public à l'épargne ou non. Mais chaque marché réglementé peut avoir ses propres critères d'admission.

Pourquoi ces critères ? D'abord, un capital minimal offre une certaine garantie : une entreprise qui, avant de s'adresser au grand public des épargnants, a déjà réussi à attirer des investisseurs est supposée avoir un dossier solide ou avoir déjà fait ses preuves. L'entrée en Bourse est souvent considérée par les entrepreneurs comme la reconnaissance officielle de leur réussite. La bulle Internet de la fin des années 1990 a montré que ce filtre n'est pas toujours efficace et que réussissent parfois à se faire coter des entreprises qui promettent beaucoup mais n'ont guère les moyens de tenir. Cela ne fait que confirmer la nécessité de demander aux entreprises de remplir un certain nombre de critères pour accéder à la Bourse.

La règle du capital minimal s'explique aussi par la nécessité de pouvoir mettre sur le marché un nombre assez élevé de titres. Ceux qui ont déjà une certaine pratique de la Bourse savent que le problème majeur des valeurs petites et moyennes (les actions des PME) est l'étroitesse de leur marché : les moindres changements dans l'offre ou la demande peuvent faire bouger les cours dans un sens ou dans l'autre de façon considérable.

## Être coté, à quoi ça sert ?

Beaucoup d'entreprises remplissent toutes les conditions pour être cotées en Bourse et, pourtant, elles n'y vont pas. Pourquoi restent-elles à l'écart ?

La réponse est claire : être coté en Bourse présente des avantages et des inconvénients. Dans certains cas, les dirigeants de l'entreprise seront plutôt sensibles aux premiers, dans d'autres, ils seront effrayés par les seconds. Pour prendre quelques exemples très connus, Bill Gates a choisi assez tôt d'introduire en Bourse Microsoft, le numéro un mondial des logiciels informatiques ; à l'opposé, Ingvar Kamprad, le fondateur (décédé en 2018), d'un autre géant mondial, Ikea dans le domaine du meuble, a préféré conserver seul le contrôle de la totalité du capital de son entreprise. Ces choix différents ne les ont pas empêchés de connaître tous les deux des réussites exceptionnelles et de se hisser parmi les premières fortunes mondiales.

### Les avantages

Pour les fondateurs de l'entreprise et ceux qui les ont accompagnés (les sociétés de capital-risque notamment), l'introduction en Bourse est une excellente porte de sortie. Elle leur offre la possibilité de ne mettre sur le marché qu'une partie des actions de la société et donc d'en garder le contrôle. La cotation de la société peut permettre par exemple à certains membres de la famille fondatrice de prendre une partie de leur bénéfice tout en restant actionnaires et associés à la direction de l'entreprise.

La cotation peut être aussi un excellent moyen de bien valoriser son patrimoine financier. Il est en effet très difficile de définir la valeur exacte d'une entreprise. Différentes méthodes comptables existent, qui ne donnent pas toutes les mêmes résultats. Une introduction en Bourse bien préparée et réussie peut permettre d'arriver à un prix plus élevé que les premières estimations ne le laissaient penser. Elle peut aussi s'accompagner d'une augmentation de capital, qui autorisera l'entreprise à aller plus loin dans son développement.

Enfin, une société cotée est obligée de communiquer ; on parle d'elle. Cela peut être bon pour sa notoriété et sa réussite future.

### Les inconvénients

Une introduction en Bourse coûte cher. Des financiers se sont spécialisés sur ce créneau juteux : amener des entreprises à la Bourse. Pour eux, c'est une affaire rentable (du moins à certaines périodes) : ils se font rémunérer très cher pour mener cette opération à bien, et plus le cours d'introduction est élevé, plus ils gagnent. Des chefs d'entreprise qui se sont laissé convaincre de coter leur société en Bourse, parce que voir leur nom en haut de l'affiche satisfaisait leur ego, s'en sont repentis quand ils ont vu la facture finale. Et les frais continuent après l'introduction : communication financière, relations avec les actionnaires, etc.

Être connu, c'est bien, mais rester à l'abri des regards du public et des curiosités de la presse, c'est encore mieux. Beaucoup de dirigeants ne tiennent pas à ce que l'on parle d'eux. Être obligé de donner des informations régulières sur la marche de son entreprise, son développement, ses projets, sa situation financière, c'est une contrainte lourde dont beaucoup préfèrent se passer.

### Microsoft, Apple, Facebook : la roue de la fortune

Qui n'a jamais entendu parler de Bill Gates et de Microsoft, de Steve Jobs et d'Apple ou de Mark Zuckerberg et de Facebook? Leurs réussites ont de quoi faire rêver tous les créateurs d'entreprise. Elles doivent aussi inciter les épargnants à ne pas se contenter d'investir en Bourse dans les grandes sociétés bien établies, mais à s'intéresser également aux jeunes pousses qui se développent très vite : les fondateurs de ces nouvelles entreprises ne sont pas seuls à s'enrichir, tous leurs actionnaires profitent de leurs succès.

Évidemment, il peut y avoir des déceptions. Tout le monde n'est pas Bill Gates. Celui-ci n'a que vingt ans lorsqu'il décide de s'associer à un autre étudiant, Paul Allen, pour concevoir et vendre des programmes informatiques. Pour leur premier contrat avec une société qui lance un ordinateur personnel, leur coup de génie est de céder leur licence à un prix modique, mais avec une contrepartie : ils toucheront 35 $ sur la vente de chaque ordinateur équipé de leur logiciel. Et ils ont l'heureuse idée de procéder de la même façon avec IBM, qui va véritablement lancer l'ordinateur personnel aux États-Unis et dans le monde. Astuce supplémentaire : la licence est non exclusive et peut donc être vendue à tous les concurrents d'IBM. Résultat : la majorité des ordinateurs vendus dans le monde sont équipés de logiciels Microsoft.

Fondée en 1975, la firme voit son chiffre d'affaires atteindre 1 million de dollars en 1978 et dépasser le milliard en 1990. Un nouveau point haut a été atteint au cours de l'exercice clos le 30 juin 2019, avec un chiffre d'affaires de 125,84 milliards de dollars. L'entreprise Microsoft est entrée en Bourse en mars 1986, sur le Nasdaq. Après avoir atteint un sommet à 333 milliards de dollars en décembre 2007, sa capitalisation boursière paraissait devoir stagner, mais elle est ensuite repartie à la hausse et a dépassé 1 000 milliards de dollars en 2019. Une particularité : la société n'a pas distribué de dividendes avant 2004. Mais ceux qui ont acheté ses actions quand elle était au début de son développement n'ont pas à se plaindre : l'entreprise a fait trois ou quatre milliardaires et plusieurs milliers de millionnaires parmi ses employés...

Toutefois, ses succès sont aujourd'hui éclipsés par ceux d'Apple, qui a dépassé Microsoft pour la première fois au premier trimestre 2011, à la fois par le chiffre d'affaires et le bénéfice net. Apple a été en 2018 la première entreprise à valoir plus de 1 000 milliards de dollars, si l'on excepte un bref passage au-dessus de ce seuil de la compagnie chinoise PetroChina en 2007.

Toutefois d'autres sociétés montent à l'assaut : Amazon, aussi avec plus de 1 000 milliards de dollars en 2018, Alphabet, maison mère de Google, Facebook, etc. Dans les nouvelles technologies, les créations et réussites américaines se suivent à jet continu.

Pour ces dirigeants, mieux vaut avoir des banquiers qui vous connaissent bien et quelques partenaires financiers puissants et fidèles qui vous font confiance plutôt que d'avoir à s'expliquer sur la place publique et de devoir satisfaire des actionnaires cherchant la plus-value à court terme, ne se souciant que du dividende et accueillant avec réticence les projets d'investissement.

## Le match coté/non coté

Au cours des dernières années, on a vu des fonds d'investissement racheter des entreprises cotées en Bourse, parfois de grande taille, et leur faire quitter la cote. L'explication ? Ils auraient les coudées plus franches que les dirigeants de l'entreprise cotée pour mener à bien les changements et les restructurations nécessaires, améliorer la rentabilité de la société et la revendre ensuite à un autre fonds ou la réintroduire en Bourse une fois la mutation accomplie.

C'était la montée en puissance du *private equity* contre le *public equity*, pour reprendre un vocabulaire anglais souvent employé.

Attention

Attention au contresens ! Il ne s'agit pas de faire la distinction entre des entreprises publiques et des entreprises privées au sens où on l'entend en France. Il s'agit là de différencier des entreprises non cotées, *private*, c'est-à-dire détenues par une famille, quelques personnes physiques ou morales ou un fonds d'investissement, et des entreprises cotées, *public*, qui offrent leurs titres au public et doivent publier régulièrement un certain nombre d'informations.

Cette mode du *private equity* a été un peu mise à mal par la crise financière apparue à l'été 2007. Les fonds qui interviennent dans ces opérations d'achat d'entreprises ont très largement recours à l'emprunt. Or, quand les banques ont des difficultés, le crédit devient plus rare et plus difficile à obtenir. On a alors vu les acteurs les plus dynamiques dans l'univers du *private equity* manquer de carburant pour lancer de grandes opérations. Mais cela n'a pas duré trop longtemps.

De toute façon, dans la finance comme dans l'habillement, il y a des modes ! Des comportements très « tendance » un jour sont discrédités le lendemain et réapparaissent le surlendemain. Le débat entre les avantages respectifs de l'entreprise cotée et de l'entreprise non cotée n'est pas près de s'achever. Et les frontières sont mouvantes : ainsi on a vu aux États-Unis des fonds d'investissement qui passaient pour être des symboles du *private equity* se faire introduire en Bourse.

Nouveauté

Depuis quelque temps, un nouveau terme est apparu : il s'agit du *crowdfunding*. En français, on parle de « finance participative ». C'est la transposition dans le domaine de l'entreprise du phénomène des réseaux sociaux. Les entreprises qui ont besoin de capitaux sont mises en relation directe avec des particuliers qui sont invités à participer au projet par des dons, des prêts d'argent (on parle alors de *crowdlending*) ou la souscription de titres financiers, actions ou obligations (on parle alors de *crowdequity*). Déjà amélioré par un décret de 2016, ce dispositif a été renforcé par la loi Pacte du 16 mai 2019.

Les plateformes sur lesquelles se nouent ces opérations doivent avoir le statut requis : intermédiaire en financement participatif (IFP) pour des dons, conseiller en financement participatif (CIP) ou prestataire en services d'investissement (PSI) pour des prêts ou des souscriptions de titres. La levée de fonds maximale prévue pour chaque opération a été portée par la loi Pacte de 2,5 millions à 8 millions d'euros.

Pour les prêts dans le cadre d'un financement participatif, des titres d'un genre nouveau ont été créés en 2016 : les *minibons*. Il s'agit de bons de caisse anonymes créés par les entreprises (sociétés anonymes, sociétés par actions simplifiées ou SARL de plus de trois ans) en échange d'un crédit. Ce sont des reconnaissances de dette d'au maximum cinq ans prévoyant, outre la date d'échéance, le versement d'intérêts à taux fixe avec une périodicité régulière. Ces minibons s'échangent sur les plateformes de *crowdlending*.

La finance participative joue encore un rôle modeste dans le financement de l'économie française. Certes, les montants ont progressé : en 2018, ces plateformes ont collecté un total de 402 millions d'euros, soit une hausse de 20 % par rapport à 2017. Mais le marché ne semble pas tenir toutes ses promesses, notamment dans le *crowdlending*, et une tendance au rapprochement des plateformes semble s'amorcer.

Ajoutons que la loi Pacte a instauré un cadre pour les levées de fonds en crypto monnaies par émission de jetons (*Initial Coin Offering* ou ICO). Ces jetons sont des *crypto-actifs*, c'est-à-dire des biens numériques, virtuels, qui peuvent être émis, enregistrés, stockés ou transférés au moyen d'un dispositif d'enregistrement électronique partagé, la *blockchain*, dont on parle beaucoup dans l'univers des start-up. Quels que soient les doutes que l'on puisse avoir sur les cryptomonnaies, dont les cours sont soumis à des fluctuations erratiques dont l'ampleur ne serait tolérée sur aucun autre actif financier, elles ont réussi à trouver leur public.

Ces nouvelles formes de collecte sont appelées à prendre place au côté des *Business Angels*, structures de financement des jeunes entreprises innovantes par des particuliers généralement assez fortunés qui souhaitent investir dans des projets précis, le plus souvent dans leur région, en apportant à la fois des capitaux et leur expérience professionnelle.

Les plus performantes des entreprises ainsi soutenues et développées peuvent un jour envisager d'entrer en Bourse. À ce stade, elles doivent séduire une autre catégorie d'investisseurs, moins proches, peut-être moins soucieux de participer à une aventure entrepreneuriale que de faire fructifier leur patrimoine : les actionnaires d'entreprises cotées.

# Pourquoi être actionnaire ?

L'épargnant peut se poser la question : pourquoi aurais-je intérêt à acheter des actions d'entreprises cotées ? Et, quant à m'intéresser aux entreprises, dois-je le faire par le biais des actions ou des obligations ? Cela mérite quelques explications.

Pour trouver les moyens financiers dont elle a besoin, une entreprise qui offre des titres au public a le choix entre deux grandes solutions.

## Les obligations…

C'est la version grand public du crédit bancaire. Au lieu de s'endetter envers une seule institution – sa banque –, l'entreprise choisit de s'endetter envers une multitude de personnes : toutes celles qui acceptent de souscrire à son emprunt au moment où il est lancé ou qui achètent ensuite les titres d'emprunt cotés sur le marché boursier. Pour ces emprunts lancés auprès du public, c'est évidemment l'État qui est le mieux placé pour obtenir des capitaux sans verser des intérêts annuels trop élevés : en pratique, un État ne fait pas faillite ; s'il a vraiment besoin d'argent, il suffit qu'il augmente les impôts… Bref, avec l'État, on est pratiquement sûr d'être remboursé, si l'on excepte certaines situations de crise : les porteurs d'emprunts russes au siècle dernier en ont fait la douloureuse expérience et, en 2012, les banques ont dû accepter un abandon de 50 % de la valeur de leurs créances sur l'État grec. Mais la grave crise de confiance envers les États de la zone euro qui a suivi ne remet pas en cause le principe général : le taux auquel peut emprunter l'État est la référence en matière de crédit.

Technique

Une entreprise qui bénéficie d'une bonne réputation et d'une bonne notation – chaque opération d'emprunt est étudiée par une agence de notation qui lui décerne une note – peut espérer lancer un emprunt à un taux assez proche de celui de l'État. L'écart entre le taux payé par l'entreprise et le taux de l'emprunt d'État de référence est le *spread*, terme anglais que l'on retrouve dans tous les commentaires sur ces questions. Plus l'entreprise inspire confiance, plus le *spread* est faible.

Pour l'entreprise, émettre un emprunt suppose qu'elle a déjà atteint une certaine dimension, une certaine « surface financière », comme disent les spécialistes. Sinon, elle sera condamnée à s'endetter auprès de son banquier ou d'un groupe de banquiers. Cela dit, c'est toujours un banquier qui organise et qui effectue le placement dans le public des emprunts émis par les entreprises ; il est difficile de s'en passer... Quand l'entreprise emprunte à sa banque, celle-ci touche des intérêts annuels jusqu'à l'échéance de l'emprunt. Quand elle lance un emprunt dans le public, la banque reçoit une commission de placement.

Pour l'épargnant, à condition de bien choisir les obligations, c'est une bonne affaire. Cela rapporte plus qu'un emprunt d'État, c'est en principe assez sûr (les défaillances de gros emprunteurs sont assez rares, mais le risque existe, et cela explique que les entreprises doivent, en général, accorder un taux d'intérêt plus élevé que l'État). Les obligations sont cotées tous les jours ; on peut donc les vendre ou les acheter quand on le souhaite. Il y a une incertitude : on ne sait pas à quel prix on pourra les revendre. Mais on sait où l'on va si on les garde jusqu'à leur échéance : on retrouvera son capital et, entre-temps, on aura touché des intérêts dont le mode de calcul a été défini au départ. En somme, les risques sont minces et on a affaire à un placement assez sûr.

## ... ou les actions ?

Imaginons que l'entreprise qui, plus haut, avait choisi d'émettre des obligations, choisisse cette fois d'émettre des actions. Qu'est-ce que cela change pour elle et pour l'épargnant ?

Pour l'entreprise, il s'agit d'une augmentation de capital. Cet argent figure désormais dans ses fonds propres et n'a pas à être remboursé. Cependant, ceux qui lui ont apporté leurs économies ne l'ont pas fait par altruisme ; ce n'est pas un don ; ils entendent bien recevoir une rémunération. Cette rémunération, ce sera une partie du bénéfice réalisé chaque année, s'il y a un bénéfice... et si les dirigeants de l'entreprise décident de distribuer tout ou partie de ce bénéfice. Autrement dit, l'entreprise ne prend aucun engagement à l'égard de son actionnaire, qui n'a aucune garantie de recevoir une rémunération annuelle et n'est même pas sûr de retrouver son capital intact, car le cours de l'action peut connaître des fluctuations très amples.

**À retenir**

Pour l'épargnant, direz-vous, ce n'est pas très intéressant. Avec une *obligation*, on sait qu'on sera remboursé au plus tard à l'échéance de l'emprunt et qu'entre-temps on recevra tous les ans une rémunération définie à l'avance. Avec une *action*, on s'engage pour une durée indéfinie, on ne sait pas où cela mènera et on n'est même pas sûr de recevoir une rémunération (un *dividende*) tous les ans.

En contrepartie, si l'affaire est bien gérée et continue à se développer, l'action prendra de la valeur. C'est un pari, mais si le risque est bien calculé, il sera payant et, au total, le gain sera bien supérieur aux quelques points de pourcentage qu'une obligation peut rapporter chaque année. Ceux qui ont misé dès le départ sur Bill Gates et Microsoft ou sur Apple ne le regrettent sûrement pas.

## Récapitulons

Le côté négatif de l'action, nous venons de le voir, c'est son caractère incertain. Investir dans une entreprise, c'est prendre un risque, c'est se lancer dans une aventure. Mais elle peut déboucher sur quelque chose de positif. Et même de doublement positif.

Une action, c'est une part du capital de l'entreprise, c'est un droit de propriété sur une partie de l'entreprise. Si l'entreprise grandit, la part que vous détenez prend de la valeur, votre fortune augmente. Regardez bien les listes des grandes fortunes : quel que soit le secteur dans lequel les heureux gagnants ont exercé leur talent, c'est toujours la valeur des actions qu'ils détiennent qui détermine l'essentiel de leur patrimoine.

Cette part du capital vous donne droit à recevoir chaque année un dividende, si les résultats ont été bons et s'il y a quelque chose à distribuer.

En résumé, avec une action, vous pouvez à la fois faire un gain en plus-value (si le cours de l'action monte) et percevoir des revenus annuels.

En cela, il n'y a pas de miracle : avec des actions, vous êtes en prise directe avec l'entreprise. Or, c'est à l'intérieur de l'entreprise que se crée la richesse. Dans ces conditions, il n'est pas surprenant que les actions soient un bon placement, si ce n'est le meilleur, comme nous allons le voir dès le chapitre suivant.

DANS CE CHAPITRE

Le placement le plus rémunérateur du XX^e siècle

•

Sur les trente dernières années, les actions l'emportent aussi, malgré une décennie perdue

•

Le couple infernal rémunération-risque

# Chapitre 2

# Le meilleur des placements ?

Ainsi, maintenant, les choses sont claires : une action est un droit de propriété sur une fraction de l'entreprise. Si celle-ci fait des bénéfices et les distribue, l'actionnaire a droit à sa part. Si la valeur de l'entreprise s'accroît, l'action prend de la valeur. La richesse se crée dans les entreprises et l'actionnaire, sans qui rien ne serait possible – l'entreprise a besoin de gens qui apportent leur capacité de travail et d'autres qui apportent des capitaux –, est directement associé à ce processus. C'est donc là qu'il faut être pour faire fructifier ses économies. Osons le dire : c'est même le meilleur des placements !

Vous ne le croyez pas, vous restez sceptique ? Vous avez raison. En matière de placements, il ne faut jamais prendre pour argent comptant tout ce qu'on vous raconte. Quitte à passer vraiment pour un nul, il faut toujours demander des précisions, des explications. Tous ceux qui gagnent leur vie en faisant travailler votre argent n'hésitent pas à vous attirer par des promesses alléchantes. Ils ont compris que vous étiez surtout préoccupé par la recherche de la sécurité maximale pour vos économies ? Pas de problème, ils ont en magasin le produit financier le plus sûr qui ait jamais existé. Vous semblez davantage tenté par la recherche de la performance pour accroître votre capital ? Pas de problème non plus : ils peuvent vous faire gagner encore plus que vous n'auriez osé l'imaginer ! Alors, maintenant, après quelques expériences personnelles ou dans votre entourage un peu décevantes, vous êtes sur vos gardes.

Si l'on vous dit que les actions sont le meilleur des placements, vous vous demandez si l'on ne se moque pas de vous. Forcément, vous avez entendu parler du krach de 1929, de ce fameux jeudi noir du 24 octobre où les financiers américains ruinés se jetaient, a-t-on dit, par les fenêtres. Vous avez aussi entendu parler du lundi noir du 19 octobre 1987, qui a vu les cours baisser à Wall Street de plus de 22 % en une seule journée, un record absolu ! Plus récemment encore, vous avez entendu parler de la folle montée des actions des sociétés de haute technologie liées à Internet à la fin des années 1990 et de leur chute brutale en 2000. Vous vous souvenez de la crise provoquée sur tous les marchés financiers à partir de 2007 par l'effondrement du marché immobilier américain et vous avez bien remarqué que la Bourse de Paris est toujours très loin des niveaux records atteints en 2000. Pour un placement que l'on dit si merveilleux, cela fait beaucoup !

Et pourtant, nous allons le voir, le placement en actions a été celui qui a le mieux résisté à l'histoire agitée du XXe siècle. Si l'on regarde aussi ce qui s'est passé au cours des trente dernières années, on constate que les actions ont enregistré un très beau parcours et ont rivalisé avec l'immobilier, qui a pourtant connu une phase de hausse d'une durée et d'une ampleur exceptionnelles. Assurément, il serait dommage de ne pas s'intéresser aux actions, mais à condition de bien comprendre quels sont leurs avantages et leurs risques en comparaison avec les autres placements.

Il est certain que le palmarès des dernières années n'est pas toujours en faveur des actions. Cela ne remet pas en cause le raisonnement général sur une longue période, mais souligne l'importance des cycles. Ce n'est pas parce que les actions sont un bon placement qu'il faut y destiner tout le temps une part constante et élevée de son patrimoine, comme nous allons le voir.

## Le placement le plus rémunérateur du XXe siècle

Les comparaisons dans le temps entre les différents placements doivent être menées de façon rigoureuse. Il ne saurait être question en ce domaine de se fier à des expériences personnelles. C'est particulièrement vrai lorsque l'on parle des actions : des choix malheureux peuvent conduire à un désastre alors que, dans le même temps, d'autres personnes se sont enrichies de façon spectaculaire. Pour cette analyse du comportement des différents placements au XXe siècle, nous nous sommes donc référés à une étude réalisée par l'Insee (Institut national de la statistique et des études économiques). L'or ne pose pas de problème : on dispose de cotations régulières sur toute la période ; une once d'or pèse toujours le même poids, un lingot d'un kilogramme aussi. Pour les obligations et surtout pour les actions, c'est un peu plus compliqué : des sociétés disparaissent de la cote, d'autres apparaissent. Mais, en prenant pour chaque année l'indice de référence, on arrive à une bonne approximation des évolutions réellement enregistrées. Pour comparer les différents placements, on fait des calculs intégrant pour chacun un prix d'entrée, un prix de sortie et la séquence des revenus intermédiaires (les dividendes pour les actions, les loyers pour l'immobilier, etc.)

Enfin, pour bien mesurer si ces placements ont été gagnants ou non, il faut tenir compte de l'inflation. Car, sur ce plan, l'histoire du XX^e siècle a été particulièrement tumultueuse. Chacune des deux guerres mondiales a provoqué de graves tensions sur les prix. On a du mal aujourd'hui à se représenter vraiment ce qu'est l'inflation. Le problème de ces dernières années en Europe, comme en d'autres pays, a plutôt été une hausse des prix trop faible, voire une menace de déflation. Mais il faut se souvenir que la hausse des prix a dépassé 50 % pendant trois ans après la Seconde Guerre mondiale, en 1945, 1946 et 1947. À côté de cela, les hausses de prix de 14 % à 15 % qui ont suivi les chocs pétroliers des années 1970 ont été des broutilles. La conséquence de ces dérapages inflationnistes est claire : le pouvoir d'achat du franc s'est érodé. Un seul franc de 1913 équivaut à 17,70 nouveaux francs de décembre 2000.

## Les actions ont mieux résisté que les obligations ou l'or

Il n'est pas besoin d'être un grand spécialiste de la finance pour comprendre qu'un emprunt d'État à dix ans assorti d'un intérêt de 3 % ne vous rapporte en fait pas grand-chose quand la hausse des prix atteint ou dépasse 10 % par an et que le capital qui vous est remboursé au bout de ces dix ans a perdu beaucoup de sa valeur. Dans la grande phase de stabilité des prix qui avait caractérisé la fin du XIX^e siècle et les toutes premières années du XX^e siècle, les rentiers – c'est-à-dire ceux qui avaient placé leur argent en emprunts d'État qui leur assuraient une rente de 3 % – avaient été les rois. La Première Guerre mondiale a marqué une rupture (ce n'est pas un hasard si les économistes font démarrer le XX^e siècle en 1914) : le XX^e siècle a été celui de la mort du rentier !

Et pourtant, si l'on mesure l'évolution de nos trois placements – l'or, les actions et les obligations – de décembre 1913 à décembre 2000, on constate qu'une somme investie en obligations a été multipliée par 740 au cours de cette période.

Mais cela n'a pas suffi à compenser la hausse des prix : le pouvoir d'achat du capital placé en obligations a été divisé par 2,5. Pauvre rentier !

L'or s'est mieux comporté. On dit souvent de ce placement qu'il est un refuge contre les crises et l'inflation. Cela est vrai. L'histoire a montré qu'il constitue une bonne défense dans les périodes les plus noires. De fin 1913 à fin 2000, sa valeur a été multipliée par 1 860, ce qui fait que son pouvoir d'achat a été multiplié par 1,1. C'est peu, mais ne pas perdre tout au long d'une période aussi troublée, c'est déjà une belle performance.

Le saviez-vous

Quant aux actions, malgré le krach de 1929 et toutes les autres péripéties qui ont suivi, leur valeur a été multipliée par 54 800 ; elles ont donc progressé beaucoup plus vite que l'inflation et, au total, du début à la fin du siècle, leur pouvoir d'achat a été multiplié par 31.

## Pourtant, la Bourse ne fait pas toujours des miracles

Si notre but était de vous faire croire que les actions sont toujours et partout le meilleur des placements, nous pourrions arrêter là la démonstration. Mais les choses sont un peu plus compliquées et, même au cours d'un siècle globalement très favorable aux actions, on constate qu'elles ont connu des périodes très difficiles. En reprenant de façon plus détaillée cette histoire du XX$^{e}$ siècle, on verra qu'il n'y a pas de miracle : toutes les périodes économiques ne sont pas favorables à la Bourse. Pour faire fortune, il faut arriver au bon moment… ou avoir de la patience.

### Octobre 1929 : le krach le plus fameux de l'histoire

Quel est le krach le plus terrible de toute l'histoire boursière ? Sans hésiter, chacun d'entre nous citera spontanément celui d'octobre 1929. Pourtant, depuis, on a fait mieux : en une seule journée, le lundi noir du 19 octobre 1987, à New York, l'indice Dow Jones a reculé de 508 points, perdant ainsi 22,8 % de sa valeur. Même au plus fort de la crise de 1929, le lundi noir du 28 octobre, le Dow Jones n'avait perdu « que » 12,9 %. Le problème, c'est qu'avant, le 24, il y avait eu un jeudi noir et que, le lendemain, le 29, il y a eu un mardi noir. Après le krach de 1987, il n'a fallu qu'un an pour que les marchés effacent leurs pertes et les conséquences économiques des troubles boursiers ont été finalement beaucoup plus limitées qu'on ne l'avait d'abord redouté. Le choc de 1929 a été très long ; trois ans après les premières secousses, Wall Street a encore tremblé et, au total, du point le plus haut de 1929 au point le plus bas de 1932, la Bourse américaine a reculé de 85 %. Il a fallu attendre 1954 pour qu'elle retrouve son niveau d'avant la crise.

»

Et, surtout, le krach de 1929 a entraîné un sévère recul de l'activité économique, qui s'est propagé des États-Unis à l'ensemble du monde. Ce fut la Grande Dépression, qui déboucha sur la Seconde Guerre mondiale.

Si le krach de 1929 a tant marqué les esprits, c'est aussi parce qu'il est resté le prototype de toutes les grandes crises boursières. Le schéma est (presque) toujours le même : une longue période de prospérité fait croire aux acteurs économiques et aux investisseurs qu'il n'y a plus de risques, que le prix de tous les actifs (immobilier ou actions) va continuer à croître indéfiniment et chacun se rue pour avoir sa part du gâteau. La fièvre spéculative gagne tous les secteurs. Le krach boursier de 1929 avait été précédé par une folle montée du prix des terrains en Floride, accompagnée de multiples escroqueries ; cette folie immobilière s'était mal terminée et avait provoqué la faillite de 57 banques. La ressemblance avec les événements de 2007-2009 n'est pas fortuite.

La principale différence entre la crise de 1929 et celle que nous avons vécue il y a quelques années, affirment ceux qui veulent nous rassurer, est que les banques centrales et les gouvernements ont appris à gérer ces crises. L'évolution de la science économique fait qu'aujourd'hui une grande dépression comme celle des années 1930 paraît peu probable. Mais, après la récession de 2008-2009 et les difficultés rencontrées par beaucoup de pays pour remonter la pente, la confiance dans les responsables politiques et financiers paraît durablement ébranlée.

» **1913-1920.** La guerre bouleverse le fonctionnement de l'économie. Les prix augmentent de 19 % par an en moyenne. Les détenteurs d'obligations perdent 15 % par an, ceux qui ont des actions 10 % par an. Seul l'or limite les dégâts, avec une perte de seulement 1 % par an.

» **1921-1935.** Cette période comporte deux phases : l'une avec une hausse des prix encore rapide, puis une autre marquée par la déflation. Les actions commencent bien, puis reculent après 1929 ; les obligations, d'abord affaiblies par l'inflation, regagnent ensuite de la vigueur, tout comme l'or, qui joue son rôle de refuge. Au total, actions et obligations arrivent au coude à coude, avec une performance annuelle de 4 %, devant l'or (1 %).

» **1936-1950.** De façon surprenante, la Bourse a connu quelques belles années pendant l'Occupation, mais le vent a tourné à partir de 1943. Quant aux obligations, elles ont mal supporté le retour de l'inflation à partir de 1936. Ainsi que le constate l'Insee, « fin 1950, les détenteurs d'obligations sont quasiment ruinés, le pouvoir d'achat du capital ayant été divisé par 23 depuis 1913 ». Seul l'or préserve le pouvoir d'achat du capital investi au cours de cette période.

» **1951-1962.** Le gouvernement Pinay arrive à stabiliser les prix, et les obligations enregistrent à nouveau des performances positives. Les actions profitent à plein de la reconstruction et du redémarrage de l'activité. Le pouvoir d'achat de l'or diminue.

» **1963-1972.** Avant même l'envolée des cours du pétrole, les tensions inflationnistes resurgissent. Les obligations résistent bien, grâce aux emprunts indexés sur l'or lancés dans les années 1950. Les actions, elles, se traînent désespérément.

» **1973-1982.** Les deux chocs pétroliers ont un impact direct sur les placements : l'or gagne 51 % en 1974 et 86 % en 1979. Pour attirer les investisseurs vers les obligations, l'État lance de nouveaux emprunts indexés (emprunt Giscard d'Estaing de 1973 indexé sur l'or, emprunt Barre de 1977 indexé sur l'écu). Pour maintenir le pouvoir d'achat des ménages et la consommation, les politiques menées favorisent les salaires au détriment de la rémunération du capital. Les actions enregistrent des performances négatives.

» **1983-2000.** Dans le sillage des États-Unis, tous les pays industrialisés se lancent dans de vigoureuses politiques de lutte contre l'inflation. En France, aux nationalisations du début des années 1980 succèdent les privatisations ; partout, les marchés financiers se développent et les actions enregistrent des performances records (17 % par an en moyenne) ; les effets du krach de 1987 ont été très vite effacés. Les obligations se portent bien aussi, grâce au ralentissement de la hausse des prix. Le grand perdant est l'or, qui s'effondre après un point haut en janvier 1980. Ce point ne sera atteint de nouveau et dépassé qu'en janvier 2008.

La conclusion à tirer de ce rapide survol du siècle dernier est claire : les actions l'emportent largement sur les autres placements sur une longue période. Mais à court terme, ou même à moyen terme, les risques de perte sont élevés.

## Sur les trente dernières années, les actions toujours bien placées

**Figure 2-1**

Les performances réelles de différents placements de 1987 à 2019

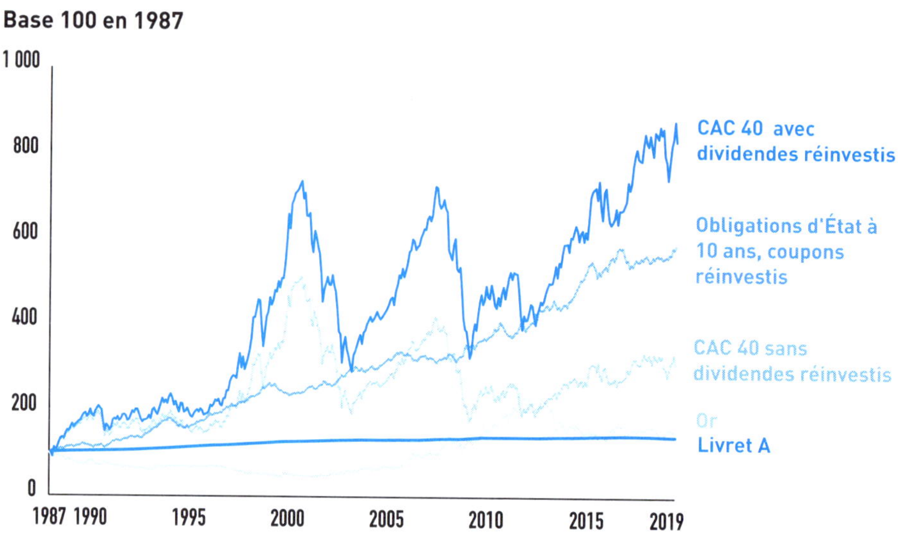


*Source : lafinancepourtous.com et AMF d'après Thomson Reuters / Banque de France*

Des études plus récentes ont été menées. Nous citerons notamment celles de l'IEIF (Institut de l'épargne immobilière et foncière), qui ont l'avantage d'inclure d'autres formes de placement de nature à intéresser fortement les investisseurs. Nous pensons en particulier à l'immobilier, qui a enregistré des performances spectaculaires au cours des dernières années, à Paris mais aussi dans la plupart des grandes villes de province.

## La folie des années 1990 et le krach de 2000-2002

Les années 1990 avaient mal commencé, avec une crise immobilière suivie d'une récession en 1991 aux États-Unis. L'Europe, secouée par les conséquences de la réunification allemande et des crises en série sur les marchés des changes, en avait durement subi le contrecoup et avait mis longtemps à retrouver le chemin de la croissance. À la Bourse de Paris, l'indice CAC 40 avait chuté de 24,1 % en 1990 ; après trois bonnes années, il était lourdement retombé en 1994, avec une perte de 17,1 %, et l'année 1995 avait été encore légèrement négative. Et puis, de part et d'autre de l'Atlantique, aux États-Unis d'abord, en Europe ensuite, la confiance était revenue. Les marchés boursiers avaient monté si vite que, fin 1996, Alan Greenspan, président de la Réserve fédérale (la banque centrale des États-Unis), avait jugé utile de lancer une mise en garde contre « l'exubérance irrationnelle des marchés ».

Et pourtant, on n'avait encore rien vu ! Au cours des années suivantes, on allait connaître la folie des TMT (Technologies, médias, télécommunications). Avec le développement foudroyant d'Internet et de la téléphonie mobile, on a paru entrer dans un nouveau monde où la croissance de l'activité, des bénéfices et des cours boursiers serait infinie. Même des sociétés qui enregistrent des pertes colossales en comparaison de leur chiffre d'affaires voient alors leurs cours monter à toute allure parce qu'on pense qu'elles sont promises à un bel avenir.

En 1999, l'indice CAC 40 gagne 51,1 %. À New York, d'octobre 1998 à mars 2000, l'indice du Nasdaq, où sont cotées la plupart des TMT, est multiplié par plus de 3,5. Le mouvement s'arrête là, brutalement. Il se poursuit encore à Paris jusqu'à la fin de l'été 2000, mais la fête est bel et bien finie. Au cours des deux années suivantes, ce sera un vrai massacre.

Certaines valeurs ne s'en sont jamais remises. En février 2000, le titre France Télécom (aujourd'hui Orange) avait atteint 219 € ; le 30 septembre 2002, il était tombé à 6,94 € et il évoluait autour de 14 € à l'été 2019.

Cette envolée des prix de l'immobilier explique que cette forme de placement a enregistré des performances particulièrement élevées sur trente ans si l'on considère à la fois l'effet « valeur vénale » (le gain – ou éventuellement la perte – réalisé à la revente de l'actif considéré) et l'effet « rendement » (loyers, dividendes) pour calculer le *taux de rendement interne* (TRI) de chaque placement en rythme annuel. De 1988 à 2018, selon les calculs de l'IEIF, le logement en France arrive en tête avec un TRI de 9,9 % devant les sociétés foncières cotées en Bourse (8,5 %) et l'ensemble des actions cotées entrant dans l'indice SBF 250 ou son successeur, l'indice CAC all-tradable (8,3 %). Mais si l'on regarde sur quarante ans (1978-2018), les actions sont en tête, devant les foncières et le logement à Paris. À l'opposé, si l'on regarde sur vingt ans (1998-2018), période au cours de laquelle joue à plein l'effet du krach boursier de 2001-2002 et de celui de 2008, les actions sont dépassées par le logement en France et à Paris, par les sociétés foncières (mais cela montre que certaines actions ont tiré leur épingle du jeu), les SCPI (sociétés civiles de placement immobilier, les OPCI – organismes de placement collectif immobilier) et même l'or. Mais sur dix ans (2008-2018), malgré la crise financière de 2008, les actifs cotés reviennent sur le devant de la scène, les foncières précédant l'ensemble des actions du SBF 250.

L'utilisation de ces chiffres montre qu'on peut prouver tout et son contraire en choisissant bien les points de départ et d'arrivée de ses comparaisons. Les années se suivent et ne se ressemblent pas. Chaque placement connaît son heure de gloire. Mais, si l'on prend des durées suffisamment longues pour englober des cycles de hausse et de baisse de chacun d'entre eux, on arrive toujours à la même conclusion : sur une longue période, les actions sortent gagnantes ou, du moins, dans les tout premiers rangs. Ce constat en faveur du placement en actions ne doit évidemment pas faire oublier qu'il peut y avoir des accidents de parcours. L'aventure n'est pas sans risques.

# Le couple infernal rémunération-risque

En fait, dans tout cela, il y a une logique économique. En règle générale, les investisseurs qui prennent peu de risques n'ont guère de mauvaises surprises, mais, en contrepartie, leurs gains sont modestes. Ceux qui prennent des risques sont toujours à la merci d'une forte déception et peuvent connaître des années très difficiles ; pourtant, sur une longue période, ce sont eux les gagnants. D'autres facteurs entrent en ligne de compte, comme la fiscalité, mais, pour se faire une idée des caractéristiques principales d'un placement, le recours à l'examen du couple rendement-risque est indispensable. Quand on a compris cela, on peut déjà mieux s'orienter dans la jungle des produits d'épargne. Nous allons en regarder très rapidement quelques-uns et voir pourquoi on peut être amené à préférer les actions.

## Le livret A, tranquille mais peu rémunérateur

Loin de nous l'idée de dénigrer le livret A. C'est un excellent produit. Ce n'est pas pour rien que 55 millions de livrets sont ouverts en France. Mais il ne faut pas lui demander plus qu'il ne peut donner. Sa rémunération est modeste – il lui arrive même d'être inférieure à la hausse des prix –, mais elle est assurée.

Le moment venu, on est donc sûr de récupérer son capital augmenté du montant des intérêts cumulés.

Pendant longtemps, la rémunération du livret A a été fixée par le ministre de l'Économie. C'est ce qu'on appelle un taux « administré », c'est-à-dire établi par les pouvoirs publics, par opposition aux taux « de marché », qui résultent de l'offre et de la demande de capitaux sur le marché interbancaire (pour les taux à court terme) ou sur le marché obligataire (pour les taux à long terme).

Comme elle concerne presque tous les foyers français, la décision de relever ou d'abaisser la rémunération du livret A est une décision très politique, qui suscite toujours beaucoup de réactions. Pour couper court aux polémiques, il a été prévu en 2003 de modifier le taux du livret A tous les six mois en appliquant une formule mathématique simple faisant référence aux taux de marché à trois mois et à la hausse de l'indice des prix. Mais l'application mécanique de la formule s'est avérée très difficile. Deux décrets de janvier 2008 et janvier 2009 ont précisé les règles du jeu et une nouvelle modification est intervenue en novembre 2016. La rémunération du livret A s'établit à 0,75 % depuis août 2015. C'est peu mais ce n'est pas si mal pour de l'argent que l'on peut retirer à tout moment, et dont les gains ne sont pas imposés. Pas de risques, pas d'impôt, de l'argent disponible à tout moment : on ne peut pas en plus espérer gagner beaucoup ! On retrouve cette problématique avec tous les placements.

**Figure 2-2**

Évolution du Livret A et de l'inflation

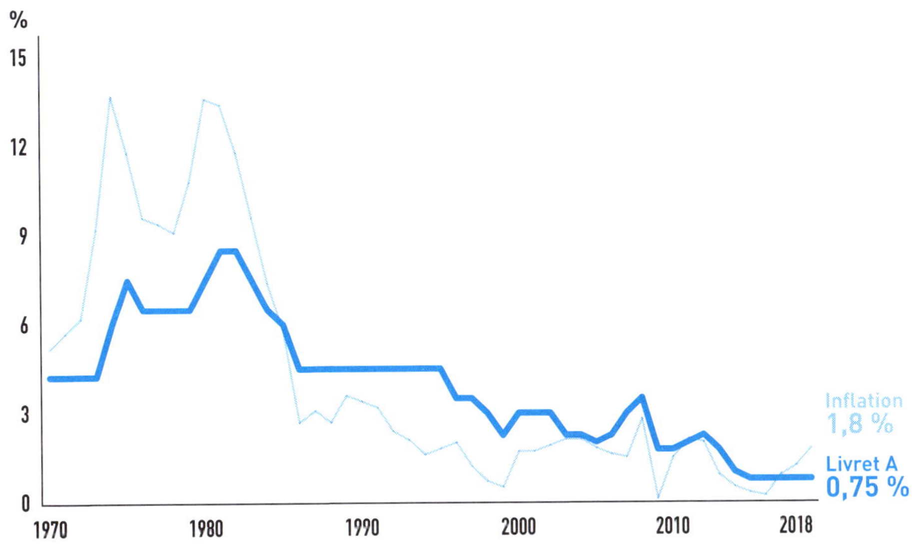


*Source : lafinancepourtous.com d'après Insee et Banque de France*

## Les sicav et FCP monétaires : pour placer ses liquidités

Les *sicav* et les *FCP* (fonds communs de placement) monétaires proposés par les banques diffèrent du livret A parce que leur rémunération n'est pas administrée (elle dépend uniquement de l'évolution du marché monétaire, appelé aussi « marché interbancaire ») et qu'ils ne bénéficient pas d'avantages fiscaux.

Pour le reste, on se retrouve dans la même catégorie de placements : modestement rémunérés, mais théoriquement sans aucun risque et disponibles quand on en a besoin. On s'en sert pour placer ses liquidités en attendant de les dépenser ou, dans les périodes agitées, parce qu'on se dit que tous les autres investissements sont trop dangereux.

Ce placement a connu son heure de gloire au début des années 1990. La conjoncture était incertaine, le marché des changes chahuté ; pour défendre la parité du franc avec le mark, la Banque de France était obligée de porter ses taux directeurs à des niveaux très élevés. Résultat : avec des sicav ou des fonds monétaires, on pouvait gagner 8 % ou 10 % par an sans prendre de risques et sans se fatiguer. Mais on a vu ce que cela a donné en matière de croissance économique ou de chômage. Des taux d'intérêt à court terme très élevés, c'est agréable un certain temps pour ceux qui ont de l'argent à placer, mais cela plombe l'économie et, sur la durée, ce n'est bon pour personne, pas même pour les épargnants.

Quand les taux ont baissé, les banques ont proposé des fonds monétaires « dynamiques », destinés surtout aux professionnels, aux trésoriers d'entreprise. Pour doper la performance de leurs fonds, elles y ont introduit une dose de produits financiers assez complexes offrant une rémunération plus élevée. Mais, en 2007, à l'occasion de la crise des *subprimes* (les crédits hypothécaires américains les plus risqués), on a découvert que ce n'était pas sans danger. La petite dose de risques ainsi introduite dans un produit réputé tranquille et sûr peut avoir des conséquences ravageuses. L'Autorité des marchés financiers (AMF) a introduit en juillet 2011 une nouvelle classification des OPCVM monétaires, faisant la distinction entre les monétaires court terme et les monétaires « tout court » pouvant détenir des instruments financiers d'une durée de vie plus longue. Avec des taux à court terme très faibles, voire négatifs (!), ce type de placement n'a guère eu la faveur des épargnants ces derniers temps.

## Les obligations, plus risquées qu'on ne le croit généralement

Si l'on est à la recherche d'un placement offrant une rémunération plus élevée que les taux du marché monétaire, qui sont des taux à court terme (allant de 24 heures à 12 ou 24 mois), on est amené à s'intéresser aux obligations, que nous avons déjà rencontrées dans le chapitre précédent. Avec elles, on entre dans le domaine des taux d'intérêt à moyen ou à long terme (de 2 à 30 ans, voire plus). Le calcul est judicieux : en période normale, les taux à long terme sont plus élevés que ceux à court terme. Ce qui paraît logique : ils bénéficient de ce qu'on pourrait appeler une « prime de temps ». Pour décider quelqu'un à vous prêter de l'argent sur une durée longue, vous devez lui proposer une rémunération plus élevée que si votre emprunt ne court que sur quelques jours ou quelques mois.

**Figure 2-3**
Les courbes des taux en fonction des risques

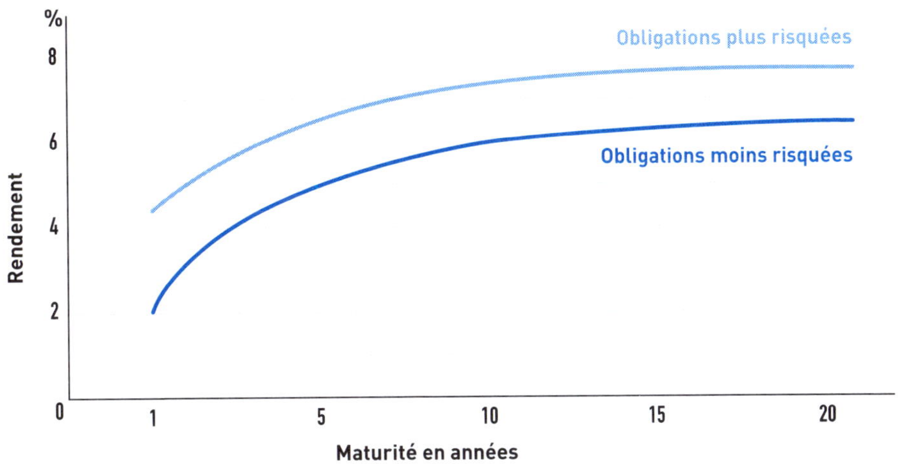


*Source : lafinancepourtous.com*

### Des emprunteurs plus ou moins sûrs

Là encore, on trouve la notion de risque. L'emprunteur qui offre le plus de garanties, on l'a vu, c'est théoriquement l'État : s'il a besoin d'argent pour rembourser ses dettes, il peut toujours relever les impôts. Ce n'est ni très populaire ni bon pour l'économie. Mais c'est possible. C'est pour cela que l'État peut emprunter à 10 ans, 30 ans, voire 50 ans à des taux qui ne seraient pas acceptés de la part d'un autre emprunteur. Les entreprises doivent offrir des taux d'intérêt plus élevés que ceux de l'État, car elles présentent un risque plus grand : elles peuvent toujours faire faillite ou, du moins, avoir du mal à faire face aux échéances.

Pour choisir en toute connaissance de cause les obligations qu'ils vont acheter, les investisseurs professionnels demandent aux émetteurs de faire noter leurs emprunts par des agences. À l'occasion de la dernière crise financière, il est apparu clairement que ce système des agences de notation ne fonctionnait pas de façon satisfaisante. Mais la nécessité d'une notation n'est pas remise en cause, au contraire : les très rares emprunts privés qui reçoivent la meilleure note, un triple A, peuvent être émis à un taux qui ne dépasse pas de beaucoup celui des emprunts d'État. Ensuite, plus la note décernée par les agences spécialisées baisse, plus l'emprunteur doit proposer un taux d'intérêt élevé. Au bout de la chaîne, on trouve ce que l'on appelle les *junk bonds*, les « obligations pourries », celles dont la société émettrice présente de grands risques et qui, en conséquence, offrent une rémunération très élevée. Certains financiers américains ont édifié des fortunes en rachetant au bon moment des *junk bonds* et en les revendant ensuite beaucoup plus cher, mais ce genre de sport n'est pas à conseiller à tout le monde. D'ailleurs, nous ne les citons ici que pour souligner que toutes les obligations ne sont pas un placement de paisible père de famille.

## Et toujours le risque d'inflation

Évidemment, on l'a vu précédemment dans notre rapide histoire des placements, il y a un risque même avec les émetteurs les plus sûrs : c'est l'inflation. Ce risque peut d'ailleurs s'avérer une chance : si vous avez acheté des titres d'emprunt qui rapportent 5 % par an à un moment où l'inflation était à 2 %, et si celle-ci tombe à 1 %, votre gain réel annuel passera de 3 % à 4 %. De surcroît, si vous décidez de vendre vos titres avant l'échéance, vous réaliserez un joli gain en capital, parce que d'autres investisseurs seront à ce moment-là très contents d'acheter des titres qui rapportent 5 % et seront prêts à les payer plus cher qu'ils ne valaient à l'origine. En revanche, si la hausse des prix s'accélère, vous serez perdant ; c'est ce que nous avons vu au début de ce chapitre avec l'évolution des placements au cours du XXe siècle et la mort du rentier.

Une inflation élevée est toujours une mauvaise nouvelle pour l'épargnant. Mais le phénomène opposé, la déflation, ou même simplement une inflation trop basse peuvent aussi être néfastes, comme on l'a vu en Europe au cours des dernières années, avec des taux négatifs sur des emprunts d'État et même des emprunts d'entreprises : ce sont alors les prêteurs qui versent un intérêt aux emprunteurs !

Comme les financiers ne sont jamais à court d'imagination, ils ont inventé les obligations indexées, qui protègent les épargnants contre le risque d'inflation. Par exemple, l'État français place tous les ans des *OATi* (obligations assimilables du Trésor indexées sur l'inflation) ; dans ce cas, le capital est revalorisé tous les ans dans la même proportion que la hausse des prix. Cette sécurité a toutefois un prix : le taux d'intérêt offert aux investisseurs est plus bas que celui des OAT normales. On retrouve toujours la même histoire : si on veut un investissement sans risques, il faut accepter une rémunération moins élevée (nous retrouverons les obligations de façon plus détaillée au chapitre 13).

## L'immobilier, indispensable dans un patrimoine, mais...

L'immobilier, est-il souvent dit, est le plus sûr des placements. En réalité, il vaudrait mieux dire que c'est le plus sécurisant. Quand on a acheté sa résidence principale, on se sent chez soi. Et ce sentiment de confort n'a pas de prix.

Dans les faits, il en a un. Au coût de l'investissement initial, il faut ajouter le coût du crédit qu'il a fallu prendre dans beaucoup de cas, le coût des différents impôts qui s'attachent à la propriété, celui de l'entretien et des réparations, etc. Tout dépend aussi de la période à laquelle on a acheté sa maison ou son appartement, de l'endroit où ce bien est situé et du moment où, éventuellement, on le revend. Car, même dans l'immobilier, les prix ne sont pas toujours orientés à la hausse. La crise des crédits hypothécaires à risques, qui a éclaté aux États-Unis en 2007, a reposé en grande partie sur une erreur de jugement commise par ceux qui ont emprunté et ceux qui leur prêtaient. Dans le climat d'euphorie qui régnait alors, il paraissait évident qu'un bien immobilier acheté aujourd'hui vaudrait encore plus cher demain. Malheureusement, avec la hausse des taux d'intérêt, les mensualités des crédits à taux variable se sont envolées et beaucoup d'acheteurs se sont trouvés obligés de revendre leur logement au moment où, exactement pour la même raison (le crédit trop cher), il n'y avait plus d'acheteurs. Résultat : au lieu de continuer à monter comme prévu, les prix sont repartis à la baisse. Et cela a été la panique (voir chapitre 17).

Et nous ne parlerons pas ici de la résidence secondaire, que l'on doit d'abord acheter pour son plaisir, car c'est rarement un bon placement, ni de l'investissement immobilier locatif, qui mériterait un ouvrage à lui tout seul. Bref, l'immobilier est un élément de base du patrimoine, mais il comporte une dimension psychologique et affective importante ; sa rentabilité réelle est souvent surestimée. Enfin, à la différence d'un placement financier, il ne peut pas être transféré d'un endroit à un autre, il ne peut être transformé en argent liquide d'un jour à l'autre, etc. Même si, à certains moments, on voit des investisseurs se détourner de la Bourse pour se reporter de façon massive sur l'immobilier, la comparaison entre ces deux investissements n'a pas tellement de sens. La question n'est pas de savoir s'il faut préférer l'un à l'autre, car ils n'entrent pas dans la même catégorie ; elle est d'abord de savoir ce dont on a besoin et ce que l'on peut et veut faire en fonction de ses moyens.

## L'or ne brille pas toujours d'un grand éclat

À intervalles réguliers, on voit surgir dans les magazines de grands articles vantant les qualités de l'or, valeur refuge par excellence. Il n'y aurait, paraît-il, pas meilleure protection contre les risques de crise financière et contre l'inflation. Nous avons vu qu'il a bien tenu ce rôle tout au long du XXe siècle, mais les actions ont fait beaucoup mieux que lui et, surtout, on a pu observer que ce placement connaît, comme les autres, des variations cycliques. Rappelons qu'il a fallu attendre janvier 2008 pour que l'once d'or retrouve son niveau de janvier 1980, exprimé en dollars. Si l'on tient compte de l'inflation qui a eu lieu entre-temps, cela veut dire que celui qui aurait acheté de l'or en 1980 aurait en fait enregistré une perte substantielle de pouvoir d'achat.

**Le saviez-vous**

Car le dollar de 2008 n'a pas le même pouvoir d'achat que celui de 1980. En janvier 2008, l'once est montée à plus de 920 $ (le mouvement s'est poursuivi ensuite), laissant loin derrière le record de 850 $ de janvier 1980 ; mais, si l'on tient compte de la hausse des prix entre ces deux dates et de la perte de pouvoir d'achat du dollar, il aurait fallu qu'elle monte au-delà de 1 763 $ pour battre l'ancien record en dollars constants. C'est ce qui est arrivé en 2011. Un sommet a été atteint à 1921,17 $ l'once le 6 septembre ; ce record tient toujours.

### Se garder des illusions « nominales »

**Technique**

Pour juger de la valeur d'un placement, il faut se garder de ce que les économistes appellent l'« illusion nominale », c'est-à-dire de la référence à la valeur d'un bien telle qu'elle apparaît à un moment donné, exprimée en monnaie « courante ». Pour évaluer sérieusement l'évolution d'un placement, il faut raisonner en monnaie « constante », en tenant compte de la hausse des prix enregistrée entre deux dates. Ce n'est pas simple, direz-vous. C'est vrai, mais c'est possible. Chaque début d'année, l'Insee publie un tableau du pouvoir d'achat du franc et de l'euro permettant de faire des comparaisons entre des valeurs exprimées en monnaie courante pour chacune des cent dernières années. Ainsi, on peut calculer relativement facilement qu'un bien acheté 1 000 € en 2008 et qui était encore évalué à 1 000 € en 2018 aurait dû en fait s'établir à 1 106 € pour conserver une valeur identique. Un épargnant qui raisonnerait uniquement en monnaie courante pourrait se dire : mon bien vaut toujours la même somme, je n'ai rien gagné, mais je n'ai rien perdu. En fait, dans notre exemple, son bien aurait perdu 11 % de sa valeur en dix ans.

Pour en revenir à l'or, cette « relique barbare », comme disait l'économiste John Maynard Keynes, il est exact qu'il ne perd pas de valeur sur une très longue période, mais reconnaissons que ce n'est pas notre problème : ce que vaudra notre patrimoine dans cent ans nous importe peu. Même les plus prévoyants d'entre nous raisonnent rarement à un horizon allant au-delà de quelques décennies. Et, sur dix ans ou vingt ans, rien ne dit que les performances de l'or seront très brillantes. En fait, allant à contre-courant des idées reçues, il nous semble que c'est un placement très spéculatif. Contrairement à ce que disent beaucoup d'experts en gestion de patrimoine, il n'est pas nécessaire d'avoir 5 % ou 10 % de sa fortune investis en or, l'important est d'en avoir au bon moment et de savoir le revendre lorsqu'il entre dans une phase de performances plus ternes.

Ajoutons, à destination des plus audacieux, qu'il peut être encore plus profitable de s'intéresser à ce métal précieux par le biais des actions de mines d'or cotées en Bourse. Mais, là, il faut faire attention : les mouvements peuvent être très brutaux, à la hausse comme à la baisse. Ce petit sport demande un peu d'expérience.

## Pas de gains sans risques

À retenir

Et cela nous ramène aux actions. Elles aussi connaissent des cycles, et elles aussi connaissent des phases de revers. Dépendantes de la santé de l'économie considérée dans son ensemble et de celle des entreprises qui les émettent, elles ne sont pas sans risques. Mais, nous l'avons vu, les placements sans risques rapportent peu, ils permettent juste de préserver la valeur de son patrimoine ou, au mieux, de l'accroître légèrement. Si l'on veut enregistrer des gains vraiment significatifs, il faut savoir prendre quelques risques. Et dans la gamme des placements offrant des perspectives attrayantes associées à des risques raisonnables, les actions occupent une place de choix.

Mais à condition d'être vigilant et sélectif. Ce n'est pas un placement miracle : plus de la moitié des quelque 25 000 actions cotées aux États-Unis dans les 90 dernières années se sont révélées avoir des performances plus médiocres que les emprunts d'État.

Ceux qui n'ont pas encore franchi le pas et ne sont pas tout à fait sûrs de savoir gérer eux-mêmes un portefeuille d'actions se posent inévitablement la question : ce placement est-il fait pour moi, n'est-il pas réservé à ceux qui ont une grosse fortune ou une grande culture économique et financière ? Il est important de répondre à cette question avant d'aborder de façon détaillée tous les problèmes techniques soulevés par un investissement en Bourse.

DANS CE CHAPITRE

La Bourse n'est pas un club fermé réservé aux « riches »

•

Elle n'est pas non plus réservée aux experts de la finance

•

Chacun peut avoir accès aux informations et conseils nécessaires

# Chapitre 3

# Un investissement ouvert à tous

Les statistiques le montrent : les Français sont relativement peu nombreux à avoir des actions et, surtout, à gérer eux-mêmes, en direct, un portefeuille. Cela peut s'expliquer par de multiples raisons, nous allons le voir, mais surtout par le fait que beaucoup de gens se disent : les actions, ce n'est pas pour moi, je ne suis pas assez riche. Il y a une part de vérité dans ce raisonnement : pour acheter des actions, non seulement il faut avoir un peu d'argent disponible, mais il faut aussi avoir déjà réalisé d'autres économies. On ne peut pas conseiller à quelqu'un qui a réussi à mettre un peu d'argent de côté de tout placer en Bourse. Celui qui donnerait un tel conseil serait incompétent ou malhonnête et celui qui le suivrait serait bien mal inspiré.

Pourtant, il serait faux de croire que la Bourse est réservée à une petite minorité de gens très fortunés. La grande majorité d'entre nous peut y avoir accès, à condition d'être prêt à y consacrer une somme minimale, que nous préciserons, et d'observer quelques règles de bon sens. S'il est indispensable de se constituer une épargne de précaution, peu rémunérée certes, mais sans risques et immédiatement disponible, rien n'interdit d'avoir une plus grande ambition pour une autre partie de son épargne et, là, les actions jouent un rôle incomparable.

# La Bourse n'est pas réservée aux « riches »

Il ne faut pas se raconter d'histoires : ce sont majoritairement les gens qui appartiennent aux catégories sociales les plus élevées qui détiennent le plus d'actions. À l'autre bout de l'échelle sociale, certains n'ont rien et, s'ils ont un petit patrimoine financier, celui-ci est principalement composé de livrets d'épargne.

Cela dit, quelle que soit la catégorie sociale considérée, il faut bien reconnaître que la crise financière de 2008 a entraîné une forte baisse de la détention de valeurs mobilières.

**Figure 3-1** Un taux de détention d'actions en baisse

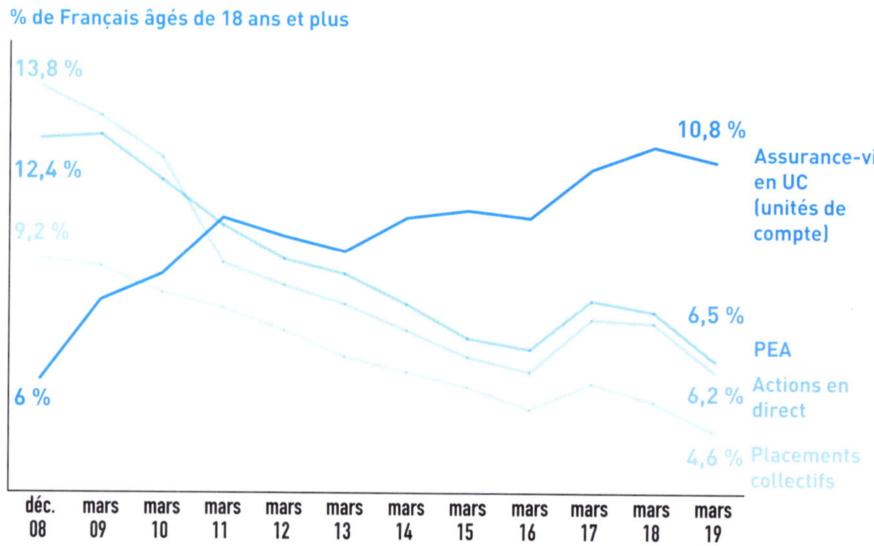


*Source : lafinancepourtous.com et AMF*

## Environ 3 millions d'actionnaires

C'est une évidence : les ménages qui disposent d'un patrimoine important sont mieux à même de le diversifier. Ils couvrent d'abord leurs besoins prioritaires : le logement, l'*encaisse de transaction* (l'argent nécessaire pour financer les dépenses courantes) et l'épargne de précaution (celle dont on peut avoir besoin pour financer une dépense importante ou imprévue). Ensuite, ils peuvent consacrer une partie de leur patrimoine à des actifs plus risqués (comme les actions), dont ils espèrent un meilleur rendement. C'est une règle bien connue : l'argent va à l'argent. Ceux qui ont déjà les revenus les plus élevés sont les mieux placés pour profiter des placements les plus rémunérateurs.

**Figure 3-2**

L'actionnaire individuel est le plus souvent un homme âgé et aisé

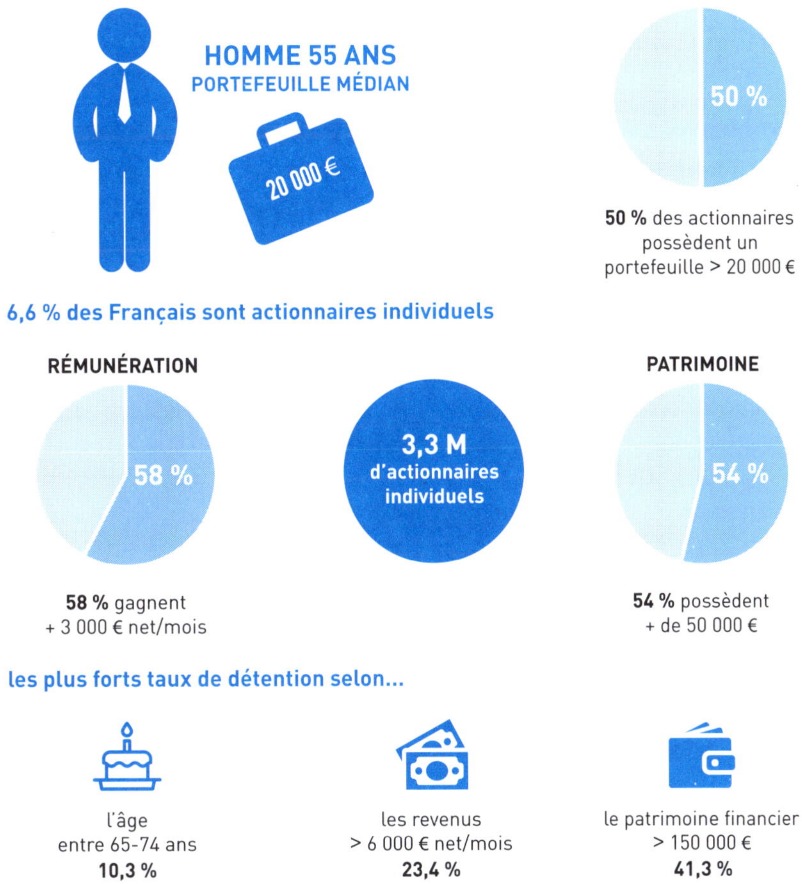


*Source : lafinancepourtous.com et AMF d'après TNS Sofres, 2015*

Toutefois, beaucoup de Français sont actionnaires, parfois sans le savoir vraiment : par le biais de contrats assurance-vie ou de divers produits d'épargne en vue de la retraite, une partie de leurs économies est placée en Bourse. D'autres détiennent des valeurs mobilières par le biais d'OPCVM, sicav ou fonds communs de placement (qui ne sont pas tous investis en actions). Enfin, selon les enquêtes menées par Kantar, le nombre des actionnaires individuels s'élevait à environ 3 millions en mars 2019. Cela peut paraître beaucoup, mais il faut rappeler qu'il était estimé à 6,4 millions fin 2008 et même à plus de 7 millions au début des années 2000. Les chocs boursiers à répétition ont fini par lasser...

Et des distinctions sont encore à faire parmi ces millions d'actionnaires. En effet, des épargnants ont acheté leurs premières actions au moment de l'introduction en Bourse de leur banque, comme ce fut le cas du Crédit agricole en 2001. En général, ces actionnaires gardent leurs titres aussi longtemps qu'ils n'ont pas besoin de les vendre, mais n'achètent pas ceux d'autres entreprises et la dernière crise en a fait partir des dizaines de milliers. De surcroît, les actionnaires actifs – ceux qui interviennent régulièrement sur le marché – sont nettement moins nombreux que le chiffre global ne le laisse penser. Les estimations les plus généreuses donnent un chiffre de l'ordre de 2 millions. On est probablement dans la réalité nettement au-dessous.

En revanche, la France se distingue par le nombre de salariés ou anciens salariés actionnaires de leur entreprise. Selon les statistiques publiées par la Fédération européenne de l'actionnariat salarié, la France en comptait environ 3,2 millions en 2018, soit un chiffre un peu plus élevé que celui des actionnaires individuels, loin devant le Royaume-Uni (moins de 2 millions) et l'Allemagne (moins de 800 000). Au total, 36 millions de salariés de 31 pays européens sont actionnaires de 2 747 grandes entreprises du continent. En ce domaine, les politiques publiques jouent un rôle majeur, notamment par le biais des incitations fiscales. En France, ce sont les ordonnances du 18 août 1967 prises par le général de Gaulle qui ont véritablement lancé le mouvement. La loi Pacte du 16 mai 2019 comprend plusieurs dispositions visant à développer cette forme d'épargne salariale, dans l'objectif d'arriver à 10 % du capital des entreprises françaises détenus par les salariés en 2030. Dans certaines grandes entreprises cotées, on arrive déjà à des chiffres élevés : 19 % chez Bouygues, 9 % chez Vinci, 8 % chez Saint-Gobain, etc.

Il n'empêche que, au total, les ménages français (investisseurs individuels et salariés) ne contrôlent plus qu'une partie décroissante de la masse des actions cotées à Paris. Euronext, l'entreprise qui gère la Bourse, a publié au début de 2019 une étude portant sur l'actionnariat des entreprises du CAC 40 et du SBF 120 (les 40 et 120 plus grandes entreprises cotées à Paris). Pour le SBF 120, la part des actionnaires individuels est passée de 4,6 % en 2012 à 3,9 % en 2017, celle des salariés actionnaires de 2,8 % à 2,4 %. Même en admettant que la réalité est plus flatteuse, 40 % des actionnaires n'ayant pu être identifiés avec précision, il est clair qu'il y a du travail à faire si l'on veut redonner plus de pouvoir aux petits actionnaires...

## Quelques précautions à prendre

Ce que nous avons vu dans les deux premiers chapitres pose très nettement les données du problème.

Premier point : les actions constituent un placement attrayant, car elles permettent à ceux qui gèrent bien leur portefeuille de faire mieux que simplement préserver la valeur de leur capital, elles permettent de l'augmenter, et parfois très rapidement.

Mais, second point : les marchés sont cycliques. Les statistiques montrent qu'il est extrêmement rare que la Bourse monte plus de quatre ou cinq années consécutives. Les retours en arrière peuvent être à la fois brutaux et importants. Sans reprendre la longue liste des krachs ou des secousses boursières, rappelons que les actions ont été fortement malmenées dans la période 2000-2002, et encore dans les années 2007-2011. Et même au cours des années de hausse, il est rare qu'il n'y ait pas un « trou d'air » à un moment ou à un autre.

Attention

Si l'on veut dormir tranquille, il vaut donc mieux ne pas avoir placé tout son argent en Bourse. Tous les gens qui ont des portefeuilles d'actions importants vous le diront : ils ont par ailleurs un livret A bien garni, souvent jusqu'au plafond autorisé, ou d'autres livrets ou des placements sans risques.

Pourquoi conseiller de prendre autant de précautions après avoir dit que les actions sont l'un des meilleurs placements, voire le meilleur ? Tout simplement en raison de ce caractère cyclique des marchés boursiers. Il ne faut jamais se mettre en situation de devoir vendre tout ou partie de son portefeuille parce que l'on a besoin d'argent et qu'on ne peut pas attendre. Si on a le couteau sous la gorge, on risque de vendre au plus mauvais moment alors qu'on aurait pu réaliser une très belle affaire en attendant trois mois ou six mois de plus. Le temps joue un rôle considérable en Bourse, il ne faut jamais l'avoir contre soi. On achète ou on vend des actions parce qu'on estime que c'est le moment, pas parce qu'on est contraint de le faire. C'est une règle de base.

Une autre raison de ne pas investir en Bourse si l'on n'a pas, par ailleurs, un peu d'argent de côté est purement psychologique : se sentant en sécurité, on fera moins d'erreurs, parce qu'on paniquera moins. Non seulement la Bourse est cyclique, mais elle peut réserver de mauvaises surprises. Une entreprise peut faire face à des déboires imprévus et voir son cours chuter brutalement. Si l'argent que l'on a investi dans des actions de cette entreprise représente une part significative de ses économies, voire toutes ses économies (c'est le scénario catastrophe, à éviter à tout prix), on risque de s'affoler et de commettre l'erreur de vendre de façon précipitée, en se disant : c'est toujours ça de sauvé. Au contraire, si on a un matelas de sécurité, on examinera le dossier plus sereinement et on sera peut-être amené à conclure que le mieux est de ne pas bouger et d'attendre que l'entreprise se refasse une santé. En fin de compte, on gagnera peut-être de l'argent grâce à cette entreprise qui aura causé beaucoup de frayeurs.

La conclusion est claire : s'il y a encore en France plusieurs millions d'actionnaires, c'est la preuve que ce placement n'est pas réservé à une petite minorité. Les portes de la Bourse sont largement ouvertes, mais, avant de les franchir, il vaut mieux avoir fait ses comptes et avoir la certitude qu'on a les moyens de prendre quelques risques.

## Combien faut-il mettre ?

Supposons la question de l'épargne de précaution réglée. Se pose alors celle de savoir si la somme que l'on envisage d'investir en Bourse est suffisante. Peut-on faire quelque chose avec quelques centaines ou quelques milliers d'euros ?

Sur ce point, il faut être très clair. On peut commencer en Bourse avec des moyens très modestes, mais ce n'est pas le Loto : les gains sont en proportion des sommes investies et on ne gagne pas des millions en misant une poignée d'euros, même si, nous le verrons ultérieurement, il existe des possibilités d'intervenir avec un effet de levier, c'est-à-dire d'obtenir un gain important avec un investissement initial limité. Par ailleurs, des raisons pratiques font que des moyens trop faibles sont un handicap en Bourse.

Le problème ne vient pas du prix des actions. On en trouve à tous les prix, même à moins de 1 €. À l'autre extrémité, il y en a qui valent plusieurs centaines, voire plusieurs milliers d'euros. Certaines entreprises pratiquent volontairement une politique d'actions chères, parce qu'elles ne cherchent pas à toucher le grand public ; elles préfèrent garder un petit nombre d'actionnaires appartenant à un cercle restreint de grands investisseurs. La plupart des entreprises cotées, au contraire, se soucient de rester accessibles à tous, avec un prix de leur action de l'ordre de quelques dizaines d'euros. Si l'entreprise réussit, si elle grandit et si ses profits augmentent, le cours de l'action peut s'installer de façon durable à des niveaux trop élevés pour de petits investisseurs ; les dirigeants prennent alors la décision de diviser les titres par deux, trois ou quatre, c'est-à-dire que, selon le cas, celui qui détenait une action se retrouve avec deux, trois ou quatre actions, chacune valant deux, trois ou quatre fois moins que précédemment. Fondamentalement, cela ne change rien pour les actionnaires, mais la société peut espérer que ses actions, revenues à un prix plus abordable, pourront s'échanger plus facilement ; leur marché sera plus « liquide ».

La difficulté n'est donc pas de trouver des actions peu chères. Elle réside d'abord dans les frais annexes. Pour acheter ou vendre des actions, il faut passer par un intermédiaire (son banquier habituel ou un courtier en ligne) ; sa rémunération est proportionnelle au montant des opérations réalisées, mais un montant minimal est généralement à acquitter de toute façon. Si vous achetez une seule action cotée à 20 € et que vous devez payer au minimum 3 € par transaction, cela signifie que vous devrez attendre que cette action ait progressé de plus de 30 % (soit 6 € : 3 € de frais à l'achat, 3 € de frais à la vente) pour envisager de pouvoir la vendre avec un gain. Ajoutons qu'il y a aussi très souvent des frais de gestion annuels, les frais de garde ; le nombre de lignes (par exemple, une ligne d'actions Accor, une ligne d'actions Aéroports de Paris, etc.) de votre portefeuille intervient dans le calcul, quelle que soit la valeur des titres inscrits à chaque ligne. Proportionnellement, cela revient très cher d'avoir des petites lignes (autrement dit, d'avoir de petites quantités d'actions).

La question est d'autant plus importante qu'un investisseur boursier doit toujours diversifier ses risques. Il n'est pas conseillé d'acheter, même pour commencer, des titres d'une seule société, quelle que soit la qualité de cette société, sa réputation de solidité, etc. Un accident est toujours possible. Même un petit portefeuille boursier doit compter un minimum de cinq lignes, de préférence avec des titres représentatifs de sociétés n'appartenant pas toutes au même secteur et n'ayant pas le même profil.

À retenir

Si l'on tient compte du fait qu'il faut également faire attention à ne pas avoir des lignes de trop faible valeur, cela conduit au conseil suivant : pour démarrer en Bourse, 5 000 €, permettant de constituer un portefeuille de cinq lignes d'un montant de 1 000 € chacune, est un strict minimum. C'est encore mieux si l'on peut disposer de 10 000 € (pour cinq lignes de 2 000 €), et le chiffre de 15 000 € (pour constituer cinq lignes de 3 000 € ou six lignes de 2 500 €) nous semble le plus approprié.

En résumé, pour démarrer :

» **Au strict minimum : 5 000 € ;**

» **Pour un bon début : 10 000 € ;**

» **L'idéal : 15 000 €.**

## Vous n'avez pas de capital à investir ? Choisissez l'épargne programmée

La Bourse vous intéresse, mais vous n'avez pas actuellement assez d'argent disponible pour vous lancer. Une solution existe : c'est l'investissement programmé. Le principe est simple : vous demandez à votre banque de prélever chaque mois ou chaque trimestre une somme qui est investie en Bourse par ses soins. Ainsi, vous vous constituez progressivement un capital et vous vous évitez le souci de savoir si le moment est bien ou mal choisi pour entrer en Bourse : les cours montent, c'est parfait ; ils baissent, votre versement mensuel ou trimestriel vous permet d'acquérir un plus grand nombre de titres pour la même somme et vous met en bonne position pour profiter des hausses futures.

Pratiquement tous les réseaux bancaires proposent des formules de ce type, avec ou sans versement initial, avec des versements mensuels ou trimestriels adaptés à votre capacité d'épargne (généralement à partir de 50 € par mois environ ou 150 € par trimestre) et la possibilité de suspendre ces versements en cas de besoin.

Évidemment, dans ce cadre, vous ne gérez pas vous-même votre portefeuille : vous achetez des parts de sicav ou de fonds communs de placement investis en actions. Mais vous pouvez avoir le choix entre plusieurs possibilités. Par exemple, vous optez pour un profil de gestion adapté à votre situation ou à votre tempérament (prudent, dynamique, etc.) et votre banque choisit de placer votre argent dans les fonds qui correspondent. Ou alors vous choisissez vous-même directement les fonds dans lesquels vous allez investir à l'intérieur de la gamme qui vous est proposée.

À votre demande, cet investissement se fera dans le cadre plus moins contraignant, plus ou moins intéressant du point de vue fiscal, d'un compte titres ordinaire, d'un plan d'épargne en actions ou d'un contrat assurance-vie. Dans tous les cas de figure, il est préférable d'avoir un horizon de placement d'au moins cinq ans.

Au-delà de ces chiffres, il n'y a évidemment rien à dire : abondance de biens ne peut pas nuire. En dessous, il faut être bien conscient qu'on s'expose à des difficultés et des déceptions : il est toujours rageant de voir qu'on ne réalise que des gains limités (en valeur absolue, c'est-à-dire exprimés en euros), alors qu'on avait eu de bonnes idées et qu'on avait sélectionné les bonnes valeurs au bon moment.

À retenir

Dans tous les cas de figure, quelle que soit l'importance de l'investissement initial, il ne faut jamais oublier cette règle de base : être bien sûr (dans la mesure où on peut être sûr de quelque chose dans ce monde plein d'imprévus…) de ne pas avoir à toucher à cette somme pendant au moins deux ou trois ans. La Bourse est un investissement qui s'inscrit dans la durée.

# La Bourse n'est pas réservée à « ceux qui savent »

Si vous avez cet ouvrage entre les mains, c'est déjà bon signe : vous avez franchi le premier obstacle ! Trop de gens hésitent à acheter des actions parce qu'ils estiment qu'ils n'en ont pas les moyens et aussi parce qu'ils trouvent que c'est trop compliqué. Quand ils entendent parler de la Bourse ou lorsqu'ils ouvrent un journal financier, ils ne comprennent pas grand-chose et, ce qui est plus grave, ils sont persuadés qu'ils ne comprendront jamais rien. C'est évidemment faux : tout s'apprend, même la Bourse, et pour cela il n'y a pas besoin d'avoir fait Polytechnique. Les prochaines pages de ce livre vous en convaincront : les connaissances de base nécessaires ne sont pas d'une difficulté insurmontable. Si l'on a vraiment envie de les acquérir, cela ne demande pas des efforts gigantesques et on y arrive. On peut très bien gagner sa vie en Bourse sans rien connaître des modèles mathématiques hypersophistiqués employés dans les salles de marché.

## Un langage très technique qui recouvre des réalités très simples

Dans tous les domaines, c'est la même chose : il y a un vocabulaire technique qu'il faut apprendre. Les professionnels emploient volontiers des termes un peu compliqués. Ce n'est pas toujours sans arrière-pensées : cela peut être dans le but de vous faire croire que vous ne réussirez jamais à vous débrouiller sans eux et que vous avez tout intérêt à leur confier votre argent plutôt que de le gérer vous-même. Mais c'est aussi souvent parce que ce sont des mots qu'ils emploient toute la journée par nécessité et qu'ils ne se rendent pas toujours compte que les autres ne les comprennent pas. Le football a son vocabulaire, l'automobile et le jardinage aussi. Pourtant, des millions de gens s'intéressent à ces activités et s'y trouvent très à l'aise. Pourquoi la Bourse serait-elle une exception ?

Évidemment, c'est peut-être un peu plus compliqué dans notre cas, parce que cela suppose que l'on acquière des connaissances dans plusieurs domaines voisins :

» **L'économie.** On l'a vu, les marchés boursiers sont cycliques. Leur évolution est très liée à celle de l'économie. Si l'on veut comprendre les commentaires boursiers, on est obligé de s'intéresser à tous les événements qui surviennent dans le monde, de surveiller ce qui se passe en matière de croissance ou d'inflation, de regarder comment évoluent les monnaies (l'euro, le dollar, le yen et maintenant le yuan) et les taux d'intérêt, de suivre les faits et gestes des dirigeants de la Réserve fédérale des États-Unis ou de la Banque centrale européenne. Au début, cela peut paraître très mystérieux, mais, à défaut de tout comprendre, on peut rapidement arriver à repérer ce qui a un impact sur la Bourse, ce qui peut la faire monter ou, au contraire, la faire descendre. Il y a quelques mots-clés à apprendre ; ensuite, on peut réussir sans problème à se frayer un chemin dans l'actualité.

» **Les comptes des entreprises.** Quand on a des actions d'une entreprise (et même avant de les acheter…), il est fortement recommandé de lire les informations publiées par cette société sur l'évolution de son chiffre d'affaires et de son bénéfice et de connaître les grandes lignes d'un compte de résultat ou d'un bilan. Cette perspective ne doit pas effrayer : il n'est pas besoin d'être expert-comptable et de connaître tous les détails techniques. Quelques notions de base et un peu de bon sens suffisent.

» **Le vocabulaire boursier proprement dit.** Des termes très précis désignent les marchés sur lesquels on peut intervenir, les opérations que l'on peut être amené à effectuer. À cela s'ajoutent les expressions, parfois techniques, d'autres fois plus imagées, utilisées par les boursiers pour décrire ou expliquer l'évolution des marchés. Un vocabulaire de base permet de comprendre et d'effectuer les opérations les plus simples, qui suffisent au bonheur de nombreux investisseurs. Ceux qui veulent aller plus loin et se lancer dans des opérations plus complexes devront évidemment acquérir davantage de connaissances techniques, mais cela peut se faire au fil du temps sans demander un effort particulier.

Non, vraiment, il n'y a pas de doute, la Bourse n'est pas réservée aux experts.

# Pour réussir, il n'est pas nécessaire de faire partie des milieux « bien informés »

Beaucoup d'épargnants évoquent non seulement le manque de moyens financiers ou de connaissances pour justifier le fait qu'ils ne détiennent pas d'actions, mais aussi le manque d'informations. Derrière cet argument, il y a bien sûr l'idée que pour gagner de l'argent en Bourse il faut faire des « coups » et que cela est impossible sans relations vous permettant d'avoir des informations privilégiées.

## Être initié, c'est un délit !

Soyons clairs sur ce point : on voit parfois des actions monter ou descendre sans que l'on sache vraiment pourquoi. Et puis, quand on va à la pêche aux informations, on apprend que des rumeurs circulent concernant ces sociétés et qu'elles pourraient parfaitement expliquer ces mouvements bizarres enregistrés sur les marchés. Quelque temps après, ces rumeurs se transforment en informations officielles et on comprend alors que des gens « bien informés » avaient profité de ce qu'ils savaient pour acheter ou vendre avant tout le monde. Magnifique, direz-vous, c'est exactement ce que j'aimerais faire. Ce type d'opération est sans nul doute très intéressant, mais il porte un nom, le « délit d'initié », et peut vous conduire devant les tribunaux. Toutes les personnes qui profitent d'informations avant leur publication officielle pour prendre position sur le marché avant les autres et réaliser ainsi des profits aussi importants qu'illicites risquent de se retrouver un jour ou l'autre en mauvaise posture. Il y a des informations qui rapportent beaucoup mais qui coûtent cher...

### Vous n'osez pas vous lancer seul ? Pensez aux clubs d'investissement

Vous avez envie d'investir en Bourse et de gérer vous-même votre portefeuille, mais vous n'êtes pas tout à fait sûr de vous. Une solution mérite d'être envisagée : participer à un club d'investissement avec des amis, des collègues ou d'autres personnes que vous ne connaissez pas encore, mais qui ont la même banque ou le même courtier que vous.

Un club comprend entre 5 et 20 membres, parmi lesquels sont élus un président (qui anime les réunions et transmet les ordres de Bourse), un trésorier et un secrétaire. Le club se réunit régulièrement, en général une fois par mois ; les décisions (achat et vente) sont prises collectivement et le portefeuille est géré en indivision. Le statut du club prévoit le montant et la périodicité des versements, généralement mensuels (plafonnés à 5 500 € par an et par membre ou par foyer fiscal).

Un club d'investissement a une durée de vie statutaire de dix ans, mais on peut entrer dans un club après sa création et on peut éventuellement le quitter avant sa dissolution. Au bout des dix ans, les actions composant le portefeuille sont vendues et les liquidités sont réparties entre les membres en fonction des versements effectués par chacun ; c'est à ce moment-là que chacun est imposé éventuellement sur les plus-values (les dividendes sont normalement versés et imposés chaque année). La possibilité existe aussi de procéder à un simple partage des actions.

Seuls quelques réseaux bancaires ont encore une politique active d'animation de tels clubs (il en existerait 4 300 en France, regroupant environ 60 000 personnes selon les dernières estimations disponibles) et la Fédération des investisseurs individuels et des clubs d'investissement (F2IC) peut fournir toute l'information nécessaire. Le club peut être une excellente école si l'on suit les réunions régulièrement, en arrivant à chaque fois avec des idées que l'on confronte à celles des autres. La recherche de gains financiers n'exclut pas la convivialité...

## Toutes les rumeurs ne sont pas fondées

Sans risquer le délit d'initié parce qu'on aurait profité indûment d'informations recueillies du fait de ses relations professionnelles, familiales ou amicales, on peut être mis au courant de rumeurs circulant entre gens « bien informés » ou croyant l'être. La méfiance s'impose. Car si quelques-unes de ces rumeurs sont fondées, la plupart sont purement fantaisistes, même si elles émanent de personnes qui affirment détenir la précieuse information d'une source absolument sûre. La version moderne de ces rumeurs se retrouve maintenant dans les forums de discussion sur Internet, où l'on voit parfois des nouvelles complètement farfelues présentées comme des informations authentiques.

L'expérience prouve qu'elles profitent surtout à ceux qui les lancent et espèrent orienter ainsi le marché dans la direction qu'ils souhaitent. Le fait qu'elles circulent maintenant sur Internet montre en tout cas qu'il n'est plus besoin d'appartenir au cercle étroit de la finance pour en bénéficier (si l'on ose dire...) : information et désinformation circulent à toute allure à travers le monde.

## Tout le monde a accès à l'information

Il y a un fait qu'on ne peut pas nier : les professionnels qui sont toute la journée derrière leurs écrans ou au téléphone sont mieux placés que les particuliers pour être au courant instantanément de tous les événements dans le monde qui peuvent avoir une influence sur les cours boursiers. Mais il n'est pas sûr que cela soit un avantage aussi décisif que cela : des réactions rapides poussent souvent le marché trop vite ou trop loin dans un sens, et une réaction en sens inverse, tout aussi rapide, corrige les excès commis à l'annonce d'une statistique ou d'un événement mal analysés. On réagit d'abord, on réfléchit après. Dans ces conditions, un investisseur individuel peut arriver après la bataille déclenchée par une rumeur ou une information : il ne peut pas profiter de la hausse ou il n'a pas le temps de vendre avant une baisse. Pour réaliser des allers et retours fructueux (des achats suivis très rapidement de ventes, parfois dans la journée), il n'est pas le mieux placé (à moins de faire de la Bourse une activité à temps plein !), mais il peut, sur la durée, faire aussi bien que la plupart des gérants professionnels. Car l'information, la vraie, circule aussi de façon très rapide et chacun peut y avoir accès presque en temps réel grâce aux moyens modernes de communication.

**Le saviez-vous**

Attention ! Il peut arriver que la fausse information ait toutes les apparences de la vraie. L'histoire la plus incroyable que l'on ait connue à Paris est celle qui a touché le groupe Vinci le 22 novembre 2016. Un courriel qui se présente comme un authentique communiqué de presse arrive dans les agences de presse et les rédactions : il annonce que le groupe va lancer une révision de ses comptes consolidés pour l'année 2015 et le premier semestre 2016 parce que de graves irrégularités, portant sur près de 2,5 milliards d'euros, ont été découvertes, justifiant le licenciement du directeur financier. Une agence publie le texte à 16 h 05. Aussitôt, le titre commence à chuter : en dix minutes, il perd 19 % ! À 16 h 44, un communiqué de démenti arrive. Problème : ce démenti est aussi faux que le premier communiqué, et le vrai démenti n'arrive qu'un peu après 17 h. À la fin de la journée, le titre a presque effacé ses pertes, mais il a reculé tout de même de 3,76 % et cette fausse information a fait perdre beaucoup d'argent à certains investisseurs tandis que les auteurs des faux en gagnaient sans doute (toute la lumière sur cette affaire n'a pas encore été faite).

Fort heureusement, de tels événements sont exceptionnels et, en règle générale, il est possible de faire la différence entre la véritable information, la rumeur, le commentaire, etc. Mais il y a des cas où il peut être difficile de faire la part des choses. Prenons l'exemple de la publication le 17 décembre 2015 par le gestionnaire de fonds Muddy Waters Capital d'un rapport accablant sur Casino. Il en ressort que le titre serait surévalué en Bourse d'une façon considérable : il ne devrait pas évoluer entre 45 € et 50 € comme il le fait alors, mais autour de 7 €. À la Bourse de Paris, le titre chute de 22 % en quelques heures avant de se ressaisir. Quatre jours après, le groupe Casino publie un long communiqué dans lequel il dénonce des « allégations inexactes et trompeuses ». En l'occurrence, c'est le groupe qui a raison, comme l'évolution du titre l'a confirmé ensuite : plus d'un an après cette affaire, à la fin de 2016, il s'échangeait encore à plus de 45 €. Manifestement, ce gestionnaire peu scrupuleux avait lancé de fausses informations destinées à faire réussir sa spéculation sur une baisse du titre. Mais, pour l'investisseur qui découvrait ces prétendues informations, il n'était pas évident de se faire une opinion ; il pouvait être tentant de céder à la panique et de vendre sans plus attendre.

**Attention**

Avec le recul, on s'aperçoit que l'affaire était encore plus compliquée qu'on ne pouvait le croire. Certes, il faut toujours se méfier quand des actionnaires comme Muddy Waters publient des informations sur des affaires contre lesquelles ils spéculent. Il n'est pas possible d'être à la fois juge et partie. Mais on ne peut s'empêcher de penser qu'ils ne choisissent pas leurs victimes tout à fait au hasard. Dans le cas présent, la suite des événements a montré que la situation financière du groupe Casino présentait effectivement quelques fragilités et, en septembre 2018, le titre est tombé en dessous de 26,50 € après un tweet ravageur de Muddy Waters… avant de revenir à plus de 45 € à l'automne 2019.

Bref, il y a des moments où il n'est pas facile de se faire une idée exacte de la situation. Mais, dans tous les cas, il y a une double question que l'on doit se poser : quelle est la source de l'information publiée et cette source est-elle fiable ? Avec, parfois, dans une affaire comme celle-ci, une grande difficulté à trancher avec certitude.

## Comment s'informer ?

Heureusement, celui (ou celle) qui s'intéresse à la Bourse et veut gérer lui-même (elle-même – nous ne le répéterons pas à chaque fois tant cela semble évident, mais il n'y a aucune raison de faire de la finance une spécialité typiquement masculine !) son portefeuille d'actions n'est pas toujours confronté à des situations aussi embarrassantes que celle que nous venons de voir ; il a à sa disposition toute une panoplie d'instruments qui se complètent et lui permettent de former son propre jugement. Les uns sont à rechercher surtout pour avoir l'information « brute » de façon très rapide, les autres pour avoir des commentaires plus approfondis et bénéficier de conseils.

- **Pour une information rapide : les sites Internet spécialisés.** Plus ou moins complets et plus ou moins bien faits, ils permettent à tous de disposer instantanément des informations pouvant avoir un impact sur la Bourse : statistiques économiques, chiffre d'affaires et résultats des sociétés, vie des entreprises (nouveaux contrats, déclenchement d'OPA, etc.). Ils permettent aussi de consulter des graphiques retraçant l'évolution des cours de chaque action, d'avoir accès à l'opinion des analystes ou de journalistes professionnels, etc. Les sites des courtiers en ligne sont généralement très riches ; ils fournissent une large gamme d'informations et de services. C'est normal : tout cela est fait pour vous inciter à multiplier les transactions !
- **Pour une information quotidienne : les journaux économiques et financiers permettent d'aller plus loin dans le commentaire et l'analyse**, que ce soit sous leur forme papier traditionnelle ou leur forme électronique. Ce sont souvent les informations qu'ils diffusent qui sont ensuite reprises et discutées sur les différents sites.
- **Pour une réflexion approfondie et des conseils : les hebdomadaires spécialisés.** Ils offrent la possibilité de faire le point une fois par semaine, de prendre un peu de recul par rapport à l'événement et de procéder à des études plus approfondies. C'est après une lecture attentive de son hebdomadaire favori (ou des deux qui restent si l'on souhaite croiser les informations et les conseils) que l'on prendra la décision de réorienter son portefeuille dans telle ou telle direction, d'acheter tel titre ou de vendre tel autre. Ces hebdomadaires offrent l'avantage de proposer des cotes dites « enrichies » où l'on trouve non seulement les cours des différentes valeurs, mais aussi des informations synthétiques et des conseils

sur les plus importantes d'entre elles. C'est aussi avec ces hebdomadaires spécialisés que l'on peut améliorer sa connaissance des valeurs dites « petites » ou « moyennes » dont on ne parle pas, ou peu, ailleurs.

Les néophytes peuvent aussi y trouver des conseils sur la façon de composer un portefeuille avec un mélange approprié de valeurs dites de « père de famille » et d'autres valeurs plus spéculatives appartenant à des secteurs différents ou offrant des profils de risque différents, permettant à chacun de combiner au mieux selon son tempérament et ses compétences la recherche de performance et la sécurité.

Nouveauté

» **Pour être vraiment informé des dernières tendances : les réseaux sociaux**. Ces derniers ont pris une grande importance en quelques années. Les particuliers utilisent surtout Facebook, sur lequel ils échangent des liens vers des sites spécialisés ou des blogs. Les professionnels communiquent entre eux par LinkedIn ou Viadeo. Mais Twitter joue un rôle croissant, ainsi que l'a révélé un événement fâcheux… En effet, le 23 avril 2013, à Wall Street, la valeur boursière des sociétés appartenant à l'indice S&P 500 a brutalement chuté de 136 milliards de dollars. Tous les professionnels qui suivent le compte Twitter de l'agence américaine Associated Press venaient de lire la fausse information suivante : « Deux explosions à la Maison-Blanche et Barack Obama est blessé ». Cela a été la panique pendant trois minutes, le temps nécessaire à Associated Press pour rétablir la vérité et expliquer que son compte Twitter avait été piraté. Les nouvelles technologies sont précieuses, mais elles peuvent à l'occasion être très dangereuses. La règle de base est simple : ne jamais se précipiter pour agir et toujours prendre le temps de vérifier ce qu'un message annonce. Avec l'arrivée de Donald Trump à la Maison-Blanche, Twitter a vu son rôle se renforcer encore. Les tweets présidentiels sont rapidement devenus le principal *market mover*, autrement dit l'élément qui a le plus d'influence sur le marché. Que Donald Trump annonce des progrès dans les négociations commerciales avec la Chine, et les investisseurs, rassurés, font monter la Bourse. Qu'il émette un tweet rageur contre telle ou telle firme ou tel ou tel pays et c'est la baisse, limitée à la cible visée ou générale selon les cas. La réaction est toujours rapide. Cette rapidité de circulation des nouvelles et de réaction du marché à l'heure de l'information numérique ne doit pas décourager les investisseurs individuels. Il faut naturellement admettre que le simple particulier n'est pas le mieux placé pour profiter des variations de cours qui peuvent se déclencher en quelques secondes et prendre une grande ampleur en quelques minutes. Mais ce que fait un tweet en quelques instants, un autre tweet peut le défaire un peu plus tard. Il faut savoir s'habituer à traverser des zones de turbulences et garder son calme…

» **Pour les plus fidèles : les clubs d'actionnaires.** Pour resserrer leurs liens avec leurs actionnaires individuels, un certain nombre de sociétés cotées ont créé des clubs leur permettant de communiquer par courriels pour les publications habituelles (lettres aux actionnaires, rapports d'activité, etc.), d'organiser des visites d'usines, des conférences, des formations sur les marchés financiers.

Cette communication peut aussi prendre des formes plus ludiques, avec des invitations à des manifestations sportives ou culturelles. Les conditions requises pour devenir membre d'un de ces clubs sont souvent l'inscription de ses titres au nominatif, parfois la détention d'un nombre minimal d'actions, mais il n'y a pas règle générale. Ainsi, celui qui se lance sur le marché boursier n'est pas seul. Il dispose aujourd'hui d'une grande variété d'informations et de conseils qui lui permettent d'investir en toute connaissance de cause et de réagir de la façon la plus appropriée dans les périodes agitées. Mais, évidemment, cela ne doit pas dispenser le débutant de faire au départ un petit effort pour comprendre comment fonctionnent les marchés et comment on passe des ordres. Ce sera l'objet des prochains chapitres.

# Quiz

# Testez vos connaissances !

**1. En Bourse, un initié, c'est :**

a. quelqu'un qui sait tout. ☐

b. quelqu'un qui connaît bien tous les professionnels de la place. ☐

c. quelqu'un qui se sert indûment d'informations non encore publiées. ☐

**2. La plus forte chute de l'indice Dow Jones à New York a eu lieu :**

a. le 28 octobre 1929. ☐

b. le 19 octobre 1987. ☐

c. le 5 février 2018. ☐

**3. Pour ouvrir un compte-titres, il faut au minimum :**

a. 1 000 €. ☐

b. 10 000 €. ☐

c. 100 000 €. ☐

**4. Si je veux suivre une séance de Bourse, je dois :**

a. aller au palais Brongniart. ☐

b. aller au siège d'Euronext. ☐

c. rester devant mon ordinateur. ☐

**5. Le placement le plus sûr, c'est :**

a. l'or. ☐

b. le livret A. ☐

c. les actions. ☐

**6. La première société par actions est apparue :**

a. en Italie au XV$^{e}$ siècle. ☐

b. à Amsterdam au XVI$^{e}$ siècle. ☐

c. à Londres au XVII$^{e}$ siècle ☐

## Vérifiez vos réponses

### 1. c.

Être initié, en Bourse, c'est un délit. La répression de ce délit vise à protéger les autres investisseurs contre les agissements de ceux qui se servent, disent les textes, « d'informations privilégiées sur les perspectives ou la situation d'un émetteur ou de ses titres », informations auxquelles ils ont accès du fait de leurs fonctions.

### 2. b.

Si l'on raisonne en pourcentage, ce qui est le plus juste, la plus forte baisse de l'indice Dow Jones est celle du 19 octobre 1987 avec 22,8 %. Un chiffre presque aussi important avait été enregistré à la Bourse de New York le 24 octobre 1929 à midi, mais cinq des principaux banquiers de Wall Street avaient organisé un rebond et ce jour-là la perte avait été limitée à 2,1 % ; la chute la plus forte, de 12,9 %, avait eu lieu ensuite, le 28 octobre.

Toutefois, si l'on raisonne en points, le record a été enregistré le 5 février 2018, avec une chute de 1 175 points (et même de près de 1 600 points en cours de séance !) ; le précédent record, 778 points, datait du 29 septembre 2008. Le 28 octobre 1929, le Dow Jones avait perdu moins de 40 points. Il faut dire qu'il venait de 300 points alors qu'il s'établissait autour de 2 000 points en octobre 1987, de 11 000 points en septembre 2008 et à plus de 25 000 points au début de février 2018. Les ordres de grandeur ne sont plus du tout les mêmes et la comparaison en points n'a plus guère de signification.

### 3. Aucune réponse n'est juste.

Il n'existe aucun montant minimum imposé par un règlement. Comme le compte-titres ordinaire fonctionne en liaison avec un compte en espèces, vous pouvez fort bien acheter des titres à partir de votre compte bancaire habituel. Si vous ouvrez un compte chez un courtier en ligne, il ne vous imposera aucun montant minimal, mais il vous recommandera probablement de déposer au moins 1 000 €. Il est vrai que, au-dessous, cela n'aurait guère de sens et que 1 000 € représentent vraiment peu si l'on veut faire quelque chose de sérieux.

### 4. c.

On continue de parler de la Bourse pour désigner le palais Brongniart, place de la Bourse, à Paris. Mais cela ne se justifie plus. Il n'y a plus de Bourse, au sens physique du terme. Les professionnels ne se réunissent plus pour fixer les cours. Tout se fait par voie électronique. Donc le meilleur moyen de suivre une séance de Bourse, c'est de la suivre sur l'écran de son ordinateur, de sa tablette ou de son téléphone portable.

### 5. b.

Si vous recherchez la sécurité à tout prix, c'est encore le livret A qui vous apportera la réponse la plus appropriée. Mais le montant des dépôts est plafonné. L'or, contrairement à ce que l'on croit, n'est pas un placement tranquille. Vous pouvez perdre avec lui si vous l'achetez très cher dans les périodes où tout le monde en veut. Les actions peuvent vous faire perdre de l'argent, tout le monde le sait, mais elles peuvent aussi vous enrichir, ce que ne feront jamais les placements les plus sûrs.

### 6. Aucune réponse n'est juste.

La première société par actions connue est en fait apparue en France au XIVe siècle, en 1372 très exactement. Il s'agit de la Société des moulins de Bazacle, fondée à Toulouse.

# Partie 2

# Le b.a.-ba du marché

## Dans cette partie...

Nous continuons notre progression pas à pas dans l'univers de la Bourse. Nous avons vu ce qu'est une action et ce qu'on peut gagner (ou perdre) en plaçant son argent dans des entreprises cotées. Maintenant, il nous faut voir plus concrètement comment ça fonctionne : quels sont les différents marchés, comment ils sont organisés, qui intervient, qui surveille. Ce sera l'occasion de se familiariser avec des sigles que l'on rencontre à chaque instant : AMF, SRD, CAC 40, etc. Fort logiquement, après cela, nous verrons comment chacun d'entre nous peut prendre position sur ces marchés, comment on lit une cote ou comment on fait pour passer un ordre d'achat ou de vente.

**DANS CE CHAPITRE**

Les grandes places financières mondiales

L'organisation de la place financière de Paris

Les différents marchés

Les grands indices boursiers

# Chapitre 4

# Qui fait quoi

Ce que nous allons voir dans ce chapitre, tous les boursiers ne le savent pas. Après tout, on peut très bien acheter et vendre des actions sans se préoccuper de savoir comment sont organisés les marchés, de la même façon que l'on peut conduire une voiture sans savoir ce qu'il y a sous le capot ni connaître l'histoire de Peugeot, Renault ou celle de leurs concurrents étrangers. Mais il y a des moments où quelques connaissances mécaniques ne sont pas inutiles, et ceux qui veulent absolument des voitures françaises ou allemandes seraient peut-être surpris s'ils savaient où a été assemblée leur voiture et à partir de quels composants…

Il en est de même pour la Bourse : il n'est pas absolument indispensable de savoir comment elle fonctionne, mais cela peut être utile. Et puis, vous le verrez à l'usage, même si l'on achète des actions d'abord pour gagner de l'argent, on se prend vite de passion pour cette activité. Au début, on cherche juste à savoir quels sont les titres qui ont le plus le vent en poupe et qui ont des chances de monter rapidement. Puis, progressivement, on prend conscience qu'on est entré dans un nouvel univers, avec ses règles du jeu, son vocabulaire, ses techniques et ses personnages. On commence à lire tout ce qu'on peut trouver sur le sujet, son Histoire avec un grand *H* comme ses petites histoires avec un petit *h*. Puis on s'aperçoit que, pour bien comprendre l'actualité – à l'occasion d'un scandale, d'une bataille boursière ou d'un rapprochement entre Bourses américaines, européennes ou asiatiques –, il faut savoir comment tout cela est organisé.

# Les grandes places financières mondiales

Nous l'avons souligné dès les premières pages de ce livre, le grand intérêt d'une action, c'est qu'on peut l'acheter ou la vendre pratiquement instantanément, dès qu'on en a envie ou besoin. Cela, d'ailleurs, doit vous paraître tellement évident, tellement normal, que vous ne vous êtes jamais demandé comment cela était possible. Et pourtant, qu'un acheteur français, belge ou de n'importe quelle nationalité, puisse comme cela, en quelques secondes, vendre ou acheter une action française, belge, américaine ou japonaise à quelqu'un qu'il ne connaît pas, qu'il ne verra jamais, mais qui paiera ou sera payé avec certitude et de façon quasiment immédiate, cela demande une organisation incroyablement complexe et fiable. De surcroît, il faut que toutes ces opérations puissent s'effectuer à un coût très faible, sinon l'argent ne circulerait plus aussi facilement d'un compte à l'autre et d'un continent à l'autre. Dans ces conditions, on ne s'étonnera pas que toutes les Bourses connaissent une évolution très rapide et que, comme les autres entreprises, elles passent des alliances ou fusionnent pour donner naissance à des organisations de taille internationale.

**Figure 4-1**
Le marché réglementé et le marché de gré à gré

**Le marché réglementé**

Les négociations (achat/vente) obéissent à des règles (conditions d'accès, organisation des transactions…) dont le respect est contrôlé par un régulateur (une autorité de contrôle).
En France, c'est l'**Autorité des marchés financiers (AMF).**
Le marché réglementé est sécurisé.

Chaque marché dispose de son ou ses propre(s) indice(s)qui permettent de déterminer la tendance générale d'un marché ou d'un secteur.

Exemples:

**Indice Nikkei**

**Indice Dow jones**

**Indice CAC 40**

**Le marché de « gré à gré »**

L'**acheteur et le vendeur sont mis en relation directe** soit de leur propre initiative soit par l'intermédiaire d'un établissement financier.
Le marché de gré à gré est plus souple, mais aussi plus risqué.

*Source : lafinancepourtous.com*

## Petit retour en arrière

Au départ, nous l'avons vu, les premiers marchés boursiers n'étaient que la rencontre à un endroit donné de la ville (parfois un café) de courtiers qui échangeaient des titres. Il a fallu attendre 1602 pour que soit créée la première Bourse officielle, à Amsterdam ; on y négociait les actions de la Compagnie néerlandaise des Indes orientales. Progressivement, tous les pays industriels se sont dotés d'un marché boursier où étaient cotées les grandes entreprises nationales. Les grands pays comme l'Allemagne, l'Espagne, l'Italie, etc., comptaient même plusieurs marchés. La France a eu des Bourses à Bordeaux, à Lille, à Lyon, à Marseille, à Nancy, à Nantes et à Toulouse. Dans les années 1980 et 1990, avec l'ouverture des frontières et le développement de l'informatique, cette organisation s'est rapidement transformée. En 1992, la Bourse de Francfort, désormais nommée Deutsche Börse, s'est définitivement imposée comme la première place financière allemande où sont cotées toutes les grandes valeurs qui figurent dans l'indice DAX. Mais des places financières actives subsistent à Berlin, Stuttgart, Munich et dans les trois villes de Hambourg, Hanovre et Düsseldorf réunies sous la bannière de Börsen AG, chacune de ces places mettant en avant des compétences particulières sur des marchés spécifiques. En Italie, toutes les Bourses régionales ont été fermées en 1995, au moment du passage à un système de cotation électronique ; il ne reste qu'une seule Bourse, à Milan.

En France, la première grande étape de cette mutation a été la *dématérialisation* des titres, qui a eu lieu à la fin de 1984. Jusqu'alors, une action était matérialisée par un morceau de papier, parfois joliment illustré. Depuis cette date, il n'y a plus de papier. Les titres, actions ou obligations, ne sont plus qu'une inscription en compte gérée par un organisme central, la Sicovam (Société interprofessionnelle de compensation des valeurs mobilières), qui a été créée en 1949 et qui s'appelle aujourd'hui Euroclear France. Euroclear, dont le siège a été déplacé en 2018 de Londres à Bruxelles dans la perspective du Brexit, est un des deux grands dépositaires internationaux de titres en Europe, le second étant Clearstream, basé au Luxembourg, aujourd'hui filiale à 100 % de Deutsche Börse (voir encadré page 69).

### La fin des agents de change

Dès lors, les réformes s'enchaînent rapidement. En 1986, c'est l'abandon de la cotation à la criée, avec ses agents de change et ses commis qui transmettaient leurs ordres d'achat ou de vente par la voix et le geste à un homme qui inscrivait les cours à la craie sur un tableau noir. Place à la cotation électronique, qui permet aujourd'hui au marché de fonctionner en continu de 9 heures à 17 h 30, alors que le système précédent ne permettait que deux ou trois cotations par jour pour les grandes valeurs entre 12 h 30 et 14 h 30 (nous verrons plus loin qu'il subsiste des *fixings* pour les petites valeurs qui ne sont pas admises au marché en continu). Et, à l'été 1987, la fameuse corbeille a été reléguée au musée de la Bourse (voir chapitre 1).

La profession subit un autre changement d'importance avec la disparition des agents de change, qui régnaient sur les marchés boursiers depuis l'Ancien Régime. Napoléon Ier, qui se méfiait d'eux, avait étroitement encadré leur corporation : pour être agent de change, il fallait être coopté par ses pairs, acheter une charge… et obtenir l'approbation du ministère des Finances. Pour la petite histoire, rappelons que c'est la même loi du 19 mars 1801, reprise dans le Code de commerce de 1807, qui interdisait l'accès de la Bourse aux gens de robe, donc aux prêtres, aux juges, aux avocats et… aux femmes. La loi du 22 janvier 1988 met un terme définitif au statut des agents de change et à leur compagnie. Place aux sociétés de Bourse et à la SBF (Société des Bourses françaises).

## Des Bourses à l'échelle du continent et même de plusieurs continents

Mais le mouvement, une fois lancé, ne devait pas s'arrêter là. Des Bourses nationales, même puissantes, ne suffisent plus à l'heure de la mondialisation et de la liberté de circulation des capitaux. Très rapidement, on a commencé à voir des opérations de rapprochement plus ou moins amicales de Bourses d'un même continent ou de continents différents. Ce processus de « consolidation » n'est pas terminé. Disons-le franchement, ce terme de « consolidation » ne nous plaît pas beaucoup, car il peut prêter à confusion. Dans le langage boursier, vous l'entendrez souvent.

**À retenir**

Quand on dit d'une Bourse qu'elle « consolide », cela signifie qu'elle baisse : après avoir monté un peu trop vite, elle recule pour retrouver des cours jugés plus raisonnables à partir desquels elle pourra éventuellement rebondir plus tard si l'environnement économique et financier le permet. Dans le cas du rapprochement entre marchés boursiers, le sens est évidemment complètement différent : il s'agit simplement, comme dans tout autre secteur économique, de la tendance naturelle des grandes firmes à en absorber d'autres pour devenir plus puissantes, plus solides et renforcer leur position sur les différents marchés.

## De si jolis morceaux de papier…

Pour les Français, depuis le 3 novembre 1984, les actions ne sont plus qu'une ligne sur un compte en banque. Ainsi s'est terminée l'époque où une action était matérialisée par un morceau de papier sur lequel on pouvait lire le nom de la société, le montant du capital social, etc., le tout suivi par la mention : « action de X francs au porteur ». Et l'action était accompagnée d'une feuille sur laquelle étaient imprimés de petits rectangles, tous identiques, sur lesquels étaient rappelés le nom de la société et le numéro de l'action : les coupons de dividendes. Tous les ans, après avoir détaché un coupon, le porteur de l'action allait à sa banque toucher son dividende. De cette époque déjà lointaine sont restés des termes toujours utilisés aujourd'hui pour décrire de façon imagée une réalité qui se résume à des jeux d'écriture électronique : les « petits porteurs », le « détachement du coupon »…

En fait, il ne faut pas croire que tout a basculé comme cela, en un jour. Le changement a commencé à se faire dès les années 1960 et 1970, lorsque les banques ont réfléchi au moyen de moderniser leurs services titres. La dématérialisation était rendue possible par l'existence dans chaque pays d'un établissement centralisé assurant la conservation des titres et le règlement-livraison (activité qui consiste à s'assurer que, après une transaction, les titres ont bien été portés au compte de l'acheteur et le paiement effectué auprès du vendeur). En France, c'était la Sicovam, qui a ensuite cédé la place à Euroclear. Une autre institution de dimension européenne, Cedel, fondée en 1970, s'est rapprochée de la chambre de compensation de la Deutsche Börse, pour donner naissance à la société Clearstream, qui s'est retrouvée au centre d'un grand feuilleton politico-médiatique.

Mais la raison qui explique l'accélération du processus de dématérialisation des titres en France est l'instauration, après l'arrivée de la gauche au pouvoir en mai 1981, d'un impôt sur les grandes fortunes : pour contrôler le patrimoine des Français, l'inscription des actions sur les registres des banques était impérative…

Avec la dématérialisation, beaucoup d'actions ont été brûlées. Certaines d'entre elles étaient de véritables œuvres d'art et ont, fort heureusement, été conservées : elles n'ont plus d'autre valeur que celle que les collectionneurs veulent bien leur donner. Mais on quitte ici le domaine de la Bourse pour entrer dans celui de la scripophilie.

Pourquoi cette logique de concentration joue-t-elle aussi en ce qui concerne la Bourse ? Les experts de la Banque centrale européenne l'expliquent très bien dans le bulletin mensuel de la banque de novembre 2007 :

> La consolidation entre marchés boursiers vise à tirer parti des importantes économies d'échelle et de gamme existant dans la négociation de titres. Le progrès technologique constitue un facteur essentiel de ce processus. D'un côté, il permet d'élargir la palette des investisseurs et des sociétés négociant sur un marché, ce qui augmente le volume et la liquidité et diminue le coût de transaction. D'un autre côté, les investisseurs exigent une plus grande rapidité et une meilleure capacité d'exécution des transactions, ce qui

encourage la concurrence entre les marchés boursiers et les oblige à effectuer d'importants investissements technologiques. Les fusions opérées dans l'industrie boursière permettent ainsi de réduire les effectifs, de réaliser de substantielles économies et de consolider les bilans.

## Le panorama boursier aujourd'hui

Dans ce contexte de concurrence exacerbée entre grandes places financières, les opérations de fusion-acquisition se multiplient. Mais, dans le même temps, les autorités financières s'inquiètent. Ainsi que le constatent ces mêmes experts de la Banque centrale européenne, « une consolidation trop poussée peut entraîner des inconvénients, car elle nuit à la concurrence entre les marchés boursiers. Elle peut même, dans les cas extrêmes, favoriser une tendance au monopole. Si, à court terme, une diminution de la concurrence permet aux Bourses d'accroître leurs bénéfices, elle risque d'entraîner une hausse des commissions de cotation et des coûts de transaction et de s'avérer néfaste pour les investisseurs ».

Ce double visage du mouvement de fusion des marchés boursiers – des avantages certains à court terme, mais aussi des risques d'inconvénients à plus long terme – trouve sa traduction dans l'actualité : d'un côté, les fusions continuent, de l'autre, une nouvelle forme de concurrence est en train d'émerger face à ces mastodontes.

### Les grandes opérations internationales

En 1999, au moment de la naissance de l'euro, huit Bourses européennes ont étudié la possibilité d'un rapprochement, avec un système unique permettant l'accès aux différents marchés nationaux. Ces discussions n'ont pas abouti, mais trois Bourses, celles de Paris, d'Amsterdam et de Bruxelles, ont décidé d'aller ensemble jusqu'à la fusion au sein d'une seule et même société, Euronext, créée en septembre 2000. Ensuite, Euronext a acquis le LIFFE (London International Financial Futures and Options Exchange), le marché de produits dérivés (nous verrons plus loin ce que sont les produits dérivés d'actions) de Londres et, en 2002, a fusionné avec le BVLP (Bolsa de Valores de Lisboa e Porto), le marché boursier portugais. Depuis 2003, les Bourses de Paris, d'Amsterdam, de Bruxelles et de Lisbonne disposent du même système de négociation électronique, NSC.

Une nouvelle étape a été franchie en 2007 lorsque les actionnaires d'Euronext ont accepté l'offre du NYSE (New York Stock Exchange, l'un des deux grands marchés de New York, l'autre étant le Nasdaq, marché électronique plus jeune qui accueille principalement des sociétés développant les nouvelles technologies).

Ainsi est né NYSE Euronext, société holding qui coiffait cinq marchés d'actions au comptant de part et d'autre de l'Atlantique et six marchés de produits dérivés. Et ce n'est pas fini. En février 2011, NYSE Euronext a annoncé son intention de fusionner avec Deutsche Börse AG. La Commission européenne a refusé cette fusion au début de 2012, au nom de la concurrence : le nouvel ensemble aurait contrôlé 90 % du marché européen des dérivés.

En décembre 2012, coup de théâtre : le groupe américain ICE (InterContinental Exchange) dépose une offre de reprise de NYSE Euronext. Son projet est clair : il est intéressé par le NYSE et le LIFFE ; les bourses européennes d'Euronext seraient cédées. En juin 2013, les actionnaires des deux groupes approuvent le projet de fusion ; il ne reste plus qu'à obtenir le feu vert de Bruxelles et des autorités nationales. C'est chose faite le 13 novembre ; le rachat est officialisé, pour un montant de 11 milliards de dollars. Le groupe Euronext, une fois séparé du LIFFE et sorti de l'ensemble ICE-NYSE, a été mis sur le marché (son propre marché, Euronext) en 2014, onze investisseurs (dont les grandes banques des quatre pays concernés) formant un groupe d'actionnaires de référence, avec un peu plus d'un tiers du capital. Euronext a ensuite pris le contrôle de la Bourse de Dublin en novembre 1917 et, en juin 2019, de celle d'Oslo, que convoitait le Nasdaq. Fin 2019, une autre bataille s'annonçait pour le contrôle de la Bourse de Madrid.

## Les Bourses concurrentes ne restent pas inactives

Le Nasdaq (National Association of Securities Dealers Automated Quotations, deuxième marché américain), en dépit de ses efforts, n'a jamais réussi à mettre la main sur la Bourse de Londres ni sur NYSE Euronext, mais il a réussi à se rapprocher d'OMX, qui avait de son côté fédéré sept marchés boursiers d'Europe du Nord (Stockholm, Helsinki, Copenhague, Reykjavik, Tallinn, Riga et Vilnius). S'il avait pu ajouter Oslo à cette liste, il aurait contrôlé toute la région.

Technique

Quant au marché de Londres, le LSE (London Stock Exchange), il a réussi à mettre la main sur la Borsa Italiana. Et à l'échelle mondiale, les fusions (ou tentatives de fusion) continuent à un rythme soutenu. En 2007, la Bourse de Toronto a racheté celle de Montréal pour former TMX, que le LSE a vainement essayé d'acheter en 2011. Le prochain grand événement annoncé devait être le rapprochement entre Deutsche Börse et le LSE. Le projet, approuvé par les conseils d'administration des deux groupes, semblait devoir se réaliser malgré le Brexit. Pour mettre toutes les chances de son côté vis-à-vis des autorités de la concurrence européenne, le LSE avait accepté de revendre à Euronext la partie française de LCH Clearnet, sa *chambre de compensation*. Qu'est-ce qu'une chambre de compensation ? C'est un organisme chargé de garantir la bonne fin des transactions boursières et donc d'apporter une assurance contre les risques de défaillance de l'une ou l'autre des parties. Euronext en avait une, Clearnet, qu'elle avait vendue presque complètement par étapes au LSE entre 2003 et 2007, ce qui avait donné naissance à LCH Clearnet (LCH, pour London Clearing House). En rachetant ainsi son ancienne chambre de compensation, Euronext confortait son portefeuille d'activités sur le continent. Une précision toutefois : l'opération ne devait se faire que si les autorités européennes donnaient leur feu vert à la fusion LSE-Deutsche Börse. Mais, en mars 2017, la Commission a décidé d'interdire cette fusion en vertu du règlement de l'Union européenne sur les concentrations. Faute de pouvoir prendre le contrôle intégral de LCH en France, Euronext a négocié avec le groupe l'obtention d'une participation minoritaire dans cette filiale.

## Et la MIF bouscule tout

Au-delà de ce cas particulier, les accords, voire les fusions, entre grandes Bourses ne risquent-ils pas d'aboutir à la formation de gigantesques entreprises contrôlant les marchés financiers de plusieurs continents ? Si c'était le cas, ce serait inquiétant car, après avoir éliminé leurs concurrentes, ces grandes entreprises se retrouveraient en situation de monopole dans certaines zones géographiques et pourraient alors exiger des sociétés cotées et de leurs actionnaires une forte hausse des commissions de cotation et des frais de transaction. C'est pourquoi la directive européenne Marché des instruments financiers (MIF, selon le sigle français, MIFID, selon le sigle anglais très fréquemment employé), entrée en vigueur le 1er novembre 2007, tout en favorisant l'intégration des marchés de capitaux européens, comporte des mesures visant à renforcer la concurrence.

Auparavant, quand un investisseur français passait chez son intermédiaire financier un ordre d'achat ou de vente sur une valeur française ou étrangère cotée sur un marché réglementé, cet ordre était transmis à ce marché : il n'y avait pas d'autre choix possible. Désormais, votre intermédiaire financier (votre entreprise d'investissement, pour reprendre le langage officiel) peut choisir trois solutions : soit effectuer la transaction sur un marché réglementé, comme avant, soit avoir recours à une plateforme électronique ou système multilatéral de négociation (les marchés nouveaux sont désignés en Europe par le sigle anglais MTF, pour *multilateral trading facilities*, et aux États-Unis par le sigle ATF, pour *alternative trading facilities*), soit « internaliser » les ordres (l'entreprise d'investissement exécute l'ordre en se portant elle-même contrepartie).

L'entreprise d'investissement est tenue à la « meilleure exécution », c'est-à-dire que la directive MIF lui impose de prendre toutes les mesures « raisonnables » pour obtenir le meilleur résultat possible pour ses clients, en tenant compte du prix, des frais, de la rapidité, de la probabilité d'exécution de l'ordre, de la taille et de la nature de cet ordre, etc. Elle doit fournir à ses clients non professionnels des informations « appropriées » sur la façon dont elle compte remplir cette obligation, notamment une liste des lieux d'exécution auxquels elle fait le plus confiance. Elle peut être tenue de répondre aux questions de ses clients sur ce point dans la mesure où la demande est « raisonnable et proportionnée » (autrement dit, elle n'a pas à préciser à chaque fois où l'ordre a été exécuté, elle ne peut être amenée à le faire que si un problème particulier se pose).

## Plateformes électroniques et dark pools

Avant même l'entrée en vigueur de la directive, dès novembre 2006, sept grandes banques d'affaires ont annoncé la mise en place de leur propre plateforme de négociation en Europe. D'autres projets sont ensuite apparus, des opérateurs américains sont venus s'installer sur le continent européen, des regroupements ont eu lieu. Ces plateformes sont diverses : elles sont destinées aux particuliers ou aux professionnels, elles traitent plutôt tel ou tel produit financier, elles sont exploitées par des prestataires de services d'investissement (des courtiers en ligne par exemple) ou par des entreprises de marché comme Euronext ou le London Stock Exchange qui préfèrent organiser ainsi leur propre concurrence. Car ces plateformes sont redoutables. Elles peuvent offrir, par exemple, la possibilité de passer des ordres sur des valeurs européennes alors que les marchés d'Euronext sont fermés. Cela peut être utile si le marché américain, après la clôture de Paris, s'envole ou, au contraire, se met à plonger : on peut alors acheter ou vendre dans de meilleures conditions qu'on ne pourra le faire le lendemain sur le marché officiel. Ces plateformes ont aussi un autre argument encore plus décisif : elles prélèvent des frais beaucoup moins élevés.

La firme américaine BATS a ainsi créé BATS Europe qui a absorbé fin 2011 une autre plateforme, Chi-X, et tient désormais plus de 20 % du marché européen des actions : des plateformes de ce genre n'interviennent en effet que sur les actions qui s'échangent le plus, qui font le plus de volume, et cela sur les plus grands marchés (Londres, Paris, Francfort). Notons que BATS a été rachetée en 2016 par CBOE (Chicago Board Options Exchange). On pourrait aussi citer Tradegate, reprise en 2009 par Deutsche Börse et qui offre l'avantage de permettre d'intervenir sur le marché d'actions françaises et étrangères de 8 heures du matin à 8 heures du soir, ou Turquoise, rachetée en 2009 également par le LSE et premier système multilatéral de négociation à avoir proposé en Europe les services d'un « *dark pool* ».

Technique

De quoi s'agit-il ? De fait, ces plateformes électroniques ont souvent une filiale appelée « *dark pool* », lieu où des quantités importantes de titres (des blocs) se négocient en toute discrétion – pas de prix d'achat ou de vente affichés tant que la négociation n'est pas conclue – et de façon anonyme – on ne sait pas qui négocie avec qui. Cette procédure a un avantage : des échanges de titres d'un volume significatif peuvent se faire sans avoir d'impact sur les cours enregistrés sur les marchés officiels, sans provoquer de remous. Elle a en revanche un inconvénient pour les autorités chargées de réguler les marchés : surveiller ce qui se passe sur un marché comme Euronext est assez facile ; surveiller les mouvements sur un titre quand les échanges se font à la fois sur Euronext et sur des dizaines de plateformes électroniques, dont certaines sont des « Bourses de l'ombre » (traduction possible de *dark pools*), pose un problème autrement redoutable. La grande question est celle de la transparence : sur un vrai marché, il y a des gens prêts à vendre à un prix donné, d'autres prêts à acheter à un autre prix ; de la confrontation publique de ces demandes et de ces offres découlent des transactions à un prix affiché. On voit comment se forment les prix. Compte tenu de la multiplication des lieux de transactions et du caractère opaque de certains d'entre eux, la transparence est sérieusement mise en cause. En janvier 2017, on comptait en Europe 102 marchés réglementés et 150 systèmes multilatéraux de négociation.

Une deuxième directive MIF, qui tire les enseignements de la crise de 2008, est entrée en vigueur au début de 2018 (après un report d'un an par rapport à la date initialement prévue). Pour résumer le contenu de ce texte long et complexe, disons qu'il vise précisément à redonner plus de transparence aux marchés d'actions et, surtout, à étendre ces obligations de transparence à la négociation d'autres instruments financiers. Il vise notamment à permettre une meilleure lisibilité du marché et un processus de formation des prix optimal par confrontation de l'offre et de la demande ; dans ce but, il est prévu par exemple de restreindre les négociations de gré à gré (qui n'apparaissent sur aucun carnet d'ordres) à des situations exceptionnelles et clairement définies. Quant aux *dark pools*, ils doivent être mieux encadrés et limités en volume pour les actions.

Ajoutons enfin que ces plateformes électroniques ont développé des techniques permettant de passer des ordres très nombreux en un espace de temps très court, de l'ordre de quelques millisecondes par ordre, voire maintenant de quelques microsecondes (millionièmes de seconde). Le développement de ces négociations à haute fréquence (*high frequency trading*), au seul profit des professionnels, est spectaculaire. Nous aurons l'occasion d'en reparler. Disons tout de suite que la MIF 2 vise aussi à mieux encadrer ces négociations.

# L'organisation de la place de Paris

Pour un pays, disposer d'une place financière importante est un atout considérable, à la fois en termes d'emplois et d'entrée de capitaux. Même à l'heure de l'informatique et des échanges dématérialisés, il y a toujours avantage à rassembler en un même endroit investisseurs professionnels, intermédiaires et spécialistes divers. Une place financière n'est attrayante que si elle offre une large gamme de services et une organisation efficace. Et, même si de multiples scandales laissent croire que tout y est permis, ces activités sont, en principe, très contrôlées.

## Sous l'Autorité des marchés financiers

La Bourse de Paris, c'est d'abord un marché réglementé, par opposition à un marché simplement régulé ou à un marché de gré à gré où les transactions ne sont régies que par les règles commerciales de droit commun. Un marché réglementé repose sur des institutions qui organisent les émissions de titres, les transactions et le dénouement des opérations. Après la disparition des agents de change et de leur compagnie, la place de Paris reposait sur trois pôles : une entreprise de marché (la Société des Bourses françaises – SBF), un conseil (le CMF, Conseil des marchés financiers), qui édictait les règles à observer sur le marché, et un organe de surveillance, la COB (Commission des opérations de Bourse).

Cette organisation a rapidement évolué. D'abord, nous l'avons vu, la SBF s'est regroupée avec d'autres entreprises de marché pour former Euronext, puis NYSE Euronext et de nouveau Euronext. Enfin, en 2003, une fusion a été opérée entre le CMF et la COB pour former une seule entité de tutelle de la Bourse : l'AMF, Autorité des marchés financiers.

**Figure 4-2** Les missions de l'AMF

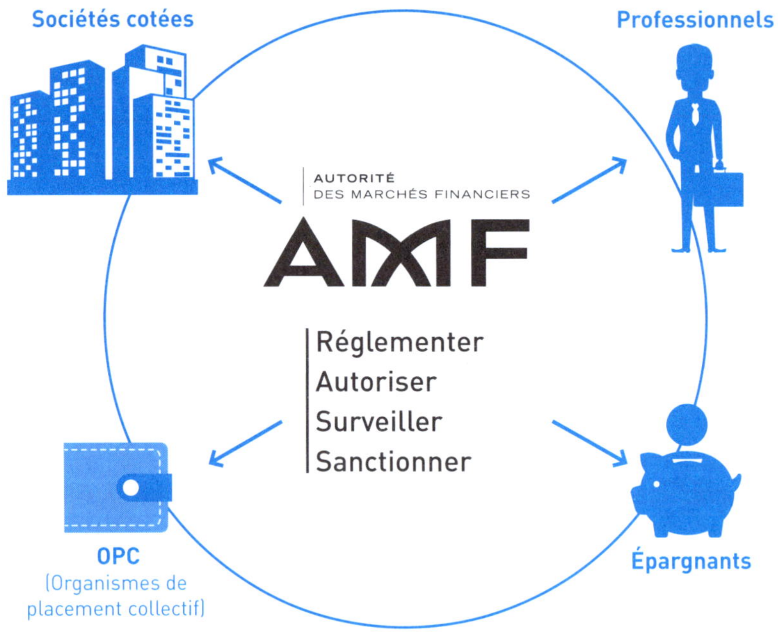


*Source : lafinancepourtous.com d'après AMF*

L'AMF est un organisme public indépendant dont le président est nommé pour cinq ans par décret du président de la République. De l'ancien Conseil des marchés financiers, l'AMF a repris toutes les missions d'élaboration des règles du jeu. C'est l'AMF qui établit le règlement général des Bourses de valeurs, lequel doit ensuite être homologué par le ministère des Finances avant d'entrer en application. Elle fixe les dispositions d'ordre déontologique qui s'appliquent aux professionnels des marchés financiers. De la COB, elle a hérité toutes les missions de surveillance du bon fonctionnement des marchés et de sanction en cas de manquement au règlement.

Elle intervient dès lors qu'il y a appel public à l'épargne, quelle que soit la nature du produit financier proposé ou, plus exactement, pour utiliser la terminologie qui s'impose depuis les dernières modifications de son règlement général, dès qu'il y a offre au public. Par exemple, c'est l'AMF qui accorde son visa aux notices publiées par les sociétés à l'occasion d'opérations financières (comme les OPA, offres publiques d'achat) ou de leur introduction en Bourse. Elle autorise la création des sicav (sociétés d'investissement à capital variable) et des FCP (fonds communs de placement), elle vérifie l'information figurant dans la notice de présentation de chaque produit. C'est elle aussi qui contrôle les conseillers en investissements financiers et (avec d'autres autorités) les démarcheurs bancaires ou financiers.

L'AMF surveille en permanence les marchés pour vérifier qu'il ne s'y produit rien d'anormal. En cas de besoin, elle peut décider de mener des enquêtes et dispose de larges pouvoirs pour cela : faire obstacle à ses contrôles ou lui communiquer des renseignements inexacts peut coûter très cher. Au terme de ses enquêtes, elle peut elle-même prononcer des sanctions ou, le cas échéant, porter l'affaire devant la justice pénale.

Signalons enfin que l'AMF est de plus en plus amenée à regarder au-delà des frontières : elle apporte son concours à la régulation des marchés aux échelons européen et international, et elle développe sa coopération avec ses homologues étrangères. Elle est notamment membre actif de l'Autorité européenne des marchés financiers (ESMA), l'une des trois nouvelles autorités de supervision européennes créées après la crise financière de 2008 ; l'ESMA a succédé en janvier 2011 au Comité européen des régulateurs de marchés.

Compte tenu de l'importance de son rôle et de son intervention dans des affaires où l'unité de compte peut atteindre le milliard d'euros, l'AMF est forcément très critiquée : trop tatillonne pour les uns, trop laxiste pour les autres, toujours suspectée de ne s'en prendre qu'aux lampistes et de défendre les intérêts des puissants. Son président doit avoir le dos large et les nerfs solides !

Le saviez-vous

Vous avez un litige avec l'intermédiaire financier par lequel vous passez vos ordres en Bourse ou avec une société qui émet des titres (actions, obligations ou autres) ? Si les diverses tentatives que vous avez menées (par écrit) pour régler ce litige n'aboutissent pas, vous pouvez vous adresser (par écrit également) au médiateur de l'AMF. La procédure est gratuite, confidentielle, rapide (trois mois à partir du moment où le médiateur a toutes les pièces du dossier). Elle est non contraignante, c'est-à-dire que le médiateur peut seulement faire des recommandations que les deux parties sont libres de refuser, mais, en pratique, ces recommandations suffisent généralement à ramener tout le monde à la raison.

## Euronext, l'entreprise

Après la Compagnie des agents de change puis la Société des Bourses françaises, il y a eu Euronext, NYSE Euronext et de nouveau Euronext. Mais qu'est-ce qu'une entreprise de marchés financiers ? Son principal métier est de gérer des systèmes informatiques de cotation, qu'il s'agisse d'actions ou d'autres produits. Sous le contrôle de l'AMF pour la France et des autres autorités boursières nationales,

Euronext met en place et fait fonctionner des marchés réglementés et d'autres marchés régulés ou non. Elle gère l'adhésion des membres (les intermédiaires financiers, seuls habilités à intervenir sur les marchés), l'admission des valeurs à la cote et leur radiation. Enfin, dans l'univers de plus en plus concurrentiel que nous avons décrit plus haut, elle s'occupe activement de promouvoir ses marchés auprès des émetteurs et des investisseurs.

## Les intermédiaires financiers

Dans le vocabulaire anglo-saxon, on parle de *brokers*, et, en français, de courtiers. Auparavant, on les nommait les « agents de change ». Il y a eu ensuite les sociétés de Bourse et, maintenant, les entreprises d'investissement. C'est en tout cas ce dernier vocable qui est employé officiellement par les directives européennes et les textes qui les retranscrivent en droit français.

En fait, les entreprises d'investissement peuvent exercer une palette de métiers très large ; beaucoup se sont spécialisées. Ne peuvent être considérées comme des courtiers que celles qui sont membres du marché Euronext, soit plus de 200, dont une vingtaine de courtiers en ligne. La plupart sont contrôlées par des banques, françaises ou étrangères. On ne compte plus guère qu'une poignée de maisons indépendantes. Les entreprises d'investissement peuvent faire plus que transmettre et exécuter les ordres de Bourse. Elles gèrent des portefeuilles pour le compte des clients, elles ont leurs propres services d'études économiques et d'analyse financière. Aux côtés des établissements de crédit, elles appartiennent à la grande famille des prestataires de services d'investissement (PSI).

# Les grands marchés

Nous verrons plus en détail ultérieurement comment lire une cote ; la première chose à savoir quand on cherche le cours d'une valeur est à quel marché elle est inscrite. Les vieux boursiers vous parleront encore du premier marché, qui se décomposait en un marché à règlement mensuel et un marché au comptant, du second marché, du nouveau marché et du marché libre. Toute cette organisation a été profondément modifiée en plusieurs étapes au cours des dernières années.

## Euronext, le marché

Euronext, nous l'avons vu, c'est le nom d'une entreprise, mais c'est aussi le nom du marché réglementé de Paris au sens de la directive MIF. Ouvert le

21 février 2005 sous le nom d'Eurolist, il a pris le nom d'Euronext après le rapprochement d'Euronext avec le NYSE. Les sociétés ne sont plus classées comme autrefois selon le secteur d'activité. Une simple lettre – A, B ou C – indique à quel compartiment de la cote elles sont rattachées : A pour les sociétés dont la *capitalisation boursière* (valeur de l'action multipliée par le nombre total d'actions de cette société) est supérieure à 1 milliard d'euros, B pour celles dont la capitalisation est comprise entre 1 milliard et 150 millions d'euros, et C pour celles dont la capitalisation est inférieure à 150 millions d'euros. Au total, Euronext Paris comptait en 2019 462 sociétés françaises cotées, auxquelles il faut ajouter 30 sociétés étrangères. Ces sociétés doivent diffuser dans le public au moins le quart de leur capital ; si le nombre de titres composant le capital est élevé, ce pourcentage peut descendre jusqu'à 5 %, à condition que l'offre au public porte sur au moins 5 millions d'euros.

Les cotations s'effectuent en continu de 9 heures à 17 h 30 mais, pour les petites valeurs, il y a seulement deux fixings (fixages pour les puristes) dans la journée, à 11 h 30 et 16 h 30. La distinction se fait selon la liquidité : les valeurs qui doivent pouvoir faire l'objet d'au moins 2 500 transactions par an sont automatiquement cotées en continu. Celles qui ne peuvent atteindre ce seuil ont toutefois la possibilité d'être cotées en continu si elles ont signé un contrat de liquidité.

Technique

Un contrat de liquidité est un contrat signé entre une société émettrice, grande ou petite, et un prestataire de services d'investissement qui prévoit que ce dernier assurera la liquidité du titre, c'est-à-dire permettra que se réalisent normalement les transactions et veillera à ce que ne se produisent pas des décalages de cours autres que ceux justifiés par la tendance du marché. Pour ce faire, la société émettrice doit être autorisée par l'assemblée générale des actionnaires à racheter une certaine quantité de ses actions qu'elle mettra à la disposition du prestataire de services.

## Le SRD (service à règlement différé)

C'est le successeur du marché à règlement mensuel. Les valeurs qui appartiennent au SRD peuvent être négociées au comptant mais, si on le veut, le dénouement de l'opération ne s'effectue qu'à la fin du mois boursier. Cette possibilité d'acheter ou de vendre à terme n'est réservée qu'aux valeurs les plus importantes et les plus liquides (celles sur lesquelles il s'effectue le plus de transactions) d'Euronext, c'est-à-dire à environ 140 valeurs françaises et quelques sociétés étrangères. Ces valeurs appartiennent à l'indice SBF 120 ou ont une capitalisation boursière de plus de 1 milliard d'euros.

En mai 2010, Euronext a créé un nouveau compartiment du SRD appelé SRD « *long only* » (en anglais, être *long*, c'est être acheteur, *short*, être vendeur) où peuvent être négociées les actions de sociétés (93 au départ, plus de 120 en 2019) répondant à un seul critère : un volume quotidien de transactions au moins égal à 100 000 euros. Dans la presse, il est souvent désigné comme le SRD « valeurs moyennes ». Nous parlerons plus longuement du SRD et de ce nouveau compartiment au chapitre 15.

## Euronext Growth

**Nouveauté**

Euronext Growth a succédé en juin 2017 à Alternext (en fait, c'est toujours Alternext, mais sous un nouveau nom commercial). Ce n'est pas un marché réglementé, mais un système multilatéral de négociation organisé. Cela signifie non pas qu'il n'y ait aucune règle du jeu, mais qu'ici les règles sont plus souples que sur le marché réglementé ; ce marché ne suit qu'une partie des dispositions prévues par le règlement général de l'AMF. Il s'agit de faire venir à la Bourse des PME ou des entreprises de taille intermédiaire (ETI) qui souhaitent financer leur développement, mais ne peuvent pas (ou ne veulent pas) se conformer aux règles très strictes du marché réglementé. Néanmoins, les sociétés qui veulent être cotées sur Euronext Growth doivent fournir au moins deux années de comptes certifiés (les normes IFRS, International Financial Reporting Standards ou normes internationales d'information financière, ne sont pas obligatoires). Si elles veulent faire une offre au public, elles doivent publier un prospectus ou un document d'information et, dans tous les cas, la valeur des titres mis en circulation sur le marché (le flottant) doit atteindre 2,5 millions d'euros au minimum.

Les cotations se font en continu pour les valeurs qui font l'objet d'au moins 2 500 transactions par an. Les autres valeurs sont cotées deux fois par jour, lors de deux fixages à 11 h 30 et 16 h 30 (sur l'ancien Alternext, il n'y avait qu'un seul fixage par jour). Chaque fixage est suivi d'une période de négociation au dernier cours qui se prolonge jusqu'à 15 heures pour le premier fixage et 17 h 30 pour le second.

Euronext Growth est, d'une certaine façon, le successeur du second marché qui, après avoir connu des heures de gloire, s'est effondré au début des années 2000, victime de l'éclatement de la bulle spéculative des années 1990 et de la chute des cours des valeurs dites de la « nouvelle économie » (Internet et les nouvelles technologies). Plus de 180 sociétés étaient cotées sur Euronext Growth à Paris en 2019 (il existe aussi des marchés Euronext Growth à Bruxelles, Dublin et Lisbonne). Le nom Euronext Growth a été choisi parce que la deuxième directive européenne sur les marchés financiers (MIF 2) de mai 2014 a créé une nouvelle catégorie de systèmes multilatéraux de négociation appelée SME Growth markets (pour *Small and Medium Enterprises*) devant permettre aux PME d'accéder plus facilement aux marchés de capitaux. Euronext a obtenu en octobre 2019 ce label, qui a été accordé aussi en août en Suède, au Danemark et en Finlande au Nasdaq First North.

## Euronext Access et Access +

**Nouveauté**

En juin 2017 est arrivé Euronext Access, nouvelle appellation du marché libre qui lui-même avait pris la succession en septembre 1996 du marché hors cote (sous-entendu hors cote « officielle ») où pouvaient s'échanger les titres de sociétés très diverses, souvent de petite taille et parfois prometteuses. Euronext Access n'est donc pas un marché réglementé comme Euronext, ni même un SMNO (système de négociation multilatéral organisé) comme Euronext Growth, mais un simple SMN (système multilatéral de négociation). De ce fait, les émetteurs dont les titres sont admis à la négociation sur Euronext Access ne sont pas tenus aux obligations découlant de l'admission à la négociation sur un marché réglementé et ils sont soumis à des obligations plus souples que celles découlant de l'admission à la négociation sur Euronext Growth, qu'il s'agisse des documents comptables à présenter ou de la part du capital à mettre dans le public (aucun montant minimal imposé). Cela s'explique par le fait qu'Euronext Access n'est pas vraiment un marché de financement, mais plutôt un marché dit de visibilité, sur lequel on va parce qu'on a besoin d'être coté pour diverses raisons. Toutefois, l'AMF donne son visa au prospectus indispensable en cas d'offre au public à partir d'un montant de 8 millions d'euros et, contrairement à ce qui existait sur le marché libre avant juin 2017, la réglementation sur les abus de marché (opérations d'initiés, manipulations de cours) s'applique sur Euronext Access comme sur Euronext Growth.

Ce marché comporte un segment appelé Access +. Les émetteurs qui y sont admis sont soumis à certaines obligations supplémentaires de communication et ont l'obligation de nommer un « listing sponsor » sur une base permanente (un listing sponsor est une société financière spécialisée qui assiste les entreprises désireuses de se faire coter), alors qu'il n'est obligatoire que dans la période d'admission sur Access. La valeur des titres diffusés dans le public doit atteindre au minimum 1 million d'euros. L'objet d'Euronext Access + est de faciliter un transfert ultérieur vers le marché Euronext Growth et un accès élargi aux capitaux, dès lors que le capital flottant atteint au moins 2,5 millions d'euros.

Sur ce marché libre nouvelle formule, pour les valeurs qui ne sont pas cotées en continu, les cotations se font selon un système harmonisé de double fixage à 11 h 30 et 16 h 30 comme sur Euronext Growth et le marché réglementé.

## Enternext, au service des PME et ETI

En mai 2013 a été créé Enternext, dont le rôle est d'assurer un financement de marché aux PME et ETI dans les différents pays européens où Euronext est présente. Cette filiale d'Euronext ne gère aucun marché nouveau : les entreprises concernées continuent d'être cotées sur le marché réglementé Euronext (segments B et C) ou sur Euronext Growth. En France, 541 sociétés étaient concernées au départ : 120 cotées sur le compartiment B d'Euronext, 266 sur le compartiment C et 155 sur Alternext (devenu Euronext Growth).

L'objectif est d'assurer un suivi personnalisé et de proximité de ces entreprises et de promouvoir les moyens de financement par le marché (actions ou obligations), à un moment où le crédit bancaire risque de se faire plus rare. Il avait été envisagé de créer un nouveau marché pour ces PME et ETI, mais il a, en fin de compte, été jugé que les institutions en place pouvaient fort bien tenir ce rôle et que le plus important était de développer les moyens de prospection et de suivi.

# Les grands indices

Pour que les investisseurs puissent suivre les évolutions de la Bourse, les organisateurs des différents marchés ont mis en place des indices calculés à partir des variations d'un nombre plus ou moins élevé de valeurs de plus ou moins grande taille. Certains sont très connus du grand public : qui n'a pas entendu parler du fameux Dow Jones ou du CAC 40 ? D'autres sont rarement cités en dehors du cercle des spécialistes.

En apparence, cela paraît très simple. Dans la réalité, bâtir un bon indice et le faire vivre est très compliqué. Pour exemple, vous pouvez choisir 30 ou 40 grandes valeurs qui pèsent particulièrement lourd en estimant que leur évolution est représentative de l'ensemble du marché. Mais vous devez les choisir selon des critères précis. Vous devez aussi prévoir ce que vous ferez lorsqu'une valeur retenue ne remplira plus les critères initiaux : la garderez-vous tout de même, pour préserver la continuité de l'indice, ou la remplacerez-vous par une autre valeur remplissant mieux les critères ? Votre indice, le construirez-vous de façon équipondérée, chaque valeur occupant une place identique dans l'indice, ou alors chaque valeur se verra-t-elle attribuer une part de l'indice correspondant à son poids en Bourse ? Chaque méthode a ses qualités et ses défauts : il faut choisir puis veiller à une mise en œuvre scrupuleuse des principes retenus au départ pour assurer la fiabilité des indices. Pour gérer les siens, notamment le CAC 40, Euronext a un comité scientifique qui se réunit au moins quatre fois par an.

## Les indices de la Bourse de Paris

À tout seigneur, tout honneur : il faut d'abord parler du CAC 40. Mais la Bourse de Paris ne se réduit pas aux 40 valeurs qui le composent ; pour avoir une idée exacte du marché, il est conseillé de regarder aussi toute une batterie d'autres indices.

### Le CAC 40

Le CAC 40 est évidemment l'indice phare : CAC, comme l'indice général CAC dont il assure la succession depuis 1988 (base 1 000 au 31 décembre 1987), sachant que CAC, qui signifiait autrefois Compagnie des agents de change, signifie aujourd'hui Cotation assistée en continu, et 40, parce que l'indice est calculé en théorie à partir des variations de cours de 40 valeurs (temporairement parfois 39 à la suite d'une fusion-acquisition, parfois 41 à la suite d'une scission). Le classement résulte de la combinaison de deux critères : la capitalisation boursière flottante et le volume de transactions. Au début, on considérait la capitalisation boursière totale de cette valeur ; depuis le 1er décembre 2003, on ne prend plus en compte que la capitalisation du « flottant » (valeur de l'action multipliée par le nombre d'actions en circulation dans le public). Cette méthode de calcul est justifiée par le fait que de très grandes entreprises cotées sont encore détenues en partie par l'État et que les actions en circulation représentent une part parfois très faible de leur nombre total. L'exemple le plus frappant a été pendant plusieurs années celui d'EDF, qui avait été admise dans le CAC 40 en décembre 2005 à peine un mois après son introduction, mais qui, fin 2015, ne pesait plus que 0,5 % de l'indice malgré une capitalisation boursière importante, du fait de son faible flottant : l'État en détenait encore 84,5 %. Ce handicap a été fatal : conjugué à une médiocre tenue du titre en Bourse, il a conduit à l'éviction d'EDF du CAC 40 à la fin de cette année 2015. À l'opposé, pour contrer le poids croissant de Total, il a été prévu qu'une valeur ne pouvait peser pour plus de 15 % dans l'indice.

L'indice CAC 40 est un indice dit « négociable » : il sert de support à de nombreux produits dérivés (options, contrats à terme, warrants, *trackers*, certificats et autres dont nous parlerons ultérieurement).

### La nouvelle famille des indices CAC et SBF

Le CAC 40 est complété par le CAC Next 20, qui regroupe les vingt plus grandes valeurs suivantes ; c'est dans le CAC Next 20 que le Conseil scientifique des indices puise lorsqu'il faut trouver une nouvelle valeur pour le CAC 40 lorsqu'une place se libère (c'est là aussi que s'est retrouvée EDF après sa sortie du CAC 40). Depuis la réforme des indices intervenue en mars 2011, un troisième indice regroupe les quarante valeurs du CAC 40 et les vingt valeurs du CAC Next 20, c'est le CAC Large 60.

Viennent ensuite 60 valeurs qui forment le CAC Mid 60 ; avec les valeurs du CAC Large 60, elles donnent le SBF 120 (SBF, comme Société des Bourses françaises). Enfin vient l'indice CAC Small, qui succède au CAC Small 90. À la différence de son prédécesseur, il n'est pas limité en nombre, mais inclut toutes les valeurs autres que celles incluses dans les trois indices précédents (CAC 40, CAC Next 20 et CAC Mid 60) qui remplissent un certain nombre de critères concernant le volume annuel de transactions sur leurs titres et concernant le flottant (nombre de titres en circulation dans le public une fois exclues les actions d'autocontrôle, c'est-à-dire détenues par la société elle-même, et celles détenues par l'État, par les salariés, par les dirigeants, par les membres de la famille fondatrice ou par des actionnaires détenant plus de 5 % du capital, à moins qu'il ne s'agisse d'OPCVM ou de fonds de retraite) ; le rapport entre le nombre de titres échangés annuellement et le nombre de titres composant le capital flottant – ce qu'on appelle le taux de rotation – doit être d'au moins 20 %. Autrement dit, il faut que les valeurs composant le CAC Small, comme celles des trois indices précédents, aient une vraie vie boursière. En 2019, le CAC Small regroupait 194 valeurs. Associées aux valeurs du CAC Mid 60, les valeurs du CAC Small forment le CAC Mid & Small.

**Nouveauté**

Réunies, les valeurs de tous ces indices forment l'indice large CAC All-Tradable, qui regroupait 314 valeurs en 2019. Ce nouvel indice CAC All-Tradable a remplacé l'indice SBF 250. Enfin, pour avoir une vue encore plus large du marché, on peut regarder l'indice CAC All-Share, qui regroupe toutes les valeurs dont le taux de rotation excède 5 % et dont la capitalisation boursière atteint au minimum 10 millions d'euros. Cet indice compte plus de 500 valeurs.

Fin février 2014, avant même la publication du décret permettant la création de PEA-PME (voir chapitres 6 et 16), Euronext a lancé un indice CAC PME comprenant 40 valeurs pouvant être mises dans ce nouveau plan d'épargne. En théorie, le nombre de valeurs entrant dans cet indice peut varier entre 20 et 40. La composition de l'indice et le poids de chaque valeur sont revus et éventuellement modifiés chaque trimestre. Les entreprises retenues sont choisies en priorité parmi celles qui enregistrent un volume quotidien de transactions d'au moins 250 000 € ; il s'agit d'entreprises qui réalisent un chiffre d'affaires inférieur à 1 milliard d'euros, qui emploient 5 000 salariés au maximum ou qui présentent un total de bilan inférieur à 2 milliards d'euros.

Ces indices nouveaux (nous ne les citerons pas tous) ont évidemment vocation à être négociables, c'est-à-dire à servir de support à la construction de produits financiers dérivés. Au total, Euronext produit plus de 400 indices !

## CAC 40 : le tourniquet des grandes valeurs

Quand est né le CAC 40 ? On a célébré ses vingt ans à l'automne 2007 ; en fait, en novembre 1987, il n'existait pas encore. On venait tout juste de publier la liste des 40 sociétés cotées qui avaient été retenues pour le composer, mais le premier cours de l'indice CAC 40 n'a été publié que le 15 juin 1988, avec une référence 1 000 au 31 décembre 1987.

Cette longue période de gestation a été très compliquée et montre qu'il n'est pas simple de bâtir un indice boursier qui résiste au temps dans un univers où tout bouge très vite. Qui se souvient aujourd'hui de la Télémécanique, qui a fait les beaux jours de la Bourse dans les années 1970 et 1980 ? Retenue dans la composition de l'indice initial, elle s'est retrouvée au cœur d'une longue bataille boursière qui s'est terminée par son rachat par le groupe Schneider à l'été 1988. Résultat : l'indice CAC 40 a été calculé pour la première fois le 15 juin 1988 sans Télémécanique. Le 27 mai, il avait été décidé également de retirer du CAC 40, avant sa naissance officielle, la Générale Occidentale, autre vedette de la cote, qui a été finalement absorbée par Alcatel en avril 1991.

Une autre valeur figurant dans la liste initiale a pu tenir jusqu'à la publication des premiers cours du CAC 40, mais n'est pas restée très longtemps : c'est Darty, reprise par ses salariés en mai 1988, puis vendue à Kingfisher. Darty est la société restée le moins longtemps dans le CAC 40 (un mois et demi). Finalement, le groupe a été racheté par la FNAC en 2016.

Le CAC 40 est un indice vivant et son évolution accompagne celle de l'économie française : désengagement de l'État actionnaire, apparition de « mégacapitalisations » à la française, avec des poids lourds mondiaux comme LVMH, Total, BNP Paribas ou Sanofi-Aventis. Il révèle aussi les changements de modes boursières : engouement dans les années 1990 pour les valeurs TMT (Technologies, médias, télécommunications), qui étaient encore 11 dans le CAC 40 en 2001, puis pour les financières, qui étaient 6 au début de 2007.

En septembre 2010, Dexia doit céder la place à Natixis. Mais un an plus tard, dans un contexte défavorable aux valeurs bancaires, Natixis à son tour doit s'effacer devant Safran. En décembre 2011, Suez Environnement, après avoir passé trois ans dans l'indice, en sort au profit de Legrand. Le fabricant de matériel et équipements électriques fait ainsi son grand retour dans le CAC 40 qu'il avait quitté en mai 2000.

En septembre 2012, le groupe chimique belge Solvay prend la place de Peugeot, dont le cours est tombé très bas, et, trois mois plus tard, Gemalto remplace Alcatel-Lucent… qui revient en décembre 2013 au détriment de STMicroelectronics. Depuis, Alcatel-Lucent, vendu à Nokia, a cédé sa place à ce dernier groupe (qui n'est pas resté longtemps) et Peugeot est revenu en 2015. Au printemps 2016, Sodexo a remplacé Alstom puis Solvay a laissé la place à Dassault Systèmes, Gemalto a été absorbé par Thales, dernier entré dans l'indice en 2019.

## Les indices européens

Tous les marchés européens gardent leurs indices nationaux, quelle que soit la société qui les gère : on a toujours le DAX 30 en Allemagne, le MIB 30 à Milan, l'Ibex 35 à Madrid et, évidemment, le FTSE 100 à Londres. Mais les investisseurs internationaux se servent de plus en plus d'indices paneuropéens pour une gestion à l'échelle du continent. Les plus utilisés sont ceux développés initialement par les Bourses européennes en partenariat avec l'agence américaine Dow Jones, au niveau de la zone euro, Euro Stoxx 50 ou Euro Stoxx, ou de l'ensemble de l'Europe, Stoxx Europe 50 ou Stoxx Europe 600 (Stoxx, qui produit environ 10 000 indices, est une filiale de Deutsche Börse). Mais ils sont concurrencés par les indices FTSEurofirst, lancés plus tard par Euronext et FTSE (Financial Times Stock Exchange). En 2015, l'anglais FTSE et l'américain Russell se sont réunis pour former un fabricant mondial d'indices, FTSE Russell, entièrement contrôlé par le London Stock Exchange Group. Euronext fournit aussi ses propres indices Euronext 100 et Next 150 représentatifs des grandes capitalisations européennes. La concurrence est partout...

Le saviez-vous

Les indices des grandes places européennes ont enregistré des évolutions très différentes au cours des dernières années. Ces différences reflètent évidemment les évolutions divergentes des économies nationales, mais elles sont aussi accentuées par les différences dans le mode de calcul de ces indices. Prenons l'exemple de la France et de l'Allemagne : en 2017 et encore au début de 2018, à près de 13 597 points le 23 janvier, à Francfort, le DAX 30 a battu des records historiques alors que, à Paris, malgré une nette progression, le CAC 40 n'a pas réussi à retrouver son niveau le plus élevé – 6 944,77 points – atteint bien des années auparavant, le 4 septembre 2000. Ce meilleur comportement du DAX 30 s'explique certes par la meilleure santé de l'économie allemande au cours des dernières années, mais aussi, et peut-être surtout, par le fait qu'il est calculé en tenant compte des dividendes versés par les entreprises et supposés avoir été réinvestis tout de suite en actions de ces entreprises. En fait, le libellé complet de l'indice serait DAX 30 TR (pour *total return*) ; l'indice que l'on pourrait comparer au CAC 40 serait le DAX 30 PR (pour *price*), qui est calculé, comme l'indice parisien, en tenant compte seulement de la variation du cours des actions, sans tenir compte des dividendes versés. En fait, à Paris, on calcule aussi des indices comparables au DAX 30 TR, le CAC 40 GR (pour *gross total return*) et le CAC 40 NR (pour *net total return*), le second comptant les dividendes réinvestis après la retenue à la source effectuée par le fisc. Mais jamais les commentateurs ne parlent du CAC 40 GR, qui supporte beaucoup mieux la concurrence avec le DAX 30...

Ce n'est pas grave, direz-vous, il suffit de le savoir. Il n'empêche que cet écart entre les deux indices phares a une conséquence : les investisseurs étrangers peuvent être tentés d'investir davantage en Allemagne qu'en France, là où, apparemment, les performances boursières sont bien meilleures. À Paris, on commence à se préoccuper de ce problème.

**Figure 4-3** L'évolution du CAC GR (dividendes réinvestis) depuis 20 ans

*Source : lafinancepourtous.com d'après finance.yahoo.com*

## Les autres grands indices

Aux États-Unis, le plus connu est évidemment le Dow Jones Industrial Average, les deux derniers termes étant généralement passés sous silence. L'indice tire son nom de celui de ses deux fondateurs, Dow et Jones, dont les familles ont été très longtemps propriétaires du *Wall Street Journal*. Il est géré aujourd'hui par la société S&P Dow Jones Indices, filiale de S&P Global et de CME Group. Le DJIA est un indice dont le moins que l'on puisse dire est qu'il est rustique : on prend les cours de 30 grandes valeurs du New York Stock Exchange, on les additionne purement et simplement, sans tenir compte des différences de poids entre ces 30 entreprises. Et voilà, on a un indice ! Mais ce qui est rustique est souvent solide.

C'est le cas ici : les valeurs qui composent l'indice changent très peu, ce qui lui confère une grande fiabilité.

Toutefois, un grand changement a eu lieu le 8 juin 2009 : après la crise bancaire et la faillite retentissante de General Motors, Citigroup a été remplacé par l'assureur The Travelers Companies et le constructeur automobile par l'équipementier en télécommunications Cisco Systems. Et un autre changement, plus important encore, a été effectué le 23 septembre 2013 : Goldman Sachs, Visa et Nike ont remplacé Alcoa, Bank of America et Hewlett-Packard. Au printemps 2015, Apple, première capitalisation mondiale, a fait son entrée dans le DJIA, en remplacement de la vieille compagnie de télécommunications AT&T. Enfin, en juin 2018, Walgreens Boots Alliance, distributeur de produits pharmaceutiques en gros et au détail, a remplacé le conglomérat General Electric, en perte de vitesse.

Ainsi, le Dow Jones compte désormais plusieurs valeurs cotées sur l'autre grand marché de New York, le Nasdaq. De fait, les grandes sociétés qui représentent le mieux les États-Unis d'aujourd'hui, celles qui sont au cœur de l'innovation technologique, on les retrouve sur le Nasdaq. Ceux qui cherchent à prévoir les mouvements futurs de l'économie américaine accordent plus volontiers d'attention à l'indice Nasdaq Composite, parce qu'ils estiment que ce sont les entreprises qui le composent qui donnent le *la*. Mais vous trouverez aussi des défenseurs acharnés de l'indice Standard & Poor's 500 (S&P 500), qui, comme son nom l'indique, est plus représentatif de la masse des actions américaines cotées, puisqu'il en compte 500. Cependant, certains vous diront qu'ils préfèrent encore le Russell 2000 ou le Wilshire 5000...

À Tokyo, l'indice le plus connu est le Nikkei 225, Nikkei étant la contraction de *Nihon Keisai*, nom du quotidien japonais qui a lancé l'indice au lendemain de la Seconde Guerre mondiale, sur le modèle du Dow Jones (et avec sa collaboration). Là encore, le plus connu du grand public n'est pas le plus aimé des professionnels, qui, dans l'ensemble, marquent une préférence très nette pour le Topix, plus large et plus représentatif du Kabuto-Cho, surnom du Tokyo Stock Exchange.

En Chine, les étrangers continuent de s'intéresser de très près à l'indice Hang Seng de la Bourse de Hong Kong. Mais avec le développement foudroyant des marchés financiers en Chine continentale, il faut suivre les indices des Bourses de Shanghai et de Shenzhen, avec leurs actions A (libellées en yuans, pour les nationaux) et B (pour les investisseurs étrangers, en dollars des États-Unis à Shanghai, en dollars de Hong Kong à Shenzhen). Les entreprises chinoises peuvent aussi émettre des actions H, cotées à Hong Kong.

Au total, le marché chinois des actions est maintenant le deuxième au monde, derrière Wall Street. En juillet 2019, la Bourse de Shanghai a ouvert une nouvelle plateforme de cotation nommée Star réservée aux valeurs technologiques et bio-technologiques chinoises, avec l'idée que les entreprises nationales innovantes pourraient ainsi éviter d'aller se faire coter sur le Nasdaq. Pour le premier jour de cotation, les cours des 25 valeurs inscrites ont monté de 140 % en moyenne !

Enfin, tous ceux qui lisent la presse financière ne pourront manquer de remarquer les indices MSCI, du nom de la firme Morgan Stanley Capital International, qui calcule et publie une large batterie d'indices régionaux (Europe, Amérique, Asie, etc.) et sectoriels. Ceux qui ont une vision globale de la gestion d'actions n'ont qu'un objectif en tête : faire mieux que le MSCI World, l'indice de référence mondial.

Maintenant, nous avons une connaissance générale des marchés. Nous savons qui fait quoi sur les grandes places financières et comment ces dernières sont organisées. C'est le moment d'aller voir de plus près comment on cote une action et pourquoi les cours bougent tout le temps.

**DANS CE CHAPITRE**

Les relations entre l'économie et la Bourse

•

Le rôle des taux d'intérêt

•

Anticipation et spéculation

# Chapitre 5

# Pourquoi les actions montent (et pourquoi elles baissent)

Quel est le juste prix d'une action ? Le débat peut durer des siècles, comme celui sur le sexe des anges, et n'être jamais tranché. Pour une raison simple : pour les actions comme pour la plupart des marchandises, il n'y a pas de juste prix. Il y a seulement un prix de marché, qui résulte de la confrontation de l'offre et de la demande. À un moment donné, un individu A a accepté de vendre une action X à un individu B qui lui en proposait un prix Y. Ce prix était-il juste ? Les grilles d'analyse de la valeur d'une entreprise, que nous étudierons ultérieurement, pourraient peut-être permettre de conclure que ce prix était trop haut ou trop bas. De toute façon, le vendeur aurait certainement préféré obtenir un prix plus élevé, l'acheteur aurait certainement aimé payer moins cher. Mais, à ce moment-là, la transaction n'a pu se faire qu'au prix Y, et c'est le seul prix qui compte, puisqu'il existe.

La question du juste prix n'est pourtant pas absurde, elle continue d'apparaître en filigrane dans de nombreux débats d'actualité. Par exemple, est-il raisonnable de coter les actions en continu et d'étendre sans fin la période d'ouverture des marchés ? Peut-on logiquement, rationnellement, admettre que la valeur d'une entreprise change chaque minute, voire chaque seconde ? Les années récentes ont vu le retour d'une forte *volatilité*, c'est-à-dire d'une grande instabilité des cours. Lors d'une même séance, on a vu des actions perdre 10 % ou plus et les regagner avant la clôture. Les entreprises en cause avaient-elles changé aussi brutalement plusieurs fois dans la journée ? Bien évidemment, non. Seule l'humeur du marché avait varié.

Dans ce chapitre, nous allons voir pourquoi l'opinion des investisseurs peut changer aussi vite et quels sont les principaux facteurs de hausse ou de baisse d'une action précise, d'un secteur ou de l'ensemble des valeurs cotées sur un marché.

# L'économie et la Bourse : un couple très instable

*A priori*, on pourrait penser que les choses sont simples. Puisque les actions représentent une part du capital des entreprises, elles devraient monter quand l'économie est prospère et reculer quand celle-ci va moins bien. En réalité, les choses sont un peu plus compliquées que cela.

## Le produit intérieur brut n'explique pas tout

Si l'on voulait copier le lieu commun « L'argent ne fait pas le bonheur », on pourrait dire « Le PIB ne fait pas le bonheur ». Le PIB (produit intérieur brut) mesure les richesses créées dans un pays, autrement dit la somme des valeurs ajoutées par les différents acteurs économiques. Vous achetez du minerai, vous le transformez en fer : ce travail représente votre valeur ajoutée. Vous transformez ce fer en poutrelle ou en rail, vous avez encore produit de la valeur ajoutée. Et la somme des valeurs ajoutées par chacun fait le produit intérieur brut (pour simplifier). Tout le monde s'accorde à penser aujourd'hui qu'une forte croissance du PIB ne suffit pas à faire le bonheur des peuples, mais, toujours selon la sagesse populaire, ça aide.

Une économie dynamique, c'est bon signe, et l'entreprise étant par excellence l'endroit où se crée la valeur ajoutée, les actions devraient monter lorsque le PIB croît.

## L'évolution de la Bourse précède celle du PIB

La fin des années 1990, par exemple, a été une période de forte croissance et, en dépit de plusieurs crises qui ont secoué les marchés (crise asiatique de 1997, crise russe et affaire LTCM en 1998), cela a été une période très faste sur le plan boursier. Les chiffres sont éloquents. Prenons la progression de l'indice CAC 40 : 23,7 % en 1996, 29,5 % en 1997, 31,5 % en 1998 et enfin 51,1 % en 1999.

La forte accélération de cette dernière année attire d'ailleurs l'attention. Il n'est pas nécessaire d'être un spécialiste pour voir que cela faisait beaucoup et que, même si l'économie allait bien, cet enrichissement des actionnaires était trop rapide et ne pouvait pas durer à ce rythme. En 2000, la croissance du PIB s'est élevée à 3,8 % en France (un chiffre que l'on ne retrouve pas souvent !), mais l'indice CAC 40 a reculé de 0,5 %. Sur les marchés, on commençait à se dire qu'on avait sans doute exagéré : on avait fait monter les actions parce qu'on croyait être entré dans un cycle long de croissance de l'activité et des bénéfices des entreprises, mais, en fin de compte, tout cela pouvait s'arrêter très prochainement. De fait, en 2001, les États-Unis ont connu une brève période de récession, entre le printemps et l'automne, et la croissance a commencé à ralentir dans tous les grands pays industriels. En amorçant son repli dès 2000, le marché boursier avait précédé l'économie réelle, il avait anticipé son évolution.

Autrement dit, il y a bien un lien entre la croissance économique et la hausse des actions, ce qui est normal, mais les deux phénomènes ne sont pas forcément concomitants ; ils apparaissent souvent avec un certain décalage dans le temps.

## La Bourse peut même ignorer le PIB

De façon plus surprenante, il y a des périodes où la Bourse et l'économie peuvent apparaître complètement dissociées. Si l'on regarde les performances des actions françaises dans les années 1960 et le début des années 1970, c'est-à-dire la fin des Trente Glorieuses, période de croissance rapide qui fait figure de paradis aujourd'hui, on constate que la Bourse n'a pas fait de miracle. Après des taux de croissance du PIB de 5 % à 6 % au début des années 1960 et des menaces de tension sur les prix, le gouvernement avait annoncé un plan de stabilisation en 1963. Ajoutons à cela la détérioration de la balance commerciale et celle du budget de l'État, puis les événements de 1968, les difficultés du franc face au mark, le contrôle des changes et des mouvements de capitaux, on avait là un univers certes très tonique sur le plan économique, mais assez compliqué sur le plan financier et assez peu profitable pour les entreprises, avec des hausses de salaires marquées et des gains de productivité moins rapides. Ainsi, de 1963 à 1967, on a eu cinq années consécutives de baisse de la Bourse, avec des hausses du PIB qui atteignaient 5,2 % en 1964, 3,5 % en 1965 (en pleine période de freinage !) et 5 % encore en 1966.

## Oui à la croissance... des profits

Toute la question est en effet de savoir ce qui se passe à l'intérieur des entreprises. Même avec une activité tout à fait satisfaisante, celles-ci peuvent ne pas se trouver dans des situations de très grande prospérité si elles doivent augmenter les salaires à un rythme qui dépasse les gains de productivité ou si, en raison de la concurrence ou de contrôles administratifs, elles ne peuvent répercuter sur leurs prix de vente la hausse de leurs coûts de production.

Sur ce point, on constate qu'il y a des cycles, autrefois surtout dépendants des politiques nationales, aujourd'hui davantage liés aux grandes tendances de l'économie mondiale. Ainsi, dans les années 1970 et au début des années 1980, notamment en France, on a favorisé la hausse des salaires pour préserver le pouvoir d'achat des ménages face à la hausse du prix des produits pétroliers. Cela s'est fait au détriment des marges des entreprises et les marchés boursiers n'ont pas apprécié. À partir du milieu des années 1980, au contraire, on est entré dans une grande vague de désinflation, avec des rémunérations d'autant mieux contrôlées que la vigueur de la concurrence internationale a fait repartir le balancier dans un sens beaucoup moins favorable aux salariés. Il n'est pas étonnant que, au cours de cette période, les années fastes pour la Bourse aient été plus nombreuses.

Deux indicateurs permettent de suivre ces évolutions et de voir si, globalement, on est plutôt dans une phase favorable aux entreprises. L'un mesure le partage de la valeur ajoutée après impôts entre les salariés et l'entreprise, en pourcentage du PIB. L'autre concerne le taux de marge des entreprises, c'est-à-dire le rapport entre l'excédent brut d'exploitation et la valeur ajoutée. Ces deux indicateurs sont publiés chaque trimestre par l'Insee avec les chiffres détaillés du produit intérieur brut.

Attention

Attention toutefois : ces chiffres sont intéressants, mais ils appartiennent à la macroéconomie ; ils permettent de comprendre ce qui se passe au niveau du pays, ils n'expliquent pas ce qui se passe au niveau des entreprises considérées individuellement. Par exemple, entre 2003 et 2007, on a vu les résultats des entreprises du CAC 40 enregistrer des performances extraordinaires, alors que les grands indicateurs calculés par l'Insee (marge des entreprises, taux d'autofinancement, etc.) n'étaient pas très brillants.

À retenir

Explication : les grandes entreprises, notamment celles qui appartiennent au CAC 40, réalisent maintenant plus de la moitié de leur chiffre d'affaires hors de l'Hexagone. Leurs bénéfices sont réalisés pour l'essentiel à l'étranger et ne peuvent être estimés à partir des seules statistiques nationales ; pour la Bourse, la conjoncture doit être vue à l'échelle mondiale.

### Les licenciements boursiers, réalité ou fantasme ?

Ce n'est pas la peine de nier l'évidence. Il faut voir la réalité en face : entre le capital et le travail, ce n'est pas toujours la lune de miel ! L'histoire économique le montre : il y a des périodes où le partage de la valeur ajoutée par les entreprises se fait plus au profit des salariés que des actionnaires, et inversement. Même si le capitalisme n'est pas « sauvage » partout et si le dialogue social est une réalité dans de nombreux pays, fondamentalement, les rapports de force jouent un rôle déterminant. Si le chômage est élevé, si la concurrence est rude, les salariés ne sont pas en situation de négocier. Néanmoins, l'opposition n'est pas seulement entre salaires et profits. Elle peut aussi exister entre la direction de l'entreprise et les actionnaires, sur l'utilisation des profits : dans quelle proportion doivent-ils être distribués aux actionnaires ou réinvestis dans l'entreprise ? Cette bataille aussi peut être féroce !

Il est clair que mieux l'entreprise maîtrise ses coûts salariaux, plus les actionnaires peuvent espérer voir leur dividende augmenter. Il n'est donc pas surprenant que l'annonce de plans sociaux soit souvent bien accueillie par la Bourse. Faut-il pour autant parler de « licenciements boursiers » ? La réponse n'est pas aussi évidente qu'il y paraît. Il est choquant qu'une entreprise licencie alors qu'elle annonce des bénéfices élevés, voire en hausse. Mais faut-il attendre qu'elle voie ses bénéfices chuter ou disparaître pour prendre les mesures de réduction des coûts qui lui permettraient de résister à la concurrence ? Il est à craindre que, dans ce cas, les mesures prises soient encore plus douloureuses. Bref, il peut y avoir matière à discussion.

L'observation attentive de la Bourse montre en tout cas une chose : si l'action d'une société baisse, les dirigeants ne doivent pas s'imaginer qu'ils la feront remonter à coup sûr en annonçant des licenciements. Si l'entreprise a une stratégie claire, si, pour employer le langage des marchés, elle offre une bonne « visibilité », une telle annonce pourra avoir un effet positif sur le cours. Mais si les actionnaires ne comprennent pas la stratégie des dirigeants, s'ils ne voient pas où va l'entreprise, alors ces licenciements ne seront considérés que comme un aveu d'échec et la manœuvre manquera son but.

## La grande peur de l'inflation... ou de la déflation

La croissance n'est pas la seule variable à surveiller. Les actionnaires ont une grande peur, commune à tous les épargnants : l'inflation. Entendons-nous bien : quand on parle ici d'inflation, il s'agit de la vraie, pas de la hausse des prix qui s'arrête au prix de l'essence à la pompe ou au prix des légumes frais. Celle-ci pèse évidemment sur le pouvoir d'achat, mais les véritables problèmes commencent quand la hausse des prix gagne l'ensemble des produits et des services et qu'elle s'installe dans la durée. Dans un premier temps, les phases d'inflation ne sont pas défavorables à l'économie. Si l'on a la certitude que ce qu'on a envie d'acheter vaudra plus cher demain, alors il vaut mieux l'acheter aujourd'hui. Et comme tout le monde raisonne ainsi, le commerce marche bien, la production augmente, etc. Mais, on le sait, tout cela se termine généralement assez mal. Et même durant la phase de douce euphorie où tout semble aller pour le mieux dans le meilleur des mondes, les actionnaires peuvent commencer à se faire du souci. Car, dans la course à la hausse des prix, les entreprises ne sortent pas toujours gagnantes. Le prix des biens intermédiaires qu'elles utilisent, les salaires, tout augmente souvent plus vite que leurs propres prix, et les marges s'en ressentent. Résultat : la hausse des prix appauvrit l'actionnaire. Dans les périodes d'inflation, seul s'enrichit celui qui emprunte pour investir, car les remboursements seront faciles.

Que faut-il alors à l'actionnaire? Une inflation modérée, qui met de l'huile dans les rouages et permet une croissance soutenue de l'activité, sans emballement ni ralentissement brutal. Malheureusement, cela ne dure jamais très longtemps. L'actionnaire est condamné à vivre avec la crainte perpétuelle d'une accélération de l'inflation ou d'un fort ralentissement de l'activité. La navigation entre ces deux écueils détermine les variations au jour le jour.

La déflation est, en apparence, le contraire de l'inflation : les prix ont alors une tendance générale à baisser et, dans ce cas, le consommateur est incité à repousser ses achats, ce qui freine l'activité. *A priori*, on pourrait penser que c'est une bonne nouvelle pour l'épargnant. C'est exact, mais à une condition : que l'épargne soit sous la forme la plus liquide possible, en billets de banque, sur un compte à vue ou alors en obligations. Pour tous les autres actifs, c'est une période de repli : on l'a vu au Japon dans les années 1990 et encore au début des années 2000. En période de déflation, la valeur des biens immobiliers recule et la Bourse baisse.

Heureusement, la déflation n'est pas le phénomène économique le plus courant. De même, les phases d'hyperinflation sont devenues rares dans les pays connaissant une relative stabilité politique dans un cadre démocratique. Mais les deux périls restent toujours présents dans les esprits et, si jamais les actionnaires venaient à les oublier, les banquiers centraux seraient là pour les ramener à la réalité. Car ce sont eux qui manient l'arme absolue : les taux d'intérêt.

# La boussole des marchés : les taux d'intérêt

Si vous êtes réellement débutant en Bourse, faites un test : écoutez plusieurs jours durant les bulletins d'information consacrés à la Bourse. Non seulement vous entendrez des commentaires sur les derniers chiffres de croissance ou d'inflation, mais vous serez à coup sûr mis au courant de ce qui se prépare à la Réserve fédérale des États-Unis ou à la Banque centrale européenne, les deux banques centrales qui comptent aujourd'hui le plus dans le monde.

## Politique monétaire et taux à court terme

Les missions d'une banque centrale sont nombreuses et importantes : tout ce qui touche à la monnaie fiduciaire (les billets de banque) ou scripturale (sur les comptes bancaires) et au crédit est sous sa surveillance. Mais, du point de vue de l'actionnaire, sa fonction principale est de fixer les taux directeurs, c'est-à-dire les taux qu'elle pratique ou qu'elle cherche à obtenir par ses interventions sur le marché monétaire. Ainsi, c'est elle qui détermine le niveau des taux d'intérêt à court terme dans sa zone d'influence.

Les taux à court terme sont déterminants pour l'évolution de l'économie. Si la banque centrale ne redoute pas trop l'inflation, elle va les pousser à la baisse. Si les financiers estiment qu'elle a raison, c'est toute la gamme des taux d'intérêt, du court terme au long terme, qui va être orientée vers le plancher. Et, sauf cas exceptionnels (comme celui du Japon en déflation), des taux d'intérêt bas constituent un formidable stimulant pour l'économie. Si le crédit est peu cher et abondant, les particuliers vont pouvoir s'endetter pour acheter une maison, une voiture ou divers biens de consommation, les entreprises vont procéder à de nouveaux investissements et les marchés boursiers vont être bien orientés. C'est ce que l'on observe au début de chaque phase de reprise. Puis, progressivement, la croissance de l'activité et le rythme de hausse des prix accélérant, la banque centrale commence à resserrer sa politique monétaire, autrement dit à relever ses taux directeurs, et on sent l'inquiétude monter à la Bourse. Quand la banque centrale estime que sa politique est assez restrictive, elle arrête de relever ses taux, elle attend, elle observe, et si, effectivement, les risques de surchauffe sont écartés, elle recommence à baisser ses taux et, progressivement, la Bourse reprend confiance.

## Politique budgétaire et taux à long terme

En l'occurrence, le terme « confiance » est fondamental. Si la banque centrale est crédible, si les investisseurs estiment que sa politique monétaire est de nature à maîtriser les risques d'inflation, alors les taux à moyen et à long terme restent contenus ; si ce n'est pas le cas, malgré des taux à court terme bas, les taux à long terme se tendent.

D'autres acteurs économiques jouent aussi un rôle non négligeable : c'est notamment le cas des États. Si un gouvernement baisse beaucoup les impôts en gardant des dépenses élevées (ce qu'avait fait le président Reagan aux États-Unis dans les années 1980) ou s'il augmente beaucoup ses dépenses sans que les recettes suivent (ce que fit la gauche française en 1981), le déficit du budget augmente. Pour le financer, l'État doit émettre des emprunts. Plus il en émet, plus il risque d'avoir du mal à trouver des investisseurs prêts à acheter ses titres et plus il est obligé d'offrir une rémunération élevée pour réussir à les placer. Des déficits budgétaires élevés vont souvent de pair avec des taux à long terme élevés, la crise grecque est venue nous le rappeler fin 2009 et dans les années suivantes. Comme toutes les règles, celle-ci comporte évidemment des exceptions ou des limites : par exemple, si une monnaie est très appréciée à l'étranger, le gouvernement peut se permettre quelques écarts, au moins pendant quelque temps, il trouvera des investisseurs intéressés par ses titres sans avoir à payer des intérêts trop élevés. En fait, plus on est puissant, plus on peut se permettre de fantaisies…

## Un concentré d'informations : la courbe des taux

Une chose est sûre : les actionnaires n'aiment pas les taux d'intérêt élevés. Si les taux courts montent, c'est mauvais signe, parce que cela veut dire que la banque centrale va pratiquer une politique plus restrictive et que l'activité économique va ralentir. Quand on parle de pressions exercées par les marchés sur les banques centrales, il s'agit toujours de pressions pour faire baisser les taux, jamais pour les faire monter, même si cela est dans l'intérêt bien compris du pays et de son économie. Éventuellement, avec le recul, des analystes peuvent reprocher à une banque centrale de ne pas avoir été assez ferme à une époque donnée, mais, sur le moment, personne ne l'a sûrement encouragée à relever ses taux directeurs. Un banquier central doit savoir que, s'il fait bien son métier, il sera forcément impopulaire. On ne peut pas serrer la vis et être aimé. C'est bien pour cela que, dans la plupart des pays, les banques centrales sont aujourd'hui indépendantes du pouvoir politique : si l'on veut une politique monétaire sérieuse, il ne faut pas la confier à quelqu'un qui devra un jour ou l'autre solliciter les suffrages des électeurs.

Les taux longs élevés (pour simplifier, on n'est pas obligé de parler de taux à court terme ou à long terme, on peut employer les expressions plus ramassées de « taux courts » et « taux longs ») ne sont pas non plus très aimés des actionnaires. La concurrence entre les différentes formes de placement s'exerce, pour l'essentiel, par leur rendement. Si les emprunts d'État sont bien rémunérés, mieux vaut acheter des obligations, qui sont en théorie peu risquées, que des actions. De surcroît, des taux longs élevés ne sont pas favorables à l'investissement des entreprises et donc à leur développement et à leurs bénéfices futurs.

Technique

Pour résumer toutes ces informations très demandées par les actionnaires, il existe un instrument très pratique : la courbe des taux. Sur un même graphique, vous mettez tous les taux, du court terme (au jour le jour, à une semaine, à un mois, à trois mois, etc.) au long terme (selon les pays, vous pouvez inclure les taux à 30 ans ou à 50 ans, mais en allant jusqu'à 10 ans, vous avez déjà l'essentiel des informations), et vous obtenez ainsi la courbe des taux. Si le taux au jour le jour est bas et le taux à 10 ans un peu plus haut (par exemple avec un écart de 1,50 point de pourcentage – 150 points de base si l'on veut parler comme les professionnels ! – ou de 2 points – 200 points de base), on a une courbe normalement pentue, qui est plutôt de bon augure. Si le taux au jour le jour et le taux à 10 ans sont peu séparés, on a une courbe des taux plate ; c'est généralement une situation transitoire. Enfin, quand les taux à long terme sont plus bas que les taux à court terme, on a une courbe inversée. Cela veut dire que la banque centrale est en train de donner un sérieux coup de frein en relevant ses taux directeurs et c'est généralement un assez mauvais signe pour la Bourse.

**Figure 5-1**
Une courbe des taux « normale » qui s'inverse parfois

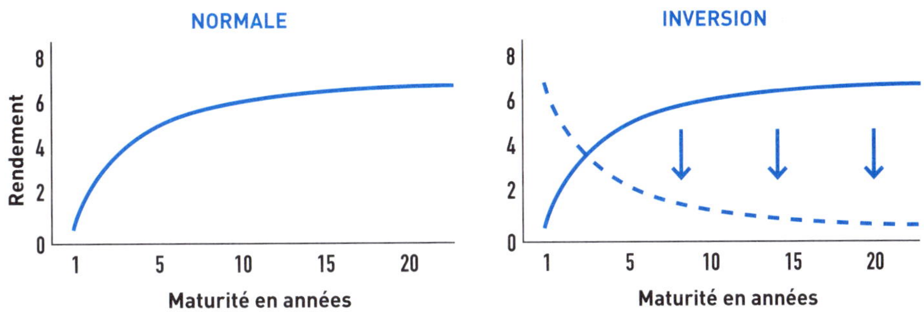


*Source : lafinancepourtous.com*

Attention

Après la crise financière de 2008 et les secousses qui ont suivi, la situation s'est nettement compliquée. Certaines banques centrales comme la Banque centrale européenne sont allées jusqu'à pratiquer des taux directeurs négatifs : au lieu de rémunérer les dépôts des banques, elles effectuent sur eux un prélèvement !

Conséquence de cette politique : les États et certaines grandes entreprises bien notées ont pu emprunter à des taux eux aussi négatifs. Cette situation inédite a bouleversé tous les raisonnements habituels et perturbé les investisseurs. Et cela durait encore en 2019. Nous en reparlerons au chapitre 17.

## Une boussole à double usage

Le niveau des taux d'intérêt à long terme est suivi très attentivement par les investisseurs, qui font des arbitrages entre actions et obligations, et par les entreprises, qui peuvent être tentées de jouer la carte de l'endettement.

### Pour les investisseurs : le calcul de la prime de risque

On l'a dit, les taux longs élevés ne sont pas bons pour les actions, pour de multiples raisons, la première étant la concurrence des obligations. Pour attirer les investisseurs vers les actions, il faut leur assurer une rémunération plus élevée. La *prime de risque* mesure ce supplément de rémunération demandé.

En théorie, c'est très simple, il suffit de faire la comparaison entre la rentabilité attendue d'un placement en actions et le rendement d'une obligation d'État à dix ans. Dans la pratique, c'est un peu plus compliqué. Car, à partir des bénéfices qu'elle réalise, une entreprise ne se contente pas de verser un dividende à ses actionnaires : elle investit, elle se développe et, de ce fait, l'action prend normalement de la valeur avec le temps. On ne peut donc pas se contenter de faire la comparaison entre une action et son dividende d'un côté, et une obligation d'État et son coupon de l'autre. Il faut essayer de calculer aussi les plus-values éventuelles que l'on peut espérer des actions pour avoir une idée du rendement global de son investissement. Pour calculer la rentabilité attendue, c'est donc le bénéfice net par action qu'il faut rapporter au cours de l'action.

Tous ceux qui ont déjà parcouru une publication financière ont noté la référence constante à la notion de ratio cours/bénéfice, souvent désignée par son acronyme anglais PER, pour *price earning ratio*. Ici, pour calculer la prime de risque, nous nous servirons du rapport inverse, le bénéfice sur cours, soit l'inverse du PER.

Exemple

Prenons un exemple déjà ancien, mais particulièrement significatif : à Paris, en janvier 2012, sur la base des estimations de bénéfices pour l'année en cours, on avait pour l'indice CAC 40 un PER de 9,1. En prenant le rapport inverse, on obtient une rentabilité attendue de 10,99 %, à comparer à un taux à dix ans de 3,04 %. La différence entre les deux chiffres fait ressortir une prime de risque de 7,95 %, plutôt élevée quand on sait qu'elle oscille en moyenne à Paris autour de 4 %.

Compte tenu des secousses qui ont agité les marchés boursiers européens tout au long de 2011, ce chiffre n'est pas étonnant. Une prime de risque élevée est le signe d'une période d'incertitude : quand les investisseurs demandent une rémunération nettement plus forte sur les actions que sur les obligations, c'est qu'ils ont quelques craintes pour l'avenir. Mais arrive un moment où l'importance de cette prime atteint son but : les investisseurs sont attirés par les actions, le cours de celles-ci augmente et la prime de risque diminue. Quand elle tombe très bas, cela signifie que le risque n'est plus assez rémunéré, que les actions deviennent comparativement très chères et qu'un problème sur le marché risque de se poser. En théorie, avec un taux à dix ans de 4 % et un PER élevé de 25 donnant un rapport inverse de 4 %, il n'y a plus de prime de risque : les cours sont trop élevés et les actions n'offrent plus qu'une perspective de rentabilité faible ; ce n'est plus le moment d'acheter. La prime de risque est un indicateur à suivre : elle donne une idée générale de l'état du marché. Précisons que nous avons donné ici une version simple du calcul de la prime de risque. Les spécialistes de la finance ont développé des modèles beaucoup plus sophistiqués pour calculer le rendement que l'on pouvait attendre d'un actif risqué comme les actions par rapport à un actif considéré comme étant sans risques. Mais ce qui compte pour nous à ce stade est de comprendre le raisonnement des investisseurs et l'importance des taux d'intérêt.

Nous aurons évidemment l'occasion de reparler du PER, que les boursiers utilisent en permanence.

## Pour les dirigeants : la recherche de création de valeur

Depuis plusieurs années, une notion est très employée : celle de la création de valeur. Parfois, il est précisé : création de valeur pour l'actionnaire (en anglais SVA, *shareholder value added*). Selon ces théories, le chef d'entreprise ne peut plus se contenter des notions classiques de chiffre d'affaires, de bénéfice, etc. Une entreprise peut en effet être bénéficiaire, mais ne pas réussir à assurer une rémunération élevée de ses capitaux propres. Pour attirer les investisseurs, ses dirigeants doivent chercher à faire le maximum pour accroître sa rentabilité. Cette capacité à faire fructifier le capital des investisseurs sera mesurée par un certain nombre de ratios financiers.

Ces théories, présentées ainsi de façon très schématique, ne manquent pas d'intérêt. Elles constituent un puissant aiguillon pour que la direction de l'entreprise ne s'endorme pas sur ses lauriers, qu'elle soit sans cesse soucieuse de se concentrer sur les activités les plus rentables économiquement et qu'elle n'envisage pas de diversification ou de développement externe (par rachat d'autres entreprises) si elle n'est pas assurée d'un bon retour sur investissement.

En contrepartie, l'entreprise peut être amenée à trop se servir du levier de l'endettement. Si l'objectif prioritaire est la satisfaction de l'actionnaire, les dirigeants de l'entreprise doivent veiller en effet à n'utiliser que le minimum possible de capital, de façon à avoir le bénéfice par action le plus grand possible. Moins nombreux on est à se partager le gâteau, plus la part est grosse. Si l'entreprise a besoin de financements pour se développer, on donnera donc la priorité à l'emprunt. Cette politique est effectivement gagnante si la rentabilité économique du projet est au rendez-vous. Mais si par malheur elle est inférieure au coût de l'endettement, l'entreprise se met en danger.

Il en est de même si, pour chercher précisément à créer de la valeur, les entreprises se séparent des actifs qui ne sont pas jugés nécessaires à l'exercice de leur activité et qui immobilisent des capitaux. L'amélioration de la rentabilité qui en résulte risque de n'être que temporaire.

Bref, la création de valeur pour l'actionnaire est incontestablement très stimulante, mais elle peut conduire à des excès dont les effets négatifs apparaissent en cas de difficultés. Cette recherche a sans aucun doute contribué, sous la pression des fonds de pension et des fonds d'investissement, à la forte montée des marchés boursiers à partir du milieu des années 1990… et à la chute qui a suivi. Enfin, on s'est aperçu que la recherche de gains toujours plus élevés pour les actionnaires avait un inconvénient : la stagnation des revenus d'autres parties prenantes dans l'entreprise (en anglais *stakeholders*) et la montée des inégalités. Or, l'économie ne peut fonctionner correctement que si les revenus salariaux progressent eux aussi, pour assurer un niveau croissant de consommation.

## Anticipation, spéculation et volatilité

Au total, quand on regarde tout ce qui peut faire monter ou descendre une action, on constate que la liste est impressionnante. Au-delà des événements particuliers qui sont susceptibles de marquer la vie d'une entreprise, il faut tenir compte de tous les facteurs économiques, sociaux et politiques qui peuvent avoir un impact sur le marché considéré dans son ensemble. Nous n'avons abordé dans ce chapitre que les points économiques fondamentaux, la croissance, l'inflation, les taux d'intérêt, parce que ce sont les incontournables, ceux auxquels on est sûr d'être confronté dans sa vie d'actionnaire.

Les facteurs politiques jouent aussi un rôle considérable. Une nette évolution est toutefois à signaler. Dans un monde de plus en plus ouvert aux mouvements de capitaux, la politique intérieure n'est plus seule à compter et on peut voir que des élections importantes n'ont pratiquement aucun impact sur la Bourse. Ainsi, en 1981, la prime de risque était montée en France au niveau élevé de 7,7 % au moment de l'élection présidentielle, parce qu'il régnait une grande incertitude sur la politique économique qui serait menée selon que le prochain président serait Valéry Giscard d'Estaing ou François Mitterrand. Vingt ans après, le décor était radicalement différent : l'élection présidentielle a eu beaucoup moins d'impact sur les marchés en 2002 que l'intervention des États-Unis et de leurs alliés en Irak en 2003. Plus récemment, on a vu tous les marchés du monde évoluer au rythme des tweets émis par le président des États-Unis Donald Trump sur l'accord nucléaire signé avec l'Iran, sur les relations commerciales avec ses voisins américains, l'Europe et surtout la Chine ; les risques géopolitiques font alors passer les statistiques économiques usuelles au second plan. Ce qui pose un vrai problème de visibilité, les marchés pouvant à tout moment basculer dans un sens ou l'autre.

## Anticiper, ce n'est pas prédire

Dans tous les cas de figure, ce qui compte pour les investisseurs, ce n'est pas l'événement du jour, ce sont les conséquences qu'il aura à un horizon de plusieurs semaines ou plusieurs mois. De ce point de vue, la Bourse est le royaume des anticipations. Ce qui ne veut pas dire que les boursiers sont des prophètes. La Bourse n'a pas toujours raison. Il lui arrive même souvent de se tromper. Pourtant, ses mouvements d'humeur ne sont pas à négliger, car certaines prévisions peuvent être autoréalisatrices : si les grands investisseurs, ceux qui font le marché, sont gagnés par le pessimisme et vendent, ils peuvent effectivement déclencher des réactions en chaîne qui conduiront à une perte de confiance, un recul des cours et, pour finir, un tassement de l'activité. Dans ce cas, le marché ne prévoit pas les catastrophes, il amplifie les difficultés, ce qui n'est pas exactement la même chose. Heureusement, au cours des dernières années, les reculs du marché n'ont pas tous été suivis par des récessions ou des crises. Ce qui conduit certains économistes à dire que le pouvoir de prédiction des marchés est nul.

## Investir, c'est spéculer

Dans le vocabulaire courant, le terme « spéculateur » a toujours une connotation négative. Le spéculateur, c'est celui qui profite de la misère du monde pour réaliser des achats à bon compte qui l'enrichiront demain ; c'est celui qui pousse les marchés jusqu'à des extrêmes, à la hausse comme à la baisse, dans son seul intérêt, sans se soucier des conséquences que cela aura sur le reste de l'économie. Le spéculateur est antipathique, par nature et par définition. Aucun d'entre nous ne saurait avoir une quelconque ressemblance avec ce genre de personnage.

Et, pourtant, quand on y regarde de plus près, d'une certaine façon, tout le monde spécule. Si l'on revient aux origines latines du mot et au sens qu'il avait au début en français, spéculer, c'est d'abord observer, puis se livrer à des considérations théoriques (nous ne tiendrons pas compte ici de la confusion qu'il y a eu à une époque avec le mot de bas latin *spiculator*, qui signifiait « bourreau » !). Et c'est bien ce que chacun fait en Bourse : observer ce qui se passe, en tirer des conclusions, et agir en conséquence. Franchement, nous n'avons jamais vu des gens acheter des actions sans penser qu'elles avaient de fortes chances de monter à plus ou moins brève échéance…

Il y a des périodes où, effectivement, beaucoup d'investisseurs se comportent en spéculateurs, dans le mauvais sens du terme : ce sont les périodes de bulle, comme on en a connu sur les valeurs Internet à la fin des années 1990, comme on en a vu ensuite sur l'or, les matières premières, le pétrole, etc.

La logique de ces bulles, elle aussi, a fait l'objet de nombreuses études. Toutes ne se ressemblent pas, mais on retrouve quelques constantes. Au départ, des anticipations fondées sur des analyses ou des raisonnements économiques tout à fait justes. Puis la machine s'emballe. Ceux qui montent alors dans le train de la hausse se doutent bien que cela a de fortes chances de mal se terminer, mais ils se disent qu'il y a de l'argent à gagner et qu'eux seront assez habiles pour sauter du train juste avant qu'il ne déraille. Malheureusement, tous les boursiers vous le diront, le plus dur, sur les marchés, c'est le timing. On peut souvent prévoir des changements de tendance, des retournements de marché, mais on ne sait jamais exactement quand ces événements se produiront…

### La rumeur, signal d'alerte parfois efficace : l'« affaire » de la Société Générale

En janvier 2008, l'humeur est morose sur le marché de Paris comme sur toutes les places financières. La crise des *subprimes*, ces fameux crédits hypothécaires américains à risques, a fait des ravages, notamment sur les titres des établissements bancaires que l'on peut soupçonner d'avoir enregistré des pertes nettement plus élevées que celles qui ont été déjà officiellement annoncées. La Société Générale, connue pour être très active sur les marchés concernés par la crise, fait partie des établissements les plus surveillés. Après avoir touché un plus-haut à 162 € en mai 2007, son cours est tombé en dessous de 95 € à la mi-janvier 2008.

Le vendredi 18, il chute de 8,2 %. Des rumeurs circulent selon lesquelles il se passerait quelque chose de grave. Faute de précisions, tout le monde pense à de nouvelles dépréciations d'actifs. Le lundi 21, nouvelle chute de 8 % et, après une pause le mardi, baisse de 4,1 % le mercredi 23. Et pourtant, ce n'est que le lendemain que le président Daniel Bouton annonce que la banque a été victime d'agissements frauduleux d'un de ses traders et qu'elle a dû dénouer dans l'urgence et à perte des positions massives accumulées sur les marchés à terme de grands indices boursiers européens. Facture de l'opération : 4,9 milliards d'euros.

Dans la foulée, la banque annonce également des pertes supérieures à 2 milliards d'euros sur les dérivés de crédit américains, confirmant ainsi les craintes. À cette annonce, le titre recule encore de plus de 4 % ce jeudi-là, mais c'est peu par rapport à ce qui a été déjà provoqué par les rumeurs. Encore faut-il souligner que ce qui motive surtout ce dernier recul, c'est l'annonce d'une augmentation de capital de 5,5 milliards d'euros : plus de titres Société Générale sur le marché, cela signifie une baisse du bénéfice par action, s'il en reste un (ce qui est le cas).

Les rumeurs, cette fois, étaient bien fondées : il se passait effectivement quelque chose à la Société Générale, même si ce n'était pas exactement ce que l'on imaginait. C'est tout le problème des rumeurs : il faut s'en méfier (ceux qui les lancent sont rarement désintéressés), mais elles ne font parfois que précéder une nouvelle officielle. Et ce qui est vrai pour les entreprises l'est aussi au niveau du marché pris dans son ensemble (rumeurs d'intervention d'une banque centrale, par exemple).

## Investir au bon moment

Pour gagner de l'argent en Bourse, il faut savoir faire deux choses : acheter et vendre au bon moment, la seconde étant d'ailleurs beaucoup plus difficile que la première.

Le saviez-vous

Compte tenu de ses liens avec l'économie et les taux d'intérêt, la Bourse connaît des cycles. Le problème est qu'on ne sait souvent qu'après les événements à quel moment du cycle on se situait exactement à telle date. Mais, très schématiquement, on peut indiquer comme suit le déroulement classique d'un cycle :

1. Quand les taux d'intérêt sont bas et que l'activité est faible, on peut prévoir que l'économie va prochainement redémarrer et que les entreprises seront en meilleure position pour accroître leurs bénéfices. C'est le moment de commencer à revenir en Bourse.
2. Effectivement, l'activité repart et progressivement les taux d'intérêt remontent. Cette phase est très favorable à la Bourse. Elle peut durer trois ou quatre ans, avec des paliers, voire des retours en arrière : la Bourse ne monte jamais de façon linéaire.
3. Ensuite, les autorités monétaires commencent à s'inquiéter des tensions possibles sur les prix ; les taux à court terme arrivent à des niveaux élevés. Si l'on est prudent, on doit commencer à alléger son portefeuille d'actions et amorcer un report sur des placements monétaires, pour profiter des taux à court terme élevés et sans risques.
4. Comme cela était prévisible, l'activité fléchit, les perspectives de profit des entreprises faiblissent, la Bourse se montre hésitante. On continue à réduire le poids des actions dans son portefeuille en s'orientant cette fois sur les obligations, qui offrent de hauts rendements.
5. La croissance mollit, la banque centrale commence à baisser ses taux d'intérêt, les produits monétaires deviennent progressivement moins intéressants. En revanche, comme les taux à long terme baissent aussi, les obligations à haut rendement achetées précédemment prennent de la valeur.
6. On arrive en bas de cycle, on s'allège encore sur les produits monétaires, qui n'offrent plus qu'un rendement modeste, on prend son profit sur les obligations, qui atteignent à ce moment-là leur valeur maximale, on commence à se reporter sur les actions et le cycle repart.

Dans la réalité, on s'aperçoit que les choses ne sont pas aussi simples. Beaucoup d'événements peuvent venir perturber ce bel ordonnancement. De toute façon, ce cycle qui s'étend sur plusieurs années ne se déroule jamais sans hésitations, sans périodes d'accélération ou de ralentissement. Mais il est important de toujours essayer de se situer dans une perspective à long terme et de prendre ses repères par rapport au cycle économique et à la politique menée par les banques centrales.

Enfin, au-delà des grands mouvements du marché pris dans son ensemble, il faut suivre les fluctuations des valeurs auxquelles on s'intéresse. Toutes les actions n'ont pas le même comportement : certaines sont plus ou moins sensibles aux aléas de la conjoncture, d'autres ont une tendance générale à monter ou à baisser plus fortement que le marché. Ce comportement des titres se mesure d'ailleurs par des indices dits de « volatilité » dont nous aurons l'occasion de reparler plus en détail.

Mais, avant d'apprendre toutes les techniques qui permettent de bien gérer un portefeuille et d'obtenir les meilleures performances possibles, il faut terminer ce b. a.-ba du marché par un point essentiel : comment faire pour passer un ordre en Bourse ?

### Les agences de notation : rien à voir avec la Bourse, en théorie

Plus personne ne peut ignorer l'existence des agences de notation depuis la crise de la dette souveraine en Europe et les rafales de baisse des notes attribuées à la Grèce, à l'Italie, à l'Espagne, etc., et même à la France. *A priori*, cela ne concerne pas les actions, dans la mesure où le rôle de ces agences est de noter les emprunts émis par les entreprises (c'est leur tâche la plus importante, le cœur de leur métier) et aussi par les États. La note est seulement censée refléter la capacité de l'emprunteur à rembourser ses dettes aux différentes échéances, elle ne donne aucune indication sur les bénéfices futurs et les dividendes distribués. L'équivalent des notes, pour les actions, ce sont les recommandations fournies par les analystes financiers, généralement rattachés à une entreprise d'investissement, parfois indépendants, qui conseillent de vendre, de s'alléger, d'accumuler ou d'acheter.

Pourtant, quand une agence de notation relève ou abaisse la note d'un émetteur coté en Bourse, cela peut avoir une répercussion sur le cours de l'action. Par exemple, en janvier 2012, après avoir enlevé le AAA accordé à la dette de l'État français, Standard & Poor's en a tiré les conséquences et a dégradé aussi Crédit Agricole SA, BPCE et Société Générale, les notes des grandes banques dépendant, entre autres, du soutien que peut éventuellement leur apporter l'État. Le jour même, Natixis (filiale de BPCE) a perdu 3,5 %, Crédit Agricole SA un peu plus de 4 % et Société Générale 5,4 %. Explication avancée par les professionnels : les titres bancaires avaient beaucoup monté au cours des jours précédents et les investisseurs ont profité du prétexte fourni par le communiqué de Standard & Poor's pour prendre leur profit.

D'une façon générale, on constate que les changements de note des agences sont accueillis de façon très différente selon le contexte boursier. Même si les explications données par les agences n'apportent aucune information vraiment nouvelle, elles peuvent être utilisées comme argument pour faire bouger le marché, comme dans notre exemple.

**DANS CE CHAPITRE**

Choisir un intermédiaire et ouvrir un compte titres

Choisir un type de compte

Savoir lire la cote

Bien choisir son type d'ordre

# Chapitre 6

# Comment passer un ordre en Bourse

Pour vous, les choses commencent à paraître claires : à quoi sert la Bourse, comment elle fonctionne, ce qu'on peut y gagner (ou y perdre). Maintenant, vous vous dites qu'il serait bien de sortir de la théorie et de passer aux travaux pratiques. Parfait ! Eh bien, allons-y, passons à l'action !

## Où faut-il ouvrir un compte ?

La première question à se poser est très simple : comment faire, à qui s'adresser ? En fait, pour un investisseur du XXIe siècle, cela revient à se demander : à quel site Internet dois-je me connecter ?

### Première solution : sa banque habituelle

Pendant longtemps, cela a été la seule solution pour beaucoup de gens. Il y avait deux catégories : l'épargnant moyen qui allait à sa banque passer ses ordres et l'épargnant plus fortuné qui, lui, avait son agent de change. L'agent de change avait deux particularités : d'abord, les frais y étaient moins élevés que dans les banques (les banques n'ayant pas elles-mêmes un accès direct à la Bourse, elles passaient par un agent de change ; en faisant transiter vos ordres de Bourse par votre banque, vous vous condamniez à rémunérer deux intermédiaires), et vous trouviez chez lui des interlocuteurs ayant une réelle connaissance de la Bourse.

Les choses ont changé. D'abord, vous n'allez plus passer vos ordres à la banque, vous ne lui écrivez plus pour cela ; vous ne lui téléphonez même plus, sauf pour des ordres très spécifiques. Vous faites comme tout le monde aujourd'hui : vous passez vos ordres en utilisant le service Internet de votre banque, auquel vous vous connectez depuis votre ordinateur, votre tablette, voire votre téléphone portable. Ensuite, il est fort possible que le service Internet que vous utilisez ne soit pas celui de votre banque. Car vous avez trouvé une autre solution, plus économique.

## Seconde solution : avoir recours aux services d'un courtier en ligne

Il s'agit d'entreprises d'investissement spécialisées qui proposent aux particuliers d'héberger leur portefeuille à un coût moindre que les établissements bancaires classiques et dans un environnement plus favorable : des sites Internet orientés exclusivement vers les marchés, avec des informations financières, des forums de discussion, etc. Ces courtiers en ligne peuvent dépendre d'établissements bancaires classiques (Boursorama, filiale de la Société Générale, Cortal Consors, qui fait partie du groupe BNP Paribas, BforBank, créé par les caisses régionales du Crédit Agricole, etc.) ou de groupes spécifiquement orientés vers l'intermédiation financière comme le groupe Viel, par exemple, avec son courtier Bourse Direct, etc.

**Figure 6-1**
Frais d'un portefeuille en actions

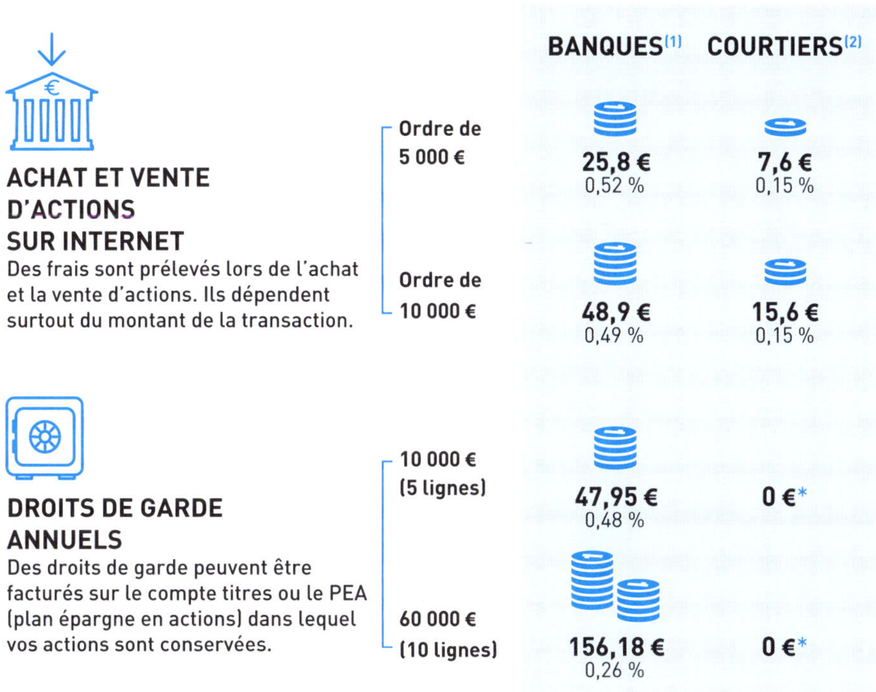


** Pas de droits de garde, mais certains courtiers peuvent appliquer des frais d'inactivité pour les clients ne passant pas assez d'ordres.*

*(1) Liste des banques traditionnelles retenues pour ces simulations : BNP Paribas, Banque Populaire, Caisse d'épargne, Crédit Agricole, CIC, Crédit Mutuel, LCL, La Banque Postale, Société Générale.*
*(2) Liste des courtiers en ligne : Binckbank, Bforbank, Boursorama banque, Bourse Direct, Fortuneo, ING Direct, Saxo Banque.*

*Source : lafinancepourtous.com et AMF. Tarifs constatés au 1er août 2018, calculs AMF.*

## Quelle solution choisir ?

En réalité, il n'y a pas de solution unique. Tout dépend de ce que vous souhaitez faire et de votre activité en Bourse. Les banques ont un inconvénient : elles sont généralement plus chères. C'est encore vrai pour la commission à payer pour chaque opération faite en Bourse, malgré une très nette tendance à la baisse des tarifs au cours des dernières années, sous la pression de la concurrence ; c'est surtout vrai pour les droits de garde, que vous paierez chaque année et qui dépendent à la fois de l'importance de votre portefeuille et du nombre de lignes qu'il contient. L'avantage : la relation avec votre banquier est un tout. Ce dernier fait ses comptes : il sait tout ce que vous faites avec lui, quels produits d'épargne vous avez chez lui, combien vous lui faites gagner chaque année. Si vous êtes un bon client, autrement dit un client « rentable », il peut vous faire une fleur de temps en temps. Dans cette perspective, cela peut être un bon calcul que de gérer ses actions – ou du moins une partie de ses actions – par l'intermédiaire de sa banque habituelle.

Le courtier en ligne s'imposera pourtant dans de nombreux cas, surtout si vous êtes un actionnaire actif. Pour une raison simple : ces courtiers sont en moyenne trois fois moins chers que les banques de réseau ! Et ils ne prennent pas de droits de garde.

Les chiffres fournis par l'Observatoire de l'épargne de l'AMF sont sans appel. En comparant les tarifs de neuf grands réseaux bancaires et de sept courtiers (BinckBank, BforBank, Boursorama, Bourse Direct, Fortuneo, ING Direct et Saxo Banque), tarifs applicables au 1^er^ août 2018, on arrive à une moyenne de 25,80 € pour un ordre de 5 000 € (soit 0,52 %) dans les réseaux bancaires et de 7,60 € (0,15 %) pour les courtiers en ligne. Le résultat est comparable pour un ordre de 10 000 € : 48,90 € (0,49 %) en moyenne dans les banques et 15,60 € (0,16 %) chez les courtiers en ligne. Ces chiffres concernent les transactions effectuées sur Euronext Paris. Mais les audacieux qui se risqueraient à vouloir passer des ordres sur le New York Stock Exchange constateraient les mêmes écarts : 49,80 € (1 %) pour un ordre de 5 000 € passé par l'intermédiaire d'une banque contre 13,70 € (0,27 %) en passant par un courtier.

À cela s'ajoute en fin d'année la différence représentée par les droits de garde, qui rémunèrent la conservation des titres et les opérations administratives effectuées pour vous par l'établissement où vous avez ouvert votre compte. Les courtiers en ligne, nous l'avons dit, n'en prélèvent pas. Les banques, elles, prévoient des droits de garde qui s'appliquent aux comptes titres et aux plans d'épargne en actions. Pour un portefeuille de 10 000 € comptant 5 lignes (avec en gros 2 000 € d'actions Accor et autant d'actions BNP Paribas, Capgemini, Danone et Engie, par exemple), le prélèvement sera de 47,95 € (0,48 %) par an en moyenne ; pour un portefeuille de 60 000 € et de 10 lignes, il sera de 156,20 € (0,26 %).

Au total, l'écart entre les deux types d'établissement est significatif. Pour quelqu'un qui a un portefeuille boursier de 60 000 € répartis sur 10 lignes et qui passe un ordre de 5 000 € par mois, le montant des coûts s'élève en moyenne à 465,80 € (0,78 % de la valeur du portefeuille) par an dans les banques contre 91,20 € (0,15 %) chez un courtier.

Une fois que l'on a décidé de s'adresser de préférence à un courtier, il faut en choisir un. Ce n'est pas simple, car chacun a sa grille tarifaire, qui n'est pas exactement comparable à celle des autres. Méfiez-vous : le contrat dont un collègue ou un ami vous a vanté les qualités peut ne pas correspondre à vos besoins si vous n'avez pas le même profil d'investisseur. Tout dépend du montant que vous comptez investir et de la façon dont vous comptez gérer votre portefeuille (en investisseur de long terme, en spécialiste des allers et retours rapides et nombreux, en simple acheteur d'actions ou en spéculateur sur les produits dérivés, etc.).

Enfin, en ce domaine comme en d'autres, le moins cher n'est pas forcément le meilleur. Il faut profiter de la concurrence très forte qui règne dans le secteur pour obtenir les meilleurs tarifs, mais d'autres éléments peuvent et doivent guider votre travail de sélection : l'ergonomie du site Internet, la qualité des applications pour smartphone si vous êtes souvent hors de votre domicile ou de votre bureau, la qualité des informations fournies, l'accès à des analyses financières et à des outils d'aide à la décision, l'accès aux marchés qui vous intéressent, les formations gratuites proposées, etc.

Une dernière précision : avec certains courtiers, dont celui qui affiche les tarifs de loin les moins chers selon les classements récents, le néerlandais Degiro, votre compte titres n'est pas situé en France, mais à l'étranger, ce qui complique un peu les choses, notamment sur le plan fiscal : les informations concernant vos revenus et plus-values ne sont pas transmises automatiquement à l'administration française et c'est à vous qu'il appartient de remplir votre déclaration fiscale à partir des informations disponibles sur le site du courtier.

## Quel type de compte faut-il ouvrir ?

Si vous avez choisi de passer par votre banque habituelle, il n'y a aucun problème : dès l'instant où vous avez déjà un compte à vue, l'ouverture d'un compte titres associé se fait automatiquement, sans formalité particulière. Vous pouvez toutefois demander l'ouverture d'un deuxième compte si vous souhaitez que les sommes affectées à la gestion de votre portefeuille titres ne se mélangent pas aux liquidités de votre compte à vue usuel. Si vous voulez passer par un courtier en ligne, vous devrez ouvrir un compte titres spécifique auquel vous accéderez exclusivement par Internet. Mais, quel que soit l'intermédiaire par lequel vous passerez – votre banque ou un courtier en ligne –, vous devrez choisir entre un compte titres ordinaire ou un PEA (plan d'épargne en actions). Comme ce choix repose pour l'essentiel sur des considérations fiscales, cela nous amène à anticiper un peu la question de l'imposition des gains boursiers, que nous étudierons plus loin en détail.

## Le compte titres ordinaire

Il présente de grands avantages. Sur ce compte, vous pouvez faire ce que vous voulez. Vous achetez et vendez des actions ou des obligations. Si vous le souhaitez, vous pouvez même mettre des produits plus complexes comme les options ou les warrants. Vous pouvez acheter n'importe quelle sicav ou n'importe quel FCP. Si vous avez envie de ne pas prendre de risques pendant quelque temps, vous pouvez placer cet argent sur des sicav ou des FCP monétaires. Et si vous avez besoin d'argent pour faire face à des dépenses urgentes, vous pouvez vendre tout ou partie de ce qu'il y a sur ce compte à tout moment. Bref, le compte titres ordinaire, c'est la liberté absolue.

Mais la liberté a un prix : la fiscalité. Sur un compte titres ordinaire, on est imposé « plein pot » sur tous ses gains boursiers, dividendes et plus-values. Du coup, on peut être tenté de regarder s'il n'y a pas un moyen d'échapper à la rigueur du fisc. Et ce moyen existe.

### La détention des titres : au porteur, au nominatif ?

En règle générale, si vous avez des actions, elles sont conservées sur un compte titres ou un PEA ouvert auprès de votre intermédiaire financier ; dans ce cas, on parle de titres au porteur. Mais, si vous êtes un actionnaire fidèle et si vous conservez assez longtemps vos actions d'une même société, il peut être intéressant pour vous d'être inscrit au nominatif. Dans ce cas, votre nom est inscrit dans le registre de la société. Cela vous permet le cas échéant, nous le verrons, de bénéficier d'un dividende majoré par une prime de fidélité, d'un droit de vote double si vous êtes actionnaire depuis plus de deux ans et si l'entreprise reconnaît le principe du vote double, d'être régulièrement informé de l'actualité de la société et d'être convoqué directement aux assemblées générales.

Il existe deux formes de nominatif, le *nominatif administré* et le *nominatif pur*. Dans le premier cas, vos actions restent gérées par votre intermédiaire financier ; dans le second cas, elles sont inscrites sur un compte titres tenu par le service actionnaires de l'entreprise, sans droits de garde ni frais de gestion.

La formule de la détention au nominatif a certes des avantages, mais elle a aussi des inconvénients. Si vous avez des titres gérés à plusieurs endroits, au lieu de recevoir chaque année un seul imprimé fiscal

»

»

unique (IFU) envoyé par votre intermédiaire financier, vous en recevez un par gestionnaire. L'exécution des ordres de vente des titres prend du temps, parce qu'il faut d'abord que vos titres au nominatif soient transformés en titres au porteur ; il n'est pas question alors de réagir instantanément à une mauvaise nouvelle, un délai de plusieurs jours est nécessaire. Enfin il n'est pas absolument impossible de faire figurer dans un PEA des titres inscrits au nominatif pur, mais cela implique des correspondances administratives entre votre intermédiaire financier et la société concernée, ce qui est compliqué et coûteux (et d'ailleurs tous les courtiers ne l'acceptent pas). Bref, il vaut mieux prendre le temps de réfléchir avant de s'inscrire au nominatif et, surtout, ne le faire que si on pense rester durablement actionnaire de cette entreprise.

## Le PEA, plan d'épargne en actions

Le législateur a créé ce plan pour encourager les Français à contribuer au développement des entreprises nationales en achetant des actions. Il en est toujours ainsi : les cadeaux fiscaux ne sont jamais distribués sans un but plus ou moins explicite ; il s'agit toujours d'attirer l'épargne là où on le souhaite. Dans le cadre du PEA, les gains en Bourse ne sont soumis à aucun impôt, à l'exception des cotisations sociales qui s'appliquent à tous les revenus, sans distinction. Une fois ces cotisations acquittées, vous pouvez disposer de vos gains ; ils vous sont acquis définitivement.

Mais ces dispositions généreuses ont une contrepartie. L'argent mis sur un PEA (PEA classique ou PEA-PME) doit être bloqué au moins cinq ans pour que le titulaire du compte profite pleinement de tous les avantages fiscaux. Ce qui est d'ailleurs assez normal : il n'est pas question d'encourager les gens à faire des « coups » en Bourse, il s'agit de les inciter à placer leur argent dans les entreprises de façon durable. Si l'on ouvre un PEA, on doit savoir qu'on en prend au moins pour cinq ans. Il vaut mieux avoir bien réfléchi avant.

Autre désagrément : puisque c'est un plan destiné à soutenir l'investissement en actions, il n'est pas question d'y mettre d'autres produits. Dans un PEA, on ne peut mettre que des actions et des titres qui leur sont liés (mais les bons et droits de souscription ne sont plus admis depuis le 1er janvier 2014). On peut y mettre des sicav ou des FCP, mais il faut qu'ils soient spécialement conçus pour le PEA, avec au moins 75 % d'actions françaises ou de pays appartenant à l'Espace économique européen (les pays membres de l'Union européenne plus la Norvège, l'Islande et le Lichtenstein). Et, dans un PEA, il n'est pas question de s'amuser avec des options ou des warrants : ces produits purement spéculatifs en sont bannis.

**Figure 6-2**
3 PEA pour investir

6,1 MILLIONS DE PEA (*)
VERSEMENT MAX 150 000 €

Actions cotées
Sicav et FCP « PEA »
Certificats d'investissement, parts de SARL et titres de sociétés soumises à l'IS

188 000 PEA « PME - ETI » (*)
VERSEMENT MAX 225 000 €

Actions non cotées
(< 5 000 salariés et CA < 1,5 Md€)
Actions cotées
(< 5 000 salariés et capitalisation < 1 Md€)

**Si vous détenez les 2 plans vous ne pouvez pas verser plus de 225 000 € au total.**

**PEA Jeunes**
Versement max : 20 000 €
Réservé aux 18-21 ans (25 ans si étudiant) rattachés au foyer fiscal de leurs parents

**L'univers d'investissement intègre les pays de l'Espace économique européen (EEE)** soit, avant Brexit, les 28 États membres de l'Union européenne (UE), et trois des quatre États membres de l'Association européenne de libre-échange : Islande, Norvège et Liechtenstein.

*(*) à fin 2017*

*Source : lafinancepourtous.com et AMF*

## Un petit frère : le PEA-PME

Dans le PEA, on peut mettre des actions cotées de toutes les tailles et même des parts de SARL et des titres de sociétés non cotées payant l'impôt sur les sociétés (ou un impôt équivalent s'il s'agit de sociétés ayant leur siège social dans un autre pays de l'Espace économique européen). Mais le gouvernement Ayrault a souhaité créer un nouveau produit visant spécifiquement à permettre le financement des PME et des ETI (entreprises de taille intermédiaire) : le PEA-PME, dont les caractéristiques ont été fixées dans la loi de finances pour 2014. Outre la taille des entreprises concernées, le PEA-PME présente par rapport au PEA classique une différence majeure : on peut y mettre des parts de fonds communs de placements investis à hauteur d'au moins 75 % en titres émis par des PME-ETI et ces titres pourraient être des obligations, à condition que les actions représentent tout de même au moins 50 % de l'encours total. Pour entrer dans un PEA classique, un fonds doit comprendre au moins 75 % d'actions et de titres assimilés.

Un même contribuable peut ouvrir à la fois un PEA classique et un PEA-PME. Ce PEA-PME n'ayant pas rencontré le succès escompté, de nouvelles dispositions ont été prises pour le relancer, d'abord en 2016, puis dans la loi Pacte du 23 mai 2019 (voir chapitre 16 consacré à la fiscalité).

## Que faut-il choisir ?

Même si le PEA n'est plus aussi intéressant qu'avant du fait de la hausse des prélèvements sociaux et de la disparition de l'avoir fiscal (voir chapitre 16), il conserve encore un certain attrait. Avec un PEA, on achète et on vend comme on l'entend sans avoir à se soucier de la fiscalité. De toute façon, en principe, quand on achète des actions, on sait qu'on s'engage pour une durée assez longue, qui se mesurera en années. Alors, pourquoi ne pas le faire dans le cadre d'un PEA ?

Et puis, si vous avez envie d'acheter des titres qui ne sont pas admis dans un PEA (on parle alors de « titres non éligibles au PEA »), rien ne vous empêche de le faire sur un compte ordinaire : avoir un PEA ne vous interdit pas d'intervenir en Bourse dans un autre cadre. C'est même indispensable si l'on veut jouer sur toute la gamme des produits.

En résumé : il est conseillé d'avoir à la fois un compte titres ordinaire et un PEA. Cependant, il faut avoir bien conscience qu'un plan d'épargne engage pour plusieurs années.

Si vous démarrez en Bourse et si un seul PEA vous suffit (on peut mettre au maximum 150 000 € par personne dans un PEA classique et 225 000 € dans un PEA-PME), préférez le PEA classique : il vous permettra d'investir à la fois sur les grandes et les petites valeurs. Le cas échéant, si cela vous tente, vous pourrez toujours ouvrir un PEA-PME ensuite. Précisons que les deux PEA peuvent être ouverts dans deux établissements distincts (sachant qu'il est interdit pour une même personne d'avoir deux PEA classiques ou deux PEA-PME, et que le montant global du PEA et du PEA-PME ne doit pas dépasser 225 000 €).

# Apprendre à lire la cote

Une fois son compte ouvert, il faut choisir les titres que l'on va acheter. Les méthodes de sélection sont diverses et variées, nous le verrons ultérieurement, mais, dans tous les cas de figure, à la base, il faut toujours pratiquer le même exercice : la lecture de la cote. De la même façon qu'on lit une cote des véhicules d'occasion pour savoir à quel prix on peut acheter ou vendre telle ou telle voiture, on lit la cote des valeurs pour savoir combien vaut maintenant telle ou telle action que l'on souhaiterait faire entrer dans son portefeuille ou que, au contraire, on souhaiterait céder. La cote, c'est le livre de chevet du boursier !

La référence, c'est la cote officielle, publiée chaque jour en version électronique par Euronext (pour les marchés qu'elle gère). Mais pratiquement aucun investisseur individuel ne la voit. Les cours, on les consulte sur Internet, dans son quotidien et, le week-end, dans son hebdomadaire financier favori. Les cotes enrichies des hebdomadaires financiers contiennent beaucoup d'informations, du moins pour les sociétés les plus importantes. Et les sites Internet permettent l'accès à une palette de marchés et de valeurs très large. Signalons toutefois que, sur le site Euronext, on peut trouver beaucoup d'informations ; en donnant le nom d'une valeur, on peut voir les cours, évidemment, mais aussi des renseignements sur la société, ses actionnaires, ses chiffres-clés, si elle est éligible ou non au PEA, etc.

### Quel genre de client êtes-vous ?

Vous avez envie de gagner de l'argent sur les marchés. Votre intermédiaire financier l'a bien compris mais, par malchance pour vous, il est peu scrupuleux et n'hésite pas à vous conseiller des opérations hasardeuses : qu'elles se terminent bien ou mal n'est pas son problème, de toutes les manières il touchera sa commission. En théorie, on ne devrait plus voir cela. Depuis l'entrée en vigueur, le 1er novembre 2007, de la directive européenne sur les marchés d'instruments financiers, les relations entre le client investisseur et son intermédiaire financier obéissent à des règles assez strictes. Le client doit être mieux informé afin qu'il puisse mesurer pleinement les conséquences de ses investissements.

Désormais, la clientèle est segmentée en deux catégories : les professionnels et les non-professionnels. *A priori*, le particulier qui ouvre un compte titres est considéré comme non professionnel. Pour avoir le statut de professionnel, il faut qu'il remplisse au moins deux des trois critères suivants : une moyenne de dix transactions de montant « significatif » par trimestre au cours des douze mois précédents, une valeur du portefeuille dépassant les 500 000 €, l'exercice d'une activité dans le secteur financier depuis au moins un an.

»

»

Si le non-professionnel souhaite accéder au statut de professionnel, il faut qu'il le demande à son intermédiaire, qui peut le refuser s'il estime que les critères ne sont pas remplis.

Le non-professionnel bénéficie du plus haut degré de protection offert par la directive. En principe, la convention de compte qui sera passée avec son intermédiaire ne lui accorde la possibilité d'intervenir que sur des instruments « non complexes ». Pour des opérations réputées complexes et risquées, comme les options ou les contrats d'échange (les « swaps », comme disent les anglophones), il faudra obtenir l'accord préalable de son intermédiaire et conclure avec lui une convention spéciale. Il en est de même pour les opérations dans le cadre du SRD.

Donc, ne soyez pas étonné que l'intermédiaire financier que vous avez choisi vous demande de répondre à un questionnaire permettant d'établir votre profil d'investisseur et qu'il vous demande ensuite des mises à jour de votre dossier : c'est une obligation légale.

## Le classement

Pour repérer une valeur, il faut d'abord savoir sur quel marché elle est cotée. Dans chaque marché, les valeurs sont classées selon l'ordre alphabétique. La Bourse de Paris avait autrefois adopté un classement par secteurs d'activité. Celui-ci a disparu ; il est simplement rappelé à titre indicatif pour chaque valeur à quel secteur elle appartient.

Après le nom de chaque valeur figure un code composé de deux lettres et de dix chiffres. C'est le code ISIN (*International Securities Identification Number*), qui a remplacé le code Sicovam dont les anciens boursiers se souviennent sans doute. Ce code assez lourd permet d'effectuer les transactions informatiques sans le moindre doute sur le titre que l'on négocie : pour une même société, des codes différents sont attribués aux actions, aux obligations, aux droits de souscription, etc. Par exemple, à côté du nom Accor, première valeur du CAC 40 par ordre alphabétique, on trouve le code FR0000120404, dont les lettres indiquent qu'il s'agit d'une société française : les neuf premiers chiffres sont des caractères alphanumériques (permettant de représenter un nom par des chiffres) et le dernier est une clé de contrôle. Pour ceux qui connaissaient les codes Sicovam par cœur, le changement a été brutal...

Heureusement, pour ceux qui n'ont pas envie d'essayer de retenir les codes ISIN, il a été prévu des codes dits « mnémoniques » (ou « mnémo », en abrégé), beaucoup plus simples, car composés de seulement deux, trois ou quatre lettres ; ces codes mnémoniques sont en général indiqués juste après le code ISIN. Ainsi, pour reprendre l'exemple d'Accor, après le code ISIN, on trouve les deux lettres *A* et *C* :

c'est simple et pratique. Ainsi, si vous voulez trouver des informations sur le titre Accor ou si vous voulez passer un ordre d'achat, vous n'avez pas besoin d'aller chercher le code ISIN, il vous suffit de taper « AC », si vous vous souvenez du code mnémo, ou tout simplement « Accor », et la machine ira vous chercher ce que vous voulez. En cas de doute, par exemple pour une valeur qui a plusieurs titres cotés, la recherche conduira à une sélection de quelques titres ; il ne vous restera plus qu'à cliquer sur celui qui vous intéresse.

## Le secteur d'activité et le compartiment de cotation

Toujours dans notre exemple Accor, on peut trouver aussi le nombre 5 753. Il indique dans quel secteur intervient cette société. Dans ce cas précis, cela ne vous apporte rien : vous saviez déjà que Accor faisait partie du secteur hôtelier. Mais il y des cas où cette mention constitue une information utile et, surtout, le classement fait par Euronext permet de comparer les performances d'entreprises appartenant au même secteur. Si l'on s'intéresse à un secteur, autant choisir les entreprises qui y obtiennent les meilleurs résultats. Le classement Euronext comprend quatre niveaux : d'abord 10 industries (code 5000, services aux consommateurs, dans notre exemple), puis 19 super secteurs (5700, voyage et loisirs dans notre cas), 41 secteurs (ici 5750, voyage et loisirs, comme pour le super secteur, mais les libellés diffèrent dans les industries plus diversifiées) et enfin 114 sous-secteurs (ici 5753, hôtels). Pour les valeurs d'Euronext, il est également précisé si elles appartiennent au compartiment A (plus de 1 milliard d'euros de capitalisation boursière), B (entre 150 millions et 1 milliard d'euros) ou C (moins de 150 millions d'euros).

## Le nombre de titres

C'est une information également très utile : connaissant le nombre d'actions composant le capital de la société et le cours de l'action, on peut alors calculer la capitalisation boursière de l'entreprise, c'est-à-dire sa valeur en Bourse. Mais, attention, le chiffre indiqué à cet endroit ne comprend que les titres correspondant à cette ligne de cotation ; il ne comprend pas les titres cotés sur une autre ligne, par exemple les actions nouvelles cotées sur une ligne à part. En pratique, vous n'aurez jamais à faire ce calcul vous-même : Euronext le fait pour vous.

## L'indice

Il est précisé à quel indice calculé par Euronext appartient la valeur considérée. Dans notre exemple, on voit qu'Accor entre dans le calcul du CAC 40 et dans beaucoup d'autres indices calculés par Euronext.

## La clôture de l'exercice, le dividende

La plupart des entreprises ont un exercice comptable qui coïncide avec l'année civile : elles arrêtent leurs comptes au 31 décembre de chaque année. Mais, pour diverses raisons qui tiennent à leur histoire, certaines entreprises ont un exercice « à cheval », qui se poursuit au-delà du 31 décembre pour s'arrêter à un autre moment de l'année. Ainsi, en poursuivant la lecture de la liste des valeurs faisant partie du CAC 40, on arrive à Pernod Ricard, qui clôt ses exercices le 30 juin.

Le montant et la date de versement du dernier dividende sont indiqués. Il est précisé aussi si le versement en question correspond à un acompte, au solde, au total ou s'il s'agit d'un dividende extraordinaire.

Le cas échéant, il est indiqué si le titre considéré est ou a été l'objet d'une opération particulière (OPA ou OPE augmentation ou réduction de capital, etc.). Par exemple, on peut voir pour une valeur donnée qu'une action gratuite pour dix détenues a été distribuée à telle date ; ce rappel est important puisqu'il nous signale qu'à cette date le cours a été « ajusté » pour tenir compte du fait qu'il y avait à partir de ce moment plus d'actions de cette société en circulation.

Après toutes ces informations concernant le titre lui-même, vous trouvez toutes celles concernant sa cotation : le dernier cours, le cours de la veille (dans un quotidien ou sur Internet) ou celui du même jour de la semaine précédente (dans un hebdomadaire), les plus-hauts et plus-bas de la journée ou de la semaine, la variation en pourcentage depuis le début de l'année et sur l'année glissante (sur les 52 dernières semaines). Un indicateur à ne pas négliger non plus : le volume de transactions. Une hausse ou une baisse sensible du cours d'une valeur s'accompagnant d'une augmentation soudaine du nombre de titres échangés, en l'absence de toute information officielle, laisse présager que quelque chose de positif ou de négatif est en train de se préparer concernant cette valeur ; c'est un signal d'alerte.

Ensuite figure toute une série d'indications concernant le bilan de la société : actif net comptable total et par action, ratio de dettes sur fonds propres. Nous préciserons toutes ces notions quand nous parlerons des chiffres à surveiller. De même, on trouve des indications concernant le chiffre d'affaires et le résultat net, avec le rappel du dernier connu et les prévisions pour les deux années suivantes. La valeur d'entreprise (somme de la capitalisation boursière et de la dette) rapportée au chiffre d'affaires permet de comparer la valorisation de plusieurs entreprises entre elles.

Le PER indique si une valeur est chère par rapport aux autres à un moment donné ; sa variation dans le temps est aussi une information très utile.

Une cote bien faite peut également donner des estimations concernant les prochains dividendes. La comparaison entre le dividende attendu et le cours du titre donne son rendement estimé, indication particulièrement recherchée par les gérants de capitaux. Quand on gère un portefeuille dans une optique très spéculative, très « court termiste », on recherche surtout les actions qui ont des chances de monter très vite et on se préoccupe assez peu du dividende. Quand on gère un portefeuille de façon plus conservatrice, en « bon père de famille », la notion de rendement devient primordiale.

## Comment passer un ordre en Bourse

Comme partout, le diable est dans les détails. La meilleure des stratégies boursières peut être mise à mal par une mauvaise mise en œuvre. Un ordre d'achat ou de vente mal formulé ou passé au mauvais moment, et c'est une partie des gains attendus qui s'envole. Passer un ordre n'est pas très compliqué, mais cela demande un minimum d'attention.

**Figure 6-3**

Bien passer un ordre de bourse

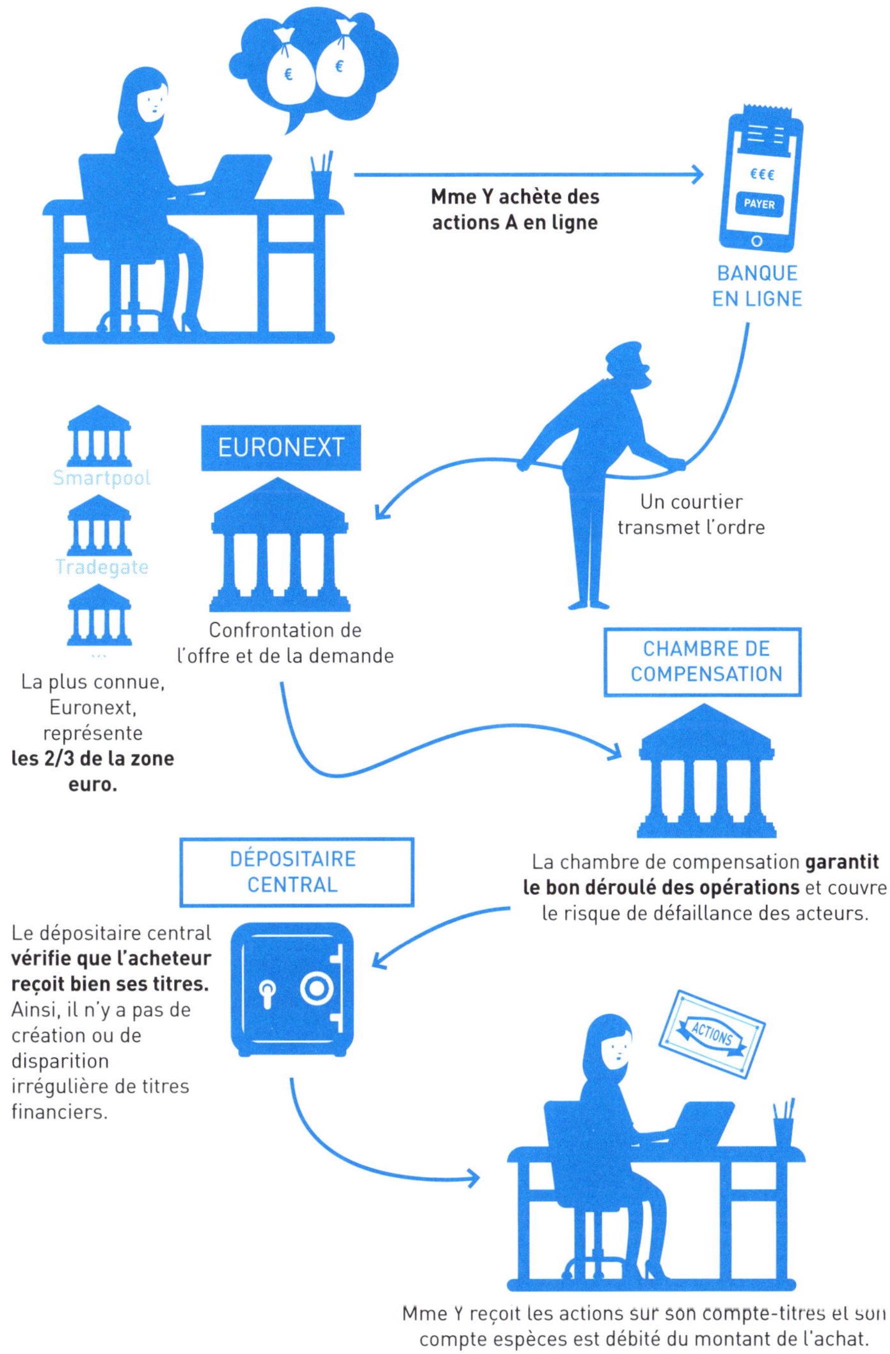


*Source : lafinancepourtous.com et AMF*

## Bien lire le carnet d'ordres

Le cours d'une action exprime un équilibre temporaire entre le prix que sont prêts à mettre ceux qui veulent acheter cette action et le prix auquel ceux qui détiennent cette action acceptent de la céder. Ce prix peut varier très vite : si l'on annonce une bonne ou une mauvaise nouvelle concernant la Bourse dans son ensemble ou l'action que l'on envisage de négocier, celle-ci peut gagner ou perdre plusieurs points de pourcentage en quelques minutes. Juste avant de passer son ordre d'achat ou de vente, il faut donc bien vérifier qu'il n'y a pas eu de variation brutale des cours et que la décision que l'on a prise d'acheter ou de vendre est toujours opportune. Ensuite, il faut libeller son ordre de façon à obtenir le meilleur prix possible.

L'informatique est très utile, car elle permet à l'investisseur d'avoir toutes les informations nécessaires pour prendre sa décision en connaissance de cause.

Une fois que l'on a sélectionné une valeur et demandé à passer un ordre, on voit apparaître sur l'écran diverses indications : le dernier cours enregistré sur cette valeur, le plus-haut et le plus-bas de la séance, le nombre de titres échangés, le pourcentage de variation du cours depuis le début de la séance et celui du CAC 40, ce qui permet de voir comment cette valeur se comporte par rapport au reste du marché.

Enfin, sur l'écran, apparaît le plus important : le carnet d'ordres. On peut voir à l'achat comme à la vente les cinq ou dix meilleures propositions en attente d'exécution. Si l'on veut avoir une chance de voir son ordre exécuté – et dans de bonnes conditions –, il faut tenir compte de ces indications.

Exemple

Supposons par exemple qu'une action vienne d'être cotée 50 €. La majorité des acheteurs propose un prix égal ou légèrement inférieur au dernier cours : seulement 100 titres sont demandés à 50,10 €, 800 titres sont demandés à 50 €, 600 à 49,90 €. Suivent quelques demandes moins généreuses : pour 100 titres à 49,80 €, 40 titres à 49,70 €. Du côté des offres, les prix proposés sont évidemment plus élevés et l'ordre des propositions est inversé. Des ordres de vente ont été enregistrés à 50,20 €, pour 10 titres. Puis les prix demandés montent : 300 titres à 50,30 €, 820 à 50,40 €, 40 à 50,50 € et enfin 400 à 50,60 €.

Si je veux acheter 200 titres, il faudra que je propose 50,30 €. À ce prix-là, j'obtiendrai les 10 titres à 50,20 €, cela va de soi puisque je propose encore mieux, et 190 des 300 titres en vente précisément à 50,30 €.

Si, à l'inverse, je suis vendeur de 200 titres, la meilleure chose que je puisse faire est de demander 50 €. À ce prix, mon offre rencontrera celle des 100 titres pour lesquels les acheteurs étaient prêts à débourser 50,10 € et permettra de satisfaire une partie de ceux qui étaient prêts à acheter 800 titres à 50 €.

On notera au passage que, dans cet exemple, si je suis vendeur, mon offre stabilisera le titre à son niveau antérieur alors que, si je suis acheteur, elle le tirera vers le haut. Chaque offre ou demande de titres fait ainsi décaler les cours dans un sens ou dans l'autre tout au long de la séance. C'est pourquoi il est impératif de bien surveiller le carnet d'ordres jusqu'à la dernière seconde avant de passer son ordre.

## Les différents types d'ordre

Pour savoir quel ordre passer et quelles en seront les conséquences potentielles, il est nécessaire de comprendre les particularités de chacun.

### L'ordre au marché, le plus simple… et le plus dangereux

Dans la plupart des ouvrages sur la Bourse, il est dit pis que pendre de l'ordre au marché, trop dangereux, tout juste bon pour les nuls. La réalité est plus nuancée : l'ordre au marché n'a pas que des inconvénients ; il a aussi ses avantages. Le tout est de l'utiliser à bon escient.

Son avantage principal ? Il est prioritaire sur tous les autres ordres et donc il a de grandes chances d'être exécuté. Pour ceux qui ont déjà eu l'occasion de s'intéresser à la Bourse dans le passé, rappelons que l'ordre au marché s'est appelé, selon les périodes, « ordre au mieux » ou « ordre à tout prix ». Cette dernière appellation avait le mérite d'être particulièrement claire : avec l'ordre au marché, si vous êtes à l'achat, tous les titres disponibles sur le marché vous seront attribués en priorité pour satisfaire votre demande, quel que soit le prix. Il en est de même à la vente. Ce système est très commode : vous voulez absolument mettre tout de suite une valeur en portefeuille parce que vous pensez que son cours va bientôt décoller ou, à l'inverse, vous commencez à vous inquiéter pour une valeur et vous voulez vous en débarrasser à tout prix tout de suite ; avec l'ordre au marché, vous êtes pratiquement certain d'être exaucé. L'inconvénient est évidemment que vous prenez le risque d'acheter trop cher ou de vendre à un prix de braderie.

Cet inconvénient doit toutefois être relativisé. Si vous achetez ou vendez quelques dizaines de titres des valeurs qui pèsent le plus lourd dans l'indice CAC 40, celles qui s'échangent à raison de plusieurs centaines de milliers voire de plusieurs millions de titres par jour, vous ne risquez pas de mauvaise surprise. Un simple particulier qui passe un ordre de quelques milliers d'euros peut, en temps normal, utiliser sans crainte l'ordre au marché s'il s'agit de LVMH, L'Oréal, Total, Airbus ou d'autres poids lourds de la cote. En revanche, il est certain que ce type d'ordre doit être évité pour les valeurs dont seulement quelques dizaines ou quelques centaines de titres sont échangés chaque jour : dans ce cas, on risque effectivement de voir son ordre exécuté à plusieurs niveaux de prix très différents, avec éventuellement de très gros écarts. Si vous passez un ordre au marché pour l'achat de 100 titres d'une valeur qui a un marché étroit, vous risquez d'en avoir, par exemple, 50 à 20 €, 30 à 20,50 €, 10 à 21 € et 10 enfin à 22 €, soit un écart de 10 % entre vos titres les plus chers et les moins chers ; le prix moyen de votre ligne de titres s'établira en fait à 20,45 €. Encore faut-il souligner que nous n'avons pas pris un exemple trop défavorable, en supposant que vous ayez pu être servi pour moitié au prix le plus bas.

À retenir

Précision : si l'ordre au marché est passé à l'ouverture, il est exécuté tout de suite si la contrepartie existe ; sinon, il n'est exécuté que partiellement et reste inscrit en carnet pour le reste de la journée ou les suivantes. Si l'ordre arrive en cours de séance, il est exécuté au fur et à mesure de l'arrivée de contreparties, dans l'ordre chronologique. Autrement dit, un ordre au marché trop important passé sur un marché étroit pourrait ne pas être totalement exécuté avant plusieurs jours, avec le risque de décalages de cours significatifs. Il est vraiment impératif pour ce type d'ordre de bien vérifier sur son écran qu'on l'a passé avec une validité limitée à la journée.

## L'ordre à la meilleure limite, faussement séduisant

À première vue, cet ordre semble tout à fait intéressant : là non plus, vous ne définissez pas le cours auquel vous voulez vendre ou acheter, vous confiez à l'ordinateur le soin d'aller chercher le cours le plus bas si vous êtes acheteur ou le cours le plus haut, si vous êtes vendeur. Avoir l'assurance d'effectuer sa transaction dans les meilleures conditions du moment, c'est fantastique, non? Ce serait effectivement fantastique si c'était vraiment le cas. Mais ça ne l'est pas. Car cet ordre n'est pas prioritaire. Il passe après les ordres au marché et les ordres à cours limité. Par exemple, vous avez vu sur le carnet d'ordres que des vendeurs proposaient les actions que vous voulez acheter à 20 € et 20,10 € pour les deux premiers ordres les plus intéressants. Avec votre ordre à la meilleure limite, vous pensez avoir les titres à 20 €. Manque de chance, des ordres au marché et des ordres à cours limité passent devant vous pour ces titres à 20 € et 20,10 €. Vous n'avez droit qu'aux titres suivants, proposés à 20,20 €. Mais si vous avez demandé 100 titres et qu'il ne se présente que 50 titres à 20,20 €, vous devrez attendre pour les 50 autres titres que des ordres de vente à 20,20 € ou moins se présentent, car, dès l'instant où votre ordre a été partiellement exécuté, il est transformé en ordre à cours limité à 20,20 €. Et si plus aucune offre ne se présente à ce prix ou en dessous, votre ordre ne pourra être totalement exécuté. Si vous passez votre ordre à l'ouverture du marché, il est automatiquement transformé en ordre à cours limité au cours d'ouverture, et si cette limite n'est plus touchée il risque de ne pas être exécuté.

Bref, c'est un type d'ordre qui risque d'apporter des déceptions et ne peut en fin de compte être conseillé que pour les valeurs très liquides, au marché très étoffé, pour lesquelles il y a peu de risques d'avoir de mauvaises surprises.

## L'ordre à cours limité, celui qui évite les désagréments

L'ordre à cours limité est l'instrument préféré des vrais boursiers, car il évite les mauvaises surprises, y compris sur les marchés étroits ou dans les périodes de forte volatilité des cours. Au moment de passer votre ordre, vous indiquez un prix minimal si vous êtes à la vente ou un prix maximal si vous êtes à l'achat. Tant que le cours sur le marché reste inférieur à la limite pour la vente ou supérieur à la limite pour l'achat, l'ordre n'est pas exécuté. Si le cours arrive juste à la limite, l'ordre sera exécuté « à cours touché », si le nombre de titres proposés en face est suffisant.

L'inconvénient est évidemment que cet ordre peut ne pas être exécuté si le cours ne vient pas s'inscrire à l'intérieur de la limite fixée. Si vraiment on veut obtenir ces titres ou s'en débarrasser, on a toujours la solution de choisir une limite large qui a de fortes chances d'être atteinte, ou alors de passer un ordre au marché. Mais quand on passe un ordre à cours limité, c'est bien parce qu'on préfère ne pas obtenir ces titres ou ne pas les vendre plutôt que de les obtenir ou de les vendre à un prix qu'on juge peu intéressant. Il faut savoir ce que l'on veut !

À retenir

L'ordre à cours limité s'impose pour les petites et les moyennes valeurs, qui ont un marché étroit, pour lesquelles quelques ordres inhabituellement importants peuvent suffire à faire fortement bouger les cours. Et même pour les grandes valeurs, celles qui ont un marché profond et liquide, il est un instrument très utile pour éviter les mauvaises surprises dans les périodes de forte volatilité. Et, dans tous les cas, c'est ce type d'ordre qu'utilisent ceux qui adoptent une gestion très active de leur portefeuille boursier et chercheront à multiplier les petits gains obtenus par des opérations d'achat et de vente réalisées dans des délais courts ; quand on cherche ainsi à profiter des écarts de cours, même modestes, qui peuvent se produire dans une journée ou une semaine, il est impératif de passer des ordres très rigoureusement limités.

Une précision : quand on passe un ordre à cours limité, il faut éviter les chiffres ronds, si l'on veut se donner un maximum de chances de voir son cours exécuté. Si vous voulez des actions à 100 € au maximum, passez votre ordre à cours limité à 100,01 ou 100,02 € : vous passerez devant ceux qui ont limité leur offre à 100 € tout ronds sans pour autant payer un prix excessivement plus élevé.

Attention

Attention toutefois à ne pas vouloir jouer trop finement : il faut être attentif aux pas de cotation. Le pas de cotation est l'écart minimum accepté entre deux cours. Et cet écart n'est pas toujours le même. Il est évident que l'échelle de cotation ne peut être la même pour une action qui cote moins d'un euro et une autre action qui cote plusieurs milliers d'euros. Et les méthodes modernes de gestion, avec des gains qui se font sur des écarts modestes mais avec des quantités importantes, impliquent que, sur certains titres très échangés, on puisse miser sur des écarts de cours très faibles. La directive européenne MIF 2 entrée en application au début de 2018 établit des règles très précises mais compliquées, qui prévoient les pas de cotation à appliquer selon la valeur du titre et le nombre de transactions qui sont enregistrées chaque jour sur ce titre. Euronext a publié un tableau très compliqué qui montre comment s'appliquent les nouvelles règles sur ses marchés pour des fourchettes de prix allant de moins de 10 centimes à plus de 50 000 € et des volumes de cotation allant de moins de 10 titres par jour à plus de 9 000. Mais, pour s'y retrouver, le mieux est de regarder attentivement le carnet d'ordres et d'observer les fluctuations du titre. Par exemple, si vous passez un ordre avec un ou deux chiffres après la virgule pour un titre qui se négocie avec un pas de cotation de 1 €, votre ordre sera refusé.

## L'ordre à déclenchement, pour s'adapter aux humeurs du marché

Vous avez observé les graphiques retraçant le parcours récent d'une valeur. Vous pensez que, si elle franchit à la hausse le seuil des 100 €, elle a des chances d'aller très vite jusqu'à 110 € ; si tout se passe bien, vous avez la possibilité de réaliser un gain intéressant en peu de temps. Le problème : vous n'êtes pas sûr du tout que cela va se produire et vous n'avez pas envie d'acheter ces titres et de les garder en portefeuille « au cas où... ». Une solution s'impose alors : avoir recours à l'ordre à seuil de déclenchement, appelé aussi ordre stop, ou *stop-loss*. Vous passez un ordre au seuil de 100 €, qui ne se déclenchera que si le cours de 100 € est atteint ou dépassé. S'il ne se passe rien sur cette valeur, votre ordre d'achat ne sera pas exécuté ; en revanche, si effectivement il se produit un mouvement de hausse, votre ordre à seuil de déclenchement vous aura permis de sauter dans le train en marche tant qu'il en était encore temps.

Inversement, vous avez une action qui vaut un peu plus de 100 €, vous estimez que si elle passe en dessous de ce seuil, la chute peut se poursuivre très vite vers 90 €.

Vous voulez vous mettre à l'abri de ce risque ou, si ce mouvement se produit, vous espérez vendre vos titres à 100 € et les racheter à 90 €. Vous avez alors la solution de passer un ordre de vente à seuil de déclenchement à 100 €. Il ne sera exécuté que si, effectivement, le titre commence à baisser et passe le seuil de 100 €.

## Le défi du trading haute fréquence

Même si vous ne suivez pas encore de très près la Bourse, vous avez sûrement entendu parler du *high frequency trading* (HFT) ou trading haute fréquence. De quoi s'agit-il? De multitudes d'ordres passés par des professionnels en un temps très court selon des procédures automatisées, suivant des algorithmes (suites d'instructions) différents selon le but recherché et la stratégie suivie. En quelques années, cette technique s'est développée à un rythme foudroyant, au point qu'on a un peu de mal à mesurer exactement quelle est son importance. On estime que le HFT représente entre 60 % et 70 % des transactions aux États-Unis et 40 à 50 % en Europe. Mais ces chiffres sont peut-être déjà obsolètes. En tout cas, il pèse d'un poids tel dans les transactions qu'il a incité Euronext à installer ses ordinateurs près de Londres, là où sont localisés en Europe la majorité des donneurs d'ordres, pour gagner quelques millionièmes de seconde sur le temps d'acheminement de ces ordres et être plus compétitif.

Les programmes mis au point par les mathématiciens des sociétés d'investissement permettent d'annuler ou de modifier automatiquement les ordres lancés avant leur exécution en fonction de paramètres établis à l'avance. À tel point que le pourcentage d'ordres exécutés ne dépasse pas en moyenne 1 à 5 %. Selon un exemple cité par l'AMF, un intervenant aurait entré 15 millions d'ordres sur les valeurs du CAC 40 en avril 2010 et une seule transaction aurait été effectuée sur 154 ordres lancés... Sur Euronext Paris, on a pu ainsi enregistrer 600 messages en une seconde portant sur une seule valeur, avec un temps minimum de 7 millionièmes de seconde entre deux messages d'un même intervenant et la plus courte durée de vie d'un ordre (le temps écoulé entre le moment où il a été lancé et celui où il a été annulé avant exécution) est de 25 millionièmes de seconde...

Le développement de ces techniques pose évidemment de nombreux problèmes. Compte tenu du coût élevé des moyens techniques mis en œuvre, le marché risque d'être rapidement dominé par quelques intervenants de poids (c'est déjà le cas!) et les algorithmes utilisés peuvent conduire à des manipulations de marché : par exemple envoyer une multitude d'ordres de vente (annulés en majeure partie avant leur exécution) à des cours limités de plus en plus bas, puis passer à l'achat. De surcroît, les interactions entre les algorithmes des divers intervenants peuvent conduire à des mouvements imprévisibles sur le marché.

Dans la directive européenne MIF 2, un certain nombre de dispositions ont été prises pour encadrer le trading haute fréquence. Les nouvelles règles concernant les pas de cotation en font partie : elles ont pour but de fluidifier le marché. Les exigences d'organisation des acteurs de marché ayant recours à la négociation algorithmique ont été renforcées ; il est vrai que si le poids des spécialistes du HFT semble avoir cessé de progresser, les algorithmes sont partout et leur usage s'est généralisé chez les professionnels, qui doivent le déclarer aux régulateurs.

Il y a toutefois un problème : une fois que le seuil retenu est atteint et que l'ordre se déclenche, il se transforme en ordre au marché. Pour reprendre les exemples précédents, s'il n'y a pas les contreparties suffisantes pour que votre ordre soit exécuté totalement à 100 €, il se peut que vous vous retrouviez acheteur de titres à 103 € ou 104 €, ou vendeur à 97 € ou 96 €, alors que, à ces niveaux, vous n'auriez pas souhaité réaliser l'opération. Pour l'éviter, vous avez l'ordre à plage de déclenchement : il vous permet de fixer un seuil à partir duquel il se déclenchera et un autre seuil à partir duquel il sera désactivé, seuil maximal dans le sens de l'achat, minimal dans le sens de la vente. Dans notre exemple, vous pouvez décider que vos achats commenceront à 100 € mais s'arrêteront à 103 € ou que vos ventes commenceront à 100 € mais ne pourront s'effectuer à moins de 97 €.

Une précision : à l'ouverture, seuls sont enregistrés les ordres d'achat ou de vente dont le seuil de déclenchement est supérieur ou inférieur au cours de clôture de la veille. En cours de journée, la prise en compte de l'ordre est faite en référence au cours enregistré au moment du passage de l'ordre.

Notre conseil : l'ordre à seuil de déclenchement sera utilisé de préférence sur les marchés très liquides, où il a des chances d'être exécuté dans de bonnes conditions ; l'ordre à plage de déclenchement sera utilisé sur les marchés plus étroits, où le risque est grand de voir son ordre exécuté dans des conditions médiocres. L'ordre à déclenchement en général (à plage ou à seuil) est le type même d'ordre que l'on peut passer sans en demander l'exécution le jour même. Il est d'autant plus intéressant qu'il n'influence pas le marché, puisqu'il n'apparaît pas sur le carnet d'ordres : si les autres investisseurs savaient que quelqu'un est prêt à acheter plus cher que le cours présent ou à vendre moins cher, ils iraient tout de suite chercher cette contrepartie.

Technique

## Des ordres plus rusés, pour utiliser au mieux les services de votre courtier

Ce que nous venons de voir sont les ordres de base, ceux que vous pouvez passer quel que soit votre intermédiaire financier. Mais si vous utilisez les services d'un courtier en ligne, vous pourrez aussi passer des ordres un peu plus complexes, qui sont une combinaison de plusieurs ordres classiques. Chaque courtier donne des noms particuliers aux ordres qu'il propose ainsi à ses clients, mais ce sont toujours les mêmes techniques que l'on retrouve, à quelques nuances près.

Comme vous le verrez, ces ordres sont adaptés à une gestion active de son portefeuille ; ils conviennent particulièrement à ceux qui effectuent des allers-retours rapides sur le marché.

- L'**ordre séquentiel**, en deux parties. Cette technique permet de lancer en même temps les deux étapes du processus d'achat et de vente. Prenons un exemple : un titre est dans une phase d'hésitation – il oscille autour de 100 € -, vous pensez qu'il peut baisser un peu mais qu'il a de fortes chances de rebondir ensuite. Vous passez en même temps un ordre d'achat à cours limité, à 95 €, et un ordre de vente à cours limité à 110 €. Si votre ordre d'achat ne peut être exécuté, l'ordre de vente n'est évidemment pas déclenché ; mais s'il est exécuté, l'ordre de vente est automatiquement transmis au marché et, si tout se passe comme vous l'avez prévu, votre aller-retour est effectué à votre profit à partir d'un seul ordre. Si vous n'êtes pas tout à fait sûr d'avoir raison en prévoyant une remontée du titre, vous pouvez adopter une autre tactique et vous protéger contre le risque d'une chute en accompagnant votre ordre d'achat d'un ordre stop, en l'occurrence une vente à 92 €. Dans ce cas également, vous aurez tout organisé en passant un seul ordre. Dans un cas comme dans l'autre, on parle d'ordre séquentiel, parce que l'opération se déroule en deux temps et que le deuxième ne peut arriver qu'après le premier.
- L'**ordre alternatif** se fait aussi en deux parties, mais les deux parties sont lancées simultanément et seule l'une des deux est exécutée. Vous avez en portefeuille une action qui vaut 100 €. Vous estimez qu'elle a de fortes chances de monter à 110 €, mais vous ne pouvez pas exclure qu'elle rechute jusqu'à 90 € et cela annulerait tous vos gains car vous l'avez acquise à ce prix. Alors vous placez un ordre alternatif : d'un côté, une vente à cours limité à 110 € pour miser sur la hausse ; de l'autre côté, un ordre stop à 95 € pour vendre le titre avant qu'il ne tombe trop bas. Ou vous gagnez avec la première partie de votre ordre, ou vous limitez votre perte avec la seconde mais, dans tous les cas, une seule partie de l'ordre sera exécutée. C'est pour cette raison que l'on parle d'ordre alternatif.
- Encore plus fort : l'**ordre triple**. Il combine en fait l'ordre alternatif précédent avec un ordre d'achat. Vous n'avez pas encore en portefeuille cette action dont vous pensez qu'elle peut monter. Vous passez un ordre d'achat à cours limité à 100 €. Et vous enregistrez un ordre alternatif semblable à celui que nous venons de voir : vente à cours limité à 110 € pour le cas où le titre monte effectivement ou vente à seuil de déclenchement à 95 € pour le cas où la situation évolue moins favorablement que vous ne l'espérez. Cet ordre alternatif se déclenche automatiquement dès l'instant où l'ordre d'achat a pu être exécuté.

Un nouveau type d'ordre peut vous être proposé, c'est l'**ordre indexé ou suiveur**. Il s'assimile à un ordre à seuil de déclenchement, à cela près que dans ce cas, le seuil est mobile et suit les variations du marché. Par exemple, vous êtes gagnant avec un titre coté actuellement à 100 € et vous souhaitez vous prémunir contre une baisse éventuelle, mais cela vous ennuie de passer à côté d'une hausse possible. Vous pouvez passer un ordre de vente qui limiterait la perte à 5 € ou 5 % (selon les courtiers, vous pouvez avoir un écart exprimé en valeur absolue ou en pourcentage ou choisir l'une des deux possibilités). Dans notre cas, ce sera 95 €, que l'on calcule en valeur ou en pourcentage, si le titre ne monte pas au-dessus de 100 €. Mais si, par chance, le titre monte jusqu'à 110 €, alors votre nouveau seuil de vente passe à 105 € dans le cas d'un intervalle exprimé en euros ou à 104,5 € dans le cas d'un intervalle de 5 %. Si après ce passage à 110 €, le titre prend le chemin de la baisse, votre ordre sera exécuté à ce prix. Non seulement vous aurez pu préserver vos gains antérieurs, mais vous les aurez améliorés en obtenant un prix de vente supérieur à celui qui était enregistré au moment où vous avez passé votre ordre. Astucieux, non ?

## Une journée en Bourse

Sur le marché en continu, la journée commence par une pré-ouverture de 7 h 15 à 9 heures : les ordres s'accumulent sans qu'aucune transaction n'intervienne. À 9 heures, Euronext confronte tous ces ordres et détermine le cours d'ouverture. Ensuite, jusqu'à 17 h 30, le marché fonctionne en continu. À 17 h 30, la cotation est suspendue, mais les ordres sont accumulés jusqu'à 17 h 35, heure à laquelle est fixé le cours de clôture. Pendant cinq minutes, jusqu'à 17 h 40, a lieu une phase de négociation à ce dernier cours, appelée le *trading at last* dans le vocabulaire professionnel.

Il faut savoir qu'une partie de plus en plus importante des transactions s'effectue maintenant au cours de clôture. Au premier trimestre 2019, cette part s'est élevée à 37,5 % des volumes sur les valeurs du CAC 40 négociées sur Euronext Paris (et même 40,3 % pour le seul mois de mars). Ainsi que le constate l'AMF (Autorité des marchés financiers), cette évolution pourrait avoir des effets significatifs (et négatifs) sur le bon fonctionnement du marché. En effet, la concentration des volumes sur la fin de journée peut avoir pour conséquence une faible liquidité du marché à certains moments de la journée, et donc une hausse de la volatilité. L'exemple type est la chute de 8 % du cours de LVMH le 29 mars 2019 immédiatement après le fixing d'ouverture, faute d'une présence suffisante d'acheteurs dans les moments qui ont suivi.

Pour les valeurs qui ne sont pas cotées en continu, il est conseillé d'attendre les toutes dernières minutes avant le fixage (ou le fixing, si l'on préfère l'anglais), voire les dernières secondes (mais attention à ne pas arriver trop tard !) pour bénéficier des informations les plus récentes sur le carnet d'ordres. Pour ces cotations, il existe aussi une période de *trading at last* qui permet de négocier des transactions au prix enregistré au fixing, entre 11 h 30 et 15 heures après le fixing du matin, puis entre 16 h 30 et 17 h 30 après le fixing de l'après-midi.

Soyez vigilant : le marché est souvent animé en milieu d'après-midi, après l'ouverture de Wall Street à 15 h 30, parfois même dès 14 h 30 si une statistique américaine importante a été publiée. Des écarts significatifs peuvent alors être constatés en quelques minutes.

Ce type d'ordre qui vous permet de ne pas avoir à modifier en permanence le seuil à partir duquel votre ordre doit être exécuté est en général réservé à certains produits du type warrants et certificats, que l'on verra au chapitre 15. En permettant de suivre au mieux l'évolution de la fourchette achat-vente (*bid-ask* suivant le libellé anglais souvent utilisé) du prix de ces produits, il est très utile pour ceux qui effectuent des allers et retours dans la journée ou en quelques jours.

## La validité des ordres de Bourse

Un ordre de Bourse peut être passé avec la mention « Validité ce jour ». Mais il peut aussi être passé avec la mention « Validité jusqu'à *telle date* ». Une autre possibilité existe avec l'ordre dit « à révocation ». Ce dernier ordre, sauf avis de révocation de votre part, peut rester valable durant une période assez longue : jusqu'à la fin du mois boursier au SRD (service à règlement différé), jusqu'à la fin du mois civil pour les valeurs achetées ou vendues au comptant.

Cette possibilité de « laisser traîner » un ordre (comme les pêcheurs laissent traîner leurs filets) est certes utile, mais il ne faut pas en abuser : au bout d'un certain temps, on risque d'oublier qu'on a donné un ordre et que cet ordre est toujours valable. Cela peut être la source de quelques désagréments. Pour éviter des surprises et des risques de contentieux, la durée de validité des ordres est laissée à l'appréciation des intermédiaires boursiers : ce qu'ils acceptent est précisé dans la convention de compte passée avec le client.

## L'exécution des ordres de Bourse

Depuis la première directive européenne MIF (Marché des instruments financiers), entrée en application en novembre 2007, votre intermédiaire financier est tenu à une obligation de « meilleure exécution ». Qu'est-ce que cela veut dire ? Qu'il doit prendre toutes les mesures pour obtenir le meilleur résultat possible pour ses clients, en tenant compte du prix, des coûts, de la rapidité, de la probabilité d'exécution et de règlement, de la taille, de la nature de l'ordre et, nous disent les textes, de toute considération pertinente pour l'exécution d'un ordre. Cette exigence est générale et globale. C'est-à-dire que dans le cadre du marché intérieur européen, les autorités européennes veulent être sûres que la concurrence joue vraiment au profit du consommateur, du client, et qu'il n'y a pas de repli dans chaque pays sur le marché officiel national, même s'il n'est pas très performant.

Votre intermédiaire financier, comme nous l'avons vu au chapitre 4, est donc tenu de prendre les dispositions nécessaires pour que vos ordres soient exécutés dans les meilleures conditions possibles pour vous, que ce soit sur un marché réglementé comme Euronext, une plateforme électronique ou en interne, sur ce qu'on appelle un internalisateur systématique, dans le cas d'un établissement financier suffisamment important pour être en mesure de faire se rencontrer dans de bonnes conditions les ordres d'achat et de vente émis par ses clients. Mais cet intermédiaire, rappelons-le, n'a pas à vous prouver à chaque opération qu'il a obtenu le meilleur prix global (prix de marché et frais de transaction). Il doit simplement vous préciser au départ, dans les documents qui vous sont fournis au moment où vous ouvrez un compte, les dispositions générales qu'il a prises pour respecter cette règle européenne.

## Réservation et suspension de cotation

Le cours auquel s'effectuent les transactions sur un titre est celui qui équilibre le mieux à un moment donné l'offre et la demande, les ordres de vente et les ordres d'achat. Mais il y a des moments où il est difficile de trouver un équilibre, soit parce qu'il y a trop d'investisseurs qui veulent se débarrasser d'un titre, soit au contraire parce qu'il y a trop de demande. Dans ce cas, Euronext peut interrompre momentanément les transactions sur une valeur (on parle de réservation à la hausse ou à la baisse), ce temps de réflexion pouvant permettre aux acteurs du marché de reprendre leur sang-froid et d'éviter une chute ou une montée des cours trop brutales. Pendant cette période d'interruption, les ordres sont accumulés et permettent d'établir un prix auquel reprendront les transactions.

Le seuil de réservation, quand il s'agit d'un seuil dit statique, est établi dès lors que l'on dépasse 10 % en hausse ou en baisse par rapport à un seuil de référence. Le cas le plus fréquent est celui d'une information tombée après la fermeture de la Bourse qui déclenche une accumulation d'ordres d'achat ou de vente avant l'ouverture le lendemain. À ce moment-là, le cours est réservé, à la hausse ou à la baisse, pendant au moins cinq minutes. Dès qu'un cours a pu être trouvé à l'intérieur de la zone de fluctuation de +/– 10 %, les transactions reprennent et ce cours devient le nouveau seuil de référence statique à partir duquel sont calculés de nouveaux seuils de réservation. Si le calme ne revient pas, les périodes d'interruption peuvent se succéder.

À l'intérieur de ces seuils statiques sont établis des seuils dynamiques fixés à plus ou moins 2 % du dernier cours. Cette procédure vise à éviter les mouvements trop rapides provoqués par un seul ordre. L'ordre qui va au-delà du seuil dynamique est rejeté et fait l'objet d'une demande de confirmation. En intervenant ainsi, le service de surveillance d'Euronext vise à protéger à la fois les investisseurs et l'émetteur ; il vérifie que le fort écart entre le prix indiqué et le prix de marché ne résulte pas d'une erreur commise au moment de la passation de l'ordre.

»

»

À côté de cette procédure de réservation se trouve une procédure dite de suspension de cotation, qui peut être décidée par Euronext à l'initiative de l'émetteur (la société cotée), si un événement important risque d'avoir un impact fort sur le cours (annonce d'une OPA, publication d'un communiqué financier, etc.) ou si la société est l'objet de rumeurs risquant de provoquer des mouvements importants. Mais Euronext peut prendre cette initiative si l'émetteur n'a pas respecté les règles de marché ; il en est de même pour l'AMF si, par exemple, elle estime que la société ne fournit pas une information correcte au marché.

La suspension de cotation fait l'objet d'un avis indiquant qui en a pris l'initiative, pour quelle raison, à quelle date et à quelles conditions se fera la reprise. Il se peut que cette dernière indication ne puisse être donnée d'emblée ; dans ce cas, il est indiqué que la cotation reste suspendue jusqu'à nouvel ordre.

Fin 2016, Euronext a entrepris de reconquérir la clientèle des actionnaires individuels dont les ordres étaient souvent exécutés par les courtiers sur des plateformes alternatives. Son programme Best of Book devait permettre de conclure les transactions au meilleur prix – c'est-à-dire à un prix au moins aussi bon que le meilleur enregistré au même moment chez les autres opérateurs – en passant par son propre carnet d'ordres. Cette initiative concernait principalement les 550 valeurs les plus traitées sur lesquelles la concurrence s'est le plus développée. Ce programme, inauguré d'abord avec un seul courtier, a reçu un bon accueil et a été adopté par l'ensemble des courtiers de la place ; il pourrait permettre de compenser le principal inconvénient de la concurrence entre marchés permise par la directive MIF, à savoir la fragmentation des flux et le risque pour le particulier de ne pas réaliser ses achats et ses ventes au meilleur prix du moment. Ce n'est pas très important pour les investisseurs de moyen ou long terme qui cherchent à revendre leurs titres avec un écart significatif par rapport à leur prix d'achat. Ça l'est davantage pour ceux qui multiplient les opérations en essayant de profiter des mouvements de marché à très court terme ; dans ce cas, un gain qui peut approcher 0,1 % est vraiment appréciable.

Ensuite, lorsque votre ordre a été exécuté, votre intermédiaire vous envoie un *avis d'opéré* (ou *compte rendu d'opération*) qui doit être posté dès le lendemain. Dès le moment où vous avez reçu cet avis, vous avez deux jours pour procéder à une éventuelle réclamation. Si vous passez par un courtier en ligne, cet avis d'opéré est simplement mis à votre disposition sur le site ; il vous incombe de prendre l'initiative de le consulter si vous voulez vérifier que votre ordre a été exécuté correctement.

Lorsque votre ordre a été exécuté de façon fragmentée, plusieurs opérations ayant dû être effectuées à des prix différents, le compte rendu fourni par votre intermédiaire ne donne l'indication que du prix moyen. Mais vous pouvez obtenir le détail des opérations sur simple demande.

**Le saviez-vous**

En général, tout se passe bien, surtout si vous ne réalisez que des opérations simples sur des produits qui s'échangent quotidiennement en quantité, comme les actions d'un grand groupe. Mais il peut arriver que vous ayez une mauvaise surprise et que, au vu de votre avis d'opéré, vous décidiez de procéder à une réclamation. Dans un délai de 48 heures, cette réclamation doit être envoyée par courrier recommandé avec accusé de réception adressé à votre banque ou à votre courtier. Si vous n'arrivez pas à trouver un accord avec votre intermédiaire, vous pouvez demander l'intervention du médiateur de l'AMF. C'est gratuit, c'est rapide (en principe moins de 90 jours une fois que le médiateur a tous les éléments en main) et c'est confidentiel. Le médiateur formule ensuite une recommandation. Si vous-même ou votre intermédiaire financier n'acceptez pas cette recommandation, alors la procédure peut se poursuivre en justice. Mais il est fort probable que vous n'aurez jamais, dans la pratique, à connaître ce genre de mésaventure.

Voilà. Maintenant, vous savez tout. Ou, plus exactement, vous avez toutes les notions de base. Il ne vous reste plus qu'à les utiliser à bon escient. La gestion d'un portefeuille boursier est un art dans lequel la pratique et l'expérience comptent beaucoup. Mais, en appliquant quelques règles de base, on peut éviter les erreurs que commettent souvent les débutants. Ce sont ces règles que nous allons voir dans les prochains chapitres.

# Quiz

# Testez vos connaissances !

1. **Le CAC 40 s'appelle ainsi parce que :**
   a. il est composé des 40 mêmes valeurs depuis l'origine. ☐
   b. il est composé des 40 valeurs qui comptent le plus à la Bourse de Paris. ☐
   c. il a été créé en 1940. ☐

2. **EnterNext est :**
   a. une nouvelle bourse européenne. ☐
   b. une start-up particulièrement prometteuse. ☐
   c. une entreprise liée à Euronext et chargée de proposer des solutions de financement aux PME. ☐

3. **Avec un PEA, on peut acheter :**
   a. seulement des actions françaises. ☐
   b. des actions européennes. ☐
   c. des actions et des obligations européennes. ☐

4. **Avec l'ordre au marché, on est sûr :**
   a. de voir son ordre exécuté en totalité. ☐
   b. d'avoir le meilleur prix. ☐
   c. de savoir très précisément combien on va dépenser ou gagner. ☐

5. **Si j'ai des actions, je toucherai un dividende :**
   a. chaque année de façon automatique. ☐
   b. quand le chiffre d'affaires de l'entreprise sera en hausse. ☐
   c. si l'entreprise fait des bénéfices et décide d'en distribuer au moins une partie. ☐

6. **Si j'ai un portefeuille boursier, je paierai des droits de garde :**
   a. dans tous les cas. ☐
   b. uniquement si j'ai mon portefeuille titres dans une banque de réseau. ☐
   c. uniquement si j'ai un portefeuille qui dépasse un certain montant. ☐

7. **Je peux acheter ou vendre des actions :**
   a. à n'importe quel moment de la journée. ☐
   b. à certaines heures précises, au moment des fixages. ☐
   c. cela dépend du marché sur lequel j'interviens. ☐

## Vérifiez vos réponses

**1. b.**

Le CAC 40 est relativement jeune, puisqu'il est né en 1987. Ce ne sont pas les mêmes valeurs qui le composent depuis l'origine, il s'en faut de beaucoup. Quatre fois par an, un conseil scientifique se réunit pour décider si, parmi les premières capitalisations de la Bourse de Paris, il faut garder les 40 mêmes dans l'indice ou en changer compte tenu de leur poids respectif, des volumes de capitaux échangés sur chacune, etc.

**2. c.**

Il a été question de créer une Bourse pour les PME en France et dans d'autres pays européens. Finalement, il a été décidé de garder l'organisation en place. Simplement a été créé Enternext, structure légère destinée à renforcer le contact entre Euronext et les PME dans les pays européens où Euronext est présente et à leur proposer des solutions de financement par le marché des actions ou celui des obligations.

**3. b.**

Appartenance à l'Union européenne oblige, il ne pouvait être question de rester avec un plan d'épargne en actions réservé aux seules actions françaises ; il a fallu l'ouvrir aux actions de nos partenaires européens. Mais, vous le verrez au chapitre 14, on peut mettre dans un PEA des produits – les *trackers* – reflétant les performances de bourses étrangères. Et, vous le verrez au chapitre 16, on peut mettre dans le PEA-PME des parts de fonds investis en partie en obligations émises par des PME ou des entreprises de taille intermédiaire et d'autres produits financiers.

**4. a.**

La seule chose dont on peut être sûr avec l'ordre au marché est qu'il sera exécuté, car il est prioritaire sur tous les autres. C'est très commode, par exemple, quand on veut se débarrasser tout de suite de titres en portefeuille, quelle qu'en soit la raison. Mais le nombre de titres que vous voulez acheter ou vendre est peut-être supérieur au nombre de titres en vente ou à l'achat au cours en vigueur au moment où vous passez votre ordre. Donc, pour vous satisfaire, il faudra mettre votre ordre en face d'ordres à des cours plus élevés (à l'achat) ou plus bas (à la vente). Dans ce cas, vous n'aurez pas le meilleur prix et vous ne pourrez pas savoir à l'avance de façon précise à quel prix moyen vous allez acheter ou vendre. Cela peut être très dangereux sur des marchés très agités ou très étroits.

**5. c.**

Beaucoup d'entreprises cotées en Bourse distribuent un dividende tous les ans pour rémunérer leurs actionnaires, mais ce n'est ni obligatoire ni automatique. Un chiffre d'affaires en hausse peut laisser prévoir qu'un dividende sera versé l'année suivante, mais ce n'est pas certain : une entreprise peut être dans une phase de développement de ses ventes, mais perdre de l'argent. Le véritable indicateur, c'est le bénéfice net. Et ensuite, comme nous le verrons, tout dépend de ce que décideront les dirigeants de l'entreprise avec l'accord de leurs actionnaires : distribuer ce bénéfice tout de suite ou le mettre de côté, soit pour renforcer les fonds propres de l'entreprise, soit pour le distribuer plus tard. À l'opposé, quand l'exercice n'a pas été bon, l'entreprise peut tout de même verser un dividende en puisant dans ses réserves pour fidéliser ses actionnaires.

**6. b.**

Les droits de garde peuvent être évités en passant par un courtier en ligne ; seules les banques de réseau en prélèvent. Ils prennent généralement la forme d'une commission proportionnelle à la taille du portefeuille, mais il peut aussi s'agir d'un forfait par ligne.

Le plus souvent, les commissions sont dégressives, ce qui signifie que les plus gros portefeuilles subissent des frais proportionnellement moins importants que les plus modestes.

**7. c.**

On peut acheter et vendre à n'importe quel moment les actions cotées sur Euronext entre 9 heures et 17 h 30, avec une exception : les plus petites valeurs, qui appartiennent au compartiment C de la cote, ne sont cotées que deux fois par jour, à 11 h 30 et 16 h 30. Sur Euronext Growth et Euronext Access, le double fixing est la règle. Pour certaines transactions, il peut être possible d'intervenir en dehors des heures d'ouverture d'Euronext en passant par une plateforme électronique ou système multilatéral de négociation (SMN).

# Partie 3

# Comment gérer son portefeuille

## Dans cette partie…

Vous avez lu les chapitres précédents, vous vous dites que la Bourse, en fin de compte, ce n'est pas si compliqué. Vous avez raison, mais cela va tout de même se corser un peu. Disons, pour parodier le permis de conduire, que vous connaissez votre code, que vous commencez à comprendre à quoi sert chaque manette et comment on passe les vitesses. C'est bien, mais il vous manque encore le plus important, à savoir la mise en œuvre pratique de ce savoir théorique : bien piloter votre épargne, choisir la bonne trajectoire, freiner ou accélérer au bon moment. Ensemble, nous allons voir maintenant les différentes techniques de gestion qui permettent de prendre les bonnes décisions au bon moment.

**DANS CE CHAPITRE**

Les comptes de l'entreprise

•

Les nouvelles normes comptables

•

Les repères utiles

# Chapitre 7

# Faire les bons choix avec l'analyse fondamentale

Les Boursiers se considèrent comme des gens très sérieux et n'aiment pas être comparés à des joueurs de loterie, qui comptent sur la chance, ou des parieurs hippiques, qui comptent un peu sur leurs connaissances et beaucoup sur des « tuyaux ». Et pourtant, il faut le reconnaître, la chasse aux tuyaux reste un sport très prisé dans le monde de la finance, même si chacun sait (ou devrait savoir) qu'elle est risquée. C'est pourquoi l'investisseur boursier doit être quelqu'un de très curieux, à l'esprit toujours en alerte, mais qui se fie plus aux informations sûres et vérifiables qu'aux confidences ou aux « potins », qu'ils circulent de bouche à oreille ou sur Internet. Quant à la chance, même les meilleurs boursiers admettent qu'elle joue un rôle non négligeable dans leurs succès ou leurs échecs. Mais la chance arrive rarement toute seule. Il faut savoir l'aider.

Les éléments qui peuvent influer sur la Bourse sont tellement nombreux qu'on ne peut pas prétendre les prévoir tous. Personne ne peut dire avec certitude : la Bourse en général ou tel titre en particulier va monter dans les prochains mois. En revanche, il est toujours possible de réduire la part d'incertitude en suivant avec attention l'évolution de l'économie et en étudiant très attentivement toutes les informations disponibles sur les valeurs qui nous intéressent. Cette façon de sélectionner les actions que l'on compte mettre en portefeuille s'appelle l'« analyse fondamentale ». Ce terme est suffisamment clair pour qu'il ne soit pas nécessaire de consacrer beaucoup de temps à le définir.

Il s'agit en somme de regarder les « fondamentaux » de l'entreprise, c'est-à-dire les principaux chiffres ou ratios permettant de juger de son état de santé, qu'il s'agisse de son chiffre d'affaires, de ses bénéfices, de son endettement, etc., et de les comparer à ceux des entreprises qui interviennent dans le même secteur ou à sa périphérie, en France ou à l'étranger. En fonction de l'évolution d'ensemble de l'économie, on en déduit qu'il faut investir dans ce secteur ou, au contraire, en rester à l'écart et, parmi les valeurs qui le composent, porter en priorité son choix sur celles dont les fondamentaux sont les meilleurs. Dans ce chapitre, nous allons donc passer en revue les chiffres et les ratios qui sont particulièrement suivis par les analystes financiers parce qu'ils peuvent laisser espérer un beau parcours boursier de la société considérée ou au contraire faire craindre une baisse, voire une chute, de son cours.

## Les comptes de l'entreprise

Nos amis anglais et américains sont très logiques en qualifiant de *public* les entreprises cotées en Bourse et de *private* toutes celles qui ne le sont pas. Car la principale contrainte imposée aux entreprises qui veulent entrer en Bourse, c'est précisément l'obligation de rendre public à intervalles réguliers un certain nombre d'informations sur leur activité, leurs résultats, leurs projets. C'est d'ailleurs ce qui dissuade les propriétaires de certaines entreprises d'aller en Bourse : ils refusent ces contraintes d'information et préfèrent continuer à travailler dans l'ombre, sans rendre de comptes à qui que ce soit.

Pour l'investisseur boursier, la publication de ces informations constitue une garantie importante : en principe, si ces comptes sont honnêtes et sincères (c'est pour cela qu'ils doivent être certifiés par des commissaires aux comptes), il doit avoir une vue globale de la santé de l'entreprise dans laquelle il a investi ; il doit constamment savoir si on s'oriente vers une hausse ou vers une baisse du bénéfice et, le cas échéant, dans quelles proportions et avec quelle probabilité. On note d'ailleurs que ce sont ces informations qui font bouger la Bourse. Celle-ci réagit évidemment très vite aux principaux événements politiques ou économiques, nationaux ou internationaux, mais elle réagit encore plus vigoureusement aux chiffres publiés par les entreprises elles-mêmes. Il ne faut jamais l'oublier : le moteur de la Bourse, c'est le profit.

L'investisseur doit donc faire l'effort d'assimiler un minimum de connaissances théoriques, de façon à pouvoir lire et comprendre les documents publiés par les entreprises et les commentaires qui en sont faits par les analystes financiers et les journalistes. Nous allons passer en revue les notions absolument incontournables, celles dont on ne peut pas se passer. Vous allez le voir : ce n'est pas sorcier. L'effort à fournir n'est pas si considérable que cela et, après, quand on s'aperçoit qu'on comprend parfaitement les informations communiquées par les entreprises et qu'on voit tout de suite les conclusions qu'il faut en tirer pour la gestion de son portefeuille, on en éprouve une certaine satisfaction. C'est bien de lire – et éventuellement de suivre – les conseils des experts, c'est encore mieux de pouvoir se forger soi-même sa propre opinion.

## La cascade du compte de résultat

La cascade dont nous allons parler est un peu particulière : on part d'un gros volume, le chiffre d'affaires, et plus on descend, plus le volume se réduit pour aboutir à un chiffre qui peut être modeste (voire négatif) : le résultat net. Suivre toutes les étapes de cette descente est nécessaire si l'on veut vraiment comprendre ce qui se passe dans l'entreprise.

### Le chiffre d'affaires

Ce n'est pas la donnée qui intéresse le plus les investisseurs. Une entreprise ne présente d'intérêt pour eux que si elle réalise des bénéfices et verse un dividende. Il peut y avoir cependant des exceptions à cette règle. Par exemple, une jeune entreprise en pleine croissance peut avoir besoin, pour assurer son développement, de réinvestir tout l'argent gagné et préférera alors ne pas verser de dividende ; les actionnaires l'accepteront s'ils voient que cette stratégie est effectivement gagnante, que l'argent est réinvesti à bon escient, que l'entreprise grandit et que leurs actions prennent de la valeur. La croissance annuelle du chiffre d'affaires est alors un des principaux indicateurs du développement de l'entreprise.

D'une façon générale, une entreprise qui réalise un gros chiffre d'affaires n'est pas forcément plus intéressante qu'une petite société qui en publie un beaucoup plus modeste. Tout dépend de la rentabilité de l'entreprise. On connaît la blague du patron qui raconte partout qu'il perd de l'argent sur chaque unité produite, mais se rattrape sur le volume. Bien évidemment, c'est stupide. Si on perd sur chaque unité vendue, plus on vend, plus on perd. Le volume permet en revanche de gagner beaucoup en se contentant d'une marge faible. Et il y a des secteurs où il est absolument nécessaire d'atteindre une certaine taille critique. Il est fréquent d'entendre un chef d'entreprise dire que, dans son métier, ou dans chacun de ses métiers si l'entreprise a une activité diversifiée, il veut être parmi les trois premiers, voire le premier, car on considère souvent qu'il y a une « prime au leader » : celui qui domine le marché peut imposer ses produits et ses prix.

Le chiffre d'affaires considéré isolément n'est donc d'aucune utilité. Il commence à être intéressant si on le compare à celui d'autres d'entreprises du même secteur ou si l'on peut juger de son évolution dans le temps. Dans ce dernier cas, ce n'est pas sa valeur absolue qui compte, mais le pourcentage de variation. C'est un indicateur de la vitalité de l'entreprise. De surcroît, chacun sait qu'une entreprise ne peut faire varier tous ses coûts au même rythme que son activité : si le chiffre d'affaires baisse, les frais fixes pèsent proportionnellement plus lourd. Une entreprise dont le chiffre d'affaires progresse a plus de chances de voir son bénéfice progresser aussi (même si, dans la réalité, ce n'est pas aussi simple).

**Le saviez-vous**

À surveiller : les indications qui sont données avec le chiffre d'affaires et qui permettent de mieux en comprendre la signification. Par exemple, on peut souvent lire l'indication : *à périmètre comparable*. Une entreprise qui s'est agrandie en en rachetant une autre voit forcément son chiffre d'affaires progresser ; il est intéressant de connaître le chiffre d'affaires global du nouvel ensemble, mais celui-ci ne peut être comparé avec les précédents ; le chiffre d'affaires à périmètre comparable permet justement d'effectuer cette comparaison et de voir comment a évolué l'entreprise dans son ancienne configuration. À l'opposé, un groupe qui décide de céder des activités qu'il parvient mal à valoriser voit son chiffre d'affaires reculer ; mais si l'on veut comprendre comment, d'un trimestre à l'autre ou d'une année à l'autre, évoluent les activités sur lesquelles il s'est recentré, on a absolument besoin de disposer des chiffres à périmètre comparable.

Dans certains cas, pour permettre cette comparaison dans le temps, des entreprises publient des comptes dits *pro forma*, c'est-à-dire qu'elles recalculent leurs comptes des années précédentes en faisant comme si, au cours de ces années, elles avaient eu le même périmètre que celui d'aujourd'hui. Des *comptes pro forma* peuvent également être établis en cas de changement de méthodes comptables ; là encore, il s'agit de permettre des comparaisons dans le temps.

L'établissement de comptes *pro forma* est une obligation dès lors qu'au moins un des indicateurs de taille de l'entreprise (chiffre d'affaires, résultat, total de l'actif, etc.) subit une modification d'au moins 25 % en cas de fusion, scission, cession d'actifs, etc. Dans une recommandation applicable depuis juillet 2019, l'AMF précise les critères selon lesquels est établie cette obligation et comment doivent être présentés ces comptes *pro forma*.

Une autre mention peut, dans certaines conditions, avoir une grande importance, c'est l'indication : *à taux de change constant*. Ainsi, dans les années 2007-2008, quand on a vu le dollar tomber à des niveaux historiquement bas, jusqu'à 1,60 $ pour 1 €, les chiffres d'affaires réalisés en euros par les entreprises européennes dans des pays de la zone dollar ont fortement baissé, même s'ils se maintenaient ou progressaient légèrement en dollars. Dans ce contexte, avoir un chiffre d'affaires exprimé à taux de change constant permet de mieux comprendre comment ont évolué les ventes des entreprises concernées et de voir si le recul du chiffre d'affaires dans la zone dollar s'explique uniquement par l'effet de change ou s'il n'est pas en train de se produire quelque chose de plus inquiétant pour l'avenir.

Dans tous les cas de figure, chiffres à périmètre comparable ou à taux de change constant, il ne doit pas être question d'essayer d'égarer l'investisseur ou de le noyer sous une avalanche de statistiques pour masquer une évolution défavorable, il s'agit au contraire de lui fournir des informations supplémentaires lui permettant de mieux appréhender la situation réelle de l'entreprise.

Nous n'entrerons pas ici dans le détail de la comptabilité d'entreprise. Nous irons directement à l'essentiel. Pour ceux qui veulent en savoir plus, il existe dans cette collection un excellent ouvrage consacré à ce sujet. De surcroît, pour aller au fond des choses, il faudrait examiner des cas concrets : le compte de résultat d'une entreprise de distribution qui achète des produits finis et les revend en l'état n'est pas à regarder de la même façon que celui d'une entreprise sidérurgique ou automobile qui achète de nombreuses matières premières ou des produits intermédiaires, les transforme et les intègre dans un produit fini. Mais, dans tous les cas, le processus comptable est le même et l'on retrouve les mêmes étapes.

Donc, partons du chiffre d'affaires pour aller vers les soldes intermédiaires de gestion successifs. À chaque fois, on fait la différence entre des produits et des charges. Si les produits sont plus élevés que les charges (c'est le but du jeu !), le résultat est positif. Dans le cas contraire, il est négatif.

## Le résultat d'exploitation

D'une part, on a les produits d'exploitation, qui correspondent pour l'essentiel aux ventes de biens ou de services, c'est-à-dire au chiffre d'affaires. D'autre part, on a les charges d'exploitation : les achats de matières premières et de produits intermédiaires ou finis, les charges externes (comme le loyer, les assurances, le téléphone), les taxes et les impôts directement liés à l'activité (contribution économique territoriale, taxe d'apprentissage, etc.), les salaires et les charges sociales, les dotations aux provisions d'exploitation et aux amortissements. La différence donne le résultat d'exploitation. À noter : certaines entreprises, sans doute pour faire plus chic, préfèrent parler de « résultat opérationnel ».

## Le résultat financier

D'un côté on a les produits financiers résultant des participations dans d'autres entreprises et des divers placements, de l'autre les intérêts d'emprunts, frais de trésorerie, etc. C'est là également qu'on retrouve le solde, positif ou négatif, des opérations sur les changes et celui des mouvements sur les provisions financières.

## Le résultat courant avant impôt

C'est la somme algébrique (les chiffres peuvent être négatifs !) du résultat d'exploitation et du résultat financier. C'est évidemment un indicateur clé, mais ses deux composantes sont aussi à surveiller. On imagine mal l'avenir boursier d'une entreprise ayant un résultat d'exploitation durablement négatif. À l'inverse, un résultat d'exploitation passagèrement négatif n'est pas inquiétant pour une entreprise ayant une activité très cyclique ; mais, dans ce cas, il est important que les dirigeants de l'entreprise aient effectué, en haut de cycle, des placements financiers qui leur assureront des revenus fort utiles au moment où le résultat d'exploitation fléchira.

### Quand les entreprises s'emploient à brouiller les pistes

À propos de l'information fournie par les sociétés sur leurs comptes, on parle fréquemment de « communication » financière. Et la communication, on le sait, est un art. Les entreprises s'emploient à présenter leurs comptes sous leur meilleur jour, quitte parfois, si cela les arrange, à employer leurs propres concepts financiers. Évidemment, tout cela est parfaitement légal, toutes les indications prévues par les textes officiels figurent bien dans les documents et, si l'on prend le temps de lire les lignes en petits caractères et les annexes, on arrive à rétablir la vérité. Mais la lecture rapide – celle que nous avons tous trop tendance à pratiquer – risque fort de nous induire en erreur.

Prenons l'exemple de la marge opérationnelle. Cet indicateur exprime le rapport entre le résultat d'exploitation (résultat opérationnel) et le chiffre d'affaires. Plus la marge est élevée, plus elle montre que l'entreprise a la capacité de vendre ses produits au-dessus de leurs coûts de fabrication et de commercialisation. Toute la question est de savoir comment on fait exactement le calcul.

»

Par exemple, certaines entreprises partent d'un résultat opérationnel dit « courant », c'est-à-dire avant prise en compte d'éléments dits « exceptionnels ». C'est de bonne guerre (le résultat opérationnel courant est en général supérieur au résultat opérationnel au sens strict), mais, la plupart du temps, la différence n'est pas telle qu'elle vienne fausser le calcul de façon significative. D'ailleurs, il est bien précisé qu'il s'agit d'une marge opérationnelle courante. Mais il faut faire attention de ne pas comparer un tel chiffre avec ce que d'autres entreprises présentent comme leur marge brute opérationnelle. Là, le chiffre est calculé sans tenir compte des dotations aux amortissements. Et l'écart avec ce que donnerait une marge opérationnelle calculée dans les règles de l'art peut être non négligeable.

Nous ne parlerons pas des sociétés qui communiquent sur la croissance de leur résultat net, alors que la lecture des comptes montre clairement que cette croissance s'explique uniquement par des plus-values exceptionnelles…

## Le résultat exceptionnel

Comme son nom l'indique, c'est la différence entre les produits et les charges sur des opérations en capital et les dotations exceptionnelles aux amortissements et provisions. Par exemple, une entreprise peut présenter une année un résultat très élevé parce qu'elle a vendu une participation importante dans une filiale. Cet événement ne se reproduira pas ; il est donc important, pour la clarté des comptes, de l'isoler dans une rubrique particulière où l'on enregistre tous les mouvements exceptionnels.

Le saviez-vous

Autre exemple, qui se retrouve très fréquemment : lorsqu'un nouveau président arrive à la tête d'une entreprise cotée, il est tenté de relever très fortement le niveau des dotations aux provisions. Comme on dit dans le jargon financier, « il charge la barque », pour deux raisons. D'abord, un nouveau président redoute toujours de trouver une situation moins bonne qu'elle ne lui a été présentée (la gestion de son prédécesseur peut comporter des « bombes à retardement ») ; il n'est pas répréhensible de vouloir se prémunir contre de mauvaises surprises. Ensuite, sur un plan purement tactique, il est commode de commencer avec un résultat médiocre et de pouvoir montrer, un an après, un résultat en très nette amélioration…

**Tableau 7-1** Soldes intermédiaires de gestion

| Produits | | Charges | | Soldes intermédiaires de gestion |
|---|---|---|---|---|
| Vente de marchandises | - | Coût d'achat des marchandises vendues | = | Marge commerciale |
| Production vendue<br>+ Production stockée<br>+ Production immobilisée | - | Déstockage de production | = | Production de l'exercice |
| Production de l'exercice<br>+ Marge commerciale | - | Consommations de l'exercice en provenance de tiers | = | Valeur ajoutée |
| Valeur ajoutée<br>+ Subventions d'exploitation | - | Charges de personnel<br>+ Impôts, taxes et assimilés | = | Excédent brut d'exploitation |
| Excédent brut d'exploitation<br>+ Autres produits<br>+ Reprises sur provisions | - | Insuffisance brute d'exploitation<br>+ Dotations aux amortissements et provisions<br>+ Autres charges | = | Résultat d'exploitation (bénéfice ou perte) |
| Produits financiers | - | Charges financières | = | Résultat financier (bénéfice ou perte) |
| Résultat d'exploitation (bénéfice)<br>+ Résultat financier (bénéfice) | - | Résultat d'exploitation (perte)<br>+ Résultat financier (perte) | = | Résultat courant avant impôt |
| Produits exceptionnels | - | Charges exceptionnelles | = | Résultat exceptionnel |
| Résultat courant avant impôt + résultat exceptionnel | - | Participation des salariés<br>+ Impôts sur les sociétés | = | Résultat net de l'exercice |

*Source : lafinancepourtous.com*

## Le résultat net

C'est le profit, ou la perte, qui se dégage une fois que l'on a soustrait le total des charges du total des produits. C'est le résultat de toutes les opérations décrites ci-dessus, après avoir en outre décompté la participation des salariés aux résultats de l'entreprise et l'impôt sur les bénéfices.

Ce résultat net est important. Il ne suffit pas, nous l'avons vu, à porter un jugement sur la santé de l'entreprise : il faut voir comment il a été obtenu. Mais c'est lui qui détermine le montant du dividende qui sera versé aux actionnaires. Encore faut-il préciser que ces derniers ne sont pas les seuls à se partager le gâteau. D'abord, il y a la réserve légale : la société doit y affecter 5 % du résultat jusqu'à ce qu'elle atteigne 10 % du capital. En général, la plupart des entreprises cotées ont déjà atteint ce seuil. Une autre partie peut aller aux réserves statutaires qui, comme leur nom l'indique, sont, le cas échéant, prévues par les statuts de la société. Mais les dirigeants peuvent toujours décider d'effectuer une dotation aux réserves, qui viennent gonfler les fonds propres de l'entreprise. Ils peuvent aussi décider d'un report à nouveau, c'est-à-dire de reporter aux années suivantes l'affectation d'une partie des bénéfices. Enfin, le solde est distribué aux actionnaires.

Cette affectation des bénéfices doit être soumise à l'approbation des actionnaires au cours de l'assemblée générale annuelle. C'est d'ailleurs un des points les plus surveillés par les actionnaires : quel que soit leur attachement à la pérennité de l'entreprise et à sa bonne santé financière, ceux-ci sont en général très sensibles au niveau du dividende.

La fraction du résultat net qui est répartie entre les actionnaires, exprimée en pourcentage, donne ce qu'on appelle le *taux de distribution*. Très variable d'une entreprise à l'autre, il oscille en moyenne entre 30 % et 40 %. Il peut dépasser 100 % si l'entreprise distribue un montant supérieur à son bénéfice net de l'année en puisant dans ses réserves.

## Les variantes anglo-saxonnes

Attention

On trouve souvent dans la communication de grands groupes français des acronymes anglais qui font référence à des normes comptables anglo-saxonnes, mais non officiellement reconnues par notre comptabilité. On trouve l'EBIT (pour *Earnings Before Interests and Taxes*), qui fait peut-être très chic mais n'est jamais qu'un équivalent de notre bon vieux résultat d'exploitation ou résultat opérationnel : c'est le solde entre les produits et les charges d'exploitation. Mais le plus fréquemment employé reste l'EBITDA (pour *Earnings Before Interests, Taxes, Depreciations and Amortisations*), très proche de notre excédent brut d'exploitation (que nous allons étudier un peu plus loin). Ces concepts sont à accueillir avec précaution : comme ils ne font pas partie de notre système comptable, l'entreprise peut faire ses calculs à sa façon. Et, surtout, il faut se souvenir que l'EBITDA a été introduit chez nous à la fin des années 1990, dans la période folle de spéculation sur les valeurs Internet : les sociétés en question ne faisant généralement pas de bénéfices, il fallait bien trouver des indicateurs financiers positifs permettant de les valoriser et de les comparer…

## Une complication : les comptes consolidés

Cette rapide présentation laisse comprendre que la lecture des comptes d'une entreprise n'est pas toujours très simple. La situation se complique encore du fait que les entreprises cotées sont en fait des groupes, c'est-à-dire un ensemble de sociétés unies par des liens capitalistiques avec une société mère. Il arrive même qu'une société cotée, la société mère, ait des filiales elles-mêmes cotées, ce qui peut conduire les investisseurs boursiers à devoir faire des choix difficiles que les journaux financiers résument ainsi : que faut-il préférer, les mères ou les filles ? La réponse n'est pas toujours aussi évidente qu'on pourrait le croire...

Du point de vue comptable, ce n'est pas simple. Car la société est amenée à publier deux séries de comptes : d'une part les comptes sociaux, ceux de la société mère seule, d'autre part des *comptes consolidés*, qui incluent ceux des filiales. Pour les investisseurs, il est clair que ces comptes consolidés sont d'une importance majeure : eux seuls permettent de mesurer réellement la situation économique et financière du groupe dont ils sont – ou envisagent d'être – actionnaires. Mais les règles de la consolidation comportent quelques subtilités.

### L'intégration globale

Dans ce cas, la filiale est consolidée à 100 %, c'est-à-dire que tous les éléments de son compte de résultat ou de son bilan sont pris en considération, même si la société mère détient une participation dans cette filiale qui n'atteint pas les 100 %. L'important est de savoir si la société mère exerce un contrôle exclusif, de droit ou de fait, dans la filiale. L'intégration globale peut être requise à partir de 40 % des droits de vote seulement si, dans les faits, la société mère contrôle plus de la majorité des organes d'administration de l'entreprise.

### L'intégration proportionnelle

Les chiffres de la filiale ne sont retenus dans les comptes consolidés qu'à hauteur de la participation de la société mère. Le pourcentage d'actif, de passif et de résultat retenu sera alors, selon la géographie du capital, de 40 %, 45 %, etc.

Cette formule est retenue notamment dans le cas de groupes qui ont jugé utile de réunir leurs forces et leurs compétences pour créer une filiale commune : même si l'un de ces groupes est majoritaire, il ne peut prétendre intégrer tout l'ensemble dans son périmètre.

## La mise en équivalence

Cette méthode est utilisée pour les participations qui se situent entre 20 et 50 % du capital de la filiale. Dans ce cas, l'affaire n'est pas complètement intégrée dans les comptes du groupe, qui se contente de faire figurer dans son compte de résultat une ligne intitulée « Quote-part des sociétés mises en équivalence ».

Si la société ne dispose que de moins de 20 % des droits de vote dans une entreprise, elle n'est pas tenue de la faire figurer dans ses comptes consolidés. Ce pourcentage est très surveillé quand il s'agit de participations dans des entreprises lourdement déficitaires qui pourraient avoir un impact négatif sur les comptes consolidés.

Technique

Le fait qu'une société peut être intégrée globalement dans les comptes consolidés sans être détenue à 100 % a une conséquence. Une fois effectué le calcul du résultat net, on ajuste ce chiffre pour obtenir le résultat net « part du groupe ». En effet, le groupe ne peut pas garder pour lui et ses actionnaires la part du bénéfice de la filiale correspondant à la participation d'autres investisseurs. Il faut donc faire la distinction, pour la répartition du bénéfice net du groupe, entre la part du groupe et la part des minoritaires des filiales.

## Une nouveauté : les comptes ajustés

Comme nous l'avons vu avec les variantes anglo-saxonnes, les entreprises peuvent introduire dans leurs comptes des données qui ne font pas partie de notre système comptable si elles jugent que ces données apportent une information supplémentaire aux investisseurs et si, évidemment, les chiffres que les sociétés sont légalement tenues de fournir figurent bien dans les documents publiés. L'AMF est sur ce point très vigilante. C'est ainsi qu'elle accepte depuis quelques années des comptes dits ajustés, en veillant à ce que cette mention soit bien précisée, que les possibilités de raccordement avec les comptes consolidés habituels soient indiquées et que la société explique bien la façon dont ces comptes sont établis.

De quoi s'agit-il ? Les comptes ajustés répondent au souci de l'entreprise de présenter des comptes qui puissent permettre une meilleure comparabilité dans le temps, en excluant certains éléments non opérationnels et non récurrents, généralement liés à des cessions ou à des acquisitions. Les chiffres le plus souvent accompagnés d'une version « ajustée » sont le résultat opérationnel courant, le résultat net et l'excédent brut d'exploitation, dont nous allons bientôt parler.

Exemple

Un exemple concret va vous permettre de comprendre à quoi ce nouveau concept correspond et ce qu'il apporte. En 2015, le groupe Total affiche un résultat net part du groupe de 5 087 millions de dollars, mais le chiffre qu'il met en avant est un résultat net ajusté part du groupe de 10 518 millions. Pourquoi ces deux chiffres et d'où vient la différence entre les deux ? La société fournit l'explication suivante :

> Le résultat net après impôt exclut l'effet de stock après impôt, les éléments non récurrents et les effets des variations de juste valeur [Nous parlerons un peu plus loin de cette question de la juste valeur avec les normes IFRS]. En 2015, le total des éléments d'ajustement du résultat net est de -5 431 millions de dollars. Il inclut notamment des dépréciations exceptionnelles sur Fort Hills au Canada et sur Gladstone LNG en Australie ainsi qu'en Lybie, un rattrapage d'amortissements sur Usan au Nigeria suite à l'arrêt du processus de cession, la dépréciation d'actifs d'exploration dont les projets de développement ont été abandonnés, et un ajustement de stock négatif.

Ces ajustements, qui permettent effectivement d'exclure la plupart des éléments non opérationnels et non récurrents, visent à mieux illustrer les performances des activités et, généralement, il faut le dire, à donner une image plus favorable que celle donnée par le résultat net. La pratique n'est pas condamnable, mais elle suppose que l'actionnaire fasse une lecture attentive des comptes et ne se laisse pas impressionner par le chiffre ajusté que l'entreprise met en avant. C'est bien pourquoi le boursier néophyte doit aller au-delà du communiqué de presse publié par la société et lire les commentaires produits par les analystes ou les journalistes spécialisés.

Précisons que cette technique des comptes ajustés, introduite en Europe par Sanofi, n'est utilisée que par un nombre limité de très grandes entreprises.

## Tout ce qu'on peut tirer des comptes de résultat

Les principaux soldes intermédiaires (résultat d'exploitation, résultat financier, etc.) donnent déjà beaucoup d'informations. Mais les analystes ne s'en satisfont pas ; ils triturent les chiffres pour en extraire d'autres indications tout aussi intéressantes. Nous n'en donnerons que quelques-unes, très fréquemment utilisées.

### Une valeur oubliée : la valeur ajoutée

Beaucoup de gens ne connaissent pas la valeur ajoutée de l'entreprise pour laquelle ils travaillent ou dans laquelle ils placent une partie de leurs économies. Cela ne les empêche pas de vivre et même de faire de bons placements. Mais tous les analystes la connaissent. La valeur ajoutée, en effet, c'est la richesse créée par l'entreprise. Pour la connaître, vous prenez la production totale de l'entreprise (les ventes de l'année plus la production stockée et immobilisée) et vous en déduisez les consommations nécessaires à cette production (les achats de matières premières, les loyers et toutes les diverses charges externes). La valeur ajoutée se situe en amont du résultat d'exploitation, puisqu'elle inclut des impôts et des taxes, les frais de personnel, les dotations aux amortissements et aux provisions d'exploitation. Ce qui est aisément compréhensible : c'est le travail fourni par les salariés de l'entreprise et sa rentabilité qui expliquent la valeur ajoutée. Tout ce que l'entreprise peut ensuite distribuer aux diverses parties prenantes (salariés, actionnaires, administrations publiques par le biais des impôts) est inclus dans la valeur ajoutée. Dans une société où l'on se préoccupe beaucoup (et avec raison) du partage de la valeur ajoutée, il faudrait parfois s'occuper un peu plus de sa création. Ce n'est pas sur ce critère spécifique que l'on fera ses choix en Bourse, mais on peut toujours garder à l'esprit l'idée qu'une entreprise qui dégage une forte valeur ajoutée a une plus grande marge de manœuvre qu'une autre.

## Un bon indicateur économique : l'excédent brut d'exploitation (EBE)

Si l'on reprend la cascade du compte de résultat, il se situe après la valeur ajoutée, juste avant le résultat d'exploitation. Il se calcule à partir de la valeur ajoutée, dont on retranche les charges de personnel, les impôts et les taxes, et à laquelle on ajoute le cas échéant les subventions d'exploitation. Il permet de mesurer la part de la valeur ajoutée qui revient à l'entreprise elle-même, une fois qu'elle a rémunéré les salariés et l'État, pour se financer et rémunérer ceux qui lui apportent des capitaux.

L'EBE ne dépend ni de la façon dont l'entreprise se finance (par emprunt ou par augmentations de capital) ni des éléments exceptionnels qui peuvent affecter le résultat net, ni de la politique d'amortissement de l'entreprise (ce dernier point constitue la différence majeure avec le résultat d'exploitation). En résumé, l'EBE est un indicateur purement économique de la performance de l'entreprise.

## Un indicateur plus financier : la marge brute d'autofinancement

Normalement, depuis la réforme comptable de 1984, on devrait plutôt parler de la « capacité d'autofinancement », mais, dans les faits, les deux concepts sont utilisés comme s'ils étaient synonymes. La marge brute d'autofinancement se calcule en faisant la somme du résultat net et de l'ensemble des dotations aux amortissements. Elle permet donc de mesurer les ressources internes dégagées par l'entreprise, celles qui lui permettront de financer des investissements ou de racheter d'autres entreprises sans avoir recours aux banques ou aux marchés financiers.

À retenir

À ce propos, les analystes emploient volontiers la notion de *cash-flow* (que l'on devrait traduire littéralement par « flux de trésorerie », mais dont la traduction par « capacité d'autofinancement » paraît plus appropriée). On en tire aussi la notion de *free cash-flow*, que l'on trouve souvent présentée dans le mélange français-anglais de « *cash-flow* libre » ou, en français intégral, d'« autofinancement libre ». Ce concept mesure ce qui reste à l'entreprise une fois qu'elle a financé ses investissements et éventuellement un accroissement de ses besoins en fonds de roulement ; on déduit aussi le dividende versé aux actionnaires, qui est considéré comme une charge normale. Un autofinancement libre positif indique que la société s'est enrichie au cours de l'exercice considéré ; s'il est négatif, il se traduit par une baisse de la trésorerie ou une augmentation de l'endettement.

Petite remarque : les analystes ne sont jamais satisfaits ! Un autofinancement libre élevé devrait les satisfaire. Eh bien non, parfois, il les inquiète : il est considéré comme le signe, négatif pour l'avenir, d'un effort d'investissement insuffisant !

Toutes ces données résumant l'évolution de la capacité d'autofinancement, de la trésorerie et de la dette sont présentées à côté du compte de résultat dans un document appelé le *tableau de financement.*

## Rentabilité économique et rentabilité financière

Qu'est-ce qu'une entreprise rentable ? Plusieurs définitions coexistent. C'est d'abord une entreprise qui est en mesure de rémunérer ses actionnaires et de rembourser toutes les dettes contractées envers ses fournisseurs, ses banques et tous ceux qui ont souscrit à ses emprunts. Cela, c'est la rentabilité économique.

La rentabilité financière, elle, se juge au seul niveau de la rémunération du capital apporté par les actionnaires. Si une entreprise est seulement en mesure de faire face au remboursement de ses crédits, elle crée peu de valeur pour l'actionnaire. Tout dépend donc de sa capacité à dégager des profits ainsi que des conditions de crédit. Quand le crédit est peu cher, l'entreprise a plus de chances de dégager un surcroît de bénéfice qui sera redistribué aux actionnaires. Dans ce cas, ce qu'on appelle l'« effet de levier du crédit » joue à plein : une entreprise qui se développe grâce à l'emprunt va pouvoir dégager un surplus de richesse dont les actionnaires vont bénéficier. Et l'effet sera d'autant plus fort que le capital sera resté relativement modeste (voir chapitre 5).

La rentabilité économique se mesure en faisant le rapport entre le résultat d'exploitation et le total des capitaux employés (capitaux propres et dette). La rentabilité financière est le rapport entre le résultat net et les capitaux propres ; dans le vocabulaire anglo-américain, on parle alors du Return On Equity, le ROE.

## Le bilan : une bonne occasion de faire le point

Le compte de résultat montre comment la situation de l'entreprise a évolué au cours de la période considérée. Le bilan, lui, est comme une photographie instantanée prise à la fin de cette période. Il se présente sous la forme de deux colonnes : d'un côté, l'actif, qui présente tout ce que possède l'entreprise ; de l'autre, le passif, qui montre comment elle finance cet actif. Tout le monde comprendra que ces deux colonnes doivent être équilibrées : tout actif doit être financé. L'intérêt du bilan est précisément de montrer comment s'effectue ce financement, si l'entreprise est saine, si elle n'est pas trop endettée, etc. Compte de résultat et bilan se complètent : un résultat médiocre pourra être considéré comme une simple péripétie dans la vie d'une entreprise solide présentant un bon bilan. Si ce mauvais résultat n'est pas le premier et affecte une entreprise au bilan déjà dégradé, l'investisseur sera amené à en tirer des conclusions beaucoup plus sévères.

L'*actif* peut être divisé en deux grandes catégories : les actifs fixes ou non courants d'une part, les actifs circulants ou courants d'autre part. Dans la première catégorie, on trouve d'abord les immobilisations corporelles (les terrains, les bâtiments, les machines), puis les immobilisations incorporelles (les brevets, les marques, etc.). Les biens corporels sont inscrits au départ à leur valeur d'acquisition. Avec le temps, ils peuvent se déprécier, perdre de leur valeur ; c'est notamment le cas des machines ou des matériels informatiques, qui vieillissent très vite. Chaque année, l'entreprise doit prévoir leur amortissement, selon des règles que l'administration fiscale suit attentivement. La valeur inscrite au bilan tient compte de ces amortissements successifs. Dans l'actif circulant ou courant, on trouve les stocks, les créances sur les clients, les avances aux fournisseurs et la trésorerie.

Au *passif*, on trouve d'abord les fonds propres (le capital, les réserves, le report à nouveau, certaines provisions) et les dettes à long et court terme (provisions, dettes envers les fournisseurs, emprunts, etc.).

On peut aussi retrouver dans le bilan le solde du compte de résultat, à l'actif si c'est une perte, au passif si c'est un bénéfice. Cependant, très souvent, le bilan publié est établi en tenant compte de l'affectation du bénéfice : on peut ainsi en trouver une partie en réserve, une autre partie dans la trésorerie, avant sa distribution.

# Le grand bouleversement des normes IFRS

L'introduction des normes IFRS dans la comptabilité des sociétés cotées en 2005 a entraîné de profonds changements, qui se retrouvent dans tous les documents produits par les sociétés et, d'une façon particulièrement marquée, dans le bilan.

## La « juste valeur »

L'idée générale est que les immobilisations doivent être inscrites à leur « juste valeur », et non plus à leur valeur d'acquisition. Par exemple, si une entreprise a des participations dans d'autres sociétés, ces participations devront être réévaluées régulièrement ; dans le cas de filiales elles-mêmes cotées en Bourse, cela peut se traduire par des variations très fortes. Si la valeur d'acquisition est dépassée, il faut faire apparaître un écart de réévaluation ; dans le cas contraire, il faut faire apparaître une dépréciation, que l'on retrouvera par ailleurs inscrite parmi les charges dans le compte de résultat. D'une façon générale, les immobilisations incorporelles sont plus sévèrement encadrées. Les entreprises qui avaient l'habitude d'inscrire à l'actif une valeur correspondant à leurs parts de marché ne peuvent plus le faire ; elles ne peuvent plus compter comme des immobilisations incorporelles leurs dépenses de recherche, mais elles doivent inscrire au bilan celles de développement.

## Le cas particulier des survaleurs ou *goodwills*

Cette volonté de tout comptabiliser à sa juste valeur a des conséquences importantes. Lorsqu'une entreprise en achète une autre, surtout si c'est au terme d'une bataille boursière, elle la paie généralement à un prix plus élevé que sa valeur théorique, représentée par l'actif net (voir ci-dessous). Cette différence fait apparaître une survaleur ou écart d'acquisition (en anglais, le *goodwill*). Avant l'entrée en application des normes IFRS, la société inscrivait la survaleur à l'actif de son bilan puis, chaque année, une dotation aux amortissements venait réduire cette survaleur. Selon les cas, le processus était étalé sur cinq, dix ou vingt ans et pouvait avoir un impact fort sur le résultat net (ce qui pouvait déplaire à l'actionnaire, mais avait le grand avantage de réduire d'autant le bénéfice imposable).

Avec le passage aux normes IFRS, l'amortissement n'est plus possible. Le raisonnement est le suivant : la société acquise a peut-être été payée cher, mais si cela se justifie par la notoriété de sa marque, le gain de parts de marché, l'accès à des débouchés nouveaux ou l'élargissement de la gamme de produits proposés, et si la suite des événements montre que le calcul était juste, alors il n'y a pas de raison de procéder à un amortissement de la survaleur et de réduire chaque année le poids de cet actif dans le bilan. Le nouvel actif est inscrit à sa valeur d'acquisition, et c'est seulement en fonction de l'évolution de sa valeur de marché que l'on procédera éventuellement à des dépréciations. D'un point de vue strictement économique, le raisonnement est impeccable. Mais il est venu modifier complètement les pratiques antérieures.

Dans l'ensemble, le passage à ces nouvelles normes s'est effectué sans trop de difficultés pour la plupart des grandes entreprises. Mais la crise bancaire de 2007-2008 a apporté de nouveaux arguments à ceux qui leur reprochent (non sans raison) d'introduire encore un peu plus de volatilité dans le marché du fait du principe de la juste valeur, forcément instable.

**Le saviez-vous**

Cette question des survaleurs n'est pas anecdotique. Il a été calculé en 2018 que leur montant atteignait 8 000 milliards de dollars pour l'ensemble des sociétés cotées dans le monde, à comparer avec les 14 000 milliards des actifs physiques de ces mêmes sociétés. Certaines grandes entreprises américaines affichaient des *goodwills* gigantesques (143 milliards de dollars pour AT&T, 137 milliards pour Anheuser-Busch InBev, 82 milliards pour General Electric ou 81 milliards pour Berkshire Hathaway), alors que d'autres entreprises, comme Apple, avaient des *goodwills* très faibles parce qu'elles n'avaient pas procédé à de grandes opérations de fusions-acquisitions.

Il faut signaler aussi que l'application des normes IFRS est ressentie dans le monde des valeurs petites et moyennes comme une contrainte supplémentaire. Le 22 octobre 2013, une nouvelle directive européenne est venue simplifier, rendre plus proportionnées les obligations applicables aux PME cotées dans le but d'alléger leurs charges administratives et de rendre ainsi plus attrayants les marchés réglementés.

D'autres normes IFRS ont joué un rôle non négligeable. Ainsi l'IFRS 11, introduite en 2014, a interdit aux groupes de pratiquer l'intégration proportionnelle pour les activités réalisées au sein d'une co-entreprise (*joint-venture*) et a conduit certains groupes à publier un « chiffre d'affaires économique » à côté du chiffre d'affaires consolidé selon la nouvelle norme, qui aboutissait à un chiffre nettement plus faible. De même, l'IFRS 15, qui a introduit un changement de méthode comptable pour le chiffre d'affaires à partir de 2018, a conduit certaines entreprises à recalculer leur chiffre d'affaires 2017 pour permettre une comparaison correcte entre les chiffres des deux années. Et l'application de la norme IFRS 16 sur les contrats de location a un effet significatif sur la comptabilité de nombreuses entreprises à partir de 2019.

# Quelques points de repère utiles

La lecture attentive d'un bilan peut prêter à moult commentaires. Nous retiendrons principalement trois notions indispensables.

## Les fonds propres ou actif net

À retenir

Les fonds propres sont constitués de la somme du capital, du report à nouveau, des réserves et de certaines provisions. En somme, il s'agit du capital initial de l'entreprise, renforcé le cas échéant par de nouveaux apports en capital et des bénéfices non distribués. On peut faire le calcul autrement : partant du principe que les fonds propres servent à financer l'actif, on peut partir de l'actif total et en déduire toutes les dettes inscrites au passif. Le chiffre obtenu est aussi appelé *situation nette de l'entreprise* ou *actif net*.

L'actif net est souvent utilisé comme référence pour établir la valeur théorique d'une entreprise. En supposant qu'on liquide ses actifs et qu'on rembourse ses dettes, il resterait ses fonds propres. À partir de là, on compare l'actif net à la valeur de l'entreprise telle qu'elle ressort de sa cotation en Bourse. Et on en déduit l'existence d'une surcote, si le cours de Bourse conduit à une valorisation supérieure à l'actif net, ou à une décote.

Ce calcul est, à l'évidence, très théorique. On retient alors l'hypothèse d'une liquidation de l'entreprise alors que la Bourse se place normalement dans une perspective tout autre : on évalue une entreprise selon sa capacité à générer des bénéfices dans le futur. En se référant à l'actif net, on raisonne comme si la valeur de l'entreprise ne dépendait pas de sa capacité à créer des richesses, mais de la seule valeur marchande de ses actifs.

Il n'est donc pas étonnant que le concept d'actif net ne soit généralement utilisé que dans le cas très particulier d'entreprises qui ont pour principale vocation de gérer des actifs : sociétés immobilières, sociétés de capital-investissement, etc.

## Faut-il brûler les normes IFRS ?

Dans une économie mondiale où les capitaux circulent librement (avec des exceptions !) et où les marchés boursiers sont ouverts aux investisseurs étrangers, l'existence de normes comptables différentes selon les pays pose un vrai problème : on ne peut pas vraiment comparer les résultats publiés par les entreprises. Exemple fameux : en 1993, Daimler-Benz est cotée pour la première fois à New York. Elle présente des comptes bénéficiaires en normes allemandes (+ 602 millions de DM) et déficitaires (- 1 839 millions de DM) en normes américaines (US GAAP, pour *generally accepted accounting principles*). Ses capitaux propres sont trois fois plus importants selon les règles américaines que selon les règles allemandes. Les Européens ont commencé très tôt à travailler sur des projets d'harmonisation des règles comptables et plusieurs directives ont été publiées en ce sens.

Finalement, il a été convenu d'adopter les normes IFRS (International Financial Reporting Standards) mises au point par des professionnels de la comptabilité de plusieurs pays réunis au sein de l'IASB (International Accounting Standards Board), lui-même issu en 2001 de l'IASC (International Accounting Standards Committee), qui avait précédemment mis au point les normes IAS (International Accounting Standards). Une directive européenne transposée dans chacune des législations nationales a imposé ces normes IFRS à partir de 2005, en commençant, en France, par les sociétés cotées sur un marché réglementé et présentant des comptes consolidés.

Le fait que ces normes soient communes et puissent autoriser les comparaisons d'entreprises du même secteur mais de pays différents est un grand progrès. Pourtant, la question de l'évaluation des actifs à leur « juste valeur » soulève toujours des réticences. Beaucoup estiment que cela introduit de l'instabilité dans un système financier qui n'en manquait déjà pas.

Les critiques ont connu un regain de vigueur après la crise des crédits hypothécaires américains, les fameux *subprimes*. Le problème était en effet particulièrement aigu pour les banques qui détenaient des actifs financiers qui ne trouvaient plus preneurs sur les marchés, ou avec des transactions trop réduites pour être vraiment significatives, ce qui excluait toute référence sérieuse au prix de marché (*mark to market*). Comment dans ces conditions définir la « juste valeur » ? Il est toujours possible de faire figurer une valeur théorique fournie par un modèle mathématique. Mais, en contraignant les banques à procéder à de lourdes dépréciations d'actifs, les normes IFRS pouvaient contribuer à faire monter encore la volatilité des marchés et donc à aggraver la crise ; leur réexamen a été demandé. En octobre 2008, l'IASB a permis aux banques européennes (les États-Unis n'ont pas adopté les normes IFRS) de geler à la date du 1er juillet la valeur de certains de leurs actifs. En avril 2009, le G20 a demandé une accélération du travail d'assouplissement des normes comptables pour atténuer leur effet procyclique. De nouvelles dispositions ont été adoptées en novembre 2009 concernant les actifs financiers et les travaux continuent.

## Le fonds de roulement

Technique

Il est mesuré par l'excédent de l'actif circulant sur les dettes à court terme. Ce que l'on a vu du bilan suggère qu'on peut le calculer d'une autre manière : on prend au passif l'ensemble de ce que l'on peut appeler les « capitaux permanents », soit les fonds propres et les dettes à long terme ; on en soustrait le montant des immobilisations et on retombe sur le même chiffre que précédemment. Cette seconde façon de calculer est instructive : elle montre que si le fonds de roulement est négatif, c'est-à-dire si les dettes à court terme dépassent le montant de l'actif circulant, les capitaux permanents – autrement dit les ressources stables de l'entreprise – ne suffisent pas à financer les immobilisations (les actifs non courants) ; alors, celles-ci sont en partie financées par de la dette à court terme. À ce stade, la faillite n'est peut-être plus très loin. Heureusement, cette situation se retrouve assez rarement dans les entreprises cotées !

Cela nous conduit naturellement à évoquer la question du besoin en fonds de roulement. Une entreprise a des stocks et des créances d'un côté du bilan et des dettes liées à l'exploitation de l'autre. Dans certains secteurs, une accélération de l'activité peut entraîner une nette hausse du besoin en fonds de roulement, car elle se traduira d'abord par une progression des dettes, notamment envers les fournisseurs de matières premières ou de produits intermédiaires ; si l'entreprise n'a pas une bonne assise financière, c'est-à-dire si elle n'a pas des capitaux permanents suffisants, son endettement à court terme risque de prendre des proportions inquiétantes. Il faut avoir les moyens de sa croissance.

Le saviez-vous

Face à ce problème, toutes les entreprises ne sont pas logées à la même enseigne. Le contre-exemple le plus fameux est celui de la grande distribution. Elle a peu de stocks à financer : elle vend tout de suite ce qu'elle reçoit alors que, en revanche, elle paie ses fournisseurs le plus tard possible. Une accélération de son activité n'accroît pas son besoin de fonds de roulement ; au contraire, elle lui permet de gonfler sa trésorerie. C'est d'ailleurs la principale caractéristique de ce secteur : ses marges commerciales sont modestes ; l'essentiel de ses gains provient de sa trésorerie. Cela a une conséquence : il est condamné à la croissance et supporte mal les périodes de ralentissement.

## Endettement et endettement net

Toutes les dettes financières, quelle que soit leur échéance, à court ou long terme, constituent l'endettement de l'entreprise. Si l'on en déduit la trésorerie, on a l'endettement net. Si l'entreprise a une trésorerie qui dépasse son endettement, elle se trouve alors en situation de trésorerie nette.

*A priori*, on pourrait penser qu'il existe certains niveaux au-dessous desquels la valeur boursière d'une entreprise ne devrait pas tomber. Il en est ainsi de sa trésorerie nette. Il paraît difficilement envisageable, en effet, qu'une entreprise soit valorisée au-dessous de ce seuil car cela signifierait que tout le reste – toute son activité industrielle ou commerciale – ne vaut strictement rien. Et pourtant, cela arrive. Cela a été notamment le cas au début de 2009, au plus fort de la débâcle boursière qui a suivi la crise financière de 2008.

Que faire à ce moment-là ? Rester prudent ! Chaque cas doit être examiné séparément. Une valeur enregistrant une décote par rapport à sa trésorerie nette semble être une bonne affaire : en achetant ses titres, on ne court apparemment aucun risque. Mais ce sentiment de sécurité est illusoire : si la situation de l'entreprise continue de se détériorer, la trésorerie va fondre et le cours de Bourse baissera encore. On ne doit donc pas prendre de décision à partir de ce seul critère.

Signalons à ce propos que, en plus du compte de résultat et du bilan, un troisième document comptable fourni par les entreprises cotées peut être consulté avec profit : c'est le tableau de financement. Il récapitule les entrées et les sorties de liquidités au cours de l'exercice. On voit ainsi d'où viennent les fonds, à quoi ils sont employés (investissement, remboursement des dettes, rémunération des actionnaires) et comment la situation de trésorerie a évolué par rapport à l'année précédente.

Voilà. C'était sans doute un peu long et aride, mais indispensable : ces notions de base vous accompagneront tout au long de votre activité d'investisseur boursier. Ne cherchez d'ailleurs pas à tout comprendre et à tout retenir du premier coup. Avec le temps, ce qui vous paraît encore un peu abstrait et théorique prendra tout son sens. Et si vous avez l'impression de ne pas bien comprendre un communiqué de société ou un article de presse commentant des résultats, n'hésitez pas à vous reporter à ces pages. Avec un peu d'expérience, vous jonglerez avec les actifs nets ou les reports à nouveau comme si c'était devenu une deuxième langue.

Pouvoir comprendre les comptes d'une entreprise est important : cela peut éviter bien des mauvaises surprises. Mais cela ne suffit pas à déterminer un choix d'investissement. Les boursiers ont encore d'autres critères, que nous allons découvrir sans tarder.

**DANS CE CHAPITRE**

Les chiffres à extraire des comptes des entreprises

- Les ratios à connaître

- Toutes les subtilités de l'analyse graphique

- Un très rapide aperçu de l'analyse quantitative

# Chapitre 8

# Les outils purement boursiers d'aide à la décision

Si le chapitre précédent ne vous a pas trop rebuté(e), vous en êtes maintenant convaincu(e) : investir en Bourse, c'est miser sur des entreprises. Et si l'on n'est pas en mesure de lire leur compte de résultat ou leur bilan, cela pose un problème. On est alors obligé de croire sur parole ceux qui disent : achetez tel titre ou, au contraire, vendez tel autre. La Bourse est-elle pour autant réservée aux experts-comptables ? Sûrement pas. Si les analystes financiers épluchent tous les documents comptables publiés par les sociétés, les gérants de portefeuille se contentent d'une série de chiffres significatifs... ainsi que des conclusions des travaux des analystes.

Ces chiffres essentiels sont à compléter par des ratios spécifiquement boursiers, qui permettent de savoir si la Bourse apprécie les performances de l'entreprise à laquelle on s'intéresse. On retrouve là un point clé : c'est bien d'être capable de se forger sa propre opinion sur une valeur, mais il ne faut jamais oublier de tenir compte de celle des autres. Les ratios boursiers usuels permettent justement de voir comment une entreprise est jugée par les autres investisseurs.

Toutes ces informations peuvent être complétées par une observation attentive des cours boursiers et de leur évolution : c'est l'objectif de l'analyse graphique, très prisée par les spécialistes.

On trouve ensuite d'autres méthodes d'analyse, très techniques, développées par certains gérants qui ne donnent que des indications très succinctes sur les méthodes employées et n'en dévoilent pas tous les secrets. Exactement de la même façon que les grands chefs gardent pour eux certains détails de leurs recettes.

# Les chiffres et les ratios de base

Tout ce que l'on a vu dans le précédent chapitre sur la lecture du bilan et du compte de résultat est important. Mais jamais un particulier ne va lire tous les comptes de toutes les sociétés cotées avant de faire son choix. Ces documents sont à connaître si l'on veut approfondir ses recherches et comprendre les commentaires qui circulent sur les valeurs auxquelles on s'intéresse, mais ce n'est pas par là qu'on commence en pratique. Pourquoi achète-t-on des actions de telle société plutôt que celles d'une autre ? Parce qu'on a entendu dire qu'elle montait en Bourse ou qu'elle allait décoller prochainement. Parce qu'on a lu des commentaires flatteurs sur cette entreprise ou ses dirigeants. Parce qu'on a vu quelques chiffres sur ses performances qui ont attiré notre attention. C'est précisément sur ces informations de base, celles qui attirent l'attention de l'investisseur, que nous allons nous arrêter quelques instants. Et il n'est pas besoin de lire des rapports de plusieurs dizaines de pages pour trouver ces informations : elles sont immédiatement disponibles, n'importe quel site Internet ou journal financier digne de ce nom les fournit d'une façon très claire et accessible.

## Le chiffre d'affaires

Sur ce point, nous passerons très vite. Juste le temps de préciser ce que nous avons dit précédemment. C'est vrai que le chiffre d'affaires n'a pas une grande signification boursière, qu'une grande entreprise n'est pas forcément très rentable et que la croissance peut se faire dans des conditions financières plus ou moins intéressantes. Inversement, une entreprise peut avoir intérêt, à un moment donné de son histoire, à se recentrer sur un petit nombre d'activités et à en abandonner d'autres à la rentabilité plus problématique, quitte à avoir un chiffre d'affaires plus modeste. Le chiffre d'affaires, à lui seul, ne suffit pas pour comprendre ce qui se passe dans une entreprise ; il faut toujours aller voir au-delà. Pourtant, il ne faut pas le négliger. D'abord, parce que c'est celui que les entreprises publient en premier, avant d'arrêter leurs comptes. Ensuite, parce qu'il peut agir comme un révélateur de gains ou de pertes qui apparaîtront plus tard. Sur un produit qui se vend bien, il sera sans doute possible de maintenir des marges élevées, voire de les accroître. À l'opposé, un ralentissement du chiffre d'affaires peut être simplement le signe d'une difficulté passagère, liée à la conjoncture ou à la société elle-même (réorganisation, renouvellement de la gamme de produits, etc.), ou annoncer quelque chose de plus grave : un retournement de cycle ou de véritables problèmes internes dans l'entreprise.

Si rustique soit-il, le chiffre d'affaires est donc le premier indicateur à suivre.

## Un cas particulier : les banques

Les règles comptables s'appliquent à toutes les entreprises quel que soit leur secteur d'activité et les ratios boursiers à surveiller sont les mêmes dans tous les cas. Il existe tout de même quelques exceptions : les sociétés immobilières, les compagnies d'assurances et les banques, trois secteurs qui comportent de fortes particularités.

Prenons l'exemple des banques. Inutile de chercher leur chiffre d'affaires dans les documents qu'elles publient. Vous ne le trouverez pas. Et pour cause : faire la somme de toutes les opérations que les banques effectuent pour leur propre compte ou le compte de leurs clients aboutirait à des sommes colossales qui n'auraient pas grand sens. Les banques ne publient donc pas de chiffre d'affaires, mais un produit net bancaire (on parle souvent de leur PNB, qui n'est pas à confondre avec le PNB de la comptabilité nationale, ou produit national brut), plus proche de la valeur ajoutée dégagée par les entreprises non financières que du chiffre d'affaires. C'est à partir du PNB que l'on va faire tous les calculs qui mènent au résultat net.

Autre différence de taille : compte tenu de leur rôle dans l'économie (sans des banques en bonne santé, il n'y a pas de crédit, donc pas de croissance), les banques font l'objet d'une surveillance très étroite et sont soumises à des contraintes particulières. Elles doivent respecter des ratios de liquidité (celle-ci se définissant comme la capacité à faire face aux obligations de trésorerie) et surtout de solvabilité. Ce dernier rapport établit le montant de fonds propres dont les banques doivent disposer en fonction de la taille de leurs actifs, ces actifs étant affectés d'un coefficient différent selon les risques encourus (risques de non-remboursement de crédits, risques de marché, etc.). L'accord Bâle 3 publié en décembre 2010 a considérablement accru ces exigences. Au niveau européen, une directive et un règlement publiés en juin 2013 ont précisé la façon dont les nouvelles règles de Bâle 3 devaient s'appliquer à compter du 1er janvier 2014.

Un nouvel accord de décembre 2017 établit de nouvelles règles qui suscitent beaucoup d'inquiétudes dans les banques européennes et notamment françaises car, selon la façon dont elles seront transposées dans la législation européenne, elles pourraient les obliger à augmenter encore le niveau de leurs fonds propres.

## Le bénéfice net par action (BNPA)

Voilà une donnée qui commence à intéresser très sérieusement les actionnaires. Le *BNPA* est une notion précieuse, car il permet d'avoir une idée précise de ce qui peut revenir à chaque actionnaire, sous la forme d'un dividende ou d'un accroissement des fonds propres de l'entreprise. Prenons l'exemple du groupe pétrolier Total. Ce groupe est connu pour l'importance de ses bénéfices, qui atteignent un nombre de milliards plus ou moins élevé selon la conjoncture pétrolière. Si l'on y regarde de plus près, on constate qu'il y a en circulation plus de 2,6 milliards d'actions Total, ce qui donne, selon les analystes, un BNPA 2019 estimé à 4,54 €, pour une action qui évoluait au début de la même année autour de 48 €. C'est très confortable, mais, vu ainsi, ce bénéfice paraît déjà moins exorbitant.

Une précision importante : le BNPA est généralement calculé avant la prise en compte des éléments exceptionnels, de façon à éviter les à-coups et à permettre les comparaisons dans le temps. Prenons l'exemple d'une entreprise qui a son siège social dans un bel immeuble du centre de Paris et qui décide de le vendre. Elle va réaliser cette année-là une belle plus-value, mais il ne serait guère raisonnable d'en tenir compte dans le calcul du BNPA, car cette opération ne se produira qu'une fois. Le fait qu'une entreprise réalise des gains – ou des pertes – exceptionnels ne nous dit rien sur l'évolution de sa rentabilité future. Autrement dit, le BNPA ne doit tenir compte que des résultats liés à l'activité normale de la société.

Cette notion de BNPA se retrouve de façon implicite dans de nombreux calculs. Par exemple, vous trouverez souvent dans les commentaires boursiers des phrases du genre : « Les analystes revoient à la hausse (ou à la baisse) leurs estimations de bénéfices pour cette année et l'an prochain ; ils estiment maintenant que la progression des bénéfices se limitera à 8 % cette année pour le S&P 500 et à 12 % pour l'EuroStoxx et remontera à, respectivement, 10 % et 15 % l'an prochain. » Cela ne veut pas dire que les analystes ont pris les bénéfices nets attendus de toutes les sociétés américaines et européennes qui composent ces indices et qu'ils ont calculé comment évoluerait ce total sur les deux années à venir. Cela n'aurait pas de sens, car personne ne sait à quelles opérations procéderont ces entreprises avant la fin de l'année en cours et pendant la suivante. On n'a donc aucune idée de l'évolution des éléments exceptionnels et de leur impact sur les bénéfices nets. En revanche, compte tenu du dynamisme de l'activité, des prix, des taux d'intérêt, on sait – ou du moins on peut essayer de prévoir – dans quel contexte vont évoluer les entreprises et si elles ont des chances (ou des risques) de voir leur rentabilité augmenter (ou reculer). Pour effectuer cet exercice, on utilise les BNPA.

Dans la littérature boursière, certains se laissent parfois aller à utiliser le sigle anglophone EPS (*Earnings Per Share*), qui signifie exactement « bénéfice par action ».

Une précision : la difficulté du calcul ne se limite pas à l'estimation du bénéfice, elle tient aussi au nombre d'actions. Si l'on veut être vraiment précis, il faut tenir compte des actions en circulation, mais aussi de celles qui peuvent être créées compte tenu de l'existence de divers instruments financiers déjà émis : obligations convertibles en actions, obligations à bons de souscription en actions, etc. Quand on fait ce calcul, on parle de BNPA « dilué ».

## Le rapport cours/bénéfice

Là, on fait un très grand pas en avant dans l'univers de la Bourse. Si l'on veut vraiment avoir l'air d'être un spécialiste, on ne parlera pas de rapport cours/bénéfice, mais de PER. C'est la même chose, PER étant l'acronyme de la locution anglaise Price Earning Ratio, mais c'est beaucoup plus chic.

### Comment on calcule le PER

**Technique**

De quoi s'agit-il ? Il s'agit tout simplement de comparer le bénéfice par action au cours de l'action de la société considérée. Par exemple, vous prenez un titre coté à 54,32 €. Le BNPA de cette valeur est estimé à 5,26 € pour l'année en cours. Vous divisez 54,32 par 5,26, et vous obtenez 10,3 (il n'est pas nécessaire de garder tous les chiffres après la virgule !). Vous pouvez alors dire que la Bourse valorise cette société 10,3 fois son bénéfice de l'année (ou plus exactement l'estimation de son bénéfice de l'année, puisque celui-ci ne sera réellement connu que l'année suivante). C'est pourquoi la dénomination officielle de ce rapport – jamais employée dans le langage courant – est le « coefficient de capitalisation des résultats ». Très souvent, les boursiers parlent tout simplement du *multiple* ou du *ratio* ; il n'est pas besoin d'en dire plus, tout le monde comprend de quoi il s'agit.

Comme la Bourse essaie toujours d'anticiper, les investisseurs ne se contentent pas du PER pour l'année en cours, ils regardent aussi celui de l'année suivante. Pour reprendre notre exemple, si les analystes s'attendent à un prochain BNPA de 6,88 € (ce qui représente une progression de 30 % !), le rapport entre 54,32 et 6,88 vous donne un PER de 7,9, qui n'est pas très élevé. Sous réserve de ce que vous découvrirez en vous informant de façon plus précise sur cette entreprise, vous pouvez d'ores et déjà conclure qu'elle n'est pas très bien valorisée en Bourse et que si les estimations de bénéfice pour cette année et l'an prochain sont correctes, ce pourrait être une bonne idée d'acheter cette action.

## On ne peut pas toujours avoir confiance dans le PER

Voilà un outil vraiment fantastique, allez-vous dire : je regarde le PER d'une action et, si elle est sous-évaluée, j'achète ! Si c'était aussi simple que cela, il n'y aurait plus que des millionnaires dans ce pays. Malheureusement, ce n'est pas le cas et il ne faut pas vouloir donner au PER un rôle plus important que celui qu'il peut jouer, même s'il n'est pas mince.

Le premier intérêt est global. Nous l'avons vu précédemment, les analystes essaient de prévoir l'évolution du BNPA pour l'ensemble des valeurs qui entrent dans la composition d'un indice boursier. À partir de là, ils calculent un PER global. Par exemple, ils calculent qu'à une date quelconque le PER du marché parisien (du moins si l'on s'en tient aux grandes valeurs du CAC 40) est de 15,6 pour l'année en cours et de 14,5 pour l'année prochaine. Ils estiment que, dans le même temps, le marché américain est mieux valorisé, en ce qui concerne les grandes valeurs de l'indice Dow Jones, avec un PER de 18,4 sur la base des bénéfices estimés de cette année et de 16,7 pour les bénéfices estimés de l'an prochain.

Le fait de disposer ainsi d'un PER pour l'ensemble du marché est très précieux. Il permet toutes sortes de comparaisons. Dans le temps d'abord. Les cours et les indices boursiers donnent une première indication, mais qui ne peut suffire : à 5 000 ou 5 500 points, le CAC 40 n'est pas très élevé (il est monté à 6 922 en septembre 2000), mais, à ce niveau, il pourrait être tout de même considéré comme cher ; tout dépend des résultats des entreprises et de leur évolution prévisible. Le PER introduit une précision supplémentaire. À 13 ou 14, il n'a rien d'extravagant, mais si l'on regarde dans le passé on constate qu'il peut descendre en dessous de 10 si rien ne vient faire remonter la confiance des investisseurs. À l'inverse, quand la Bourse est euphorique et que le PER du CAC 40 dépasse le seuil de 20 (25 au plus haut le 4 septembre 2000), on peut commencer à se dire qu'il faut être prudent : on entre dans la zone dangereuse où, débordant d'optimisme, les investisseurs misent sur des bénéfices futurs peut-être un peu trop généreusement calculés.

Attention

Le PER permet aussi de procéder à des comparaisons dans l'espace. Ainsi, avec un PER de 15,1 contre 16,4 pour le Dow Jones, par exemple, on peut conclure que la Bourse de Paris est plutôt sous-valorisée par rapport à celle de New York. Mais il faut faire attention à ce genre de comparaison : traditionnellement, en effet, la Bourse américaine est plus chère que celle de Paris, avec un PER moyen plus élevé. Rien ne peut donc nous permettre d'affirmer que Paris doit remonter plus vite que New York. Même les comparaisons dans l'espace doivent tenir compte des évolutions historiques.

Enfin, les PER permettent de situer une entreprise par rapport au marché dans son ensemble et par rapport à d'autres sociétés. Mais, là encore, il faut se méfier et ne pas oublier les enseignements apportés par l'examen des données historiques. Par exemple, des valeurs qui voient leur chiffre d'affaires et leur résultat augmenter de façon assez régulière au fil des années rassurent les investisseurs, qui sont prêts à payer un peu plus cher pour les acquérir et les mettre en portefeuille. Un PER plus élevé récompense la performance, la régularité et la sécurité. Dans ce cas, un multiple égal ou supérieur à 20 n'est pas forcément inquiétant. À l'opposé, des valeurs connues pour être plus sensibles aux aléas de la conjoncture, des valeurs dites « cycliques » donc, ont très souvent un PER plus faible, qui peut être inférieur à 10. Ainsi, en avril 2019, le PER était en moyenne à 5,3 dans le secteur automobile et à 7,8 dans le secteur financier, alors qu'il atteignait 27,9 dans le secteur aéronautique/défense et 28,1 dans le luxe. Mais, à l'intérieur d'un groupe de valeurs cycliques appartenant au même secteur économique, les investisseurs font aussi des différences et sont prêts à accepter un PER plus élevé pour celles qui, d'habitude, résistent mieux que les autres dans les phases de ralentissement, parce qu'elles ont une meilleure réputation de qualité, une gamme de produits plus séduisante, etc. De même, il ne faut pas oublier que les grandes valeurs, celles du CAC 40 notamment, sont des sociétés déjà arrivées à maturité. Souvent, les petites valeurs se développent plus vite qu'elles et voient leurs bénéfices progresser plus rapidement. Cela a un prix : ces petites valeurs sont comparativement plus chères.

Attention

Donc, oui, le PER est un outil d'aide à la décision extrêmement important en matière boursière, oui, il faut le regarder, oui, il faut s'en servir. Mais il faut faire attention, il ne faut pas se contenter du chiffre du jour, il faut toujours procéder à des comparaisons dans le temps et dans l'espace et, surtout, ne pas se focaliser sur ce seul indicateur. Ce n'est pas parce qu'une valeur n'est pas chère qu'il faut l'acheter tout de suite : elle peut être encore moins chère demain et le rester. À l'autre bout du spectre, on trouve des titres généralement très bien valorisés : la baisse de leur PER ne constitue pas un signal d'achat, mais plutôt un signal de prudence.

En somme, le rapport cours/bénéfice reflète la cote d'amour dont bénéficie une valeur. C'est une indication à ne pas négliger : si cette valeur plaît, il doit y avoir des raisons. Mais il ne faut pas oublier non plus que l'amour peut être aveugle ou excessif et, surtout, qu'il est rarement éternel.

## Les charmes du dividende et du rendement

La question du dividende est de celles qui divisent les investisseurs. Les uns abordent le marché dans une optique très spéculative et ne cherchent qu'à jouer les écarts de cours. D'autres, qui apprécient moins les sensations fortes, ont une optique plus globale et comptent sur les deux perspectives de gains offertes par les actions : la plus-value et le dividende. Nous le verrons plus loin : les deux styles de gestion conduisent à une approche du marché radicalement différente. Mais, sur le plan de l'analyse, cette différence d'approche ne change rien : si une valeur monte, c'est bien parce qu'elle réalise des bénéfices en hausse – ou qu'elle devrait en réaliser dans le futur – et parce qu'elle distribue – ou distribuera – des dividendes. Donc, de toute façon, le dividende est au cœur de la problématique : c'est l'évolution attendue des bénéfices et des dividendes qui guide les cours.

On peut évidemment trouver des cas particuliers. Rappelons celui de Microsoft, qui a attendu près de vingt ans après son introduction en Bourse pour distribuer son premier dividende. Cela n'a pas freiné son ascension boursière pour une raison simple : tous les bénéfices étaient réinvestis et l'entreprise renforçait méthodiquement sa domination sur l'informatique mondiale. La montée des cours était telle que les actionnaires acceptaient sans rechigner de ne pas toucher de dividendes. Paradoxalement, c'est lorsque Microsoft a voulu rentrer dans la norme et distribuer un dividende comme toutes les autres entreprises que des doutes ont commencé à apparaître : si Microsoft verse maintenant un dividende, c'est peut-être parce que ses dirigeants n'ont plus de projets de développement aussi rentables que par le passé !

Mais cet exemple est rare. Dans l'ensemble – on s'en rend bien compte quand on participe aux assemblées générales –, les actionnaires sont très sensibles à la question du dividende. Les dirigeants sont parfois assez sévèrement mis en cause lorsqu'ils proposent de garder dans l'entreprise une part importante du bénéfice annuel au lieu de le distribuer aux actionnaires.

## Un bon rendement se paie parfois très cher

Si l'on divise le dividende par le cours de l'action et que l'on multiplie par cent, on obtient le *rendement de l'action*. On peut encore affiner le calcul en partant de l'estimation du dividende qui devrait être versé au titre de l'exercice en cours.

Prenons l'exemple d'une société qui a versé un dividende de 2,95 € par action ; compte tenu de la marche de l'entreprise, les analystes estiment en moyenne qu'elle peut verser un dividende de 3,15 € au titre de l'exercice en cours. Si l'action est cotée 51,61 €, on divise 3,15 par 51,61, on multiplie par 100 et on obtient un rendement de 6,1 %, qui est un chiffre déjà élevé.

Attention

Dans certains commentaires, surtout lorsque l'on parle d'un marché boursier en général et qu'on le compare à d'autres marchés, on peut lire des phrases du genre : « Cette année, le marché européen devrait offrir un rendement de l'ordre de 8 %, alors qu'on s'attend à un rendement de l'ordre de 10 % pour le marché américain. » Dans ce cas, il s'agit souvent de ce qu'on appelle le *rendement global*, obtenu en additionnant l'ensemble des gains que l'actionnaire peut espérer retirer de son investissement en actions sur l'année, à savoir le dividende et les plus-values, en supposant que la Bourse termine l'année à un niveau plus élevé qu'elle ne l'a commencée. Cette notion de rendement global est évidemment très importante, puisque c'est elle qui détermine vraiment ce que gagne (ou perd) l'actionnaire. Mais, quand on parle du rendement d'une action, c'est le dividende seul qui est pris en compte.

Le rendement est une notion très utile. Il permet de comparer les actions avec d'autres placements, notamment les obligations à taux fixe. Il permet aussi de comparer les actions entre elles. Ce calcul est suivi avec une attention particulière dans les périodes où la tenue de la Bourse suscite quelques inquiétudes. Dans ce cas, les investisseurs peuvent avoir la tentation de s'intéresser aux actions qui offrent un rendement élevé ; c'est une façon de chercher la sécurité.

Mais cette sécurité peut être illusoire. On l'a vu, le rendement, c'est un rapport. Dans un tel calcul, l'évolution du résultat dépend à la fois de celle du numérateur et du dénominateur. Si le rendement augmente parce que le cours de l'action n'arrête pas de baisser, il n'est peut-être pas très raisonnable d'acheter cette action tant que son cours n'est pas stabilisé. Sinon, on risque de payer très cher sa recherche d'un haut rendement.

On l'a vu par exemple pendant l'été 2008, alors que le marché continuait de s'inquiéter pour la santé des banques et, compte tenu de la dégradation de la conjoncture, se montrait réticent envers des valeurs cycliques comme celles du secteur automobile. Le cours des actions en question baissait et, du coup, le rendement augmentait. Celui de Renault dépassait 7 %, celui du Crédit Agricole et de la Société Générale 6 %. Et, pourtant, les investisseurs ne se précipitaient pas pour acheter : préférant faire l'impasse sur un rendement élevé, ils jugeaient plus prudent d'attendre d'en savoir plus sur l'avenir de ces entreprises. Et ils avaient raison, comme l'a montré la chute de la Bourse à l'automne suivant : il y a des moments où, en Bourse, le plus sage est de ne rien faire et d'attendre.

## Les autres ratios à ne pas négliger

Le ratio cours/bénéfice et le rendement sont évidemment des indicateurs précieux, mais vous en trouverez d'autres dans la littérature boursière. Par exemple, on utilise fréquemment le rapport entre la valeur d'entreprise et le chiffre d'affaires.

La valeur d'entreprise, rappelons-le, c'est le chiffre obtenu en ajoutant à la capitalisation boursière le montant de la dette financière nette. Autrement dit, c'est le prix minimal que devrait payer un investisseur pour acquérir cette entreprise. En rapportant la valeur d'entreprise au chiffre d'affaires (c'est le *ratio VE/CA*), on voit qu'une entreprise vaut une fois, deux fois ou plus son chiffre d'affaires annuel. Dans le cas des entreprises américaines liées à Internet, on a vu des ratios VE/CA atteindre 100 ! Ainsi que cet exemple extrême le montre, ce ratio n'a aucun intérêt en soi : son niveau ne dit pas si la valeur est chère ou bon marché. Il ne prend son sens que si on le compare aux chiffres obtenus en faisant le même calcul pour des entreprises comparables appartenant au même secteur d'activité. On peut voir alors si une société est plus ou moins bien valorisée par le marché et chercher à comprendre si l'écart éventuellement constaté se justifie et peut conduire à une décision de vente ou d'achat.

Dans le prolongement de ce que nous avons vu à la fin du chapitre précédent, on peut s'intéresser à *l'actif net par action*, ou montant des capitaux propres part du groupe rapporté à une action. Une valeur décotée par rapport à son actif net peut mériter d'être achetée si ses perspectives financières font espérer que cette anomalie a des chances d'être corrigée dans un avenir pas trop lointain.

On peut aussi, pour juger de la situation financière d'une entreprise, regarder le *ratio dettes nettes/fonds propres* (en anglais, on parle de *gearing*) : un endettement trop lourd peut justifier une certaine prudence de la part des investisseurs. Mais tout dépend de la conjoncture et du secteur considéré. On voit par exemple dans les périodes un peu difficiles que les sociétés endettées souffrent en Bourse ; les investisseurs préfèrent alors se reporter sur celles qui sont peu endettées ou qui peuvent même disposer d'une trésorerie supérieure à leur dette (dans ce cas, le ratio est négatif).

Si l'on veut rentrer un peu plus dans le détail, on ira regarder le *ratio dettes nettes/cash-flow libre*. Il s'agit alors de regarder ce que représente la dette par rapport au flux de trésorerie restant une fois que l'entreprise a financé ses investissements et payé son dividende (voir ce que nous avons dit au chapitre précédent sur la marge brute d'autofinancement). On voit ainsi combien d'années il faudrait à l'entreprise pour se désendetter complètement si son activité continuait à dégager autant de rentrées financières.

On peut enfin regarder le *taux de distribution*, c'est-à-dire le pourcentage des bénéfices distribué aux actionnaires, comme nous l'avons vu au chapitre précédent. Une société qui a un taux de distribution élevé aura plus de difficultés qu'une autre à maintenir son dividende en cas de recul du bénéfice.

## L'analyse graphique et technique, science ou imposture ?

Ce que nous venons de voir appartient à l'analyse fondamentale. Dans ce cadre, on raisonne à partir des données économiques d'ensemble et des comptes des entreprises. Mais beaucoup de boursiers ont aussi recours à d'autres instruments, fournis cette fois par l'analyse graphique et technique. On les appelle les « chartistes », de l'anglais *chart*, qui signifie « graphique ».

De quoi s'agit-il ? Avec cette méthode, on ne regarde que les cours de Bourse et, à partir de leur évolution passée, on essaie de deviner le futur. L'analyse graphique repose sur l'étude de la courbe des cours. L'analyse technique qui la complète fait intervenir des calculs assez complexes à partir des mêmes cours. Les deux formes d'analyse vont ensemble : quand vous regardez un graphique de cours sur un écran, la société qui fournit ce graphique fait figurer au-dessous un certain nombre d'indicateurs techniques. Ces indicateurs sont d'ailleurs tellement nombreux maintenant que nous ne les citerons pas tous. Nous ne parlerons que des principaux, les plus fréquemment utilisés. Mais rien ne vous empêchera par la suite d'aller plus loin dans l'étude de l'analyse technique.

*A priori*, cette forme d'analyse peut sembler bizarre. Si les cours ont monté ou baissé dans le passé récent, c'est bien parce que les investisseurs ont été incités à acheter ou à vendre au cours de cette période par un certain nombre d'informations jugées positives ou négatives. Prétendre déterminer l'évolution future des cours sans rien connaître des informations qui seront publiées ultérieurement, c'est prendre un risque considérable.

## Tendance, résistances et supports

« Erreur », répondent les chartistes. Un examen attentif des cours passés peut permettre de dégager une *tendance*, une dynamique. Si une action monte régulièrement et réussit à franchir certains seuils, appelés *résistances*, il y a de fortes chances que la tendance haussière se poursuive et que cette action aille tester les résistances suivantes. De même, si une action baisse et franchit successivement un certain nombre de seuils, appelés *supports*, le risque est grand que la tendance baissière se prolonge et que cette action aille tester les supports suivants. Tout l'art du chartiste consiste à savoir déterminer avec précision où se situent ces seuils déterminants.

### Le tunnel ou canal

Pour commencer, il faut déterminer la tendance. Pour cela, on joint les points hauts du graphique de cours (en prenant au moins trois points) et on trace une ligne qui sera la droite de résistance. De la même façon, on joint les points bas du graphique, qui permettent de déterminer une droite de support. On obtient souvent deux droites parallèles, qui déterminent un *tunnel* ou *canal* (voir Figure 8-1). Selon les cas, on a un tunnel haussier ou baissier. Tant que la courbe reste dans son canal, on a la possibilité de jouer des mouvements de baisse ou de hausse à très court terme avec des objectifs de baisse ou de hausse déterminés par les droites de résistance et de support. Mais, évidemment, cela ne continue pas éternellement : il arrive un moment où la ligne de cours sort du tunnel, soit pour accélérer la tendance, soit pour l'inverser.

Dans certains cas, il arrive que les deux droites parallèles forment un tunnel qui n'est ni franchement haussier ni baissier ; dans ce cas, on parle d'un *rectangle*. En général, on sort d'un rectangle de la façon dont on y est entré, toute la période pendant laquelle la courbe est restée à l'intérieur du rectangle marquant une phase de pause, dans la hausse ou la baisse.

**Figure 8-1**
Tunnel ou canal.

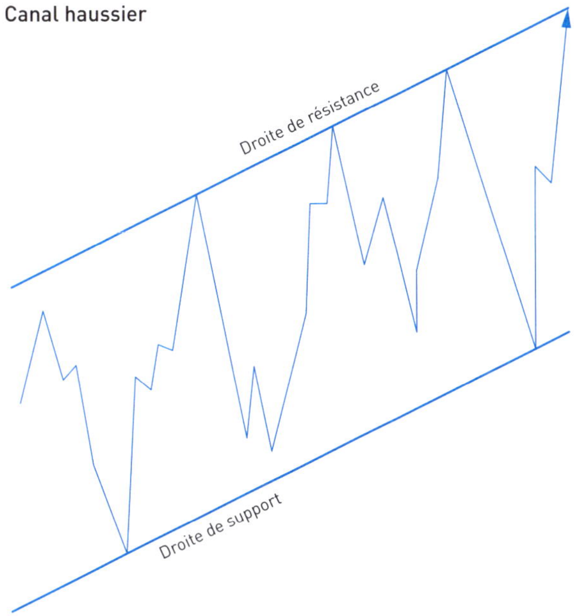


## Le triangle

Il peut arriver aussi que les deux droites ne soient pas du tout parallèles et forment un triangle (voir Figure 8-2). Dans ce cas, l'incertitude est forte : le triangle signale une période d'hésitation. Mais tous les triangles ne se ressemblent pas et, plus on avance, plus on voit à quel type de triangle on a affaire. Si les droites de résistance et de support suivent une pente comparable par rapport à l'horizontale, on a un triangle symétrique ; en principe, une fois la période d'hésitation terminée, le cours devrait reprendre son orientation antérieure. Si la droite de résistance est horizontale alors que la droite de support est nettement haussière, on est en face d'un triangle ascendant ; la sortie se fera par le haut. En revanche, si c'est la ligne de support qui est horizontale alors que la ligne de résistance est franchement descendante, le risque d'une sortie par le bas est fort ; on est en présence d'un triangle descendant.

**Figure 8-2**
Triangle symétrique.

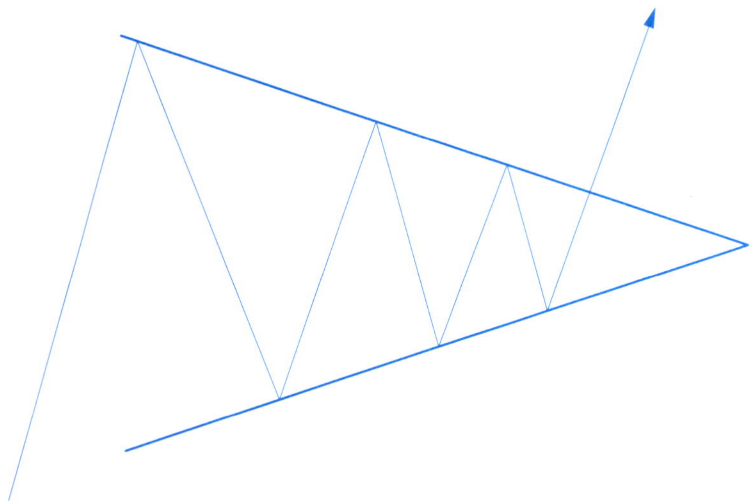

## Les principales figures

Les exemples le montrent : toute la question, une fois que l'on a déterminé une tendance, est de voir si celle-ci peut se prolonger ou si l'on se rapproche d'un point de rupture éventuel, c'est-à-dire du moment où le cours risque de connaître une inflexion forte, en accélérant la tendance passée ou, au contraire, en changeant de tendance. Le premier cas est assez simple : le cours sort tout simplement de son canal, haussier ou baissier, et accélère le mouvement. Le second cas est plus compliqué, car il est rare que le changement de tendance s'effectue de façon très nette. En général, si l'on se place par exemple dans le cas d'un mouvement haussier, la fin du mouvement se signale par plusieurs phases d'accélération qui n'arrivent pas à s'inscrire dans la durée et l'action retombe après avoir épuisé son potentiel de gain.

### La tête-épaules

Ces mouvements erratiques en fin de parcours forment très fréquemment une figure caractéristique appelée « tête-épaules » (voir Figure 8-3). Le titre grimpe assez vite puis il retombe, ce mouvement formant la première épaule. Puis il repart de l'avant, nettement plus haut, et revient au niveau antérieur. Le relief ainsi créé forme la tête et le niveau auquel le titre retombe détermine la ligne de cou. Ensuite, l'action repart de l'avant, vers un point haut comparable à celui de la première épaule et en tout cas, inférieur à celui de la tête ; après cet ultime sursaut, il revient sur la ligne de cou, qu'il ne tarde pas à franchir à la baisse.

**Figure 8-3**
Tête-épaules.

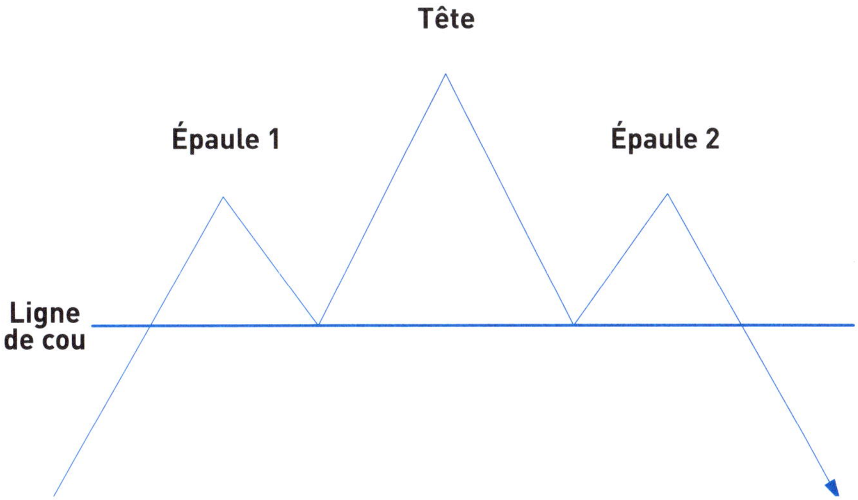


Évidemment, dans la pratique, il n'est pas toujours aisé de comprendre où vont les cours. Ce n'est qu'une fois que la figure est à peu près complètement dessinée qu'on voit où l'on va. C'est d'autant plus compliqué que, parfois, la tête n'apparaît pas et qu'on a simplement deux épaules, qui déterminent une courbe en forme de M. Mais cette figure très classique se retrouve fréquemment et, avec un peu d'expérience, on finit par la repérer tout de suite. Un des plus beaux exemples recensés au cours de ces dernières années a été la configuration de l'indice CAC 40 qui, en 2007, a dessiné une tête-épaules de toute beauté ; la suite a évidemment été moins belle… et surtout moins agréable pour les actionnaires non avertis qui n'avaient pas vu venir la baisse.

## La tête-épaules inversée

Comme son nom l'indique, cette figure est l'inverse de la précédente. On a une action qui interrompt sa baisse par une première remontée ; elle rechute, souvent plus bas que précédemment, repart vers un point généralement situé au-dessus du plus-haut précédent, fléchit de nouveau, mais remonte aussitôt vers la ligne de cou, qu'elle franchit, et continue son ascension. Dans ce cas aussi, il arrive que la tête ne puisse être nettement distinguée. On a alors simplement deux creux vers le bas avant la remontée finale et l'ensemble ressemble plutôt à un W.

## Le drapeau

Dans le langage imagé des boursiers, le drapeau (voir Figure 8-4) est une figure caractéristique des phases de consolidation. Pour le comprendre, il faut se souvenir que, en Bourse, « consolider », cela veut dire en réalité « baisser ». Mais il ne s'agit pas ici de n'importe quelle baisse : il s'agit de celle qui survient après une période de hausse, lorsque l'action considérée fait une pause et reprend des forces avant de partir vers de nouveaux sommets. Le mât du drapeau correspond à la phase de hausse initiale ; le drapeau lui-même est un canal légèrement baissier, dont le cours ressort par le haut. Comme pour la tête-épaules, on retrouve le drapeau en sens inverse, lorsqu'une action observe une pause au milieu de sa phase descendante.

**Figure 8-4**
Drapeau.

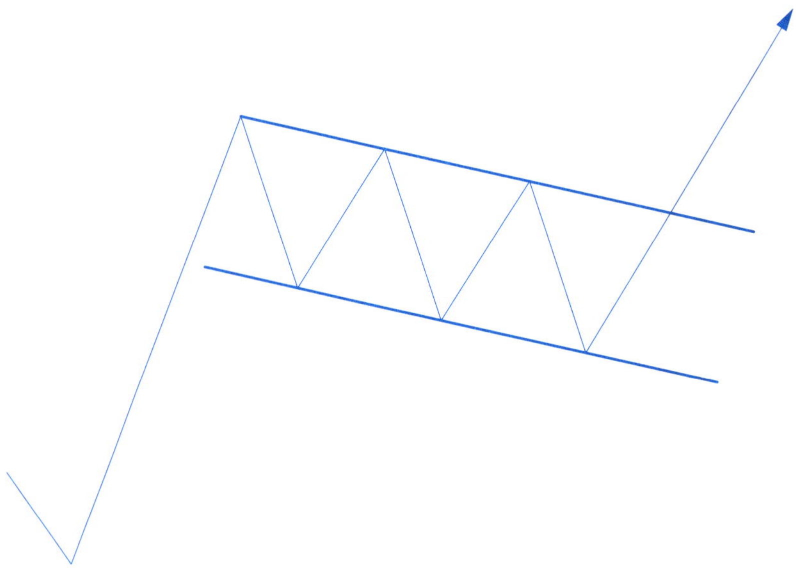

Le volume des actions échangées chaque jour est un élément d'information complémentaire très utile. Dans l'exemple du drapeau, normalement, le volume de transactions diminue assez régulièrement au fur et à mesure que l'on avance dans le canal baissier ; cela montre bien que les détenteurs de ce titre ne sont pas inquiets et que, au contraire, plus il baisse, moins ils ont envie d'en vendre, car ils sont persuadés qu'il remontera. Et c'est ce qui finit par arriver.

Chaque analyse graphique doit normalement être accompagnée d'un second graphique montrant l'évolution journalière du volume des transactions ; on constate que les grands mouvements sur les cours se font généralement avec des volumes de transactions élevés. Ces derniers sont donc à surveiller de très près : une agitation grandissante autour d'un titre est un signal fort indiquant qu'il va se passer quelque chose sur ce titre, dans un sens ou dans l'autre, selon la situation.

## S'appuyer sur des bâtonnets...

L'analyse reposant sur une courbe où chaque point représente le cours du jour du titre considéré présente un intérêt certain, mais, dans les périodes agitées, cela ne suffit plus. Il faut des informations plus précises. Les spécialistes recourent alors à des systèmes ingénieux leur permettant de voir d'un seul coup d'œil ce qui se passe jour après jour de façon très détaillée.

Il y a les inconditionnels des bâtonnets (dans le vocabulaire anglais souvent employé, on parle de *bar charts*) : chaque séance de Bourse est représentée par une barre verticale qui relie le point le plus haut atteint dans la journée au point le plus bas ; le cours d'ouverture est signalé par un petit tiret horizontal orienté vers la gauche, le cours de clôture par un tiret orienté vers la droite (voir Figure 8-5). Au lieu d'avoir une simple courbe représentant l'évolution de la Bourse au cours de la période récente, on a ainsi une succession de barres donnant quatre informations pour chaque journée là où le point ne peut, évidemment, en donner qu'une, celle du cours de clôture.

**Figure 8-5**
Bâtonnet.

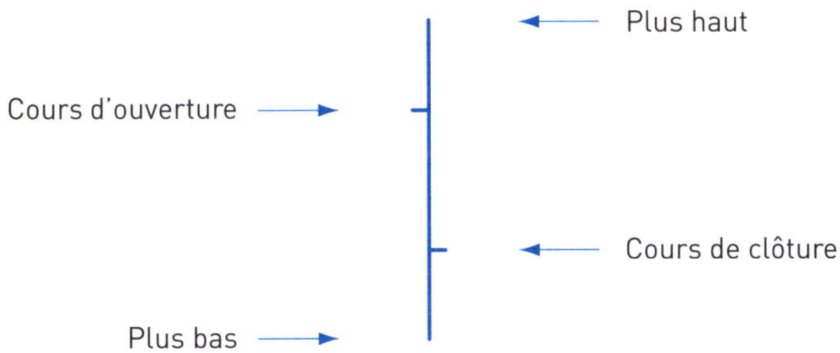


## ... ou s'éclairer avec des bougies japonaises ?

La bougie japonaise (voir Figure 8-6) est une variante améliorée de ce procédé. Chaque séance de Bourse est représentée par un cylindre vertical. Le haut et le bas du cylindre sont déterminés par le cours d'ouverture et le cours de clôture. Si le cours de clôture est supérieur au cours d'ouverture, c'est-à-dire si la séance a été favorable, le cylindre est blanc (ou vert), et dans le cas contraire il est noir (ou rouge). Si, en cours de séance, des cours plus hauts et plus bas que ceux d'ouverture et de clôture ont été enregistrés, un trait vertical (une mèche) sort de la bougie vers le haut et un autre va vers le bas jusqu'à ces cours extrêmes. On a donc exactement les mêmes informations qu'avec les bâtonnets, mais la couleur de la bougie, sa forme, allongée ou écrasée, et la longueur des mèches permettent de repérer encore plus vite les bonnes et les mauvaises séances et de comprendre ce qui s'est passé.

**Figure 8-6**
Bougies japonaises.

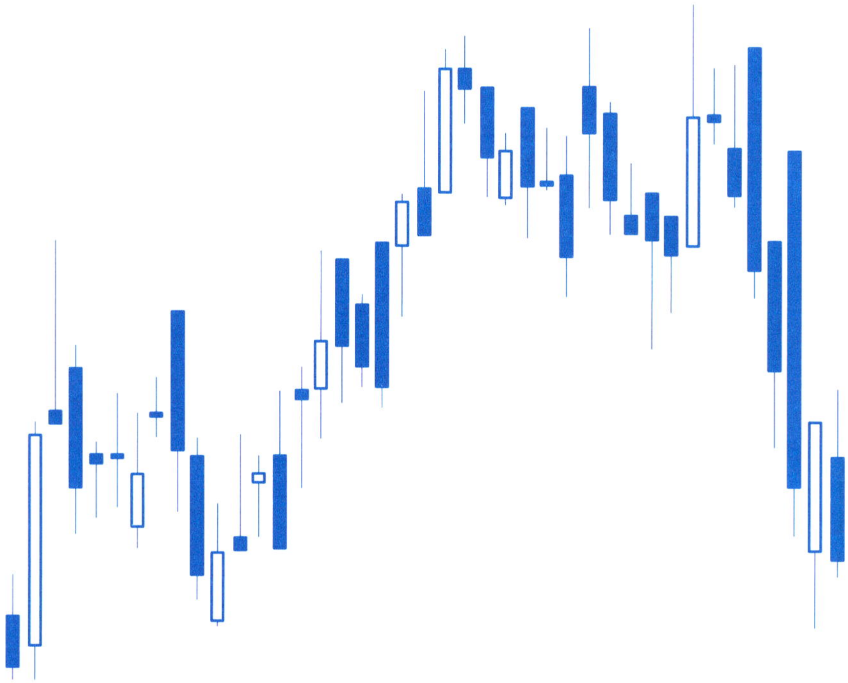

La couleur de la bougie (on trouve aussi le terme de « chandelier ») montre comment a évolué l'humeur des investisseurs et ce qu'ils attendent pour la suite. La longueur de la mèche (certains parlent aussi de « flamme » ou d'« ombre ») montre la force de la pression acheteuse ou vendeuse qui s'est exercée à un moment. Certaines bougies peuvent donner une indication à elles seules : par exemple, une bougie noire ou blanche de très petite taille avec une mèche inférieure ou supérieure au moins deux fois plus grande laisse penser qu'un retournement de tendance à la hausse ou à la baisse est probable. Mais, le plus souvent, c'est la succession de deux ou trois bougies qui donne de précieuses indications de retournement, de prolongation de la tendance ou de consolidation. Les spécialistes ont repéré plusieurs dizaines de schémas auxquels ils ont donné des noms souvent poétiques : l'étoile du matin, l'étoile du soir, l'étoile filante, les trois corbeaux noirs, etc.

Nous ne vous détaillerons pas ici toutes ces figures ; il faudrait y consacrer tout le reste de cet ouvrage ! Mais utilisez un logiciel permettant de visualiser l'évolution des cours sous cette forme, regardez bien ce que cela donne et vous verrez que ces bougies peuvent être très éclairantes. Cela dit, comme nous vous le répétons souvent, il n'y a pas de technique miracle et l'utilisation des bougies japonaises ne dispense pas du recours aux autres instruments d'analyse.

## Ne jamais oublier les moyennes mobiles

En juxtaposant les cours de clôture d'une valeur ou d'un indice, on obtient une ligne qui retrace l'histoire de ces cours. Cette ligne peut faire apparaître des figures caractéristiques comme celles que nous avons rapidement décrites. Mais elle risque de ne pas faire apparaître de tendance claire si l'on ne la complète pas par une ou plusieurs autres lignes que l'on appelle des « moyennes mobiles ». Chaque point correspond à la moyenne du cours du jour et des cours des jours précédents. Ainsi, dans les graphiques que publient les sites financiers, la courbe des cours est généralement accompagnée par celle de la moyenne mobile à 200 jours, dont chaque point est obtenu en additionnant le cours du jour et ceux des 199 jours précédents, le tout divisé par 200. Cette moyenne mobile a l'avantage de lisser les variations quotidiennes et de dessiner une tendance de long terme. On peut compléter le graphique par une moyenne mobile de plus courte période (50 jours ou 20 jours, par exemple), pour avoir une idée de la tendance récente. La confrontation de ces deux ou trois courbes peut donner des indications intéressantes : par exemple, si le cours de clôture passe au-dessus de la moyenne mobile longue et de la moyenne mobile courte, ce peut être un signal d'achat. Il en est de même au moment où la moyenne mobile courte passe au-dessus de la moyenne mobile longue. Le même raisonnement s'applique pour déterminer le moment où il peut être conseillé de passer un ordre de vente.

Même ceux qui ne sont pas habitués à se servir de l'analyse graphique peuvent avoir intérêt à surveiller l'écart existant entre la courbe de cours classique et la moyenne mobile à 200 jours : un écart trop important entre les deux peut signaler que des excès sont en train de se commettre à la hausse comme à la baisse sur une valeur (ou sur l'ensemble du marché si l'on regarde les courbes des indices). Avant un krach ou un retournement du marché, on constate généralement que la hausse s'accélère brutalement et que la courbe de l'indice s'éloigne de sa moyenne mobile à 200 jours ; dans ce cas, la prudence est vivement conseillée.

Le saviez-vous

Pour construire une moyenne mobile, on peut donner la même importance à tous les cours : on a alors la moyenne mobile arithmétique (MMA). Mais on peut aussi choisir de la calculer en accordant un poids plus important aux dernières cotations de façon à faire mieux ressortir les évolutions les plus récentes. Selon la méthode utilisée, on a la moyenne mobile exponentielle (MME), lorsqu'une fraction du cours de clôture du jour est ajoutée à la moyenne mobile de la veille, ou la moyenne mobile pondérée (MMP), lorsque chaque cours est affecté d'un coefficient d'autant plus fort que la date est proche. La moyenne mobile exponentielle est très employée en analyse technique, ainsi que nous le verrons dans les pages suivantes, car elle est très réactive et signale avant les autres les phases de retournement à la hausse ou à la baisse.

### L'incroyable M. Munehisa Homma

Vous n'avez probablement jamais entendu parler de M. Homma. Pourtant, dans la galerie des grands financiers, des Rothschild à Warren Buffett, il mériterait bien d'avoir son portrait. Ce serait d'ailleurs l'un des plus anciens, puisque M. Homma a exercé ses talents au Japon au XVIII$^{e}$ siècle. Issu d'une riche famille de négociants et propriétaires terriens vivant au milieu des rizières, il est naturellement appelé à s'intéresser au commerce du riz, alors en pleine expansion. Pendant longtemps, le Japon a connu une multitude de marchés où l'on achetait et vendait le riz « physique » ; puis, certains seigneurs locaux, rencontrant quelques problèmes dans la gestion de leur domaine, ont été amenés à hypothéquer les récoltes futures ; alors, à Osaka, déjà le plus important marché au comptant, s'ouvrit un marché à terme où l'on échangeait des coupons représentatifs de quantités de riz devant être livrées à des dates déterminées. Le marché du « riz papier » était né. M. Homma, qui s'y intéressait beaucoup, et avec succès, réunit dans deux ouvrages les principales réflexions que lui inspirait sa longue expérience. Il développa notamment une thèse d'une grande modernité sur le rôle majeur joué par la psychologie des opérateurs dans le processus de formation des prix. Ce fut lui aussi, et surtout, qui inventa les fameuses bougies japonaises (ou chandeliers) destinées à représenter graphiquement l'évolution des cours en Bourse. Selon la légende, il réalisa un jour 100 opérations financières qui furent toutes gagnantes ! Et, toujours selon la légende, M. Homma était devenu l'homme le plus riche du Japon.

## Surfer sur les vagues d'Elliott

La Bourse, vous aurez l'occasion de le constater rapidement, ne connaît pas la ligne droite. Elle ne va jamais directement d'un point bas vers un sommet ; elle y va par avancées et reculs successifs qui, graphiquement, ressemblent à des vagues. Puis elle redescend, également par vagues successives. Il était tentant de regarder ces mouvements de plus près et de voir s'ils ne se reproduisaient pas avec une certaine régularité. L'Américain Ralph Nelson Elliott a effectivement cru déceler des cycles boursiers qui se répètent. Chaque cycle serait composé de huit mouvements : cinq dits de « tendance » dans la phase de hausse (numérotés de 1 à 5), trois dits de « correction » dans la phase de baisse (nommés de A à C). La phase de hausse comprendrait trois mouvements haussiers entrecoupés de deux mouvements baissiers ; la phase de baisse comprendrait deux mouvements baissiers séparés par un mouvement haussier.

**Figure 8-7**
La vague d'Elliott.

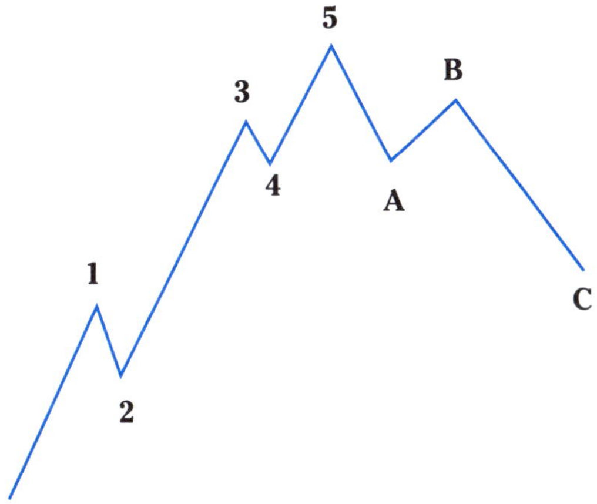


Ceux qui s'intéressent à la théorie fractale, qui désigne des objets dont la structure est constante quelle que soit l'échelle à laquelle on les observe, sont ici chez eux. Une courbe d'Elliott peut en cacher une infinité d'autres, car chaque mouvement de la vague cache lui-même une vague plus courte, et ainsi de suite. Inversement, chaque vague peut être schématisée par un mouvement d'une autre vague de plus grande ampleur. Si on trouve des mouvements sur une semaine qui semblent former une vague d'Elliott (dans la pratique, il est difficile de descendre sur une période de temps plus courte, même si des professionnels le font), on peut voir que cette vague représente un mouvement d'une vague plus ample qui s'est déroulée sur deux mois. Et cette deuxième vague est elle-même un mouvement d'une vague qui s'est déroulée sur près d'un an et demi, etc.

Ainsi, en s'inspirant de cette théorie, on peut trouver à quel moment on s'inscrit dans un cycle court de quelques jours ou un cycle de plusieurs mois ou années, voire un super cycle de plusieurs décennies.

Malheureusement, cet outil n'est pas très simple à manier. Les différentes phases d'une vague ne sont pas faciles à repérer, surtout pour un néophyte. Mais la vague d'Elliott est très utilisée par l'analyse graphique pour prendre des positions à très court terme. Les outils d'analyse graphique proposés par les courtiers en ligne peuvent permettre de retrouver ces vagues d'Elliott. Et pour ceux qui sont vraiment décidés à intervenir de façon quasi quotidienne sur les marchés, particulièrement pour travailler avec des produits dérivés comme les certificats turbo, dont nous parlerons plus loin, des spécialistes fournissent clés en main (moyennant rémunération, bien sûr) des graphiques utilisant les vagues d'Elliott permettant de réaliser des opérations de très courte durée, variant entre un jour et une semaine.

## Prévoir les prochains creux ou sommets avec les retracements de Fibonacci

La théorie d'Elliott aurait pu sombrer assez vite dans l'oubli (comme pour le Loto, on ne compte plus les théories fumeuses prétendant prévoir les mouvements de la Bourse !), si elle ne s'appuyait pas sur des règles mathématiques qui, aussi incroyable que cela puisse paraître, s'appliquent aux marchés financiers avec une troublante régularité. Elliott a en effet utilisé la règle du nombre d'or trouvée au début du XIIIe siècle par le mathématicien italien Leonardo Fibonacci. À la base, on a une suite de nombres, dont chacun est la somme des deux précédents : 1, 2, 3, 5, 8, 13, etc. En divisant chaque nombre par le précédent, on obtient un résultat voisin de 1,618, le nombre d'or (plus on prend des nombres élevés, plus on se rapproche du nombre d'or) ; quand on divise chaque nombre de la suite par le suivant, on obtient un résultat qui tend vers 0,618, soit l'inverse du nombre d'or (1/1,618).

À partir de ces ratios, on a établi des pourcentages (38,2 %, soit 100 – 61,8, 50 %, 61,8 %). Selon l'analyse graphique, lorsqu'un marché monte, il subit ensuite une correction (on parle alors de « retracement ») qui lui fait annuler 38,2 %, 50 % ou 61,8 % de ses gains. Un mouvement comparable se fait à la hausse après une baisse. Le plus troublant est effectivement que ces règles se vérifient très fréquemment (dans la pratique, beaucoup d'analystes, un peu oublieux des règles originelles, se servent de ratios de 33 %, 50 % et 66 %). Quand le marché repart à la baisse, l'analyse graphique montre qu'il devrait trouver un premier support après avoir abandonné un tiers de sa dernière hausse ; s'il continue à baisser, alors les analystes se préparent à trouver un autre support à la moitié de cette hausse, etc. Et, miracle, cela marche souvent.

## Se méfier des trous de cotation

Attention

Il arrive que les marchés montent (ou baissent) très vite. Dans la précipitation, il leur arrive de franchir des *gaps*, c'est-à-dire de procéder par des bonds en avant (ou en arrière) en brûlant des étapes. Ces excès de précipitation sont souvent corrigés dans les semaines qui suivent. Prenons un exemple. Une action clôture une séance à 25,49. Le lendemain, à l'ouverture, elle s'inscrit en nette hausse, à plus de 26, et s'affiche au plus bas de la journée à 25,82. On constate ainsi que, entre les deux séances, il y a une zone allant de 25,49 à 25,82 que le titre a survolée sans se poser. C'est ce que les spécialistes de l'analyse graphique nomment un *gap* ou « trou de cotation ».

Or, l'expérience montre qu'un trou de ce genre est toujours comblé et que, à un moment ou à un autre, le marché va revenir occuper, ne serait-ce que de façon momentanée, cet espace laissé vierge de cotation. Les analystes graphiques surveillent avec d'autant plus d'attention ces épisodes que le point haut et le point bas du trou de cotation peuvent servir à déterminer de nouveaux seuils. Lorsque, pour reprendre notre exemple, le cours repartira à la baisse, il est fort probable que le point haut du *gap* – 25,82 –, une fois franchi, se transformera en seuil de résistance et que le cours continuera à descendre pour aller jusqu'à point bas du *gap*, en l'occurrence 25,49, qui se transformera en support.

Comment cela s'explique-t-il? En fait, cela ne s'explique pas, on le constate, tout simplement. Si l'on veut à tout prix trouver une explication (morale, de surcroît!), on peut dire que le marché, chaque fois qu'il commet un excès, finit toujours par le payer. Or, franchir des zones de cours sans s'arrêter, dans un sens ou l'autre, c'est bien commettre un excès de vitesse.

Notre exemple s'applique à une valeur. On pourrait en citer d'autres concernant des indices. Il est fréquent de trouver une allusion à de tels trous de cotation dans des commentaires de graphiques boursiers.

Un conseil : pour repérer les trous de cotation, les bougies japonaises sont l'outil idéal.

## RSI, stochastique et momentum

Entrons maintenant dans le domaine de l'analyse technique, avec différents indicateurs. Selon sa signification anglaise, le RSI (*Relative Strength Index*, soit « indice de force relative ») complète l'analyse des courbes de cours par un calcul : le rapport entre la moyenne des hausses et la moyenne des baisses sur un certain nombre de jours. On en déduit que le titre est dans une zone de surachat ou de survente, ou entre les deux. Parallèlement à la courbe des cours, certains journaux financiers et tous les sites spécialisés publient la courbe du RSI, avec les limites indiquant les principales zones : en dessous de 30, l'action est survendue, ce qui peut indiquer une forte probabilité de retournement ; entre 30 et 70, on est dans une zone de neutralité ; au-dessus de 70, l'action est considérée comme surachetée et court donc le risque de repartir à la baisse. Autant le savoir.

Le *stochastique* (STS) est un indicateur proche du RSI ; comme lui, c'est ce que les spécialistes appellent un oscillateur, il indique les zones de survente et de surachat à surveiller. La courbe du STS est souvent accompagnée de sa moyenne mobile : en théorie, on peut acheter quand il passe au-dessus de sa moyenne mobile et vendre quand il passe au-dessous. Mais l'utilisation de ce signal est en fait assez délicate.

Le *momentum*, appelé aussi ROC (pour *Rate of Change*), fait partie de la même catégorie dite des oscillateurs. Il mesure la vitesse d'évolution d'un titre, par différence entre le cours de clôture du jour et celui des jours précédents. La meilleure façon de l'utiliser est celle de la divergence par rapport à la courbe des cours. Ainsi, un cours qui monte avec un *momentum* qui faiblit peut signaler qu'on arrive à la fin de la phase de hausse et qu'il pourrait être prudent de vendre. À l'inverse, un *momentum* qui entame une remontée alors que le cours baisse encore peut signaler l'imminence d'un rebond.

## La MACD, indicateur de tendance

Pouvoir repérer, voire anticiper les changements de tendance, c'est bien. Mais, comme vous le verrez à l'usage, il est parfois bien difficile de déterminer la tendance en cours. Si l'analyse de la courbe des cours ne semble pas donner d'indications assez précises, il peut être utile de la compléter par le recours à la MACD (*Moving Average Convergence Divergence*) qui utilise les moyennes mobiles et le signal donné par leur croisement. Il faut préciser que, dans ce cas, on n'utilise pas les moyennes mobiles arithmétiques (MMA), mais les moyennes mobiles exponentielles (MME). Rassurez-vous : vous n'avez pas à faire les calculs. Les logiciels graphiques à votre disposition sur le site de votre courtier font le travail pour vous. On se sert en général des moyennes mobiles à 12 et 26 jours. Une ligne droite de référence est la ligne zéro de la MACD : c'est la ligne théorique qui représente le cas où il n'y a pas de différence entre les deux moyennes, c'est le calme plat. La ligne de MACD, qui représente les écarts journaliers réellement constatés entre les deux moyennes, évolue autour de cette ligne zéro ; plus elle s'en écarte, plus cela signifie que les mouvements sont rapides. On ajoute ensuite une ligne dite de signal, qui représente la moyenne mobile à neuf jours. Le croisement entre ces deux dernières lignes donne les signaux d'achat et de vente.

Cette technique a un avantage : elle donne des signaux plus précoces que les croisements des moyennes mobiles habituelles. Mais évidemment, plus le signal est précoce, plus le risque est grand qu'il soit erroné. Il faut donc s'en servir avec précaution.

## N'oubliez pas les bandes de Bollinger

Ceux qui aiment faire des allers-retours rapides aiment aussi utiliser les bandes de Bollinger, du nom de celui qui a mis au point cet outil, John Bollinger. Il s'agit en fait de trois courbes utilisant les moyennes mobiles classiques à 20 jours (dans la version la plus usuelle, mais rien n'interdit de se servir d'autres durées). Une courbe représente cette moyenne mobile ; elle est encadrée par deux courbes, les bandes, situées chacune à deux fois l'écart-type constaté sur la période.

Pour ceux qui ne sont pas habitués aux calculs statistiques, précisons que l'écart-type sert à mesurer la dispersion des données que l'on mesure. Si les marchés sont calmes, les écarts constatés entre les cours enregistrés sur chaque période de vingt jours sont modestes et donc les bandes assez resserrées. En revanche, dans les périodes de forte volatilité, la dispersion des cours est grande, l'écart-type s'élève et les deux bandes sont plus éloignées l'une de l'autre.

À quoi servent ces bandes ? À montrer quelles sont théoriquement les variations de cours d'une valeur qui peuvent être enregistrées à très court terme. En principe, si le cours vient buter sur la bande inférieure, il va avoir tendance à remonter vers la bande supérieure. C'est donc une indication très précieuse pour savoir à quel cours on peut acheter et à quel cours on doit envisager de vendre si on veut faire un aller-retour rapide. Mais là encore, ce n'est qu'un outil d'aide à la décision, ce n'est pas une recette miracle : si la volatilité baisse ou monte rapidement, les bandes vont se resserrer ou s'élargir et vous pouvez avoir des surprises. Il n'en demeure pas moins que c'est un bel outil, très apprécié.

Si vous vous intéressez vraiment à l'analyse technique, vous rencontrerez encore d'autres termes. C'est en effet une branche qui s'est vigoureusement développée à côté de l'analyse fondamentale et qui mériterait un ouvrage à elle seule. Mais, avec ces notions de base, vous avez de quoi comprendre la plupart des commentaires que vous trouverez dans la presse spécialisée.

C'est merveilleux, pensez-vous sans doute, on a là une technique permettant de prévoir l'orientation des cours futurs en regardant les cours passés et même de déterminer l'ampleur des mouvements de hausse ou de baisse. De fait, l'analyse graphique et technique a des partisans ardents qui ne jurent que par elle et ne s'encombrent pas d'analyse fondamentale. D'un autre côté, vous avez des esprits rationnels qui ne croient qu'à l'analyse fondamentale et se raillent de l'analyse graphique. Il faut dire que cette dernière n'est pas aussi facile à utiliser qu'on pourrait le croire, et les conclusions que l'on peut en tirer prêtent assez facilement à la moquerie. Sans avoir trop à forcer le trait, on aboutit en effet à des commentaires du genre : « Le titre qui vaut actuellement 42 € devrait progresser vers 46 €, puis 50 € ; mais s'il descend en dessous de 40 €, il faudra revoir ce scénario. » Autrement dit, l'action considérée doit monter, mais si elle baisse, elle ne montera pas… La caricature est facile !

À retenir

Pour notre part, nous conseillons à l'investisseur boursier de faire d'abord confiance à l'analyse fondamentale et d'affiner son jugement grâce à l'analyse graphique et technique. Si les deux analyses vous conduisent à la même conclusion, allez-y. Mais si, par exemple, l'étude des comptes, de la stratégie et de la situation d'ensemble d'une entreprise vous donne envie d'acheter le titre, regardez les graphiques avant de passer à l'acte : peut-être vous inciteront-ils à reporter votre achat pour le réaliser à un cours plus faible ou, finalement, à y renoncer. Les graphiques donnent parfois des indications sur l'évolution boursière avant même que l'information financière ou économique permettant de justifier cette évolution soit connue.

Nous recommandons tout particulièrement de bien suivre l'évolution de l'analyse graphique des grands indices boursiers : ceux qui ont tenu compte des avertissements donnés ainsi en 2007 et 2008 ont pu sortir du marché avant qu'il ne soit trop tard et éviter d'y revenir trop tôt.

Cela dit, pour ceux qui ne gardent jamais les titres longtemps en portefeuille et font des allers-retours rapides ou pour ceux qui utilisent surtout les produits dérivés dont nous parlerons plus tard (certificats, warrants, etc.), l'analyse graphique est tout simplement indispensable.

Le saviez-vous

Tout ce que nous venons de voir sur l'analyse graphique et technique peut être utilisé quelle que soit la durée de la période analysée et l'horizon d'investissement. Vous pouvez essayer de trouver des figures classiques de canal haussier ou baissier ou de tête-épaules en regardant une courbe reprenant les cours sur 10 ans ou sur 15 jours. Dans la partie consacrée aux bougies japonaises, nous avons pris l'exemple le plus fréquent d'une bougie illustrant une journée de cotation. Mais, si vous le voulez, vous pouvez construire un graphique à partir de bougies représentant les cours d'une semaine ou d'un mois, ou, en sens inverse, les cours d'une période beaucoup plus courte, de cinq minutes ou d'un quart d'heure. Dans le cas où vous choisissez une autre unité de temps que la journée, les moyennes mobiles ne sont plus celles de 20 jours ou de 50 jours, mais celles de 20 semaines ou 20 mois ou de 20 ou 50 périodes de cinq minutes ou d'un quart d'heures.

De même, le service offert par votre courtier en ligne vous propose d'utiliser des indicateurs techniques paramétrés de façon usuelle. Mais rien ne vous empêche, si vous voulez faire l'expérience, de paramétrer autrement ces indicateurs, en utilisant par exemple des moyennes mobiles calculées sur d'autres périodes.

Bref, ces outils sont très souples. Ils peuvent être utilisés pour le placement à long terme comme pour le placement à quelques jours (le *swing trading*) ou les opérations d'achat et de vente effectuées dans la même journée (le *day trading*). Et ceux qui sont prêts à consacrer beaucoup de temps à leurs opérations boursières peuvent tester une foule d'instruments d'analyse technique en les paramétrant à leur façon.

## Pour les fous de mathématiques : l'analyse quantitative

L'analyse technique et le calcul des retracements laissent penser que les mathématiques peuvent être mises au service de la Bourse. Les analystes quantitatifs s'y emploient par l'utilisation d'une analyse financière approfondie des sociétés qui leur permet de déceler de façon précoce les changements qui seront à l'origine des performances futures. L'idée de base est la suivante : il ne faut laisser aucune part aux idées ambiantes, aux modes, aux émotions. Au contraire, il faut partir d'une analyse purement objective permettant d'être prêt à saisir la valeur à l'instant même où le marché commence à s'y intéresser et de la vendre juste avant qu'elle n'ait atteint son pic. Les modèles utilisés visent à une gestion scientifique, basée sur les calculs de probabilités, en essayant de trouver en permanence un équilibre optimal entre risque et rentabilité. Toute intervention subjective du gérant serait inefficiente.

N'ayez crainte : nous n'irons pas plus loin dans la présentation de l'analyse quantitative. Mais il vous faut au moins avoir une vague idée de ce que c'est, parce qu'à un moment ou à un autre de votre vie d'épargnant vous rencontrerez sûrement des gérants de portefeuille mettant en œuvre des modèles de gestion quantitative. Ces modèles ont d'ailleurs tendance à se répandre de plus en plus, avec même des centres financiers, comme celui de Hong Kong, qui se spécialisent dans ce mode de gestion. Pour deux raisons au moins : la première est que certains fonds ainsi gérés obtiennent de bons résultats, la seconde est qu'avec ces méthodes, une fois effectuée la dépense initiale de mise au point du modèle, vous pouvez faire des économies de personnel.

Une méthode est-elle supérieure à l'autre ? La gestion quantitative est en théorie très séduisante, mais ses résultats dépendent de la façon dont elle est mise en œuvre. Il n'y a pas de miracle, pas de martingale, pas de technique marchant à tout coup. En tout cas, pour beaucoup de boursiers, la technique ne doit être qu'un outil d'aide à la décision. Et celle-ci, nous allons le voir, dépend d'un nombre élevé de facteurs.

**DANS CE CHAPITRE**

Comment suivre les cycles économiques et boursiers

•

Repérer les statistiques qui font bouger les marchés

•

Prévoir les changements d'orientation de la politique monétaire

## Chapitre 9

# Procéder aux bons arbitrages au bon moment (1) : au rythme de la conjoncture

Savoir lire les comptes des entreprises, connaître les principaux ratios boursiers, c'est bien, mais cela ne suffit pas. Nous l'avons vu dans le chapitre précédent, ce n'est pas parce qu'une action n'est pas chère qu'il faut se précipiter pour l'acheter : elle peut rester durablement à un cours modeste, voire baisser encore. Il faut tenir compte du contexte boursier d'ensemble – il y a des périodes favorables où il faut investir en Bourse, il y a des périodes où la sagesse commande de s'abstenir. Bref, on n'intervient pas sur les marchés à n'importe quel moment : il faut toujours avoir l'œil rivé sur le calendrier.

## L'économie, encore et toujours

Nous l'avons vu, il n'y a pas toujours concomitance parfaite entre la hausse du produit intérieur brut d'un pays ou d'une région et la tenue de son marché boursier. Les décalages dans le temps sont fréquents, car la Bourse essaie toujours d'anticiper les événements futurs. Elle peut se trouver très dynamique alors que l'économie est atone, parce que les investisseurs jouent déjà la carte du redressement de l'activité. À l'opposé, elle peut se montrer morose si l'euphorie économique du moment lui paraît devoir se terminer bientôt.

Encore les choses ne seraient-elles pas trop compliquées si les hausses ou les baisses de la Bourse correspondaient aux cycles de croissance ou de ralentissement de l'économie, avec simplement des décalages dans le temps de quelques mois ou trimestres. Cela supposerait d'ailleurs que les marchés aient une capacité de prédire l'avenir quasiment infaillible. Ce qui est loin d'être le cas. Rappelons l'exemple du krach de 1987 : une chute aussi brutale des cours pouvait laisser prévoir le pire, et d'ailleurs certains « experts » ne se privaient pas d'annoncer de futures catastrophes. Or, que s'est-il passé? L'année suivante, le PIB des États-Unis progressait de 4,1 % et celui de la France de 4,6 % ; et 1989 devait être encore une très belle année. « Le marché des actions a prédit neuf des cinq dernières récessions », ironisait, en 1966, le grand économiste américain Paul Samuelson. Il paraît difficile de lui donner tort...

Mais la Bourse a d'autres obsessions : elle n'aime ni les taux d'intérêt élevés ni les mouvements trop brutaux sur les taux de change. Cela nous amène à développer et préciser certains points abordés au chapitre 5.

### Surveiller la hausse des prix...

Pour un actionnaire, qui mise sur la croissance, le risque majeur se situe dans la déflation, et la tentation est donc forte de n'accorder qu'une attention mineure aux risques d'inflation.

Les banques centrales, elles, ne partagent pas ce point de vue. La Banque centrale européenne (BCE), par exemple, a pour objectif une inflation qui ne doit pas dépasser 2 % mais en être proche, ce qui correspond précisément à l'idée qu'il faut éviter la déflation et veiller à avoir toujours un peu d'huile dans les rouages. Mais, dans le même temps, la BCE, en durcissant le ton dès que la barrière de 2 % risque d'être franchie de façon durable, exprime une autre idée : si on laisse filer l'inflation, cela peut devenir dangereux pour l'économie.

Chaque épisode de tension sur les prix présente toutefois ses spécificités. Par exemple, en 2007 et au premier semestre de 2008, le problème venait du pétrole et des matières agricoles. Les autres prix sont restés assez sages. Le pétrole et ses dérivés pouvant être utilisés à la fois comme matière première (dans la chimie, par exemple) ou comme source d'énergie, beaucoup de secteurs ont été touchés, mais tous ne l'ont pas été, notamment dans les services peu consommateurs d'énergie (ce qui n'est pas le cas du transport !). Il faut toutefois signaler que certains services ont rencontré au même moment des problèmes très graves pour d'autres raisons (c'était notamment le cas de la banque et de la finance). Dans un tel contexte, il faut regarder quelles sont les activités et les entreprises dont les marges bénéficiaires souffrent le moins et revoir la composition sectorielle de son portefeuille.

Mais l'inflation peut finir par toucher l'ensemble de l'économie. Cela avait été le cas en France, par exemple, lors des deux premiers chocs pétroliers. L'inflation s'était alors propagée par le biais des hausses de salaires. C'est pourquoi il a été décidé en 1982 (par un gouvernement de gauche !) de mettre un terme à l'indexation des salaires sur les prix. On notera à ce propos que l'obsession de la Banque centrale européenne est l'inflation dite de « second tour », celle qui, précisément, se déclenche lorsqu'on entre dans une spirale prix-salaires-prix, etc. Dans ce cas, chacun tente de sauver ses marges bénéficiaires ou son pouvoir d'achat en relevant ses prix ou en demandant des hausses de salaires, et le mouvement se poursuit jusqu'au jour où le gouvernement intervient pour siffler la fin de la partie en bloquant tout, les salaires et les prix ; ou alors, c'est la banque centrale qui relève brutalement les taux et fait plonger à la fois l'activité et les prix. Dans ce dérèglement de l'économie, tout le monde est perdant et, alors, le plus sage est sans doute d'alléger provisoirement ses positions en Bourse.

Les gouvernements et les banques centrales ont appris à lutter, plus ou moins énergiquement, contre le désordre de l'inflation et à agir avant qu'il ne soit trop tard. Mais cette action préventive, certes préférable, n'est pas indolore. Et cela nous amène au point suivant.

## ... les banques centrales...

Que peut faire une banque centrale pour empêcher le déclenchement d'une spirale inflationniste ? Relever ses taux directeurs. Qu'est-ce que cela signifie et quelles en sont les conséquences ?

Les banques qui ont des liquidités ne les gardent pas inutilisées. L'argent doit toujours travailler. Elles prêtent alors ces liquidités à d'autres banques qui, à ce moment-là, en manquent. Ces prêts se font à court terme, pour des durées allant de 24 heures à douze mois, sur un marché dit « interbancaire » ou « monétaire ». Chaque monnaie a ainsi son propre marché monétaire. Il y a un marché monétaire du dollar, de l'euro, etc. Sur ce marché, l'offre et la demande ne s'équilibrent pas de façon spontanée ; il peut y avoir à un moment donné plus de demandes de liquidités qu'il n'y a d'offres, ou le contraire. L'équilibre se fait alors par la banque centrale, qui, sous certaines conditions et selon des procédures qui varient d'une banque centrale à l'autre, prête l'argent à court terme demandé par les banques commerciales ou qui, au contraire, retire des liquidités.

À retenir

La banque centrale n'est pas passive : elle ne fournit pas l'argent dans la quantité et au prix demandés par les banques. C'est elle qui décide des quantités et des prix. Elle peut, si elle juge que c'est nécessaire, injecter des liquidités dans l'économie ou en retirer ; elle peut, selon les besoins du moment, monter ou baisser les taux auxquels elle prête aux banques. Ces taux sont appelés « directeurs » parce qu'ils servent de référence à toutes les transactions sur le marché monétaire : selon que la banque centrale monte ou abaisse ses taux directeurs, les taux interbancaires montent ou baissent.

La Bourse n'apprécie guère les périodes de relèvement des taux directeurs, car, inévitablement, cela conduit à un ralentissement, voire à un recul de l'activité ; les entreprises peinent à maintenir leurs bénéfices au niveau antérieur et les cours ont tendance à baisser. Face à des taux d'intérêt à court terme élevés, les investisseurs avisés sont tentés de vendre leurs actions et de placer leurs liquidités sur des produits du type sicav ou FCP monétaires, qui rapportent bien et (normalement) sans risques.

Il reste à savoir si les banquiers centraux peuvent faire preuve d'une réelle indépendance face au pouvoir politique et aux milieux financiers : de chaque côté, on trouve des gens ayant la même formation, appartenant au même monde, et les banquiers centraux, lorsqu'ils quittent leur fonction officielle, auréolés de leur prestige et dotés d'un carnet d'adresses bien garni, peuvent espérer trouver un poste grassement rémunéré dans un établissement financier privé… Ainsi, il est fréquemment reproché à la Réserve fédérale des États-Unis d'être trop sensible aux arguments des financiers de Wall Street et de mener une politique monétaire souvent trop laxiste, qui facilite la formation de « bulles » spéculatives et aboutit à des crises à répétition (effondrement de la Bourse au début des années 2000, chute de l'immobilier et crise des *subprimes* en 2007, etc.).

À l'opposé, les milieux financiers reprochent (ou plus exactement reprochaient, car les dernières années, comme nous allons le voir, ont été un peu particulières) à la Banque centrale européenne d'être trop rigide, de penser un peu trop à l'inflation et pas assez à la croissance. Le débat sur les qualités et les défauts comparés des deux grandes banques centrales n'est pas près de se terminer.

Il faut toutefois souligner que, si les milieux financiers n'aiment pas les hausses de taux directeurs, les points de vue peuvent diverger : si la banque centrale donne l'impression de ne pas faire son travail et de laisser l'inflation s'installer, le marché obligataire commence à s'inquiéter et les taux à long terme se tendent. Or, des taux à long terme qui augmentent, ce n'est bon ni pour l'économie ni pour la Bourse. Et puis, on sait comment cela se termine : la banque centrale sera de toute façon obligée de relever ses taux directeurs, et même peut-être plus fortement que si elle avait commencé plus tôt à durcir sa politique. Il est toujours dangereux pour une banque centrale d'arriver trop tard, d'être « derrière la courbe », comme on dit sur les marchés.

En sens inverse, c'est logique, la Bourse apprécie les périodes de baisse des taux d'intérêt. Cela est particulièrement visible aux États-Unis, où la banque centrale n'hésite pas à ramener ses taux à un niveau très bas, quitte à les monter ensuite très vite et très haut, alors que la BCE effectue (ou effectuait) des mouvements plus modérés (elle agit de façon réfléchie et pondérée, affirment ses défenseurs, elle est moins réactive, affirment ses détracteurs).

Avec la crise financière de 2007-2008 et la crise de l'euro qui a suivi, les banques centrales ont été amenées à adopter des mesures beaucoup plus agressives que celles qu'elles pratiquaient auparavant. C'est vrai de la Réserve fédérale des États-Unis qui ne s'est pas contentée de baisser ses taux, mais a alimenté le marché en liquidités par le biais de plans dits de « *quantitative easing* » (assouplissement quantitatif). Et la plupart des grandes banques centrales du monde ont suivi le mouvement, y compris la BCE qui a pris des initiatives que l'on n'avait même pas imaginées quelques années plus tôt. Il faut dire qu'il y avait urgence.

Attention

On est en effet entré dans un monde qui n'a plus rien à voir avec celui que les professionnels de la finance et les épargnants connaissaient. En fait, tout ce que nous venons de voir depuis le début de ce chapitre s'est trouvé brutalement mis entre parenthèses. Les banques centrales n'ont pas eu, au cours des dernière années, à arbitrer entre croissance et inflation, elles n'ont souvent eu ni l'une ni l'autre et le risque majeur qu'il leur a fallu écarter à tout prix a été la déflation. Le grand débat de cette période, c'est celui qui tourne autour de la « stagnation séculaire » : et si la croissance médiocre telle qu'elle apparaît à peu près partout (avec des nuances non négligeables) n'était pas simplement un mauvais moment à passer, un creux conjoncturel comme on en connaît à intervalles réguliers, mais un phénomène durable ? Et si, pour en sortir, gouvernements et banques centrales ne devaient pas employer des moyens exceptionnels ? C'est ainsi que la BCE a décidé de prêter de l'argent aux banques à 0 % depuis mars 2016 et, depuis juin 2014, elle ne rémunère plus l'argent que celles-ci déposent chez elle : au contraire, ces dépôts subissent un prélèvement, qui s'est élevé à 0,50 % à partir de septembre 2019. De ce fait, sur le marché monétaire, on a vu les taux d'intérêt entre banques devenir négatifs. Et on a vu les États emprunter à taux négatifs : ce sont les prêteurs qui paient pour que les États acceptent leur argent !

Dans ce contexte inédit, les raisonnements habituels ne marchent plus. Toute la question est de savoir si ce n'est effectivement qu'une parenthèse ou si cette situation peut durer. Pour les actions, ce n'est pas une mauvaise période : quand les autres placements financiers ne rapportent plus rien ou presque rien, pourquoi ne pas s'intéresser à elles ?

## … et les variations de change

Vous avez été prévenu : quand on s'intéresse à la Bourse, il faut tout surveiller, la croissance, l'inflation, les taux d'intérêt. Mais cela ne suffit pas : il faut aussi surveiller les taux de change, qui sont très liés aux taux d'intérêt, mais ne varient pas exactement comme eux. Des taux d'intérêt très hauts peuvent attirer des capitaux à la recherche de rendements élevés, mais ils ne rendent pas systématiquement une monnaie forte. D'autres paramètres sont à considérer, comme l'état des finances publiques, l'équilibre (ou le déséquilibre) du commerce extérieur et des autres postes de la balance des paiements courants. Il arrive fréquemment qu'une monnaie soit au sommet quand son économie est en haut de cycle.

Le saviez-vous

Avant l'euro, dès que le dollar fléchissait et que le mark s'envolait, le franc se retrouvait en situation délicate. Pour préserver le cours de change face à la monnaie allemande, la Banque de France relevait ses taux, ce qui faisait plonger les cours de Bourse, suscitait des craintes accrues sur la santé de l'économie française et finissait par accroître la pression sur le franc, etc. Depuis que nous avons adopté la monnaie unique, les phases de baisse du dollar ne provoquent plus de chocs monétaires en série en Europe. Il n'en reste pas moins que les périodes de fortes variations des cours de change sont toujours mal vécues par la Bourse, surtout quand la tendance est au renchérissement de l'euro face aux autres monnaies, notamment face au dollar.

On l'a vu en 2007-2008 : un euro fort n'a pas que des inconvénients. Il permet d'absorber plus facilement des hausses de prix des matières premières (pétrole, produits agricoles, métaux) dont le prix international est fixé en dollars. En contrepartie, pour des acheteurs étrangers utilisant une monnaie qui se déprécie face à l'euro, les produits fabriqués dans la zone euro deviennent inabordables ; les consommateurs de la zone euro eux-mêmes ont tendance à accorder leur préférence à des produits issus d'autres zones monétaires, beaucoup moins chers. Résultats : les exportations de la zone euro fléchissent tandis que les importations augmentent ; les entreprises locales ont de plus en plus de mal à faire face à la concurrence des pays à monnaie faible. À cela s'ajoutent les effets purement mécaniques de conversion des devises qui conduisent les entreprises à faire des calculs « à taux de change constants » qui permettent de comprendre pourquoi les chiffres publiés ne sont pas à la hauteur des espérances.

## Banques centrales et marchés : je t'aime, moi non plus

Qu'il s'agisse des marchés de change, de taux ou d'actions, les banques centrales jouent un rôle… central. Pourtant, les relations entre les marchés et elles n'ont jamais été simples. Ainsi la Réserve fédérale (la « Fed »), souvent accusée de trop céder aux caprices de Wall Street, est aussi soupçonnée d'une indépendance très relative face au gouvernement fédéral. Comme c'est souvent le cas, la réalité est plus subtile que ne le laisse penser cette double accusation d'allégeance.

Sur les relations avec le pouvoir, Alan Greenspan, ancien président de la Fed, pose très bien le problème : « Il existe un conflit de fond entre les préoccupations à long terme inscrites dans les statuts de la Fed et celles, à court terme, du personnel politique désireux de plaire à ses électeurs. » On le voit bien depuis 2017 avec Donald Trump et ses tweets rageurs contre la Banque centrale et son président. Mais cette opposition entre court terme et long terme se retrouve aussi dans les relations entre les banques centrales et les marchés, ces derniers étant évidemment davantage soucieux de gains rapides.

Pendant longtemps, un dogme s'est imposé : la banque centrale, pour être efficace, devait être imprévisible ; elle ne devait rien laisser deviner de ses intentions et devait pouvoir frapper à tout moment. C'est cette idée qui était derrière la boutade prêtée au même Alan Greenspan. En réponse à quelqu'un qui le félicitait pour la clarté d'un de ses discours, il aurait répondu : « Si vous avez tout compris, c'est que je me suis mal exprimé ! » Et, en ce qui concerne la Réserve fédérale, non seulement elle ne laissait rien filtrer de ses intentions, mais elle n'informait pas tout de suite le marché des décisions prises : c'est en regardant l'évolution des taux d'intérêt au jour le jour que les spécialistes comprenaient qu'il y avait eu une modification dans la politique monétaire.

Tout cela a bien changé, en particulier depuis une hausse des taux de la Fed du 4 février 1994 qui a surpris tout le monde et provoqué d'énormes dégâts sur les marchés des obligations et des actions. Pourtant, devant le Congrès, en janvier, Alan Greenspan avait fait des déclarations qui auraient dû être considérées comme un avertissement. Mais le message n'avait pas été bien compris…

»

»

**Banques centrales et marchés : je t'aime, moi non plus** *(suite)*

Depuis cette époque, les relations entre les banques centrales (pas seulement la Fed) et les marchés ont évolué vers plus de clarté. On peut en trouver une raison dans le rôle croissant joué par ces derniers dans le fonctionnement de l'économie : les responsables monétaires doivent faire avec eux et non pas contre eux. Aujourd'hui, en règle générale, lorsque les dirigeants d'une banque centrale se réunissent, on sait ce qu'ils vont décider : le terrain a été préparé, le marché n'est pas pris par surprise, sauf en cas d'événements exceptionnels. La question est alors de savoir comment la décision du jour sera commentée, de façon à essayer de savoir ce qui sera décidé à la réunion suivante. Le banquier central d'aujourd'hui n'est plus seulement un technicien, c'est un homme de communication. Ainsi, en Europe, Mario Draghi, ancien président de la BCE, a été appelé « Super Mario », non pas seulement pour la qualité des décisions prises par la banque centrale sous sa direction, mais aussi parce qu'il a su rassurer les marchés par ses seuls discours : avant même que ces décisions n'entrent en vigueur, elles faisaient de l'effet. Il est même arrivé qu'il n'ait pas eu besoin de les appliquer : le seul fait d'en avoir parlé avait suffi !

D'une façon générale, l'appréciation de la monnaie joue plutôt contre le marché. En effet, quand un investisseur fait ses comptes, il les fait toujours dans sa monnaie. Quand un investisseur américain (l'exemple n'est pas choisi tout à fait au hasard : les fonds américains pèsent lourd à la Bourse de Paris) compare ce que lui rapportent ses divers placements dans le monde, il fait ses calculs en dollars. Prenons l'exemple où le Dow Jones a reculé de 3 % et le CAC 40 de 9 %, avec, dans le même temps, une hausse de l'euro de plus de 5 % face au dollar. Conséquence pour notre investisseur américain : ses avoirs en Europe ont reculé dans des proportions tout à fait comparables à celles de ses avoirs américains. Pour lui, la Bourse de Paris ne pose pas de problème particulier, elle n'est pas sous-évaluée puisqu'elle a évolué en gros comme la Bourse américaine. Quant à l'investisseur français, non seulement, il encaisse sa perte de 9 % sur le CAC 40, mais il en enregistre une autre presque équivalente sur son portefeuille de valeurs américaines, le recul du Dow Jones et celui du dollar se cumulant pour lui.

On comprend bien pourquoi les milieux financiers ne sont pas très enthousiastes, c'est le moins que l'on puisse dire, quand on parle des « vertus » de l'euro fort…

Le problème n'est pas seulement celui du niveau du taux de change, mais aussi celui de la rapidité des changements. Il y a des économies qui peuvent vivre avec un taux de change élevé (l'Allemagne par exemple), d'autres qui ont plus de mal (comme la France), mais dans tous les cas les variations de ce taux soumettent les économies – et les marchés d'actions – à rude épreuve quand elles sont de grande ampleur sur une période courte.

# Les statistiques qui font bouger les marchés

Les statistiques économiques publiées très régulièrement dans tous les pays industrialisés (les États-Unis vont jusqu'à des statistiques hebdomadaires pour les inscriptions au chômage ou les ventes dans les grandes surfaces !) sont suivies avec attention par les investisseurs boursiers. Certaines d'entre elles ont un impact fort sur les marchés ; ce sont ce que les analystes anglophones appellent des *market movers*, des statistiques qui font bouger le marché. Avec des économies ouvertes et des marchés exposés aux vents de la mondialisation, les statistiques publiées par les États-Unis l'emportent très largement sur les statistiques nationales et parfois même sur les statistiques européennes. Un chiffre publié à Washington le vendredi à 14 h 30 (heure française) peut faire basculer la Bourse de Paris dans un sens opposé à la tendance qui semblait se dégager des quatre séances précédentes. Ce sont donc ces chiffres qu'il faut regarder en priorité.

## La grande richesse des statistiques américaines

Pourquoi les chiffres américains donnent-ils le *la* ? La réponse paraît évidente : c'est parce que l'économie américaine est et va rester encore un moment la première économie mondiale, parce que le dollar est la monnaie qui joue le plus grand rôle à l'échelle du globe, parce que Wall Street demeure le premier marché boursier. Tout cela est vrai, mais il faudrait y ajouter une autre raison : pour des investisseurs toujours à la recherche de l'information la plus récente, ce pays est une vraie mine ; entre l'administration fédérale, la banque centrale et les divers instituts privés, il s'y passe toujours quelque chose. Les journées sans le moindre indicateur y sont rares. Les États-Unis se sont dotés de leurs outils statistiques pendant la Seconde Guerre mondiale avec une préoccupation majeure : disposer des moyens de savoir au plus vite comment évolue l'économie américaine. À l'époque, il s'agissait de voir comment le pays réagissait à l'effort de guerre, comment évoluait la production des chars, des avions, des bateaux, etc., dont l'armée avait besoin et donc de tous les produits intermédiaires (acier...). Il était important de disposer de l'information presque en temps réel, quitte à accepter quelques approximations.

Cette conception n'a guère changé : il s'agit toujours d'aller vite, d'avoir tout de suite une première vision de la période qui vient de s'achever, quitte à réviser profondément les premiers chiffres un peu plus tard. Les investisseurs ne sont pas dupes : ils savent très bien que tel chiffre publié en hausse peut être révisé et se transformer en baisse quelque temps plus tard. Mais qu'importe : ils savent que les autres seront le jour dit à l'heure dite devant leurs écrans et qu'ils réagiront dans un sens ou dans l'autre dès que le chiffre attendu sera publié. L'important n'est pas de savoir si cette statistique est correcte et fiable ou non, il est d'être présent et de ne pas rater une évolution du marché qui peut être de grande ampleur.

Il y a des statistiques très regardées à une époque auxquelles plus personne ne prête la moindre attention aujourd'hui : c'est le cas de celles qui relatent l'évolution hebdomadaire de la masse monétaire. Il y en a d'autres qui passent alternativement du premier plan au deuxième voire au troisième. Tout dépend en effet des préoccupations du moment : l'emploi, la croissance, l'inflation, le commerce extérieur peuvent chacun à son tour être le chiffre vedette, puis être publié dans une relative indifférence.

Le saviez-vous

Enfin, il faut distinguer entre statistiques « dures » et statistiques « molles ». Les premières donnent une mesure d'une grandeur économique donnée (la production, les prix, l'emploi, etc.). Les secondes tentent de mesurer l'évolution de l'opinion des acteurs économiques (chefs d'entreprise, consommateurs, etc.) ; ces statistiques dites « molles » prennent d'autant plus d'importance que la conjoncture est incertaine et que l'on y cherche la confirmation d'une tendance ou le premier signe d'un retournement.

## Les enquêtes menées auprès des entreprises

L'enquête ISM (du nom de l'Institute for Supply Management, anciennement appelé NAPM) a un statut un peu particulier. On ne peut la classer réellement dans la catégorie des statistiques molles, car il ne s'agit pas d'une enquête d'opinion ; ce que l'on demande aux dirigeants d'entreprises, ce sont des faits. Cette enquête est importante pour plusieurs raisons. D'abord, c'est elle qui commence le mois, puisqu'elle est publiée systématiquement chaque premier jour ouvré du mois. Ensuite, l'expérience a prouvé que c'était un bon indicateur avancé de l'évolution du PIB des États-Unis. L'enquête est menée auprès des directeurs des achats membres de l'institut, qui répondent à des questions portant sur la production, les nouvelles commandes, les délais de livraison, les coûts, les stocks, l'emploi. À partir de toutes ces indications est calculé un indice PMI composite (PMI pour *Purchasing Managers Index*, indice des directeurs des achats), censé refléter l'ambiance du moment dans l'industrie manufacturière américaine. Un indice au-dessus de 50 indique une expansion de l'activité dans le secteur, un indice en dessous de 50 signale au contraire une contraction. Et si l'indice descend en dessous de 42,7, la contraction risque fort de concerner toute l'économie américaine, et pas seulement son industrie manufacturière.

Depuis 1997, deux jours ouvrés plus tard sont publiés les résultats d'une autre enquête ISM, consacrée au secteur non manufacturier. Cette enquête s'imposait : les services représentent aujourd'hui la plus grande partie du PIB des États-Unis. Dans un premier temps, l'enquête ne comportait que les réponses aux différentes questions ; maintenant, un indice composite est calculé aussi pour le secteur non manufacturier, mais cet indice PMI des services n'a pas encore l'ancienneté, la fiabilité reconnue et le prestige de l'autre.

## Les statistiques de l'emploi

Vu de l'extérieur, le petit jeu qui se noue chaque premier vendredi du mois à 14 h 30 (heure française) autour des chiffres mensuels de l'emploi a quelque chose de surréaliste. On sait très bien que ces chiffres ne sont pas fiables, qu'ils ont toutes les chances d'être révisés dans de grandes proportions (à tel point que parfois on ne sait plus quel chiffre il faut regarder – le chiffre des créations ou suppressions d'emplois du mois ou celui, révisé, du mois précédent), et pourtant ils déclenchent souvent des mouvements importants sur les marchés. Le plus étonnant est que deux statistiques sont publiées ensemble pour le même mois et sont souvent contradictoires, car elles ne sont pas calculées d'après les mêmes sources : le chiffre des créations ou suppressions d'emplois par secteur d'activité est calculé d'après les résultats d'une enquête (la *Payroll Survey*) effectuée auprès de 350 000 entreprises n'appartenant pas au secteur agricole ; le taux de chômage est calculé à partir des résultats d'une autre enquête (la *Household Survey*), menée auprès des ménages. Il n'est pas rare qu'une enquête fasse apparaître des suppressions d'emplois tandis que la seconde annonce une baisse du chômage, ou inversement... Cherchez l'erreur !

Pour corser le jeu, on a maintenant des enquêtes privées, menées par l'institut ADP, qui sont publiées deux jours avant les statistiques officielles de l'emploi et qui annoncent souvent des résultats complètement opposés. Et toutes les semaines, il y a les demandes hebdomadaires d'allocation chômage, publiées chaque jeudi à 14 h 30. Ces statistiques hebdomadaires sont soumises à beaucoup d'aléas (par exemple, il peut arriver en hiver que les nouvelles inscriptions soient peu nombreuses parce que la neige et le verglas ont dissuadé les gens de se déplacer), mais elles sont tout de même suivies car elles donnent des indications pertinentes si on les remet en perspective sur plusieurs semaines.

De toute façon, quoi que l'on pense de ces chiffres, il faut savoir qu'ils existent et qu'ils jouent un rôle non négligeable : il arrive fréquemment que les marchés européens soient peu animés le matin du premier vendredi du mois et qu'aucune tendance ne parvienne à s'y imposer franchement. C'est normal : les professionnels attendent les statistiques américaines de l'emploi pour prendre position dans un sens ou dans l'autre.

### Même les organismes officiels peuvent surprendre

L'information économique n'a pas de fin : en plus des statistiques, il y a les prévisions. Les économistes essaient de déterminer le futur à partir des statistiques décrivant le passé, alors qu'ils ne connaissent même pas le présent... L'exercice, on en conviendra, est périlleux. Mais, pour la Bourse, qui mise sur l'avenir, il est essentiel. On connaît les plaisanteries sur les erreurs de ceux qui se risquent à établir des prévisions. Ils ne voient rien venir, dit-on, ils ne font que prolonger les tendances en cours et ne prévoient jamais les retournements de la conjoncture. Le problème est qu'on ne peut faire des prévisions sérieuses qu'en s'appuyant sur ce qu'on connaît. Il est donc normal que les prévisions évoluent au fur et à mesure des informations nouvelles données par les dernières statistiques. Après, il y a l'intuition, le « feeling », mais, là, on n'est plus dans la science économique ; on s'aventure sur des terrains dangereux.

Les prévisions officielles sont *a priori* suspectes : un ministère de l'Économie ne va pas annoncer la récession ; il ne va pas non plus annoncer des performances trop brillantes, sinon chacun s'attendrait à voir les recettes du budget de l'État s'envoler et voudrait en récupérer sa part. Quant aux prévisions privées, elles ne sont pas non plus au-dessus de tout soupçon : on sait que des économistes sont encouragés à prendre des positions extrêmes pour faire parler d'eux et de la maison qui les emploie.

Restent les organisations internationales, qui ne sont pas toujours dans une position facile : leurs membres ne souhaitent pas qu'elles avancent des chiffres trop différents des leurs. L'économiste doit être aussi diplomate. Malgré tout, les prévisions de la Commission européenne, de l'OCDE, du FMI, de la Banque Mondiale, etc., ne peuvent être traitées par le mépris : leur crédibilité exige que leurs économistes fassent leur travail de façon honnête.

Il est rare que ces prévisions bouleversent le monde financier : en général, elles sont assez proches de celles du *consensus* des économistes du secteur privé (le consensus se calculant en faisant la moyenne des chiffres avancés par un certain nombre d'établissements). Malgré tout, l'annonce de ces prévisions constitue toujours un événement. Et il arrive que les chiffres annoncés surprennent !

## La consommation et le moral des ménages

Les indices de confiance des ménages arrivent tout de suite après les indices PMI et les chiffres de l'emploi parmi les indices les plus suivis par les professionnels. D'un côté, on a l'indice de l'université du Michigan, dont une première estimation est publiée le deuxième vendredi du mois à 16 heures et la version définitive deux semaines plus tard ; de l'autre côté, on a l'indice du Conference Board, qui arrive le dernier mardi du mois, à 16 heures. Ces deux enquêtes sont très voisines, mais, les questions n'étant pas identiques et les horizons n'étant pas les mêmes (on demande aux gens ce qu'ils pensent de la situation présente et comment ils voient le futur, à six mois pour le Conference Board, à un an et cinq ans selon les questions pour l'université du Michigan), il peut très bien se trouver que les réponses ne donnent pas tout à fait la même image du consommateur américain (les mouvements de l'indice du Conference Board sont souvent plus prononcés).

Cela dit, ce sont tout de même des indicateurs intéressants, plus qu'on ne le dit parfois. On leur reproche notamment de ne pas permettre de déterminer quelle va être exactement la consommation dans les semaines à venir, le lien entre confiance et consommation n'étant pas aussi direct qu'on pourrait le penser. Mais ces indicateurs « mous » en disent en fait plus que des indicateurs réputés « durs ». Ainsi, les ventes au détail publiées au milieu du mois ont ceci de fâcheux qu'elles sont calculées en valeur, et non en volume. Une hausse du prix des carburants provoque une progression de la consommation en valeur, qui peut masquer la réalité : le fort renchérissement du coût de l'essence pèse sur le pouvoir d'achat des ménages, qui ont tendance à moins rouler et à moins consommer. Les statistiques publiées en fin de mois sur le revenu disponible des ménages et leur taux d'épargne sont sans doute plus fiables et plus intéressantes, mais elles arrivent après toutes les autres et ne rencontrent pas toujours le même intérêt.

## La production industrielle

Quelques jours après les ventes au détail, la production industrielle est censée venir compléter le tableau et donner une image précise de la conjoncture américaine. Dans les faits, cela ne se passe pas ainsi. Cette statistique très volatile et à l'évolution pour le moins déconcertante ne joue pas un rôle aussi grand qu'on pourrait le penser et, finalement, les chiffres des commandes à l'industrie ou des commandes de biens durables, publiés plus tard dans le mois, font souvent davantage bouger le marché. Mais à ce moment se profilent les statistiques mensuelles du département du Commerce sur le PIB. Et ça, c'est sérieux !

## Les surprises du PIB

La croissance du PIB est une statistique trimestrielle. Mais, par le génie des statisticiens du département du Commerce, c'est devenu une statistique mensuelle. Il s'agit toujours bien d'établir les comptes d'un trimestre, mais, à la fin du premier mois qui suit ce trimestre, on publie une première estimation, qui est revue le mois suivant et encore le mois d'après ; ensuite, on recommence avec la première estimation de la croissance du trimestre suivant. C'est un jeu sans fin ; et c'est d'autant plus vrai que, chaque année, en juillet, l'administration publie des chiffres révisés des années précédentes. Ces révisions sont parfois importantes et peuvent changer de façon significative la vision que l'on avait de la situation aux États-Unis ; elles ont alors un impact fort sur les marchés, au moins au moment où elles sont publiées et dans les jours qui suivent.

D'une façon générale, on constate que les nouvelles faisant état d'une croissance médiocre ne sont pas mauvaises pour le marché des actions quand elles permettent d'écarter de nouvelles hausses des taux ou, du moins, d'en éloigner la perspective. En somme, une mauvaise nouvelle peut être bonne... Mais les choses sont encore plus compliquées que cela, car des nouvelles identiques peuvent être interprétées de façon opposée en fonction du contexte.

## Le marché trouve toujours la statistique qui lui convient

Les statistiques de l'emploi, avec le chiffre des créations/suppressions d'emplois et celui du taux de chômage (ou le chiffre des créations/suppressions du mois précédent fortement révisé), qui donnent fréquemment des indications contradictoires, se prêtent très bien à ce jeu des interprétations opposées, selon l'humeur du moment. La façon dont une information est accueillie est d'ailleurs un signe intéressant : à certains moments, le marché « zappe » les mauvaises nouvelles et ne veut voir que les bonnes ; à d'autres moments, c'est l'inverse. Qu'une nouvelle ambiguë soit interprétée positivement ou négativement est une indication au moins aussi importante que celle apportée par la nouvelle elle-même.

De ce point de vue, l'extraordinaire richesse des statistiques américaines est une aubaine : selon le message qu'ils veulent faire passer, les économistes peuvent se saisir de tel ou tel chiffre, oublier l'un, faire sortir l'autre de l'ombre, etc.

En somme, il y a des cycles. Il y a les périodes où l'on regarde les chiffres de la productivité, pour se convaincre que la Bourse ne commet pas d'excès et que son avancée repose sur des progrès de l'économie (cela, c'était à la fin des années 1990), où l'on regarde chaque mois les chiffres du commerce extérieur et du budget fédéral parce que l'on craint que l'aggravation du double déficit (intérieur et extérieur) ne fasse plonger le dollar, où l'on se focalise sur l'indice des prix de détail, global ou *sous-jacent* (hors énergie et alimentation), celui des prix à la production et le coût unitaire de la main-d'œuvre, parce que l'on craint un sérieux dérapage de l'inflation, etc.

Mais, quelle que soit la période, quels que soient les chiffres regardés et la mode du moment, il y a une constante. Tous ces décryptages des statistiques américaines ne visent en fait qu'un seul et même objectif : deviner avant tout le monde ce que va faire la Fed, pour essayer de se prémunir contre une hausse de ses taux ou tenter de profiter au mieux d'une éventuelle baisse. Car, de toute façon, si l'on veut comprendre pourquoi Wall Street monte ou baisse, on en revient toujours à la Fed.

## Le calendrier de la Fed

Les dirigeants de la Réserve fédérale suivent de très près toutes les statistiques publiées aux États-Unis. Et, comme si cela ne suffisait pas, la Fed en produit elle-même : dans le domaine de la monnaie et du crédit, cela va de soi, mais ses établissements régionaux (le territoire a été divisé en 12 districts) produisent aussi des indices de conjoncture, notamment dans le secteur manufacturier (pour la Réserve fédérale du Kansas, de Richmond, de New York, de Philadelphie). Ce maillage des États-Unis permet à la Fed d'avoir une vue précise de la situation économique d'ensemble et de ses nuances régionales ; le panorama en est dressé toutes les six semaines, deux semaines avant chaque réunion du comité de politique monétaire, dans un document publié sous le nom de *Livre beige*. En général, on y trouve la confirmation de ce que l'on savait déjà, mais, au moins, on connaît l'ambiance dans laquelle se réunira ce comité, le FOMC (Federal Open Market Committee). Les réunions du FOMC sont elles-mêmes généralement sans surprise, du moins en ce qui concerne la décision annoncée sur les taux directeurs, mais la lecture du communiqué publié à 20 h 15 (heure française) est toujours riche d'enseignements. En comparant ce texte à celui qui a été publié six semaines plus tôt, on peut mesurer l'évolution de l'état d'esprit du FOMC et deviner ce qu'il va faire six semaines plus tard : maintenir le *statu quo*, monter ou baisser les taux directeurs. Pour le cas où le communiqué prêterait à des différences d'interprétation, le compte rendu (les minutes) de la réunion, publié avec un décalage de trois semaines, apporte une mise au point appréciée : après avoir lu ces minutes, on sait précisément quelles sont les préoccupations des dirigeants de la Fed, les chiffres qu'ils surveillent avec le plus d'attention dans la période actuelle, les divergences de points de vue qu'il peut y avoir éventuellement entre eux, le rapport de force entre les faucons (les tenants d'une politique monétaire dure) et les colombes (les tenants d'une politique plus souple). À partir de là, on peut prévoir ce qui a des chances de se passer lors de la prochaine réunion du FOMC. C'est l'un des éléments fondamentaux de la météorologie boursière, mais ce n'est pas le seul.

Depuis avril 2011, le président de la Réserve fédérale tient une conférence de presse à l'issue des réunions du FOMC lorsque sont présentées de nouvelles prévisions économiques. Les décisions de politique monétaire étant ainsi expliquées et commentées, il ne doit plus y avoir en principe de problèmes d'interprétation. Sur ce point, la Réserve fédérale s'inspire des pratiques de la BCE, qui a toujours fait suivre les réunions de son Conseil des gouverneurs d'une conférence de presse.

## Les statistiques européennes qui comptent

Si l'effet des statistiques américaines et des changements d'orientation de la politique monétaire de la Réserve fédérale est considérable sur les marchés boursiers du monde entier, il ne faut pas tenir pour négligeable ce qui se passe de ce côté-ci de l'Atlantique : tout ne se décide pas à Wall Street.

Pourtant, en un quart de siècle, la donne a été profondément modifiée. La conjoncture française et les chiffres nationaux n'ont plus, sauf exception, qu'un impact mineur sur la Bourse de Paris. Ces éléments peuvent encore jouer un rôle clé pour des entreprises moyennes réalisant l'essentiel de leur chiffre d'affaires dans l'Hexagone ; mais, de plus en plus, même les sociétés cotées de dimension modeste sont largement ouvertes sur l'Europe, voire sur le monde. Il n'est donc pas surprenant que les statistiques publiées à l'échelle de l'Union européenne ou de la zone euro aient pris le pas sur les statistiques nationales quand il s'agit de déterminer la tendance générale du marché.

### Les chiffres de la zone euro

La zone euro ne fonctionne pas aussi bien qu'on pourrait le souhaiter : il y a une politique monétaire unique, celle définie par la BCE, mais, pour le reste, la coordination des politiques économiques nationales n'est pas très poussée. Cette faiblesse de la zone euro est apparue en plein jour au moment de la crise des dettes souveraines. Quant à l'Union européenne, en dépit de ses progrès constants, elle reste largement à faire : non seulement les écarts demeurent considérables entre les nouveaux venus issus de l'ancien bloc de l'Est et les fondateurs de la Communauté européenne, mais chaque pays reste profondément marqué par ses spécificités juridiques, fiscales, etc. Calculer des statistiques européennes dans ces conditions n'est pas évident. Mais Eurostat a commencé un travail d'harmonisation qui, sans être parfait, loin s'en faut, aboutit à des statistiques européennes ayant un sens. Et même si l'histoire sépare encore les pays (la conjoncture immobilière ou industrielle de l'Allemagne, par exemple, peut être très différente de celle des autres grands pays de l'Union), elles donnent une image précieuse du climat économique européen et de ses grandes évolutions.

Les statistiques publiées par Eurostat selon un calendrier connu à l'avance et confirmé chaque vendredi pour la semaine suivante couvrent le champ habituel de la macroéconomie (croissance globale et production sectorielle, prix, emploi, commerce extérieur), et celles qui font le plus bouger le marché, comme aux États-Unis, sont celles qui peuvent avoir le plus d'impact sur la politique monétaire des banques centrales. Les chiffres concernant l'ensemble de l'Union apportent une information intéressante, mais, pour les marchés, ce qui compte le plus, ce sont ceux de la zone euro. Pour les pays de l'Union n'ayant pas encore adopté la devise européenne, les analystes se reportent sur les chiffres nationaux pouvant avoir une influence sur la banque centrale concernée, la Banque d'Angleterre notamment (mais, si la procédure du Brexit va jusqu'à son terme, Eurostat n'aura plus à intégrer les statistiques britanniques dans ses calculs !).

Le saviez-vous

Au niveau européen, Eurostat n'est pas la seule institution à fournir des informations sur la conjoncture. Tous les mois, la Commission européenne publie un indice du climat des affaires et un autre curieusement appelé du « sentiment économique ». Ces indicateurs sont en général très suivis par la communauté des affaires, car ils donnent une bonne idée de l'environnement économique de l'Union européenne et de la zone euro. Tous les six mois, la Commission publie également ses prévisions économiques ; outre les taux de croissance, d'inflation, etc., attendus, elle diffuse alors ses propres commentaires sur la conjoncture et les problèmes auxquels les pays européens font face. Il est rare que ces prévisions et commentaires créent des surprises, mais les investisseurs peuvent prendre prétexte de ces publications pour confirmer la tendance en cours ou affirmer une tendance qui commençait juste à apparaître.

Et, comme aux États-Unis, on voit des instituts privés apporter leur contribution à l'information économique et à la compréhension de la conjoncture. On peut notamment citer les études réalisées sur le style de celles de l'ISM auprès des directeurs des achats pour donner le point de vue des entreprises. Les études dites « PMI » (*Purchasing Managers Index*) sont publiées chaque début de mois ; on a d'abord une estimation rapide du climat d'ensemble, puis les estimations sont affinées, pour le secteur manufacturier et celui des services, avec des études d'ensemble pour la zone euro et des études ponctuelles pour chacun des grands pays de la zone et le Royaume-Uni.

### Les sources d'information nationales

Les informations publiées au niveau de chacun des grands pays de la zone euro ont réussi malgré tout à conserver une certaine importance. D'abord, chaque pays a ses particularités et son propre marché boursier. Si, sur beaucoup de points, la Bourse de Paris et la Bourse allemande subissent les mêmes influences, leurs grands indices n'évoluent pas exactement de la même façon : les grandes valeurs d'énergie, celles du luxe et les valeurs financières tiennent une place plus importante dans les indices parisiens qu'en Allemagne, où les entreprises industrielles exportatrices dominent, tandis qu'en Espagne les valeurs liées à la construction et à l'immobilier ou au commerce avec l'Amérique latine occupent une place particulière. Ensuite, le poids de certains pays de l'Union justifie que l'on s'intéresse à ce qui se passe à l'intérieur de leurs frontières : des signes d'accélération ou de ralentissement en Allemagne (plus du quart du PIB de la zone euro) ou en France (environ le cinquième) ne sont pas neutres pour les autres pays de la zone.

Sur les marchés, on suit donc avec un certain intérêt les chiffres publiés en Allemagne, en France, en Italie et en Espagne. Certains pays plus petits ont droit à des égards particuliers : par exemple, l'étude de conjoncture publiée chaque mois par la banque centrale de Belgique est lue attentivement par les économistes de marché parce qu'ils ont observé que ce pays constituait un bon indicateur du climat d'ensemble de la zone euro. Il est impératif que Flamands et Wallons veuillent continuer à vivre ensemble : leur communauté donne le pouls de l'Europe !

Aux instituts nationaux de conjoncture s'ajoutent éventuellement des instituts privés. C'est notamment le cas en Allemagne, où les prévisions de cinq grands instituts font autorité : le DIW à Berlin, l'IFO à Munich, l'IFW à Kiel, l'IWH à Halle et le RWI à Essen. Mais, de tous, c'est l'IFO qui est le plus connu dans le monde de la finance : tous les mois, son indice du climat des affaires en Allemagne est attendu avec une certaine nervosité, car il est de ceux qui font bouger les marchés. Depuis quelques années, les investisseurs suivent aussi l'indice ZEW, qui est publié une semaine plus tôt que l'indice IFO et annonce souvent (mais pas toujours) son évolution. L'enquête qui conduit à l'indice ZEW n'est pas du tout la même – elle est menée non pas auprès des chefs d'entreprise, mais auprès des investisseurs institutionnels et des analystes financiers – et elle est plus récente ; elle n'a pas encore ce que les professionnels appellent la « robustesse » de l'indice IFO, dont l'évolution anticipe bien celle de l'économie allemande. Toujours en Allemagne, il faudrait aussi signaler l'enquête GFK de la confiance des consommateurs.

## Tous les chemins mènent à Francfort

Le lecteur l'aura compris : toutes ces informations statistiques européennes ou nationales visent à mieux appréhender la réalité économique et à aider à deviner quelle pourrait être la politique monétaire de la Banque centrale européenne. La BCE publie elle-même ses propres statistiques concernant l'évolution de la masse monétaire et du crédit en Europe. En dépit d'une modification de son schéma d'analyse – à l'issue de chaque réunion du conseil des gouverneurs, toutes les six semaines, son président commente d'abord les statistiques économiques avant de passer aux considérations monétaires –, la BCE, dans le prolongement de la banque centrale allemande, la fameuse Bundesbank, continue d'attacher une certaine importance à l'évolution de la masse monétaire et de ses contreparties, le crédit aux différents agents économiques. C'est une indication importante : quels que soient les indicateurs économiques, un développement dynamique du crédit dans la zone euro laisse rarement présager une détente de la politique monétaire.

Une autre publication très suivie par les marchés est celle des prévisions économiques de la BCE (qui préfère parler de ses « projections »), le dernier mois de chaque trimestre. La banque centrale annonce en effet très souvent des inflexions de sa politique à l'occasion de la publication de ces projections, quand elle modifie les taux de croissance et d'inflation attendus.

À retenir

Au total, cela fait beaucoup d'informations à suivre. Mais il est difficile d'y échapper : l'investisseur boursier averti doit apprendre à vivre au rythme de ces publications, de la croissance et de l'inflation. Car l'évolution des taux d'intérêt en dépend et ce sont les banques centrales qui déterminent en grande partie l'orientation de la Bourse.

Un fait nouveau est intervenu au cours des dernières années : l'importance prise par l'économie chinoise. En quelques décennies, celle-ci s'est hissée au deuxième rang mondial et, pour certains produits, par exemple l'automobile, elle est devenue le premier marché mondial et ce marché s'est ouvert aux constructeurs étrangers dont certains y réalisent des ventes plus importantes que dans leur pays d'origine. La croissance du PIB semble avoir atteint un rythme de croisière annuel compris entre 6 % et 7 % depuis 2015, mais son maintien à ce niveau est loin d'être acquis et, périodiquement, des inquiétudes se font jour. Elles ont été aggravées par la guerre commerciale déclenchée par Donald Trump au début de 2018. Ainsi les investisseurs ont appris à vivre avec un nouveau *market mover* : les signes de progrès ou au contraire de tensions dans les négociations entre la Chine et les États-Unis.

**DANS CE CHAPITRE**

Suivre le calendrier des entreprises

Assister aux assemblées générales

Participer aux augmentations de capital

Bénéficier des mesures prises par les entreprises en faveur de leurs actionnaires

# Chapitre 10

# Procéder aux bons arbitrages au bon moment (2) : au rythme des entreprises

Nous l'avons vu dans le chapitre précédent : les marchés boursiers (et donc les investisseurs) vivent au rythme de l'économie, de la publication de statistiques et des décisions des banques centrales. Ces éléments déterminent l'évolution d'ensemble des marchés. Mais tous les secteurs d'activité ne connaissent pas les mêmes évolutions et, à l'intérieur de chaque secteur, chaque société a son histoire, chaque valeur cotée a sa vie propre, déterminée par les événements particuliers qui affectent l'entreprise et les décisions que prennent ses dirigeants.

Ces événements et ces décisions peuvent arriver à n'importe quel moment. Pourtant, la vie boursière est très encadrée, très planifiée : publication de documents d'information, assemblée générale, versement du dividende, etc. Il y a des rendez-vous très précis, des dates à ne pas oublier. En étant présent à ces rendez-vous, en faisant attention au calendrier, l'actionnaire organisé ne laisse pas l'imprévu occuper plus de place qu'il ne le doit. Et, en suivant l'actualité de près, il se met en position de profiter de toutes les opérations boursières qui peuvent survenir.

On ne le répétera jamais assez : consacrer quelques minutes tous les jours ou, à défaut, chaque semaine, à se tenir au courant de l'évolution du marché et de son portefeuille, cela peut éviter bien des désagréments.

# Le calendrier des entreprises

Être coté sur un marché entraîne des obligations : les actionnaires ont un droit à l'information. Et ce droit est très codifié. C'est d'ailleurs pour cela que des entreprises qui pourraient être cotées en Bourse préfèrent ne pas l'être : elles trouvent ces contraintes d'information trop pesantes.

Que l'actionnaire soit tenu au courant de ce qui se passe dans l'entreprise, qu'il ait des informations régulières sur l'activité et les résultats, cela paraît indispensable. Toute la question est de savoir jusqu'où il faut aller en ce domaine.

## Un sujet de discussion permanent : les résultats trimestriels

Les entreprises françaises y échappent, mais pas les américaines : elles doivent publier des résultats trimestriels. Cela présente quelques avantages : en cas de retournement de la conjoncture, on mesure très vite l'impact du ralentissement ou de l'accélération de la croissance sur les performances des entreprises ; de surcroît, cela fait de la Bourse américaine un marché très animé, car les périodes de publication des résultats se succèdent très vite.

Mais cela présente aussi des inconvénients : une entreprise peut hésiter à lancer un investissement important qui ne sera pas rapidement rentable uniquement parce qu'elle craint de faire baisser ses résultats trimestriels, ce qui serait immédiatement sanctionné par un recul de son cours à Wall Street.

Ainsi, en 2007, de grandes entreprises américaines, parmi lesquelles Pfizer, PepsiCo et Xerox, ont signé un document dans lequel elles font part de leurs « inquiétudes concernant l'effet néfaste croissant que la pression à court terme a sur les groupes cotés ». Elles préconisent de « cesser de fournir des objectifs de résultats trimestriels aux analystes » et de « ne pas répondre aux prévisions des analystes ». Larry Fink, fondateur et président de Blackrock, la plus importante société de gestion au monde, dans ses lettres annuelles aux P.-D. G. des grandes entreprises, n'arrête pas de dénoncer leur court-termisme et d'insister sur la nécessité de penser à la croissance de long terme. En août 2018, Donald Trump a demandé à la SEC (Securities and Exchange Commission, organisme qui réglemente et contrôle les marchés financiers aux États-Unis) de réfléchir à un abandon de l'obligation de publier des résultats trimestriels ; la SEC réfléchit toujours...

En France, les dirigeants de Michelin ont souvent affirmé qu'ils avaient pu investir massivement pour développer la technique du pneu radial avant leurs concurrents américains parce qu'ils n'avaient pas à fournir de comptes trimestriels. Comme eux, la majorité des industriels restent opposés à cette pratique. On notera toutefois que des groupes français, sans y être formellement contraints, l'ont adoptée pour satisfaire les investisseurs américains ; depuis 1999, la publication de comptes trimestriels s'est généralisée dans le secteur bancaire.

Pour le moment, la discussion sur le sujet paraît close. Non seulement, il n'est pas question d'imposer aux entreprises cotées en France de publier des résultats trimestriels, mais, comme nous le verrons, il ne leur est même plus imposé de publier une quelconque information trimestrielle sur la marche de l'entreprise. Cette information est simplement « recommandée ». En Europe, la tendance générale est à un assouplissement de la réglementation sur les résultats trimestriels. À Londres, seulement un peu plus de la moitié des entreprises composant l'indice FT 100 continuent d'en publier.

## Les informations périodiques obligatoires

Toutes les sociétés ont l'obligation (plus ou moins respectée) de déposer leurs comptes annuels auprès du greffe du tribunal de commerce. Pour les entreprises cotées sur un marché réglementé, les contraintes sont plus lourdes, ou exactement « étaient » plus lourdes. Elles ont été précisées en janvier 2007 par l'AMF, en application d'une directive européenne sur la « transparence », puis sérieusement allégées par un décret en date du 13 mars 2008 concernant les publications au *Balo* (*Bulletin des annonces légales obligatoires*). Enfin, l'AMF a publié un guide de l'information périodique des sociétés cotées sur un marché réglementé qui s'applique depuis octobre 2016 (DOC-2016-05). Ce guide a pour objet de rappeler les principales obligations des sociétés et de regrouper les positions et recommandations de l'AMF et de l'ESMA (Autorité européenne des marchés financiers) en la matière ; il tient compte des modifications apportées en 2013 à la directive européenne sur la transparence.

Ces nouvelles règles du jeu font la part belle à la publication électronique sur Internet. Aujourd'hui, l'émetteur (c'est-à-dire l'entreprise, dans le langage de l'AMF) a seulement pour obligation de transmettre aux médias l'information réglementée, dans son intégralité. Pour le reste, il «procède également à une communication financière par voie de presse écrite, selon le rythme et les modalités de présentation qu'il estime adaptés ».

Par ailleurs, dans le souci louable d'accélérer l'information du public, les autorités ont décidé de réduire fortement les délais séparant la fin du semestre ou de l'année et la publication des informations. On ne peut qu'être d'accord sur le principe. Mais, en pratique, on constate que tous les communiqués concernant les grandes sociétés cotées tombent en un nombre restreint de jours ; les journalistes spécialisés n'ont pas la possibilité de les étudier correctement tous en même temps et les gérants de portefeuille sont obligés de réagir très vite, sans avoir pu analyser toutes ces informations d'une façon vraiment approfondie.

Ainsi, il peut arriver qu'en l'espace de quatre jours deux cents sociétés cotées ou plus sur Euronext publient leurs résultats semestriels et que, dans le même temps, la Sfaf (Société française des analystes financiers) organise plus de quarante réunions de présentation. À cela, il faut ajouter les publications effectuées par des sociétés cotées sur Euronext Growth et des annonces diverses (nominations de dirigeants, fusions-acquisitions, etc.). Comment absorber toutes ces informations et prendre les décisions appropriées au milieu d'un tel tourbillon ? On retrouve là le vieux dilemme : rapidité ne rime pas forcément avec qualité. Mais, de toute façon, il n'y a pas le choix : chacun doit s'adapter à ces nouvelles contraintes.

**Figure 10-1**
Calendrier simplifié de publication des informations périodiques d'une société cotée qui clôture ses comptes au 31 décembre

*Source : lafinancepourtous.com*

## Les publications annuelles

Dans les quatre mois suivant la clôture de l'exercice, les sociétés doivent fournir un rapport financier comprenant : les comptes annuels, un rapport de gestion, celui des commissaires aux comptes, et une déclaration des personnes assumant la responsabilité du rapport. L'exercice fiscal des entreprises se confond souvent avec l'année civile ; mais les cas d'exercices « à cheval » sur deux années civiles sont nombreux. Tous les rapports financiers annuels ne sont donc pas à fournir avant la fin du mois d'avril.

Le rapport de gestion est censé fournir une analyse objective et exhaustive de l'évolution des affaires, du résultat et de la situation financière de la société ainsi que du groupe consolidé (le cas échéant, si la société considérée est amenée à consolider les comptes de plusieurs filiales). Quant aux personnes assumant la responsabilité du rapport, il s'agit des dirigeants de l'entreprise et des commissaires aux comptes.

Ces informations doivent donc être publiées par voie électronique et déposées auprès de l'AMF et d'Euronext. La société les met sur son propre site Internet ; elle en assure la diffusion sur d'autres sites par l'intermédiaire d'un diffuseur (appelé également *wire*). Dès l'entrée en application de cette nouvelle procédure, en 2007, l'AMF a donné son agrément à plusieurs diffuseurs.

La publication au *Balo* a été ramenée à sa plus simple expression : dans les 45 jours suivant la tenue de l'assemblée générale statuant sur les comptes annuels, les sociétés doivent publier un avis indiquant qu'ils ont été approuvés sans modification par l'assemblée et rappelant la date de diffusion du rapport financier annuel.

Les sociétés cotées sur un marché réglementé comme Euronext ou un système multilatéral de négociation comme Euronext Growth peuvent (et non doivent) publier un document de référence annuel. Ce document officiel enregistré par l'AMF fournit aux investisseurs un ensemble d'informations complet et actualisé sur les comptes, la gouvernance, le contrôle et les caractéristiques juridiques de la société. Il peut prendre plusieurs formes : soit un rapport annuel, généralement remis aux actionnaires lors de l'assemblée générale, soit un document spécifique, généralement établi pour les besoins d'une opération financière (augmentation de capital, OPA, etc.).

Le délai de quatre mois après la clôture de l'exercice pour la publication du rapport financier annuel peut être long. En tout cas, on imagine mal que la société reste complètement silencieuse pendant cette période. C'est pourquoi l'AMF recommande aux sociétés dont les titres financiers sont admis à la négociation sur un marché réglementé de publier dès que possible après la clôture de l'exercice et au plus tard fin février, ou dans un délai de 60 jours suivant la clôture dans le cas d'un exercice à cheval, l'information sur le chiffre d'affaires annuel de l'exercice écoulé accompagné d'un comparatif, à défaut d'avoir publié leurs résultats annuels à cette date. Toutefois, précise l'AMF, l'émetteur peut ne pas procéder à la publication isolée du chiffre d'affaires s'il estime qu'elle n'est pas pertinente, notamment en raison de la nature de son activité, ou qu'elle risque d'induire le marché en erreur.

## Les publications semestrielles

Dans les trois mois suivant la fin du premier semestre de l'exercice, les sociétés doivent publier par voie électronique et déposer auprès de l'AMF un rapport financier comprenant des comptes condensés, un rapport semestriel d'activité, un rapport des commissaires aux comptes sur l'examen limité des comptes (l'examen approfondi est réservé aux comptes annuels) et, enfin, une déclaration des personnes assumant la responsabilité du rapport. L'obligation de publier les comptes semestriels au *Balo* n'existe plus depuis le 1er septembre 2008.

Pour ces rapports semestriels, la comparaison se fait avec le semestre correspondant de l'exercice précédent, et non avec le semestre précédent.

## Les publications trimestrielles

En application des modifications apportées à la directive européenne sur la transparence, il n'est plus exigé des entreprises qu'elles publient des informations trimestrielles. Dès lors, précise l'AMF, « la décision de publier ou non une telle information relève désormais de la seule responsabilité des émetteurs qui apprécient l'opportunité d'une telle publication au regard de leurs caractéristiques propres (taille, flottant, secteur, cycle d'activité, etc.) et de l'environnement dans lequel ils évoluent (demandes des investisseurs et analystes, communication des concurrents, obligations contractuelles d'information dans le cadre de contrats de financement, etc.) ». Auparavant, elles devaient fournir des informations allégées par rapport aux publications annuelles ou semestrielles : chiffre d'affaires du trimestre avec, le cas échéant, montant net par branche d'activité, description générale de la situation financière et une explication des événements importants. Cette modification vise à alléger les contraintes pesant sur les petites et moyennes entreprises et à ne pas encourager les politiques privilégiant le très court terme. Cela dit, l'AMF attire l'attention des émetteurs « sur les risques liés à l'absence totale de communication financière pendant une trop longue période (manquement à l'obligation d'information permanente) » et rappelle que « cette absence d'information n'est pas favorable au bon fonctionnement du marché ». En résumé, faites ce que voulez ; choisissez une politique (avec ou sans publication trimestrielle) une fois pour toutes et ne changez pas tout le temps cette politique ; mais, dans tous les cas, n'oubliez pas qu'il vaut mieux donner des informations régulières au marché.

Bref, l'information trimestrielle, même si elle n'est plus obligatoire, reste fortement conseillée !

### Comment faire un bon usage de ces publications

A retenir

Ces publications jouent évidemment un rôle majeur dans la vie boursière d'une société : elles peuvent faire plonger le cours de l'action ou au contraire le faire bondir en avant. En général, les mouvements sont plus modestes et se situent entre ces deux extrêmes : les informations économiques d'ensemble et celles concernant le secteur où intervient la société en question ont permis aux investisseurs d'amener le cours à un niveau compatible avec les informations qui doivent être publiées. La réaction aux chiffres publiés ne prend donc une certaine ampleur que si ces chiffres se révèlent sensiblement différents de ceux qu'attendaient les analystes. Dans ce cas, s'il y a vraiment une surprise, le changement de cours peut être fort et s'effectuer en un temps très court. Pour celui qui découvre ces événements après coup, la surprise peut être agréable ; elle peut aussi l'être beaucoup moins...

Heureusement, les sociétés font savoir à l'avance à quelle date et à quel moment de la journée (soit en indiquant une heure précise, soit en faisant savoir si c'est avant ou après la Bourse) se feront ces publications. Les sites Internet spécialisés et les journaux financiers publient des agendas hebdomadaires ou quotidiens faisant savoir quels événements sont à attendre dans la semaine ou la journée. Il est vivement conseillé de consulter ces agendas et de se tenir prêt à intervenir en Bourse le jour J à l'heure H soit sur les valeurs que l'on a en portefeuille, soit sur celles que l'on souhaite acquérir. Les plus audacieux peuvent même prendre position sur le marché à la veille de ces publications en faisant le pari qu'il y aura une surprise dans un sens donné (cette pratique est très rémunératrice quand le pari est gagnant, elle peut se révéler coûteuse dans le cas contraire !).

Ces périodes de publication sont très sensibles. L'AMF y porte une surveillance particulière et déclenche des enquêtes lorsqu'elle détecte des mouvements suspects sur un titre : des achats importants émanant d'un nombre restreint d'investisseurs avant l'annonce d'un résultat meilleur que prévu ou, au contraire, des ventes avant l'annonce de chiffres médiocres. Quelqu'un qui achète ou vend des titres avant une publication parce qu'il a eu connaissance des informations contenues dans ces documents à titre amical ou professionnel s'expose à de sérieux ennuis judiciaires pour délit d'initié.

Attention

Ajoutons que les publications annuelles et semestrielles sont particulièrement importantes pour les plus petites valeurs de la cote, qui communiquent peu et sur lesquelles il ne se passe rien pendant la majeure partie de l'année : ce sont ces publications qui expliquent les mouvements de cours et, après une forte baisse ou une hausse, le titre peut rester six mois sans connaître de fluctuations importantes. Si l'on s'intéresse à ces valeurs, et plus encore si l'on en a déjà en portefeuille, on a vraiment intérêt à suivre de très près ces publications : c'est à ce moment-là qu'on peut enregistrer des gains (ou des pertes). Si l'on arrive trop tard, le mouvement sera déjà terminé.

## Information permanente et alerte aux résultats

Cela dit, normalement, une société ne doit pas attendre la publication de ses résultats semestriels ou annuels pour annoncer des nouvelles exceptionnellement bonnes ou mauvaises. Elle doit faire connaître au public, dans les meilleurs délais, comme le stipule l'AMF, tout fait nouveau la concernant lorsque ce fait est de nature à provoquer une variation significative des cours de Bourse ou à porter atteinte à la situation des porteurs de ses titres. Cette information qualifiée de « permanente » prend la forme d'un communiqué de presse.

Dans la pratique, on constate effectivement que les entreprises cotées, du moins les plus importantes, multiplient les communiqués annonçant les nouveaux contrats, les alliances ou les ruptures, les implantations nouvelles, etc.

La question des résultats et des mouvements que leur publication peut entraîner pose toutefois un problème particulier. Il ne s'agit plus de communiquer sur un fait précis, mais sur la situation d'ensemble de l'entreprise : peut-on contraindre ses dirigeants à une publication en dehors des dates prévues ? La question est d'autant plus délicate qu'elle porte sur des comptes qui ne sont pas encore arrêtés : peut-on imposer à une société d'intervenir dans le débat public parce que les analystes, de toute évidence, se trompent dans leurs estimations du bénéfice ? Aussi curieux que cela puisse paraître, la réponse est : oui.

De fait, l'entreprise y a elle-même intérêt. Les réactions du marché à de mauvaises surprises peuvent être terriblement excessives si le terrain n'a pas été préparé. C'est ce constat qui a amené les autorités de tutelle à préconiser des *profit warnings* (en anglais, alertes aux résultats en français) et à demander aux entreprises d'accepter d'y avoir recours quand cela paraît vraiment nécessaire, c'est-à-dire lorsqu'on constate un décalage croissant entre les résultats attendus par le marché et les prévisions internes de l'entreprise.

Exemple

Les alertes aux résultats ne sont certes pas indolores : elles provoquent aussi de forts décalages de cours. Ainsi, le 19 octobre 2018, le groupe de services informatiques Sopra Steria publie, une semaine avant la publication de ses résultats du troisième trimestre, un communiqué dans lequel il prévient que le taux de marge opérationnelle d'activité de l'exercice en cours devrait se situer un point au-dessous du consensus de prévisions des analystes financiers. Dans la journée, le titre recule de 26 % ; sa valeur boursière chute de plus de 600 millions d'euros. Rappelons aussi l'exemple de Carrefour qui n'a pas publié moins de cinq alertes aux résultats en 2011 : de quoi énerver les actionnaires et provoquer un changement à la tête du groupe au début de 2012 !

Exemple

L'avertissement sur les résultats peut avoir aussi des répercussions négatives sur le cours de Bourse d'autres entreprises appartenant au même secteur, car les investisseurs se posent alors la question : ces entreprises ne connaissent-elles pas des difficultés comparables à celles qui nous sont annoncées aujourd'hui ? Par exemple, le 12 octobre 2016, dans le secteur des télécommunications, l'équipementier suédois Ericsson fait état d'une chute de 14 % de son chiffre d'affaires au troisième trimestre et prévient que ses résultats pour ce trimestre seront nettement inférieurs à ses propres prévisions. Du coup, le finlandais Nokia recule de 4,64 % et enregistre la plus forte baisse du CAC 40 (où il a pris la place d'Alcatel-Lucent avant d'être sorti de l'indice en septembre 2017) sans autre justification que l'avertissement d'Ericsson.

Mais, au final, on constate qu'il est préférable pour tout le monde – l'entreprise et ses actionnaires – que la clarification intervienne le plus tôt possible. Cette pratique des alertes, apparue dans l'Hexagone en 1998, est aujourd'hui entrée dans les mœurs boursières. Elle ne pose qu'un problème : l'alerte peut survenir à tout moment, alors que la publication des résultats intervient à une date connue à l'avance ; en conséquence, on ne peut pas se prémunir contre une alerte alors qu'on peut éventuellement, si l'on a des doutes, s'alléger (c'est-à-dire vendre des titres) juste avant la publication de résultats.

# La grand-messe des assemblées générales

Soyons francs : ce qui intéresse les actionnaires, c'est de voir le cours de l'action monter et de toucher un dividende tous les ans. Que le fait d'être propriétaires d'une part de l'entreprise leur donne le droit de donner leur avis sur la gestion et, éventuellement, de ne pas renouveler la confiance envers les dirigeants, cela ne les passionne pas tous. Il faut dire que le petit porteur n'a pas vraiment l'impression de peser lourd dans la vie de l'entreprise. Il n'y a guère qu'au moment des OPA (nous le verrons dans le prochain chapitre) qu'il a vraiment le sentiment que son suffrage a de la valeur (dans tous les sens du terme)...

De surcroît, tout le monde n'a pas la possibilité matérielle ni le temps de se déplacer pour aller aux assemblées générales (AG), où l'on retrouve souvent les mêmes retraités actifs... Pourtant, à défaut de se rendre à l'assemblée annuelle, on peut au moins voter par correspondance ou par Internet et, si l'on s'y rend, on peut apprendre beaucoup de choses sur son entreprise. Le petit cadeau qui est fréquemment remis à la fin de l'AG à tous les actionnaires présents ne doit pas être la seule justification de leur déplacement...

L'évolution enregistrée au cours des dernières années est plutôt positive : la participation aux assemblées générales remonte et ces actionnaires ne viennent pas pour faire de la figuration. Mais un bémol doit être introduit : cette progression traduit en fait une montée en puissance de gros investisseurs au détriment de l'actionnariat individuel.

## Les actionnaires sont convoqués tous les ans

Comme nous l'avons vu précédemment, les comptes annuels doivent être approuvés par les actionnaires réunis en assemblée générale ordinaire. Les règles d'organisation de ces assemblées, définies par un décret du 23 mars 1967, ont été modifiées par un nouveau décret datant du 11 décembre 2006, qui améliore l'information de l'actionnaire et facilite sa participation à l'assemblée.

Trente-cinq jours avant l'AG (au lieu de trente précédemment), toutes les sociétés dont le capital est composé de titres au porteur doivent publier au *Balo* un avis de réunion. Puis, un avis définitif de convocation 15 jours au moins avant la date de l'assemblée ; cet avis comporte l'indication de l'adresse et de l'heure de l'assemblée ainsi que l'ordre du jour. Dans la pratique, les sociétés s'organisent souvent pour ne publier qu'un seul texte contenant toutes les informations exigées et les journaux financiers les reproduisent. L'actionnaire n'a donc pas besoin de se reporter au site Internet du *Balo*, qui reste toutefois la source de référence à consulter pour toute vérification.

Ceux dont les titres sont *au nominatif* (autrement dit ceux qui sont connus de l'entreprise et dont les titres sont enregistrés par elle) n'ont pas de problème : ils sont prévenus systématiquement par courrier. Ils n'ont pas non plus à justifier leur présence à l'assemblée puisqu'ils figurent déjà sur la liste des actionnaires. En revanche, tous les autres, ceux qui ont des titres *au porteur* (l'appellation fait un peu ringard à une époque où les actions ne sont plus des bouts de papier qui changent de mains) doivent se débrouiller par eux-mêmes pour savoir quand et où a lieu l'assemblée.

Pour participer physiquement à l'assemblée, il faut demander une carte d'admission à la société ou à son intermédiaire financier. Si vous ne l'avez pas reçue quatre jours avant, il n'y aura pas de problème si vous êtes actionnaire au nominatif, vous pourrez entrer avec simplement votre carte d'identité ; si vous êtes actionnaire au porteur, vous devrez demander à votre intermédiaire financier une attestation de détention des actions délivrée trois jours pleins avant l'assemblée. Pourquoi trois jours ? Parce que le transfert de propriété des actions intervient à J + 3, soit au troisième jour qui suit la transaction en Bourse ; celui qui a acheté des titres dans les trois jours qui précèdent immédiatement l'AG n'en est pas encore le propriétaire légal. Sur ce point, un changement important a eu lieu : avant, il fallait immobiliser ses titres au moins dix jours avant l'assemblée. Pendant cette période, il n'était pas possible de les céder. Depuis 2007, il est possible de vendre ses titres juste avant l'assemblée et d'y participer tout de même puisque l'on en est toujours le propriétaire légal.

À retenir

**Tableau 10-1** Les caractéristiques des modes de détention

<table>
<tr><th></th><th colspan="2">Actions détenues au nominatif…</th><th>Actions détenues au porteur</th></tr>
<tr><td></td><td>Pur</td><td colspan="2">Administré</td></tr>
<tr><td>Teneur du compte</td><td>La société cotée ou l'établissement choisi par elle</td><td colspan="2">Votre intermédiaire financier</td></tr>
<tr><td>Frais de garde et de gestion courante</td><td>Gratuit</td><td colspan="2">Selon tarif de votre intermédiaire</td></tr>
<tr><td>Frais de courtage</td><td>Tarif de l'établissement choisi par la société cotée</td><td colspan="2">Selon tarif de votre intermédiaire</td></tr>
<tr><td>Convocation aux Assemblées Générales (AG)</td><td colspan="2">L'avis de convocation et la carte d'admission à l'AG vous sont directement adressés par la société cotée</td><td>Sur demande à votre intermédiaire. Une attestation de participation est obligatoire pour pouvoir voter à l'AG.</td></tr>
<tr><td>Dividende majoré</td><td colspan="2">Oui (*)</td><td>Non</td></tr>
<tr><td>Imprimé Fiscal Unique (IFU)</td><td>Non. Vous recevez un IFU par société cotée</td><td colspan="2">Oui</td></tr>
<tr><td colspan="4">(*) si les statuts de la société le prévoient</td></tr>
</table>

*Source : lafinancepourtous.com*

## Les actionnaires peuvent s'exprimer et voter

L'assemblée générale est une occasion unique de rencontrer les dirigeants de l'entreprise et de dialoguer avec eux (encore que, dans le cas de certaines assemblées particulièrement houleuses, le terme « dialogue » ne soit pas le plus approprié !). N'importe quel actionnaire peut intervenir et poser des questions. Mais, si l'on tient vraiment à avoir une réponse, il est conseillé de poser sa question par écrit par lettre recommandée envoyée au siège social de l'entreprise avec avis de réception au plus tard le quatrième jour ouvré précédant l'AG. Le courrier doit être accompagné d'une justification de détention des titres. Dans ce cas, le conseil d'administration (ou le directoire, tout dépend de l'organisation adoptée par l'entreprise) est tenu de fournir une réponse lors de l'assemblée. Précisons que cette procédure est aussi en train de se moderniser puisque les questions peuvent être désormais posées par courrier électronique à une adresse précisée dans la convocation et la réponse peut être apportée par la société avant la tenue de l'assemblée sur son site Internet.

Les actionnaires peuvent jouer un rôle encore plus actif en déposant eux-mêmes des projets de résolution qui seront inscrits à l'ordre du jour et soumis au vote de l'assemblée.

Ces projets de résolution doivent toutefois être déposés 25 jours avant l'assemblée ou dans un délai de 20 jours suivant l'avis de réunion si celui-ci est publié plus de 45 jours avant l'assemblée générale. Évidemment, il n'est pas question que chaque actionnaire puisse déposer son projet de résolution, sinon le déroulement de l'assemblée risquerait de prendre du temps et d'être un peu confus... Pour cela, il faut détenir soi-même un certain nombre de titres ou rassembler autour de soi suffisamment d'autres actionnaires pour arriver à ce nombre. Pour une société dont le capital est inférieur ou égal à 750 000 €, il faut arriver à 5 % du capital pour déposer un projet de résolution. Pour les sociétés plus importantes, c'est plus compliqué : un quota de représentation minimal est calculé par tranches. Il faut représenter au moins 4 % du capital pour les premiers 750 000 €, puis 2,5 % pour la tranche comprise entre 750 000 € et 7,5 millions d'euros, 1 % pour la tranche comprise entre 7,5 millions et 15 millions d'euros, enfin 0,5 % pour le surplus. À vos calculettes ! L'AMF s'est prononcée en faveur d'une division par deux de ces seuils, ce qui impliquerait des modifications législatives et réglementaires.

Quant au droit de vote, il n'est pas limité aux actionnaires présents physiquement à l'assemblée générale. Il est tout à fait possible de voter par correspondance en cochant les réponses aux questions posées sur un formulaire qui doit être retourné au moins trois jours avant l'assemblée. Par Internet, on peut voter jusqu'à 15 heures la veille de l'assemblée. Pour cela, il faut s'identifier à l'aide de codes fournis par l'entreprise ; on obtient ces codes en en faisant la demande à la société au plus tard six jours avant l'assemblée.

Ce même délai s'applique si vous décidez de demander un formulaire de vote par procuration. Vous pouvez déléguer votre vote à votre conjoint, à un autre actionnaire ou à toute autre personne physique ou morale de votre choix qui votera selon vos indications ; vous pouvez aussi déléguer ce droit à la société ; dans ce dernier cas, vous voterez systématiquement en faveur de toutes les résolutions présentées par la direction.

Attention

Ce choix peut se justifier si vous faites entièrement confiance à l'équipe dirigeante. Il n'en reste pas moins que, dans certains cas, les résolutions présentées ne sont pas favorables aux actionnaires minoritaires. Il est alors conseillé de bien utiliser son droit de vote pour défendre au mieux ses intérêts. Nous verrons ultérieurement que cela peut être très important.

Un autre point est à relever : dans un vote en assemblée générale, vous pouvez vous abstenir. Mais dans ce cas, votre vote est considéré comme un vote défavorable. Un rapport remis à l'AMF en février 2012 sur la façon d'améliorer l'information et la participation des actionnaires dans les assemblées générales recommande que l'abstention soit véritablement reconnue. Mais pour cela, il faudrait un texte législatif. Ce n'est pas encore fait, mais cela pourrait ne plus tarder.

## Les assemblées générales ordinaires

Elles doivent se tenir tous les ans, dans les six mois qui suivent la clôture de l'exercice pour approuver les comptes et la gestion de l'entreprise ainsi que pour décider de l'affectation du bénéfice, s'il y en a un. Pour que les délibérations soient valables, il faut que les actionnaires présents ou représentés possèdent au moins le cinquième des actions ayant le droit de vote. Si ce n'est pas le cas, une deuxième assemblée est réunie ; il n'est pas rare que les dirigeants de l'entreprise prévoient cette hypothèse et, dans l'avis de convocation, précisent le lieu et le moment où une assemblée pourrait se tenir sur deuxième convocation. Pour cette deuxième assemblée, aucun quorum n'est exigé. Dans tous les cas, les résolutions sont votées à la majorité simple (dès lors que le nombre des voix « pour » est supérieur à celui des voix « contre » et des abstentions).

À retenir

Remarque : certains de nos lecteurs peuvent avoir en tête un chiffre plus élevé concernant le quorum exigé. Qu'ils ne s'étonnent pas : il est exact qu'il fallait auparavant qu'au moins un quart des droits de vote soient représentés à une première assemblée ordinaire. Ce chiffre a été abaissé par la loi Breton du 26 juillet 2005 ; il en va de même pour les quorums exigés pour les assemblées générales extraordinaires.

### Les assemblées générales extraordinaires

Il peut arriver qu'une société ait à faire approuver par les actionnaires des mesures qui sortent du champ de l'assemblée générale. Dans ce cas, elle doit convoquer une assemblée extraordinaire. Si une convocation d'urgence n'est pas nécessaire, les dirigeants peuvent très bien choisir de tenir cette assemblée en même temps que l'assemblée annuelle ; les actionnaires sont alors convoqués en assemblée mixte, à la fois ordinaire et extraordinaire.

Le saviez-vous

Dans une *assemblée générale extraordinaire* sont abordées des questions importantes concernant la vie de l'entreprise, telles qu'une augmentation du capital ou une modification des statuts. Pour cette raison, les règles de vote sont plus exigeantes que pour une assemblée ordinaire : les actionnaires présents ou représentés doivent détenir au moins le quart des droits de vote sur première convocation et le cinquième lors de la seconde. Et les résolutions proposées ne peuvent être approuvées qu'à la majorité des deux tiers des voix dont disposent les actionnaires présents ou représentés.

Cette règle des deux tiers est extrêmement importante : un actionnaire qui réussit à contrôler les deux tiers du capital et des droits de vote possède ce qu'on appelle la « majorité absolue » dans l'entreprise. Il peut faire voter toutes les résolutions qu'il veut, et les autres actionnaires n'ont plus les moyens de s'opposer à lui. Ils ne peuvent plus sanctionner sa gestion, comme c'est normalement le cas lorsque le rapport de force n'est pas aussi disproportionné. À l'opposé, un actionnaire qui dispose de plus d'un tiers des droits de vote a ce qu'on appelle la « minorité de blocage » ; il peut s'opposer à toute décision devant être prise en assemblée générale extraordinaire.

## Les actionnaires peuvent sanctionner les dirigeants

L'assemblée annuelle est un temps fort de la vie de l'entreprise. Pour l'actionnaire, c'est d'abord le moment de faire le point grâce aux nombreux documents qui doivent lui être remis à cette occasion (comptes annuels et consolidés le cas échéant, rapport du conseil d'administration ou du directoire, liste des administrateurs ou des membres du conseil de surveillance et du directoire, ordre du jour de l'assemblée générale, avec le texte des projets de résolution, exposé sommaire de la situation, tableau de résultats des cinq derniers exercices, le tout généralement regroupé dans un rapport annuel) et grâce aux réponses apportées par les dirigeants à toutes les questions posées. Mais c'est aussi l'occasion d'exprimer sa confiance envers les dirigeants de l'entreprise ou de la refuser.

Les assemblées peuvent être le lieu où se règlent les batailles pour le pouvoir ; en général, le petit actionnaire n'a pas alors un grand rôle à jouer, mais il a tout intérêt à suivre avec attention ces péripéties, car le nouveau pouvoir issu de l'assemblée peut annoncer un changement de politique qui sera approuvé (l'action montera) ou désapprouvé par le marché.

## La loi Florange et le droit de vote double

Selon le principe général, un droit de vote est attaché à chaque action. Mais les statuts de nombreuses sociétés prévoient la possibilité d'un droit de vote double attaché aux actions dont les détenteurs se sont fait connaître de la société (les actions sont alors au nominatif), si la durée de détention est au moins égale à deux ans (cette durée de détention minimale exigée ne peut être supérieure à quatre ans). Dans certains cas, cela peut conduire à des différences importantes entre la part de certains actionnaires dans le capital et leur capacité à peser sur le vote des résolutions présentées à l'assemblée générale. Par exemple, la SCDM, société contrôlée par Martin et Olivier Bouygues, détient 21 % du capital de Bouygues, mais dispose de 29,4 % des droits de vote (au 30 juin 2019). La technique du vote double conduit de fait à minorer le pouvoir des actionnaires qui ne font que passer, le temps de faire une plus-value, et qui repartiront une fois leurs gains réalisés (ou repartiront déçus), mais aussi celui des investisseurs récemment entrés qui commencent à monter en puissance. Beaucoup la dénoncent comme étant un instrument de protection de la direction en place, une sorte de « pilule empoisonnée » dont le pouvoir de nuisance apparaîtrait vraiment en cas de tentative d'OPA sur la société (voir le chapitre 11). C'est pourquoi les associations d'actionnaires recommandent de ne pas voter, lors des assemblées extraordinaires, les changements de statut conduisant à la mise en place de telles mesures qualifiées de « protectionnistes ». Toutefois, la loi du 29 mars 2014, dite loi Florange, visant à reconquérir l'économie réelle change complètement les règles du jeu. Désormais, pour les sociétés dont les actions sont admises aux négociations sur un marché réglementé comme Euronext, les droits de vote double sont la règle, sauf clause contraire des statuts adoptés postérieurement à la promulgation de la loi.

Cette disposition de la loi Florange a fait couler beaucoup d'encre. Les opposants à la loi y ont vu une manœuvre de l'État qui, sous prétexte d'encourager l'investissement de long terme dans les entreprises, se serait surtout préoccupé de renforcer ses positions dans les entreprises dont il est actionnaire.

De fait l'État, par le biais de l'APE (Agence des participations de l'État), profite lui aussi pleinement de ces dispositions : 88,83 % des droits de vote à EDF avec 83,67 % du capital, 33,84 % des droits de vote avec 23,64 % du capital à Engie, 22,7 % des droits de vote à Air France-KLM avec 14,3 % du capital, 28,60 % des droits de vote avec 15,01 % du capital chez Renault (ce qui déplaisait beaucoup à l'ancien président Carlos Ghosn).

De nombreuses sociétés, grandes et moyennes, dont certaines appartiennent au CAC 40 (Air Liquide, BNP Paribas, Capgemini, etc.) ont écarté la mise en place des droits de vote double par l'adoption d'une résolution visant à maintenir les droits de vote simple.

Exemple

Tous les ans, on peut trouver des exemples d'assemblées générales conflictuelles. Remontons un peu dans le temps et prenons quelques exemples qui ont laissé des traces dans la mémoire des investisseurs. Le 8 décembre 2011, l'assemblée générale des actionnaires de Foncière Paris France, cible d'une OPA hostile, n'a pas donné son accord à l'adoption des armes anti-OPA que les dirigeants proposaient. Plus récemment, le 19 octobre 2016, l'assemblée de SoLocal (ex-Pages Jaunes), a duré six heures : dans cette entreprise en net redressement mais très endettée, où les actionnaires individuels représentaient 60 % du capital, la direction a vu son plan de désendettement rejeté parce que les actionnaires étaient appelés à « remettre au pot » lors d'une augmentation de capital, sinon ils risquaient d'être gravement « dilués » (leur poids dans le capital chutant fortement) du fait de la conversion d'une partie de la dette en actions. Petit rappel : l'action du groupe était alors descendue un peu au-dessus de 3 € après être montée à plus de 130 € en 2007... Après avoir obtenu l'accord de trois des principaux créanciers sur un plan révisé, la direction a convoqué une nouvelle assemblée générale extraordinaire le 15 décembre et le plan de restructuration financière a été adopté.

Ces quelques exemples le montrent : la réunion de routine se transforme parfois en un événement de grande importance dans la vie de la société. Le lecteur qui aurait des doutes sur ce point devrait relire l'histoire d'Eurotunnel : cette réalisation, splendide sur le plan technique et d'un intérêt économique évident, a été une aventure ruineuse pour beaucoup d'épargnants ; ses assemblées générales ont été les plus tumultueuses que l'on ait connues ici depuis celles qui avaient suivi l'annonce des opérations sur le capital d'Usinor et Sacilor en 1986. La situation s'est heureusement stabilisée depuis quelques années.

D'une façon générale, les assemblées générales se sont plutôt bien passées au cours de la période récente. De plus en plus souvent, on voit que les dirigeants d'entreprises cotées, lorsqu'ils sentent que des problèmes risquent de se poser, essaient de déminer le terrain et de trouver un terrain d'entente avec les actionnaires les plus remuants avant la réunion. Mais même par temps calme, même lorsque les assemblées générales ne se transforment pas en champ de bataille, elles peuvent donner leur approbation à des mesures extrêmement importantes pour la vie de l'entreprise, qu'il s'agisse de l'affectation du bénéfice ou de dispositions concernant les statuts. Un actionnaire qui s'en désintéresserait pourrait avoir de mauvaises surprises. Il est toujours dangereux quand on a le droit de vote de ne pas s'en servir : on risque d'avoir à le regretter. Il arrive parfois que, pour des raisons techniques, des votes ne soient pas pris en compte. Cela s'est vu notamment pour sept sociétés du CAC 40 en 2018. Pour éviter de tels incidents, qui pourraient avoir un impact très négatif sur la démocratie actionnariale, l'AMF a été amenée à émettre en octobre 2018 de nouvelles recommandations très concrètes pour « renforcer la transparence et l'effectivité du vote des actionnaires en assemblée générale ».

## Des pouvoirs accrus pour des actionnaires de plus en plus contestataires

Des sociétés d'un genre nouveau prennent de plus en plus d'importance : ce sont les agences de conseil de vote. Ces sociétés analysent très attentivement les rapports annuels des entreprises et les résolutions présentées au vote des actionnaires en assemblée générale. Elles attirent l'attention des investisseurs sur les résolutions dont l'adoption pourrait aller contre leurs intérêts et leur donnent des conseils très précis : votez telle résolution, ne votez pas telle autre, etc.

Leurs travaux sont d'autant plus appréciés qu'il y a de plus en plus d'investisseurs activistes, c'est-à-dire d'investisseurs professionnels qui entendent bien se servir de leur droit de vote pour peser sur les décisions des dirigeants.

Quant au vote des actionnaires sur la rémunération des dirigeants, il était facultatif auparavant (c'était une recommandation du code Afep-Medef de gouvernement d'entreprise des sociétés cotées) et purement indicatif : le conseil d'administration n'était pas obligé d'en tenir compte. Mais les choses ont changé : ce vote est devenu une contrainte légale dans le cadre de la loi Sapin 2 relative à la transparence, à la lutte contre la corruption et à la modernisation de la vie économique. Avec cette loi, votée en novembre 2016, tant le mode de calcul que le montant des rémunérations des dirigeants sont désormais soumis au vote des actionnaires et ce double vote s'applique à toutes les entreprises cotées sur Euronext.

Comment se déroule ce double vote ? En année N, l'assemblée des actionnaires se prononce sur le mode de calcul des rémunérations fixes et variables des présidents, directeurs généraux et directeurs généraux délégués (vote *ex ante*). En cas de vote négatif, le conseil d'administration doit soumettre une nouvelle proposition à la prochaine assemblée. Tant que l'assemblée n'a pas approuvé cette politique de rémunération, le dirigeant est rémunéré suivant l'ancienne politique ou conservera la rémunération attribuée au titre de l'exercice précédent. Puis, en année N+1, l'assemblée se prononce sur le montant des rémunérations fixes et variables versées ou attribuées au titre de l'année N (vote *ex post*). En cas de vote négatif de l'assemblée, la rémunération fixe n'est pas remise en cause, mais les rémunérations variables et/ou exceptionnelles ne peuvent être versées. C'est le cas si l'assemblée estime qu'une rémunération variable ou exceptionnelle a atteint un montant trop élevé, alors même qu'elle a approuvé en année N les critères de détermination de cette rémunération. On constate que ces votes sur les rémunérations passent généralement avec des scores honorables, mais les actionnaires minoritaires sont loin d'approuver sans réserve les résolutions proposées. Lors des assemblées de 2019, les politiques de rémunération future de cinq sociétés du CAC 40 ont été approuvées avec moins de 80 % des suffrages. Pour tenir compte de la directive européenne sur le droit des actionnaires, il est envisagé que les actionnaires ne soient plus appelés à se prononcer sur une politique annuelle, mais sur une politique à trois ou quatre ans.

# Participer aux augmentations de capital

Parmi les décisions importantes concernant la vie du titre qui doivent être prises en assemblée générale extraordinaire figurent notamment les augmentations de capital. Ce sujet sensible est fréquemment abordé par tous ceux qui critiquent la Bourse et s'interrogent sur son utilité réelle. Le reproche peut être ainsi formulé : on dit que la Bourse sert à financer les entreprises, mais, dans la réalité, ceux qui achètent des actions sur le marché ne s'intéressent qu'aux plus-values potentielles et au dividende et ne sont pas du tout soucieux d'apporter du capital permettant de développer l'entreprise. La preuve ? Ils ne manifestent pas toujours un grand entrain à souscrire aux augmentations de capital.

La question est intéressante. On l'a vu dans les précédents chapitres : ce qui compte pour un actionnaire, c'est la rentabilité des capitaux propres, qui se traduit *in fine* par un certain niveau de bénéfice par action. Alors, c'est vrai, les actionnaires sont toujours inquiets quand les dirigeants de l'entreprise proposent une augmentation de capital. C'est évidemment le cas lorsque l'entreprise ne va pas bien, qu'elle a « mangé » son capital et qu'elle demande aux actionnaires de « remettre au pot » pour assurer sa survie ; là, on comprend que les actionnaires aient quelques hésitations. Mais il est vrai aussi que les augmentations de capital ne suscitent pas non plus l'enthousiasme même dans l'hypothèse d'une entreprise en bonne santé, qui demande de l'argent frais pour financer de nouveaux développements. Légitimement, les actionnaires se posent la question de savoir si les nouveaux investissements vont être aussi rentables que les précédents : qu'il s'agisse d'un développement par *croissance interne* (l'entreprise renforce les activités existantes ou en crée de nouvelles) ou par *croissance externe* (l'entreprise en rachète d'autres), le changement de taille risque de ne porter ses fruits que dans un délai éloigné ; les dirigeants de l'entreprise peuvent avoir la folie des grandeurs et ne pas avoir fait des prévisions de retour sur investissement très réalistes. Les réticences de l'actionnaire auquel on demande de faire un effort sont, *a priori*, très compréhensibles : il appartient aux dirigeants de l'entreprise de bien plaider leur dossier et de le convaincre de les suivre.

**Attention**

Lorsque le principe de l'augmentation de capital est accepté par les actionnaires, il reste à en étudier les modalités et à décider si l'on participera ou non à l'opération. Car l'actionnaire qui ne participe pas à l'augmentation de capital est « dilué » : ses actions représenteront un pourcentage plus faible du capital augmenté et, à bénéfice inchangé, la part pouvant lui revenir sera plus petite.

Pour toutes ces raisons, la perspective d'une augmentation de capital est en général accueillie avec une certaine réserve par le marché ; la première réaction est souvent une baisse des cours. Pourtant, ces opérations sont à suivre de près et il est souvent intéressant d'y participer. Voyons comment cela se passe.

## Le droit préférentiel de souscription

Un actionnaire qui ne souscrit pas à une augmentation de capital se retrouve « dilué », nous venons de le voir. Il est donc important que, au cas où une telle opération aurait lieu, l'entreprise lui donne la possibilité de participer de façon prioritaire à l'augmentation de capital. Ensuite, il sera libre d'accepter cette proposition ou de la refuser.

Ce droit prioritaire de participer à l'augmentation de capital se matérialise sous la forme d'un droit prioritaire de souscription (DPS) attaché à chaque action ancienne. Par exemple, une société peut proposer à ses actionnaires de souscrire à une action nouvelle à un prix d'émission donné (inférieur aux derniers cours de l'action ancienne) pour quatre actions anciennes détenues. À ce moment-là, un droit de souscription sera « détaché » ; *de facto*, l'action ancienne sera séparée en deux parties : une action ex-droit et un droit de souscription. L'actionnaire aura alors le choix entre plusieurs solutions.

### Souscrire ou ne pas souscrire, telle est la question

La première est de souscrire à l'augmentation de capital. Mais, là encore, l'actionnaire aura plusieurs possibilités, car il n'est pas sûr que le nombre d'actions qu'il détient soit un multiple de quatre, pour reprendre notre exemple (les titres qui viennent en surplus du multiple constituent ce qu'on appelle les « rompus »). Si, par exemple, il détient sept actions, il peut faire le choix de ne souscrire qu'à une action nouvelle et de revendre les trois droits de souscription qu'il n'utilisera pas ; mais il peut aussi choisir d'acheter un droit de souscription supplémentaire de façon à pouvoir acheter deux actions nouvelles. Cela, c'est pour la partie de l'offre dite « irréductible », c'est-à-dire celle à laquelle on participe en utilisant les droits de souscription auxquels on a droit. Mais on peut choisir aussi de participer à l'opération en souscrivant à titre « réductible », c'est-à-dire en souscrivant plus d'actions que ce qu'autorise le nombre de DPS reçus. Dans ce cas, comme l'indique le libellé de ce type de souscription, l'ordre que l'on passe ne sera pas forcément servi de façon intégrale. Tout dépendra de la demande des autres porteurs de DPS.

L'autre solution consiste à ne pas souscrire, pour des raisons diverses : désir de ne pas renforcer sa position sur cette valeur, manque de liquidités, etc. Alors l'actionnaire vend ses droits de souscription. Évidemment, il sera « dilué », avec une conséquence inéluctable : les actions qu'il détient vont perdre un peu de leur valeur. En effet, la valeur en Bourse de la société ne change pas, simplement elle est répartie en un nombre de titres plus grand qu'avant, donc chaque titre vaut moins cher. La vente des droits permet à l'actionnaire de compenser cette baisse du cours.

## Le DPS a une valeur

Que vaut le droit de souscription ? Ce droit représente la différence entre le cours de l'action ancienne et le cours théorique de l'action nouvelle. Le calcul est assez simple : si, dans notre exemple, l'action ancienne est cotée 100 et que l'action nouvelle est vendue au prix d'émission de 80 pour quatre actions anciennes, celui qui achète une action nouvelle se retrouve avec cinq actions, quatre à une valeur de marché de 100 et une acquise à 80, soit au total 480 pour cinq actions, donc un prix moyen de 96 ; la différence entre le cours de l'action ancienne (100) et le cours théorique futur (96) donne la valeur du droit de souscription de 4.

Ce calcul est intéressant, car les droits de souscription sont souvent (mais plus systématiquement) cotés en Bourse pendant les cinq premiers jours au minimum de la période de souscription et peuvent tomber en dessous de leur valeur théorique. Il peut être intéressant d'en profiter, en faisant toutefois attention à un point : acheter des DPS sur le marché peut se révéler très coûteux en raison des frais de courtage (la société peut demander que les droits soient négociés sans frais de courtage). Dans le cas où les droits ne sont pas cotés, ceux qui ne les utilisent pas ou ont des rompus sont crédités du montant de leur valeur.

Petit exemple de ce que peuvent représenter les frais de courtage dans ce genre d'opération. Lorsqu'Air Liquide a procédé à une augmentation de capital à l'automne 2016, un actionnaire qui a vendu cinq droits de souscription pour un total de 13,24 € a été débité de 7,30 € de frais et commissions par sa banque. Gain net de l'opération : 5,94 €…

**Exemple**

Ce type d'augmentation de capital est très fréquent dans l'univers des petites et moyennes valeurs qui veulent financer leur développement. Encore faut-il que l'environnement boursier soit favorable aux appels au marché, ce qui n'a pas toujours été le cas dans les années récentes. Mais, quand elles ont lieu, ces opérations sont souvent intéressantes. Citons l'exemple d'Orpea, groupe spécialisé dans la prise en charge de la dépendance (cliniques psychiatriques et de soins de suite, maisons de retraite) qui a lancé le 15 novembre 2011 une augmentation de capital avec DPS dans la proportion d'une action nouvelle pour quatre anciennes, à un prix de 19,15 €, inférieur de 38 % au cours de clôture de la veille (30,89 €). Le groupe paraissait avoir un avenir assuré dans un secteur où la demande est forte ; le prix a été jugé attrayant, l'augmentation de capital a été sursouscrite : la demande de titres a dépassé l'offre de 57 %. Certes, l'annonce de l'augmentation de capital a fait immédiatement chuter le cours du titre, ce qui est normal comme nous l'avons expliqué précédemment, mais les actionnaires qui ont souscrit à l'opération ne l'ont pas regretté : le titre est monté jusqu'à 125€ en juillet 2018.

Quand le cas se présente, vous devez lire attentivement la note de présentation de l'opération. La société doit fournir tous les calculs dont nous venons de parler : elle doit indiquer quelle sera la valeur théorique du DPS et celle de l'action ex-droit. Disposant de ces éléments, vous pouvez faire votre choix en toute connaissance de cause.

## Les autres formes d'augmentation de capital

Toutes les augmentations de capital ne se font pas selon la procédure que nous venons de voir. Beaucoup de sociétés cherchent à réaliser ces opérations à des conditions de prix beaucoup plus proches des prix de marché ou à profiter de l'occasion pour élargir leur actionnariat. C'est d'ailleurs un sujet fréquemment abordé lors des assemblées générales. Car une société ne peut pas procéder à une augmentation de capital sans en avoir obtenu l'autorisation de ses actionnaires, et il ne peut y avoir abandon du droit préférentiel de souscription sans accord de ceux-ci.

L'entreprise peut en effet avoir envie de faire entrer dans son capital un partenaire nouveau qui apportera de l'argent frais ou fera un apport en nature (usine, activité nouvelle). On parle alors d'« augmentation de capital réservée ». Cette façon de procéder n'est guère favorable aux anciens actionnaires, dont la part dans le capital se retrouve diluée, mais cela peut être la moins mauvaise des solutions : par exemple, si l'entreprise ne va pas bien et si ses actionnaires ne se montrent pas enclins à « remettre au pot », l'entrée d'un nouveau partenaire peut permettre de sortir de la crise.

Lorsqu'une société veut faire un appel large au marché sans utiliser la formule des droits préférentiels de souscription, elle peut donner à ses actionnaires un droit de priorité, qui n'est pas négociable sur le marché et qui est en général à exercer dans un laps de temps assez court ; une fois le délai passé, l'augmentation de capital est ouverte à tous. Dans tous les cas où il n'y a pas de DPS, les droits des actionnaires anciens sont protégés par le fait que les actions nouvelles ne peuvent être émises à des prix trop avantageux : la décote ne peut excéder 5 % par rapport à la moyenne des cours des trois jours de Bourse précédant l'opération.

## Valeur nominale et prime d'émission

Généralement, en cas d'augmentation du capital, il est précisé que le prix d'émission des actions nouvelles comporte le nominal de l'action auquel s'ajoute une prime d'émission. Cette prime d'émission peut s'assimiler à un droit à payer par le souscripteur pour tenir compte du fait que la société vaut plus qu'au moment où elle s'est constituée, la valeur nominale correspondant à la valeur du titre au moment de la création.

**La valeur nominale** est la quote-part du capital social représentée par une action. Elle est égale au montant du capital social divisé par le nombre total d'actions. Elle est parfois appelée « le pair ». La valeur nominale est normalement fixée dans les statuts de l'entreprise. Toutefois, afin de faciliter la conversion du capital social des sociétés en euros, la loi n° 98-546 du 2 juillet 1998 a supprimé l'obligation pour les sociétés par actions de mentionner dans leurs statuts le montant nominal des actions. Lorsqu'elles sont émises sans valeur nominale, elles sont dites de « quotité » : leur valeur est exprimée sous forme d'une fraction du montant du capital social.

Lorsqu'une société se développe et que son cours de Bourse s'élève fortement, elle peut décider de diviser le nominal de ses actions par 2, 3 ou plus ; à capital inchangé, cela conduit à multiplier par 2, 3 ou plus le nombre des actions. Chaque actionnaire recevra alors, par exemple, 2 actions nouvelles à la place d'une action ancienne. Pour lui, cela ne changera rien mais, mécaniquement, le cours de l'action sera divisé par deux, ce qui la rendra plus accessible.

Lors d'une augmentation de capital, **la valeur d'émission** est généralement supérieure au pair, comme nous venons de le voir. Les souscripteurs sont tenus de verser, en plus de la valeur nominale, la prime d'émission, qui est la contrepartie du droit à bénéficier des réserves déjà constituées par la société.

Il arrive aussi que des sociétés veuillent émettre des actions nouvelles à un prix supérieur aux cours de marché. Évidemment, cela ne peut être accepté que contre la remise d'un cadeau, en l'occurrence un bon de souscription, négociable sur le marché, qui donne le droit de souscrire à une autre action de la société à un prix d'exercice déterminé et dans une période de temps donnée (souvent assez longue). Ces bons de souscription peuvent d'ailleurs être attachés aussi à des obligations. Nous aurons l'occasion d'en reparler.

Dans tous les cas, le lecteur l'aura compris, l'actionnaire a intérêt à être vigilant et, lors des assemblées, à ne pas abandonner ses droits préférentiels de souscription sans avoir obtenu de solides explications sur les projets de la société.

Attention

Attention. L'article 11 de l'ordonnance du 22 janvier 2009 permet de procéder à une augmentation de capital sans droit préférentiel de souscription par placement privé, à l'intention d'investisseurs qualifiés ou d'un cercle restreint d'investisseurs, dans la limite de 20 % du capital social par an. L'objectif clairement affiché est de faciliter le recours des sociétés à ce mode de financement plus rapide et plus simple qu'une augmentation de capital par offre au public. La direction de l'entreprise peut alors agir très vite si elle en a l'opportunité et si l'assemblée générale des actionnaires lui a préalablement accordé une délégation de pouvoir.

# Profiter des gestes de l'entreprise envers ses actionnaires

Sur des marchés parfois très volatils, l'entreprise a tout intérêt à essayer de fidéliser ses actionnaires. En effet, toutes les études le montrent, ces derniers sont de plus en plus prompts à vendre leurs titres à la première alerte et, à la différence des actionnaires individuels, qui manifestent souvent un certain attachement à l'entreprise dans laquelle ils ont choisi de placer leur argent, les investisseurs professionnels n'ont pas d'états d'âme ; la moindre défaillance est immédiatement sanctionnée.

## D'abord, le dividende

Le meilleur moyen de faire plaisir à ses actionnaires, c'est indiscutablement de leur verser un bon dividende. Dans l'ensemble, les sociétés essaient de lisser leurs dividendes, c'est-à-dire de ne pas les faire trop varier. Si l'année est bonne, on abaisse le taux de distribution (c'est-à-dire la partie du bénéfice qui est distribuée aux actionnaires en pourcentage du bénéfice total) de façon à avoir une progression modérée du dividende. Quand l'année est moins bonne, on augmente le taux de distribution et, le cas échéant, on puise dans les sommes mises de côté au cours de l'exercice précédent (le *report à nouveau*, qui n'a été ni distribué ni affecté aux réserves) de façon à ne pas avoir à réduire le dividende. Dans les périodes difficiles, comme ce fut le cas entre 2008 et 2011, les entreprises ont eu à cœur de tenter (en vain) de rassurer leurs actionnaires en faisant des efforts pour stabiliser les résultats financiers et le dividende distribué.

Technique

En principe, c'est simple : le dividende va au propriétaire de l'action. Dans la pratique, c'est un peu plus compliqué. Souvenez-vous : quand nous avons parlé de la convocation aux assemblées générales, nous avons dit que le transfert de propriété d'une action n'intervient que trois jours après la date de l'exécution de l'ordre. Encore faut-il préciser que ce délai est compté en jours boursiers : si vous achetez une action à la veille d'un week-end, vous devez rajouter deux jours. Quelle est la conséquence de tout cela pour le dividende? Si vous achetez une action à la veille du paiement, vous pouvez toujours attendre, vous ne toucherez rien, car vous ne serez pas considéré juridiquement comme propriétaire de l'action !

Pour vous éviter de tomber dans ce piège, deux dates sont indiquées dans les agendas des actionnaires : la date du détachement du dividende et celle de sa mise en paiement. Si vous voulez toucher le dividende, vous devez avoir acheté l'action au plus tard la veille de la date du détachement. Entre le jour du détachement et le jour du paiement, l'achat porte sur une action « droit détaché », c'est-à-dire ne donnant pas droit au versement à venir du dividende. Il vaut mieux le savoir !

## Le dividende majoré par une prime de fidélité

Pour se donner des moyens supplémentaires de fidéliser leurs actionnaires, des entreprises ont imaginé un système de dividende majoré au profit de ceux qui détiennent leurs titres depuis un certain temps. Cette pratique est encadrée par une loi de 1994 qui en précise les modalités et les conditions : on ne peut imaginer en effet que des dirigeants puissent adopter sans contrôle des dispositions en contradiction avec la règle de base de l'égalité de traitement entre les actionnaires.

Le principe du dividende majoré doit donc figurer dans les statuts de l'entreprise, ce qui implique qu'il soit adopté par une assemblée générale extraordinaire. Le taux de majoration, lui aussi voté par l'assemblée, ne peut dépasser 10 % du dividende normal. Enfin, pour en profiter, les actionnaires doivent avoir fait inscrire leurs *titres au nominatif* (dans les registres de la société) depuis au moins deux ans.

Cette idée n'a pas obtenu le succès escompté : les actionnaires n'ont guère apprécié la lourdeur de la procédure (l'inscription au nominatif pendant au moins deux ans) ; même si, dans la pratique, il leur arrive de garder des titres pendant au moins deux ans, ils préfèrent garder leur liberté d'action (sans jeu de mots !).

Au total, seules quelques sociétés cotées ont adopté le principe du dividende majoré. Citons notamment Air Liquide, Crédit Agricole, EDF, L'Oréal, Lafarge et Seb.

## Le dividende prioritaire

Une action donne à son propriétaire un droit de vote, qui peut être décisif en certaines circonstances. Par exemple, lorsqu'une entreprise veut en racheter une autre et lance une OPA (offre publique d'achat, voir au chapitre 11), les actionnaires de l'entreprise cible sont consultés et doivent dire s'ils acceptent ou rejettent cette offre. Si les dirigeants de cette entreprise cible sont hostiles à l'OPA, mais ne contrôlent qu'une partie modeste du capital, ils peuvent être mis en minorité devant l'assemblée des actionnaires. Pour éviter de se retrouver dans cette situation désagréable, des entreprises, généralement contrôlées par une famille ou un actionnaire minoritaire, ont eu recours à une possibilité offerte par la loi : créer des *ADP*, actions à dividende prioritaire. Le principe est simple : aucun droit de vote n'est rattaché à l'ADP, mais, en compensation, son porteur a droit à un dividende plus élevé que les autres actionnaires. La majoration peut être fixée à l'avance de deux façons : ou en pourcentage, ou en valeur absolue (en euros ou en centimes d'euros). Dans tous les cas, l'écart peut être considérable, de 50 % ou davantage. Si le bénéfice de l'exercice passé ne permet pas d'accorder cette rémunération supplémentaire, celle-ci devra être versée au cours des trois années suivantes en plus du dividende de l'année (c'est ce qu'on appelle le *dividende cumulatif*). Et si l'entreprise, en difficulté, ne peut verser de dividende pendant trois années consécutives, l'ADP retrouve son droit de vote.

Le saviez-vous

En théorie, l'idée est séduisante. Renoncer à son droit de vote en échange d'une rémunération plus élevée devrait intéresser les épargnants qui souhaitent améliorer le rendement de leur placement. Dans les faits, c'est plus compliqué : les actionnaires répugnent à perdre ce droit qui peut être extrêmement rémunérateur en cas d'OPA. Résultat : les ADP se négocient sur le marché à un cours beaucoup plus bas que les actions ordinaires. Après avoir connu un certain succès, les ADP sont aujourd'hui une espèce disparue.

## Le dividende en actions

Pour le paiement du dividende, l'entreprise peut proposer deux options à ses actionnaires : en numéraire (c'est la forme habituelle : le montant est versé sur votre compte) ou en actions. Cette dernière option doit faire l'objet d'une résolution inscrite à l'ordre du jour de l'assemblée générale ordinaire annuelle et votée à la majorité simple. Contrairement au dividende majoré qui est inscrit dans les statuts de la société après un vote à la majorité des deux tiers et donc reconduit automatiquement année après année, cette possibilité de paiement du dividende en actions doit être votée chaque année.

Cette formule permet à l'entreprise d'utiliser une partie de ses bénéfices pour augmenter son capital et à l'actionnaire de renforcer sa position en actions de cette société, s'il le souhaite, sachant que le prix des actions nouvelles ainsi souscrites ne peut être inférieur de plus de 10 % à la moyenne des cours des vingt séances de Bourse précédant l'assemblée générale, moyenne diminuée du montant du dividende annoncé. Si le montant des dividendes que vous devez toucher ne vous permet pas d'acheter un nombre entier d'actions, deux solutions vous sont proposées : ou vous arrondissez votre achat au nombre inférieur et vous touchez une soulte (un complément en numéraire) ou vous effectuez un versement complémentaire pour obtenir une action de plus.

Après l'assemblée générale, vous disposez d'une période de quatre semaines au maximum pour vous prononcer en faveur du paiement en actions et, en l'absence de réponse, le paiement se fait en numéraire.

Cette formule intéressante n'a pas obtenu un très grand succès. Il faut dire qu'elle ne plaît guère aux investisseurs institutionnels, qui préfèrent le paiement du dividende en numéraire. Total, qui faisait partie du petit nombre d'entreprises du CAC 40 proposant chaque année un dividende en actions, y a renoncé en 2019.

## Le charme discret des actions gratuites

Un autre geste plaît toujours aux actionnaires : la distribution d'actions gratuites (la magie du terme « gratuit » !). Une entreprise qui a réalisé des bénéfices, ne les a pas entièrement redistribués à ses actionnaires et a constitué des réserves peut très bien décider d'augmenter son capital en y incorporant tout ou partie de ces réserves.

À retenir

Elle proposera alors à ses actionnaires des actions gratuites attribuées proportionnellement au nombre d'actions qu'ils détiennent déjà. Comme dans toute émission d'actions nouvelles, cela se traduit par la création d'un droit, qui n'est pas en l'occurrence un droit de souscription, mais un droit d'attribution. Comme les droits de souscription, ces droits d'attribution ne sont plus obligatoirement négociables. Ceux qui ne possèdent pas le bon nombre de droits permettant d'obtenir des actions nouvelles (par exemple, ceux qui possèdent quinze actions et donc quinze droits d'attribution dans le cas d'une action gratuite pour dix anciennes) se verront remettre le nombre d'actions nouvelles auquel ils ont droit (une, dans notre exemple) plus une compensation en numéraire correspondant aux « rompus », c'est-à-dire aux droits d'attribution inutilisables (cinq dans notre exemple).

Évidemment, cette création d'actions nouvelles entraîne une baisse des cours. Mais cela est sans incidence pour l'actionnaire, puisque cette baisse est compensée par le nombre plus élevé de titres qu'il détient désormais en portefeuille. Et cette opération est d'autant plus favorablement accueillie qu'elle constitue un signe doublement intéressant. Premièrement, la société se soucie de ses actionnaires. Deuxièmement, elle est prospère et elle a confiance dans l'avenir : si elle n'avait pas la perspective d'améliorer encore ses résultats, elle ne prendrait pas le risque, en augmentant le nombre de ses titres, de faire baisser son ratio de bénéfice par action.

La conclusion est claire : peu de sociétés peuvent se permettre de mener une telle politique. Les distributions d'actions gratuites sont assez peu nombreuses. Air Liquide est une des rares sociétés à procéder régulièrement à de telles opérations, à un rythme d'une année sur deux en principe.

## Les actions gratuites au profit des salariés

Il y a un point sur lequel les actionnaires et leurs associations de défense sont de plus en plus réservés : c'est la distribution d'actions gratuites aux salariés de l'entreprise. Non seulement ils redoutent d'être « dilués », ce qui est mauvais pour la performance de leur portefeuille, mais en plus ils craignent de perdre une partie de leur influence dans l'entreprise, ce qui pourrait avoir des conséquences non négligeables, en cas d'OPA par exemple (voir chapitre 11). Les plans d'attribution d'actions gratuites réservées aux salariés font donc l'objet d'un examen approfondi avant leur discussion en assemblée générale. Précisons toutefois que ces actions gratuites ne sont pas forcément dilutives : il faut voir si elles sont attribuées dans le cadre d'une émission d'actions nouvelles ou suite à un rachat par la société d'actions déjà existantes.

Si les actions détenues par les salariés représentent moins de 3 % du capital, le conseil d'administration (ou le directoire) doit soumettre aux actionnaires, en assemblée générale extraordinaire, une résolution d'augmentation de capital réservée à l'ensemble des salariés. Et tant que la participation des salariés est inférieure à 3 %, cette résolution doit être proposée aux actionnaires tous les trois ans.

De plus, quand une société anonyme envisage de lancer une augmentation de capital, elle doit prévoir aussi, lors de l'assemblée générale extraordinaire où cette résolution est soumise au vote, une augmentation de capital réservée à l'ensemble des salariés. Cette disposition s'applique quel que soit le niveau de participation des salariés au capital de la société, donc même s'il est déjà supérieur à 3 %. Les actionnaires peuvent, évidemment, voter contre ce type de résolution ; d'ailleurs, ils ne s'en privent pas.

Les actions proposées à l'ensemble des salariés sont rarement gratuites. Elles sont proposées avec une décote par rapport aux cours de marché qui doit être votée par l'assemblée générale ; la contrepartie de ce prix attrayant est l'engagement de conserver les titres pendant une certaine durée, précisée dans la résolution. Certaines sociétés proposent assez régulièrement de tels programmes réservés à leurs salariés.

Les actions gratuites, quant à elles, sont généralement réservées aux mandataires sociaux, cadres dirigeants ou membres du personnel remplissant certaines conditions définies (présence dans l'entreprise, performance, etc.). Elles ont de plus en plus tendance à remplacer les attributions de stock-options, à la mauvaise réputation et au régime fiscal plus complexe.

La loi « Reconquérir l'économie réelle » du 29 mars 2014 (loi Florange) veut encourager la distribution d'actions gratuites. Pour les attributions réservées à une catégorie de salariés et aux mandataires sociaux, la limite est maintenue à 10 % du capital social. Mais il est prévu que ce pourcentage peut être porté à 30 % lorsque l'attribution d'actions gratuites bénéficie à l'ensemble des membres du personnel salarié de la société. Dans ce cas, l'écart entre le nombre d'actions distribuées à chaque salarié ne peut être supérieur à un rapport de un à cinq.

La loi Macron pour la croissance, l'activité et l'égalité des chances économiques a apporté de nombreux changements. Pour les actions gratuites attribuées avant le 8 août 2015 (date de l'entrée en vigueur de la loi), les salariés n'en devenaient définitivement détenteurs qu'au terme d'un délai fixé par l'assemblée extraordinaire des actionnaires d'au minimum deux ans ; ensuite s'ouvrait un autre délai dit de conservation, fixé lui aussi par l'AGE et d'au moins deux ans également. Le salarié ne pouvait donc céder ses actions qu'au bout de quatre ans. Mais, pour les actions attribuées après le 8 août 2015, le délai minimum d'attribution a été ramené à un an et l'entreprise peut fixer une durée minimale de conservation, sachant que, en additionnant les deux délais (attribution et conservation), le salarié doit tout de même garder ses actions au moins deux ans avant de les vendre. La loi Macron a également modifié une nouvelle fois le régime fiscal des actions gratuites et il y a eu ensuite d'autres rebondissements sur ce point. Nous en parlerons au chapitre 16.

## Le rachat d'actions

Une autre façon pour une société de faire plaisir à ses actionnaires consiste à racheter ses propres actions et à les annuler. Moins d'actions sur le marché pour des performances financières inchangées, cela signifie un bénéfice par action et des ratios de valorisation plus élevés. En moyenne, selon une étude menée par JP Morgan, les cours des valeurs concernées réagissent par une augmentation de 15 % dans les deux mois qui suivent. Pour l'entreprise, c'est aussi une bonne opération : cela réduit le montant des capitaux à rémunérer.

**Technique**

Les rachats d'actions n'ont longtemps été autorisés que dans un cadre limité, notamment pour attribuer ces titres aux salariés dans le cadre de la participation. Une loi de septembre 1998 a largement élargi le cadre des possibilités et un règlement européen de 2003 a ensuite clairement précisé les règles du jeu dans le cadre de la directive Abus de marché. Dans l'esprit des autorités européennes, il s'agissait d'éviter que les entreprises ne s'en servent pour manipuler leur cours. Les opérations destinées à assurer la liquidité du titre en Bourse ou à animer son marché ne peuvent être menées par la société elle-même : elles doivent être confiées à une société de services d'investissement indépendante dans le cadre d'un *contrat de liquidité*. L'entreprise rachète ses actions et les confie à l'intermédiaire financier avec des liquidités, à charge pour lui de procéder à des ventes ou des achats de titres quand le marché est déséquilibré ; cela est particulièrement utile pour les valeurs moyennes ayant un marché étroit, l'investisseur étant moins réticent à s'intéresser à ces titres si un contrat de liquidité lui permet d'acheter et de vendre dans des conditions satisfaisantes. Une ordonnance de janvier 2009 a assoupli les règles entourant ces opérations de rachat quand elles visent simplement à favoriser la liquidité des titres. Pour préciser ces règles, l'AMF a publié le 2 février 2017 un « Guide relatif aux interventions des émetteurs cotés sur leurs propres titres et aux mesures de stabilisation » immédiatement applicable.

## Les stock-options, une bonne idée ou un scandale ?

Quand on parle de la rémunération des dirigeants des entreprises, la question des stock-options revient inévitablement sur le tapis. Tout le monde sait que le système existe et qu'il permet de gagner beaucoup d'argent. Mais comment ?

Pour parler en français, il s'agit d'options sur actions qui sont remises aux cadres de l'entreprise (très souvent, en fait, à un nombre limité de dirigeants) si la proposition a été votée en assemblée générale. Ces options permettent à leurs bénéficiaires d'acquérir des actions de l'entreprise à un prix déterminé à l'avance (le prix d'exercice) au-delà d'un certain délai. Ces actions peuvent être ensuite revendues immédiatement ou conservées.

En quoi ce système est-il intéressant ? La possibilité de gains est triple.

Le prix d'exercice est fixé en fonction du cours de l'action au moment où les options sont attribuées, souvent avec une décote. Par exemple, si l'action est cotée à 100 et si le prix d'exercice est fixé à 90, il y a dès le départ un gain potentiel de 10.

»

Ensuite, le jour où le bénéficiaire des options décide de les lever, c'est-à-dire d'exercer son droit d'acquérir les actions au prix déterminé à l'avance, le cours a encore progressé par rapport à celui de la date d'attribution. Si, pour reprendre notre exemple, le jour de la levée des options, le cours s'établit à 130, le gain potentiel s'établit à 30. Ces 30 € supplémentaires de gain potentiel représentent ce qu'on appelle la « plus-value d'acquisition ».

À ce moment-là, le bénéficiaire de stock-options peut décider de revendre immédiatement les actions qu'il vient d'acquérir. Mais il peut aussi décider de les garder. S'il les revend quelques années après à un cours de 150, il augmente son gain de 20, qui représente la plus-value de cession.

La distinction entre ces trois phases de formation de la plus-value mérite d'être connue : non seulement elle permet de comprendre l'intérêt des stock-options, mais elle sert de base à la réglementation fiscale (voir chapitre 16).

Sur le sujet, les idées évoluent très vite. Initialement présentées comme un excellent moyen d'encourager les dirigeants à faire toujours mieux, les stock-options ont été ensuite ressenties comme une incitation à des politiques de court terme : elles pousseraient les dirigeants à améliorer très vite les résultats, de façon parfois artificielle, pour réaliser des gains rapides et élevés, au détriment éventuel de l'avenir à long terme de l'entreprise. Cette mauvaise image a incité le législateur à alourdir la fiscalité des stock-options, qui ont cédé beaucoup de terrain face aux actions gratuites au cours des dernières années.

Une entreprise peut aussi racheter ses actions pour les attribuer à des programmes de remise d'actions gratuites ou d'options à ses salariés ou à ses dirigeants, ou pour les échanger contre celles d'une autre société dans le cadre de la gestion de sa croissance externe. En attendant leur emploi, les titres achetés figurent à l'actif du bilan ; ils représentent l'*autocontrôle*, c'est-à-dire le contrôle de la société sur son propre capital (ils perdent alors leur droit de vote). Dans tous les cas, ces opérations doivent être autorisées par une assemblée générale extraordinaire.

L'ampleur prise par les rachats d'actions en vue de leur annulation a suscité parfois de vives réactions. Décidée pour faire plaisir aux actionnaires, cette politique a été jugée de courte vue. Beaucoup d'analystes s'en sont émus en faisant la remarque suivante : les entreprises qui rachètent leurs propres actions n'ont-elles rien de mieux à faire de leur argent ? Sont-elles à court de projets rentables ?

Cette pratique a pris une ampleur phénoménale au cours des trente dernières années aux États-Unis, où un nouveau record a été battu en 2018 avec un montant total de rachats d'actions pour les sociétés du S&P 500 dépassant 1 000 milliards de dollars. L'influence de ces rachats sur les cours est telle qu'elle a conduit à la création d'un indice S&P 500 Buyback intégrant les cent valeurs du S&P 500 y ayant le plus recours.

Une précision : si les programmes de rachat d'actions portent sur plus de 10 % du capital, la société doit alors lancer une OPRA (offre publique de rachat d'actions). On quitte alors ce chapitre, consacré à ce que l'on pourrait appeler la « vie ordinaire de l'entreprise ». Nous le verrons donc au chapitre suivant, lorsque nous parlerons de tous les événements extraordinaires qui peuvent marquer la vie boursière d'une société, de la première cotation à la dernière, en passant par toutes les formes d'offres publiques.

**DANS CE CHAPITRE**

Les introductions en Bourse

•

Les batailles boursières : OPA, OPE, etc.

•

Le retrait de la cote

# Chapitre 11

# Les grands moments de la vie boursière

Les entreprises produisent et vendent, elles gagnent de l'argent ou en perdent, elles en informent leurs actionnaires et, le cas échéant, elles leur distribuent un dividende. Cela, c'est la vie normale de l'entreprise ; c'est ce que nous avons vu au cours du chapitre précédent. Suivre ces évolutions, tenter d'en profiter au mieux, en se plaçant au bon moment sur une valeur et en la vendant lorsque le vent commence à tourner, absorbe l'essentiel du temps que l'investisseur individuel consacre à la gestion de son portefeuille. C'est l'étude attentive de la vie au jour le jour des entreprises qui lui permet d'intervenir au moment opportun et, au fil des années, d'accroître la valeur de son patrimoine financier.

Mais, si l'on compare la liste des valeurs cotées à Paris aujourd'hui à celle d'il y a dix ans ou vingt ans, on constate immédiatement de profondes différences. Des entreprises de second rang se sont hissées au tout premier plan, d'autres qui ont fait la fortune d'une génération de boursiers sont sorties de la liste, de petites nouvelles surgissent, qui grandissent parfois très vite. Bref, la cote vit. De la naissance à la mort en passant par le mariage et parfois le divorce, la vie boursière connaît elle aussi ses grands moments. Des occasions se présentent, dont il faut savoir profiter.

Pour les saisir, il est souvent nécessaire d'avoir un minimum de connaissances techniques. Mais la difficulté n'est pas insurmontable : quand on a fait l'effort d'apprendre à lire un bilan ou un compte de résultat, on ne voit vraiment pas ce qu'il peut y avoir de compliqué dans les procédures d'introduction en Bourse ou dans la réglementation des OPA ! Cela dit, les explications qui vont suivre sont très simplifiées et ne comportent que les règles dont la connaissance est vraiment indispensable à tout investisseur.

## Miser sur les futures vedettes dès leur apparition

L'arrivée en Bourse d'une nouvelle société est toujours un événement. Les investisseurs avisés ne vont pas manquer de regarder s'il n'y a pas une bonne affaire en vue. Une entreprise nouvelle sur le marché, c'est peut-être une future vedette de la cote ; il faut donc s'y intéresser, voir ce qu'elle fait, juger de ses perspectives d'avenir, évaluer sa santé financière et le potentiel de hausse de son titre en Bourse.

La notion d'introduction en Bourse recouvre en fait des réalités très différentes. Qu'y a-t-il de commun entre la PME engagée dans les nouvelles technologies qui a besoin de lever des capitaux pour financer son développement et la grande entreprise nationale comme EDF ou GDF que le gouvernement a décidé de privatiser partiellement ou complètement ? Dans un cas, on a affaire à une entreprise que l'on ne connaît pas, ou que l'on connaît mal, parce qu'elle est encore jeune et que, de toute façon, elle n'intéressera que quelques centaines ou au mieux quelques milliers d'investisseurs. Dans l'autre cas, il s'agit d'une opération de portée nationale, voire internationale, qui se chiffre en milliards d'euros et concerne des millions d'épargnants. On ne joue pas dans la même catégorie. Sur Euronext Growth, une société peut même être introduite par « placement privé », sans offre au public : le but est de permettre à des entreprises, comme le précisent les textes, « d'acquérir un statut boursier, d'amorcer une liquidité entre professionnels ».

**Figure 11-1**
Les étapes d'une introduction en Bourse

*Source : lafinancepourtous.com et AMF*

## Les différentes procédures d'introduction

La question que l'on peut se poser d'abord est de savoir pourquoi il existe plusieurs procédures d'introduction. N'est-ce pas une complication inutile, une manipulation destinée à favoriser les professionnels et à écarter les investisseurs qui ne font pas partie du sérail ? En fait, il s'agit simplement de proposer des formules qui conviennent à une très grande diversité de situations. L'établissement financier qui se charge de piloter l'introduction en Bourse d'une société a ainsi la possibilité de retenir la formule qui semble la mieux adaptée à la situation de son client et à l'état du marché.

## Un double problème à régler

D'une part, il faut trouver un bon prix d'introduction. Une introduction en Bourse, c'est quoi ? C'est un propriétaire (l'État dans le cas d'une privatisation, un particulier, une famille ou des investisseurs privés dans les autres cas, les plus nombreux à défaut d'être les plus importants) qui cède ses titres, ou du moins une partie de ses titres, et les propose au public (en anglais, les introductions sont désignées par le sigle IPO, pour *Initial Public Offering*). Il peut aussi profiter de l'occasion pour émettre de nouvelles actions et augmenter le capital. Ce propriétaire est évidemment soucieux de réaliser cette vente dans les meilleures conditions pour lui. Quant à ceux qui s'apprêtent à participer à l'introduction et à acheter ces actions, ils pensent à l'avenir : quelles que soient les qualités de l'affaire mise sur le marché, ils ne sont pas prêts à payer un prix qui ne leur laisse pas entrevoir une possibilité de plus-value à un horizon plus ou moins rapproché ; il faut impérativement que le titre qu'on leur propose ait une belle vie boursière en perspective. La détermination du prix permettant de satisfaire ces exigences contradictoires n'est pas forcément évidente. On le sait : toutes les méthodes d'estimation de la valeur d'une entreprise n'aboutissent pas au même résultat ; elles permettent seulement d'établir une fourchette d'évaluation. La procédure d'introduction retenue doit conduire à un prix équilibré.

D'autre part, elle doit permettre de satisfaire au mieux la demande de titres, sachant qu'en cas de forte demande tout le monde ne pourra pas être servi ou, en tout cas, ne pourra pas avoir la quantité de titres voulue. Dans le cas d'une très grosse introduction, l'objectif est de parvenir à la répartition la plus satisfaisante possible entre investisseurs étrangers et nationaux, entre investisseurs institutionnels et particuliers. C'est la prise en compte de ce double objectif de prix et d'allocation des titres qui va déterminer le choix de la procédure et son déroulement.

## La cotation directe

Commençons par la plus simple. Dans ce cas, l'avis financier annonçant l'introduction précise simplement le nombre des titres qui doivent être cédés sur le marché le premier jour de cotation et le prix minimal auquel les introducteurs sont disposés à les céder. Les investisseurs intéressés répondent à l'offre en passant des ordres à cours limité, la limite étant nécessairement égale ou supérieure au prix minimal fixé, ou des ordres « au marché », qui ne comportent pas d'indication de cours, mais sont prioritaires. Le risque de présenter un ordre sans limite est connu à l'avance dans cette procédure : il est prévu que le premier cours coté d'introduction ne devra pas excéder d'un certain pourcentage, en général

10 %, le prix minimal annoncé. Par ailleurs, il est généralement prévu que les demandes devront être servies au moins à hauteur de 4 %. Si l'une ou l'autre de ces deux conditions ne peut être remplie, l'introduction doit être reportée et reprise avec d'autres conditions ou selon une autre procédure.

Cela explique que cette procédure soit surtout utilisée pour les titres dont l'évaluation ne pose pas trop de problèmes et où l'écart avec le prix minimal n'a pas de raison de prendre des proportions anormalement élevées ; c'est le cas notamment pour les obligations convertibles, dont nous aurons l'occasion de reparler. Car, il faut le préciser, les procédures d'introduction décrites ici ne s'appliquent pas seulement aux actions : elles concernent tous les titres financiers, quelle que soit leur nature, admis sur le marché.

Pour les actions, la cotation directe est rarement utilisée, sauf dans deux types de situation très différents. Le premier cas concerne des entreprises déjà cotées qui changent de marché, si elles passent par exemple d'Euronext Access à Euronext Growth ou d'Euronext Growth à Euronext, ou encore si une société déjà cotée à l'étranger décide de l'être aussi à Paris. Ces introductions ne posent pas de problème, car il y a déjà un cours de référence : celui enregistré la veille sur un autre marché. Le second cas concerne des actionnaires minoritaires de sociétés non cotées qui, en désaccord avec l'actionnaire majoritaire, décident de demander l'inscription de ces sociétés sur Euronext Access.

La cotation directe permet de coter des titres existants, elle ne permet pas des augmentations de capital. Elle ne comporte pas d'offre au public et est donc réservée aux investisseurs ayant la qualité de clients professionnels. Mais elle a un avantage réel : elle dispense de passer par un établissement financier et permet donc une économie substantielle.

## L'offre à prix minimal

Cette procédure s'apparente à une vente aux enchères : un certain nombre de titres sont mis en vente à un prix minimal. Pour participer à l'opération, il faut passer des ordres à cours limité à un niveau au moins égal à ce prix ; si le cours proposé s'inscrit à l'intérieur d'une fourchette établie après élimination des ordres extrêmes, on est servi, mais dans des proportions variables selon un barème établi par Euronext en fonction des ordres reçus. Ainsi, tout le monde ne paie pas le même prix, et le risque est grand d'avoir obtenu ses actions en proposant un prix qui se révélera trop élevé. Toutefois, si la demande de titres n'excède pas l'offre et donc qu'il ne se pose pas de problème de répartition, tous les ordres sont servis au prix minimal.

Cette technique, qui a eu son heure de gloire, existe toujours en théorie, mais elle n'est plus guère utilisée.

### L'offre à prix ferme

Selon cette procédure, l'avis émis par Euronext Paris annonçant l'introduction précise le nombre de titres qui seront mis sur le marché et leur prix de vente. La seule incertitude concerne alors le nombre de titres que chaque investisseur pourra obtenir. Au départ, l'émetteur peut se contenter d'indiquer une fourchette de prix, mais il doit alors annoncer un prix ferme et définitif au moins 48 heures avant le jour prévu pour la première cotation. Le jour dit, Euronext Paris centralise les ordres d'achat qui lui sont transmis par les intermédiaires financiers.

Comme tous ces ordres sont passés au même prix, ce n'est pas ce critère qui va départager les acheteurs. Euronext prévoit donc la possibilité de faire un tri en fonction de la qualité des investisseurs. On aura ainsi les ordres A, donnés par des particuliers, et des ordres B, donnés par les investisseurs institutionnels. Généralement, on distingue aussi deux sous-groupes : les ordres A1, qui ne peuvent porter que sur un nombre limité de titres (de l'ordre de 50 ou 100) et des ordres A2 qui peuvent porter sur un nombre illimité de titres. En fonction du rapport entre le nombre de titres mis sur le marché et le nombre de titres demandé, les ordres pourront être plus ou moins bien servis. Ils seront réduits (c'est-à-dire que chaque investisseur ne pourra obtenir qu'une fraction du nombre de titres demandé), mais un traitement préférentiel permettra aux ordres portant sur les quantités les plus faibles de ne pas subir un taux de réduction aussi élevé que les autres. Les ordres A1 seront mieux traités que les ordres A2 ou B. Pour donner un ordre de grandeur, il n'est pas rare que les institutionnels ne reçoivent qu'un titre pour cent demandés.

Très utilisée pour les premières privatisations et des inscriptions au marché libre (aujourd'hui Euronext Access), l'offre à prix ferme l'est beaucoup moins aujourd'hui.

### L'offre à prix ouvert (OPO)

Cette procédure est aujourd'hui la plus utilisée. Les conditions dans lesquelles elle peut être utilisée ont été profondément modifiées par des positions-recommandations de l'AMF du 30 juin 2009 puis du 21 janvier 2015 (document AMF DOC-2015-02). L'OPO, qui concerne les particuliers, est associée à une autre procédure dite de « placement global » qui concerne les professionnels.

La société qui veut céder une partie de ses titres (c'est la branche secondaire de l'offre, celle qui concerne la cession de titres existants) et augmenter le capital (c'est la branche primaire de l'offre, celle qui concerne la mise sur le marché de titres nouveaux) charge son intermédiaire financier d'organiser le placement de la majorité des titres auprès d'une clientèle d'investisseurs institutionnels. Parallèlement, une procédure d'offre est ouverte par Euronext, sous le contrôle de l'AMF (qui doit délivrer son visa sur le document de présentation, le prospectus, préparé par la société), pour permettre aux investisseurs individuels de participer à l'opération (l'AMF recommande que 10 % au moins des titres offerts leur soient réservés).

Il est alors proposé aux investisseurs de souscrire à un prix qui n'est pas le prix définitif et évolue au cours de l'offre. Selon les nouvelles règles en vigueur depuis 2015, l'émetteur peut se contenter d'indiquer dans le prospectus un prix maximum. Mais il peut aussi proposer une fourchette de prix assez large. Par exemple, la première année de la mise en œuvre de ces recommandations, on a vu Elis proposer une fourchette de prix de plus ou moins 22,6 % autour d'un prix pivot, tandis qu'Amplitude Surgical avait fait le choix d'une fourchette encore plus large : plus ou moins 27,5 % autour du prix pivot. Dans tous les cas, au minimum trois jours avant la clôture de l'offre, une information sur une fourchette de prix d'une amplitude maximum de plus ou moins 15 % autour d'un prix pivot doit être communiquée au marché (avant, cela a été 7,5 %, puis 10 %, l'AMF ayant souhaité introduire de plus en plus de souplesse). Cette fourchette peut comporter un prix maximum plus élevé que celui qui avait été indiqué au départ ; dans ce cas, une note complémentaire doit être préparée et soumise au visa de l'AMF.

L'ordre que l'on transmet à son intermédiaire financier porte simplement sur un nombre de titres, ou un montant total : l'ordre sera exécuté au prix qui résultera de la procédure. Pour les professionnels, dans le cadre du placement global, les ordres portent sur un nombre d'actions donné ou un montant et ils peuvent comprendre des conditions relatives au prix. Comme dans l'offre à prix ferme, les ordres peuvent être répartis en plusieurs groupes de façon à pouvoir réserver un traitement préférentiel aux plus petits.

La critique que l'on peut formuler à l'encontre de cette procédure est qu'elle conduit l'investisseur à devoir passer un ordre sans savoir exactement à quel prix celui-ci sera exécuté. S'engager à acheter à l'intérieur d'une fourchette peut vous amener en fait à voir votre ordre exécuté à la limite haute de celle-ci : or, plus l'introduction se fait à un prix élevé, plus les perspectives de plus-value à court terme sont réduites. En fait, dans cette procédure, ce sont les investisseurs institutionnels qui déterminent le prix car ils ont, à la différence des particuliers, le droit d'indiquer le prix qu'ils sont prêts à payer ; ce sont eux qui conduisent les introducteurs à fixer le cours à tel ou tel niveau à l'intérieur de la fourchette, voire à modifier cette fourchette.

Une amélioration substantielle a été apportée par l'AMF en 2015 et rapproche la situation des particuliers de celle des professionnels. Si l'on juge que le prix vers lequel on s'oriente est trop élevé, on peut demander à ce que l'ordre donné par Internet soit révoqué et cela jusqu'à la clôture de l'offre. Pour les ordres donnés par téléphone ou collectés directement en agence, c'est un peu plus compliqué et l'AMF demande simplement aux banques de faire un effort. Cela dit, il faut observer que les ordres donnés par les particuliers dans le cadre des OPO le sont à près de 90 % par Internet.

Que se passe-t-il si l'offre se déroule mal ou trop bien ? En cas de demande très faible, le montant de l'opération peut être réduit, mais en deçà de 75 % pour la branche primaire de l'offre, l'opération est purement et simplement abandonnée. En ce qui concerne la branche secondaire de l'offre, le nombre de titres offerts peut être réduit de 100 % (donc ramené à zéro). Au contraire, si la demande est très forte, une « clause d'extension » permet d'augmenter le nombre de titres émis de 15 %. Et, au cas où cette mesure ne semblerait pas suffisante, une option de « surallocation » peut augmenter le nombre de titres de 15 % supplémentaires et permettre de stabiliser le cours de l'action dans les jours qui suivent l'introduction. Dans ce dernier cas, la société donne à la banque qui organise l'introduction et le placement des titres le droit d'en acheter une quantité supérieure à celle qui était prévue. Si la demande de titres est forte, la banque peut ainsi allouer plus de titres aux investisseurs en exerçant son option. Dans le cas opposé, la banque n'exerce pas son option et achète les titres dont elle a besoin sur le marché, ce qui a pour effet de soutenir les cours. Dans les milieux boursiers, on emploie volontiers pour désigner cette option le terme *greenshoe*, tout simplement parce que la société Green Shoe Manufacturing Company a été la première, aux États-Unis, à utiliser cette technique.

## Quelques conseils

Attention

L'introduction d'un titre en Bourse peut être une bonne occasion à saisir. Mais cela peut constituer aussi une très mauvaise affaire. C'est surtout vrai pour les petites et les moyennes entreprises. Il faut impérativement lire toutes les informations concernant la nouvelle venue pour bien comprendre ce qu'elle fait, quelles sont ses perspectives, quel objectif de cours on peut raisonnablement fixer. Il est important aussi de comprendre pourquoi ses actionnaires actuels veulent l'introduire en Bourse : n'ont-ils pas simplement l'intention d'enregistrer une belle plus-value, en vendant maintenant parce qu'ils ne sont pas tout à fait sûrs de l'avenir ? N'y a-t-il pas un désaccord entre les membres de la famille fondatrice, l'entreprise ne risque-t-elle pas de perdre les dirigeants qui l'ont menée au succès ? Ou, dans un autre registre, l'engouement suscité par l'introduction de telle ou telle société ne risque-t-il pas de conduire à un prix trop élevé ? Si l'on a des doutes, il est peut-être plus raisonnable d'attendre, de voir comment le titre évolue une fois coté et, éventuellement, de l'acheter sur le marché.

Exemple

Cela dit, il n'est pas forcément plus facile d'avoir une idée claire de la valeur et des perspectives d'évolution d'une grande société. On peut rappeler ainsi le cas d'EDF. À l'origine, les analystes étaient plutôt réservés : selon leurs calculs, introduite à 32 € sur le marché en novembre 2005, la valeur était déjà bien valorisée et n'avait qu'une faible marge de progression. De fait, le titre a commencé sa carrière boursière par une baisse qui a beaucoup inquiété les 4,9 millions de particuliers qui en avaient acheté. Puis, très rapidement, la situation s'est retournée : avec la hausse du prix du pétrole, le producteur français d'électricité à la tête d'un vaste réseau de centrales nucléaires s'est imposé comme un bon pari sur l'avenir. Dix-huit mois plus tard, il enregistrait une progression de 150 % et franchissait le seuil de 80 € ; déjouant ainsi les pronostics des experts, il devenait la première capitalisation boursière du CAC 40. Il faut toutefois reconnaître que la suite des événements a été moins heureuse, puisque le titre est sorti du CAC 40 en décembre 2015 après avoir perdu environ 60 % de sa valeur par rapport à son prix d'introduction.

Avec certaines introductions de grandes valeurs, les actionnaires ont même eu le sentiment d'avoir été trompés. L'affaire Natixis en apporte un bon exemple. La filiale commune du groupe des Banques Populaires et de celui des Caisses d'Épargne avait été brillamment introduite en Bourse en décembre 2006. L'opération avait pris la forme d'une offre à prix ouvert accompagnée d'une offre de placement. L'OPO elle-même avait été précédée par une période de réservation d'une durée de trois semaines au cours de laquelle on pouvait réserver des titres en indiquant quel montant (au minimum 200 € et des sommes grimpant ensuite par tranches de 100 €) on entendait investir, sachant qu'on avait la possibilité de révoquer son ordre une fois connu le prix qui serait retenu pour l'OPO. L'opération a rencontré un accueil favorable du public, près de 2,9 millions de particuliers ayant acheté des titres au prix final de 19,55 €. Hélas, le titre a été emporté par la tempête financière des années 2007-2008 ; en septembre 2008, Natixis devait procéder à une augmentation de son capital, au prix de 2,25 €, et, en novembre, le titre tombait au-dessous de 1,30 €. En moins de deux ans, il avait perdu 93 % de sa valeur ! Il n'en a récupéré ensuite qu'une petite partie.

On aurait pu considérer que c'était un accident boursier comme il s'en produit malheureusement assez souvent : des gens avaient spéculé, ils avaient perdu, c'était dommage pour eux, mais c'est la dure loi de la Bourse. En réalité, ce n'est pas du tout de cela qu'il s'agit. Des gens de bonne foi, qui n'avaient souvent qu'une idée assez vague de ce qu'est la Bourse et n'avaient aucunement l'intention de spéculer, ont été trompés. Les titres avaient été vendus aux sociétaires des Banques Populaires comme un placement sans risque qui allait rapporter gros ; le message était le même dans les Caisses d'Épargne et, pour les clients de cet établissement, plus habitués au livret A qu'aux actions, il paraissait inimaginable que l'Écureuil pût leur vendre des titres à haut risque. Quand ils ont découvert que Natixis était très affecté par la crise financière venue des États-Unis, ils n'en ont cru ni leurs yeux ni leurs oreilles. Ils découvrirent un peu tard ce qu'est une banque d'investissement.

À retenir

La morale de l'histoire est très claire : la Bourse comporte toujours des risques ; il ne faut pas acheter d'actions si l'on n'est pas prêt à en prendre. D'une façon générale, il faut se méfier quand cette opération vous est proposée par votre banque, surtout quand celle-ci est partie prenante dans cette opération et qu'elle pousse ses employés à placer un maximum de titres. Et n'en voulez pas à votre guichetier : lui-même n'a probablement qu'une idée assez floue de la qualité du produit qu'il est chargé de vendre.

En 2018, 34 introductions en Bourse ont été réalisées : 7 sur Euronext, 17 sur Euronext Growth et 10 sur Euronext Access. L'année 2019 a été marquée par la privatisation de la Française des Jeux : l'État a cédé 52 % du capital dans le cadre d'un placement global destiné aux investisseurs institutionnels et d'une OPO destinée aux particuliers. Compte tenu de la vigueur de la demande, les titres ont été cédés au prix le plus élevé de la fourchette.

Pour les offres au public, en application d'un nouveau règlement du 21 juillet 2018, le seuil à partir duquel il est désormais obligatoire de publier un prospectus a été relevé de 5 à 8 millions d'euros. La règle selon laquelle il était requis d'établir un prospectus pour les offres d'un montant compris entre 100 000 euros et 5 millions d'euros et représentant plus de la moitié du capital a été supprimée.

# Le grand frisson des OPA et OPE

Une fois cotée, la société va continuer à se développer. C'est en tout cas le schéma le plus courant, même s'il y a des déceptions. Les entreprises qui vont en Bourse sont en moyenne plus dynamiques que les autres (même si des dirigeants d'entreprises dynamiques peuvent avoir de très bonnes raisons de ne pas se lancer dans cette aventure). La croissance se fait par croissance interne (en étendant son activité) ou externe (en rachetant d'autres entreprises pour mettre la main sur leurs compétences ou leurs parts de marché). Si l'entreprise visée n'est pas cotée, l'opération se fera par négociation avec ses propriétaires ; si elle est cotée, elle se fera par le biais d'une *OPA* (offre publique d'achat) ou d'une *OPE* (offre publique d'échange). Dans ce domaine, les situations peuvent d'ailleurs évoluer très vite : une société qui a lancé des OPA sur d'autres peut ensuite à son tour être la cible d'une OPA.

## Quelques notions préalables

Le saviez-vous

Qu'est-ce qu'une OPA ? C'est une opération par laquelle une société vise à prendre le contrôle d'une autre en appelant ses actionnaires à lui vendre leurs titres. Cette opération se fait publiquement, sous le contrôle des autorités boursières. Pendant une durée déterminée, l'initiateur de l'OPA (la société acheteuse) s'engage à acheter toutes les actions de la société cible (la société qui risque d'être achetée) à un prix donné (les vendeurs de titres seront alors payés en numéraire) ou en échange d'un nombre donné de ses propres actions (on parle alors d'une OPE). Dans la pratique, une offre publique peut combiner une OPA et une OPE : les actions achetées seront payées en partie en numéraire, en partie en titres. On parle alors d'**offre mixte**. L'offre peut aussi être **alternative** : celui qui apporte ses titres a alors le choix entre un règlement en titres ou en espèces ou un mélange des deux.

### Pourquoi les actionnaires aiment-ils les OPA ?

Prendre le contrôle d'une entreprise, cela se paie. Pour avoir une chance de réussir son opération, l'initiateur de l'offre doit proposer un prix nettement supérieur à la moyenne des cours des actions de la société cible au cours des semaines qui précèdent l'offre. Pour les actionnaires de cette société, c'est donc une occasion unique de réaliser une belle plus-value. C'est d'autant plus vrai qu'une OPA peut amener une contre-OPA. Si, par exemple, le numéro 2 d'un secteur lance une OPA sur le numéro 3, le numéro 1, qui risque de se retrouver avec un ensemble 2 + 3 aussi puissant que lui, voire plus, peut être désireux de faire échouer cette opération et de lancer une contre-OPA. Il peut donc proposer aux actionnaires du numéro 3 de lui apporter leurs actions plutôt que de les vendre au numéro 2 ; mais, évidemment, pour les attirer à lui, il faut qu'il leur offre une rémunération plus élevée. Une bataille boursière avec OPA et contre-OPA, c'est le rêve de tout actionnaire qui, en fin de compte, apportera ses titres au plus offrant.

Encore faut-il souligner que les OPA réjouissent les actionnaires de la société cible, mais inquiètent souvent ceux de la société initiatrice de l'offre. Ils craignent en effet que l'OPA ne coûte cher, que l'intégration de la société cible dans le groupe initiateur ne soit plus compliquée que prévu, qu'elle ne pèse sur les résultats financiers et donc sur le cours en Bourse. D'ailleurs, en général, à la moindre rumeur d'OPA, le cours de la société cible éventuelle monte très vite tandis que celui de la société supposée être initiatrice de l'offre commence à reculer.

### BSN contre Saint-Gobain : la première OPA française

La première tentative d'OPA en France s'est soldée par un échec. Mais l'offre lancée en décembre 1968 par BSN, avec le concours de la banque Lazard, sur Saint-Gobain a fait l'effet d'une bombe dans le monde industriel français et a marqué le début d'une nouvelle ère dans les pratiques financières, désormais très marquées par l'influence anglo-saxonne.

L'audace d'Antoine Riboud, un des patrons qui ont marqué la deuxième partie du XXe siècle, n'a pas été récompensée : les dirigeants de Saint-Gobain ont fait monter le cours de leur action au-dessus du prix proposé par l'OPA, qui, de ce fait, n'a pu aboutir. Mais, pour BSN, ce ne fut pas en fin de compte une mauvaise opération : au dernier jour de l'OPA, le groupe et ses alliés ont revendu les titres Saint-Gobain précédemment achetés, avec une confortable plus-value. Et, faute d'avoir pu mettre la main sur le leader du secteur, le groupe verrier a amorcé un changement de cap stratégique déterminant : du contenant, la bouteille, il est passé au contenu. Dès 1970, il s'est lancé dans la bière, avec Kronenbourg, dans l'eau, avec Evian, et dans l'épicerie, avec Amora. En 1973, c'est la fusion avec Gervais Danone et, en 1994, BSN-Gervais Danone devient le groupe Danone.

Quant à Saint-Gobain, sorti vainqueur mais épuisé financièrement de la bataille, il sera amené à fusionner en 1970 avec la compagnie de Pont-à-Mousson, numéro un mondial du tuyau en fonte. Paradoxe : l'OPA a échoué, mais elle a entraîné un plus grand bouleversement du paysage industriel hexagonal que si elle avait réussi…

## Pourquoi les dirigeants d'entreprise n'aiment-ils pas beaucoup les OPA ?

Une OPA, c'est toujours une aventure. Et on n'est jamais sûr qu'une aventure se terminera bien.

Pour les dirigeants de la société cible, des nuances sont à apporter. Car toutes les OPA ne se ressemblent pas. Schématiquement, il y a deux types d'OPA : les *OPA amicales* et les *OPA hostiles.*

Dans le premier cas, les dirigeants de la société acheteuse ont pris contact avec ceux de l'entreprise cible, leur ont expliqué leurs projets et ont réussi à les convaincre du bien-fondé de l'opération. Les dirigeants de l'entreprise cible peuvent accepter de perdre leur autonomie si le fait d'appartenir à un nouvel ensemble ouvre de nouvelles perspectives à leur société et si, accessoirement, ils sont rassurés sur leur propre avenir. Alors, ils peuvent soutenir le projet d'OPA et conseiller à leurs actionnaires de répondre favorablement à l'offre en apportant leurs titres.

Mais la réalité n'est pas toujours aussi idyllique. L'initiateur de l'offre peut se comporter en véritable prédateur et ne pas vraiment chercher à obtenir l'accord des dirigeants de l'entreprise. Il se peut aussi qu'il ait cherché à obtenir cet accord, mais qu'il ne l'ait pas obtenu, soit parce que le prix proposé n'a pas été jugé assez élevé, soit parce que les dirigeants de l'entreprise cible n'ont pas été convaincus de la qualité du projet industriel qui leur a été présenté, soit parce qu'ils ont compris qu'ils n'auraient pas leur place dans le nouvel ensemble et qu'ils seraient éjectés sitôt l'OPA terminée. Dans ce cas, on a affaire à une OPA dite « hostile », et les dirigeants de l'entreprise cible vont chercher à s'y opposer par tous les moyens en leur pouvoir (nous verrons plus loin lesquels), y compris en essayant de susciter une contre-OPA.

Pour l'acheteur, l'OPA n'est pas non plus une solution qui enchante beaucoup. Car, pour l'emporter, il faut dépenser beaucoup d'argent : non seulement il faut acheter la majeure partie, voire la totalité, des actions de l'entreprise cible, mais il faut aussi offrir pour chaque action un prix nettement plus élevé que celui auquel celle-ci se négociait précédemment. Cela coûte donc cher, et il faut être vraiment sûr de pouvoir rentabiliser son investissement. Le rêve secret de tous les prédateurs est de pouvoir s'emparer de leur proie sans avoir à lancer d'OPA. Malheureusement pour eux, et heureusement pour tous les actionnaires, il existe des règles qui les obligent à lancer une OPA dès lors qu'ils détiennent déjà une partie significative des actions de leur cible, de façon à protéger les intérêts des actionnaires minoritaires.

En effet, si quelqu'un, soit en achetant des titres sur le marché, soit en négociant directement avec les plus gros actionnaires d'une entreprise, arrive à prendre le contrôle de celle-ci, avec une majorité des deux tiers qui lui permet de faire adopter en assemblée générale toutes les résolutions qu'il présente, l'actionnaire minoritaire n'a plus aucun pouvoir ; son droit de vote n'a plus beaucoup de signification. Or, on l'a vu, le droit de vote est un élément important, qui compte pour beaucoup dans la valeur d'une action. Si, concrètement, votre vote ne compte plus, si vous n'êtes plus en mesure de peser sur les décisions de l'entreprise, la valeur de votre action va se déprécier. C'est pour éviter cela, pour éviter que des actionnaires minoritaires se retrouvent marginalisés et, en quelque sorte, dépossédés, que le régulateur des marchés impose des OPA dès lors que certaines conditions sont réunies.

## À quoi reconnaît-on une société « opéable » ?

Le saviez-vous

Une société « opéable », c'est-à-dire pouvant être la cible d'une OPA, est une société dont le capital est mal protégé, parce que trop dispersé. Aucun actionnaire ou aucun groupe d'actionnaires n'en possède le contrôle. Un prédateur (ou un groupe d'investisseurs agissant de concert) peut très bien en acquérir une part significative sur le marché ; il peut aussi négocier des blocs, c'est-à-dire des paquets de titres, en demandant à un intermédiaire de le mettre en contact avec des détenteurs de titres, en général des fonds d'investissement, qui seraient prêts à les lui céder (on parle de « bloc de contrôle » si le bloc obtenu permet d'obtenir le contrôle de l'entreprise). Dans ce cas, une OPA suivra sur les titres restant dans le public. Mais, sans avoir préalablement acheté des titres en Bourse ou négocié des blocs, le candidat prédateur peut très bien décider de passer directement à l'offensive par le biais d'une OPA.

Très régulièrement, les journaux financiers publient des listes de sociétés pouvant devenir d'éventuelles cibles. Il est intéressant de les consulter, mais le fait qu'une société soit jugée « opéable » ne constitue pas en soi un critère d'achat. On achète d'abord les titres d'une société pour sa capacité à dégager des bénéfices. Le placement envisagé doit offrir de solides perspectives de rentabilité, indépendamment de toute opération exceptionnelle. Une OPA ne serait qu'un « plus ». On observera d'ailleurs que des sociétés classées comme « opéables » peuvent rester plusieurs années avec ce statut sans que rien ne se passe. Acheter des titres d'une entreprise dans le seul but de profiter d'une éventuelle OPA, c'est s'exposer à de cruelles déconvenues.

Un autre facteur entre en ligne de compte : le cours de l'action. Pour une société, une valorisation élevée en Bourse peut constituer la meilleure des protections, car elle refroidit les ardeurs d'éventuels prédateurs. C'est une des raisons pour lesquelles les présidents de société font autant attention à leur cours de Bourse : moins leur société est valorisée, plus elle devient vulnérable. Une valorisation élevée offre au contraire l'avantage d'être une arme de dissuasion efficace ; de plus, elle peut permettre à la société de devenir elle-même un prédateur : en effet, dans le cadre d'une OPE, un cours élevé lui permet d'envisager dans de bonnes conditions un échange de ses titres avec ceux d'une autre entreprise moins bien valorisée.

## Faut-il se fier aux rumeurs ?

Toutes les sociétés « opéables » ne sont pas l'objet d'une offre, et toutes les rumeurs ne sont pas exactes. Il est d'autant plus difficile de s'y retrouver que l'origine des rumeurs est souvent très mystérieuse. On peut supposer par exemple que les dirigeants d'une société dont le cours est tombé assez bas pour attirer des convoitises sont très contents que circulent des rumeurs d'OPA sur leur titre : les rumeurs font remonter le cours et rendent ainsi la société moins vulnérable. De même, une société A qui craint que la société concurrente B ne mette la main sur la société C peut être satisfaite de voir courir des rumeurs d'une OPA sur C qui, en en faisant monter le cours, contrarient les intentions réelles ou supposées de B.

## Quand une OPA doit-elle être lancée ?

Une OPA peut être volontaire, c'est-à-dire qu'une société peut à tout moment déposer un projet d'offre d'achat d'une autre entreprise, à charge ensuite pour l'AMF de déclarer si ce projet satisfait aux obligations réglementaires. C'est d'ailleurs ce qui explique que la Bourse est régulièrement agitée par des rumeurs d'OPA, qui parfois ont effectivement lieu, mais qui peuvent aussi ne se produire que beaucoup plus tard ou ne jamais venir...

Mais il existe des cas où une OPA est imposée par la réglementation destinée à protéger les intérêts des actionnaires minoritaires. L'OPA devient ainsi obligatoire dans deux cas très précis :

- **Lorsqu'une société monte en puissance dans le capital d'une entreprise cotée et franchit le seuil de détention de 30 % du capital ou des droits de vote. L'envahisseur peut toutefois être dispensé de lancer une OPA s'il démontre qu'il ne vise pas à prendre le contrôle de l'entreprise et s'il repasse rapidement sous le seuil de 30 % du capital.**
- **Lorsqu'une société qui détenait déjà entre 30 % et la moitié du capital d'une entreprise cotée augmente sa participation au capital de cette entreprise de plus de 1 % en moins d'un an (c'était 2 % jusqu'en 2014, avant la loi Florange), ce nouveau pas en avant semblant indiquer une volonté très nette d'étendre sa domination sur l'entreprise cible.**

Sur Euronext Growth, le seuil déclencheur d'une offre obligatoire est de 50 % du capital ou des droits de vote.

## Comment se déroule une OPA ?

Qu'il s'agisse d'OPA hostile ou amicale, les acteurs doivent suivre un certain nombre de règles.

### La fin de la garantie de cours

Ces dispositions imposant le déclenchement d'une OPA ont été définies par la loi de régulation financière et boursière du 22 octobre 2010 et se sont appliquées à partir du 1er février 2011, après la publication le 31 janvier d'un arrêté modifiant en ce sens le règlement général de l'AMF. Elles ont conduit à la suppression de ce qu'on appelait la garantie de cours. En application de cette disposition, celui qui achetait un bloc d'actions et prenait le contrôle d'au moins la moitié du capital d'une entreprise cotée était tenu d'acheter pendant au minimum dix séances de Bourse toutes les actions qui se présenteraient sur le marché au même prix que celui auquel il avait pu acquérir les titres lui permettant de devenir majoritaire. Cette procédure disparaît pour les marchés réglementés. Et, sur Euronext Growth, elle est remplacée par la procédure de l'OPA obligatoire à partir du seuil de 50 %.

### L'OPA simplifiée

Cette procédure peut être utilisée dans plusieurs cas définis par l'article 233 du règlement général de l'AMF, notamment lorsqu'un actionnaire détient déjà directement ou indirectement, seul ou de concert, la moitié au moins du capital et des droits de vote de la société visée. Cet actionnaire doit alors s'engager à acheter pendant au minimum dix séances de Bourse (quinze s'il s'agit d'une offre d'échange) les titres qui seront présentés sur le marché à un cours calculé par référence aux soixante séances de Bourse précédant l'avis de dépôt de l'offre.

La procédure peut être utilisée aussi pour l'acquisition d'actions à dividende prioritaire, de certificats d'investissement, de certificats de droit de vote ou pour l'échange d'obligations contre des titres de capital (actions) ou donnant accès au capital (obligations convertibles ou remboursables en actions, obligations à bons de souscription en action).

### La procédure normale

Dans tous les autres cas s'applique la procédure dite « normale », très contraignante, qui obéit à des règles strictes.

Précisons que ces règles ont été sensiblement modifiées au cours des dernières années, en application de la directive européenne OPA d'avril 2004, de la loi relative aux OPA du 31 mars 2006 et de la loi dite Florange du 29 mars 2014.

1. **L'AMF est saisie et le public immédiatement informé.** L'initiateur de l'offre doit déposer son projet à l'AMF. C'est, en pratique, un intermédiaire financier qui dépose à l'AMF une lettre accompagnée d'un projet de note d'information. Dans cette note d'information, l'initiateur doit préciser la teneur de l'offre, indiquer le prix proposé (s'il s'agit d'une offre d'achat) ou la parité (s'il s'agit d'une offre d'échange), en fonction des critères d'évaluation objectifs usuellement retenus, des caractéristiques de la société visée et du marché de ses titres ; il doit aussi fournir un calendrier prévisionnel de l'offre et indiquer comment sera financée l'opération, quel sera son impact sur l'emploi, etc.

   Si l'initiateur n'a procédé à aucun achat de titres de la société cible dans les douze mois qui précèdent l'offre, le prix est fonction des critères qui sont indiqués dans la note d'information. S'il a réalisé des acquisitions dans cette période de douze mois, le prix de l'offre doit être au moins égal au prix maximal payé pour ces achats.

   Parmi les informations qui doivent impérativement figurer dans le projet de note, on peut trouver une condition d'obtention. En clair, cela signifie que l'initiateur de l'offre pose alors une condition à l'achat ou à l'échange des titres qui seront apportés à l'offre : détenir à la fin de la procédure un certain pourcentage du capital ou des droits de vote de la cible. Une telle clause ne peut être prévue en cas d'OPA obligatoire.

   Ce projet de note d'information doit être diffusé immédiatement, dès le dépôt du projet d'offre à l'AMF, sans attendre que celle-ci ait donné son visa. Il est mis en ligne sur le site Internet de l'AMF et tenu gratuitement à la disposition du public. Simplement, le communiqué de l'initiateur et son projet de note d'information doivent comporter cette mention obligatoire : « Cette offre et le projet de note d'information restent soumis à l'examen de l'AMF. »

   En cas d'OPA amicale, le projet de note d'information peut être établi conjointement avec la société cible. En cas d'offre hostile, l'initiateur dépose seul son projet de note et la société visée doit déposer ultérieurement une note en réponse.

   La loi Florange introduit plusieurs changements. D'abord, il est prévu que, si le ou les initiateurs de l'offre n'obtiennent pas au moins la moitié du capital ou des droits de vote à la fin de la procédure, l'offre est déclarée caduque. Concrètement, cela signifie que l'initiateur ne peut garder aucun des titres apportés à l'offre : les ordres d'apport tombent et les titres ne sont pas transférés. Pourquoi le législateur a-t-il prévu ce seuil dit de caducité ? Pour une raison très simple : si l'OPA n'a pas eu plus de succès, c'est sans doute que le prix proposé n'était pas très attrayant. Cette nouvelle disposition a donc pour but d'empêcher des prédateurs de se constituer à bas prix des participations leur donnant, malgré l'échec de l'OPA, un contrôle de fait sur leur cible. Ensuite, il est prévu que les salariés ne sont plus seulement informés, mais consultés en cas d'OPA. Ils ont un mois à partir du dépôt de l'offre pour formuler un avis, qui est reproduit dans la note d'information commune (OPA amicale) ou dans la note en réponse (OPA hostile). Ils peuvent demander à un expert comptable d'établir un rapport sur le projet d'offre et ses conséquences économiques et sociales.

2. **L'AMF examine l'offre.** Auparavant, il existait deux procédures : l'une concernant la recevabilité de l'offre, l'autre le visa de la note d'information. Désormais, l'appréciation de la conformité du projet d'offre donne lieu à une décision unique, la « décision de conformité du projet d'offre qui emporte visa de la note d'information ».

   L'AMF dispose d'un délai de dix jours de négociation (dix jours de Bourse) pour examiner le projet d'offre et en apprécier sa conformité aux dispositions législatives et réglementaires. Elle peut, si besoin, suspendre ce délai pour obtenir des informations complémentaires nécessaires à son appréciation. En cas d'OPA hostile, la société visée doit déposer son projet de note en réponse au plus tard le cinquième jour de négociation suivant la publication de la déclaration de conformité de l'AMF. Celle-ci dispose alors d'un délai de cinq jours de négociation pour délivrer son visa.

   Pour éviter des mouvements boursiers trop violents sur le titre de la société cible pendant toute cette phase préliminaire, l'AMF peut demander à Euronext, dès le dépôt du projet d'offre, la suspension des cotations de ce titre, quitte à en autoriser la reprise quelques jours après si elle juge que les risques de perturbation du marché sont limités.

   Pendant toute la période qui va du dépôt du projet d'offre à la clôture de l'offre, l'initiateur de l'OPA peut intervenir directement sur le marché pour acheter des titres de la société cible. Toutefois, pour des raisons facilement compréhensibles, cela lui est interdit s'il a assorti son offre d'une condition d'obtention. Par ailleurs, il ne peut le faire qu'à un prix inférieur ou au mieux égal à celui de son prix d'offre. S'il effectue des opérations de marché à un cours supérieur, le prix de l'offre est automatiquement revu à la hausse, avec un minimum égal à 102 % du prix initial.

   Précision : il faut distinguer la période de préoffre, qui commence avec la publication faite par l'AMF dès qu'elle a connaissance d'un projet d'offre, puis la période d'offre, qui démarre quand l'AMF publie les principales dispositions du projet d'offre qui a été déposé auprès d'elle, et enfin la période qui va de l'ouverture de l'offre à la publication des résultats. L'initiateur de l'offre et les personnes qui agissent de concert avec lui ne peuvent acquérir sur le marché aucun titre de la société visée dans la période de préoffre. En revanche, comme nous venons de le voir, ils peuvent le faire ensuite, sauf dans des cas très précis.

3. **L'AMF autorise l'ouverture de l'offre.** Après avoir vérifié que l'offre envisagée est conforme aux lois et aux règlements en vigueur, l'AMF délivre son appréciation de conformité et l'offre peut commencer dès le lendemain ; la date de clôture est fixée également par l'AMF. À la veille de l'ouverture de l'offre, l'initiateur doit aussi mettre à la disposition du public des informations sur lui, le financement de l'offre et un certain nombre de données comptables et financières. De même, la société visée doit mettre à jour les informations financières qui la concernent. L'offre dure en général 25 jours, 35 en cas d'OPA hostile, et peut être éventuellement prolongée de cinq jours si une information nouvelle doit être publiée, en cas d'inexactitude ou d'omission dans l'information publiée précédemment. Mais, même en dehors de ce cas précis, l'AMF peut toujours reporter la date de clôture d'une offre.

   À la demande de l'initiateur, une OPA qui a réussi peut être rouverte dans les dix jours qui suivent la publication du résultat définitif, et cela pour une durée de dix jours, de façon à permettre à tous les actionnaires qui, à la lecture du résultat, souhaiteraient aussi apporter leurs titres, de le faire.

## Le rêve des actionnaires : les OPA avec offres concurrentes et surenchères

Une OPA est toujours un événement en Bourse, mais avec des différences. Quand elle ne vise qu'à renforcer une présence déjà significative dans la société cible, l'enjeu est relativement limité. Mais quand un groupe veut prendre le contrôle d'une entreprise concurrente (il est alors question d'une concentration horizontale : le groupe initiateur de l'offre grossit, mais reste au même niveau dans le processus de production) ou augmenter son poids dans un secteur par l'achat d'un client ou d'un fournisseur (il s'agit alors d'une concentration verticale : le groupe initiateur de l'offre veut prendre position à différents niveaux de la chaîne de production), c'est une autre affaire : celui qui prend l'initiative de l'OPA peut, s'il réussit, occuper une position telle dans son secteur d'activité qu'il va compliquer beaucoup la vie de ses concurrents, voire empêcher une vraie concurrence.

Ces conséquences possibles d'une OPA justifient que le projet d'offre puisse faire l'objet d'une notification aux autorités compétentes en matière de contrôle des concentrations, au niveau national ou européen (tous les investisseurs ont encore en tête la fameuse affaire Schneider, qui a vu le groupe être obligé par la Commission européenne de revendre la société Legrand, qu'il avait acquise au terme d'une OPE en 2001, alors qu'un an plus tard, la Cour européenne de Justice a cassé la décision de veto de la Commission). Elles expliquent aussi que le dépôt d'un projet d'OPA puisse susciter des réactions de la part d'entreprises concurrentes.

Pour les actionnaires de l'entreprise cible, on entre alors dans un scénario extrêmement favorable : un projet d'OPA qui suscite des offres concurrentes et des surenchères, avec, à la clé, la possibilité de céder ses titres à un prix nettement supérieur aux cours de Bourse précédemment enregistrés.

## Les règles du jeu

Lorsqu'une offre est ouverte, un projet concurrent peut être déposé à tout moment, à condition qu'il parvienne à l'AMF au plus tard cinq jours de négociation avant la date de clôture. Il doit être libellé à un prix supérieur d'au moins 2 % au prix de l'offre précédente, dans le cas d'une offre en numéraire (OPA) ou, si ce n'est pas le cas, prévoir la suppression du seuil en deçà duquel l'offre initiale n'aurait pas de suite positive. Dans le cas plus compliqué où il est prévu un échange de titres (OPE), le nouveau projet sera jugé conforme par l'AMF s'il comporte une « amélioration significative » des conditions proposées aux porteurs des titres visés. L'initiateur de la première offre peut surenchérir et son nouveau projet devra remplir les mêmes conditions de délai et d'amélioration de l'offre que le ou les projets concurrents.

Point important pour les actionnaires : l'ouverture d'une offre concurrente rend nuls et non avenus les ordres de présentation des titres en réponse à l'offre antérieure. L'initiateur d'une offre dispose d'ailleurs d'un délai de cinq jours suivant la publication du calendrier d'une offre ou d'une surenchère concurrente pour renoncer à sa propre offre. Enfin, quand une offre publique concurrente est ouverte, l'AMF en définit le calendrier et aligne les dates de clôture des offres en présence sur la date la plus lointaine.

Ce petit jeu des offres concurrentes et des surenchères risquant de s'éterniser, l'AMF peut intervenir pour imposer un règlement rapide de l'affaire. Lorsque plus de dix semaines se sont écoulées depuis la publication de l'ouverture d'une offre, elle peut fixer un délai limite pour le dépôt de chacune des surenchères successives. Elle peut aussi décider de recourir à un dispositif de dernière enchère : elle fixe elle-même la date à laquelle chacun des initiateurs devra lui faire connaître le maintien de son offre aux mêmes conditions ou le dépôt d'une ultime surenchère. Après s'être prononcée sur la conformité de cette éventuelle ultime offre, elle fixe une date de clôture définitive. À ce moment, les jeux sont faits, il n'est plus possible de surenchérir, à moins qu'un nouveau candidat n'entre en lice. Précisons que, jusqu'à présent, l'AMF n'a pas eu à utiliser ce dispositif de dernière enchère.

## Que doit faire l'actionnaire de la société cible ?

À retenir

Averti par la presse et son intermédiaire financier, l'actionnaire individuel doit adopter une règle de conduite simple : attendre et voir venir, en faisant attention de ne pas laisser passer la date de clôture de l'offre. Apporter son titre à l'offre ou, en cas de bataille et de surenchères, à la dernière offre est souvent pour lui la meilleure des solutions. Mais, dans certains cas, il peut juger utile de ne pas apporter ses titres, soit parce qu'il mise sur un échec de l'opération et une nouvelle politique de l'entreprise cible plus favorable à l'actionnaire, soit parce qu'il espère que l'OPA réussira et qu'elle sera suivie plus tard par une offre publique de retrait (voir ci-dessous) encore plus avantageuse pour lui. Nous le verrons : ce dernier calcul peut se révéler exact, mais il n'existe pas de règle en la matière. Refuser un gain parce qu'on en espère un plus grand encore ultérieurement comporte inévitablement une part de risque. Le meilleur conseil que l'on puisse donner en ces circonstances est donc de lire attentivement la presse financière et de suivre de très près tous les développements de l'affaire.

En cas d'OPE, si l'on n'a pas envie d'échanger ses titres de la société cible contre ceux de la société initiatrice, ou même en cas d'OPA, il reste la possibilité de profiter de cette période d'effervescence pour vendre ses titres sur le marché. En effet, une OPA ou une OPE a toujours pour effet de faire monter le cours du titre de l'entreprise cible vers le niveau auquel l'OPA ou l'OPE la valorise. Cela peut être le meilleur moyen de réaliser un gain sans prendre position pour l'un ou l'autre des adversaires…

## Que peut faire l'entreprise cible ?

Les actionnaires, on l'a vu, ont tout intérêt à ce que la réglementation favorise les OPA ou les OPE. Mais les dirigeants de société (surtout préoccupés par leur propre avenir) et les gouvernements (inquiets à l'idée que des groupes étrangers puissent ainsi prendre le contrôle d'entreprises nationales) tombent assez facilement d'accord pour encadrer très étroitement les possibilités d'action d'éventuels prédateurs. De fait, la question ne trouve pas de réponses simples : d'un côté, il est important de ne pas figer les situations acquises, de laisser se faire le jeu des rapprochements d'entreprises et des restructurations, à l'échelle nationale comme à l'échelle internationale ; d'un autre côté, on ne peut imaginer qu'un pays laisse partir à l'étranger le centre de décision d'industries jouant un rôle clé dans son économie.

En tout cas, il est important qu'un pays ne puisse pas laisser ses entreprises partir à l'assaut de celles d'autres pays tout en fermant ses propres frontières aux prédateurs extérieurs. La Commission européenne, soucieuse d'ouvrir aux sociétés d'un État membre la possibilité de prendre le contrôle de sociétés d'autres États membres et de contrer les réflexes nationalistes, a réussi à imposer une nouvelle directive OPA en avril 2004 qui définit des règles du jeu communes. On note cependant que chaque pays présente ses particularités et que la transposition de la directive en droit national conduit à un rapprochement certain, mais pas à une harmonisation. Il ne faut pas oublier non plus qu'il y a souvent un écart entre les textes et la pratique...

## Comment se prémunir contre les OPA ?

Dans un pays de droit, soucieux de respecter ses engagements internationaux, le nombre des mesures permettant de repousser les OPA non désirables est forcément limité. Ces mesures peuvent être rangées en deux grandes catégories : celles qui ont un rôle préventif et celles qui peuvent être adoptées en réaction à un projet d'OPA. Il s'agit de :

» **Protéger certains secteurs.** La fabrication de yaourts est-elle un secteur stratégique qui devrait rester sous le contrôle d'entreprises nationales ? Ainsi posée, la question ne paraît pas très sérieuse. Il n'empêche que, après des rumeurs d'un possible achat de Danone par PepsiCo, le gouvernement français a pris un décret publié au *Journal officiel* le 31 décembre 2005 prévoyant que les investisseurs étrangers voulant prendre le contrôle ou une minorité de blocage de 33,33 % dans des sociétés de 11 secteurs d'activité considérés comme sensibles, dont la défense ou les casinos, doivent solliciter au préalable une autorisation auprès des autorités françaises. Certes, l'agroalimentaire ne figure pas dans cette liste, mais ce décret reste connu sous l'appellation « décret Danone » et a été l'objet de vives discussions avec les autorités européennes, notamment avec le commissaire en charge du marché intérieur, qui le jugeait peu compatible avec la liberté de circulation des capitaux dans l'Union européenne. Le résultat pratique est en effet qu'il met ces 11 secteurs à l'abri d'OPA hostiles. Cette liste des secteurs concernés par le contrôle des investissements étrangers a été modifiée par le décret n° 2018-1057 relatif aux investissements étrangers soumis à autorisation préalable, publié le 1er décembre 2018. Désormais, les entreprises dans les secteurs de l'aérospatial et de la protection civile, ou qui mènent des activités de recherche et de développement en matière de cybersécurité, d'intelligence artificielle, de robotique, de fabrication additive, de semi-conducteurs, ainsi que les hébergeurs de certaines données sensibles, entreront dans le champ du contrôle. Ces dispositions, plus consensuelles en Europe, sont entrées en vigueur le 1er janvier 2019.

- **Prévoir une clause d'agrément dans ses statuts.** Selon la clause d'agrément, nul ne peut acheter des actions sans l'accord préalable des autres actionnaires, représentés par le conseil d'administration ou le conseil de surveillance dans le cas d'une société anonyme. Ce genre de clause paraît tout à fait acceptable dans une société familiale non cotée, mais complètement incompatible avec le fonctionnement normal d'un marché boursier. La COB puis l'AMF ont toujours fermement pris position contre ce type de clause, interdit sur les marchés réglementés. Même sur Euronext Growth, qui n'est pas un marché réglementé, une société n'est pas acceptée si ses statuts comportent une clause d'agrément. En pratique, cette mesure anti-OPA radicale ne concerne donc que quelques sociétés d'Euronext Access, qu'il vaut mieux éviter : même un actionnaire modeste qui ne menace pas de se transformer en prédateur peut voir son entrée dans le capital refusée par le conseil de la société.
- **Adopter un statut de société en commandite.** Dans cette forme de société, il y a une séparation forte entre le capital et le pouvoir. Le pouvoir est aux mains des commandités, en général des représentants de la famille fondatrice, qui sont responsables sur leurs biens propres des engagements de la société, par opposition aux commanditaires, qui sont de simples actionnaires. Monter en puissance dans le capital d'une telle société ne sert donc à rien : le pouvoir de décision reste entre les mains des commandités. De tels exemples sont cependant rares parmi les grandes sociétés cotées : seules les entreprises Michelin et Lagardère ont ce statut. Et on ne transforme pas facilement une société anonyme classique en société en commandite par actions.
- **S'assurer la fidélité des actionnaires.** Nous l'avons vu, les statuts de nombreuses sociétés du CAC 40 permettent d'accorder un droit de vote double aux actionnaires détenant leurs titres depuis plus de deux ans. Cette possibilité, devenue théoriquement la norme en application de la loi Florange, rend plus difficile la prise de pouvoir par un éventuel prédateur dans la mesure où elle crée un écart entre la participation au capital et la détention de droits de vote.

  Une autre solution consiste à encourager les salariés à souscrire au capital de la société qui les emploie. On suppose qu'ils seront plus soucieux que les autres actionnaires de défendre la direction en place face à un assaillant forcément soupçonné de vouloir procéder ensuite à des restructurations et à des suppressions d'emplois. Aujourd'hui, la part des salariés dans le capital des entreprises du SBF 120 est estimée autour de 2,4 %, avec des différences assez fortes d'une entreprise à l'autre.
- **Surveiller les mouvements sur le capital.** Le droit français prévoyait l'obligation de déclarer à la société concernée, à l'AMF et au public le franchissement de seuils jugés importants dans le capital. La loi Breton de 2005 a ajouté de nouveaux seuils. Au total, des déclarations sont maintenant à effectuer dans un délai de cinq jours de Bourse en cas de franchissement de onze seuils : 5 %, 10 %, 15 %, 20 %, 25 %, 30 %, 1/3, 50 %, 2/3, 90 % et 95 %, en proportion du capital ou des droits de vote. Cette obligation incombe aux actionnaires ayant franchi

ces seuils individuellement ou de concert avec d'autres. Ainsi, les dirigeants de la société concernée et la communauté financière sont rapidement informés des évolutions en cours. Une ordonnance du 30 janvier 2009 étend cette obligation de déclaration aux instruments financiers (sont particulièrement visées les options) qui peuvent déboucher sur la livraison d'actions. Il faut donc tenir compte de ces instruments financiers dans le calcul des seuils qui peuvent rendre une OPA obligatoire.

Le franchissement à la hausse de certains seuils entraîne de surcroît l'obligation de déclarer ses intentions pour les mois à venir. Cette déclaration, rappelle l'AMF, précise « si l'acquéreur agit seul ou de concert, s'il envisage d'arrêter ses achats ou de les poursuivre, d'acquérir ou non le contrôle de la société, de demander sa nomination ou celle d'une ou plusieurs personnes comme administrateur, membre du directoire ou du conseil de surveillance ». Les seuils concernés étaient de 10 % et de 20 % du capital ou des droits de vote. L'ordonnance de janvier 2009 en prévoit deux autres, 15 % et 25 %, et ramène le délai de déclaration de dix jours à cinq. En revanche, l'acquéreur ne doit plus déclarer ses intentions pour les douze mois à venir, mais seulement pour six. Ces nouvelles dispositions s'appliquent depuis le 1er août 2009.

Les entreprises qui veulent surveiller ces mouvements d'une façon particulièrement attentive ont désormais la possibilité de faire figurer dans leurs statuts une obligation supplémentaire d'information. Elles peuvent obliger les investisseurs à déclarer toute variation représentant au moins 0,5 % du capital ou des droits de vote.

Ajoutons, pour l'information des actionnaires, que les sociétés dont les actions sont admises sur un marché réglementé sont obligées de publier chaque mois le nombre total de droits de vote et le nombre d'actions composant le capital de la société s'ils ont varié par rapport à ceux publiés antérieurement.

» **Faire taire (... ou confirmer) les rumeurs.** Où l'on retrouve l'affaire Danone... Le nouveau cadre réglementant les OPA institué par la loi du 31 mars 2006 prévoit un dispositif de gestion des rumeurs. Le principe est toujours le même : en cas de préparation d'une opération financière, les caractéristiques de l'opération doivent être portées à la connaissance du public dès que possible, sachant qu'il est admis que la publication de l'information peut être différée si la confidentialité, momentanément nécessaire, est préservée.

Mais, dès l'instant où un certain nombre de personnes sont au courant du projet, on sait que le maintien de la confidentialité devient très difficile. De surcroît, on l'a vu, des rumeurs peuvent circuler de façon prématurée voire carrément erronée. C'est pourquoi l'AMF a jugé indispensable de se donner les moyens d'intervenir. Désormais, elle peut demander à toute société dont il y a des « motifs raisonnables » de penser qu'elle prépare une offre (discussions entre les dirigeants des sociétés concernées, désignation de conseils, etc.) de déclarer ses intentions et, le cas échéant, de déposer un projet d'offre. Cette intervention doit évidemment être justifiée ; elle ne peut avoir lieu que si le marché des titres concernés fait l'objet de variations significatives et inhabituelles des prix ou des volumes.

Dans ce cas, la société interrogée doit diffuser un communiqué dont le texte est soumis au préalable à l'AMF. De deux choses l'une. Ou la société déclare vouloir déposer une offre ; l'AMF détermine alors un calendrier d'information du public ou de dépôt de l'offre. Ou la société prétend ne pas vouloir déposer d'offre ; il lui est alors interdit de déposer un projet pendant six mois.

Ce dispositif nouveau a été utilisé deux fois en 2006 (rumeurs d'OPA des sociétés ENI et Saipem sur Technip et de Center-Tainment AG sur Euro Disney) et une fois au début de 2007 (rumeurs d'OPA d'Artémis sur Suez). Aucune de ces trois premières opérations de gestion des rumeurs n'a débouché sur une OPA. En 2010, Safran a été obligé de clarifier sa position après des rumeurs d'OPA hostile sur Zodiac ; le groupe a affirmé n'envisager qu'un rapprochement amical. De même, LVMH a été amené à préciser ses intentions après être monté à hauteur de 17 % dans le capital d'Hermès. Le 25 juin 2013, il a été condamné par la commission des sanctions de l'AMF à une amende de huit millions d'euros en raison de « la gravité de manquements successifs à l'obligation d'information du public ayant consisté à masquer toutes les étapes » de sa prise de participation dans Hermès et du « contournement de l'ensemble des règles destinées à garantir la transparence indispensable au bon fonctionnement des marchés ».

D'autres exemples de l'utilisation de cet outil de gestion des rumeurs pourraient être cités ; cela a été notamment le cas au cours de la bataille pour le contrôle du Club Méditerranée, dont nous allons bientôt parler.

## Les CVG, certificats de valeur garantie

Les OPA ou les OPE s'accompagnent parfois de l'émission de titres d'un genre particulier, les *certificats de valeur garantie* (CVG). Ces titres, importés des États-Unis (on parle là-bas de CVR, ou *Contingent Value Right*) en 1994, permettent à la société initiatrice de l'offre d'orienter la décision des détenteurs d'actions de la société cible dans le sens souhaité.

Dans la plupart des cas, il s'agit d'inciter les actionnaires de la cible à apporter leurs titres à l'offre dans le cas d'une OPE. Les actionnaires peuvent en effet hésiter à accepter de procéder à l'échange de titres s'ils n'ont pas confiance dans l'évolution future de l'action de la société initiatrice. Celle-ci, pour les rassurer, leur remet alors un CVG garantissant sa propre valeur : si, à une date donnée (généralement dans un délai de deux ou trois ans), le cours de son action a baissé, les actionnaires qui auront accepté l'échange recevront une somme représentant la différence entre la valeur garantie et le cours réellement constaté à la date de référence. Le montant de cette garantie est souvent plafonné : ainsi, s'il est limité à 20 € pour une valeur garantie de 100, l'actionnaire ne touchera que 20 € même si l'action est tombée à 75 € à la date prévue.

### Les CVG, certificats de valeur garantie *(suite)*

Un exemple : dans la bataille pour Paribas qui l'opposait à la Société Générale, la BNP, dans son ultime surenchère, proposait aux actionnaires de Paribas, contre 20 actions Paribas, 29 actions BNP plus 13 certificats de valeur garantie. Si le cours de l'action BNP était inférieur à 100 € en moyenne au cours des 20 séances de Bourse précédant le 1er juillet 2002, les actionnaires de Paribas qui avaient apporté leurs titres à l'OPE recevraient pour chaque CVG la différence entre 100 € et ce cours moyen, dans la limite d'un paiement maximal de 20 €. Par chance pour la BNP, le cours de son action s'est établi au-dessus de 100 en juin 2002 ; elle n'a donc rien eu à débourser au titre des CVG. Mais son action est tombée en dessous de 80 dans les mois qui ont suivi…

Dans les autres cas au contraire, l'initiateur de l'offre est évidemment désireux de prendre le contrôle de la cible, mais, pour limiter sa dépense, il ne souhaite pas reprendre la totalité du capital. Alors, pour inciter des actionnaires de la cible à garder leurs titres, il leur remet un CVG qui garantit, cette fois, la valeur de la cible. Le message est clair : vous ne perdrez rien en gardant vos titres ; si leur cours baisse d'ici à deux ou trois ans, vous percevrez une compensation pécuniaire.

Il existe enfin une troisième variante. Dans ce cas, on parle de *BCVG*, bon de cession de valeur garantie. Il s'agit pour l'initiateur de l'offre d'étaler sa dépense dans le temps. Si l'actionnaire de la société cible garde ses titres, le BCVG lui assure le droit de les vendre à un prix donné pendant une période donnée.

Un exemple : dans le cadre de son offre sur les titres AGF en mars 1998, le groupe Allianz avait émis des BCVG qui garantissaient un prix de 360 F par action AGF. Sur les 30 séances de Bourse entre le 17 avril et le 31 mai 2000, le cours des AGF s'est établi en moyenne à 54,24 €, soit 355,79 F. La garantie a joué : les porteurs de BCVG ont pu en demander l'exercice entre le 1er et le 15 juin 2000.

Les CVG et les BCVG peuvent être librement achetés et vendus en Bourse. On les trouve dans la cote avec les bons de souscription.

Dans le sillage de l'évolution des CVR, on trouve maintenant des CVC, certificats de valeur conditionnelle. Utilisés sur les marchés étrangers (États-Unis, Angleterre) par des entreprises comme Sanofi ou EDF, ils assurent à ceux qui apportent leurs titres à une offre une rémunération conditionnelle liée, par exemple, au volume ou au prix des ventes d'un produit.

## Ce que peut faire la société cible en cas d'OPA déclarée

Une fois l'OPA hostile lancée, l'entreprise cible peut encore tenter de décourager son assaillant, au moyen de tactiques où tous les coups ne sont pas permis.

» **L'action en justice.** La société cible peut exercer un recours sur la déclaration de conformité de l'AMF. Cette procédure, qui a pour effet de suspendre le calendrier de l'offre, permet de gagner du temps et de trouver une solution : soit un accord avec l'assaillant, soit une contre-offre émanant d'une autre société. Ce cas se rencontre assez fréquemment et débouche la plupart du temps sur un accord avec l'assaillant (ce fut le cas dans les affaires BNP Paribas, Total Elf ou Sanofi-Aventis).

Le saviez-vous

» **Sortir de son sac à malice des « pilules empoisonnées ».** Là, il ne s'agit plus simplement de gagner du temps, mais d'empêcher l'offre. Comment ? En obligeant l'assaillant à débourser beaucoup plus qu'il ne l'escomptait. Par exemple, comme le prévoit la loi du 31 mars 2006, en créant des « *bons Breton* », c'est-à-dire en attribuant gratuitement à tous ses actionnaires des bons permettant de souscrire à des actions nouvelles à des conditions préférentielles. Les mesures de défense ainsi envisagées par certaines sociétés pourraient leur permettre de doubler quasiment le capital !

Certes, ce droit est en principe strictement encadré. Les dirigeants de l'entreprise doivent avoir préalablement obtenu l'accord de l'assemblée générale extraordinaire des actionnaires. Dans ce cas, toutefois, le vote s'effectue, de façon exceptionnelle, à la majorité simple. Si l'autorisation a été donnée de façon préventive, les dirigeants de la société doivent revenir devant les actionnaires pour avoir l'autorisation de mettre en œuvre le dispositif. Mais il faut noter qu'ils en sont dispensés si la société initiatrice de l'offre n'est pas « vertueuse », c'est-à-dire si ses statuts ne prévoient pas eux aussi une consultation des actionnaires avant toute utilisation de « pilules empoisonnées » (en vertu du principe de réciprocité : l'assaillant ne doit pas bénéficier de dispositifs anti-OPA plus avantageux que sa cible). En fait, dans la plupart des cas, on constate que l'assaillant, sa maison mère ou ses principaux actionnaires sont rarement « vertueux », ce qui peut permettre en théorie aux entreprises cibles de lancer en toute quiétude leur lot de bons Breton.

Les entreprises ont tout de suite vu le bénéfice qu'elles pouvaient tirer de l'autorisation d'émettre de tels bons. Elles ont été nombreuses à demander l'autorisation d'en émettre en cas de besoin. Mais, moins encore que la Commission européenne ou que l'AMF, les actionnaires n'y sont pas favorables : la mise en place de tels dispositifs a pour première conséquence de faire baisser l'attrait spéculatif des actions des sociétés concernées. Ainsi, les dirigeants de grandes entreprises cotées comme Vallourec ou Capgemeni ont été amenés en 2008, face à la fronde des actionnaires, à renoncer à faire voter l'autorisation d'instituer de tels bons. Et en décembre 2011, les actionnaires de Foncière Paris France ont refusé la création de bons en pleine OPA hostile. Les intérêts des dirigeants et des actionnaires ne coïncident pas toujours !

Une précision : ces pilules empoisonnées ont souvent un effet dissuasif efficace. Aux États-Unis, où elles ont d'abord été mises au point avant d'être copiées à l'étranger, elles ne sont pratiquement jamais utilisées : la menace suffit à amener le prédateur à la raison, c'est-à-dire à l'inciter à proposer un prix qui rende les dirigeants de la société cible subitement plus compréhensifs. Et, en France, aucune entreprise n'a encore eu recours aux bons Breton.

» **La recherche du chevalier blanc.** Du point de vue de la société cible, une offre est hostile s'il n'a pu y avoir accord sur le prix proposé (on en revient toujours là!) ou si les projets concernant l'avenir de l'entreprise et de ses dirigeants en place ne sont pas jugés satisfaisants. La solution classique pour contrer une telle offre est de chercher un partenaire disposé à payer un prix supérieur ou ayant des projets beaucoup plus intéressants pour l'entreprise et ses dirigeants. Ce partenaire et sauveur, c'est le « chevalier blanc » (les financiers aussi peuvent avoir le sens du romanesque!).

Son entrée en lice peut conduire à une nouvelle offre plus avantageuse pour les actionnaires, qui la préféreront à l'offre initiale et apporteront leurs titres. Mais elle peut aussi inciter l'initiateur de la première offre à surenchérir, et ainsi de suite, jusqu'à ce que l'un des protagonistes finisse par considérer qu'on arrive à des niveaux de prix déraisonnables et préfère abandonner la partie.

À retenir

Cela nous amène à souligner de nouveau un point important : il n'y a pas un juste prix pour une entreprise. Dans le cadre d'une bataille boursière, il n'est pas aberrant qu'un des adversaires soit prêt à payer un prix nettement plus élevé que le ou les autres : ce sera le cas, par exemple, si l'entreprise cible a une palette d'activités ou une implantation commerciale qui complètent mieux les siennes que celles des autres acheteurs potentiels. Si un candidat est mieux placé que les autres pour rentabiliser un investissement dans l'entreprise cible, il n'est pas illogique qu'il soit prêt à payer un prix plus élevé pour l'emporter. Ce faisant, il fera un grand plaisir aux actionnaires de la cible, mais il inquiétera ses propres actionnaires. Il arrive en effet que les investisseurs applaudissent une politique de croissance externe (par rachat d'autres entreprises) audacieuse, s'ils jugent que cette politique de conquête est parfaitement adaptée aux besoins de développement de la société et que l'offensive est, dans ce cas précis, la meilleure défense contre les concurrents. Mais une telle politique peut aussi être jugée dangereuse si, pour financer ses acquisitions, la société est obligée d'augmenter significativement son taux d'endettement ou si la justification économique de ces acquisitions ne paraît pas aussi évidente que le président de la société ne paraît le croire. Beaucoup d'actionnaires gardent ainsi en mémoire la fameuse bataille pour Gucci remportée *in fine* par François Pinault (groupe PPR), dans le rôle du chevalier blanc, contre son adversaire de toujours, Bernard Arnault (groupe LVMH), mais à un coût jugé excessif par beaucoup d'analystes.

LVMH lance l'offensive dans les premiers jours de 1999 en prenant 5 %, puis 26,7 %, puis 34,4 % du capital de Gucci. La riposte ne tarde pas ; elle prend la forme d'une augmentation de capital réservée aux salariés, qui fait retomber la part de LVMH à 25 % des droits de vote. Puis, en mars, les dirigeants de Gucci s'allient au groupe PPR, lequel souscrit à une augmentation de capital qui lui donne le contrôle de 40 % de la maison de luxe italienne (mais de droit néerlandais). LVMH riposte en lançant une procédure judiciaire pour faire annuler l'opération et annonce une OPA sur Gucci. Finalement, c'est la justice néerlandaise qui tranche, en faveur de Gucci et PPR. Les deux adversaires sont obligés de parvenir à un accord en septembre 2001 : PPR rachète, au prix fort, les actions Gucci détenues par LVMH et annonce à son tour une OPA sur la totalité du capital de Gucci. Mais, au lendemain de cet accord, a lieu l'attaque suicide contre les tours jumelles du World Trade Center. Déjà affaiblies par l'éclatement de la bulle spéculative sur les valeurs technologiques, les Bourses mondiales vacillent. L'action PPR, qui valait encore 150 € en décembre 2001, est tombée à 50 € au plus bas des marchés en mars 2003. Cela n'empêchera pas le groupe de lancer enfin, en avril 2004, une OPA sur les 33,17 % du capital de Gucci qu'il ne détenait pas encore, au prix de 85,52 $ par action. En septembre 2001, LVMH avait obtenu de PPR un prix de 94 $. Dans cette affaire, le perdant a bien tiré son épingle du jeu alors que le gagnant a dû payer le prix fort pour obtenir satisfaction ; au passage, il a dû se séparer de certains actifs très rentables pour financer son acquisition. Le rôle de chevalier blanc peut coûter cher. Mais en l'occurrence, compte tenu des résultats de Gucci et du recentrage du groupe sur le luxe, il semble bien, *a posteriori*, que PPR, qui s'appelle maintenant Kering, a eu raison de pousser jusqu'au bout ce combat des chefs.

### Des feuilletons à rebondissements : ArcelorMittal et Club Méditerranée

En novembre 2005, le groupe sidérurgiste luxembourgeois Arcelor lance une OPA hostile sur le canadien Dofasco. Son objectif : contrer son grand rival hollandais d'origine indienne, Mittal, sur le continent nord-américain. La réponse ne se fait pas attendre : le 27 janvier 2006, Mittal Steel annonce qu'il va lancer une OPA sur Arcelor pour 18,6 milliards d'euros, avec le soutien de l'allemand ThyssenKrupp, qui reprendra Dofasco si l'OPA réussit. C'est le début d'une longue bataille, qui ne trouvera réellement son épilogue que le 12 novembre 2007, lorsque la fusion des deux groupes sera effective.

Dans ce combat acharné, les dirigeants d'Arcelor, dont le capital est très éclaté (le plus gros actionnaire, l'État luxembourgeois, n'en détient que 5,6 %), utiliseront, ou tenteront d'utiliser, toutes les armes anti-OPA existantes, y compris l'action politique, qui ne sera guère efficace en dépit des propos fermes tenus dans un premier temps par les responsables de plusieurs pays : si son principal actionnaire est indien, le groupe Mittal est juridiquement européen...

Pour remporter cette bataille d'anthologie, Mittal aura dû cependant porter son offre à 29,6 milliards d'euros, 11 milliards de plus qu'annoncé au départ.

Quelques années après, un autre feuilleton boursier s'est avéré très profitable aux actionnaires. En mai 2013, le conglomérat chinois Fosun et la société d'investissement Axa Private Equity (devenue ensuite Ardian) annoncent leur intention de lancer une OPA amicale sur le Club Méditerranée au prix de 17 € par action. Face aux réactions hostiles que ce projet suscite, l'offre est rapidement relevée à 17,50 €. Mais cela ne suffit pas à calmer des actionnaires minoritaires qui déposent des recours en justice. En avril 2014, la Cour d'appel de

**Des feuilletons à rebondissements : ArcelorMittal et Club Méditerranée** *(suite)*

Paris rejette ces recours et l'AMF rouvre l'offre jusqu'au 23 mai. Mais, le 19 mai, on apprend que le fonds Strategic Holdings de l'homme d'affaires italien Andrea Bonomi, par ses achats de titres sur le marché, a passé le seuil de 10 % du capital. L'AMF le somme de déclarer ses intentions puis de déposer une offre en surenchère au plus tard le 30 juin, tandis que l'offre du tandem Ardian-Fosun est prolongée *sine die*. Le 30 juin, Andrea Bonomi fait une offre à 21 €. En août, le tandem Ardian-Fosun retire son offre mais, en septembre, Fosun repart à l'assaut avec une offre à 22 €. En novembre, Andrea Bonomi relève son offre à 23 € et l'AMF fixe au 1er décembre la date limite d'une contre-proposition de Fosun. De fait, le 1er, Fosun porte son offre à 23,50 € et, le 5, Bonomi renchérit à 24 €.

Le 19 décembre, Fosun réplique en portant son offre à 24,60 €. Le 2 janvier 2015, Andrea Bonomi jette l'éponge et le 9 février la dernière offre en surenchère est close. Entre le début de la bataille et ce dernier épisode, le prix de l'offre avait été relevé de 45 % ! Fosun, qui avait obtenu 98,29 % du capital, a proposé de racheter les titres restants au dernier prix de l'OPA (24,60 €) et, le 23 mars, le titre a été retiré de la cote.

» **Les bombes à retardement.** Les manœuvres classiques que nous venons de voir visent, d'une façon générale, à dissuader le prédateur non sollicité de poursuivre son action en rendant celle-ci plus coûteuse. Mais d'autres tactiques peuvent être employées, qui conduisent en fait à rendre la société visée moins attrayante. Là, on quitte le domaine de la pilule empoisonnée pour entrer dans celui de la bombe à retardement. Dans ce cas, les dirigeants de la société cible signent une promesse de vente d'un actif considéré comme stratégique (par exemple, une filiale développant des techniques de pointe ou implantée sur un marché rentable ou prometteur) ou prévoient par une clause particulière que certains contrats seront caducs dans l'hypothèse d'un changement de contrôle.

  L'AMF a prévu ce cas de façon très claire. Selon l'article 232-11 de son règlement, l'initiateur peut renoncer à son offre si celle-ci devient sans objet ou si « la société visée, en raison des mesures qu'elle a prises, voit sa consistance modifiée pendant l'offre ou en cas de suite positive de l'offre ».

En résumé, même si le pouvoir législatif et les autorités de contrôle s'efforcent de ne pas figer le système productif dans ses structures de capital et prévoient des possibilités d'évolution parfois un peu brutales comme les OPA hostiles, les règles du jeu sont assez équilibrées et ne laissent pas la société cible complètement démunie face à un éventuel prédateur. Les autorités européennes semblent d'ailleurs penser que l'application de leur directive est loin d'être satisfaisante et continuent à réfléchir aux moyens d'améliorer leur texte de façon à pousser les États à adopter des législations moins protectrices des situations acquises.

Attention

La réglementation des OPA est sensiblement modifiée par la loi Florange visant à « reconquérir l'économie réelle », de 2014. Le but de cette loi est d'assurer une meilleure défense des salariés et d'empêcher les « prises de contrôle déstabilisantes », donc de freiner les OPA. Il est prévu, nous l'avons vu, d'accorder automatiquement un droit de vote double aux actions détenues depuis plus de deux ans, d'imposer une nouvelle procédure d'information et de consultation des salariés en cas d'OPA, d'autoriser sous certaines conditions la distribution d'actions gratuites à l'ensemble des salariés à hauteur de 30 % du capital ou des droits de vote, de déclarer caduques les OPA qui n'aboutiraient pas à la prise de contrôle d'au moins 50 % du capital ou des droits de vote et d'empêcher les prises de contrôle rampantes en obligeant une entreprise ayant plus de 30 % du capital d'une autre de déclencher une OPA si elle augmente sa participation de plus de 1 % (au lieu de 2 % jusque-là) du capital en moins d'un an.

Mais, plus profondément, c'est l'esprit des textes régissant les OPA qui est complètement modifié. Depuis 2006, selon l'article 233-32 du Code du commerce, en période d'offre publique, les dirigeants de l'entreprise visée doivent « obtenir l'approbation préalable de l'assemblée générale pour prendre toute mesure dont la mise en œuvre est susceptible de faire échouer l'offre, hormis la recherche d'autres offres ». Au contraire, avec la loi Florange, « la direction peut prendre toute décision dont la mise en œuvre est susceptible de faire échouer l'offre ». Toutefois, le régime précédent (pas de mesures anti-OPA sans autorisation préalable de l'assemblée générale) peut s'appliquer par dérogation, si cela a été voté dans les statuts. Par exemple, selon les nouvelles règles, si elle en a reçu l'autorisation préalable, la direction pourrait en cas d'OPA décider d'émettre des bons Breton sans avoir besoin de revenir devant l'assemblée générale, contrairement à ce que nous avons vu ; pour que ce retour soit obligatoire, il faudrait qu'il soit prévu par les statuts.

Cela dit, quel que soit l'avenir de la loi Florange et la façon dont elle sera appliquée, les possibilités, pour les actionnaires, de profiter de l'aubaine des OPA sont en fin de compte plus limitées que beaucoup ne le croient. Les grandes batailles boursières ne sont pas aussi fréquentes qu'ils ne l'espéreraient. C'est une raison de plus de ne pas acheter aveuglément des titres de sociétés figurant sur les listes de valeurs « opéables » qui circulent.

Ajoutons que les OPA, lorsqu'elles réussissent, peuvent conduire au retrait de la cote de la société cible. Après avoir vu les introductions en Bourse et les OPA, cela nous conduit fort logiquement à nous intéresser aux procédures de retrait de la cote.

### Un cas particulier : l'offre publique de rachat d'actions

Nous avons vu à la fin du chapitre précédent qu'une société cotée peut racheter ses propres actions pour diverses raisons : améliorer la liquidité du titre ; restituer des fonds à ses actionnaires (dans la plupart des pays, ce genre d'opération est plus intéressant fiscalement pour l'actionnaire qu'une augmentation du dividende et a l'avantage d'être ponctuel ; relever le dividende peut conduire à des déceptions s'il doit être réduit ensuite) ; disposer d'actions pour des échanges dans le cadre d'une croissance externe ou pour ses salariés, etc.

Pour ce faire, la société doit faire voter en assemblée générale un programme de rachat d'actions et obtenir le visa de l'AMF ; la durée maximale du programme est de 18 mois. Les opérations peuvent ensuite être effectuées sur le marché, « au fil de l'eau », comme on dit dans le jargon boursier, ou dans le cadre d'une offre publique d'achat simplifiée d'une dizaine de jours. Mais, pour des opérations portant sur plus de 10 % du capital, la société doit lancer une OPRA : elle propose alors aux actionnaires de leur racheter tout ou partie de leurs actions à un prix donné pendant une période donnée (en général, un mois). Éventuellement, elle peut prévoir une réduction proportionnelle des ordres d'achat si le nombre de titres présenté à l'offre est trop important. Dans certains cas, les titres rachetés peuvent ne pas être payés en numéraire, mais en titres d'une filiale : c'est ce qui se passe si la société veut réduire sa participation dans une filiale ou s'en séparer totalement. Une OPRA peut être utilisée pour réduire le poids de certains actionnaires, voire pour les faire sortir complètement de son capital.

Les OPRA ne sont pas très nombreuses : 3 en 2017, 5 en 2018. Parmi les plus récentes, on peut citer celle d'Alstom, en décembre 2015 et janvier 2016. Après avoir cédé ses activités énergie à General Electric, la société a proposé de distribuer aux actionnaires une partie du produit de cession *via* un rachat d'actions, avec une prime de 12,9 % sur la base du cours de clôture du 4 novembre 2015 (dernier jour de négociation avant l'annonce des caractéristiques du projet d'offre). Les actionnaires qui ont participé à l'opération ont pu ainsi revendre 31,4 % de leurs titres au prix de 35 € l'unité. Ce n'était pas une mauvaise affaire, puisque l'action est tombée ensuite jusqu'à 19,05 € le 28 juin 2016.

## Comment les entreprises disparaissent de la cote

Une entreprise cotée n'a pas vocation à le rester éternellement. Un retrait de la cote peut survenir dans des contextes très différents :

» **L'entreprise cotée peut tout simplement rencontrer des difficultés et faire faillite.** Les événements de 2008 sont venus nous rappeler que même de très gros établissements financiers pouvaient du jour au lendemain être rayés de la carte.

- **L'entreprise peut être nationalisée.** Cela s'est produit en France au lendemain des élections de 1981. Le thème de l'État actionnaire ne paraît plus très à la mode aujourd'hui, mais les interventions des pouvoirs publics dans des entreprises en situation difficile en 2008 ont montré qu'on ne peut pas exclure, même dans les pays réputés très attachés au libéralisme économique comme les États-Unis ou le Royaume-Uni, que des entreprises cotées puissent être temporairement placées sous le contrôle de l'État avant d'être de nouveau privatisées. L'exemple le plus spectaculaire est celui de General Motors. Par un jugement du tribunal de New York, la société est dissoute. Lui succède un nouveau GM dans lequel l'État fédéral détient 61 % du capital. Allégé d'une partie substantielle de sa dette, le groupe se redresse et revient à la Bourse en novembre 2010.
- **Les dirigeants de l'entreprise peuvent estimer que sa cotation en Bourse ne lui apporte plus rien.** Ce fut le cas récemment avec la crise financière. Après avoir bénéficié d'un mouvement haussier particulièrement vigoureux, les valeurs moyennes ont brutalement décroché. Les investisseurs ont cessé d'un seul coup de s'intéresser à ces sociétés : ceux qui restaient en Bourse ne juraient plus que par les grandes compagnies les plus solides, censées représenter un placement plus sûr.

  Or, nous l'avons vu dans la première partie de cet ouvrage, que cherchent avant tout les propriétaires d'une entreprise lorsqu'ils décident de l'introduire en Bourse ? D'abord, la possibilité de lever des capitaux frais pour poursuivre leur développement, ensuite une valorisation de leur capital. S'il n'est plus possible de procéder à des augmentations de capital et si les actions existantes sont mal valorisées, en somme si la Bourse ne remplit plus son rôle, pourquoi y rester ? La tentation peut être d'autant plus forte de la quitter que le ou les actionnaires majoritaires peuvent alors racheter à bon compte les titres qui avaient été placés dans le public. On a pu ainsi constater que cette tentation devenait très forte à l'automne 2008, alors que la baisse des cours avoisinait 40 % depuis le début de l'année .
- **Au terme d'une OPA, une société qui a pris le contrôle d'une autre peut envisager de racheter tous les titres qui restent en circulation** dans le public pour faire de cette acquisition une filiale contrôlée à 100 %, voire pour fusionner avec elle.

Dans tous les cas de figure, la procédure est assez complexe : les autorités de contrôle veillent à la protection des droits des actionnaires minoritaires. Pour ces derniers, un retrait de la Bourse peut être l'occasion de vendre des titres dans de bonnes conditions.

## L'offre publique de retrait (OPR)

Cette procédure est relativement jeune ; elle a été introduite dans la réglementation française en 1989, précisément pour permettre aux actionnaires minoritaires de sortir du capital d'une entreprise dans de bonnes conditions. Cette disposition vise notamment tous ceux qui n'ont pas apporté leurs titres à une OPA et se retrouvent en situation de faiblesse face à un actionnaire largement majoritaire. Souvent, ils ont déjà eu une deuxième chance, puisque, nous l'avons vu précédemment, une OPA réussie peut être rouverte dans les dix jours de Bourse qui suivent la publication de ses résultats. Mais, pour diverses raisons, des actionnaires ont pu alors choisir de ne pas profiter de cette OPA « balai ». L'offre publique de retrait est faite pour eux.

## Dans quelles circonstances ?

Nouveauté

En fait, une telle offre peut être ouverte dans plusieurs circonstances. D'abord, évidemment, à l'initiative de celui qui a pris le contrôle d'une entreprise à plus de 90 % et veut passer à 100 % (ce seuil était précédemment de 95 %, mais l'article 75 de la loi Pacte du 22 mai 2019 l'a ramenée à 90 %, niveau auquel il était déjà dans la grande majorité des États membres de l'Union européenne). Mais aussi, et c'est une disposition tout à fait intéressante, à l'initiative d'un actionnaire minoritaire lorsque le contrôle a été pris à plus de 90 % et que le marché du titre est devenu trop étroit pour que cet actionnaire minoritaire puisse céder ses titres dans de bonnes conditions. Dans ce cas, l'AMF est saisie et, si elle le juge nécessaire, organise l'offre de retrait avec le concours de l'actionnaire majoritaire. Si cette disposition n'est pas forcément connue du grand public, elle n'est pas passée inaperçue de certains investisseurs professionnels qui se sont fait une spécialité de la détention d'actions du capital de sociétés pouvant être l'objet d'une offre de retrait.

L'AMF peut aussi estimer qu'il est nécessaire d'ouvrir une offre publique de retrait en cas de changements significatifs intervenus au sein de la société. Ces changements peuvent concerner les statuts de l'entreprise (notamment s'il y a une modification des conditions de cession et de transmission des titres), la composition du capital (en particulier en cas de rapprochement voire de fusion-absorption avec une autre société) ou la nature de l'activité. Par exemple, au moment du rapprochement de Renault et de Nissan, le montage initialement prévu a dû être modifié car il risquait de mettre la société française en situation de devoir lancer une OPR.

Il est aussi prévu qu'une OPR puisse être déclenchée lorsque ceux qui contrôlent la société décident de supprimer pendant plusieurs exercices toute rémunération des titres de capital (en clair, lorsque le ou les actionnaires majoritaires imposent aux minoritaires une suppression du dividende pour une longue durée). Enfin, une OPR doit être obligatoirement ouverte dans tous les cas où une société anonyme est transformée en société en commandite par actions, ce qui paraît justifié, le changement de statut ayant dans ce cas des conséquences particulièrement importantes, comme nous l'avons vu dans le cadre des défenses contre les OPA hostiles.

### À quel prix ? Un expert indépendant doit se prononcer

Permettre aux minoritaires de se retirer est une bonne idée. Encore faut-il savoir à quel prix ils pourront le faire. On comprend bien que l'actionnaire majoritaire qui, de toute façon, a déjà le contrôle de l'entreprise, n'est pas spontanément enclin à se montrer très généreux. C'est pourquoi, en cas d'OPR, la désignation d'un expert indépendant est obligatoire. L'expert, nommé par les dirigeants de la société, eux-mêmes choisis par l'actionnaire majoritaire, peut-il être vraiment indépendant ? La question a toujours soulevé de vifs débats, qui ne pourront jamais être définitivement tranchés. En dépit de nombreuses critiques, l'intervention d'un expert indépendant semble cependant favorable aux actionnaires minoritaires. Elle n'était d'ailleurs prévue auparavant que dans le cadre des OPR ; depuis septembre 2006, le règlement général de l'AMF prévoit qu'elle aura lieu dans toutes les offres publiques d'achat de titres dès lors qu'il risque d'y avoir un conflit d'intérêts, autrement dit chaque fois que ceux qui fixent le prix de l'offre sont dépendants d'un actionnaire majoritaire. De fait, un expert indépendant a été désigné dans la plupart des OPA récentes et son rôle se manifeste assez en amont de la procédure, avant même la publication de son rapport.

Dernière précision : une OPR doit durer au minimum dix jours de Bourse, soit deux semaines.

## Ultime étape : le retrait obligatoire

L'OPR peut ne pas conduire à 100 % du résultat escompté : il y a toujours des récalcitrants... ou des négligents. Alors les dirigeants de la société peuvent demander l'ouverture d'une procédure de retrait obligatoire, dans un délai de dix jours. Il arrive même très souvent que le retrait obligatoire soit annoncé en même temps que l'OPR et s'effectue dans la foulée. Si l'objectif est le même (reprendre tous les titres encore détenus par des actionnaires minoritaires), les deux procédures sont cependant très différentes : le retrait obligatoire est contraignant, ce n'est plus une offre, mais une expropriation qui doit donner lieu à indemnisation. D'ailleurs, pour en parler, on emploie souvent l'expression de « *squeeze out* ». La question ne se pose plus de savoir si vous allez céder vos titres ou non, on vous les retire d'office, à un prix au minimum égal à celui de l'OPR ; ce prix peut éventuellement être plus élevé, si des événements intervenus dans l'intervalle le justifient (ce qui, là encore, nécessite l'avis d'un expert indépendant). Cette éventualité d'un prix encore plus intéressant explique d'ailleurs que des investisseurs attendent cette phase ultime pour céder leurs titres.

Ce que nous venons de voir, c'est ce que nous pourrions appeler le retrait obligatoire à la française. Mais depuis la directive européenne sur les OPA entrée en vigueur en 2006, il existe une autre procédure, qui prévoit la possibilité d'un retrait obligatoire non seulement après une OPR, mais à l'issue de toute offre (OPA, OPE) et dans un délai de trois mois. Cette deuxième procédure englobe d'ailleurs la première puisqu'elle se situe aussi à l'issue d'une offre, avec toutefois une petite différence. Dans le deuxième cas, les actionnaires minoritaires ne doivent pas détenir plus de 10 % du capital et des droits de vote, alors que dans le premier, le ou les actionnaires majoritaires doivent détenir au moins 90 % du capital ou des droits de vote. Cette nuance a son importance en cas de droits de vote double. Dans le premier cas, on parlera plus volontiers d'OPRO, dans le second d'OPR-RO.

Dans le cas d'une procédure de retrait obligatoire qui suit immédiatement une OPA, l'intervention d'un expert indépendant n'est pas indispensable si l'initiateur de l'OPA détenait au départ moins de 50 % du capital de l'entreprise cible. Dans ce cas, on estime que le marché s'est prononcé et qu'il n'y a pas lieu d'apporter aux minoritaires une protection supplémentaire.

À l'issue de la procédure de retrait, la valeur est radiée de la cote (si la procédure porte sur un titre autre que l'action, par exemple un *certificat d'investissement*, la société reste évidemment cotée). Après leur radiation, les actions rejoignent un compartiment spécial de la cote, celui des valeurs radiées, où elles restent six mois avant de disparaître complètement.

Nouveauté

L'abaissement à 90 % au lieu de 95 % du seuil de déclenchement possible d'une procédure de retrait vise à aligner les règles françaises sur la pratique majoritaire en Europe, mais aussi à attirer des entreprises en Bourse en leur assurant une possibilité d'en sortir plus facilement au cas où elles le souhaiteraient. Cette nouveauté apportée par la loi Pacte peut rendre moins nécessaire une autre procédure introduite à l'été 2015 dans le règlement d'Euronext au chapitre 4 du livre II du marché de Paris (le livre I comprend l'ensemble des règles communes aux marchés réglementés gérés par Euronext, le livre II est propre à chaque pays). Cette procédure (légèrement modifiée en juin 2019 après le vote de la loi Pacte) permet à une société cotée de lancer une offre publique simplifiée dite « offre liée à la radiation » sur ses actions dès l'instant où elle contrôle au moins 90 % des droits de vote si elle estime que la liquidité de ses titres est trop faible. Cette dernière condition est toutefois définie de façon très précise : la société doit démontrer que, sur les douze derniers mois calendaires (mois du calendrier, de date à date) précédant sa demande de radiation, le montant total négocié sur ses titres de capital représente moins de 0,5 % de sa capitalisation boursière.

La demande doit être déposée au moins 180 jours après une autre offre publique (s'il y a eu une OPA ou une OPE antérieurement) et l'offre liée à la radiation doit être suivie d'une période de trois mois pendant laquelle la société s'engage à reprendre ses titres au même cours. Dans ce cas, il ne s'agit pas d'un retrait obligatoire ; l'actionnaire qui veut garder ses titres le peut, mais il sait qu'à ce moment-là, il sera actionnaire d'une société non cotée.

Cette procédure n'a été utilisée que deux fois. Elle pouvait avoir son utilité quand le seuil des procédures de retrait obligatoire était encore fixé à 95 %. Son utilité semble moins évidente aujourd'hui. Mais il faut souligner que cette procédure simplifiée n'aboutit pas au même résultat pour l'actionnaire, qui n'est pas exproprié.

Mais rester actionnaire d'une société après sa radiation de la cote, est-ce une bonne idée ? Cela peut être intéressant, car l'entreprise non cotée peut très bien marcher et verser des dividendes conséquents. Mais il devient alors très difficile de revendre ses titres : concrètement, on est alors soumis au bon vouloir du ou des actionnaires majoritaires, qui n'accepteront de racheter les titres qu'au cours qui leur convient. Faut-il le rappeler ? Le principal avantage d'une action cotée, c'est sa liquidité. Sauf sur les marchés très étroits, on peut acheter et vendre quand on veut à un prix affiché publiquement.

Exemple

Un conseil : il ne faut pas toujours vouloir jouer au plus malin. Au vu de ce qu'on a dit ci-dessus, un actionnaire est libre de ne pas apporter ses titres à une OPA et d'attendre d'autres offres intéressantes. Cette tactique peut être judicieuse, mais elle peut aussi se révéler désastreuse. Chaque dossier est particulier et tout dépend du contexte. Citons le cas de Locindus, qui a été l'objet d'une OPA à 37 € en mars 2007, mais qui est tombée juste au-dessus de 10 € en 2012 et est sortie de la cote en février 2019 après une OPR à 26,50 €.

Autre exemple : Kaufman & Broad. Au terme d'une OPA à 50,17 € en août 2007, le fonds d'investissement PAI Partners détenait 85 % du capital. Beaucoup d'actionnaires s'attendaient à une offre plus généreuse sur les titres restant en circulation en vue d'un éventuel retrait de la Bourse. Mais la crise financière est passée par là, l'immobilier a été l'un des premiers secteurs affectés et, début 2009, le titre est tombé en-desous de 6 € ; il s'est repris ensuite, mais il n'a pas dépassé

47 €. Manifestement, la bonne idée aurait été d'apporter ses titres à l'OPA ; mais cela n'est apparu évident qu'après coup. À l'opposé, ceux qui avaient refusé de répondre en mai 2006 à l'OPA sur Alain Afflelou ont pu bénéficier au début de 2008 d'une offre de retrait suivie d'un retrait obligatoire à un prix supérieur de 27 % à celui de l'OPA.

Il y a des cas où les possibilités de choix sont toutefois limitées, par exemple dans le cas d'une OPE pure, sans offre en numéraire, si le titre de l'initiateur de l'offre ne peut pas être mis dans un PEA. Dans cette situation, l'actionnaire de la société cible préférera attendre un retrait obligatoire et être indemnisé en numéraire.

Ainsi, de leur introduction à leur retrait de la cote, la vie des actions apporte son lot de surprises, bonnes ou mauvaises. L'investisseur doit en être conscient : même en se tenant régulièrement informé de l'évolution des entreprises et en s'entourant de tous les conseils des spécialistes, il ne fera pas toujours les meilleurs choix au meilleur moment. C'est bien pourquoi il devra apporter une grande attention à la composition de son portefeuille, en cherchant constamment le meilleur compromis possible entre sécurité et risque.

**DANS CE CHAPITRE**

Les grandes catégories d'actions

•

Les principaux styles de gestion

•

Les différentes façons d'approcher le marché

•

Comment doit intervenir un particulier

## Chapitre 12

# Choisir une répartition optimale de son portefeuille

Avouons-le : nous avons pris notre temps. Onze chapitres pour voir ce qu'est une action, comment fonctionne le marché boursier, comment il accueille de nouvelles entreprises et comment celles-ci, éventuellement, le quittent, ce qu'il faut regarder dans les comptes d'une société et comment on évalue le prix d'une action. C'était un préalable indispensable. Maintenant, nous pouvons aborder un point essentiel : comment composer son portefeuille boursier.

Nous l'avons vu : l'analyse fondamentale permet de juger de la qualité d'une affaire, l'analyse graphique permet de voir comment l'action de cette entreprise est perçue par le marché et comment elle est susceptible d'évoluer au cours des prochaines semaines ou des prochains jours, voire des prochaines heures. On peut avoir recours à l'une ou à l'autre ou, mieux encore, utiliser les deux. L'analyse quantitative, que nous avons sommairement présentée, va encore plus loin dans la description des caractéristiques d'une action et de son comportement boursier ; pourtant nous n'en parlerons plus beaucoup : cette technique très complexe est réservée aux professionnels. Ce qui compte pour nous, c'est ce qui est réellement à la portée de l'investisseur individuel, à votre portée. Et, nous allons le voir, chacun d'entre nous peut composer et gérer un portefeuille boursier sans avoir recours à un outillage informatique très sophistiqué.

À retenir

Pourtant, il faut prendre certaines précautions. On ne peut pas simplement se dire : cette affaire a l'air solide, rentable, bien gérée ; son action devrait logiquement monter, je l'achète et puis aussi celle-ci et celle-là, qui me paraissent bien également. Aussi étrange que cela puisse paraître au premier abord, on ne compose pas un portefeuille uniquement en prenant de « bonnes » actions. Il faut, dans la mesure du possible, choisir des titres qui ne présentent pas tous les mêmes caractéristiques, qui ne risquent pas d'évoluer tous en même temps dans le même sens. Si par un heureux hasard ou parce que la conjoncture boursière est extrêmement favorable, vos actions sont toutes orientées à la hausse, vous serez évidemment content de votre choix. Mais si, au bout d'un moment, elles se mettent toutes à plonger, vous commencerez à vous dire qu'il y a peut-être un problème. Comment se mettre à l'abri de ce genre de désagrément ? C'est ce que nous allons voir maintenant.

Au passage, nous allons rencontrer un certain nombre de concepts que vous n'aurez pas à utiliser tous les jours. C'est comme M. Jourdain qui faisait de la prose sans le savoir. On peut gérer un portefeuille sans se poser la question de savoir si l'on a un style plutôt *growth* ou plutôt *value*. Mais ces termes en apparence ésotériques, souvent d'origine anglaise ou américaine, sont fréquemment utilisés par les professionnels et se retrouvent dans les journaux financiers et sur les sites Internet. Il est important de les connaître, de les comprendre et de savoir à quoi ils correspondent.

# Les grandes catégories d'actions

Sans même aller sur les places lointaines, en se cantonnant aux actions cotées sur les marchés européens d'Euronext, on a déjà un choix très large. Choisir l'une ou l'autre ne dépend pas seulement de la qualité du bilan de la société en question, du niveau de ses bénéfices ou de l'évolution de son cours. Il est important de savoir à quel univers elle appartient et quelles sont ses principales caractéristiques. Plusieurs grilles de lecture sont possibles. Nous en retiendrons les principales.

## Par capitalisation boursière

Cette première distinction entre les sociétés est importante. C'est d'ailleurs ce critère qui est généralement employé par les journaux financiers pour trier les titres dont ils parlent : d'abord, ce qu'il est convenu d'appeler les « grandes valeurs » (*big caps*), ensuite les « valeurs moyennes » (*mid caps*), puis les « petites valeurs » (*Small caps*).

### Des classements à géométrie variable

La distinction est forcément arbitraire. D'abord, la capitalisation évolue : au cours de sa vie boursière, une entreprise peut passer d'une catégorie à l'autre. Ensuite, telle société jugée « petite » par un gérant professionnel qui brasse des centaines de millions ou des milliards d'euros et ne s'intéresse qu'aux actions ayant un marché très large sera jugée déjà importante par un spécialiste des valeurs moyennes. Ainsi, certains gérants de grandes compagnies d'assurances distinguent entre trois grandes catégories :

- **Les grandes valeurs ont une capitalisation boursière supérieure à 5 milliards d'euros.**
- **Les valeurs moyennes se situent dans la tranche comprise entre 2 milliards et 5 milliards d'euros.**
- **Les « petites » valeurs ont une capitalisation inférieure à 2 milliards d'euros.**

Si l'on se fie à cette classification, à Paris, toutes les actions des compartiments B et C d'Euronext sont des petites valeurs. Même certains titres du compartiment A (à partir de 1 milliard d'euros de capitalisation boursière) sont des valeurs petites ou moyennes ; des actions admises au SRD (à partir aussi de 1 milliard d'euros de capitalisation) subiraient le même sort. À cette aune ne sont considérées comme « grandes valeurs » que les *blue chips*, ces actions de tout premier rang qui figurent dans les portefeuilles des gérants internationaux.

### Une proposition de classement utile à l'investisseur individuel

Puisque ce classement des actions par capitalisation est arbitraire, nous vous en proposons un qui a l'avantage d'être utile pour un simple particulier n'ayant que ses propres économies à gérer (qu'elles se calculent en milliers, en dizaines ou même en centaines de milliers d'euros, par rapport aux milliards des grands fonds, elles sont d'un ordre de grandeur assez voisin).

Considérez comme *grandes valeurs*, à l'échelle de vos capitaux, les valeurs du SRD dit classique. Toutes les valeurs du SRD ont en commun d'avoir un marché assez large et de pouvoir s'échanger (s'acheter ou se vendre) facilement. Ce sont des valeurs liquides. De surcroît, ce sont des valeurs dont on parle, sur lesquelles on trouve quotidiennement des informations, des commentaires et des analyses.

Considérez comme *valeurs moyennes* celles qui, ne rentrant pas dans la catégorie précédente, sont cotées en continu et peuvent donc être achetées ou vendues assez facilement. Et considérez comme *petites valeurs* toutes celles qui ne sont pas cotées en continu. Ce sont en premier lieu des valeurs qui sont cotées sur Euronext ou Euronext Growth ; on les repère généralement dans une cote au fait que leur libellé est suivi de la lettre F (comme fixing ou fixage). Ce sont en second lieu toutes les valeurs d'Euronext Access.

À retenir

Pourquoi vous proposer un classement que vous ne retrouverez nulle part ailleurs ? Ce n'est pas par souci d'originalité, au risque de vous compliquer la vie, mais au contraire par souci de clarté et de pédagogie. Là, on n'est pas dans l'abstraction ou la théorie. Il faut voir les choses d'une façon très pratique, très concrète. Si, du fait de votre activité professionnelle, vous ne pouvez jamais être devant votre ordinateur pour vous occuper de vos affaires personnelles aux heures de *fixing*, laissez carrément tomber les petites valeurs : vous ne pourrez jamais gérer votre portefeuille correctement. Ces valeurs ne sont pas cotées en continu parce qu'elles ont un marché étroit. Et un marché étroit a une conséquence : des nouvelles importantes peuvent faire bouger le cours d'une façon extrêmement brutale dans un laps de temps réduit. Si vous arrivez sur le marché avec un retard d'un ou deux jours, vous allez rater la hausse ou encaisser la baisse de plein fouet. La règle de base est simple : pour s'occuper de petites valeurs, il faut être disponible. Si ce n'est pas votre cas, passez votre chemin.

### Évitez de tomber dans la bouilloire !

Les valeurs à marché étroit ont une particularité : il suffit de quelques ordres d'achat ou de vente d'un montant relativement limité pour faire bouger les cours à la hausse ou à la baisse de façon importante. Cela n'a évidemment pas échappé à tous ceux qui cherchent à gagner de l'argent en manipulant le marché. La technique la plus connue est celle de la bouilloire. On achète des titres d'une société pour commencer à faire monter le titre. Puis on fait circuler la rumeur selon laquelle il se prépare des choses intéressantes dans cette entreprise. La preuve ? Le titre commence à monter ! Quand cette pseudo information tombe dans des oreilles intéressées (face à la perspective de gains importants, on s'aperçoit que même des gens intelligents

»

et bien informés peuvent assez facilement se laisser convaincre), des ordres d'achat arrivent, le titre continue à monter et quand il atteint un certain niveau, ceux qui ont monté l'opération vendent, empochent leur bénéfice et laissent leurs victimes contempler la chute du titre… et de leurs espérances.

Certes, sur des marchés organisés, tout n'est pas permis. Euronext a un service de surveillance qui veille en permanence à ce que le système fonctionne bien sur le plan technique et qui est alerté aussi dès que des mouvements suspects font craindre une manipulation de marché ou un délit d'initié. L'AMF aussi a sa propre plateforme de surveillance qui a été considérablement modernisée en 2017. Par exemple, en septembre 2019, elle a publié un communiqué attirant l'attention du public sur des recommandations d'achat suspectes portant sur six sociétés cotées sur Euronext Access. Mais la surveillance exercée par Euronext et l'AMF ne doit pas vous dispenser d'être vous-même vigilant.

Les valeurs moyennes, au sens où nous l'entendons, sont plus accessibles : la cotation en continu est un avantage certain. Toutefois, ces valeurs – du moins celles qui n'appartiennent pas au SRD *long only* – peuvent rester longtemps sans bouger beaucoup et enregistrer brusquement des mouvements très rapides, notamment à l'occasion de la présentation des résultats semestriels. Il vaut mieux ne pas trop tarder à réagir. En plus, comme leur marché, plus large que celui des valeurs seulement cotées deux fois par jour, est tout de même trop étroit pour intéresser les grands investisseurs internationaux, les analystes sont assez peu nombreux à les suivre. On ne dispose pas à leur sujet d'une grande diversité de points de vue et d'études. La presse n'en parle pas de façon régulière. Bref, il nous semble que cette catégorie est plutôt réservée aux investisseurs déjà avertis et relativement disponibles, même si l'on peut trouver quelques belles exceptions.

En résumé, au moins dans un premier temps, dans la période d'apprentissage, il semble plus raisonnable de s'intéresser surtout aux valeurs du SRD, les plus liquides, sur lesquelles on peut trouver facilement de l'information. En comptant les sociétés étrangères cotées à Paris, cela représente déjà un ensemble de plus de 140 valeurs à l'intérieur duquel on peut faire son choix entre de grandes actions internationales, comme celles qui entrent dans l'indice CAC 40, et des valeurs considérées comme moyennes par les gérants professionnels. Ces actions peuvent être achetées ou vendues très facilement, même en quantités importantes (du point de vue d'un particulier), et on peut composer avec elles un portefeuille bien diversifié.

## Par secteurs d'activité

Tous les boursiers vous le diront : il faut absolument éviter d'avoir en portefeuille des actions de sociétés appartenant toutes au même secteur ou ayant des activités très proches. Nous l'avons vu, Euronext propose un classement très précis des valeurs par industries, avec des supersecteurs, des secteurs, des sous-secteurs. Dans la pratique, on a souvent recours à des classements beaucoup plus larges qui ont pour fonction de faire apparaître de grands ensembles de valeurs réagissant à peu près de la même façon aux variations de la conjoncture.

### La haute technologie

Les professionnels parlent plus volontiers de *high-tech*. Cette appellation s'est imposée dans les années 1990 avec le développement de l'informatique et d'Internet. Cet ensemble comprend donc toutes les nouvelles technologies de l'information, mais aussi, plus largement, toutes les entreprises qui font appel aux découvertes scientifiques les plus récentes ou aux compétences les plus pointues dans les services informatiques. C'est dans ce secteur qu'on a enregistré les hausses les plus folles en Bourse jusqu'au retournement du marché en 2000, mais ce n'est pas une raison pour en rester à l'écart aujourd'hui. Même quand la conjoncture est morose, à la fois pour la consommation et l'investissement, les entreprises doivent recourir aux produits ou aux services de ces sociétés pour essayer d'améliorer leur productivité. Ce sont donc souvent les premières à repartir après un creux. Aux États-Unis, on les retrouve plus sur le Nasdaq que sur le NYSE ; pour détecter un rebond durable du marché, les gérants regardent d'abord le Nasdaq ; si celui-ci se raffermit, ils considèrent que c'est bon signe.

### Les biens d'équipement

Dans l'analyse de la conjoncture, on a souvent tendance à surestimer l'importance de la consommation. Surtout dans le monde actuel, où l'information circule très vite d'un continent à l'autre, la tendance est en fait donnée par les entreprises. On l'a très bien vu à l'automne 2008. Après la faillite de la banque américaine Lehman Brothers, les entreprises ont toutes réagi en même temps, par une réduction des stocks, de la production et des effectifs. Elles ont tout de suite révisé à la baisse leurs programmes d'investissement. Dans ces conditions, les biens d'équipement ont souffert. En revanche, quand la confiance revient, l'investissement en biens d'équipement redémarre assez vite, même si la croissance reste modeste : il ne s'agit pas alors d'augmenter sa capacité de production (cela ne vient que dans un deuxième temps, lorsque la croissance s'affermit), mais de se moderniser et de ne pas perdre de terrain face à la concurrence en termes de compétitivité. Les biens d'équipement suivent donc d'assez près les mouvements de la conjoncture.

## Les biens de consommation

Ils sont en théorie moins sensibles aux variations de la conjoncture : sauf dans les grandes crises, comme celle que nous avons connue en 2008-2009, les producteurs et les distributeurs les plus diversifiés géographiquement peuvent compenser les faiblesses d'un marché par le dynamisme d'un autre. Il faut toutefois distinguer en ce domaine entre la consommation « discrétionnaire » (les biens que l'on achète quand on le peut et auxquels on renonce quand ça va mal) et la consommation courante, celle que l'on peut difficilement réduire et qui résiste le mieux aux soubresauts de la demande : c'est le cas de la fabrication et de la distribution de produits alimentaires. Les valeurs liées à la consommation courante sont donc considérées comme des valeurs « défensives ».

Dans cet ensemble, une autre industrie est en train d'acquérir un statut très particulier, celle du luxe. Sa base traditionnelle de clientèle (l'Europe, les États-Unis, le Japon) s'élargit très vite avec l'arrivée sur le marché d'une nouvelle classe de consommateurs aisés, voire très fortunés en Chine et dans d'autres pays émergents. Même si ce secteur n'est pas à l'abri des à-coups ses perspectives sont très favorables à moyen et long terme, ce qui se retrouve au niveau des PER, beaucoup plus élevés que ceux de la moyenne du CAC 40.

## Les valeurs financières

Elles comprennent aussi deux grandes catégories : les banques et les assurances, qui ne réagissent pas exactement de la même façon. Les banques sont réputées sensibles aux mouvements sur les taux d'intérêt : plus l'écart entre les taux à court terme et les taux à long terme est grand, plus elles sont censées gagner de l'argent. Les compagnies d'assurances sont réputées réagir moins vivement que les banques aux bonnes comme aux mauvaises nouvelles ; mais, lorsque les marchés financiers sont durablement mal orientés, leurs bénéfices se réduisent.

Avec la crise financière de 2008 puis celle des dettes souveraines, les valeurs financières ont beaucoup souffert. Elles sont devenues très spéculatives : on les achète quand arrive une bonne nouvelle et on les revend dès qu'on a fait un profit. Il leur faudra du temps pour retrouver un statut de valeurs méritant de rester de façon stable dans un portefeuille. La politique de taux d'intérêt durablement bas, voire négatifs, est durement ressentie dans le secteur bancaire depuis plusieurs années. Mais il faut noter que les banques françaises sont moins exposées que d'autres banques européennes au risque de non-recouvrement de créances douteuses.

## Les holdings

Ce sont des sociétés qui détiennent des participations dans d'autres sociétés, cotées ou non cotées. Par leur intermédiaire, il est donc possible de participer au développement d'entreprises dont le capital n'est pas ouvert au public. Par ailleurs, détenir des actions d'une holding permet de bénéficier des choix effectués par des professionnels qui auront su prendre position au bon moment dans des entreprises de qualité. L'avantage : ces participations sont normalement assez diversifiées et n'évoluent pas de la même façon au même moment, ce qui doit, en principe, éviter les mauvaises surprises. L'inconvénient : la Bourse préfère souvent les *pure players*, les sociétés qui ont une activité principale unique et clairement définie. La valeur d'une holding est toujours inférieure à la somme des valeurs de ses participations ; autrement dit, il y a toujours une décote et, en conséquence, si la holding a des participations dans de belles valeurs cotées, il est souvent préférable de détenir en direct les titres de ces sociétés. Il peut être intéressant d'acheter des actions de holdings lorsque leur décote paraît anormalement élevée. On peut aussi acheter les holdings qui ont des participations dans de belles entreprises non cotées.

## Les valeurs immobilières et foncières

Acheter des titres de sociétés immobilières permet de profiter des périodes favorables à ce secteur sans investir directement dans un seul projet, qu'il s'agisse de logements ou d'immeubles professionnels (bureaux, commerces, entrepôts), ces derniers ayant en règle générale une rentabilité plus élevée que l'immobilier d'habitation. Là encore, on se heurte au problème des décotes : la valeur d'une société immobilière est généralement (mais pas toujours) inférieure à celle de la somme des actifs qu'elle détient. Un critère de choix important est donc la décote enregistrée à un moment donné par rapport à l'actif net réévalué (ANR). Il est également très important de connaître la composition du patrimoine de ces sociétés, les actifs immobiliers ne subissant pas tous de la même façon les aléas de la conjoncture.

## Foncières cotées : les chiffres à suivre

D'une façon générale, ce qui compte le plus pour apprécier la situation d'une société foncière est l'évolution de ses **revenus locatifs**. C'est pourquoi les sociétés foncières indiquent, à chaque fois qu'elles signent un contrat de location important, avec qui elles ont signé et pour quelle durée.

Si on recherche avant tout la sécurité, on s'intéressera aux foncières ayant des immeubles bien placés, par exemple dans le quartier central des affaires à Paris. Il peut en effet être plus judicieux de se placer sur des immeubles offrant un rendement de 5 % mais qui garderont leur valeur et auront de bonnes chances d'être occupés quoi qu'il arrive, que des immeubles offrant des rendements de 10 % mais dont on n'est pas sûr qu'ils pourront retenir leurs locataires.

Le **taux de vacance** indique quelle part de la surface de bureaux, d'entrepôts ou de logements est sans locataire à une date donnée ; plus le taux de vacance est faible, plus la situation est favorable. À côté du taux de vacance « physique » calculé en référence aux mètres carrés en état d'être loués, on trouve aussi un taux de vacance dit « financier » qui donne un renseignement plus précis, car il tient compte du prix de location du mètre carré. Les sociétés peuvent aussi, à l'inverse, publier un **taux d'occupation** physique ou financier.

Attention ! En général, les sociétés indiquent le taux de vacance (ou d'occupation), non pas en pourcentage de leur patrimoine total, mais seulement en pourcentage de la partie du patrimoine qui peut être louée en l'état.

Les **taux d'intérêt**. Les sociétés foncières se servent du levier de l'endettement pour accroître leur patrimoine immobilier. Les périodes de hausse des taux d'intérêt ne leur sont guère favorables. Dans ces périodes, il y a une prime aux sociétés les moins endettées.

Un chiffre à retenir donc : le **taux d'endettement** ou LTV (*loan to value*), qui mesure le poids de la dette nette par rapport à la valeur des actifs détenus en portefeuille. Avec un LTV de 50 %, une hausse de 10 % de la valeur des actifs se traduit par une hausse de 20 % de l'actif net réévalué (et donc, éventuellement, du cours de Bourse, si les investisseurs gardent le même rapport de sur ou sous-évaluation de la valeur). Mais en cas de baisse de la valeur des actifs, le recul de l'ANR (voir ci-dessous) sera également de 20 % dans ce cas, alors qu'il ne sera que de 12,5 % pour une foncière ayant un LTV de 20 %.

L'**ANR** ou **actif net réévalué** est donné sous forme globale (par exemple 12 394 millions d'euros) ou par action (127 dans cet exemple). Si la capitalisation boursière est inférieure à son ANR, on dira que cette société est sous-évaluée.

On distingue généralement deux agrégats. D'une part, l'**ANR de liquidation** : il s'agit de la valeur du patrimoine hors droits de mutation sur les titres et les immeubles de placement. Cette notion est assez proche de ce que l'on appelle couramment la « valeur à la casse ». Mais il y a aussi l'**ANR de remplacement** (on parle aussi d'**ANR de continuation**), plus élevé que le précédent, qui mesure la valeur du patrimoine en incluant les droits et frais d'acquisition des actifs.

»

»

**Foncières cotées : les chiffres à suivre** *(suite)*

Quand on entre dans le détail des calculs, on arrive à des choses assez compliquées, surtout si l'on tient compte des normes IFRS et de leur règle de base : valoriser tous les actifs et tous les passifs à leur valeur de marché au moment de l'établissement des comptes. L'EPRA (European Public Real Estate Association, Association des sociétés foncières cotées européennes) fournit à ses membres un guide de calcul qui donne l'**EPRA NAV** (pour *net asset value*, valeur de l'actif net). Pour corriger l'impact des normes IFRS, qui introduisent un surcroît de volatilité dans les comptes des entreprises, l'EPRA conseille le calcul d'un **actif net réévalué triple net** (**EPRA NNNAV**), établi à partir du précédent sans tenir compte ni des impôts différés sur les biens immobiliers calculés de façon théorique ni de la comptabilisation à leur juste valeur des instruments financiers dérivés ni de la mise à juste valeur de l'ensemble de la dette à taux fixe.

Pour compliquer encore les choses, les sociétés peuvent aussi calculer un **ANR dilué**, calculé en tenant compte des actions qui pourraient être émises ultérieurement sur la base des bons de souscription en circulation, des obligations remboursables en actions, etc., donc de tout ce qui pourrait diluer le poids des actions détenues par chaque actionnaire face à un nombre total d'actions accru.

En ce qui concerne les **résultats**, les normes IFRS ont un impact fort puisqu'on est en présence de sociétés dont l'activité principale est la gestion d'actifs et que l'application de ces normes joue un rôle considérable dans l'évaluation et la comptabilisation des immeubles de placement.

Pour aider les investisseurs à s'y retrouver, l'EPRA recommande à ses adhérents de calculer un **résultat net récurrent**, qui part du résultat net calculé selon les normes IFRS mais exclut les variations de juste valeur, les plus ou moins-values de cessions et les autres éléments non courants. Dans la mesure où il est disponible, ce résultat récurrent devrait être celui auquel on accorde le plus d'importance.

## Les sociétés exportatrices

Elles ne forment pas vraiment une catégorie en soi, car elles peuvent appartenir à tous les secteurs. Mais certaines d'entre elles partagent une même caractéristique : elles dépendent fortement des cours d'une même devise ou de l'évolution dans une même zone géographique. Par exemple, il y a un thème qui revient souvent, c'est celui des valeurs dollar, celles qui profitent de la force du dollar et souffrent quand il baisse trop face à l'euro. Le cas type est celui d'Airbus Group (ex-EADS), dont la compétitivité face à Boeing varie en fonction inverse de la force de l'euro face au billet vert. Mais on pourrait également parler des grandes sociétés du luxe, qui exportent beaucoup et engrangent de somptueux bénéfices quand le dollar et le yen montent.

Un autre thème est très à la mode, c'est celui des entreprises bien placées sur le marché chinois. Miser sur des sociétés capables de réaliser là-bas une part significative de leur chiffre d'affaires est une façon de profiter de taux de croissance encore élevés dans cette partie du monde. Mais avec la guerre commerciale engagée par Donald Trump et les doutes sur la croissance chinoise, ce thème devient un peu moins porteur...

## Les valeurs liées aux matières premières

Il s'agit de sociétés qui consomment beaucoup de matières premières (comme la chimie ou l'industrie papetière) et que l'on surveille toujours avec une certaine inquiétude, soit parce que le prix de ces matières augmente (on se demande si les entreprises seront en mesure de répercuter les hausses de prix sur leurs clients), soit parce qu'il baisse trop vite (on se demande alors si l'activité n'est pas en train de chuter).

Il s'agit aussi, évidemment, des sociétés qui produisent ces matières premières. Il peut être intéressant d'essayer de mettre à profit les hausses enregistrées sur le pétrole, le cuivre, l'or ou les produits agricoles par l'intermédiaire de ces sociétés. Dans les périodes de forte croissance mondiale, ces valeurs sont susceptibles d'enregistrer des performances très supérieures à la moyenne. Mais il faut faire attention : les marchés de matières premières sont assez sportifs et ceux des sociétés qui les exploitent le sont tout autant, si ce n'est plus. C'est notamment le cas des mines d'or, où les fluctuations peuvent être plus amples encore et plus rapides que sur le métal précieux lui-même ; il n'est pas rare que ces valeurs commencent à monter alors que le métal n'a pas encore vraiment décollé et qu'elles enregistrent des corrections brutales alors que le métal est encore en phase ascendante. Cœurs fragiles s'abstenir !

**Le saviez-vous**

Ces quelques exemples de classification selon le secteur ou une caractéristique importante de l'activité (comme la dépendance envers les exportations) montrent les multiples possibilités de diversification d'un portefeuille, mais ces distinctions ont une portée encore plus grande qu'on ne le croit généralement : non seulement les différents secteurs n'ont pas la même sensibilité aux aléas de la conjoncture, mais ils n'ont pas le même statut boursier. Les principales données chiffrées concernant une société et ses ratios boursiers ne sont jamais à juger dans l'absolu, mais toujours en comparaison avec les autres valeurs. Par exemple, le secteur automobile présente beaucoup d'inconvénients : il consomme à la fois beaucoup de capitaux (les investissements y sont lourds), beaucoup de matières premières et beaucoup de main-d'œuvre. De surcroît, son activité est très cyclique, avec une alternance assez rapide de bonnes et de mauvaises années. Les investisseurs boursiers s'y intéressent forcément (Michelin, Peugeot, Renault font partie du CAC 40), mais toujours avec une certaine prudence : les rapports cours-bénéfice sont systématiquement plus faibles dans ce secteur que la moyenne. En revanche, les sociétés de haute technologie dont on attend des développements rapides, tant en termes de chiffre d'affaires que de résultats, offrent souvent des ratios très élevés. Il n'est donc pas possible de se fixer des règles trop simples du genre : je n'achète jamais des valeurs cotées plus de 20 fois leurs bénéfices. Dans certains secteurs, ce serait effectivement le signe d'une probable surévaluation ; dans d'autres, ce pourrait être un niveau d'achat. Il faut donc toujours comparer ce qui est comparable et, dans un secteur donné, toujours chercher pourquoi une valeur présente des ratios boursiers très différents des autres. Ainsi, les dirigeants d'Air Liquide, un des leaders mondiaux des gaz industriels, détestent qu'on présente leur entreprise comme un groupe chimique, car ce secteur n'a pas une très bonne image en Bourse et les ratios boursiers y restent généralement assez bas.

## Par leur actionnariat

La répartition du capital d'une entreprise peut donner des indications intéressantes. Ce n'est certainement pas un des critères les plus importants mais, dans certains cas, cet élément peut entrer en compte dans la prise de décision.

### Les sociétés au capital très dispersé

Nous l'avons vu dans le chapitre précédent : si le capital d'une société n'est pas contrôlé par un ou plusieurs actionnaires agissant de concert, celle-ci peut devenir « opéable ». Cela ne marche pas à tous les coups, mais cet aspect ne doit pas être négligé. Dans cet esprit, on surveillera donc attentivement toutes les informations relatives aux franchissements de seuils et on se tiendra au courant des rumeurs : beaucoup d'entre elles sont fausses, mais ce qui est faux aujourd'hui peut devenir la vérité de demain. Il suffit parfois d'un peu de patience. Il est rare qu'une société offrant de belles perspectives ne finisse pas par susciter quelques convoitises.

### Les sociétés en partie détenues par l'État

*A priori*, les boursiers n'aiment pas cette situation : l'État n'a pas la réputation d'être un partenaire industriel de grande qualité, et on soupçonne toujours que ses décisions ne sont pas inspirées uniquement par un souci de bonne gestion. Mais si, en raison de la crise financière de 2007-2008, il a été amené à mettre un pied dans des établissements bancaires (voire de les nationaliser plus ou moins complètement, comme au Royaume-Uni), sa présence dans les entreprises n'a pas vocation à être éternelle. Qui dit nationalisations dit privatisations à plus ou moins longue échéance. Par ailleurs, la présence des capitaux publics peut aider à stabiliser des secteurs en difficulté ou à faciliter leur recomposition.

## Les sociétés familiales

Pour certains, c'est un thème d'investissement à retenir. Les sociétés créées et toujours contrôlées par une famille cumuleraient tous les avantages : le dynamisme et la vocation à croître des sociétés cotées, la stabilité et le sérieux des affaires gérées « en bon père de famille ». De fait, on constate que des grandes entreprises, notamment dans le secteur automobile (Toyota, Ford, Fiat, Porsche, Daimler-Benz, BMW, Peugeot ou Michelin), mais aussi dans bien d'autres (LVMH, Kering, Pernod-Ricard, Bouygues, Lagardère, Bic, Decaux, etc.), ont pu garder une certaine tradition malgré une participation de la famille fondatrice parfois tombée à un niveau très faible. Les exemples sont encore plus nombreux dans l'univers des valeurs moyennes.

Les avantages de l'entreprise familiale peuvent paraître décisifs : les dirigeants sont plus impliqués dans son développement que des managers qui ne font parfois que passer, car c'est en effet leur patrimoine qui est en jeu. Ils travaillent pour le long terme, leur politique d'investissement s'inscrit dans la durée, etc. En revanche, on peut aussi y trouver la frilosité propre à beaucoup d'entreprises familiales : les réticences à emprunter ou à ouvrir le capital, ce qui peut peser sur la croissance et même sur la rentabilité (il y a des périodes d'argent peu cher où la bonne gestion devrait au contraire inciter à emprunter pour financer des projets rentables) ; le refus d'aller chercher en dehors du cercle familial des compétences pourtant indispensables, etc. Enfin, on a connu des cas dramatiques où l'héritier a conduit l'entreprise à la faillite.

Les comparaisons faites sur une longue période entre l'évolution générale des indices et les entreprises retenues comme étant familiales font apparaître un net avantage en faveur de ces dernières : l'indice Crédit Suisse Family de 40 sociétés familiales européennes et américaines fait généralement mieux que l'indice MSCI World. Des travaux universitaires vont dans le même sens : ils montrent que les entreprises familiales sont proportionnellement plus nombreuses que les autres parmi les entreprises qui enregistrent les meilleures performances boursières dans la durée. Ce critère est à retenir dans une optique d'investissement à long terme ; il peut être la garantie d'une certaine pérennité de la qualité de gestion. À condition que la famille reste unie...

Nouveauté

Euronext compte environ 200 entreprises familiales cotées sur ses différents marchés européens et compte bien en accroître le nombre grâce au programme FamilyShare lancé en janvier 2017 avec divers partenaires financiers. Il a été créé dès le mois suivant un indice européen dédié : l'indice Euronext Family Business, incluant 90 entreprises familiales cotées (dont des grands groupes, des entreprises de taille intermédiaire et des PME) et présentes dans les quatre pays couverts par Euronext.

## Par leur comportement en Bourse

On retrouve ici certaines distinctions que l'on a vues précédemment : en fonction de leur appartenance à tel ou tel secteur, les sociétés cotées, quelles que soient la qualité de leur gestion et leurs spécificités propres, vont avoir des comportements boursiers communs et vont être classées en différentes catégories qui parfois se recoupent.

### Les valeurs de croissance

Ce sont *a priori* celles auxquelles on devrait le plus s'intéresser. Il s'agit de sociétés qui croissent plus vite que l'ensemble de l'économie, c'est-à-dire dont le chiffre d'affaires progresse normalement plus vite que le PIB en valeur (soit plus de 4 % par an si on a 2 % de croissance en volume en moyenne plus environ 2 % de hausse annuelle des prix). De surcroît, leur bénéfice, ce qui n'a pas été le cas au cours des dernières années, augmente d'au moins 10 % par an et elles offrent une certaine visibilité, ce qui signifie que l'on peut se faire une idée assez générale de ce qu'elles vont faire au cours des prochaines années. Prenons l'exemple d'une entreprise comme Essilor (mariée maintenant à Luxottica). Elle est installée sur un marché dont la croissance, selon toute vraisemblance, est appelée à se poursuivre : la population mondiale continue d'augmenter et elle compte de plus en plus de personnes d'un âge avancé, ce qui signifie que de plus en plus de gens vont avoir besoin de corriger leur vue ; cette population mondiale, à des degrés et des rythmes divers, s'enrichit, ce qui lui donne davantage la possibilité d'acheter des lunettes ou des lentilles de contact ; enfin, la mise en place de systèmes publics ou privés d'assurance maladie permet d'atténuer les accidents de la conjoncture et d'assurer un certain volume d'activité. Ajoutons que, par un savoir-faire reconnu et un effort de recherche permanent, cette société a su se hisser et se maintenir dans les premiers rangs mondiaux. On a là toutes les caractéristiques d'une valeur de croissance offrant une bonne visibilité !

Exemple

On trouve ces valeurs dans des secteurs variés, avec des évolutions dans le temps. Beaucoup d'entreprises pharmaceutiques considérées comme des valeurs de croissance sont plutôt passées du côté des défensives. Dans un même secteur, une entreprise jeune pourra être considérée comme une valeur de croissance alors qu'un opérateur « historique » aura plus un statut de valeur défensive : c'est par exemple le cas d'Iliad face à Orange (ex-France Télécom). On peut aussi bien trouver dans cette catégorie des valeurs liées aux nouvelles technologies comme

Dassault Systèmes que des entreprises du luxe comme LVMH ou Hermès ou des entreprises comme Orpea, spécialiste des résidences pour personnes dépendantes.

Ces valeurs qui ont tout pour plaire (elles sont en croissance, elles sont en mesure de verser des dividendes, leurs performances semblent assurées pour une assez longue période) sont évidemment très recherchées, donc elles sont chères. Comme, de surcroît, leurs performances sont relativement prévisibles et stables, il est rare qu'elles connaissent des envolées spectaculaires. Ce n'est pas avec ce type de valeurs que l'on peut faire des « coups ».

À retenir

En revanche, comme leurs actionnaires sont habitués à de belles performances et qu'ils ont payé cher pour cela, ils sont prêts à sanctionner durement la moindre déception. Un bénéfice inférieur aux prévisions peut suffire à provoquer un net décrochage du cours, même s'il est très substantiel. Pour ceux qui ne détiennent pas encore le titre, ce peut être l'occasion de procéder à quelques achats.

Les valeurs de croissance peuvent constituer ce qu'on appelle un « fond de portefeuille », c'est-à-dire des valeurs qu'on garde pour une longue durée. Il faut toutefois veiller à ne pas trop s'endormir dessus : ces valeurs, si belles soient-elles, ne sont pas à l'abri des retournements de la conjoncture et des dépressions boursières. Au cours des dernières années, elles ont parfois sévèrement décroché alors même que leurs performances économiques et financières restaient tout à fait satisfaisantes pour une raison simple : les gérants de fonds qui se trouvaient pris dans la tourmente avec des produits financiers complexes devenus subitement invendables se délestaient de tout ce qui avait encore un prix, notamment ces titres. Enfin, il faut ajouter que certaines valeurs de croissance sont plus sensibles que d'autres aux aléas de la conjoncture, notamment celles qui appartiennent aux secteurs de l'énergie ou aux technologies de l'information. Il ne faut donc pas hésiter à se séparer de ces valeurs en cas d'accident sur les marchés, quitte à les racheter – moins cher – quelques mois plus tard.

## Les valeurs défensives

Les valeurs dites « défensives » présentent des caractéristiques communes avec les valeurs de croissance : ce sont des valeurs qui offrent une certaine visibilité. Mais elles ont tendance à faire moins bien que les valeurs de croissance en période d'accélération de l'activité et mieux qu'elles en période de basses eaux. Cette catégorie exclut donc les valeurs de croissance les plus sensibles aux cycles, alors qu'elle inclut d'autres valeurs ayant des performances plus modestes. Comme leur nom l'indique, on ne cherche pas la performance maximale en achetant ces valeurs, mais d'abord une certaine sécurité : on les choisit parce que, en période de forte incertitude ou de ralentissement marqué, ce sont celles qui sont susceptibles de résister le mieux. Ce n'est donc pas un hasard si l'on retrouve là des valeurs liées à l'alimentation, à la grande distribution, à la santé, aux services et aux collectivités (eau, gaz, électricité, etc.).

**Attention**

Le terme « défensif » ne doit pas induire en erreur : la protection n'est pas absolue. Quand tout va mal en Bourse, ces valeurs reculent aussi, mais dans des proportions normalement plus limitées que la moyenne. Et, au cours des dernières années, on a pu observer que le secteur de la pharmacie, du fait de la concurrence des génériques et des difficultés des laboratoires à mettre sur le marché des molécules réellement innovantes, avait du mal à garder son caractère défensif. À l'opposé, ces valeurs que l'on peut hésiter à acheter si l'on recherche la performance sont capables d'effectuer de très beaux parcours boursiers. Ainsi, beaucoup d'investisseurs se souviennent avec émotion des gains qu'ils ont pu réaliser à certaines époques avec un titre comme Carrefour, qui a ensuite beaucoup déçu et a mis du temps à élaborer une nouvelle stratégie. Là, on est loin de la haute technologie, de ces produits qui font rêver les jeunes du monde entier. Et, pourtant, ça peut rapporter gros...

## Valeur défensive ou offensive ? Une affaire de bêta

Une valeur sera dite « offensive » lorsque, en phase de hausse du marché, elle monte plus vite que lui (cette définition peut s'appliquer aussi à un secteur ou à l'ensemble d'un portefeuille). Mais, en cas de chute, elle baissera aussi plus vite.

La valeur défensive a la caractéristique inverse : son intérêt réside dans le fait que, en cas de baisse, elle doit normalement reculer moins vite que le marché. La contrepartie, évidemment, est qu'elle doit faire moins bien que le marché en phase de hausse. Une valeur qui se comporterait en général exactement comme le marché serait qualifiée de « neutre ».

Les boursiers, qui adorent les mathématiques et leurs symboles, expriment cette qualité en ayant recours au bêta, la deuxième lettre de l'alphabet grec. Une valeur qui serait neutre aurait un bêta de 1. Une valeur offensive, qui a tendance à se montrer plus exubérante que le marché, a un bêta supérieur à 1. Et, fort logiquement, une valeur qui réagit moins vigoureusement que l'indice a un bêta inférieur à 1.

Exemple concret : une valeur offensive qui a un bêta de 1,5 progressera en théorie de 1,5 % quand l'indice de référence du marché avancera de 1 %. Une valeur défensive qui a un bêta de 0,9 reculera de 0,9 % quand l'indice perdra 1 %.

Appliqué à un secteur, cela conduit à accorder un bêta supérieur à 1 à des secteurs plus sensibles que l'ensemble du marché aux évolutions du cycle économique, comme les technologies de l'information. Inversement, on donnera un bêta inférieur à 1 à des secteurs jugés défensifs comme la distribution et l'alimentation.

## Les valeurs de rendement

Avec cette catégorie, on n'est pas très loin de la précédente. La motivation de l'acheteur est plutôt défensive : il ne s'agit pas de chercher prioritairement la plus-value mais le rendement, soit un bon rapport entre le dividende versé et le prix de l'action. Cette recherche du rendement peut s'expliquer par le profil de l'investisseur : un jeune boursier désireux de faire croître son capital rapidement, quitte à prendre quelques risques, ne s'en souciera guère ; le gérant d'un fonds de pension, qui doit disposer de revenus réguliers, en fera un critère de sélection important. Mais cette recherche peut aussi être imposée par les circonstances : lorsque le marché est mauvais et l'espoir de plus-values très mince, le dividende retrouve tout son attrait. C'est d'autant plus vrai que le cours des actions étant alors orienté à la baisse, le rendement a tendance à remonter. Les investisseurs peuvent aussi être amenés à s'intéresser davantage aux actions quand le rendement des obligations baisse fortement, voire descend au-dessous de zéro.

Cela dit, ce n'est pas parce qu'une action a vu son cours baisser fortement, ce qui, mécaniquement, fait grimper son rendement, qu'elle est devenue réellement une valeur de rendement. Ce label ne s'applique qu'aux valeurs qui assurent de façon régulière un dividende confortable, avec un rendement supérieur à la moyenne des autres actions, voire à celui des emprunts d'État à dix ans.

**À retenir**

Cela suppose une activité et des rentrées elles-mêmes régulières. La plupart des sociétés tentent d'assurer une certaine régularité de leur dividende, en jouant sur leur *pay out*, la proportion du bénéfice qui est consacrée au versement du dividende. Dans les bonnes années, elles n'augmentent que modérément leur dividende en réduisant leur *pay out* ; quand la conjoncture est moins favorable, elles s'efforcent de maintenir le dividende en y consacrant une part du bénéfice net plus importante. Mais cette politique a ses limites, qui tiennent à la fois à la possibilité de verser un dividende relativement régulier et à la variation des cours : à dividende presque inchangé, le rendement varie très fortement si le cours monte ou baisse dans des proportions significatives. Certains secteurs ont donc une vocation plus marquée que d'autres à faire émerger des valeurs de rendement. Les sociétés immobilières peuvent rentrer dans cette catégorie. Depuis 2003, elles peuvent opter pour le statut de SIIC, société d'investissement immobilier cotée, qui leur assure un cadre fiscal très avantageux, mais, en contrepartie, les contraint à distribuer 85 % de leur résultat d'exploitation et 50 % de leurs plus-values. Les valeurs pétrolières, dont les cours ne s'envolent plus systématiquement quand le prix du baril grimpe et qui restent rentables quand il reflue, peuvent aussi tenir ce rôle. Des sociétés de télécommunications, comme Orange, sont entrées dans cette catégorie au cours des dernières années, du fait de la régularité de leurs recettes, après avoir été considérées comme des valeurs hautement spéculatives à la fin des années 1990.

Un rappel toutefois : dans les périodes de crise, acheter une valeur pour son rendement peut conduire à quelques désillusions. Les calculs effectués sur la base du dividende futur sont toujours aléatoires.

## Les valeurs cycliques

Ce sont elles qui intéressent le plus les vrais boursiers, car elles connaissent des variations de cours très importantes. Très liées aux humeurs de l'économie, qu'il s'agisse de la consommation de biens discrétionnaires, de biens d'équipement, de matières premières, de la sidérurgie, de la métallurgie, de la papeterie, de la construction, du BTP et des matériaux de construction, etc., ces valeurs connaissent des creux très marqués en bas de cycle et atteignent des sommets en haut de cycle. Avec elles, on peut gagner beaucoup d'argent... ou en perdre beaucoup si l'on intervient à contretemps.

*A priori*, c'est très simple, allez-vous dire : quand l'économie va bien, j'achète des valeurs cycliques ; quand la croissance fléchit, je les revends. En théorie, effectivement, c'est très clair. Dans la pratique, il n'est pas facile d'acheter et de vendre au bon moment. D'abord, les indicateurs économiques ne permettent pas toujours de se faire une idée très précise de l'endroit où l'on se situe exactement dans le cycle économique : on ne bascule pas du jour au lendemain de la croissance à la récession et inversement. Quand on arrive vers le haut du cycle ou vers le bas, il y a toujours une assez longue période d'incertitude pendant laquelle les indicateurs envoient des signaux contradictoires. Et quand tous les feux ou presque se mettent simultanément au vert ou au rouge, il est déjà trop tard : les cours ont décollé ou plongé. La période d'incertitude est d'autant plus compliquée à vivre que les investisseurs eux-mêmes s'emploient (involontairement) à brouiller les pistes. Il y a ceux qui vendent à la première alerte, pour ne pas risquer d'avoir à vendre moins cher plus tard, ou qui achètent avant même d'être certains que l'amélioration est en cours, parce qu'ils ne veulent pas rater la première phase de hausse, souvent rapide et très forte. Il y en a d'autres au contraire qui conservent leurs titres en portefeuille le plus longtemps possible, parce qu'ils sont persuadés que la hausse peut encore durer, ou qui hésitent à acheter tant que le mouvement de hausse n'est pas clairement établi, au risque de devoir monter dans le train en marche. Ces comportements divers donnent alors une Bourse erratique où aucune tendance ne se dessine vraiment et où il est parfois difficile de se faire une opinion. Ajoutons à cela que l'économie elle-même complique le jeu et, pas plus que la Bourse, n'avance de façon linéaire : chaque grande phase de croissance ou de repli s'accompagne de courtes périodes de ralentissement ou d'accélération de l'activité qui font croire qu'on est arrivé au point de retournement de la conjoncture alors qu'il s'agit d'un simple accident de parcours.

Les informations données par les sociétés ne sont pas forcément d'une grande utilité dans ces périodes d'incertitude. Car aucun chef d'entreprise ne se résigne à avoir une activité cyclique. Chacun, au contraire, tente d'échapper à cette malédiction par l'innovation, en tentant de mettre sur le marché des produits qui continueront à se vendre même quand la demande globale fléchira, par la diversification de son offre et de ses clients, et par son action commerciale. La préoccupation constante des dirigeants est d'essayer de convaincre les analystes financiers et les journalistes que leur société est désormais plus résistante aux variations de la conjoncture. C'est, par exemple, ce qu'annonçait M. Lakshmi Mittal après avoir repris Arcelor. Il n'empêche qu'ArcelorMittal a reculé de 67,8 % en 2008 alors que l'indice CAC 40 ne cédait « que » 42,7 %. Il n'est pas facile d'échapper aux cycles quand on travaille pour des secteurs eux-mêmes cycliques comme la construction et l'automobile et quand le ralentissement est mondial.

### Les situations spéciales

Cette catégorie aux contours assez flous regroupe des entreprises pouvant appartenir à n'importe quel secteur ou n'importe quelle autre catégorie et qui, à un moment de leur histoire, se retrouvent, précisément, dans une « situation spéciale ». Leur seul point commun à ce moment-là est d'intéresser les boursiers parce que leur cours semble pouvoir grimper très rapidement. C'est le cas des sociétés sur lesquelles des rumeurs d'une possible OPA circulent avec insistance ou de celles qui ont connu un accident de parcours et qui paraissent sur le point de se redresser ; on parle alors de « valeurs en retournement ».

Ces valeurs sont évidemment à surveiller de très près, mais à manier avec précaution. Les rumeurs d'OPA, on le sait, ne se concrétisent pas toujours, et les redressements annoncés ou espérés peuvent prendre plus de temps que prévu. Mais, pour la partie la plus risquée de son portefeuille, il peut y avoir là des occasions à saisir.

## Les grands styles de gestion

Comme nous venons de le voir, en Bourse, il n'y a pas de bonnes et de mauvaises valeurs. Il y a celles qui sont à vendre ou à acheter à un moment donné, il y a celles que l'on choisira pour leurs perspectives de plus-value ou pour leur rendement, etc. En somme, toutes peuvent mériter que l'on s'intéresse à elles ; c'est une question d'opportunité et aussi de style de gestion.

Dans tous les cas de figure, lorsque nous évoquons la gestion de son portefeuille par un particulier, nous nous plaçons dans le cadre d'une gestion active. L'opposé en est, vous le devinez, la gestion passive. Mais, en matière boursière, avoir une gestion passive, cela a un sens précis. Cela ne signifie pas ne rien faire ; c'est essayer de répliquer les performances d'un indice comme le CAC 40. Dans une gestion active, on a toute latitude pour choisir ses valeurs, qu'elles appartiennent ou non à tel ou tel indice et, si possible, en essayant de faire mieux que les grands indices de référence (ce qui n'est pas aussi évident qu'on pourrait le croire). Pour un particulier, cette gestion active se fera par *stock picking*, c'est-à-dire au cas par cas, alors que les professionnels ont généralement une façon de travailler qui leur impose une approche plus systématique : ils ne choisissent pas les valeurs au hasard de leurs coups de cœur, mais en respectant certaines règles de gestion qui les conduisent à retenir plutôt telle valeur que telle autre. Même s'il n'est pas question pour le particulier de s'imposer des règles aussi strictes, il est bon de savoir comment travaillent les professionnels et comment ils font leurs propres sélections. La technique du cas par cas n'est pas celle du n'importe quoi ! Un peu de rationalité n'a jamais fait de mal à personne.

## Le style growth

Comme son nom l'indique, ce style de gestion est axé sur la croissance. Il s'agit de repérer les sociétés qui semblent être en mesure de profiter au mieux de la conjoncture économique des prochaines années. Dans ce cadre, on sélectionnera évidemment les valeurs généralement répertoriées comme valeurs de croissance, mais on ne s'interdira pas, au contraire, des valeurs cycliques si les deux ou trois années à venir paraissent favorables à leur activité. Seront retenues celles qui paraissent capables d'enregistrer une croissance annuelle de leur chiffre d'affaires d'au moins 5 % et de leur bénéfice par action d'au moins 10 %. À cette occasion, on regardera un autre élément, trop souvent négligé par ceux qui ont la religion du résultat net, c'est leur capacité à générer du cash-flow (rappelons que le cash-flow correspond à la somme du bénéfice net et des dotations aux amortissements et provisions). C'est ici qu'on retrouve la différence entre les belles valeurs de croissance et les valeurs cycliques : si les secondes ont la capacité d'enregistrer de fortes hausses de leur cash-flow pendant plusieurs années d'affilée dans la période montante du cycle, les premières sont capables de garder un rythme élevé même quand l'économie est moins porteuse. Comparativement aux autres valeurs du marché, celles que l'on peut retenir dans une gestion de style *growth* sont plus chères : leur PER ou rapport cours-bénéfice se situe au-dessus de la moyenne. C'est un pari sur l'avenir. Ce style de gestion est évidemment très adapté aux périodes fastes sur le plan économique puisque, si le choix de valeurs qui en découle a été fait correctement, il doit conduire à des performances également supérieures à la moyenne. En contrepartie, la correction peut être brutale sur ces valeurs qui se paient cher et n'ont pas le droit à l'erreur. Le plus difficile avec elles est de savoir s'en séparer à temps : lorsqu'une valeur a le vent en poupe et qu'on gagne beaucoup d'argent avec elle, on attend souvent le dernier moment (c'est-à-dire trop tard) pour la vendre ; il est tellement tentant de croire que la tendance va se prolonger indéfiniment (c'est d'ailleurs comme cela que se forment les bulles boursières). Avec une gestion *growth*, on profite pleinement des phases d'euphorie du marché, mais on court le risque de plonger avec lui.

## Le style value

La démarche intellectuelle est tout autre : il s'agit au contraire de repérer des valeurs sous-évaluées. Cela demande une étude financière approfondie de chacune. En effet, qu'est-ce qu'une valeur sous-évaluée ? C'est de la façon la plus évidente une valeur qui a un PER plus bas que la moyenne du marché ou de son secteur. Cela peut se repérer assez facilement, mais ce n'est pas suffisant. Car cette sous-évaluation par le marché peut être parfaitement justifiée. Il faut aussi pour que cette valeur mérite d'être mise en portefeuille que sa sous-évaluation soit imméritée, que la valeur intrinsèque de l'entreprise soit nettement supérieure à celle que le marché lui accorde.

**Technique**

Là, les analystes se servent volontiers d'un ratio dont nous n'avons pas encore parlé, celui qu'on désigne volontiers par son sigle anglais, le PBR ou *Price to Book Ratio*. De quoi s'agit-il ? Ce ratio permet de faire la comparaison entre le cours de Bourse et l'actif net par action. On peut aussi le calculer globalement en établissant le rapport entre la capitalisation boursière et le total des capitaux propres. Un rapport égal à 1 montre que l'action considérée est juste évaluée au niveau de ses fonds propres ; à proximité de ce niveau, l'affaire mérite d'être étudiée de près. Un PBR bas peut indiquer que la rentabilité des capitaux propres est faible ; il peut signifier aussi que le marché appréhende mal la qualité de l'affaire.

Pourquoi acheter un tel titre ? Les raisons sont multiples. On peut estimer que la rentabilité est effectivement faible pour l'instant, mais que cela est susceptible de changer à la faveur d'un retournement du cycle. Il est possible aussi que des changements à l'intérieur même de l'entreprise (une nouvelle direction ou une nouvelle stratégie) n'aient pas encore été pris en compte par les investisseurs. Enfin, on peut penser que la Bourse a « massacré » certains secteurs ou certains types de valeurs (par exemple les valeurs moyennes, généralement les plus affectées en période de crise) et qu'elle reviendra sur son jugement après une période d'excès. De fait, on ne le dit pas assez souvent, car les financiers veulent donner d'eux une image de rationalité, mais la Bourse connaît aussi des modes. Il y a des moments où elle est prise d'un véritable engouement pour certaines valeurs et en néglige d'autres. Un rééquilibrage s'effectue ensuite.

On a pu ainsi constater, après la vogue des valeurs TMT (technologies, médias, télécommunications) jusqu'en 2000 et le désastre qui a suivi, un retour en grâce du *brick and mortar* (de la brique et du mortier), c'est-à-dire des entreprises jugées plus traditionnelles. Plus récemment, les investisseurs se sont entichés des valeurs de biotechnologie. Ainsi, avec les équipements médicaux, ce secteur a représenté à lui seul 12 des 28 introductions en Bourse de 2015 à Paris. Sur les valeurs les plus prometteuses, la spéculation a été forte. Un des plus beaux exemples a été celui de Genfit, dont le cours est passé de 1,30 € en juin 2012 à plus de 66 € en février 2015 avant de chuter de plus de 40 % en une journée le mois suivant après la publication de résultats cliniques décevants. Le cours de 66€ n'a plus été retrouvé.

Le gestionnaire *value* croit aux vertus de l'analyse : il estime que le marché n'a pas été parfaitement efficient à un moment donné dans l'appréciation de certaines valeurs et que, forcément, il reviendra plus tard à une plus juste vision des choses. Ce qui est d'ailleurs un pari raisonnable. C'est ainsi que le marché fonctionne toujours : il commet des excès, les corrige, en commet d'autres, etc. Le problème est qu'il peut mettre du temps à corriger ses excès ou ses erreurs et que des valeurs sous-valorisées peuvent le rester assez longtemps... De ce point de vue, la gestion *value* est une gestion éminemment sage : normalement, un gérant qui adopte ce style ne doit pas avoir en portefeuille de valeurs surévaluées ; lorsqu'un titre a retrouvé ce qu'il estime être sa valeur intrinsèque, il doit le revendre.

Fort logiquement, il s'ensuit que la gestion *value* fait en principe moins bien que le marché en période de forte hausse, mais doit faire plutôt mieux en période de baisse. Un particulier a donc intérêt à s'inspirer davantage du style *growth* dans les phases de hausse du marché, et davantage du style *value* quand les temps deviennent plus difficiles.

## Le style GARP

Le lecteur avisé que vous êtes ne va pas manquer de réagir en disant : mais pourquoi ne pas utiliser simultanément les deux méthodes ? Pourquoi ne pas concentrer son effort sur des valeurs de croissance puisque ce sont elles qui, sur la durée, sont normalement appelées à avoir les plus belles performances, mais uniquement sur celles qui sont plutôt sous-évaluées ? Bravo ! C'est bien pensé, l'idée est bonne. Bienvenue dans le monde selon GARP ! Et ce n'est pas de la littérature ni du cinéma. Des professionnels ont déjà mis au point un système de gestion nommé GARP (*Growth At Reasonable Price*) soit « croissance à un prix raisonnable ». Il s'agit très exactement de combiner les approches *growth* et *value*. Les valeurs retenues doivent en premier lieu offrir des perspectives de croissance supérieures à la moyenne, mais elles doivent aussi être moins bien valorisées. C'est un peu comme si on voulait avoir à la fois le beurre et l'argent du beurre. Autant dire que la sélection va être sévère et que le nombre d'élues sera relativement limité.

**Technique**

**Exemple**

Pour les trouver, on passe la cote au crible du PEG. Le PEG, c'est le *Price Earning Growth*. Pour l'obtenir, on part du PER, le rapport cours/bénéfice bien connu qui donne une idée du prix d'une action à un moment donné : on compare alors le cours au bénéfice estimé par action de l'année présente ou de l'année suivante. Ensuite, on adopte une vision plus prospective, en se servant d'une estimation de la croissance des bénéfices à moyen terme, à un horizon de trois à cinq ans au maximum : on divise le PER par cette estimation et on obtient le PEG, un chiffre d'autant plus intéressant qu'il sera petit. Par exemple, on compare trois valeurs qui ont toutes un PER de 12. Pour la première, on estime, au vu des performances des dernières années et de ce que l'on peut prévoir pour les prochaines, que le taux de croissance des bénéfices peut atteindre 12 % par an ; son PEG sera de 1. Pour la deuxième, le taux de croissance estimé des bénéfices est de 10 % ; le PEG sera de 1,2. Pour la troisième, la progression annuelle des bénéfices paraît devoir être limitée à 8 % ; le PEG sera de 1,5. Fort logiquement, la première, qui a les meilleures perspectives et le plus petit PEG, sera jugée la plus intéressante. Dans notre exemple simplifié, le résultat se voit tout de suite, sans même utiliser le PEG. L'utilité du recours à ce dernier s'impose dès lors que l'on veut faire un choix entre deux valeurs n'ayant pas le même PER. Que vaut-il mieux acheter dans une logique GARP, une valeur qui a un PER de 15 et une perspective de croissance de ses bénéfices de 14 % par an, ou celle, moins chère, qui a un PER de 13 et un taux de croissance attendu de ses résultats de 11 % ? La première, bien que ce soit la plus chère, répond le PEG.

L'exercice a évidemment ses limites : comment établir des prévisions de bénéfices à moyen terme pour une entreprise en phase de retournement, qui vient de voir ses bénéfices exploser mais ne pourra tenir ce rythme très longtemps, ou pour des valeurs très cycliques ? La gestion GARP peut difficilement s'appliquer à l'ensemble de l'univers des sociétés cotées. Pour tourner cette difficulté, des professionnels choisissent de suivre le style GARP d'une façon très particulière : ils gèrent une partie de leur portefeuille en style *growth* et compensent les risques ainsi pris au cas où un ralentissement interviendrait par la gestion d'une autre partie en style *value*. Sans vouloir minimiser les talents des professionnels, on peut dire que, sans faire de théorie et sans utiliser de termes savants, beaucoup de particuliers font la même chose de façon intuitive.

# Les différentes façons d'approcher le marché

Comme pour les styles de gestion, la question de l'approche du marché peut paraître un peu théorique. L'investisseur individuel prend rarement la posture du *Penseur* de Rodin, le menton appuyé sur le dos de la main, pour se dire : mais, au fait, comment pourrais-je définir mon approche du marché ? Pourtant, là encore, il peut être utile de voir en quels termes les professionnels posent le problème et comment ils le résolvent.

## L'approche top down

Une fois de plus, nous sommes repartis dans le jargon anglais. Mais il faut reconnaître que ce vocabulaire s'est imposé parce qu'il a le mérite d'être simple et clair. Littéralement, cela signifie que l'on part du haut pour aller vers le bas. Appliquée à la Bourse, cette image signifie que l'on commence par examiner le problème vu de très haut, à partir des analyses macroéconomiques. On regarde la situation internationale, son évolution sur les derniers mois et ses perspectives pour les trimestres à venir. Après avoir dégagé les grandes tendances mondiales, on regarde comment chaque pays devrait se comporter, quels sont ceux qui vont tirer leur épingle du jeu et ceux qui paraissent au contraire en mauvaise position. Ensuite, dans les pays sélectionnés, on identifie les secteurs qui devraient le mieux bénéficier des conditions économiques attendues ; enfin, à l'intérieur de chacun de ces secteurs, on choisit les valeurs qui semblent offrir le meilleur potentiel boursier.

Cette approche convient parfaitement à un style de gestion *growth* : la succession de filtres conduit à la sélection des valeurs qui offrent les meilleures perspectives de croissance dans les secteurs les plus porteurs et dans les pays qui avancent le plus vite.

## L'approche bottom up

À l'inverse, comme son nom anglais le fait bien comprendre, cette approche part de la base, c'est-à-dire des sociétés, avant de prendre de la hauteur et de tenir compte de l'environnement macroéconomique. Au point de départ, il y a l'entreprise, l'analyse fondamentale de son titre, la détermination de son potentiel boursier. C'est sur la base de ces critères que s'opère la première sélection. On va regarder ensuite comment l'environnement peut agir sur ces valeurs et permettre à ce potentiel de s'exprimer.

Cette approche, cela paraît clair, est parfaitement adaptée à la gestion *value*, qui accorde une place essentielle aux notions de valeur intrinsèque et de potentiels de valorisation. Et, toujours très logiquement, on en conclut que l'investisseur selon GARP est tenté d'utiliser les deux approches : il se sert de l'approche *top down* pour faire sa sélection des secteurs à privilégier dans le contexte macro-économique du moment ; ensuite, il utilise l'approche *bottom up* pour choisir à l'intérieur de ces secteurs les valeurs qui lui paraissent avoir le meilleur potentiel boursier.

# Que doit faire un particulier ?

L'examen de ces différentes catégories de titres, de styles de gestion ou d'approches du marché nous amène à un constat : il n'y a pas de miracle. Les secteurs où l'on enregistre les taux de croissance les plus rapides sont aussi ceux qui souffrent le plus quand la conjoncture se retourne, les valeurs les plus sûres sont rarement celles avec lesquelles on gagne le plus, les styles de gestion qui marchent bien dans une conjoncture donnée sont moins efficaces dans un autre environnement, etc.

L'investisseur individuel doit en tenir compte et partir du principe qu'il n'existe pas de répartition optimale de son portefeuille ; il n'y a que des compromis plus ou moins bien adaptés aux circonstances économiques et financières du moment, compte tenu des exigences contradictoires de performance et de sécurité. Mais la leçon essentielle est qu'avant de choisir une valeur, on doit toujours se poser un minimum de questions : d'abord, est-ce vraiment le moment d'acheter, comment va l'économie, quelles sont les perspectives de marché ? Si l'on me conseille telle valeur, a-t-elle un réel potentiel de hausse, et pourquoi ? Est-il vraiment opportun de l'acquérir maintenant ? Est-ce que cela ne va pas déséquilibrer mon portefeuille en faveur de tel secteur ou de tel type de valeur ? Et, si oui, est-ce que je suis prêt à assumer les risques d'un portefeuille ayant une telle orientation ?

À retenir

L'idée de base est simple : le meilleur portefeuille est celui que vous aurez constitué en toute connaissance de cause, après vous être solidement informé, en ayant conscience des risques que vous prenez. On vous dit que votre portefeuille est un peu trop « pépère » ? Et alors ? Si vous voulez jouer la carte de la sécurité (sachant qu'avec les actions c'est de toute façon une notion assez relative), c'est votre droit. On vous dit que votre portefeuille est trop orienté sur des valeurs appartenant à des secteurs voisins et qui risquent de plonger toutes en même temps ? Et alors, où est le problème, si c'est un choix que vous avez fait délibérément pour profiter au mieux de la dynamique du marché dans la période présente ? La situation serait réellement problématique, en revanche, si vous vous étiez mis en position très spéculative et risquée sans vous en rendre compte (ce qui était le cas de beaucoup de néophytes au début 2000 avec les valeurs TMT).

Voilà, vous en savez maintenant assez pour composer un portefeuille raisonnablement risqué. Mais cela ne doit pas vous empêcher d'aller plus loin et de jeter un œil sur la quatrième partie. Vous y ferez aussi quelques trouvailles bien utiles.

## Quiz

# Testez vos connaissances !

**1. Des comptes consolidés, ce sont des comptes :**

a. en progression par rapport à l'année précédente. ☐

b. approuvés par les commissaires aux comptes. ☐

c. qui réunissent les comptes d'un groupe de sociétés. ☐

**2. Quand on dit que la Bourse consolide, cela veut dire :**

a. qu'elle baisse. ☐

b. qu'elle monte. ☐

c. qu'elle se fige et ne bouge presque plus. ☐

**3. Un rapport cours/bénéfice élevé :**

a. est un bon signe : il faut acheter la valeur. ☐

b. ne suffit pas en lui-même à se forger une opinion. ☐

c. indique que la valeur est chère : il faut la vendre. ☐

**4. Un trou de cotation, c'est :**

a. une période pendant laquelle la cotation d'une société est suspendue. ☐

b. un espace entre deux cours franchi par une action sans s'arrêter aux cours intermédiaires. ☐

c. le creux dans lequel est tombée une action en forte baisse. ☐

**5. Les taux directeurs de la Banque centrale européenne :**

a. jouent un rôle déterminant sur le marché des actions. ☐

b. ne concernent que les produits de taux comme les obligations. ☐

c. ne concernent que les actions des banques. ☐

**6. Lorsqu'une offre publique d'acquisition est lancée, le jeu des offres et contre-offres entre deux entreprises qui se battent pour prendre le contrôle d'une troisième :**

a. peut durer aussi longtemps que les adversaires continuent à renchérir l'un sur l'autre. ☐

b. s'arrête au moment où l'Autorité des marchés financiers désigne le vainqueur. ☐

c. s'arrête quand l'AMF décide d'accélérer le processus de confrontation des offres pour y mettre un terme. ☐

**7. Pour construire un bon portefeuille boursier, il faut :**

a. définir une stratégie et n'acheter que des actions allant dans le sens de cette stratégie. ☐

b. ne s'enfermer au contraire dans aucune stratégie et saisir les occasions qui se présentent. ☐

c. s'attacher d'abord à diversifier les risques et à ne choisir que des valeurs sûres. ☐

**8. Lorsqu'une société s'introduit en Bourse, il vaut mieux :**

a. ne pas participer à l'introduction et attendre de voir ce que donnera le titre en Bourse. ☐

b. acheter le maximum de titres pour les revendre dans les premiers jours de cotation avec un gain. ☐

c. acheter quelques titres pour voir. ☐

## Vérifiez vos réponses

**1. c.**

Les comptes consolidés intègrent les comptes d'une société dite société mère et de ses filiales : ce sont les comptes du groupe. Mais ces comptes peuvent ne pas être très solides... Et, dans tous les cas, ils doivent être soumis, comme les comptes sociaux – c'est-à-dire ceux de la société mère seule – à des commissaires aux comptes qui établissent un rapport. Dans certains cas, leurs rapports peuvent comporter des éléments d'information très intéressants.

**2. a.**

Une séance de consolidation en Bourse, c'est une séance de baisse. Il s'agit d'un mouvement observé quand le marché fait une pause, quand il cherche une direction. On parle de consolidation parce qu'on suppose alors qu'il pourra repartir ensuite sur une base plus solide. Si la baisse est très forte, on parlera plutôt d'une correction. Et si elle dure, on parlera d'un marché baissier.

**3. b.**

Le rapport cours/bénéfice est à surveiller de très près, mais c'est un rapport qui n'a pas de niveau absolu indiquant que la valeur est bon marché ou qu'elle est très chère, qu'elle est à acheter ou qu'elle est à vendre. Tout dépend du contexte général de la Bourse, des rapports cours/bénéfice fréquemment observés dans le secteur considéré et de l'évolution constatée dans le passé pour cette société. Une valeur avec un PER bas peut garder ce PER bas longtemps, une valeur qui a déjà un PER élevé peut voir ce PER monter encore... En Bourse, il n'y a pas de signaux entrainant des réactions automatiques : toute information doit être interprétée.

**4. b.**

Le trou de cotation ou *gap* est effectivement un espace que l'action a franchi sans s'arrêter, à la hausse ou la baisse. Les trous de cotation se repèrent très bien quand on regarde les graphiques de cours en utilisant les bougies japonaises. Ils peuvent servir à définir des seuils de résistance ou des supports lorsque l'action considérée reviendra dans cette zone.

**5. a.**

Si vous n'avez pas donné la bonne réponse, vous devez impérativement relire le chapitre 9. De toute façon, vous le verrez à l'usage : les investisseurs en Bourse passent leur temps à essayer de comprendre ce que veulent dire les banquiers centraux et ce qu'ils vont décider dans les jours ou les semaines à venir.

**6. c.**

Dans une bataille boursière, l'AMF ne fait qu'enregistrer les offres et se prononcer sur leur recevabilité, leur conformité aux règles ; en aucun cas elle ne se prononce sur la qualité de ces offres et ne peut décider du vainqueur. Le jeu des offres et contre-offres peut donc durer tant que les deux partenaires continuent à renchérir, mais la réponse (a) n'est cependant pas tout à fait exacte, car, au bout de dix semaines après l'ouverture d'une offre, l'AMF peut décider d'accélérer la procédure, soit en réduisant jusqu'à trois jours le délai qui s'écoule entre la publication d'une surenchère et le dépôt de la surenchère suivante, soit en fixant une date de dernière enchère.

### 7. c, avec des nuances.

Pour bâtir un portefeuille, on ne peut suivre l'option b et avancer au hasard des nouvelles du jour et des conseils que l'on peut lire ici et là, sans aucune ligne directrice. Mais on ne peut pas non plus suivre une ligne trop rigide autour d'un axe stratégique clairement défini ; cette dernière option doit être laissée aux professionnels qui proposent différents produits correspondant à des politiques de placement différentes parmi lesquels les clients font leur choix. Il faut essayer de suivre la voie c, avec des valeurs qui ne réagissent pas toutes de la même façon aux événements. Mais il ne faut pas se leurrer : il n'existe pas de stratégie vous mettant totalement à l'abri des turbulences et les valeurs complètement « sûres » n'existent pas. La méthode de base que l'on peut conseiller consiste à composer un portefeuille comprenant des valeurs dites de « fond de portefeuille », que l'on choisit dans une optique de moyen ou long terme, et des valeurs que l'on choisit dans une optique de plus court terme, avec l'idée de faire des allers et retours relativement rapides en quelques jours ou quelques semaines.

### 8. Surtout pas b ou c.

On ne participe pas à une introduction sans avoir étudié le dossier. Ce ne sera pas forcément une affaire gagnante : même les premiers jours de cotation peuvent être décevants. En tout cas, on ne demande pas beaucoup de titres pour être sûr d'en avoir un peu, car on prend alors le risque de remporter une victoire encombrante : être bien servi parce que, en fait, les autres investisseurs ne se sont pas bousculés Et si l'on a des doutes, mieux vaut rester à l'écart que de faire un investissement minimal pour voir : on n'est pas au poker ! La solution (a) peut être la solution d'attente la plus raisonnable, mais si le dossier parait sérieux et si le prix proposé n'est pas excessif, pourquoi ne pas participer d'entrée de jeu à l'introduction ?

# Partie 4

# Pour aller plus loin

## Dans cette partie…

Nous allons explorer un peu plus les possibilités offertes par la Bourse. Acheter des actions en direct, c'est la base. Mais le marché ne se limite pas aux actions. On peut aussi acheter des obligations. Et, là, c'est un nouveau continent qui s'ouvre. Car il en existe une gamme très vaste, allant de l'obligation pure, classique, à des produits qui mêlent les caractéristiques des actions et des obligations. Et, qu'il s'agisse des obligations ou des actions, on découvrira qu'il est possible de miser sur elles sans les acheter directement, en achetant des parts de sicav ou de fonds communs de placement, ou encore des produits qui répliquent les performances des divers indices mondiaux.
On découvrira aussi des produits dits « dérivés », qui permettent de spéculer sur la hausse ou la baisse des actions avec des chances de gain (mais aussi des risques de perte) démultipliées. Enfin, comme c'est toujours le cas lorsqu'il est question d'argent, nous serons fatalement amenés à parler de fiscalité. Et nous essaierons de nous projeter dans l'avenir : le comportement calamiteux de la Bourse durant la première décennie du XXIe siècle remet-il en cause tout ce que nous avons dit jusqu'ici, est-il vraiment raisonnable de s'intéresser aux actions et à tous ces produits financiers à risques ?

DANS CE CHAPITRE

Les raisons de s'intéresser aux obligations

Comment s'y retrouver dans le monde des obligations

Les emprunts d'État et les emprunts privés classiques

Des obligations pour tous les goûts

Les attraits des obligations convertibles

Quelques autres curiosités

# Chapitre 13
# À la découverte d'un nouveau continent : les obligations

Le mot « Bourse » fait irrésistiblement penser au mot « actions ». Et pourtant, les actions ne sont pas le seul produit financier qu'on y négocie. Il s'en faut même de beaucoup. À l'échelle mondiale, le marché des obligations dépasse largement par son ampleur celui des actions. Car les entreprises ne sont pas seules à lancer des emprunts. Les États et tous les organismes publics ou semi-publics sont de très gros émetteurs. L'actualité budgétaire est là pour nous le rappeler.

## Pourquoi s'intéresser aux obligations ?

Avec les actions, nous l'avons vu dès les premières pages, l'investisseur est en quelque sorte copropriétaire de l'entreprise ; l'avenir de son placement dépend de la santé future de cette entreprise, sans limite dans le temps (tant qu'il n'a pas revendu ses actions) et sans aucune assurance de rémunération. Les obligations, elles, ne sont que des titres de créance : elles représentent des parts d'un emprunt que l'émetteur (État, collectivité locale, organisme public ou entreprise) s'est engagé à rembourser à une date donnée. L'autre engagement pris par l'émetteur est de verser une rémunération annuelle (le coupon), dont le montant ou le mode de calcul est fixé au départ.

## Des risques limités

On entend souvent dire que les obligations sont un placement sans risques. C'est évidemment faux. En matière de placements, le risque zéro n'existe pas. Il est vrai qu'un porteur d'obligations court moins de risques qu'un porteur d'actions, mais il en prend tout de même quelques-uns, qu'il est nécessaire de connaître.

### La faillite de l'emprunteur

Le risque majeur est évident : que l'emprunteur ne soit pas en mesure de rembourser ses créances, autrement dit qu'il fasse faillite. Encore faut-il préciser que, dans ce cas, si l'entreprise est liquidée, c'est-à-dire si ses actifs sont vendus, les créanciers passent avant les actionnaires et peuvent éventuellement retrouver en partie leurs fonds (mais il vaut mieux éviter de se retrouver dans cette situation !). Avec les États ou les organismes publics, le risque de faillite n'est pas nul, la crise des dettes souveraines en Europe est venue nous le rappeler. Dans ce cas, il prend la forme d'une renégociation de la dette : les créanciers doivent accepter un taux plus bas avec un allongement de la durée du prêt, voire l'annulation pure et simple d'une partie de la dette. Avec les entreprises, le risque est plus important et ne concerne pas que les plus petites, *a priori* les plus fragiles : qui aurait pensé jusqu'à ces dernières années que General Motors ou Kodak pourraient être mis en faillite ?

### L'inflation

Nous l'avons vu dans la comparaison des actions avec les autres placements, l'inflation a, dans le passé, provoqué la ruine des « rentiers ». Et ce danger est imparable : si l'épargnant peut choisir l'emprunteur auquel il va prêter de l'argent, il est dépourvu face à un mouvement généralisé de hausse des prix. Non seulement la valeur réelle des coupons qu'il encaissera année après année sera de plus en plus faible, mais elle ne suffira pas à compenser la perte de pouvoir d'achat du capital qu'il retrouvera au moment du remboursement. En 1959, l'indexation du capital a été interdite en France. Elle a toutefois été partiellement réintroduite ensuite : comme d'autres États, notamment les États-Unis, émettaient des emprunts indexés sur l'inflation très prisés par les investisseurs internationaux, une loi de juillet 1998 a autorisé le Trésor à faire de même. Ainsi sont nées les OATi et OAT€i, dont nous reparlerons.

### La hausse des taux d'intérêt

Si l'on exclut la période allant de 2007 à mi-2008, pendant laquelle la hausse des cours du pétrole et des matières premières a violemment tiré vers le haut les indices de prix, la période récente s'est caractérisée par une inflation durablement modérée. Les taux d'intérêt, à court terme comme à long terme, ont fortement baissé ; on a même vu des taux négatifs ! Mais ils peuvent remonter. Et, pour un détenteur d'obligations, c'est un problème. Quand le mouvement est à la baisse, le résultat est plutôt sympathique : un titre d'emprunt qui rapporte 5 % par an prend de la valeur quand les taux à long terme descendent vers 0 %. Mais, quand le mouvement a lieu en sens inverse, la conséquence est douloureuse : un titre d'emprunt qui rapporte moins que les emprunts nouveaux voit sa valeur baisser. Il y a alors un risque de perte en capital.

Ce risque ne se concrétise pas si l'on garde son titre jusqu'à l'échéance : quoi qu'il se passe, on est remboursé du montant initialement prévu. Mais si on est obligé de vendre son obligation à un moment où sa valeur en Bourse est faible, on enregistre une perte en capital.

## Une certaine sécurité

Les risques que nous venons de voir doivent être connus, mais ils doivent aussi être relativisés. Il y a des krachs obligataires comme il y a des krachs sur les actions. Ce fut le cas en 1994 lorsque la Réserve fédérale des États-Unis surprit le marché par la hausse de ses taux directeurs ou plus récemment en Europe. Mais l'ampleur des chocs que peuvent subir actions et obligations n'est pas comparable. De surcroît, les obligations offrent une rémunération connue à l'avance : pour les désigner, on parle d'ailleurs de *valeurs à taux fixe*. Le terme est un peu abusif, dans la mesure où la rémunération peut être variable ; mais, même dans ce cas, on sait à l'avance ce qui peut se produire, le mode de calcul des intérêts ayant été fixé une fois pour toutes au moment de l'émission de l'obligation.

C'est pourquoi les obligations sont un placement à privilégier pour ceux qui ne veulent pas prendre un grand risque en capital. Avec une rémunération déterminée et une date de remboursement connue, on sait assez précisément où l'on va.

# Comment s'y retrouver dans le monde des obligations ?

À première vue, on croit avoir affaire à un placement simple. Pourtant, il ne faut pas se leurrer : le monde des obligations est effroyablement compliqué et technique. C'est, par excellence, le domaine des mathématiciens (on parle ici des actuaires). Si l'on achète une obligation d'État pour toucher tranquillement ses coupons et la garder jusqu'à l'échéance, il n'est pas besoin de faire beaucoup de calculs. En revanche, si l'on envisage d'acheter et de vendre des obligations pour profiter des mouvements sur les taux d'intérêt, on s'achemine vers de tout autres difficultés. C'est un sport de professionnels que nous ne conseillons guère aux particuliers. Toutefois, ne serait-ce que pour acheter quelques obligations et pour comprendre ce qui se passe sur ce marché, quelques notions de base sont à connaître.

## Les termes de base

Une obligation commence à produire un intérêt à partir de sa *date de jouissance* jusqu'à la *date de remboursement* (ou d'amortissement) ; cette dernière date est aussi appelée la *maturité* de l'emprunt.

Technique

Les calculs reposent sur le *nominal*, c'est-à-dire le montant qui est inscrit sur l'obligation (ou, plus exactement, qui était inscrit, car les obligations aussi sont désormais dématérialisées ; elles ne sont plus qu'une ligne sur votre compte titres). Si vous achetez une obligation de 1 000 €, ces 1 000 € représentent le nominal. Mais ce n'est pas forcément le prix auquel l'obligation est émise, c'est-à-dire placée dans le public.

Petite remarque : le marché des obligations n'est plus fait pour les particuliers. En tout cas, ces derniers n'ont pratiquement plus accès au *marché primaire*, autrement dit ils ne peuvent plus acheter les obligations au moment de l'émission ; ils ne savent même plus s'il y a un grand emprunt RATP, Peugeot ou Saint-Gobain en cours, comme c'était le cas auparavant. Les établissements financiers responsables de l'émission placent les titres auprès des autres établissements de la place, qui se chargent ensuite de les céder aux investisseurs institutionnels, le plus souvent au Luxembourg : caisses de retraite et compagnies d'assurances, très friandes de produits à taux fixe, ainsi qu'aux OPCVM. D'une façon générale, les particuliers n'ont donc plus accès qu'au *marché secondaire*, lors de la revente des titres, si ceux-ci sont cotés à Paris, ce qui n'est pas le cas de tous les emprunts internationaux. Encore faut-il ajouter que la plupart des échanges se font directement entre professionnels sur des marchés de gré à gré et non pas sur le marché réglementé d'Euronext.

Cette parenthèse refermée, revenons à notre sujet. Une obligation peut être émise et remboursée *au pair*, c'est-à-dire à sa valeur nominale, soit 1 000 € dans notre exemple. Mais, pour attirer les investisseurs, l'émetteur peut très bien décider de vendre ses titres *au-dessous du pair*, donc à un prix inférieur à leur valeur nominale, et de les rembourser *au-dessus du pair*, donc à un prix supérieur à leur valeur nominale. Dans le cas d'une obligation de 1 000 € placée à 970 €, la différence de 30 € est appelée la *prime d'émission*. Si l'émetteur s'engage ensuite à la rembourser au-dessus du pair, par exemple à 1 020 €, il y aura ce qu'on appelle une *prime de remboursement* de 20 €.

L'existence d'une prime d'émission et/ou d'une prime de remboursement a un impact sur le rendement global de l'investissement. Cela nous amène à faire la différence entre le taux facial ou *taux nominal* et le *taux actuariel* de l'emprunt. Le taux nominal est celui qui est affiché au moment de l'émission : une obligation à 1 000 € à 5 % est une obligation qui rapporte un coupon annuel de 5 % de la valeur nominale, soit dans notre exemple 50 €. Mais, pour l'investisseur, on voit bien que ce coupon de 50 € offre en fait un rendement plus élevé si l'obligation n'a été payée que 970 €. De même, le fait d'être remboursé 1 020 € à l'échéance s'il y a une prime de remboursement contribue à relever le rendement global de l'opération. Le taux actuariel permet de déterminer le rendement réel de l'investissement. Il est précisé au lancement de l'opération si l'émission et/ou le remboursement ne sont pas effectués au pair ; il est ensuite calculé chaque jour en fonction du cours auquel l'obligation est cotée sur le marché. Selon le niveau du cours, le taux actuariel peut être supérieur ou inférieur au taux nominal.

**À retenir**

Le taux actuariel est fondamental, car c'est lui qui vous permet de connaître le rendement à l'échéance de l'obligation, ce qu'elle vous rapportera si vous la gardez jusqu'au remboursement. C'est en effet le taux qui vous permet de comparer la valeur de ce que vous versez aujourd'hui quand vous achetez l'obligation et la valeur actuelle de ce que vous recevrez ensuite au fil des années (les coupons annuels et le montant du remboursement).

Le taux actuariel est aussi le seul qui permette de comparer entre elles les différentes obligations. Vous avez un capital à placer que vous souhaitez récupérer, pour des raisons personnelles, dans trois ans. Vous faites le choix raisonnable de le placer en obligations et vous cherchez dans la cote des emprunts qui arrivent à échéance à la date voulue. Mais lequel choisir ? Même des émetteurs qui présentent des profils très voisins (des entreprises privées de qualité comparable) ont en cours des emprunts qui offrent des taux nominaux sensiblement différents pour la simple raison qu'ils ont été émis à des moments différents, donc dans un autre contexte de niveau des taux, pour des durées diverses (plus la durée d'un emprunt est longue, plus, normalement, sa rémunération doit être élevée). Vous observez logiquement que ceux qui offrent les rémunérations les plus élevées sont aussi les plus chers et ne sont donc pas forcément les plus intéressants. Bref, la comparaison semble *a priori* impossible. Vous n'avez qu'un seul recours : comparer les taux actuariels. Précisons que le taux indiqué est toujours le rendement actuariel brut (avant impôts).

## La lecture de la cote des obligations

La cote des obligations comporte quelques spécificités. La première indication à retenir est à l'évidence celle du nom de l'émetteur. Si l'on cherche la sécurité maximale, on regardera la rubrique des fonds d'État, puis celle des emprunts publics ou semi-publics ; certains d'entre eux portent la mention « Emprunt garanti », sous-entendu « par l'État » ; ils sont en principe de moins en moins nombreux, mais la crise est venue bousculer quelques principes et on imagine mal l'État laisser purement et simplement tomber un établissement placé sous son contrôle. Enfin, on arrive aux emprunts du secteur privé. Chaque emprunt est affecté d'un code ISIN, indispensable pour passer un ordre, car il permet d'identifier à coup sûr l'emprunt retenu (un même émetteur peut avoir plusieurs emprunts en cours). Ensuite figurent le rendement nominal de l'emprunt ainsi que les dates d'émission et de remboursement (de plus en plus souvent ne figure que la date de remboursement), diverses caractéristiques de l'emprunt, sur lesquelles nous reviendrons, et enfin deux indications majeures que nous allons expliquer tout de suite : le cours et le coupon couru.

**À retenir**

Le cours des obligations, à la différence de celui des actions, n'est pas exprimé en euros, mais en pourcentage du nominal. Cela peut paraître complexe, mais c'est un élément de simplification très utile qui aide à comparer les obligations entre elles, quels que soient leur nominal et leur taux nominal. Si une obligation est cotée à 98, c'est-à-dire à 98 % de son nominal, on voit tout de suite où l'on en est, qu'il s'agisse d'une obligation de 1 € ou d'une obligation de 500 € ou 1 000 €. Si les taux à long terme fléchissent, une obligation émise antérieurement à un taux plus élevé va être très recherchée ; son prix va monter et éventuellement passer nettement au-dessus de la valeur nominale. L'indication du cours en pourcentage le révèle immédiatement. Celui qui a acheté une obligation à sa valeur nominale à l'émission voit tout de suite, si elle vaut plus de 100, qu'il est gagnant s'il la revend maintenant. À l'opposé, si les taux ont monté depuis cet achat, l'indication d'un cours nettement inférieur à 100 lui fera comprendre que ce n'est peut-être pas le meilleur moment de vendre.

Une autre indication non négligeable pour la valeur d'une obligation est la période de l'année où l'on se situe par rapport à la date de paiement du coupon (on parle aussi de date du *détachement du coupon*, en souvenir de l'époque où les obligations se présentaient sous la forme d'un rectangle de papier accompagné d'autant de vignettes détachables, les coupons, qu'il y avait de paiements des intérêts jusqu'à leur remboursement). Il semblerait logique que l'on paie plus cher en septembre qu'en novembre une obligation dont le coupon de l'année doit être payé en octobre. Mais ce n'est pas ainsi que cela se passe. Le cours ne tient pas compte de cette indication ; il est calculé, selon la formule consacrée, *au pied du coupon*. Pour connaître la somme précise que l'on devra débourser ou que l'on recevra si l'on achète ou vend une obligation, il faut ajouter ce qu'on appelle le *coupon couru*, c'est-à-dire la fraction du coupon annuel auquel a droit le détenteur de l'obligation à cette date, compte tenu du temps qui s'est écoulé depuis le versement du dernier coupon. Prenons l'exemple d'une obligation qui délivre un intérêt de 5 % ; s'il s'est écoulé 200 jours depuis le versement du dernier coupon, le coupon couru s'élève à 5 × 200 / 365, soit 2,739 %, qu'il faudra ajouter au cours de l'obligation. Ainsi une action qui a un nominal de 1 000, un cours de 98,2 et un coupon couru de 2,739 vous coûtera en fait 100,939 % de 1 000 €, soit 1 009,39 €.

Ce système peut paraître compliqué, mais il a l'avantage d'être rationnel et de ne pas provoquer de chute du cours au moment du versement du coupon.

À ne pas oublier : pour les obligations, comme pour les actions, trois jours de Bourse séparent la date de transaction de la date de règlement (celle où votre compte est débité ou crédité) ; le coupon couru est calculé à la date de règlement.

Attention

Le mode de passation des ordres a changé pour les obligations. Avant, on indiquait le nombre d'obligations qu'on voulait au pourcentage du nominal souhaité. Depuis le 25 octobre 2011, il ne faut plus demander un nombre de titres mais indiquer une valeur globale calculée à partir du nominal ; mais l'on renseigne toujours le prix désiré en pourcentage. Par exemple, si hier vous demandiez dix obligations dont le nominal est de 100 € au prix de 80 % du nominal, vous passiez un ordre ainsi libellé : quantité : 10, prix : 80 %. Aujourd'hui, pour la même transaction, vous devez passer votre ordre ainsi : quantité : 1 000, prix : 80 %.

Si toutes les obligations étaient à taux fixe avec un coupon annuel invariable et seulement des différences dues à l'existence de primes d'émission et/ou de remboursement, les choses seraient encore relativement simples. Mais l'imagination des financiers n'a pas de limites. À partir de ce schéma de base, de multiples variantes ont été mises au point. Les unes méritent d'être regardées de près, les autres d'être simplement citées pour mémoire. Pour commencer, parlons des obligations émises par l'État, qui joue lui-même sur une gamme assez large de produits.

# Les emprunts d'État

Les États sont en concurrence entre eux pour placer leurs titres d'emprunt auprès des investisseurs. Tous les investisseurs institutionnels en veulent, parce qu'ils ont besoin de placements sûrs, quitte à aller chercher ensuite un surcroît de performance avec d'autres produits. Les États-Unis constituent la référence : leur marché est le plus vaste, le plus « profond », comme disent les spécialistes, et aussi le plus liquide, ce qui signifie qu'on n'a jamais de problèmes pour acheter ou vendre des titres du Trésor américain ; il y a toujours des vendeurs et des acheteurs. Les autres États doivent donc faire en sorte de proposer des titres au moins aussi attrayants que ceux du Trésor américain. Le Trésor français, comme les autres, a dû s'adapter. Un service spécial a été créé pour gérer la dette de l'État : il s'agit de l'AFT, Agence France Trésor, qui a son propre site, sur lequel on peut trouver toutes les informations nécessaires sur les OAT.

## Les OAT

Nouveauté

Une OAT est une obligation « assimilable » du Trésor. Que signifie ce terme barbare ? C'est en fait très simple. L'État, ayant constamment besoin d'argent, émet des titres à jet continu, en jouant sur toute la gamme des durées. Pour les durées les plus courtes, il émet des BTF, bons du Trésor à taux fixe et intérêts précomptés d'une durée de moins d'un an. Pour les durées les plus longues (jusqu'à 50 ans !), il émet des obligations, les OAT. Depuis le 1er janvier 2013 et dans un souci de simplification, les titres de référence créés sur le moyen terme (de maturité deux ans et cinq ans) sont désormais émis sous la forme d'OAT, comme pour les titres de long terme. Il n'y a donc plus de création de BTAN, bons du Trésor à taux fixe et intérêts annuels. Le dernier BTAN est arrivé à échéance le 25 juillet 2017 et a été remboursé à cette date. Il n'existe donc plus de BTAN sur le marché.

Pour éviter d'assécher le marché par de trop grosses ponctions, l'État répartit ses émissions tout au long de l'année. Mais, dans le même temps, il doit éviter de créer des emprunts trop nombreux dont chacun aurait un volume trop faible pour intéresser les investisseurs internationaux. Ainsi, chaque année, il lance par adjudication (vente à laquelle seuls les établissements financiers retenus comme

SVT, spécialistes en valeurs du Trésor, peuvent participer, ceux qui offrent le prix le plus élevé emportant le plus de titres) plusieurs emprunts dont les dates de versement des coupons et de remboursement sont fixées systématiquement au 25 du mois ; après chacune de ces émissions, au fil des mois, il émet, toujours par adjudication, des titres identiques qui sont assimilés à ces emprunts « souches » jusqu'au moment où il estime que le volume de titres de chaque souche d'OAT lui confère une liquidité satisfaisante.

La question de l'accès des particuliers aux OAT a été oubliée pendant quelque temps. Puis on s'est aperçu à Bercy qu'il était peut-être dangereux de compter exclusivement sur les grands investisseurs internationaux. On a alors redécouvert les particuliers. Le système lancé en 1994 par le ministre Edmond Alphandéry leur permettait certes d'avoir accès chaque mois à des OAT à dix ans, mais il avait de nombreux inconvénients, dont une commission au taux extravagant de 2 %. Il a été revu fin 2005. Les particuliers peuvent acheter et vendre quand ils le veulent toute une palette d'OAT pour lesquelles les SVT veillent à ce qu'il y ait en permanence sur le marché d'Euronext une liquidité satisfaisante. On parle donc maintenant des OAT « aux particuliers », qui sont en fait les mêmes OAT que s'échangent les professionnels, avec cette seule différence que les SVT veillent à ce qu'une partie de ces titres soit disponible pour les particuliers. Cela reste toutefois assez marginal.

Les OAT à taux fixe ont le grand avantage de la liquidité et de la sécurité. En contrepartie, leur rémunération est modeste.

## Les OAT indexées sur l'inflation

Ces OAT présentent une particularité : leur rémunération est encore plus faible que celle des autres. En contrepartie, le coupon annuel et le montant de remboursement sont indexés sur l'inflation, la référence étant soit l'indice des prix français hors tabac pour les OATi, soit l'indice des prix harmonisé de la zone euro pour les OAT€i. Pour chaque jour est calculé un coefficient d'indexation publié sur le site de l'Agence France Trésor. Comme pour des OAT normales, le calcul du prix d'achat ou de vente des OATi et OATi€ se fait en multipliant le nominal de 1 € (toutes les OAT ont un nominal de 1 €) par le nombre d'obligations considéré, puis par le cours de l'obligation exprimé en pourcentage augmenté du coupon couru exprimé lui aussi en pourcentage ; mais dans ce cas il y a en plus une multiplication par le coefficient d'indexation. Enfin, le coefficient sert au calcul du remboursement du capital, avec une garantie : si jamais les prix étaient orientés durablement à la baisse et si le coefficient tombait à un niveau inférieur à 1 au moment du remboursement, l'OAT serait tout de même remboursée à 1 €. En somme, cette obligation protège à la fois contre l'inflation et la déflation ; mais, comme pour tous les placements très protecteurs, on trouve qu'elle rapporte peu… jusqu'au jour où il apparaît qu'il était avantageux d'être protégé.

## Les OAT à coupon zéro

Un emprunt qui ne comporte aucune rémunération, cela peut paraître original. En fait, l'investisseur est rémunéré, mais il ne touche aucun coupon annuel. La rémunération a lieu au moment du remboursement. Elle peut prendre deux formes. Dans la formule du coupon zéro authentique, il s'agit bien d'une obligation 0 %, qui est émise nettement au-dessous du pair et qui est remboursée au pair ; la rémunération est assurée par la seule prime d'émission. Une autre forme consiste à émettre au pair une obligation à *x* %, mais le coupon annuel n'est pas versé, il est capitalisé (c'est pourquoi on parle alors d'OAT de capitalisation) et l'investisseur reçoit en bloc le remboursement du capital et la somme des dividendes réinvestis. Né aux États-Unis, le coupon zéro intéresse surtout les investisseurs institutionnels pour des raisons techniques, mais aussi fiscales : comme il n'y a pas de revenus annuels, l'imposition se fait uniquement sur la plus-value, à un taux généralement plus faible que pour les revenus.

L'État français s'est adapté à la demande en créant des obligations à coupon zéro à partir d'obligations classiques démembrées : on découpe une obligation en autant de titres qu'il y a de coupons annuels, plus un autre représentant le capital (on dit aussi le *principal*). On obtient ainsi des certificats d'intérêt et un certificat de principal. Fin 2009, à la suite de la demande des spécialistes en valeurs du Trésor, l'Agence France Trésor a autorisé la mise en place de nouvelles règles lors des opérations de démembrement et de remembrement sur les OAT à taux fixe. Le nouveau dispositif de démembrement instaure un type de certificat unique sans distinction du principal et des intérêts : les « certificats zéro-coupon fongibles ». Une OAT, lorsqu'elle est démembrée, est désormais découpée en un ensemble de ces certificats, de même valeur nominale (0,01 €) mais d'échéance différente, calqués sur les flux financiers attachés à l'OAT d'origine. Tous les certificats de même échéance sont fongibles entre eux. Ils peuvent être réassemblés afin de reconstituer, soit l'OAT d'origine, soit une OAT synthétique (composée de certificats provenant de différentes émissions d'OAT).

Tout cela est un peu compliqué et, dans la pratique, ne vous concernera sans doute pas beaucoup. Mais ces indications ont d'abord pour but de vous montrer comment évolue la finance moderne et comment un produit en apparence simple comme une obligation peut devenir un produit financier extrêmement complexe.

Quand on entre dans cet univers, il faut savoir rester modeste : on a toujours quelque chose à apprendre.

## Des obligations pour tous les goûts

Répétons-le : l'État est en théorie la meilleure signature qui soit. C'est vers lui qu'on se tournera si on cherche la sécurité maximale. Ses emprunts comptent aussi parmi les plus accessibles aux particuliers. En contrepartie de la sécurité, l'État offre les taux d'intérêt les plus faibles du marché. Si l'on veut chercher des rendements plus élevés, il faut chercher du côté des émetteurs du secteur privé. Seul problème, nous l'avons vu : beaucoup d'emprunts privés ne sont plus cotés à Paris et ne sont accessibles à l'émission qu'aux professionnels. Pour acheter ces obligations, le particulier doit s'adresser à l'établissement qui gère son compte titres. Un conseil : négocier les frais de transaction avant de passer son ordre !

Pour les emprunts privés, la question de la note est d'une importance capitale. Les agences de notation ont des systèmes de notation différents, mais entre lesquels existent des correspondances. Ainsi, du triple A des trois grandes agences au Bbb3 de Moody's ou au BBB- de Standard & Poor's et de Fitch, on est dans la catégorie *investment grade* : ce sont des obligations offrant toutes plus ou moins un degré de sécurité suffisant pour que les investisseurs institutionnels les achètent. Au-dessous, on sort de cette catégorie pour entrer dans le *non investment grade* ; on parle d'« obligations spéculatives » ou « à haut rendement » (partant du principe universel selon lequel le risque doit être rémunéré) ; de façon plus crue et imagée, on parle aussi de *junk bonds*, ou obligations pourries. Jusqu'en janvier 2012, les emprunts à long terme du Trésor français étaient notés AAA par les trois agences ; Standard & Poor's a ramené sa note à AA + puis AA, Moody's à Aa2 et Fitch à AA. Pour une société privée, un triple B est considéré comme une note correcte.

Les emprunts, comme les actions, peuvent être cotés en continu, de 9 heures du matin à 17 h 30, s'ils sont l'objet d'échanges fournis, les autres n'ayant droit qu'à deux fixages quotidiens. Cette indication figure dans la cote. De la même façon que l'État pour les OAT, certains émetteurs privés se sont préoccupés d'avoir un marché liquide pour leurs titres ; ils ont passé des contrats d'animation avec des intermédiaires financiers chargés d'assurer ce service. Cette indication-là figure aussi dans la cote.

## Les obligations à taux variable ou révisable

Une obligation, nous l'avons vu, peut voir son cours varier assez fortement en fonction des mouvements observés sur les taux d'intérêt. Mais, si son propre taux de rémunération suivait ces mouvements de marché, le cours n'aurait plus de raison de varier dans des proportions importantes et le capital serait protégé. C'est le principe des emprunts à taux variable ou révisable. Dans le premier cas, celui du taux variable, chaque coupon annuel est calculé en fonction des taux enregistrés au cours des mois précédents. Dans le second cas, celui du taux révisable, on détermine à des dates prévues à l'avance le ou les coupons suivants en fonction des derniers taux observés. Les références sont déterminées à l'émission : il peut s'agir de taux à court terme (les taux du marché monétaire) ou de taux à long terme, comme le TME, taux moyen mensuel des emprunts d'État sur le marché secondaire, ou le TMO, taux moyen mensuel obligataire du marché primaire.

La protection du capital a un coût : le rendement est plus faible que celui d'un emprunt à taux fixe. Ce type d'emprunt ne rencontre plus guère de succès ; c'est un marché assez étroit.

De la même façon, il existe des emprunts avec toutes sortes de clauses : certains emprunts peuvent être remboursés par anticipation au gré de l'émetteur (au détriment potentiel du souscripteur) ou du porteur, ou des deux. On a vu aussi des emprunts à taux fixe qui pouvaient être échangés contre des emprunts à taux variable et vice versa. Ce n'est plus tout à fait d'actualité : les professionnels n'ont pas besoin qu'on leur offre toutes ces possibilités, ils font leurs propres arbitrages eux-mêmes.

## Les titres participatifs

Sous ce vocable ésotérique se cachent des obligations d'une nature particulière : les titres participatifs ne sont pas remboursables, du moins pas à une date déterminée, ce qui leur donne un petit air de rente perpétuelle fleurant bon le XIXe siècle (une clause du contrat d'émission précise cependant à quelles conditions ils peuvent être remboursés au gré de l'émetteur). Comme ils ne sont pas remboursables en théorie, ils ont l'avantage de ne pas être comptabilisés en dette mais d'être assimilés à des fonds propres de l'entreprise. Ce titre hybride est né au début des années 1980 lorsque le gouvernement de l'union de la gauche, après avoir nationalisé des entreprises industrielles ou financières, a eu besoin d'augmenter leurs fonds propres mais n'en avait pas les moyens ; ne voulant pas ouvrir le capital à des investisseurs privés, il a eu recours à ce petit stratagème dont l'utilisation a été permise aussi aux établissements de type coopératif ou mutualiste.

Les titres participatifs ont été d'autant mieux accueillis que leur rémunération était souvent généreuse, avec une partie fixe et une partie variable indexée sur le résultat ou le chiffre d'affaires, avec un plafond et un minimum garanti. Puis les temps ont changé, les privatisations sont arrivées et aucun titre participatif n'a été émis depuis 1989. Dix-sept sont encore cotés à la Bourse de Paris et le marché s'enflamme de temps en temps pour l'un d'entre eux quand circulent des rumeurs d'un prochain remboursement.

## Les titres subordonnés et super-subordonnés

Encore une catégorie de titres un peu particulière! Ce sont aussi des obligations qui ressemblent à des rentes perpétuelles. Ces titres peuvent mériter doublement leur nom : subordonnés, parce que, en cas de faillite, leur remboursement est subordonné à celui de tous les autres créanciers et parce que, éventuellement, leur rémunération est soumise à d'autres conditions, comme celle de la réalisation d'un bénéfice ou du paiement d'un dividende aux actionnaires. Ces quasi-fonds propres peuvent prendre la forme de TSDI, titres subordonnés à durée indéterminée, ou de TSR, titres subordonnés remboursables.

Utilisés principalement par les banques, ils ont vu leur gamme s'étendre à des titres super-subordonnés autorisés par la loi de sécurité financière d'août 2003 pour permettre aux sociétés de renforcer leurs fonds propres. Des entreprises industrielles comme Michelin y ont eu recours. Ces titres super-subordonnés doivent être permanents ou, en tout cas, leur remboursement anticipé ne peut être décidé qu'à l'initiative de l'émetteur. En cas de liquidation, leur remboursement est évidemment subordonné à celui de tout autre emprunt (y compris les titres participatifs). Quant au paiement des intérêts, il est laissé à l'entière discrétion de l'émetteur, par exemple dans le cas où aucun dividende ne serait versé ; il est même proscrit s'il devait compromettre le respect par l'entreprise de ses obligations prudentielles (respect d'un certain rapport entre ses engagements et ses fonds propres, pour une banque ou une compagnie d'assurances). En plus, en cas de pertes, l'émetteur a la possibilité de réduire le nominal de ces titres.

Voilà *a priori* des emprunts qui n'ont pas de quoi susciter un grand intérêt de la part des particuliers. Alors, pourquoi vous en parler? Pour votre culture financière et pour vous permettre de comprendre l'actualité! Car c'est cette formule des titres super-subordonnés à durée indéterminée (TSSDI) qui a été retenue par l'État pour venir renforcer les fonds propres des banques lors de la dernière crise financière, à l'automne 2008. Les grands établissements français ont été invités à émettre des titres super-subordonnés qui ont été achetés par l'État ou, plus exactement, par la SPPE, Société de prises de participation de l'État. Dès qu'ils l'ont pu, ils se sont d'ailleurs empressés de rembourser ces titres qui leur coûtaient fort cher, entre 8 % et 9 % l'an. Contrairement à ce qu'on entend souvent dire, l'État n'a pas fait de cadeaux aux banques !

Depuis lors, la SPPE, structure créée pour l'occasion et gérée par l'Agence des participations de l'État, a été mise en sommeil.

# Pour jouer sur deux tableaux : les obligations convertibles en actions

Est-il possible de concilier l'inconciliable, le rendement d'une obligation avec la perspective de plus-value d'une action ? Comme vous avez bien lu ce qui précède et que vous avez compris qu'il est difficile de poursuivre deux objectifs financiers en même temps, vous êtes tenté de répondre non. Vous avez raison : ce produit miracle n'existe pas. Pourtant, il en existe un, à mi-chemin entre l'obligation et l'action, qui vaut le détour : c'est l'obligation convertible en actions.

## Comment se présente une obligation convertible ?

C'est une obligation comme les autres, avec un coupon annuel, mais, à tout moment, vous avez le droit de l'échanger contre une ou plusieurs actions de la société émettrice, selon une parité de conversion définie à l'avance. À l'échéance de l'emprunt, si vous détenez encore l'obligation, vous devez faire un choix : ou vous demandez à être remboursé, ou vous demandez à échanger votre titre. Ce choix n'est pas très compliqué : il est dicté en réalité par le cours de l'action.

**Exemple**

Prenons un exemple fictif simple. Nous sommes en 2019, une entreprise émet au pair des obligations convertibles 4 % à 100 € remboursables également au pair en 2025 avec possibilité de les convertir en actions de la société à raison de 1 pour 1. À ce moment-là, son action vaut 60 €. Vous en achetez dix et vous attendez de voir comment la situation évolue tout en touchant vos coupons annuels. En 2025, à l'échéance, vous constatez que l'action n'a réussi à monter que jusqu'à 95 € : vous choisissez évidemment de retrouver votre capital de 1 000 €. En revanche, si l'action est montée à 140 €, vous demandez la conversion et vous vous retrouvez avec dix actions valant 1 400 €.

## Pourquoi s'intéresser aux convertibles ?

En apparence, c'est très simple. Dans la pratique, c'est un peu plus compliqué. Dans notre exemple, nous avons donné le point de départ et le point d'arrivée, ou, plus exactement, deux possibilités de point d'arrivée. Mais que va-t-il se passer entre ces deux dates? Comment va évoluer le cours de l'obligation convertible? Comme c'est une obligation, on devine qu'elle va évoluer au rythme des taux d'intérêt et du cours des obligations à taux fixe. Comme elle donne la possibilité d'avoir accès à une action, on imagine que son cours va aussi être influencé par celui de cette action. Le résultat de ces influences est complexe. Comment, au fil des années, faudra-t-il faire ses calculs pour savoir si l'on a intérêt à conserver cette obligation, à la vendre ou à demander sa conversion? Les calculs peuvent être encore compliqués par le fait que la société aura peut-être, avant 2025, émis des actions gratuites ou divisé par deux le nominal de son action, ce qui entraînera un changement du calcul de la parité de conversion, et que l'obligation donnera peut-être le droit à 1,1, 1,2 ou 2 actions.

Tout se passe comme si on avait deux produits en un : d'une part, une obligation classique à taux fixe ; d'autre part, une option d'achat d'action (ce qui nous fait anticiper sur un prochain chapitre où nous parlerons de ces options, qui sont un droit d'acheter une action à un prix déterminé à une date fixée à l'avance). C'est si vrai que des gérants professionnels, faute de toujours trouver sur le marché des obligations convertibles en quantité suffisante à un prix intéressant, créent des convertibles « synthétiques », associant un emprunt classique à une option.

Pour les entreprises, l'obligation convertible est intéressante. Puisque, comme nous venons de le voir, elles proposent en fait deux produits en un, cela leur permet d'assortir leur emprunt d'un taux d'intérêt plus faible. Et, à l'échéance, si l'évolution du cours le permet, au lieu d'avoir à rembourser leur dette, elles la transforment en capital. C'est une bonne opération. Éventuellement, les entreprises peuvent faire figurer dans les conditions d'émission une clause leur permettant de procéder à un remboursement anticipé dans certaines conditions et à certaines dates. Si le cours de leur action s'envole, elles ont intérêt en effet à procéder rapidement au remboursement ou à la conversion.

Pour l'investisseur qui garde ses titres jusqu'au bout, dans le pire des cas, celui du remboursement, cela est un placement obligataire d'un rendement modeste. Dans le meilleur des cas, celui d'une forte montée des cours, c'est une belle plus-value en capital, avec de surcroît un rendement pendant la durée de l'emprunt probablement supérieur à celui qu'aurait pu procurer l'action correspondante.

Précision utile : compte tenu de leur nature hybride, les obligations convertibles ne sont pas cotées en pourcentage comme les autres obligations, mais en euros. Cela permet de comparer leur cours avec celui de l'action correspondante ou, plus exactement, avec le prix de conversion (cours de l'action multiplié par la parité de conversion). Cette différence s'appelle la *prime*. Dans la fin de vie de la convertible, la prime a forcément tendance à diminuer et le cours à se rapprocher du prix de conversion.

## Quand le parachute ne s'ouvre pas...

Pourquoi l'obligation convertible bénéficie-t-elle d'une prime? Du fait de son caractère d'obligation. Quand le marché anticipe une hausse de l'action, le cours de la convertible monte et la prime se tend : l'investisseur a en effet la perspective de faire un gain appréciable et, contrairement au détenteur de l'action, il bénéficie d'une grande sécurité. L'action peut retomber, la chute de la convertible sera ralentie par sa nature obligataire : c'est ce qu'on appelle l'« effet parachute ». On ne sait pas jusqu'où peut tomber l'action. L'obligation, elle, trouvera un cours plancher : celui auquel elle offre un rendement actuariel égal à celui des obligations classiques comparables. Le problème est évidemment que ce cours plancher varie en fonction des conditions de marché et qu'il nécessite des calculs actuariels assez complexes. En tout cas, cela justifie une prime au profit de la convertible.

En général, le parachute fonctionne correctement. Mais il y a des exceptions. L'année 2008 en fut une. Si l'on se réfère à l'indice Exane des obligations convertibles européennes, la chute a été de 20,6 % alors que même dans les mauvaises années 2001 et 2002 la baisse des cours n'avait jamais dépassé 8,9 %. Compte tenu du repli des marchés boursiers, on comprend bien que la partie option d'achat d'action n'a été d'aucun secours. Mais on aurait pu s'attendre à une meilleure résistance de la partie obligation. Manque de chance, il s'est produit un phénomène de fuite vers la qualité d'une intensité exceptionnelle : les investisseurs se sont rués sur les emprunts d'État, jugés les seuls à offrir une réelle sécurité par temps de crise, et ont fui les obligations du secteur privé. De surcroît, des fonds spéculatifs, pris à la gorge, ont été amenés à procéder à des ventes forcées. Résultat, les *spreads* se sont envolés : fin 2008, l'écart de rémunération entre les emprunts d'État et ceux des sociétés privées les mieux notées dépassait 4,5 % alors que, en moyenne, il est inférieur à 1 %. Les cours des obligations classiques, et avec eux ceux des convertibles, ont donc chuté d'une manière tout à fait inhabituelle. Phénomène historiquement rare, au lieu d'une prime, les obligations convertibles ont enregistré une décote par rapport à leur prix de conversion (les décotes, quand il y en a, sont généralement très faibles et ne durent pas longtemps). Mais une chute historique a au moins une contrepartie : elle offre une occasion unique de revenir sur le marché dans de bonnes conditions.

En dehors de périodes exceptionnelles comme celle-ci, l'obligation convertible présente, pour employer le langage des professionnels, un profil de risque dit « convexe » ou « asymétrique » avec une plus forte sensibilité à la hausse des marchés qu'à la baisse. Sur le long terme, on estime qu'elles offrent une performance équivalente à celle des actions avec une volatilité environ deux fois moindre. L'investisseur en actions peut donc avoir intérêt à s'y intéresser dans le contexte de marchés fortement agités.

## À quelles convertibles s'intéresser ?

Dans les commentaires que vous pourrez lire sur l'actualité des obligations convertibles, vous verrez qu'on en distingue souvent trois catégories : les convertibles obligations, les convertibles actions et les convertibles mixtes. Cette distinction repose pour l'essentiel sur leur différence de sensibilité aux mouvements enregistrés sur les actions correspondantes ou, pour parler comme les spécialistes des options, sur les actions sous-jacentes. Par exemple, on dira qu'une obligation convertible a une sensibilité de 50 % si son cours monte de 5 % quand celui de l'action monte de 10 %. En fait, il n'y a pas trois sortes d'obligations convertibles, il y a simplement des convertibles qui ont des comportements différents tout au long de leur vie :

- **Les convertibles obligations sont généralement des convertibles en début de vie, encore loin de leur échéance, à un moment où le cours de l'action est trop bas pour qu'une conversion puisse être envisagée.** Dans ces conditions, elles se comportent comme des obligations classiques et leur sensibilité est inférieure à 30 %. Si une convertible est encore classée dans la catégorie obligations à quelques mois de son échéance, c'est très mauvais signe : cela veut dire que l'action correspondante a eu un parcours décevant et qu'il y a très peu de chances de pouvoir envisager une conversion.
- **Les convertibles actions, au contraire, ne sont généralement plus très loin de leur échéance,** et le cours de l'action sous-jacente a monté de telle façon que c'est très vraisemblablement le choix de la conversion, avec une plus-value à la clé, qui s'imposera à ce moment-là. Ces convertibles ont une sensibilité supérieure à 70 %.
- **Les convertibles mixtes, comme leur nom l'indique, se situent entre ces deux catégories.** Ce sont souvent des convertibles qui sont à mi-parcours et dont on ne sait pas encore comment elles vont évoluer ; le cours de l'action sous-jacente est en tout cas suffisamment élevé pour laisser entrevoir la possibilité d'une

conversion et donc d'une orientation vers la catégorie actions. Leur sensibilité est comprise entre 30 et 70 %. Pour un investisseur, c'est un moment particulièrement intéressant et une façon de jouer la hausse de l'action tout en bénéficiant d'un parachute.

En résumé, le particulier a le choix d'acheter la convertible à l'émission, et de faire ainsi un pari peu risqué sur l'avenir boursier à moyen terme de la société, ou quand elle est encore dans sa période mixte. En la payant cher à quelques mois du remboursement, il prend davantage de risques.

## Et voguent les Océanes

La conversion peut se faire en actions nouvelles ou existantes. Dès le départ, l'option peut être clairement indiquée. C'est le cas des OCAE, obligations convertibles en actions existantes. En décembre 2016, par exemple, Avanquest a procédé à une telle émission en précisant que, en cas de conversion, les actions ordinaires existantes qui seraient remises en échange des OCAE seraient uniquement des actions déjà détenues par Avanquest. À l'opposé, on a *Océane,* qui est une obligation convertible et/ou échangeable en actions nouvelles ou existantes. Voilà qui paraît bigrement compliqué ! En réalité, c'est très simple : c'est une obligation convertible comme les autres, à ceci près qu'elle laisse encore plus de liberté à l'émetteur. Au moment de la conversion, il n'est pas contraint de créer des actions nouvelles, il peut remettre au porteur de l'Océane des actions qu'il a rachetées sur le marché ou qu'il avait déjà en autocontrôle. En fonction de leurs besoins en fonds propres, les dirigeants peuvent ainsi faire le choix d'une augmentation plus ou moins forte de leur capital. Pour l'actionnaire, une conversion partiellement ou totalement réalisée à partir d'actions existantes lui permet de ne pas être trop « dilué ». La seule difficulté est pour les analystes : comment estimer les futurs bénéfices par action quand on ne sait pas combien il y aura d'actions en circulation à l'échéance des Océanes ?

### Un bon exemple de convertible : l'Océane Ingenico

Comment un placement obligataire peu risqué peut se transformer en une bonne affaire : c'est ce que montre l'exemple des Océanes Ingenico remboursées par anticipation en février 2008. Le 26 avril 2005, le cours de clôture d'Ingenico s'élève à 12,31 €. Le lendemain, la société annonce le lancement d'une émission d'Océanes d'un montant de 80 millions d'euros. Ces obligations ont une valeur nominale de 15,40 € ; elles sont émises au pair, seront remboursées au pair le 1er janvier 2012 et ont un taux d'intérêt de 2,75 % par an à compter du 4 mai 2005, date de jouissance.

»

»

Les porteurs peuvent se faire rembourser par anticipation le 1er janvier 2009 ou le 1er janvier 2010 ; ils peuvent aussi demander la conversion ou l'échange en actions à tout moment, avec une parité de 1 pour 1. Quant à la société, elle se réserve notamment la possibilité de procéder à un amortissement anticipé si l'action excède 130 % de la valeur nominale des obligations (soit 20,02 €) à l'ouverture du marché pendant dix jours de Bourse consécutifs. Les obligations sont placées auprès des investisseurs institutionnels le jour même de l'annonce de l'opération et dans le public entre le 28 avril et le 2 mai.

Ensuite, le cours de l'action monte assez rapidement. Le seuil des 15,40 € est franchi en janvier 2006, mais l'action ne s'arrête pas là. En juin 2007, il est annoncé que la parité de conversion est portée à 1,005. Fin 2007, début 2008, Ingenico procède au rachat de 1 million d'Océanes et en échange plus de 143 000 contre des actions existantes qu'elle détenait. En janvier 2008, alors que le cours est passé à plus de 20 €, Ingenico annonce le 21 qu'elle procédera le 21 février au remboursement anticipé de l'emprunt. Les porteurs d'Océanes ont jusqu'au 12 février (sept jours de Bourse avant le remboursement) pour se prononcer en faveur d'une conversion en actions ; sinon, ils toucheront 15,46 € (le pair plus le coupon couru depuis le dernier dividende, c'est-à-dire depuis le début de l'année).

Le choix est évident : à 99,8 %, les porteurs des obligations encore en circulation opteront pour la conversion, à laquelle Ingenico répondra par la création d'actions nouvelles.

Incontestablement, ceux qui ont souscrit à l'émission de ces Océanes ont fait une bonne affaire. Après, tout dépend de ce qu'ils ont fait de leurs titres. Si l'action a chuté avec les autres dans les moments de panique généralisée (fin 2008 et à l'été 2011), elle s'échangeait encore à plus de 95 € fin novembre 2019 après être montée à plus de 120 € en 2015.

Depuis l'apparition des Océanes en 1998, pratiquement toutes les émissions de convertibles s'effectuent sous cette forme ou sous une forme voisine. Ainsi, depuis quelques années, il est beaucoup question d'*ORNANE*, qui sont des obligations remboursables en numéraire et/ou en actions existantes et/ou à créer. En fait, il s'agit d'Océanes qui comportent une clause permettant à l'émetteur, au moment de la conversion, de procéder à tout ou partie du remboursement en numéraire, de façon à ne pas avoir à créer trop d'actions nouvelles. Les modalités d'exercice de l'option entre numéraire et action sont définies au moment de l'émission des ORNANE et dépendent du niveau qui sera atteint par l'action en Bourse au moment de la conversion. Il existe encore une variante qualifiée d'*ORNAE*, pour obligation avec option de remboursement en numéraire et/ou en actions existantes. Dans ce cas, l'actionnaire qui achète une ORNAE est sûr de ne pas être dilué puisqu'il n'y aura pas d'émission d'actions nouvelles. Reconnaissons que tout cela n'est pas très simple et demande une lecture assez attentive des communiqués. Ce qui fait le bonheur des spécialistes de l'ingénierie financière n'est pas forcément de nature à attirer les épargnants.

D'ailleurs, on constate que certaines opérations sont réservées aux professionnels. Par exemple, en juillet 2019, la société Wordline, cotée sur le Compartiment A d'Euronext et dont Atos a longtemps été l'actionnaire majoritaire, a procédé à une émission d'Océanes qui a remporté un tel succès que le montant de l'émission, prévu à 500 millions d'euros, a été porté à 600 millions. Mais l'opération s'est faite uniquement par voie de placement auprès d'investisseurs institutionnels.

# Quelques variantes pour finir

On compte encore d'autres types d'obligations plus ou moins intéressantes pour l'investisseur. Certaines sont un peu délaissées, au moins provisoirement.

- **Les obligations échangeables.** Il s'agit d'une forme d'obligation convertible. Dans ce cas, au lieu de pouvoir convertir l'obligation en actions de l'émetteur, on peut l'échanger contre des actions d'une autre société. Cela peut se produire si une société veut alléger sa participation dans une autre entreprise : en émettant des obligations échangeables contre ces actions qu'elle a déjà en portefeuille, cela lui permet d'encaisser par anticipation le produit de la cession.
- **Les obligations remboursables en actions (ORA).** C'est encore une forme de convertible, mais beaucoup moins intéressante pour l'investisseur. Car, dans ce cas, il n'a pas le choix : la conversion en actions est obligatoire à l'échéance. Cette formule peut être combinée avec la précédente : on est alors obligatoirement remboursé en actions d'une autre société. L'ORA est évidemment intéressante pour l'émetteur, qui peut tout de suite intégrer le produit de la vente des obligations dans ses fonds propres. Pour l'investisseur, le risque est élevé. On en trouve près d'une dizaine cotées sur le marché de Paris.
- **Les obligations à bons de souscription d'actions (OBSA).** Dans ce cas, l'obligation est accompagnée d'un bon permettant de souscrire à une action nouvelle de la société à un prix donné pendant une période donnée. On peut en trouver des variantes avec des bons donnant droit à des actions déjà existantes de cette société, d'une de ses filiales ou de sa société mère. Les deux titres sont cotés séparément : d'un côté l'obligation, de l'autre le droit de souscription. C'est une formule qui a eu son heure de gloire, mais qui est passée de mode.
- **Les obligations subordonnées remboursables en actions (OSRA).** Comme il s'agit d'obligations subordonnées, elles sont plus risquées que des obligations ordinaires : leur remboursement n'est pas prioritaire et il peut se faire en actions. À titre d'exemple, on pourrait citer l'émission d'Eurosic, en juin 2015. Mais ces OSRA ne sont pas allées jusqu'à leur échéance : elles ont fait l'objet d'un retrait obligatoire lorsque Gecina a pris le contrôle d'Eurosic en 2017.

Nouveauté

» **Un produit innovant : l'ODIRNANE.** Pour bien comprendre ce qu'est ce produit, prenons l'exemple d'Assystem, un groupe d'ingénierie qui a émis en juillet 2014 une obligation à durée indéterminée à option de remboursement en numéraire et/ou en actions nouvelles et/ou existantes (ODIRNANE) avec placement privé et offre au public pour 160 millions d'euros.

Cette émission avait pour objectif principal de financer le rachat des obligations remboursables en numéraire et/ou en actions nouvelles et/ou existantes (ORNANE) émises en 2011 à échéance 2017 pour 89 millions d'euros et les projets de croissance externe.

L'ODIRNANE émise a pour spécificité de comporter une clause d'augmentation des intérêts à moyen terme, dite clause de « *step-up* » (augmentation). Le coupon annuel, qui est de 4,5 % entre 2015 et 2021, passe à partir de 2021 à Euribor six mois +8 %. Par ailleurs, la société peut décider de suspendre le paiement des intérêts à tout moment. Ces intérêts dus non versés se transforment en intérêts différés qui seront payés :

- lors de la prochaine assemblée générale décidant une distribution de dividende ;
- en cas de remboursement de l'intégralité de la souche ;
- ou, enfin, en cas de liquidation.

Du fait de ces caractéristiques, cet instrument est classé, en comptabilité, en capitaux propres et non en dette. Remarque pratique : la clause d'augmentation des intérêts doit inciter fortement l'émetteur à rembourser juste avant sa date d'activation. C'est d'ailleurs ce qu'il a fait. À l'automne 2016, Assystem a lancé une opération de rachat de ces ODIRNANE suivie d'une procédure dite de désintéressement en France pendant 5 jours de Bourse consécutifs en vue de permettre aux porteurs d'ODIRNANE de vendre leurs obligations au même prix que celui déterminé dans le cadre de la proposition de rachat. À l'issue de cette double opération, seules 8,8 % des ODIRNANE initialement émises restaient en circulation. Elles ont fait l'objet d'un remboursement anticipé en mars 2017.

## ... sans oublier les *green bonds* et les CoCos

Mais on ne saurait terminer ce panorama des produits nouveaux ayant un rapport avec les obligations sans parler des *green bonds*. En fait, ces obligations vertes n'ont aucune caractéristique particulière si ce n'est que les entreprises ou les États (en Europe, la Pologne et la France ont initié le mouvement) qui les émettent s'engagent à se servir de cet argent pour financer des projets environnementaux. Ces émissions sont très utiles pour tous ceux qui veulent « verdir » leur image (énergéticiens comme EdF ou Engie, banques, etc.) et pour les investisseurs à la recherche de placements s'inscrivant dans une démarche de développement durable. De fait, les *green bonds* semblent promis à un bel avenir. Les États ne sont pas seuls concernés : les collectivités locales, les entreprises industrielles et les entreprises financières ont un rôle majeur à jouer dans la lutte contre le changement climatique. C'est pourquoi, de Londres à Luxembourg en passant par Paris, les capitales financières se battent pour conquérir la première place sur ce marché. La principale difficulté est celle du *reporting*, comme on dit dans le jargon financier : il ne suffit pas par exemple d'affirmer que ces emprunts serviront à éviter des émissions de gaz à effet de serre, il faut pouvoir le démontrer et le chiffrer de façon très précise pour que les investisseurs puissent intégrer ces chiffres dans leur bilan carbone. Les particuliers peuvent s'intéresser à ces obligations vertes soit en les achetant en direct, soit en achetant des parts de fonds d'investissement socialement responsable.

**Nouveauté**

SNCF Réseau, le gestionnaire du réseau ferroviaire français, a lancé le 14 août 2019 la première obligation verte de maturité cent ans jamais émise au niveau mondial, tous émetteurs confondus. Ce nouvel emprunt a été réalisé pour un montant de 100 millions d'euros avec un coupon incroyablement bas de 1,425 % pour une durée aussi longue, qui s'explique par le niveau particulièrement bas des taux à long terme à cette date (l'État français empruntait alors à dix ans à − 0,32 % !). SNCF Réseau avait déjà emprunté à cent ans en 2015 (à 2,78 %), mais c'était un emprunt classique, pas un green bond. Le record de l'obligation verte la plus longue jamais émise était précédemment détenu par Energias de Portugal (EDP) et Energie Baden-Wuerttemberg (EnBW) sur une maturité de soixante ans. Avec un encours de 5,4 milliards d'euros, le programme Green Bond de SNCF Réseau se situait alors à la deuxième place sur le marché français et à la septième place au niveau mondial.

Quant aux CoCos, pour Contingent convertibles Instruments, ce sont des instruments hybrides émis par les banques. Ce sont des obligations qui peuvent être émises avec une échéance ou à titre perpétuel et qui peuvent servir à renforcer les fonds propres en cas de besoin. Si ces fonds propres descendent en dessous d'un certain seuil défini à l'avance et établi sur la base des ratios prudentiels qui s'imposent aux banques, les CoCos peuvent être automatiquement convertis en actions ou intégrer un mécanisme d'absorption des pertes par réduction du nominal (*write down*, dans le jargon financier), avec une possibilité de retour à meilleure fortune par restauration du nominal (*write-up*). Ces nouveaux instruments sont juridiquement des instruments de dette, mais, d'un point de vue comptable, ils sont considérés comme un élément du capital.

À Londres, la FCA (Financial Conduct Authority) a interdit que ces titres soient vendus aux particuliers. Au niveau européen, les autorités financières (Autorité européenne des marchés financiers, ESMA, Autorité européenne bancaire, EBA, et Autorité européenne des assurances et des pensions professionnelles, EIOPA) n'ont demandé aucune interdiction, mais ont multiplié les mises en garde liées à la complexité et aux risques de ces produits. En France, l'AMF n'a jamais donné son visa à des prospectus d'émission de CoCos à destination des particuliers. Donc, il est bien de connaître l'existence de ces CoCos, de savoir à quoi ils servent et comment, mais, normalement, vous n'aurez pas à les utiliser et cela vaut sans doute mieux...

Ainsi se termine notre exploration du monde des obligations. Certains vous diront que c'est un univers facilement accessible, puisqu'on peut trouver sur le marché beaucoup d'emprunts cotés que l'on peut acheter de chez soi, muni de leur code ISIN. Notre opinion est un peu plus nuancée. C'est vrai pour les emprunts d'État et les convertibles, mais beaucoup d'emprunts privés parmi les plus intéressants ne sont pas cotés à Paris ou ne peuvent être obtenus qu'à partir de montants assez importants (on parle de *quotités*) de l'ordre de 50 000 €. De surcroît, la gestion active d'un portefeuille obligataire est très technique. Si, vraiment, on veut en avoir un, il est peut-être plus raisonnable de passer par le biais de l'assurance-vie ou par les OPCVM, organismes de placement collectif, dont nous allons parler dans le prochain chapitre.

Euronext a tenté de lancer une procédure de placement des obligations dite « IBO » (*Initial Bond Offering*) visant à compléter les procédures dites « par placement privé » réservées aux investisseurs institutionnels et qualifiés. Avec les IBO, le but était de permettre aux entreprises de taille moyenne d'avoir accès comme les grandes au marché obligataire et de placer leurs titres auprès de toutes les catégories d'investisseurs, y compris les particuliers. Mais le succès n'a pas été au rendez-vous et la procédure a été abandonnée.

Le marché des obligations d'entreprises reste un marché peu liquide, très fragmenté, avec des négociations qui s'effectuent sur diverses plateformes. Les titres achetés lors de l'émission restent en portefeuille et circulent peu. Et, pourtant, on a vu au cours des dernières années les initiatives se multiplier en matière de création de nouvelles plateformes de négociation.

La directive Marché d'instruments financiers MIF 2, qui s'applique depuis janvier 2018, s'intéresse à tous les instruments financiers, dont les obligations, alors que la directive MIF 1 ne concernait que les actions admises à la négociation sur un marché réglementé. Ce texte impose des changements significatifs aux professionnels en matière d'organisation des transactions, de transparence, etc., mais il ne change pas significativement la donne pour les particuliers.

**DANS CE CHAPITRE**

Les définitions et les règles de base

Les grandes familles d'OPCVM

L'engouement pour les trackers

## Chapitre 14

# Dans la galaxie des sicav, FCP et autres trackers

C'est décidé : la Bourse, les actions, les obligations, tout cela vous intéresse. Mais vous n'avez pas trop de temps à consacrer à la gestion d'un portefeuille. Ou alors, vous vous sentez un peu à l'étroit sur le marché français, vous aimeriez profiter du dynamisme des entreprises américaines ou chinoises, mais vous vous voyez mal partir seul à l'assaut des Bourses de New York ou Hong Kong. La solution ? Recourir aux services des professionnels, qui gèrent pour vous des fonds investis dans tous les produits financiers possibles et imaginables aux quatre coins du monde.

Mais, là, un autre problème surgit : très vite, vous vous rendez compte que vous entrez dans une galaxie peuplée d'un nombre incroyable d'étoiles qui brillent toutes plus les unes que les autres. Et le souvenir d'arnaques fameuses portant sur des milliards de dollars vous fait aussi craindre de tomber dans quelque trou noir. Comment vous y retrouver ?

C'est vrai, au cours des dernières années, la gestion d'actifs pour compte de tiers (l'*asset management* comme on dit dans les milieux informés) a pris des dimensions considérables. Et, avec l'ouverture des frontières à l'intérieur de l'Union européenne, même les banquiers qui ne sont pas établis en France peuvent venir vous faire des propositions. Sont-elles toutes honnêtes? Disons qu'il y en a qui sont plus intéressantes que d'autres ou, en tout cas, qui conviennent plus que d'autres à vos besoins. Voyons comment il est possible de retrouver son chemin au milieu de cette offre pléthorique.

# La gestion collective, ce n'est pas la jungle

Dans un monde qui manque de régulations, les Français en particulier et les Européens en général ne peuvent pas se plaindre : si le marché est de plus en plus ouvert, tout le monde ne peut pas vendre n'importe quoi à n'importe qui n'importe comment. Il y a des règles du jeu. Cinq directives européennes ont déjà été adoptées sur le sujet, la cinquième ayant été transposée en droit français par l'ordonnance 2016-312 publiée au *Journal Officiel* du 18 mars 2016. Et les fonds qui ne dépendent pas de ces directives OPCVM sont régis par une autre directive, dite AIFM (*Alternative Investment Fund Management*), qui a créé un cadre harmonisé pour les gestionnaires de fonds d'investissement alternatifs, dits « FIA », en Europe.

Certains se plaindront sans doute de ne pas avoir accès aussi facilement qu'ils le souhaiteraient à des sicav luxembourgeoises ou à des fonds spéculatifs (ou alternatifs, pour employer un langage plus neutre) basés dans des paradis fiscaux plus lointains, mais la réglementation a au moins certains avantages : en matière de produit financier, normalement, si l'on a pris la précaution de s'informer correctement, on sait ce qu'on achète et à qui.

## Les OPC

Quand on pense aux placements collectifs, on pense tout de suite aux OPCVM, organismes de placement collectif en valeurs mobilières. En fait, comme nous l'avons vu en faisant référence aux directives européennes, il faudrait parfois être plus précis et faire la distinction entre deux grandes catégories d'instruments qui composent la grande famille des OPC, organismes de placement collectif :

- **Les OPCVM.** Ce sont les fonds d'investissement bénéficiant d'une autorisation de commercialisation auprès du grand public dans toute l'Union européenne. Les sociétés de gestion de ces fonds respectent des règles harmonisées au niveau européen en termes d'investissement et d'information des investisseurs.
- **Les FIA, fonds d'investissement alternatifs.** Cette catégorie intègre la plupart des autres placements collectifs. Ils appliquent les mêmes règles et sont surveillés de la même façon par l'AMF. En revanche, ils ne bénéficient pas automatiquement de la possibilité d'être vendus aux épargnants dans le reste de l'Europe.

Dans la pratique, il est probable que ce soient surtout des OPCVM qui vous seront proposés. Mais on n'en a pas encore fini avec le juridisme. Car les OPCVM peuvent eux-mêmes être divisés en deux grandes catégories :

- **Les sicav ou sociétés d'investissement à capital variable.** Ce sont des organismes ayant la personnalité juridique, c'est-à-dire des sociétés dont les investisseurs achètent et vendent les actions.
- **Les FCP, fonds communs de placement.** Eux n'ont pas la personnalité juridique et émettent simplement des parts que les investisseurs achètent et revendent.

Au-delà de cette question de statut juridique, sicav et FCP présentent aujourd'hui peu de différences, si ce n'est la taille : le montant des capitaux exigés lors de la création est plus important pour une sicav que pour un FCP. La sicav sera donc un outil adapté pour investir sur de grosses capitalisations à l'échelle du continent ; le FCP conviendra mieux à des placements en valeurs petites ou moyennes à l'échelle du pays (une masse financière trop importante serait d'ailleurs un handicap pour ce genre d'opérations, et il est fréquent que des FCP très spécialisés soient fermés à de nouvelles souscriptions quand ils atteignent une certaine taille).

Dans tous les cas, il est fait mention du nom de la société de gestion (il peut s'agir d'une équipe restreinte de gérants) et du dépositaire (généralement un établissement financier important et connu), chargé de la conservation des titres dans lesquels l'OPCVM investit et du contrôle de la régularité des décisions prises par la société de gestion.

**Figure 14-1** Les frais des sicav et des FCP

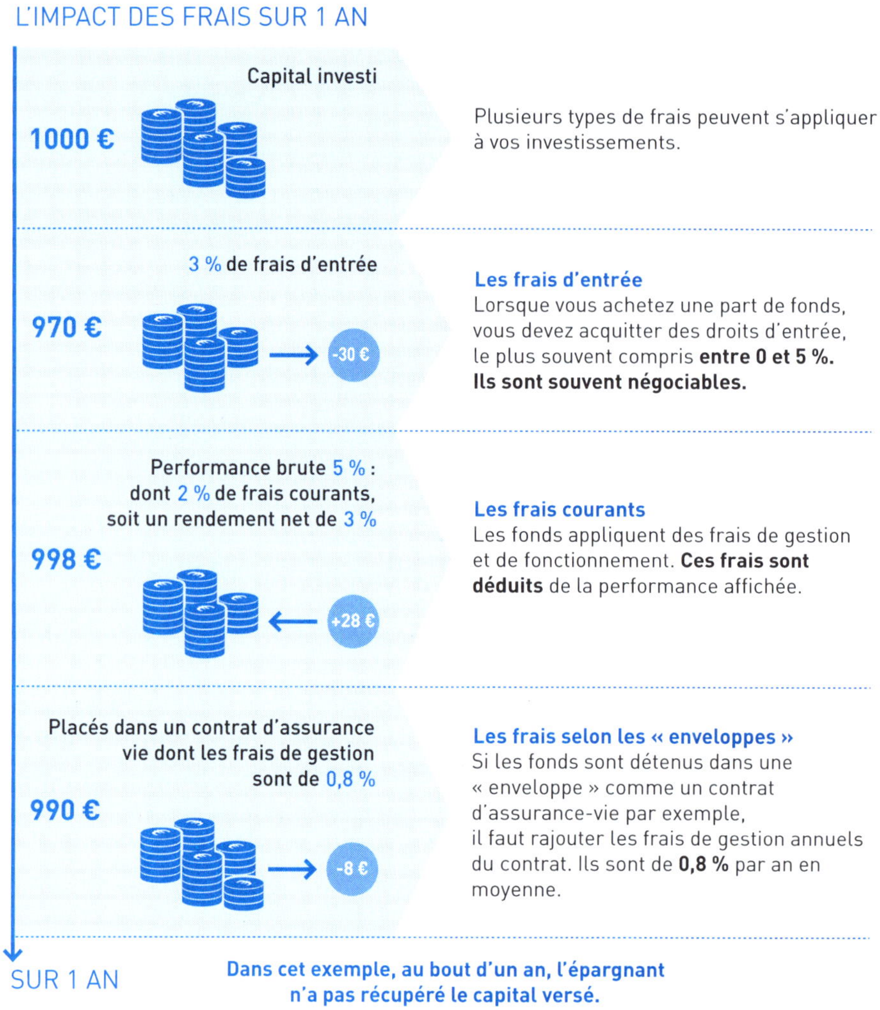


*Source : lafinancepourtous.com et AMF*

## Le prospectus d'information ou le DICI

À retenir

En matière de placements, votre liberté est quasiment illimitée : vous pouvez placer votre argent où vous le voulez, dans les fonds que vous voulez, dès lors que vous agissez en parfaite transparence et que vous n'oubliez pas de déclarer vos revenus au fisc… Mais un fonds ne peut être proposé aux épargnants français que s'il a reçu l'agrément de l'AMF. Pour recevoir cet agrément, la société de gestion (elle-même agréée par l'AMF) doit prendre certains engagements, dont celui de remettre préalablement à l'épargnant un document simplifié d'information et lui donner la possibilité d'avoir accès à une note détaillée.

Ce document simplifié, c'est le prospectus. Mais depuis la mise en œuvre en juillet 2011 de la quatrième directive européenne OPCVM (on parle aussi de la directive UCITS IV, pour *undertakings for collective investment in transferable securities*), le prospectus est remplacé par le DICI, ou document d'information clé pour l'investisseur, conçu de telle façon qu'il doit donner, de manière rapide, en deux ou trois pages, toutes les informations de base que l'épargnant doit connaître avant de souscrire, selon des règles unifiées à l'échelle de l'Union européenne.

Que trouve-t-on dans le DICI ? D'abord, on s'en doute, la description des objectifs et de la politique de placement de l'OPCVM, faite de façon claire et compréhensible pour le commun des mortels, avec des précisions sur un certain nombre de caractéristiques : l'indicateur de référence, par exemple le CAC 40 si c'est l'indice que le gérant essaie de suivre ou de battre, la nature exacte des instruments financiers qui pourront être mis dans l'OPCVM (il est indispensable de le savoir pour apprécier les risques que l'on prend), les techniques de couverture ou d'arbitrage qui pourront éventuellement être utilisées, la destination des revenus du fonds (sont-ils distribués ou capitalisés ?), la durée de placement recommandée et la façon dont s'effectue le rachat des parts ou actions. Ensuite, le DICI doit apporter des précisions sur le profil de risque et de rendement, avec un classement sur une échelle de 1 à 7, le risque étant forcément plus élevé si le rendement potentiel est lui-même plus élevé. Un autre point important concerne les frais prélevés à l'entrée et à la sortie, plus les frais de gestion courants et, le cas échéant, les commissions de performance. Enfin, le document doit comporter une présentation des performances passées et des informations pratiques (catégorie juridique, nom du dépositaire, etc.).

La note détaillée et les rapports de gestion doivent pouvoir se trouver sur le site de la société de gestion ; de toute façon, il est possible de les obtenir sur le site de l'AMF.

À retenir

Précision : l'agrément de l'AMF n'est pas un label de qualité. Il ne préjuge en rien de la bonne gestion du fonds et de ses performances futures. Il signifie simplement que ceux qui commercialisent ce fonds ont fourni toutes les informations requises.

## La valeur liquidative et les frais

À retenir

La valeur liquidative d'un OPCVM est la valeur de l'action ou de la part ; c'est le prix auquel on peut l'acheter ou le vendre à une date donnée. Selon le type de fonds ou de sicav, la valeur liquidative est calculée de façon quotidienne, hebdomadaire, bimensuelle ou mensuelle (cette précision figure dans le prospectus). La fréquence de la date de calcul de la valeur liquidative prend une importance particulière au moment de la vente (la société de gestion parle de rachat puisque, de son point de vue, elle rachète vos parts ou actions). Et à ce moment-là, il faut faire aussi très attention aux dispositions prévues par la société de gestion en ce qui concerne le jour et l'heure limites pris en compte pour l'exécution des ordres. Prenons l'exemple d'un fonds pour lequel la société de gestion ne produit de valeur liquidative que le lundi et n'accepte les ordres de vente que jusqu'au vendredi à midi. Si vous faites parvenir votre ordre de vente le vendredi après-midi, la valeur liquidative retenue ne sera pas celle du lundi suivant, mais celle du lundi d'après ; si vous ajoutez à cela les délais de règlement (en général un maximum de cinq jours après le calcul de la valeur liquidative), vous risquez de ne recevoir votre virement que deux semaines après avoir donné votre ordre de vente.

À la valeur liquidative, il faut ajouter, à l'achat, des frais de souscription (les *frais d'entrée*), et, à la vente, il faut déduire des frais de rachat (les *frais de sortie*), toujours exprimés en pourcentage.

Ces frais ne sont pas les seuls : les gérants et le dépositaire sont rémunérés, le fonds a des frais de fonctionnement, de transactions, de commercialisation, etc. Toutes ces dépenses liées à la gestion ne sont pas expressément facturées, mais il en est tenu compte dans le calcul de la valeur liquidative.

Parfois, dans le prospectus de l'OPCVM, il est précisé, pour les frais de souscription : « jusqu'à 4 % » (par exemple). L'expression signifie que ce 4 % est un maximum et que celui qui commercialise le fonds a la possibilité de négocier un rabais. Ne l'oubliez pas ! De toute façon, essayez toujours de négocier.

Plus la durée de détention des parts ou des actions sera courte, plus ces frais de souscription et de rachat pèseront sur la rentabilité de votre investissement. Pour un placement à court terme, en sicav monétaire par exemple, il est impératif de choisir une sicav offrant des frais bas. Méfiance toutefois : des fonds qui proposent des frais de souscription zéro comptent en revanche des frais de gestion élevés qui pèsent sur la valeur liquidative. Il ne faut pas croire au père Noël : ceux qui se proposent de gérer votre argent veulent aussi en gagner ! Ils ne pensent même qu'à ça. Lisez attentivement le DICI.

Le saviez-vous

Un exemple : la commission de surperformance. Certains OPCVM ont un objectif affiché, en général en référence à un indice boursier. Dès qu'ils ont dépassé cet objectif, leur règlement peut prévoir une commission de surperformance au profit de la société de gestion. Cette commission ne sera pas explicitement demandée aux porteurs de parts, mais elle viendra amputer la valeur liquidative.

## Les précautions à prendre

Depuis le 1er novembre 2007, en application des directives européennes relatives aux marchés financiers, un intermédiaire ne peut vous vendre des OPCVM ou d'autres produits sans vous avoir demandé votre « profil d'investisseur individuel ». Autrement dit, il doit s'être assuré que votre investissement est compatible avec votre situation personnelle (revenus et patrimoine) et votre connaissance des produits financiers. Mais le questionnaire à remplir est assez succinct et personne ne viendra vérifier que vous avez répondu honnêtement. C'est à vous de vous informer sur la nature exacte du produit que vous achetez, sur son degré de risque, sur sa conformité avec vos besoins. Les documents d'information proposent une classification des OPCVM en fonction de leur orientation et des risques qu'ils comportent. Cette classification a le mérite de proposer une première approche. À vous ensuite d'approfondir votre étude.

Une fois que vous vous êtes assuré que ce fonds (ou cette sicav) correspond à ce que vous recherchez, que vous savez qui le gère et avec quel dépositaire, que vous avez pris connaissance des frais de souscription et de rachat, regardez les performances passées. C'est dit dans toutes les notices : la performance passée ne garantit pas la performance future. Il n'empêche que c'est une indication à ne pas négliger. Regardez sur plusieurs années. Une excellente performance sur un an n'a pas une grande signification. Ce qui compte, c'est aussi ce que le fonds a fait sur trois ans et cinq ans, selon les statistiques généralement disponibles ; on mesure ainsi sa régularité et on voit comment il se comporte par rapport à d'autres fonds de la même famille. Il est important aussi de savoir si ce sont toujours les mêmes personnes qui gèrent le fonds.

Vous pouvez trouver des informations utiles dans la presse financière et sur Internet. Un certain nombre d'organismes – Thomson Reuters Lipper, Six Financial Information, Morningstar, Quantalys, etc. – publient des classements et des études sur les fonds. Toutes les informations ne sont pas accessibles sur leurs sites (une grande partie est réservée aux abonnés, professionnels ou médias), mais on peut en trouver beaucoup sur certains d'entre eux, notamment sur ceux de Morningstar et de Quantalys, les plus adaptés aux besoins des investisseurs individuels français.

## Fonds de fonds, fonds à compartiments, etc.

S'appuyant sur les analyses fournies par les organismes que nous venons de citer, certains gérants ont eu une excellente idée : pourquoi ne pas proposer aux épargnants des *fonds de fonds*, des fonds composés d'une sélection des meilleurs fonds dans une catégorie donnée ? Par exemple : on peut faire un fonds pays émergents en retenant les meilleurs fonds spécialisés sur le Brésil, la Russie, la Chine et l'Inde. Un fonds de fonds peut être intéressant, à condition que ses performances soient vraiment très bonnes, car, forcément, vous cumulez les frais de fonctionnement du fonds et de chacun de ceux qui le composent.

On a aussi le cas très particulier des *fonds nourriciers*. Ce sont en fait des fonds qui servent de rabatteurs : toutes les sommes collectées sont investies dans un seul fond, le fonds maître, alimenté par un ensemble de fonds nourriciers. Ce système n'est pas absurde : il peut permettre à des fonds de pays différents d'accéder à un fonds géré internationalement, ce qui génère des économies d'échelle. Problème : il faut être certain de la qualité du fonds maître. Rappelons que dans l'affaire Madoff, qui a défrayé la chronique à la fin de 2008, c'est ce schéma qui avait été adopté.

Les *fonds à compartiments*. Ces fonds sont nés au Luxembourg, grand centre européen de la gestion collective pour des raisons fiscales évidentes. Ils permettent à un investisseur, tout en restant dans le même fonds et donc sans avoir à payer de frais de rachat et de nouveaux frais de souscription, de passer par exemple d'un compartiment axé sur les valeurs de croissance à un autre compartiment axé sur les valeurs de rendement ou les obligations, en fonction de la conjoncture ou de ses besoins.

Précision à propos du Luxembourg : les sociétés de gestion enregistrées dans un pays appartenant à l'Union européenne disposent d'un « passeport européen » qui leur permet de commercialiser leurs OPCVM dans tous les autres pays de l'Union. Un investisseur français peut donc en toute légalité placer une partie de ses économies dans un fonds de droit luxembourgeois, à condition de ne pas omettre de déclarer au fisc les revenus qu'il en tire.

Cette question du « passeport européen », il faut le souligner, est au cœur des préoccupations des financiers britanniques, qui craignent de perdre l'accès au marché européen le jour où le Royaume-Uni quittera l'Union européenne.

## Quelques points techniques à surveiller

Nous avons vu qu'il était important de regarder les performances passées sur plusieurs années et de les comparer à celles d'autres fonds semblables. Mais la performance pure n'entre pas seule en ligne de compte : il faut voir aussi quels sont les risques pris pour l'obtenir. Plus les risques sont importants, plus la performance future est aléatoire. Toutes les fiches techniques des fonds comportent des indicateurs de risque à surveiller. Ces indicateurs sont assez complexes. Nous ne donnerons ici qu'une description assez rudimentaire des principaux d'entre eux.

- **La volatilité du fonds mesure les variations dans le temps de la valeur liquidative.** Plus la volatilité est élevée, plus la probabilité est grande d'aller au-dessus, mais aussi au-dessous des performances moyennes.
- **La volatilité de l'indice de référence donne une première mesure du risque pris.** Si la sicav ou le fonds se fixe un objectif déterminé par rapport à un indice, un indice boursier par exemple, la volatilité de cet indice donne une première mesure du risque pris.
- **La tracking error (ou écart de suivi) donne une mesure des performances relatives d'un fonds par rapport à son indice de référence.** Plus la *tracking error* est faible, plus les risques encourus avec ce fonds sont proches de ceux que l'on prendrait en réalisant des performances strictement identiques à celles de l'indice. Nous aurons l'occasion d'en reparler à propos des *trackers*.
- **L'alpha mesure la surperformance d'un fonds par rapport à son indice de référence ; le bêta mesure la sensibilité du fonds aux mouvements de son indice de référence.** Si le bêta est supérieur à 1, le fonds fera mieux que l'indice en période de hausse et moins bien en période de baisse ; si le bêta est inférieur à 1, il aura des mouvements moins amples que son indice de référence dans les deux sens. L'alpha est le surcroît de performance obtenu par le gérant en plus du bêta. C'est simple, non ?
- **Enfin, le ratio de Sharpe mesure l'écart de rentabilité d'un portefeuille par rapport au taux de rendement d'un placement sans risques, divisé par son indice de volatilité.** En somme, c'est une mesure du couple rendement-risque. Un ratio négatif – ce qui est fréquent – est évidemment mauvais. Un ratio tout juste supérieur à zéro indique qu'on a pris beaucoup de risques pour le rendement obtenu. Un ratio supérieur à 0,5 % indique qu'on a obtenu une bonne performance avec une prise de risques correctement adaptée.

## Comment acheter des OPCVM ?

Ce n'est pas très difficile. On peut maintenant en acheter partout, même le samedi matin en faisant ses courses à la grande surface du coin ! Vous pouvez passer par votre banque, mais votre interlocuteur aura une tendance assez forte – et compréhensible – à vous proposer les fonds de son établissement, même si ce ne sont pas les meilleurs, et vous devrez vraiment insister pour avoir des fonds de la concurrence. Les courtiers en ligne ont l'avantage de présenter la gamme la plus large.

## Pour compléter notre panorama des fonds

Fonds communs de placement, fonds de fonds, etc., cela fait déjà beaucoup. Mais ce n'est pas tout. Si les financiers ont de l'imagination, les fonctionnaires du ministère des Finances n'en sont pas dépourvus non plus. Il s'ensuit une multitude de fonds, avec des objets et des statuts fiscaux particuliers. Tous n'ont pas forcément un rapport avec la Bourse, mais vous pouvez en entendre parler.

» **Les FCPE**, ou fonds communs de placement d'entreprise. Ils sont strictement réservés à la gestion de l'épargne salariale, c'est-à-dire des sommes versées aux salariés au titre de l'intéressement ou de la participation.

» **Les FCPR**, ou fonds communs de placement à risques. Ils doivent être investis à 50 % au moins dans des actions non cotées sur un marché réglementé ou en parts de SARL. Leur objectif est de favoriser le développement de PME.

» **Les FCPI**, ou fonds communs de placement dans l'innovation. C'est une forme particulière de FCPR. Il s'agit de renforcer les fonds propres de PME françaises considérées comme innovantes. Ils doivent être investis à 60 % au moins en titres de sociétés innovantes non cotées en Bourse. Le caractère innovant des entreprises s'apprécie soit en fonction du niveau des dépenses de recherche et développement (au moins 10 % des charges au cours de l'exercice précédent) soit par la délivrance par Bpifrance de la qualification « entreprise innovante ».

» **Les FIP**, fonds d'investissement de proximité. Ils constituent une autre forme de FCPR. Leur actif doit être composé d'actions ou de parts de PME régionales à 60 % au minimum.

» **Les FCIMT**, fonds communs d'intervention sur les marchés à terme. Comme leur nom l'indique, ils ont pour vocation d'intervenir sur les marchés à terme d'instruments financiers et de matières premières. Hautement spéculatifs, ces fonds agréés par l'AMF ne peuvent pas faire l'objet d'un démarchage.

» **Les OPCI**, organismes de placement collectif en immobilier. Les OPCI sont classés en deux groupes, les SPPICAV (sociétés de placement à prépondérance immobilière à capital variable), qui sont soumises à la fiscalité des revenus mobiliers, et les FPI (fonds de placement immobilier), soumis à la fiscalité des revenus fonciers. Les OPCI ouverts au grand public sont jusqu'à présent en majorité des SPPICAV ; leur patrimoine doit être composé d'actifs immobiliers pour une part comprise entre 60 % et 90 %, avec au minimum 10 % de liquidités ; les actifs immobiliers peuvent être des immeubles ou des titres de sociétés foncières cotées ou non cotées, sachant que le non-coté doit représenter au moins 51 % de l'actif total. Les actions de SPPICAV peuvent être détenues dans un portefeuille de valeurs mobilières ou être souscrites dans le cadre d'un contrat d'assurance-vie, mais elles ne peuvent figurer dans un PEA.

# La gestion collective, c'est la liberté de choix

Au grand rayon des OPCVM, il y a de tout pour tout le monde. L'épargnant français a le choix entre plusieurs milliers de sicav et de FCP. En piochant dans ce gisement, on peut véritablement bâtir une stratégie d'investissement à l'échelle mondiale. On remarque toutefois que, depuis 2008, le nombre de ces OPCVM est en diminution ; la crise financière est passée par là...

## La grande famille des fonds

Auparavant, l'AMF classait les FIA en 11 catégories et les OPCVM en 10 seulement, ces derniers n'ayant pas droit à la catégorie « fonds de multigestion alternative ». En juillet 2016, elle a lancé une consultation auprès des représentants des particuliers et des professionnels pour savoir s'il fallait maintenir cette classification, qui n'est pas rendue obligatoire par les directives européennes, de sorte que les épargnants français peuvent se voir proposer des OPC (ensemble très large qui, rappelons-le, comprend les OPCVM et les FIA) conçus dans un autre pays européen sans aucune indication de catégorie, sauf en ce qui concerne les OPC monétaires (nous en reparlerons plus loin). Deux solutions ont été proposées : la suppression complète de la classification ou son maintien à titre purement facultatif, cette classification pouvant avoir une fonction pédagogique.

C'est cette dernière option qui a été retenue en 2017. Seule a disparu complètement la catégorie des fonds dits « diversifiés », qui était un aimable fourre-tout. Nous allons donc continuer à nous inspirer de cette classification pour vous présenter la grande famille des fonds.

### Les OPCVM actions

Ils doivent être investis en permanence à au moins 60 % en actions. Cette contrainte a une conséquence : quand le marché recule, la valeur liquidative de ces OPCVM échappe difficilement à la baisse. Un particulier qui gère lui-même son portefeuille d'actions peut décider de s'alléger et de rester « liquide » (avec un pourcentage élevé de liquidités en attente d'être employées) quand la conjoncture semble défavorable. Le gérant d'un OPCVM actions n'a pas cette liberté ; une fois que son plafond de liquidités est atteint, il peut seulement procéder à des arbitrages entre actions pour se porter sur celles qui résistent le mieux à la baisse. C'est d'ailleurs dans ces périodes difficiles que les qualités des gérants se mettent le plus en valeur : en période de hausse, ils sont peu nombreux à faire mieux que leur indice de référence ; en période de baisse, ils font souvent mieux que l'indice.

Cette catégorie d'OPCVM existe toujours ; elle n'est plus imposée par l'AMF, mais découle des règles édictées par la Banque centrale européenne. Pour l'établissement de ses statistiques, cette dernière impose en effet aux sociétés de gestion de classer leurs fonds dans l'une des six catégories suivantes : fonds investis en actions, fonds investis en obligations, fonds mixtes, fonds investis en biens immobiliers, fonds spéculatifs, autres fonds. Dans cette catégorie « fonds investis en actions », on retrouve donc les catégories désormais optionnelles : actions françaises, actions des pays de l'Union européenne et actions internationales.

## Les OPCVM obligations et autres titres de créances

Ces fonds sont composés de titres de créances à moyen et à long terme. Moins risqués que les fonds actions, ils sont cependant sensibles aux variations des taux d'intérêt et ne sont pas à l'abri de la défaillance éventuelle d'un émetteur. Là encore, on trouve une distinction désormais optionnelle entre ceux qui sont investis uniquement en titres libellés en euros et ceux qui peuvent être investis en titres libellés dans d'autres devises.

## Les OPCVM monétaires

Ce sont des OPCVM investis en titres à court terme ; leur rendement, modeste mais sûr, dépend de l'évolution des taux sur le marché monétaire. La sécurité presque absolue de ce type de placement a toutefois été remise en cause au moment de la crise des *subprimes*. On s'est aperçu alors que certains des produits financiers introduits dans des sicav monétaires dites « dynamiques » pour doper leurs performances n'étaient pas sans risques. Au terme d'une consultation menée au niveau européen avec les professionnels, des règles plus strictes ont été établies concernant les titres mis dans les OPCVM monétaires. Désormais, l'AMF interdit les dénominations flatteuses mais peu rigoureuses du genre « monétaires dynamiques » et introduit une nouvelle classification qui s'impose depuis le 1er juillet 2011 : d'une part, les OPCVM monétaires avec des titres d'une durée de vie maximale de deux ans et, d'autre part, les OPCVM court terme, qui ne peuvent comporter que des titres ayant une durée de vie maximale de l'ordre d'un an.

Précisons que même si l'ancienne classification des OPCVM est désormais optionnelle, la distinction entre ces deux classes de fonds monétaires reste obligatoire, car elle répond à une exigence européenne.

## Les OPCVM diversifiés

Ce sont les plus nombreux ; ils ne représentent en fait aucune catégorie spécifique. Ils fonctionnent sans règle préétablie d'affectation entre les diverses classes d'actifs et sont gérés, selon la formule employée par l'AMF, de façon « discrétionnaire ». Plus encore que pour les autres OPCVM, une lecture attentive du document d'information s'impose, si l'on veut savoir quels risques on prend en investissant dans de tels fonds.

Compte tenu du fait que qualifier un fonds de « diversifié » n'apporte aucune information utile à l'investisseur, l'AMF a décidé d'abandonner purement et simplement cette catégorie depuis le 31 décembre 2017.

## Les fonds de multigestion alternative

Là, on sort des OPCVM *stricto sensu* pour entrer dans un domaine réservé aux FIA. Ces fonds sont investis à plus de 10 % dans d'autres fonds français ou étrangers mettant en œuvre des stratégies dites « alternatives » que nous étudierons plus attentivement dans le prochain chapitre. Les instruments employés (à base de contrats à terme ou d'options sur les actions, les taux, les monnaies, etc.) peuvent être très performants, mais aussi très risqués. Les prospectus de ces fonds rappellent qu'ils ne sont pas soumis aux mêmes règles de gestion que les autres et qu'ils s'adressent à des souscripteurs avertis.

Les règles applicables en ce domaine sont en constante évolution. Les professionnels français ont voulu en effet pouvoir obtenir un mode de fonctionnement leur permettant de rivaliser avec les fonds alternatifs (*hedge funds*) étrangers ou les fonds de fonds. C'est ainsi notamment qu'ont été créées diverses catégories de fonds Aria (agréés à règles d'investissement allégées). Les particuliers peuvent avoir accès à ces fonds à condition d'investir au moins 10 000 € et de justifier d'un minimum de connaissances ou d'un patrimoine financier au moins égal à 1 million d'euros. Mais s'ils peuvent investir 125 000 € (voire 250 000 € ou 500 000 € pour certains types de fonds !), aucune autre condition n'est exigée...

## Les fonds à formule

Il s'agit de fonds construits pour une durée déterminée (quelques années) qui, selon l'AMF, offrent « une performance conditionnelle définie en fonction de l'évolution des indices boursiers, des cours, etc. ». Les fonds à formule peuvent revêtir techniquement plusieurs formes, celles d'un OPCVM ou celle d'un *EMTN*. Nous n'avons pas encore parlé de ces EMTN (*Euro Medium Term Notes*) pour une raison simple : il s'agit de produits principalement destinés aux professionnels. C'est la variante européenne des MTN, qui sont aux États-Unis des titres de dette émis par les entreprises et sont censés occuper l'espace entre la dette à court terme (le papier commercial) et les obligations.

Les placements à formule sont aussi parfois appelés produits structurés. Un produit structuré résulte de l'association d'un produit financier classique (action, obligation, indice boursier) à des produits dérivés dont nous parlerons en détail dans le prochain chapitre ; cette association donne un produit nouveau émis par une banque.

Les fonds à formule ont pour objectif de concilier sécurité et performance. Ils peuvent proposer à l'investisseur de retrouver son capital intégralement à une échéance donnée (souvent six ou huit ans) ou partiellement, avec des possibilités de sortie anticipée (mais alors la garantie sur le capital risque fort de ne plus jouer). Les fonds qui recherchent surtout la performance peuvent ne pas comporter de garantie du capital.

Les formules proposées peuvent parfois sembler très protectrices, avec par exemple une rémunération qui progresse comme le CAC 40 entre deux dates et reste acquise même si l'indice baisse ensuite, mais leur compréhension exacte demande une certaine habitude de la finance. L'AMF surveille tout cela de très près et le public n'est plus aussi disposé à se laisser convaincre par des publicités du genre : « La Bourse sans risque. » La justice a eu à se prononcer à plusieurs reprises pour examiner le cas d'épargnants qui se sentaient trompés : au moment de la commercialisation des produits qu'ils avaient achetés, l'accent avait été mis davantage sur la sécurité que sur les risques, lesquels étaient apparus plus tard. Ces affaires incitent à la prudence : en matière de placements, il est toujours déconseillé d'acheter un produit nouveau que l'on ne comprend pas tout à fait.

## Quelques tendances récentes

Le fait que l'on puisse mettre dans les fonds des produits très divers (actions, obligations, titres à court terme, etc.) reflétant l'activité de tous les pays et de tous les secteurs économiques conduit évidemment à la mise sur le marché de produits financiers très divers. Tantôt c'est un style de gestion qui fait fureur, tantôt une zone géographique, tantôt un thème. Citons, en vrac, quelques catégories d'OPCVM qui ont été ou sont encore dans l'actualité.

» **La vogue des pays émergents.** On peut trouver une multitude de fonds pour jouer une Bourse donnée ou, ce qui est plus intéressant, des fonds pour jouer un ensemble de pays. Des concepts comme celui d'Asie émergente ou de BRIC (Brésil, Russie, Inde, Chine) ont été très porteurs ces dernières années. Deux leçons sont à tirer des événements récents. Les pays émergents se sont intégrés à l'économie mondiale et leurs marchés financiers, naguère considérés comme très risqués, ne sont guère plus dangereux que ceux des pays développés. Mais la mode des BRIC est passée et les investisseurs sont plutôt tentés de regarder la situation des émergents pays par pays. Les tensions commerciales entre les États-Unis et la Chine et les incertitudes entourant l'économie mondiale conduisent toutefois beaucoup d'investisseurs à privilégier des placements moins exotiques.

» **L'engouement pour les fonds dits patrimoniaux.** Le succès de cette appellation commerciale a suscité bien des vocations et ces fonds se comptent maintenant par dizaines. Il faut dire que l'adjectif a été bien choisi et qu'il est rassurant. Des fonds patrimoniaux sont censés vous permettre d'augmenter la valeur de votre patrimoine quand la Bourse est bonne et de la préserver quand la situation est moins favorable. On retrouve là des fonds dits flexibles, dont la part consacrée aux actions est augmentée ou réduite selon la conjoncture boursière dans une proportion qui peut aller jusqu'à 30 %. En principe, dans un fonds patrimonial, même en période faste, la part des actions ne doit guère aller au-delà de 50 % ; en conséquence, il fera moins bien que les fonds en actions quand la Bourse monte, mais il résistera mieux dans la phase de reflux. À l'intérieur de cet ensemble, on parle parfois de fonds à performance absolue, qui visent une performance positive et relativement stable dans le temps quelles que soient les conditions de marché. En fait, on a vu qu'au dernier trimestre de 2018 ces fonds ont eux aussi beaucoup souffert et que leur rebond au début de 2019 a été, ce qui est logique, plus modeste que celui du marché. Il s'ensuivit quelques déceptions. Le concept même de ces fonds est intéressant, mais il est clair que, en pratique, il peut conduire à des performances très inégales.

» **La mode passée des 130/30.** En application de la directive européenne sur les OPCVM dite « Ucits III » de 2002, les sociétés de gestion ont pu proposer aux particuliers des fonds employant des techniques complexes comme celle des 130/30. Il s'agit de produits combinant la mise en œuvre de positions acheteuses (jusqu'à 130 % de l'actif géré) et vendeuses (jusqu'à 30 %). Très à la mode en 2007 juste avant la crise, ces fonds font beaucoup moins parler d'eux maintenant. Mais la technique qui consiste à combiner positions acheteuses et vendeuses (long/short si l'on préfère) est toujours utilisée, notamment dans les fonds qui recherchent la performance absolue.

» **Le souci de respecter des règles éthiques.** Ne souriez pas. Tous les financiers ne sont pas aussi cupides et amoraux que les jugements que l'on porte sur eux depuis la dernière crise pourraient le laisser croire. Des gérants peuvent vous proposer des fonds desquels sont bannies les sociétés produisant de l'alcool, des armes ou connues pour leur politique sociale discutable. Ce sont les fonds éthiques.

- **La volonté de procéder à des investissements socialement responsables.** La prise de conscience de la nécessité d'une croissance durable a conduit à un développement très rapide depuis le début de ce siècle de l'ISR, investissement socialement responsable. Il s'agit ni plus ni moins, expliquent des financiers, que de réconcilier le capitalisme avec les hommes, la société et l'environnement. On ne peut nier dans cette approche une certaine démarche « marketing », le souci d'aller dans le sens du vent et de proposer au grand public ce qui a l'air de plaire. Ce peut être simplement un habillage, une façon habile d'avoir l'air de faire autrement tout en faisant comme avant.

  Pourtant, il ne faudrait pas sous-estimer l'importance du phénomène, si l'on en juge par l'apparition accélérée de fonds ayant pour thème l'écologie (les fonds verts), l'eau, le réchauffement climatique. Au-delà de l'effet de mode, on constate chez beaucoup de promoteurs de la gestion ISR une vraie conscience des défis actuels et une réelle volonté de mettre la finance au service de projets méritant d'être défendus et d'entreprises respectant certaines règles. Pour sélectionner les sociétés entrant dans leur portefeuille, les gérants ont mis au point des méthodes de sélection qui s'ajoutent aux filtres classiques de l'analyse purement financière. Les entreprises sélectionnées doivent satisfaire un certain nombre de critères dits « ESG » (environnementaux, sociaux et de gouvernance), qui ont l'avantage d'être quantifiables ; et l'approche *best in class* consiste à prendre au sein d'un secteur les meilleurs selon les critères retenus. Les fonds ISR, il faut le souligner, obtiennent des performances tout à fait comparables à celles des autres fonds.

  Depuis la conférence de Paris sur le climat, l'idée avance que l'orientation des flux financiers va jouer un rôle déterminant. Il sera de plus en plus souvent proposé aux investisseurs des fonds « décarbonés ».

- **L'évolution de la gestion indicielle.** Comme toutes les innovations, celle-ci est née aux États-Unis. Elle part de l'observation simple que nous avons déjà évoquée : si les gérants arrivent souvent à faire mieux que les indices en période de baisse, ils sont peu nombreux à les battre en phase de hausse. Or, fort heureusement, c'est la tendance haussière qui l'emporte dans le temps. Conclusion logique, qui se vérifie sur le long terme : une grande majorité des gérants font moins bien que leur indice de référence, et le meilleur moyen de gagner de l'argent serait de construire des portefeuilles répliquant les indices – le CAC 40 ou le SBF 120 pour la France, le S&P 500 pour les États-Unis, etc. Ainsi, avec de tels portefeuilles, on plongerait comme le marché dans son ensemble quand ça va mal, mais on rebondirait avec lui et on profiterait pleinement des périodes favorables. C'est ce qui a été fait, et le succès de ces fonds a été tel qu'ils ont traversé l'Atlantique.

  Le saviez-vous

  Petite remarque : la gestion indicielle a eu pour effet secondaire de donner une importance croissante à ces indices. Une valeur admise dans le CAC 40 par exemple est aussitôt achetée par tous les gérants de sicav indicielle ayant pour objectif de répliquer le CAC 40. Savoir à l'avance quelles valeurs vont faire leur entrée dans l'indice ou en sortir est plus important encore que ça ne l'était avant. Cela justifie plus que jamais que les réunions du comité scientifique chargé de gérer la composition des indices de la place de Paris aient lieu à huis clos, qu'elles ne soient pas annoncées à l'avance et que les décisions soient rendues publiques immédiatement, pour éviter des délits d'initié. De plus, ces décisions ne sont appliquées que quatre semaines après leur annonce, pour permettre aux gérants de recomposer leurs portefeuilles sans provoquer de mouvements trop brutaux sur les titres concernés.

» La gestion indicielle a toujours ses adeptes, mais les méthodes changent. Même si les frais de gestion d'une sicav indicielle sont moins élevés que ceux d'une sicav gérée de façon active, un investisseur qui veut suivre les indices a maintenant à sa disposition un nouveau produit : le *tracker*.

## Que peut-on demander aux professionnels ? Du conseil à la gestion

Gérer soi-même et seul son portefeuille boursier n'est pas la solution unique. Nous avons déjà vu qu'il existe des clubs d'investissement, qui permettent de faire des partages d'expérience. Dans ce chapitre, nous passons en revue les différentes ressources offertes par la gestion collective, qui consiste à confier la gestion de tout ou partie de son portefeuille à des professionnels par le biais d'OPC.

D'autres formules existent encore :

» **Le mandat de gestion** consiste à confier intégralement la gestion de son portefeuille à un établissement de crédit (banque, caisse d'épargne) ou à une entreprise d'investissement (terme générique qui comprend les anciennes sociétés de Bourse et les sociétés de gestion de portefeuille). C'est une véritable délégation de pouvoirs, dont les modalités sont fixées par contrat : vous devez avoir déterminé avec votre interlocuteur les objectifs visés, les risques acceptés, la gamme de produits que pourra utiliser le gérant, le style de gestion qui vous convient (prudent, équilibré, dynamique), la rémunération de ce service (prévoir jusqu'à 1 % par an, hors taxes, de l'encours des capitaux gérés). Chaque établissement a sa propre politique en ce domaine et fixe le montant à partir duquel il accepte des mandats de gestion. D'une façon générale, vous n'aurez rien au-dessous de 100 000 €. Entre 100 000 et 500 000 €, vous aurez droit à une gestion relativement banalisée fondée principalement sur l'utilisation des OPCVM de l'établissement. Ce n'est qu'à partir d'un montant de l'ordre de 500 000 € que vous aurez droit à une gestion vraiment individualisée. Selon votre activité professionnelle et votre niveau de responsabilité, la gestion sous mandat peut être la meilleure solution pour éviter d'éventuels soupçons de délit d'initié ou des conflits d'intérêts.

» **La gestion assistée.** Dans le cadre d'une telle convention, vous conservez la maîtrise de la décision et la responsabilité de passer vous-même vos ordres, mais votre établissement de crédit vous fournit des informations financières régulières et répond à vos demandes de conseil.

»

»

**Que peut-on demander aux professionnels ? Du conseil à la gestion** *(suite)*

Entre ces deux formules, on trouve la possibilité du recours à un conseiller en investissements financiers (CIF). Les CIF sont une création relativement récente (loi de sécurité financière d'août 2003). Leur statut leur impose d'adhérer à l'une des cinq organisations professionnelles agréées par l'AMF, qui doivent s'assurer du respect des conditions d'accès à la profession et surveiller l'application des règles de bonne conduite. Ils doivent avoir un numéro d'immatriculation sur le registre ORIAS (registre unique des intermédiaires en assurance, banque et finance), qui compte aujourd'hui plus de 5 200 inscrits, sans compter leurs salariés qui doivent eux aussi adhérer à une organisation professionnelle. Les CIF ont d'abord, comme leur nom l'indique, une activité de conseil ; on les retrouve sous diverses appellations (conseillers en gestion de patrimoine, conseillers financiers, etc.) ; ils peuvent par ailleurs avoir d'autres statuts (agent immobilier, démarcheur bancaire ou financier, courtier en assurance). Ce qui peut poser quelques problèmes : le CIF ne peut pas gérer un compte au nom de son client, mais il peut, à sa demande, transmettre des ordres à des intermédiaires en vue de leur exécution sur des actions ou des parts d'OPCVM. Cela suppose qu'il n'ait pas de liens commerciaux trop étroits ou exclusifs avec certains établissements et que les produits conseillés et achetés correspondent bien aux besoins de l'épargnant. Précisons que tout conseil donné au client doit apparaître dans un rapport écrit.

# Sur la trace des trackers

Les *trackers* sont des animaux assez étranges. Par leur forme juridique, ce sont des sicav ou des fonds communs de placement. Leur sigle usuel, anglais, le montre bien : ETF, pour *Exchange Traded Funds*. Mais leur valeur liquidative n'est pas calculée comme pour les autres OPCVM ; ils sont cotés en continu et on peut les acheter et les vendre tout au long de la journée, comme des actions. Prenons l'exemple du CAC 40 : s'il varie dans une journée entre 5 249 points et 5 306 points et termine la séance à 4 822, le tracker va osciller entre 52,49 et 53,06 et clore la séance à 53,00 (les trackers européens valent en général un centième de l'indice de référence).

Ces derniers chiffres sont toutefois purement indicatifs : dans les faits, il peut y avoir un écart entre le cours théorique du *tracker* et son cours effectif. Mais les intermédiaires financiers sont chargés d'animer le marché de chaque *tracker*, de veiller à ce que la liquidité du produit soit bien assurée et à ce qu'il ne s'écarte pas trop du cours indicatif donné par la valeur de l'indice de référence. Ces animateurs de marché doivent en permanence proposer un cours acheteur et un cours vendeur, l'écart entre les deux servant à couvrir les frais de gestion. Comme pour toute opération boursière, acheteurs et vendeurs paient des frais de transaction. Mais à la différence de ce qui se passe pour les autres OPCVM, il n'y a pas ici de droit d'entrée ni de droit de sortie.

## Avec les trackers, la vie n'est plus la même

Le premier tracker est apparu en 1990, mais celui qui a été longtemps le plus négocié dans le monde, le fameux SPDR S&P 500, n'a été créé qu'en 1994. Au cours des dernières années, la croissance du nombre de ces trackers a été exponentielle : en 2008, on en comptait 1 500 dans le monde ; aujourd'hui, l'estimation de leur nombre varie selon les sources, mais on en compte certainement plus de 4 700. Non seulement il continue de s'en créer, mais les montants en jeu ne cessent d'augmenter, encore plus vite d'ailleurs sur les marchés obligataires que sur les marchés d'actions.

Comment expliquer cet engouement ? C'est très simple : ces produits comportent de nombreux avantages que les investisseurs ont immédiatement remarqués.

- » **Les trackers, c'est facile et pas cher.** Ce que tous les utilisateurs apprécient le plus, qu'ils soient professionnels ou simples particuliers, c'est le fait qu'ils puissent être achetés et vendus en ligne aussi facilement et rapidement que les actions, avec des frais réduits par rapport aux OPCVM indiciels classiques. Du coup, ils sont devenus des produits d'usage courant : plus la *tracking error* d'une sicav est faible, c'est-à-dire moins elle s'écarte de son indice de référence, plus on a intérêt à s'orienter vers les ETF, qui rendent les mêmes services pour moins cher. Auparavant, on achetait des sicav indicielles pour une durée plus ou moins longue, selon sa stratégie, de l'ordre de plusieurs mois. Avec les ETF, on peut se permettre des allers et retours très rapides pour jouer les sautes d'humeur du marché. **Les trackers cotés à Paris** (on en compte plus de 400) sont éligibles au SRD (le service à règlement différé), mais le SRD « long seulement », c'est-à-dire que l'on peut intervenir sur eux avec un effet de levier, mais qu'ils ne peuvent faire l'objet de ventes à découvert (nous préciserons toutes ces notions dans le prochain chapitre). Leur statut fiscal est intéressant aussi : des *trackers* représentatifs d'indices de marchés d'actions peuvent être admis dans un plan d'épargne en actions (PEA, dont nous allons prochainement parler), même s'il s'agit de miser sur la Bourse américaine ou japonaise…
- » **Avec les trackers, chaque domaine de la sphère financière est accessible à tous.** Il est très facile de monter des stratégies complexes en jouant à la fois sur des produits et des pays différents. La gamme des ETF s'est en effet singulièrement élargie. À tel point qu'il est devenu difficile de s'y retrouver et que les sigles se multiplient. Pour essayer d'y mettre un peu d'ordre, certains proposent la classifi-

cation suivante. D'abord, tout cet ensemble peut être rangé dans la catégorie ETP, pour *exchange traded products*. Au sein de cet ensemble, on trouve les ETF proprement dits, c'est-à-dire tous les fonds indiciels cotés, puis les ETN, ou *exchange traded notes*, tous les fonds de type obligataire, qui s'intéressent aux marchés des titres de dette, et enfin les ETC, *ou exchange traded commodities*, qui suivent les marchés de matières premières. À côté, on peut ajouter les ETI, ou *exchange traded instruments*, qui regroupent tout un ensemble de produits dont nous parlerons dans le prochain chapitre comme les warrants, les contrats à terme, les options ou les certificats.

Pour évoquer les principales catégories d'ETF, nous nous en tiendrons ici à la classification qui avait été introduite par Euronext au printemps 2007.

- **Les *trackers* sur indices de marché.** Ce sont les ETF que l'on pourrait qualifier de « classiques », ceux dont nous venons de parler, qui suivent passivement un indice de marché. Les indices en question sont généralement des indices d'actions, mais les obligations rentrent aussi dans le champ d'intérêt des *trackers* ; c'est d'ailleurs ce qui a justifié la création d'une nouvelle catégorie, celle des ETN.
- **Les *trackers* sur indices de matières premières.** Ils sont relativement peu nombreux à Paris et l'évolution parfois assez déroutante de ces matières fait qu'ils sont conseillés à des investisseurs avertis.
- **Les ETF actifs.** Ils ne se contentent pas de répliquer un indice, ils visent à apporter une performance supérieure. Ainsi on profitera à 100 % des phases de hausse de l'indice CAC 40 et on aura une partie de son capital garantie en cas de baisse. Ou alors, grâce à un effet de levier, la hausse de l'indice sera multipliée par deux ou trois. On peut aussi s'intéresser à des produits qui évoluent à l'inverse de la Bourse : ils vous permettent donc de gagner quand la Bourse baisse, voire d'obtenir un gain qui multiplie la baisse. Avis aux amateurs de sensations fortes…
- **Enfin, les *trackers* sur indices de stratégie.** L'objectif est ici de répliquer les performances obtenues en misant sur les valeurs de croissance d'un marché, ou en adoptant une approche *value*, en misant sur les valeurs de rendement ou les petites capitalisations.

Toutes ces possibilités sont appréciées des particuliers, qui peuvent avoir ainsi accès à des marchés qu'ils n'auraient jamais abordés seuls ou à des stratégies qu'ils n'auraient jamais pu monter. Les investisseurs institutionnels ne se privent pas non plus de recourir aux ETF. Grâce à ces derniers, on assiste à un net développement de la gestion « cœur satellites ». De quoi s'agit-il ? Grâce aux sicav indicielles et, de plus en plus, aux ETF, le gérant d'un fonds s'assure pour 70 % ou 80 % des capitaux (« le cœur ») une performance proche de celle du marché de référence avec des coûts de gestion faibles et, pour le reste (les « satellites »), il fait appel à des spécialistes de tel ou tel marché afin de creuser un écart.

» **La recherche du « smart beta ».** Les financiers qui conçoivent les ETF dans les filiales spécialisées de Blackrock (ishares), d'Amundi, de la Société Générale (Lyxor) ou d'autres établissements très présents sur ce créneau, sont toujours à la recherche d'idées nouvelles. Mais, pour cela, il leur faut disposer d'indices de référence. Après avoir utilisé les indices boursiers classiques représentatifs de l'ensemble d'un marché, ils se sont tournés vers des indices sectoriels ou des indices dits « de stratégie » qui permettent de suivre l'évolution des valeurs de croissance, de rendement, etc. Les recherches actuelles visent à rechercher le « *smart beta* », c'est-à-dire à profiter des mouvements des grands indices, mais en ne les prenant pas tels quels, en s'appuyant sur des indices plus « intelligents ». Ainsi certains remettent en cause les indices capipondérés (où le poids de chaque valeur est proportionnel à sa capitalisation boursière) comme le CAC 40 ou le S&P 500 et montrent qu'on obtiendrait de meilleures performances en partant d'indices équipondérés (où le poids de chaque titre est identique) comme le Dow Jones. Certains proposent des indices « fondamentaux », qui reprennent les valeurs comprises dans les grands indices en les repondérant selon leur valeur comptable, leur chiffre d'affaires, leur cash-flow et leurs dividendes. Bref, le développement rapide des trackers stimule très activement la recherche. La concurrence est forte entre les grands fournisseurs comme les américains et britanniques MSCI, S&P Dow Jones, FTSE Russell, Barclays, le germano-suisse Stoxx, Euronext et un petit Français comme l'EDHEC-Risk.

## Mais les trackers ne sont pas la panacée

L'engouement pour cette nouvelle classe d'actifs ne doit pas cependant faire oublier quelques règles élémentaires de prudence.

Attention

» **Les risques sont évidents.** Pour un particulier, les ETF permettent de profiter facilement des performances de marchés lointains ou difficilement accessibles autrement. Mais ils ne font pas de miracle : si ces marchés plongent, leur cours plonge aussi. Les marchés émergents demandent un suivi particulier (les informations nécessaires pour les suivre sont plus difficiles à trouver dans les médias français que celles qui concernent les États-Unis et l'Europe) et ceux des matières premières sont très sportifs...

» **Il ne faut pas oublier les risques de change.** Généralement, les *trackers* ne comportent pas de couverture contre ces risques. Avec un *tracker* sur le S&P 500, vous prenez à la fois un risque sur la Bourse américaine et un risque sur le dollar. Les mouvements de la monnaie peuvent compenser ceux de la Bourse, mais ils peuvent se cumuler, dans le bon sens comme dans le mauvais...

» **Il peut y avoir des déceptions.** Avant d'acheter un tracker, il est nécessaire de savoir comment il est composé et comment ses gérants font pour répliquer les performances d'un indice. Certains trackers sont dits physiques car ils sont directement investis dans le produit considéré. C'est par exemple le cas des ETF or qui détiennent eux-mêmes un stock d'or, au point que l'un d'entre eux a maintenant des réserves qui dépassent celles de la plupart des banques centrales. D'autres trackers sont dits synthétiques : les gestionnaires du fonds achètent un panier de titres puis concluent une opération d'échange (*swap*) avec une contre-partie (une banque d'investissement) pour échanger la performance du panier de titres contre celle de l'indice répliqué. Ainsi que le souligne l'AMF, qui travaille avec d'autres instances à une régulation plus stricte de ces produits, « auparavant simples, certains ETF présentent désormais des caractéristiques beaucoup plus complexes pour un épargnant peu averti. D'autres pourraient poser des risques systémiques ». Il est donc important de savoir ce qu'il y a dans le tracker que l'on veut acheter et de comprendre comment il fonctionne. Pour des indices comme le S&P 500 ou le CAC 40, il n'y a pas de problèmes. Pour les indices de marchés moins liquides, on peut enregistrer des écarts plus importants entre le cours acheteur et le cours vendeur ; spéculer à très court terme, voire en *intra day* (en achetant et en vendant dans la même journée), sur ces indices peut se révéler moins rémunérateur qu'on ne l'aurait cru.

» **La tendance à l'émission de trackers de plus en plus complexes** ne se contentant pas de répliquer simplement un indice impose une certaine vigilance. Il faut s'assurer qu'on a acheté un produit correspondant parfaitement à ses besoins et avoir bien compris quels risques on prend.

Sicav, FCP et *trackers*, pour résumer, peuvent rendre de très grands services à ceux que le choix d'actions valeur par valeur rebute un peu. Sinon, si vous vous intéressez vraiment à la Bourse et si vous avez le temps de vous y consacrer, vous pouvez très bien gérer vous-même votre portefeuille de valeurs françaises et de grandes valeurs européennes. Mais si vous voulez élargir votre champ d'action, la gestion collective sera un complément précieux. Et si vous voulez vous donner des frissons en prenant plus de risques pour gagner davantage, il existe encore d'autres techniques, que nous allons voir dans le prochain chapitre.

## Les gérants de fonds, des géants méconnus

Des palmarès en tout genre sont souvent publiés dans la presse : plus grandes entreprises par le chiffre d'affaires ou la capitalisation boursière, plus grandes fortunes mondiales, etc. Mais une autre statistique, tout aussi intéressante, ne se retrouve guère que dans les revues spécialisées : c'est le classement des grandes sociétés de gestion d'actifs, celles qui gèrent les capitaux que vous placez dans des fonds de placement collectif.

Les montants ainsi gérés sont considérables. Selon un classement publié à l'été 2018, le premier à l'échelle mondiale serait l'américain BlackRock, avec 5 300 milliards de dollars, suivi par d'autres établissements américains : Vanguard (plus de 4 000 milliards de dollars), State Street Global Advisors (plus de 3 000 milliards), Fidelity (2 000 milliards), BNY Mellon Investment Management (plus de 1 500 milliards), etc. Et un petit événement à signaler en 2016 : en prenant le contrôle de Pioneer, la filiale de gestion de l'italien Unicredit, le français Amundi s'est hissé à la neuvième place mondiale.

Ce ne sont pas ces grosses sociétés qui font forcément le plus parler d'elles : des gérants dits activistes, qui entrent dans le capital de grandes sociétés cotées, interviennent avec fracas dans les assemblées générales et réussissent parfois à infléchir la politique suivie, font régulièrement les gros titres de la presse économique. Mais il n'empêche : ces sociétés de gestion de taille mondiale, qui comptent parmi les grands actionnaires des entreprises cotées à New York, Londres, Francfort ou Paris, ou qui achètent massivement la dette émise par les États, pèsent plus lourdement dans les affaires du monde qu'on ne l'imagine. Lorsque le patron de BlackRock donne son opinion sur telle ou telle question financière, il est écouté. Il est difficile d'ignorer totalement un homme dont les équipes gèrent l'équivalent de plus de dix fois le budget de l'État français !

**DANS CE CHAPITRE**

Le service à règlement différé

•

Les options et les warrants

•

Les produits nouveaux, certificats et CFD

# Chapitre 15

# Comment doper ses gains ou gagner même quand la Bourse baisse

Tout ce que nous avons vu jusqu'à présent est très classique : on choisit une valeur qui semble devoir monter. On l'achète, elle monte, on gagne ; elle baisse, on perd. Pourtant, au passage, nous avons été déjà amenés à évoquer l'existence d'options, de produits dits « dérivés », de gestion alternative. De fait, on peut intervenir en Bourse de multiples façons, en utilisant une large gamme d'instruments dont certains, ignorés il y a encore quelques années, sont déjà largement utilisés. Là aussi, on rencontre des conflits de générations : les jeunes qui découvrent la Bourse aujourd'hui ne jouent plus comme leur père (d'ailleurs leur père n'aurait probablement pas employé le terme « jouer » !).

Le développement de ces techniques nouvelles provoque une certaine incompréhension, et ce qu'on ne comprend pas est vite trouvé suspect. Dans ces cas-là, les généralisations abusives sont vite faites : certains *hedge funds* sentent le soufre, donc tous les *hedge funds* sont à considérer avec méfiance ; ces fonds pratiquent la gestion alternative, donc la gestion alternative est mauvaise, etc.

En fait, de quoi s'agit-il? On parle de « gestion alternative » quand le gérant de portefeuille emploie des techniques permettant d'obtenir (du moins en théorie) des performances positives quelle que soit l'orientation des marchés. Ces techniques font appel aux *dérivés* par référence à un « sous-jacent ». Le sous-jacent, c'est la valeur ou l'indice qui sert de support à l'investissement. Les dérivés, ce sont tous les produits qui permettent de spéculer à la hausse ou à la baisse d'une valeur ou d'un indice sans acheter ou vendre ce sous-jacent lui-même ; ce sont les options, les warrants, les certificats, etc. Dans le cadre d'une gestion alternative, on peut aussi agir sur le sous-jacent lui-même en l'achetant ou en le vendant à terme, par opposition à l'achat ou à la vente au comptant.

Ces instruments ne sont pas réservés aux professionnels. Les particuliers peuvent aussi les utiliser. Ils sont même de plus en plus nombreux à le faire, grâce au succès de certains produits nouveaux tels que, dans l'ordre d'arrivée en France, les warrants, les certificats et les CFD. Mais, attention, avant de vous lancer, veillez à prendre connaissance des risques que vous prenez.

# Prendre position avec le SRD

Achetez aujourd'hui, vous paierez plus tard. Telle pourrait être la devise du SRD, service à règlement différé, qui a pris le relais du RM, marché à règlement mensuel, en septembre 2000. Ce service concerne les sociétés les plus capitalisées dont les actions ont le marché le plus liquide : il faut, rappelons-le, une capitalisation supérieure à 1 milliard d'euros, ce qui est le cas pour environ 140 valeurs françaises et quelques valeurs étrangères (pour ces dernières, le volume quotidien de transactions exigé à Paris n'est que de 500 000 €).

## Un bel effet de levier...

Ces valeurs ou *trackers* peuvent évidemment être achetés ou vendus au comptant. C'est d'ailleurs ce qui se passera si vous ne précisez pas au moment de votre transaction que vous souhaitez utiliser le SRD. Quel est l'intérêt de ce service? Précisément, de pouvoir passer un ordre au début du mois et de ne payer qu'à la fin du mois. Faites attention : le mois boursier se termine toujours cinq jours de Bourse avant le mois civil ; c'est ce qu'on appelle le « dernier jour de la liquidation ». Le calendrier des liquidations est publié au début de chaque année par Euronext ; les journaux financiers et les sites boursiers rappellent en général à quelle date intervient le dernier jour de la liquidation en cours.

Pourquoi avoir recours à ce service, qui n'est pas gratuit (nous le verrons plus tard) ? Pour bénéficier des mouvements de Bourse qui pourraient intervenir entre le moment où l'on passe son ordre et le moment où intervient le règlement.

**Exemple**

Prenons un exemple. Nous sommes au début du mois boursier. Vous avez la conviction que ce mois sera favorable pour le marché en général ou pour telle action en particulier. Vous décidez d'acheter 30 actions à 100 € avec le SRD. Votre intuition a été bonne, au dernier jour de la liquidation, cette action a progressé de 15 %. À ce moment-là, vous avez le choix entre deux solutions : si vous pensez que cette action mérite de rester dans votre portefeuille, vous en prenez livraison et votre compte est débité de 3 000 € (plus les frais) pour des titres qui valent en fait 3 450 € ce jour-là. Mais vous avez aussi la solution de donner l'ordre de les revendre aussitôt et votre compte est crédité de 450 € (moins les frais).

Quel est l'intérêt de l'opération, direz-vous ? J'aurais pu faire la même chose au comptant. Pas exactement. Parce qu'au moment où vous passez votre ordre au SRD, vous avez simplement l'obligation de déposer une garantie. Votre achat doit être couvert par un dépôt en espèces représentant 20 % du montant de l'ordre ; la garantie peut aussi être effectuée sous forme d'obligations (là, le pourcentage exigé est de 25 %) ou d'autres actions en votre possession (avec un pourcentage de 40 % du montant de l'ordre). Ainsi, pour reprendre notre exemple, avec un dépôt en espèces et une revente des titres avant le dernier jour de la liquidation, vous avez pu gagner 450 € simplement en immobilisant 600 € (20 % de 3 000 €) pendant à peine un mois. Le levier (rapport entre la somme misée – ici 600 € – et la valeur du sous-jacent en jeu – ici 3 000 €) est important, son effet aussi (ici 450 €), et cela explique l'attrait du SRD.

## … mais quelques risques

Cet exemple peut donner des idées. Mais l'aventure aurait pu connaître une fin moins heureuse. Elle aurait même pu se révéler franchement calamiteuse si le titre avait évolué dans le sens contraire. Histoire de changer, on peut illustrer ces risques en prenant l'opération inverse : la vente à découvert. Car le SRD permet une opération qui défie le sens commun : vendre ce qu'on n'a pas. Reprenons l'exemple de nos actions à 100 €. Vous êtes persuadé qu'elles vont rapidement reculer, vous passez un ordre de vente de 30 actions, soit 3 000 €, avec l'espoir que, au dernier jour de la liquidation, vous pourrez les acheter à 85 €, soit un total de 2 550 €, et honorer ainsi votre engagement de livrer 30 actions à cette date, ce qui vous permettrait de gagner 450 € sur des actions que vous n'aviez pas en portefeuille. Si cela marche, c'est effectivement superbe et vous apportez la preuve qu'on peut gagner même quand le marché baisse grâce au règlement différé. Malheureusement, en tout cas pour vous, une bonne nouvelle tombe de façon complètement imprévue et cette action, au lieu de chuter, progresse de 20 %. Au lieu de gagner 450 €, vous en perdez 600. Résultat : la garantie de 600 € que vous avait demandée votre intermédiaire financier est définitivement perdue. Heureusement pour vous, ce cas de figure est assez exceptionnel. Mais dans l'autre sens, il est très courant : pratiquement tous les jours, une valeur du SRD perd 20 % ou plus !

Il aurait pu arriver pire encore : la remontée de l'action aurait pu être telle que votre garantie de départ n'aurait pas suffi à compenser votre perte. Vous auriez alors été obligé de « remettre au pot ».

C'est une leçon à retenir : les opérations sur le SRD offrent un levier très intéressant (de 5 si la garantie est apportée en espèces). Mais l'effet de levier peut jouer dans le mauvais sens et, dans ce cas, la perte peut dépasser la mise initiale. C'est pourquoi, si vous voulez vous lancer sur le SRD, votre courtier, dans un premier temps, ne vous laissera pas travailler avec un levier de 5. Une garantie de 20 % (si elle est effectuée en espèces) est le minimum prévu par le règlement du SRD, mais votre courtier, s'il est sérieux, vous demandera probablement dans un premier temps de travailler avec une garantie de 50 %, soit un levier de 2. Ne soyez pas étonné ou offusqué : c'est une pratique courante et, lorsque vous aurez essuyé vos premières pertes, vous serez très content d'avoir été ainsi contraint à la prudence. Avec le temps, si manifestement vous semblez avoir bien compris les règles du jeu, votre courtier pourra vous autoriser à prendre plus de risques ; mais il n'est pas dit qu'il vous laissera tout de suite et toujours travailler avec un levier de 5, qui est énorme et peut provoquer de très gros dégâts quand vous êtes pris à contre-pied !

Quand la situation évolue défavorablement, le mieux est de déboucler sa position. Si l'on reprend notre exemple de vente à découvert, il aurait été préférable de ne pas attendre la liquidation et de passer un ordre en sens contraire, donc un ordre d'achat, dès qu'on a vu que l'action, au lieu de baisser, partait à la hausse. Dans ce cas, on se prive des effets bénéfiques d'un éventuel retournement de tendance, mais on est sûr de limiter la casse : si on passe un ordre d'achat à 110 € avant la liquidation, on est sûr qu'on ne perdra pas plus de 300 € (110 – 100 x 30) à la liquidation. Ne l'oubliez pas : si vous vous obstinez et si vos pertes potentielles dépassent le montant de votre garantie, votre intermédiaire procédera à ce qu'on appelle des *appels de marge*, c'est-à-dire qu'il vous demandera de bloquer des sommes supplémentaires de façon à être sûr que vos pertes finales seront intégralement couvertes.

Un autre cas de figure est à envisager. Si, au dernier jour de la liquidation, vos gains ou vos pertes sont très limités, vous pouvez décider de reporter ou de proroger votre position dans l'espoir d'un gain plus substantiel ou d'un effacement de la perte. Alors, votre position d'achat ou de vente sera maintenue pendant la liquidation suivante. Attention : vous devez en avertir votre intermédiaire, sinon, au dernier jour de la liquidation, il considérera que vous avez levé votre position et acheté ou vendu les titres considérés.

La prorogation est un acte assez complexe. L'intermédiaire financier fait le relevé de la situation au dernier jour de la liquidation et crédite ou débite votre compte en faisant la différence entre le cours auquel vous avez passé votre ordre et le cours enregistré à ce moment, appelé *cours de compensation*. Et il maintient votre ordre d'achat ou de vente sur la base de ce cours de compensation. Dans notre exemple, vous avez passé un ordre d'achat de 30 actions à 100 €. Au dernier jour de la liquidation, le titre est à 105 €. Vous estimez ce gain insuffisant et vous prorogez votre ordre d'achat. Votre intermédiaire financier fait comme si vous aviez revendu ces titres à 105 €, vous crédite de ce gain et vous inscrit comme acheteur de 30 titres à 105 € pour la prochaine liquidation.

## Attention aux frais

En théorie, on peut demander la prorogation de sa position autant de fois qu'on le souhaite. Mais, attention, ce petit jeu peut vous revenir cher. Tout se passe en réalité, avec le SRD, comme si votre intermédiaire financier vous avançait les sommes nécessaires à la transaction et, en conséquence logique, il vous facture des frais supplémentaires par rapport à une transaction au comptant. En général, toutefois, il n'y a pas de frais supplémentaires si l'ordre de vente et l'ordre d'achat sont passés dans une même journée (cela pour encourager les *day traders*, ceux qui font des allers et retours dans la même journée). Cette commission de service différé se transforme en commission de prorogation, nettement plus élevée, si vous décidez de reporter votre position sur la liquidation suivante.

L'explication est simple. Sur le marché, il n'y a que des transactions au comptant. Si vous acquérez des titres avec le SRD, votre intermédiaire les achète pour vous et les porte jusqu'au dernier jour de la liquidation. Si vous vendez des titres à découvert, il les emprunte pour réaliser l'opération et les redonne quand vous achetez ces titres à la fin de la période de liquidation. Notons au passage que ce système des prêts-emprunts de titres permet aux investisseurs institutionnels d'améliorer la rentabilité de leur portefeuille.

## Quelques complications annexes

Le principe de l'achat ou de la vente à terme comporte une conséquence juridique qui peut avoir son importance : pour une opération effectuée avec le SRD, le transfert de propriété n'a lieu qu'à la fin du mois boursier. Si vous achetez une action au début du mois boursier et si la date de détachement du dividende a lieu avant la fin du mois, vous n'avez pas droit au dividende : pour cela, il faut être propriétaire de l'action à la veille du détachement. Mais, comme le cours de l'action enregistre une baisse mécanique à ce moment-là, vous pourriez être lésé. En conséquence, l'intermédiaire financier qui porte l'action pour vous et a reçu le dividende vous verse un montant compensatoire. Mais ce montant compensatoire n'a pas, juridiquement, valeur de dividende et n'entre donc pas dans le cadre de la fiscalité des dividendes.

Autre conséquence des problèmes juridiques qui pourraient naître d'opérations effectuées avec le SRD : celles-ci sont interdites pendant les périodes d'OPA ou d'OPE. Si vous avez pris une position à l'achat avant l'annonce de l'OPA, vous n'aurez pas la possibilité de la proroger. Vous pourrez seulement la déboucler (vendre vos titres) avant le dernier jour de la liquidation ou la lever (prendre possession de vos titres) à la fin du mois boursier, ce qui n'a rien de dramatique. En revanche, si vous êtes vendeur à découvert, tant pis pour vous, car l'annonce de l'OPA sur ce titre l'aura sûrement fait grimper !

Enfin, il faut signaler qu'on ne peut pas utiliser le SRD dans le cadre du PEA.

Comme nous l'avons vu au chapitre 4, Euronext a créé en mai 2010 un nouveau SRD dit long seulement pour les valeurs dont le volume d'échanges atteint un minimum de 100 000 € chaque jour. Mais comme son nom l'indique, sur ce marché, on ne peut être vendeur à découvert ; on peut évidemment s'en servir pour vendre ses titres, mais sans effet de levier. C'est dommage, car l'intérêt majeur du SRD est de pouvoir gagner de l'argent dans les deux sens, ce qui n'est pas négligeable dans les longues périodes de marché baissier comme nous en connaissons depuis le début des années 2000, mais c'est sans doute plus raisonnable s'agissant de valeurs moyennes au marché relativement étroit qui pourraient être facilement déstabilisées si les ventes à découvert étaient admises. Comme nous l'avons vu au chapitre précédent, les ETF cotés à Paris sont éligibles au SRD long seulement.

# Prendre des risques avec les options et les warrants

Le SRD permet d'intervenir avec un effet de levier important, mais il est relativement coûteux et le découpage du temps en mois boursiers ne s'intègre pas forcément bien dans une stratégie : la Bourse a le mauvais goût de ne respecter aucun calendrier ! D'autres instruments peuvent se révéler d'un usage plus souple et plus rémunérateur. Au cours du temps, ils se sont multipliés, et l'investisseur actif a maintenant à sa disposition une boîte à outils assez fournie.

## L'ancêtre : le bon de souscription

Le bon de souscription est généralement émis en même temps qu'une obligation (OBSA, obligation à bon de souscription d'action) ou qu'une action (ABSA), même s'il est ensuite coté séparément. Ce bon, appelé aussi « droit préférentiel de souscription » (DPS), vous permet d'acheter une action à un prix donné (le prix d'exercice) jusqu'à une date donnée, à un horizon de quelques années. La parité peut varier : le principe du 1 pour 1 (un bon pour une action) est le plus fréquent, mais on peut en trouver d'autres, plus complexes si des opérations sur le capital ont eu lieu depuis l'émission du bon : ce peut être 1 pour 2 ou 1 pour 3, mais aussi 2,33 pour 75 ou 128 pour 455...

Pour l'entreprise, l'intérêt est évident : le bon de souscription renforce l'intérêt de son émission d'actions ou d'obligations et peut lui permettre ensuite d'augmenter son capital si les bons sont exercés. De surcroît, on l'a vu, depuis la loi Breton de mars 2006, l'émission de bons de souscription peut être utilisée comme une arme anti-OPA.

Pour l'investisseur, l'intérêt peut paraître limité. L'affaire ne devient intéressante que si l'action paraît en mesure d'aller nettement au-delà du prix d'exercice augmenté du prix du bon. Et à condition que cette hausse ait lieu au bon moment, avant que le bon n'arrive à l'échéance.

Le saviez-vous

En fait, l'intérêt des bons est très largement spéculatif : on peut très bien acheter et vendre des bons sans avoir l'intention d'attendre qu'ils arrivent à échéance, car l'effet de levier est plus intéressant que si l'on détenait l'action en direct. Gagner 1 € avec un bon que l'on a payé 4 € est plus intéressant que de le gagner avec une action que l'on a payée 25 €. Élémentaire, non ?

Évidemment, il y a un risque : s'il est manifeste que l'action ne sera pas cotée au-dessus du prix d'exercice au moment de l'échéance du bon, la valeur de celui-ci va tendre inexorablement vers zéro. On ne peut pas perdre plus que sa mise, mais on peut la perdre intégralement. En revanche, la perspective de gain est attrayante.

Le problème est qu'on ne trouve plus de bons de souscription que pour des valeurs moyennes. Pour toutes les grandes valeurs de la cote, options et warrants occupent le devant de la scène.

## Le grand jeu des options

Avec les options, on change de registre. Là, on n'a plus l'alibi de dire « Je gagne de l'argent en finançant des entreprises ». On est dans une logique de spéculation pure. Si l'on achète une option Machin, ce n'est pas pour avoir plus tard une action Machin, c'est simplement avec l'idée de pouvoir revendre l'option plus cher. L'entreprise Machin concernée n'est que le support, le sous-jacent, comme on dit ; l'émission d'options à son nom ne conduira pas à une augmentation de son capital. D'ailleurs, ce n'est pas elle qui émet l'option.

### Les règles de base

L'option est un contrat passé entre un acheteur et un vendeur. L'acheteur acquiert le droit d'acheter une action ou un autre actif donné à une date donnée (c'est l'option européenne) ou à n'importe quel moment jusqu'à une date donnée (c'est l'option américaine) à un prix déterminé à l'avance. Le prix payé par l'acheteur est la *prime*. En fonction de l'évolution du cours de l'action ou de l'actif considéré, l'acheteur de l'option a le choix de ne pas exercer son droit ou de l'exercer. Le vendeur n'a pas le choix ; de toute façon, à l'échéance de l'option, que l'acheteur ait exercé son droit ou non, il garde la prime. Cela, c'est l'option d'achat (un *call* dans le langage financier). Mais on trouve aussi l'option de vente (un *put*), qui donne le droit de vendre un actif à un prix déterminé. En combinant les deux, on arrive à un choix large de possibilités : acheter ou vendre une option d'achat, acheter ou vendre une option de vente. Tout dépend de sa vision du marché : si l'on croit à la hausse d'une action, on achètera une option d'achat ; si l'on croit à la baisse, on achètera une option de vente.

Ces contrats deviennent intéressants pour l'investisseur quand ils sont standardisés et négociables sur un marché. En France, cela a commencé avec le Monep (marché des options négociables de Paris), qui a migré sur la plateforme du Liffe, le marché britannique des produits dérivés, quand Euronext a racheté celui-ci en 2001. Puis le groupe américain ICE a mis la main sur NYSE Euronext et remis Euronext sur le marché, mais en gardant le Liffe. Euronext propose désormais ses propres options à Amsterdam, Bruxelles, Lisbonne et Paris. Mais précisons tout de suite que ce marché des options d'Euronext est surtout un marché de professionnels ; pour y investir, il faut ouvrir un compte titres spécifique et tous les courtiers ne permettent pas aux particuliers d'accéder aux options. Euronext travaille particulièrement avec quelques intermédiaires français (B*capital, Bourse Direct et Saxo Banque) ayant développé une expertise dans le domaine des dérivés. Les investisseurs individuels ont plus facilement accès aux warrants. Mais tout ce que nous allons dire sur les options permet de comprendre le fonctionnement des warrants.

Les options sur actions et sur ETF cotées sur les marchés d'Amsterdam et de Bruxelles sont toutes de style américain. Soulignons au passage que ces options sont assez dangereuses quand on est vendeur, car elles peuvent être exercées par l'acheteur à tout moment. Les options cotées sur le marché parisien peuvent être de style américain (elles portent alors sur 100 actions) ou de style européen (elles portent alors sur 10 actions). Les options sur devises et les options sur indices sont toujours de style européen.

Toutes les options ont une date d'échéance, c'est-à-dire une date de fin de validité du droit. La gamme des échéances existantes s'étend d'un jour à cinq ans selon les produits proposés par Euronext.

Quand on choisit une option, on doit faire attention à la fois au prix d'exercice et à la date d'échéance, car ces deux paramètres vont jouer un rôle considérable dans la détermination de sa valeur.

### Quelques points de repère pour évaluer le prix d'une option

Évaluer le prix théorique d'une option est un exercice complexe. Nous vous épargnerons ici la formule de Black et Scholes et d'autres encore plus complexes ; nous ne donnerons qu'un rapide aperçu des éléments qui entrent en jeu. Mais si vous êtes passionné de mathématiques, sachez que vous allez trouver avec les options un terrain d'exercice particulièrement excitant.

Technique

Avec la *valeur intrinsèque* et la *valeur temps*, on retrouve une problématique déjà évoquée à propos des obligations convertibles et des bons de souscription. Elle se retrouve en fait à chaque fois que l'on peut exercer un droit à un prix d'exercice (appelé aussi *strike*) à une date donnée.

Supposons une option qui donne le droit d'acheter 100 (prix d'exercice) une action qui cote 102. La différence entre le prix de l'action et le prix d'exercice donne la valeur intrinsèque : il est logique qu'une option qui donne le droit d'acheter 100 une action cotée à 102 vaille 2. Or, si plusieurs options ont été émises avec un prix d'exercice de 100 sur cette même action avec des échéances différentes, elles n'auront pas toutes le même prix (la même prime). Pourquoi ? Parce que le temps a une valeur. Si l'option est proche de son échéance, il est normal que sa prime se réduise pratiquement à sa valeur intrinsèque, soit 2 dans notre exemple, parce que les chances de voir le cours de l'action sous-jacente continuer de progresser sont réduites. En revanche, pour une option qui a encore une durée de vie de plusieurs mois, on peut parfaitement imaginer que la prime atteigne 5, soit 3 de plus que la valeur intrinsèque, car les chances de voir l'action sous-jacente progresser davantage sont fortes ; ces 3 points d'écart représentent la valeur temps.

À retenir

Résumé : la prime d'une option se décompose en une valeur intrinsèque et une valeur temps. Plus on se rapproche de la date d'échéance, plus la valeur temps se réduit. Mais il faut faire attention : cette réduction n'est pas uniforme. Au début, la valeur temps baisse lentement ; ensuite, plus on se rapproche de la date d'échéance, plus elle décline rapidement.

Conséquence intéressante de l'existence de cette valeur temps : si l'on est assez loin de la date d'échéance, une option peut valoir encore quelque chose, c'est-à-dire avoir une prime supérieure à zéro, même si le prix du sous-jacent se situe au-dessous du prix d'exercice (ce qui donne une valeur intrinsèque nulle). Le temps, on le sait, c'est de l'argent. En tout cas, pour une option, cela peut être vrai.

Autre facteur à prendre en compte : la *volatilité*. Pour deux options de même échéance se rapportant à deux actions différentes, la valeur temps ne sera pas la même. Tout dépend de la volatilité de l'action. Une action volatile qui peut enregistrer des mouvements rapides et amples sera jugée plus apte à progresser encore avant l'échéance ; son option sera créditée d'une valeur temps plus élevée que celle d'une action aux mouvements moins toniques.

Ainsi, la volatilité d'une action est un élément important à prendre en compte pour les options. Il n'est donc pas étonnant qu'elle ait deux définitions, dont l'une fait référence aux options : d'une part, on a la volatilité historique, mesurée à partir des mouvements passés de l'action ; d'autre part, la volatilité implicite, mesurée par les variations de prix des options sur cette action.

## Dans la monnaie, à la monnaie, ou en dehors de la monnaie ?

Une référence significative est la position du prix d'exercice par rapport au cours du sous-jacent (nous avons vu la même chose avec les convertibles). Pour une option d'achat, quand le prix d'exercice est supérieur au cours de l'actif sous-jacent, on est en dehors de la monnaie, quand il en est proche, on est à la monnaie, quand il lui est inférieur, on est dans la monnaie. Pour une option de vente, c'est exactement l'inverse.

Cette position a un effet important sur ce qu'on appelle le *delta* de l'option, c'est-à-dire sa capacité à bouger aussi vite que le sous-jacent. Si une option d'achat sur une action est en dehors de la monnaie, sa valeur intrinsèque est nulle. Une hausse de 1 € de l'action n'entraînera pratiquement aucune réaction de l'option si, malgré cette hausse, le prix de l'action reste loin du prix d'exercice de l'option ; le delta de l'option est alors proche de zéro. Plus le cours de l'action se rapproche du prix d'exercice de l'option, plus le prix de l'option réagit ; son delta se rapproche de 0,5. Ensuite, si l'on est dans la monnaie, c'est-à-dire si le cours de l'action passe au-dessus du prix d'exercice, le delta se rapproche de 1. Dans ce cas, lorsque l'action monte de 1 €, le prix de l'option monte de près de 1 €. Compte tenu de la différence de prix entre l'action et l'option, le gain est proportionnellement beaucoup plus élevé avec l'option. C'est l'effet de levier classique.

Lorsque Euronext lance des options avec une nouvelle date d'échéance, plusieurs prix d'exercice sont proposés : à parité (exactement à la monnaie), dans la monnaie et hors de la monnaie. À chacun de faire son choix en fonction de sa vision du marché et de sa stratégie.

## Les stratégies de base

En achetant ou vendant les options d'achat et de vente, on peut mener quatre stratégies de base.

### *Acheter une option d'achat*

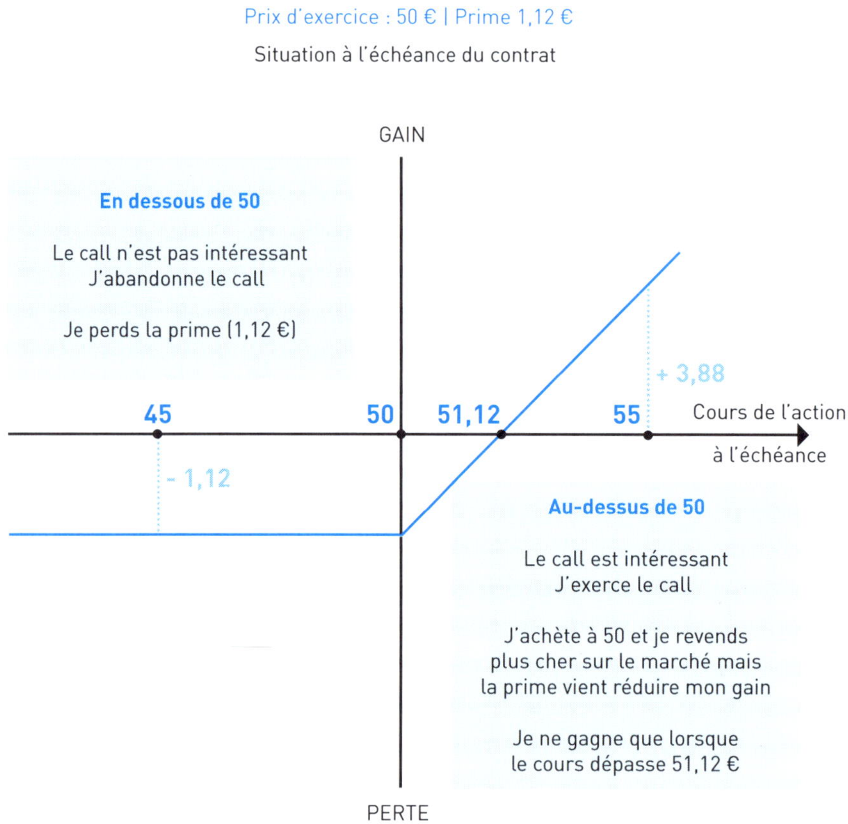


Source : lafinancepourtous.com

**Figure 15-1** Pour miser sur la hausse du marché ou d'un titre, achat d'une option d'achat (call)

Pour miser sur la hausse du marché ou d'un titre, on peut acheter une option d'achat. À tout moment, on peut la revendre, avec une plus ou une moins-value, en fonction de l'évolution du marché. Si on garde l'option jusqu'à maturité, on a alors le choix : soit effectivement l'action considérée a monté, auquel cas on peut l'acquérir au prix d'exercice. Cette opération est intéressante si le titre considéré se situe au-dessus du point mort, c'est-à-dire s'il est supérieur au prix d'exercice augmenté du montant de la prime payée au vendeur de l'option. Par exemple, avec un prix d'exercice de 50 € et une prime de 1,12 €, on est gagnant si le cours est passé au-dessus du point mort de 51,12 €. Si, au contraire, le titre a baissé, on n'exerce pas son droit d'achat (on peut trouver moins cher sur le marché) et on subit une perte égale au montant de la prime versée.

***Acheter une option de vente sur un titre ou l'indice CAC 40***

**Figure 15-2**
Pour miser sur la baisse du marché ou protéger son portefeuille, achat d'une option de vente (put)

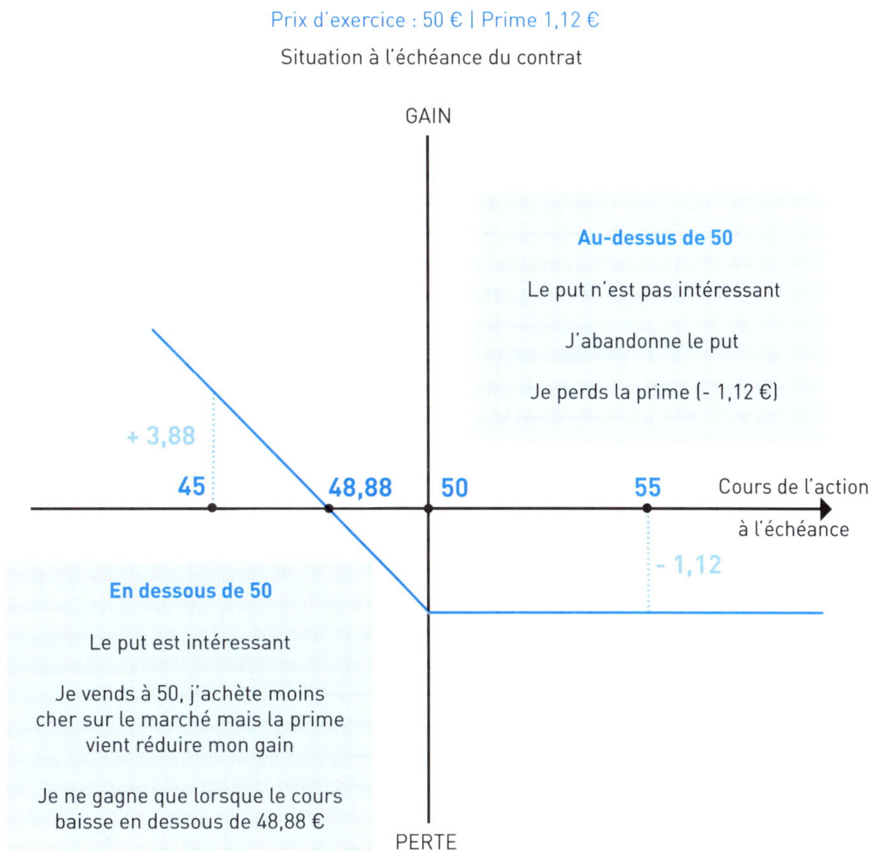


*Source : lafinancepourtous.com*

Pour miser sur la baisse du marché ou protéger son portefeuille, on achète une option de vente sur un titre ou l'indice CAC 40. À tout moment, on peut revendre son option avec une moins ou plus-value. À l'échéance, si le marché a effectivement baissé, on exerce son option sur laquelle on réalise un gain qui vient compenser en partie la baisse de son portefeuille. Si le marché se stabilise au-delà du point mort (le prix d'exercice diminué du montant de la prime), évidemment on n'exerce pas son option de vente, sa perte est égale au montant de la prime versée et vient diminuer le gain enregistré sur son portefeuille ; dans ce cas, la prime versée a joué le rôle d'une prime d'assurance.

#### *Vendre une option d'achat*

**Figure 15-3**

Pour miser sur une stagnation ou un recul modéré, vente d'un call

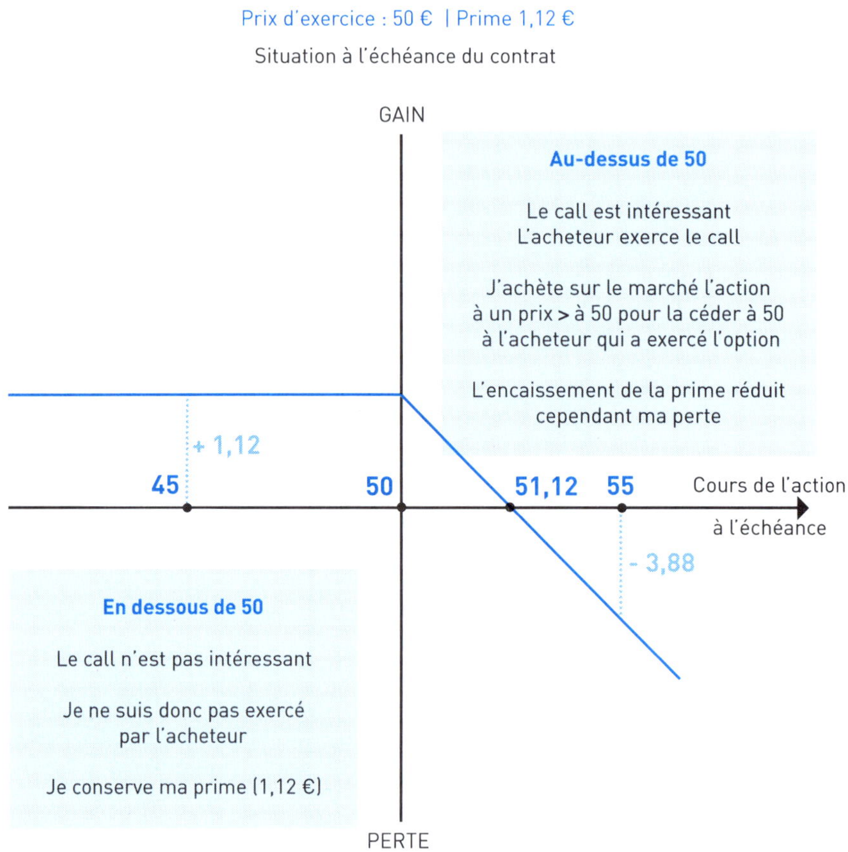


*Source : lafinancepourtous.com*

Pour miser sur une stagnation ou un recul modéré, on vend une option d'achat. Si le cours du titre est monté au-dessus du point mort, l'acheteur de l'option exerce son droit ; dans ce cas, on a pu vendre au prix retenu et le montant de la prime vient augmenter les gains. Si le cours reste au-dessous du point mort, l'acheteur n'exerce pas son droit d'achat, on garde ses titres et la prime encaissée permet un gain malgré la stagnation de leur cours.

*Vendre une option de vente*

**Figure 15-4**

Pour miser sur une stagnation ou une hausse modérée, vente d'un put

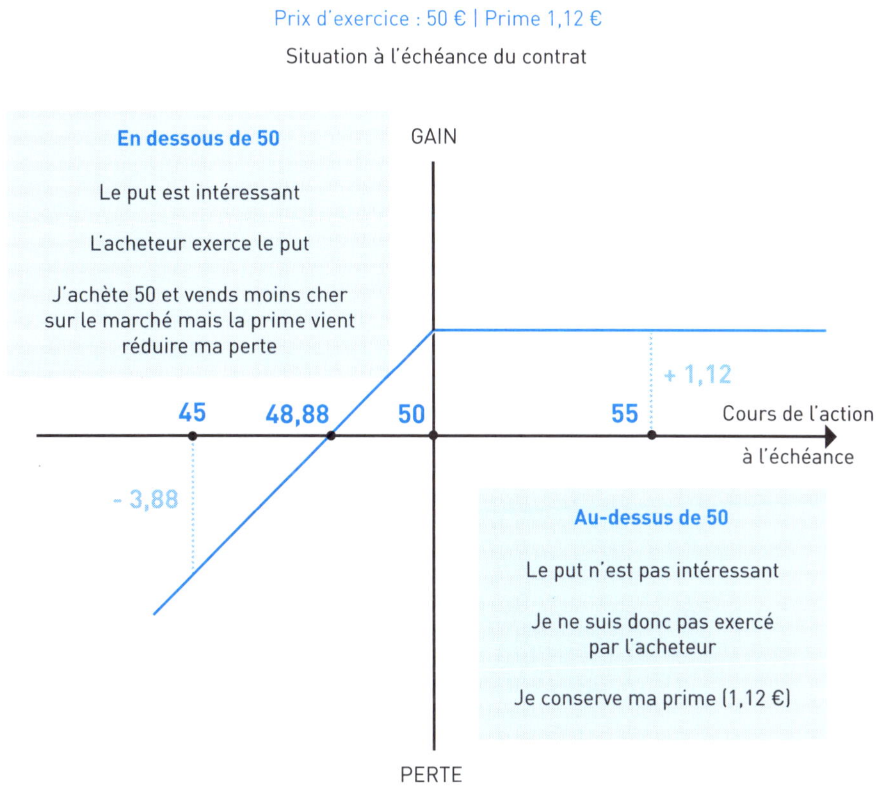


*Source : lafinancepourtous.com*

Pour miser sur une stagnation ou une hausse modérée, on vend une option de vente. Si, à maturité de l'option, le cours du titre sous-jacent reste au-dessous du point mort, l'acheteur de l'option exercera son droit de vente et on devra acheter les titres au prix d'exercice. C'est encore un prix acceptable, sinon on n'aurait pas vendu une option de vente à ce prix, et en plus on a encaissé la prime. Si le titre est monté au-dessus du point mort, l'acheteur n'exercera pas son droit de vente (il peut vendre plus cher sur le marché), on n'a pas à acheter le titre et on garde la prime.

À partir de ces quatre stratégies de base, vous pouvez monter des stratégies complexes en jouant sur les prix d'exercice et les maturités. Nous en resterons là pour le moment...

À retenir

Les montants en jeu sur les options doivent atteindre un montant minimal. Pour les options sur actions, on parle de la quotité, qui représente la quantité de titres sur laquelle porte un contrat. Comme nous l'avons vu précédemment, pour les options de style américain, la quotité est de 100 ; pour un contrat de style européen, elle est de 10. L'ordre que vous passez à votre courtier est rédigé en nombre de contrats. Par exemple, pour un contrat d'achat d'un *call* de style américain sur une société avec un prix d'exercice de 30 €, le montant sur lequel portera le contrat sera de 3 000 €.

Pour les options sur indice, on parle du multiplicateur, qui est le montant par lequel on multiplie l'indice pour obtenir la valeur sur laquelle porte le contrat. Pour les options sur le CAC 40, le multiplicateur est de 10. Pour l'achat d'un *call* sur le CAC 40 au prix d'exercice de 5 300, le contrat portera donc sur un montant de 53 000 € mais, au jour de l'achat, vous n'aurez à payer que le montant de la prime multiplié par dix.

La lecture de ces chiffres est éloquente : acheter un *put* sur le CAC 40 pour protéger son portefeuille contre un risque de baisse ne se justifie que si l'on a un portefeuille ayant déjà atteint un certain montant puisque un seul contrat porte sur dix fois l'indice.

Autre remarque : l'importance de la valeur temps peut se mesurer facilement. Plus l'échéance est lointaine, plus on a de chances de gagner, et cela a un prix. En effet, plus la maturité est lointaine, plus les options sont chères.

Le prix de l'option dépend aussi du prix d'exercice choisi. Pour une option d'achat, plus le prix d'exercice retenu est élevé, moins l'option est chère car, *a priori*, vos chances de gain sont moins fortes. Pour une option de vente, c'est l'inverse.

Dans cette logique, acheter un *put* pour protéger son portefeuille dans une période où le marché est franchement orienté à la baisse peut coûter cher : en effet, si tout le monde joue la baisse, la prime va fortement augmenter. L'option n'est pas le remède miracle ; en tout cas, ce remède a un prix ! Inversement, quand l'optimisme est de mise sur le marché, la prime sur les *calls* va avoir tendance à monter. Les options ne sont vraiment très rémunératrices que dans les périodes d'incertitude si l'on a pris position dans le bon sens.

Enfin, il faut faire attention aux taux d'intérêt. Acheter un *call* revient à acheter une action et à la payer plus tard ; le temps ayant un prix, plus les taux d'intérêt sont élevés, plus le *call* est cher. C'est évidemment l'inverse pour le *put*.

Vous comprenez maintenant pourquoi on vous a dit que les options sont un domaine très prisé par les mathématiciens !

Toutes ces notions, nous allons les retrouver avec les warrants, que vous pourriez avoir davantage envie d'utiliser que les options car ils ont été conçus pour les particuliers.

## C'est quoi un *hedge fund* ?

Dans la mythologie moderne, le *hedge fund* occupe une place à part : comme on ne sait pas trop ce que c'est, on le charge volontiers de tous les maux. Qui oserait dire qu'il y a des gérants de *hedge funds* tout à fait respectables et que leur travail n'a rien de répréhensible ?

*Hedge*, en anglais, c'est une « haie ». Ce qui a donné le verbe *to hedge*, « entourer d'une haie, protéger ». Dans des dictionnaires datant d'une époque où les *hedge funds* n'existaient pas, on pouvait déjà trouver ce sens figuré : « S'assurer contre une perte possible en faisant de la contrepartie. »

L'idée de départ est donc bien celle-là : créer des fonds ayant une totale liberté de gestion et se servant de tous les instruments permettant de se protéger contre une baisse des cours. Est-il répréhensible d'essayer de protéger son portefeuille d'actions contre une baisse probable de la Bourse en achetant des *puts warrants* CAC 40 ?

Mais les mêmes instruments qui permettent de se protéger peuvent permettre de monter des stratégies beaucoup plus offensives. Des *hedge funds* puissants se sont attaqués à de grandes monnaies comme la livre sterling dans les années 1990. Avec la quasi-faillite du fonds LTCM, en septembre 1998, le système financier international est passé au bord d'une crise grave. On ne s'étonnera pas que la traduction française de *hedge fund* la plus communément admise aujourd'hui soit celle de « fonds spéculatif » et non de « fonds de couverture » ou « d'arbitrage », comme le mot à mot le suggérerait.

Pourtant, les stratégies menées sont de natures très diverses : arbitrages sur les actions ou les obligations, analyse microéconomique en combinant les positions *long* (acheteuses) sur certaines valeurs et *short* (vendeuses) sur d'autres, analyse macroéconomique en tâchant d'anticiper des mouvements sur les Bourses, les devises, les matières premières, etc., utilisation des modèles quantitatifs conduisant à une gestion « automatique » à partir de l'analyse d'un grand nombre de données statistiques. On trouve aussi des fonds dits « opportunistes », qui se placent sur des entreprises en difficulté, et des fonds « vautours » qui rachètent la dette très décotée de ces entreprises et essaient d'en tirer le meilleur parti, ce qui n'est pas fait pour rendre les *hedge funds* plus sympathiques…

En fait, ces fonds posent principalement trois problèmes : la plupart sont basés dans des paradis fiscaux, ils échappent pratiquement à tout contrôle et les autorités monétaires ne savent pas exactement ce qu'ils font (c'est un peu moins vrai depuis que de nouvelles règlementations ont été adoptées en 2010 aux États-Unis et en Europe). Les crises successives ont entraîné des disparitions, mais de nouvelles créations sont enregistrées et, au total, cette industrie très active compte dans le monde environ 10 000 fonds.

## La multiplication des warrants

Importés relativement récemment en France, les warrants présentent des caractéristiques intéressantes, proches de celles des bons de souscription et des options. D'ailleurs ce sont des produits que les établissements financiers fabriquent pour leurs clients en utilisant eux-mêmes les options. Comme les bons de souscription, ils ont le statut de valeurs mobilières et peuvent être mis sur un compte titres ordinaire (mais, comme les options, ils ne peuvent pas entrer dans un PEA). Ils permettent de miser sur l'achat d'un titre (ce sont les *call warrants*) ou sa vente (ce sont les *put warrants*) ; mais, à la différence des options, ils ne peuvent être vendus à découvert ; on ne peut vendre un *put* ou un *call* qu'après l'avoir acheté. Ils sont émis par des établissements financiers et cotés par Euronext. Dans les cotes sur Internet, tous les warrants émis par un même établissement sont classés ensemble, mais vous pouvez faire une recherche vous permettant de trouver tous les warrants émis sur un même support (action ou indice) par tous les établissements et faire votre choix. Avant de vous lancer sur ce marché, gardez à l'esprit que les warrants ont d'abord pour but de faire gagner de l'argent à l'établissement qui les émet. À vous de vérifier que les produits qui vous sont présentés correspondent bien à ce que vous recherchez et voyez si le concurrent n'a pas un warrant dont les caractéristiques sont plus intéressantes pour vous.

### Quotité et parité

Auparavant, les warrants ne pouvaient se négocier que par paquets de 500 ou de 1 000 : c'était la quotité. Mais, en avril 2008, la Société Générale a annoncé que ses warrants pourraient se négocier à l'unité. Dans les semaines qui ont suivi, la Commerzbank, BNP Paribas et Citi ont annoncé qu'ils faisaient de même. La négociation à l'unité est désormais la règle ; même si, dans la pratique, on achète toujours les warrants par centaines ou milliers, selon leur prix, il est commode de pouvoir ajuster le montant de son ordre comme on le souhaite.

C'est la fin de la quotité. Reste la parité. Elle indique la quantité de warrants nécessaires pour obtenir le support (ou actif sous-jacent) considéré. Par exemple, un émetteur vous propose des *calls* ou des *puts* sur Accor avec une parité de 5, sur Air Liquide avec une parité de 10 et Airbus avec une parité de 1. Bien évidemment, vous l'avez compris, le but du jeu avec les warrants n'est pas d'attendre l'échéance et de les transformer en action (ou en indice ou en quoi que ce soit d'autre), mais de les revendre avant avec un bénéfice. La connaissance de la parité est indispensable pour faire les calculs d'évaluation du prix du warrant.

## Le delta

Nous avons vu ce qu'il signifie avec les options. Il est en général exprimé en pourcentage : vers 100 % quand on est dans la monnaie, vers 0 % quand on est hors de la monnaie. Par exemple pour une action cotée à 26,15 €, un *call warrant* émis avec un prix d'exercice de 30 € est hors de la monnaie ; les écrans nous indiquent un delta de 30,3 %. Autrement dit, une hausse de l'action de 1 € entraînerait une hausse du warrant de 30,3 centimes si on avait une parité de 1. Mais il se trouve que ce warrant a une parité de 10. Donc, dans ce cas, la hausse de 1 € de d'action entraînerait un gain de 3,03 centimes du warrant. C'est peu, direz-vous, mais cela peut s'améliorer. Car le delta varie dans le temps. Sur leurs écrans, les spécialistes de l'établissement émetteur vous donnent le *gamma*, qui indique la vitesse de variation du delta. Plus cette vitesse est élevée, plus le delta monte vite.

## Apprécier l'effet de levier

L'intérêt des warrants, comme de tous les produits dérivés, est de permettre des gains plus élevés que si l'on investissait directement sur le support. La mesure de ce surcroît de gain, c'est l'effet de levier, appelé aussi *élasticité*. Pour le calculer, il faut d'abord connaître le levier. On l'obtient en divisant le cours de l'action par le cours du warrant ajusté de sa parité. Dans notre exemple, quand l'action est cotée à 26,15 €, ce *call* a un cours d'achat de 0,13 € et un cours de vente de 0,14 €. Les calculs se font sur la base du cours de vente, multiplié par 10 pour tenir compte de la parité de 10 pour 1, soit 1,40 €. Vous divisez 26,15 par 1,40 et vous obtenez 18,6.

Mais, vous l'avez vu, ce *call* a un delta de 30,3 % ; cela veut dire qu'il ne monte pas aussi vite que l'action, ce qui limite l'effet de levier. Pour calculer précisément cet effet, il faut multiplier le levier par le delta. Ce qui nous donne 18,6 multiplié par 0,303, soit 5,66. Rassurez-vous, vous n'avez pas à faire le calcul vous-même. Sur votre écran, vous pouvez lire l'indication : « Élasticité de 5,66. » Mais, sachant comment on la détermine, vous pouvez mieux comprendre ce qu'elle signifie. Pour les plus curieux, signalons que les écrans donnent aussi le *thêta*, qui est une indication de la sensibilité du warrant au temps : toutes choses égales par ailleurs, le warrant subit une érosion de sa valeur et, comme pour les options, plus l'échéance approche, plus cette érosion est forte. Dans notre exemple, la prime du warrant, 0,14 €, est exclusivement composée de valeur temps : comme le cours de l'action support est inférieur au prix d'exercice (le *strike*), la valeur intrinsèque est nulle. Quant au *véga*, il indique la variation du prix du warrant en centimes d'euros pour une variation de 1 point de la volatilité du sous-jacent, action ou indice. On peut voir ainsi que deux warrants ayant le même sous-jacent mais des prix d'exercice différents ne réagissent pas du tout de la même manière à la variation de la volatilité de ce sous-jacent.

## Quelques conseils pratiques

Cela ne vous a sans doute pas échappé à la lecture des pages précédentes : nous sommes là dans un domaine très technique. Comprendre comment fonctionne le marché des warrants ne suffit pas. Il faut aussi savoir éviter quelques pièges que l'investisseur débutant n'est guère en mesure de détecter. Voici quelques conseils issus de l'expérience de boursiers expérimentés.

À retenir

- **D'abord, se méfier des warrants à très faible prime.** À première vue, ils paraissent très intéressants. Si un produit ne vaut que quelques centimes, il suffit qu'il en gagne un seul pour que la plus-value soit considérable. Qu'il passe de 3 centimes à 4, et le gain s'élève à 33 %. Dans la pratique, cela se produit rarement, car l'émetteur pratique une fourchette de prix, avec un prix d'achat et un prix de vente. Quand on achète un warrant à 3 centimes, la fourchette de prix s'établit à 2 (prix d'achat) – 3 (prix de vente). Pour le revendre à 4, il faut que la fourchette soit passée à 4 (prix d'achat) – 5 (prix de vente), ce qui représente en fait une variation du prix de l'option de 66 %, ce qui est très peu probable (il faudrait pour cela une hausse au moins équivalente du sous-jacent, en supposant qu'on ait un delta proche de 100 % et une parité de 1!). Moralité de l'histoire : un warrant à très faible prime a peu de chances de s'apprécier.
- **Ensuite, éviter les warrants dont l'échéance est trop proche, car leur valeur temps va se réduire très vite.** En pratique, il est conseillé de multiplier par quatre la durée de vie du warrant par rapport à la période sur laquelle on mise. Par exemple, si vous voulez jouer la baisse du CAC 40 sur un mois, cherchez un produit ayant une durée de vie supérieure à quatre mois. Et, d'une façon générale, méfiez-vous des warrants dont la durée de vie est inférieure à trois mois.
- **Éviter enfin d'acheter des warrants dans des périodes de très forte volatilité.** Nous l'avons vu précédemment : une forte volatilité augmente la valeur temps d'une option. Mais, inversement, sa baisse peut accélérer celle de cette valeur. Acheter un warrant en période de forte agitation des marchés, c'est prendre le risque de voir son prix reculer très vite si les marchés retrouvent un peu de calme.

  Dans ces périodes compliquées, on peut voir des émetteurs élargir considérablement leur fourchette de prix, avec un écart généralement de 1 centime pouvant passer à 4 centimes. Parfois, des émetteurs se retirent même du marché, partiellement ou totalement, et n'assurent plus la contrepartie. Il est arrivé que certains demandent une suspension provisoire des transactions. Euronext, afin de protéger les particuliers, a d'ailleurs mis en place de nouvelles règles : les ordres à cours limité sont désormais les seuls acceptés, pour éviter que des épargnants

**achètent leurs warrants à un prix excessif ou ne les revendent à un prix dérisoire parce que l'émetteur n'assurait plus la liquidité du marché.**

Tous ces petits problèmes font d'ailleurs que les warrants sont aujourd'hui en perte de vitesse. Il faut dire aussi que la palette des instruments mis à la disposition des investisseurs actifs s'est encore considérablement enrichie au cours des dernières années.

## La concurrence des certificats

Notre tour d'horizon des produits financiers nouveaux est effectivement loin d'être terminé. Il nous faut encore parler des certificats, pas tous très neufs, et des CFD, qui, eux, représentent la dernière génération.

### Des certificats à tout faire

Les certificats sont des valeurs mobilières cotées en continu aux heures de Bourse habituelles (à 5 minutes près, car l'ouverture n'a lieu qu'à 9 h 05). Émis par des établissements financiers, ils permettent de prendre position sur tout ce qui peut avoir une valeur : des actions, des paniers d'actions, des indices boursiers, des matières premières prises individuellement ou regroupées ; leur champ d'action est infini. Par rapport aux warrants et aux options, ils sont beaucoup plus simples à comprendre et à manier ; ils sont souvent moins dangereux, dans la mesure où la plupart d'entre eux ne comportent pas d'effet de levier. Il faut toutefois faire attention : la famille des certificats s'est considérablement élargie au cours des dernières années, et certains d'entre eux peuvent cacher des pièges. Il vaut mieux se renseigner avant. Nous en présenterons ici les principales sortes. Il se peut que votre banque vous propose un produit qui ne figure pas dans notre exposé, mais qui se rattache tout de même à l'une ou l'autre de ces catégories : chaque établissement a développé ses propres appellations, mais on en revient toujours aux mêmes schémas.

### Les certificats 100 %

Ce sont les plus classiques, ceux qui proposent simplement de suivre l'évolution d'un panier d'actions, d'un indice ou d'une matière première. Si le sous-jacent gagne 1 %, le certificat gagne 1 %. Par exemple, pour le CAC 40, la parité est généralement de 10. Si le CAC 40 vaut 4 000 points, le certificat vaut 400 € et si l'indice passe à 4 500 points, le certificat vaudra 450 €. Ce type de certificat, déjà relativement ancien, est très fortement concurrencé par les *trackers*, qui offrent les mêmes services et peuvent la plupart du temps entrer dans un PEA, ce qui n'est pas le cas des certificats.

Le saviez-vous

Un avantage toutefois : on peut trouver, pour jouer sur les indices étrangers, des certificats dits quanto, qui comportent une protection contre le risque de change. Par ailleurs, ils peuvent permettre de jouer la hausse (certificats bull) ou la baisse (certificats bear). Mais, attention, le certificat bear comporte un piège, que l'on rencontre souvent : celui de la valeur désactivante. Un certificat bear est accompagné d'une valeur de référence. Par exemple, vous pouvez acheter un bear CAC 40 5 200 points. Quand l'indice est à 5 100, vous le payez 10 €, soit la différence entre 5 200 et 5 100 divisée par 10 (on est dans une parité de 10). L'indice recule et tombe à 5 000 points ; le certificat passe à 20 €. C'est magnifique : pour une baisse de l'indice de 2 %, vous avez enregistré un gain de 100 %. Mais la tendance s'inverse brutalement et le CAC 40 remonte à 5 210 points. Le niveau de référence est dépassé, la barrière désactivante tombe, la valeur de votre certificat est nulle, vous avez tout perdu. Notons toutefois que certains certificats bear comportent un seuil de sécurité inférieur au seuil de référence : ils se désactivent dès que ce seuil de sécurité est atteint, de façon à assurer un remboursement minimal.

## Les certificats cappés et floorés

Avec les certificats cappés et floorés, la perte maximale, c'est votre mise, le gain maximal, c'est 200 € par contrat, puisque vous jouez entre deux bornes séparées par 200 points. Par exemple, vous avez un certificat cappé sur le CAC 40 avec une borne basse de 5 400 points et une borne haute de 5 600. Votre gain est calculé par la différence entre le niveau atteint et la borne basse. Plus l'indice est élevé, plus vous gagnez, sachant que s'il passe au-dessus de la borne haute, votre gain sera limité à 200 €, quel que soit le soit le niveau atteint exactement. En revanche, si l'indice tombe au-dessous de 5 400 points et y reste jusqu'à l'échéance du certificat, vous perdez tout.

Avec le certificat flooré, c'est l'inverse. Si l'on prend l'exemple de cette fourchette, on a un certificat 5 600–5 400 points. Le gain se mesure par référence avec la borne haute. Plus l'indice s'en éloigne vers le bas, plus le gain est élevé, sachant que si l'indice passe au-dessous de 5 400 points, le gain reste limité au maximum de 200 €. Si l'indice s'obstine à rester au-dessus de 5 600 points, le gain est nul.

Ces produits ont l'avantage d'offrir la possibilité de profiter des variations d'un indice avec un horizon de quelques semaines ou quelques mois au maximum avec un investissement limité et un effet de levier qui peut être intéressant sur des marchés modérément haussiers ou baissiers. Mais le gain reste limité et le risque n'est pas nul.

## Les certificats cappés+ et floorés+

Ce sont des certificats cousins des précédents, avec un attrait supplémentaire : même si, à l'échéance, le cours se situe entre les deux bornes, on touche la somme maximale définie par l'écart entre elles deux. Mais si, en cours de vie du certificat, le support passe au-dessous de la borne basse pour un cappé+ ou au-dessus de la borne haute pour un flooré+, le certificat perd cet avantage et se comporte alors comme un cappé ou un flooré simple.

## Le certificat discount

Avec lui, on franchit une nouvelle étape dans la diversification des stratégies. Dans la Bourse de grand-papa, on ne gagnait qu'à la hausse. Ensuite, avec les ventes à découvert, les options, etc., on a trouvé le moyen de gagner à la baisse. Avec le certificat discount, on peut voir venir avec sérénité ce qui restait le dernier cauchemar des spéculateurs : la stabilité. Avec lui, vous achetez un support quelconque, action cotée ou indice, avec un rabais pouvant aller jusqu'à 20 % ; à l'échéance, en moyenne un an plus tard, vous êtes remboursé au prix de marché de ce bien. Même s'il n'a pas monté entre-temps, ou même s'il a légèrement baissé, vous êtes gagnant. En contrepartie, il est prévu un prix maximal de remboursement, quelle que soit la valeur de marché de ce support à l'échéance. Ainsi, vous achetez 90 € une action cotée à 100 € ; dans un an, vous serez remboursé au cours qui sera enregistré sur le marché, avec un maximum de 120 €. Compte tenu du rabais de 10 € obtenu à l'achat, votre performance sera supérieure à celle que vous auriez obtenue en achetant l'action en direct, tant que celle-ci n'aura pas dépassé 130 €.

Un point est à souligner : le certificat sur une action ne donne pas droit au dividende ; celui-ci est encaissé par l'émetteur, qui a acheté l'action pour « construire » le certificat. Or, le dividende joue un rôle d'autant plus important dans la performance globale d'un portefeuille que la plus-value est mince.

Beaucoup d'émetteurs ont arrêté de faire des certificats discount. Seule Commerzbank continue d'en proposer une gamme assez large.

## Le certificat bonus

Il peut se jouer dans une perspective plus longue, entre un et trois ans. À l'achat, il se paie au même prix que le sous-jacent, avec un gain potentiellement illimité et l'assurance d'un rendement minimal dans certaines conditions. Là encore, on trouve une borne haute, qui est le niveau bonus, et une borne basse, qui est le seuil de sécurité. Deux cas de figure sont à distinguer.

Premier cas : le seuil de sécurité n'est jamais atteint au cours de la vie du certificat. Si le niveau bonus est dépassé à l'échéance, le remboursement se fait au cours du sous-jacent. Si le cours s'établit entre les deux bornes, le remboursement se fait au niveau du bonus.

Second cas : la borne basse a été atteinte avant l'échéance. Il n'y a alors plus de bonus : quel que soit le cours du sous-jacent à l'échéance, vous serez remboursé à ce prix.

On voit bien l'intérêt de ce certificat : il offre une certaine sécurité, dans la mesure où les chances d'être remboursé au niveau du bonus sont assez nombreuses. En contrepartie, dans tous les cas où vous êtes remboursé au cours en vigueur à l'échéance, vous faites moins bien que celui qui a acheté l'action en direct, car celui-ci a touché éventuellement un ou plusieurs dividendes dans l'intervalle. Ce type de certificat est donc peu adapté aux actions offrant un fort rendement.

Précisons qu'il existe plusieurs variantes : le bonus cappé, le bonus cliquet, etc. Vous en découvrirez les subtilités en lisant les documents descriptifs du certificat qui vous intéresse.

## Les certificats jet ou sprint

Les appellations diffèrent selon l'émetteur, mais le principe est le même. Ce type de certificat permet de multiplier par deux la hausse du sous-jacent entre deux bornes, avec une limite : le remboursement maximal. À l'échéance, si le sous-jacent se situe entre la borne basse (généralement le prix d'émission) et la borne haute, l'investisseur est remboursé avec un gain correspondant à deux fois la différence entre le cours affiché et la borne basse. Si la borne haute est dépassée, on a automatiquement droit au remboursement maximal. Imaginons un certificat sur une action émis à 40 €, la borne basse sera de 40, la borne haute de 44 et le maximum de remboursement de 48. Si, à l'échéance, le cours de l'action se situe entre 40 et 44, on gagne deux fois plus que si l'on avait acheté l'action en direct. Dès que le cours de l'action dépasse 44 €, on arrive au remboursement maximal de 48 €. En revanche, si l'action termine sous la borne basse, par exemple à 35 €, vous n'êtes remboursé que de ce prix. Et si, au contraire, elle s'envole au-delà de 48 €, vous ne serez toujours remboursé que de 48 €.

Conclusion : ce type de certificat est intéressant en cas de hausse modérée bien anticipée. Si la hausse est très forte, on passe à côté...

## Le certificat turbo, la nouvelle star

Attention

Amateurs de sensations fortes, ce produit est fait pour vous. C'est d'ailleurs maintenant le certificat vedette, celui qui a le plus de succès. Mais n'y consacrez pas toutes vos économies. Car si vous pouvez gagner beaucoup, vous pouvez facilement tout perdre. Le certificat turbo permet de jouer à très court terme les variations à la hausse ou à la baisse de son sous-jacent. Le principe est simple : si le sous-jacent évolue dans le sens souhaité, vous pouvez doubler, tripler ou plus votre mise en quelques heures ou en quelques jours. En revanche, si son cours tombe en dessous d'un certain niveau, appelé la « barrière désactivante » (très souvent au même niveau que le prix d'exercice), le certificat expire et votre mise est perdue.

Exemple

Prenons l'exemple d'un *turbo call* (qui permet de jouer la hausse) sur le CAC 40. Le certificat est émis avec un prix d'exercice (on parle aussi souvent de niveau de financement ou de strike) et une barrière désactivante du même niveau, 5 300 points, avec une parité de 100 pour 1. La valeur théorique de votre certificat se calcule en faisant la différence entre le cours du CAC 40 et le prix d'exercice et en la divisant par 100. Si le CAC 40 est à 5 400 points, il vaut le centième de 100, soit 1 € (dans la pratique, l'émetteur le vendra plus cher, car à la valeur intrinsèque résultant de la variation des cours s'ajoutent d'autres paramètres). L'indice gagne 100 points en trois jours, soit une progression de 2 % ; votre certificat passe alors à 2 €, soit une progression de 100 %. Inutile de vous en dire plus : gagner 100 % en trois jours, ce n'est pas mal (en réalité, ce sera moins, du fait de la différence entre les prix d'achat et de vente des certificats). Supposez maintenant que le CAC 40 tombe à 5 320 points. Vous faites alors le pari d'acheter ce certificat à 20 centimes. L'indice remonte de 100 points à 5 420 points, votre certificat grimpe à 1,20 €, soit une progression de 500 % ! Autrement dit, plus le prix du sous-jacent est proche de la barrière désactivante, plus l'effet de levier est important. Mais plus aussi le risque de tout perdre est fort, ce qui serait le cas dans notre exemple si le CAC 40 passait au-dessous de 5 300.

Au cours des dernières années, la gamme des turbos s'est enrichie. Nous ne parlerons pas de toutes ces nouveautés. À côté des turbos classiques signalons seulement qu'on trouve aussi des turbos appelés selon les émetteurs « infinis » ou

« illimités », qui ne sont pas limités dans le temps, avec un prix d'exercice et une barrière désactivante qui ne sont pas du même niveau. Le prix d'exercice est modifié chaque jour, la barrière désactivante est modifiée quant à elle selon des modalités qui varient selon les émetteurs. Pour cette variété de turbo, la barrière désactivante est aussi appelée seuil de sécurité, car elle est calculée de façon à ce que l'investisseur, en cas de désactivation, puisse recevoir un montant de remboursement dont la valeur est comprise entre 0 et la valeur résiduelle du turbo ; on a donc une chance de ne pas tout perdre...

D'une façon générale, pour les certificats qui comportent une barrière désactivante, il est également conseillé de construire soi-même un seuil de sécurité. Comment ? En passant un ordre de vente à seuil de déclenchement, appelé dans ce cas *stop-on-quote* (en référence à l'ordre *stop-loss* classique que l'on utilise pour les actions) qui vous permettra de vendre votre certificat avant qu'il ne vaille plus rien. En ce qui concerne les produits dérivés, il n'a pas toujours été possible de passer de tels ordres. Maintenant, c'est possible. Ces ordres *stop-on-quote* présentent une petite différence avec l'ordre à seuil de déclenchement classique : ils se déclenchent lorsque le prix défini entre à l'intérieur de la fourchette de cotation de l'émetteur, sans référence aucune à une éventuelle transaction à ce prix (rappelons en effet que les émetteurs de ces produits s'engagent à en assurer la liquidité et à proposer à tout moment un prix d'achat et un prix de vente).

## Les CFD, Contracts for Difference

C'est la dernière nouveauté. Vous ne pouvez pas être plus à la pointe des techniques de spéculation offertes aux investisseurs individuels qu'en les utilisant. Les CFD ne sont pas en réalité si nouveaux que cela, mais ce n'est que depuis novembre 2007, en application de la directive européenne sur les marchés d'instruments financiers, que l'on peut y avoir accès depuis un compte en France. Leur fonctionnement se rapproche beaucoup de celui du SRD, avec plus de simplicité (pas de liquidation mensuelle), moins de frais, la possibilité d'intervenir 24 heures sur 24 sur certains sous-jacents comme les devises ou en tout cas avec une plage horaire très large (de 8 heures à 22 heures sur le CAC 40), avec une gamme de sous-jacents extrêmement riche : indices, actions, matières premières, devises... IG Markets, par exemple, le leader mondial pour ce type de produits, propose une palette de plus de dix mille supports. À Paris, près de la moitié des transactions se fait sur le CAC 40.

Le CFD n'est pas une valeur mobilière : c'est un contrat que vous passez avec un prestataire de services comme IG Markets par l'intermédiaire de votre courtier.

À la différence des options ou des warrants, il n'y a pas ici de valeur temps. Vous passez un ordre d'achat ou de vente sur un produit, vous effectuez un dépôt de garantie (la couverture) qui équivaut selon les cas à 5 %, 10 % ou plus du montant de la transaction (plus la quantité négociée augmente, plus on vous demandera un niveau de couverture élevé). Quand vous le souhaitez, vous dénouez votre position et votre compte est crédité (ou débité) de la différence de valeur constatée entre l'ouverture et la fermeture du contrat. Tout l'intérêt de l'opération réside évidemment dans le levier entre la mise initiale et le montant réel de la transaction.

Par exemple, vous achetez 1 000 CFD sur le CAC 40, avec un point du CAC 40 qui vaut 10 €. Votre investissement porte sur 10 000 €, mais vous n'avez engagé que 1 000 € (la couverture). Le CAC 40 monte de 100 points, vous gagnez 1 000 €. Mais s'il perd cent 150 points, vous êtes perdant de 1 500 €, soit un montant supérieur à celui de votre couverture. Vous devez remettre au pot 500 €.

Attention

Cet exemple montre qu'un certain nombre de précautions sont à prendre.

- **D'abord, n'engagez pas tout votre capital dans ces opérations. Votre dépôt chez votre courtier ne doit jamais être mobilisé entièrement en couverture de vos opérations. Dans notre exemple, si vous avez déposé 1 500 € et initié cette opération avec une couverture de 1 000 €, vous avez un montant disponible de 500 € qui servira à couvrir votre perte. Si ce n'était pas le cas, votre courtier aurait déclenché un appel de couverture. Dans la pratique, les courtiers vous conseilleront de ne pas exposer plus de 50 % du capital déposé chez eux.**
- **Pour les CFD, comme pour tous les produits très spéculatifs, il est nécessaire de suivre attentivement ses positions et de ne pas laisser les pertes se creuser. Il est d'ailleurs recommandé d'utiliser les ordres stop, pour couper votre position à un niveau préalablement défini.**

Attention, toutefois, un ordre stop peut ne pas suffire à vous protéger contre les mauvaises surprises. Prenons l'exemple d'une action achetée à 50 €. Par prudence, vous avez choisi de laisser un ordre stop à 45 €. Mais il se trouve que de mauvaises nouvelles tombent pendant la nuit et que le lendemain, à l'ouverture du marché, cette action chute d'emblée à 40 € sans s'être arrêtée à 45 € ; votre ordre sera exécuté à 40 €, ce qui représente une perte deux fois plus grande que celle que vous aviez envisagée. Pour être vraiment protégé, il aurait fallu que vous passiez un ordre stop garanti, qui aurait été exécuté à 45 € quoi qu'il arrive. Pour bénéficier de cette garantie, il faut verser une commission supplémentaire au moment où l'on ouvre sa position.

Faites attention aussi à l'effet de levier. Certaines publicités, notamment pour des sites spécialisés dans les opérations sur le Forex (les devises) vous proposent des effets de levier de 400. C'est de la pure folie, du suicide. Sur le Forex, l'effet de levier est généralement de 100, ce qui est déjà extrêmement dangereux. Sur les matières premières, il est de l'ordre de 30 ; sur les actions et les indices, il oscille plutôt entre 10 et 70.

Certains courtiers proposent des minicontrats. Par exemple, ils vous proposent le point de CAC 40 à 2 € au lieu de 10 €. Avec une couverture de 1 000 €, vous n'êtes investi que sur 2 000 €, ce qui limite les risques. Nous vous conseillons vivement de choisir cette formule pour commencer, le temps de faire votre apprentissage.

## Des exemples concrets

Les exemples qui suivent sont fournis par un courtier dans ses sessions de formation. Les frais indiqués peuvent donc être un peu différents dans un autre établissement. Mais le mécanisme est toujours le même.

Nous allons voir deux opérations portant sur la même action – l'une gagnante, l'autre perdante :

» L'action X cote 30,86/30,87 à Paris. Vous ouvrez une position acheteuse sur 1 000 CFD, soit 30 870 €. La couverture est de 10 %, soit 3 087 €. Les frais à l'achat sont de 0,10 %, soit 30,87 €.

  Un mois plus tard, vous décidez de clore votre position à un cours de 37,52 €. Votre gain est de 6,65 € par CFD, soit 6 650 €. De ce montant sont aussi déduits des frais à la vente de 0,10 %, soit 37,52 €, et des frais de financement de 146 € (nous allons y revenir). Le bénéfice net de votre opération est de 6 435,61 €.

» Prenons le même point de départ et la même position acheteuse. Mais cette fois, le cours baisse et, au bout d'un mois, vous soldez votre position à 28,12 €. Votre perte est de 2,75 € par CFD, soit 2 750 € au total. Compte tenu de tous les frais, l'opération se solde pour vous par une perte nette de 2 919,99 €, soit presque l'équivalent de votre couverture (3 087 €, rappelons-le).

## Précision

Nous avons dit précédemment que pour les CFD, il n'y avait pas de valeur temps, du fait qu'il n'y a pas de date d'échéance. Mais pourtant, là aussi, le temps, c'est de l'argent. Car celui qui fabrique les CFD doit lui-même se couvrir pour être en mesure de vous verser vos gains éventuels. Sur une position acheteuse (longue), vous payez à coup sûr des frais de financement ; sur une position vendeuse (courte), il se peut que vous n'ayez pas à en payer, cela dépend du niveau des taux d'intérêt. Pour un CFD sur le CAC 40 ou une valeur française, le taux de référence sera l'Euribor 1 mois ; pour une valeur anglaise, ce sera le Libor 1 mois, etc. Et à ce taux de référence, s'ajoute généralement un pourcentage fixe (3,5 % par an dans notre exemple).

Donc, de toute façon, même si vous n'êtes pas contraint par une échéance précise avec les CFD, vous devez faire attention de ne pas maintenir votre position sur une période trop longue car les frais de financement continuent à monter au fil des jours. Certes, au cours des dernières années, les taux à court terme ont été négatifs, mais il n'en sera pas toujours ainsi.

## Prudence, prudence !

L'AMF a publié en octobre 2014 une « Étude des résultats des investisseurs particuliers sur le trading de CFD et de Forex en France ». La conclusion est sans appel. Sur une période d'observation de quatre ans portant sur 14 799 clients actifs, il est constaté que plus de 89 % de ces clients sont perdants ! Et les pertes ne sont pas minces : le résultat moyen est négatif de 10 887 € par client. Plus inquiétant encore : les pertes ne sont pas seulement le fait de clients inexpérimentés qui se font piéger une fois ou deux et ne reviennent plus. En fait, on observe que plus un client réalise de transactions et plus la taille moyenne de ses transactions est élevée, plus la perte est importante. Et ceux qui persistent le plus dans la durée sont aussi ceux qui perdent le plus. En somme, avec ces produits, il n'y a pas d'effet d'apprentissage.

Nouveauté

En application de la loi dite Sapin 2 relative à la transparence, à la lutte contre la corruption et à la modernisation, l'AMF a la capacité juridique d'interdire la publicité pour certaines catégories d'instruments financiers proposés par des sites Internet : c'est ce qu'elle a fait en janvier 2017 pour les CFD, mais aussi pour les contrats financiers sur devises (Forex) et les options binaires dont nous allons parler. Par ailleurs, au niveau européen, la directive sur les marchés d'instruments financiers appliquée depuis le 1er janvier 2018 permet à chaque superviseur national d'interdire sur son territoire la commercialisation de produits financiers qu'il juge dangereux. De toute façon en ce qui concerne les CFD, l'Autorité européenne des marchés financiers (ESMA, pour European Securities and Markets Authority) est intervenue elle-même pour restreindre la commercialisation des CFD ; ces mesures sont entrées en application le 1er août 2018 pour une période de trois mois qui a été renouvelée plusieurs fois.

En 2019, l'AMF a décidé de pérenniser les mesures prises par l'ESMA. Ses décisions s'appliquent depuis le 2 août. Il s'agit donc de restreindre la commercialisation, la distribution et la vente, en France ou à partir de la France, de CFD à des clients non professionnels. Pour ce faire, il y a des limites à l'effet de levier, qui sont variables en fonction du sous-jacent et de sa volatilité, une règle de clôture du compte dès lors que la marge excède un certain niveau, l'impossibilité pour un compte d'afficher un solde négatif, l'interdiction pour les fournisseurs de CFD d'inciter le public à investir dans ces produits, un avertissement sur les risques attachés aux produits autorisés, dans toute communication ou information adressée par les fournisseurs de CFD, et enfin une interdiction de participer à des activités qui permettraient de contourner ces mesures de restriction à la commercialisation.

Concrètement, l'avertissement adressé au public doit prendre cette forme : « Entre 74 et 89 % des comptes d'investisseurs non professionnels perdent de l'argent lors de la négociation de CFD. Vous devez vous assurer que vous pouvez vous permettre de prendre le risque élevé de perdre votre argent. » Voilà, vous êtes prévenu…

## Les futures ou contrats à terme

Ce panorama de toutes les techniques réservées aux investisseurs avertis ne serait pas complet si nous ne parlions pas des contrats à terme qui trouvent leur origine dans les marchés de matières premières. Pour un producteur de matières premières agricoles ou industrielles, il est important d'avoir une certaine visibilité sur les recettes futures. Vendre à l'avance sur un marché à terme une partie de sa production lui permet de savoir avec exactitude ce qu'il va toucher dans les prochains mois. Encore faut-il qu'il y ait des acheteurs en face de lui. Ces acheteurs peuvent être des industriels, soucieux de maîtriser le coût de leurs approvisionnements, mais aussi des investisseurs professionnels ou des particuliers qui souhaitent miser sur la hausse ou la baisse de ces produits et revendre les contrats avant leur échéance (on peut spéculer sur le cuivre sans avoir envie d'en retrouver plusieurs tonnes dans son jardin). La technique des contrats à terme a été étendue à toute une gamme de produits financiers, par exemple aux contrats à terme sur les indices.

### Le future CAC 40

Le contrat à terme sur lequel un investisseur individuel français peut être amené à se placer est le future CAC 40 proposé par Euronext. Disons-le tout de suite : ce contrat est d'abord destiné aux professionnels car ce sont eux qui tiennent le marché et, comme nous l'a affirmé un courtier, 95 % des particuliers qui viennent sur ce marché perdent de l'argent…

La mise est élevée. Pour chaque contrat, un point d'indice vaut 10 €. La taille du contrat est égale à la valeur du future sur l'indice CAC multipliée par 10. Si le future cote 5 400, chaque contrat vaut 54 000 €. La barre est d'emblée placée assez haut!

Les cotations s'étendent de 8 heures à 22 heures, avec une session de jour qui se termine à 18 h 30 et une session de nuit jusqu'à 22 heures, très animée car le marché bouge au rythme de Wall Street. Cette distinction entre les séances est importante. Car chaque jour est calculé un cours de compensation sur la base duquel sont effectués les appels de marge destinés à couvrir l'éventuelle dépréciation de la position ouverte. Pour la session de jour, les ordres sont compensés sur la base du cours de compensation de ce jour ; pour les ordres passés durant la session de nuit, c'est le cours de compensation du lendemain qui s'applique.

On peut choisir entre quatorze échéances : trois échéances mensuelles rapprochées, trois échéances trimestrielles et huit échéances semestrielles, sachant que l'échéance mensuelle en cours (pour le troisième vendredi du mois, à 16 heures) est la plus active. La liquidation des contrats arrivés à échéance se fait par le versement de la différence entre le cours de compensation de la veille et le cours de liquidation ; il n'y a pas de livraison de titres.

Pour ouvrir une position, il faut un dépôt de garantie, exigé par la chambre de compensation, LCH.Clearnet SA ; le montant de ce dépôt peut être révisé à tout moment, en fonction de la volatilité des marchés. L'ordre de grandeur est de 2 500 € par contrat. Mais votre intermédiaire peut demander un montant supérieur et c'est probablement ce qu'il fera ; il vous demandera un coussin de sécurité supplémentaire pour faire face aux appels de marge.

Chaque jour, la chambre de compensation calcule les pertes ou gains de la journée correspondant à la différence entre le cours de compensation de la veille et celui du jour. Ces appels de marge sont crédités ou débités chaque jour par votre intermédiaire. Si votre compte n'est pas suffisamment approvisionné, votre intermédiaire est en droit de solder tout ou partie de votre position et d'utiliser le dépôt de garantie pour régler l'appel de marge. Cela peut aller vite. Le contrat à terme CAC 40 est typiquement le genre de produit où l'on déboucle sa position le jour même et que l'on ne garde jamais plus d'une semaine.

Avant de vous ouvrir un compte spécial pour ces opérations, votre intermédiaire fera très certainement un test de vos connaissances et demandera à pouvoir vous joindre rapidement sur votre portable ou par e-mail. N'oubliez pas que vous jouez gros, et contre des professionnels de surcroît!

## La fin des options binaires

Nouveauté

Pour un vrai boursier, les options binaires s'apparentent plus à un jeu de hasard qu'à un véritable produit d'investissement. De quoi s'agit-il exactement ? Contrairement à ce que peut laisser croire le vocabulaire choisi pour faire sérieux, ce produit n'a strictement rien à voir avec les options telles que nous les avons présentées dans les pages précédentes. Il s'agit tout simplement d'un jeu du type pile ou face. On mise sur le fait qu'un produit donné (une monnaie, une action, un indice) atteindra ou non un niveau donné dans un temps donné (de l'ordre du quart d'heure). Si on a fait le bon choix, on gagne une somme convenue à l'avance (en général exprimée en pourcentage du montant misé) ; dans le cas contraire, on perd sa mise.

Il peut y avoir des variantes : le cours sera ou non à tel niveau à une heure précise ; il aura atteint ou non le niveau indiqué à un moment quelconque pendant la durée du jeu ; il s'établira ou non à l'intérieur d'une fourchette donnée à un moment donné.

Évidemment, c'est tentant : c'est simple, amusant, on a le résultat tout de suite. Et, avec un peu de chance, on peut gagner dès ses premières tentatives, sans avoir besoin de beaucoup étudier les questions boursières. Il n'en demeure pas moins que cela n'est qu'un jeu ; on ne peut ni le considérer comme un placement ni le conseiller.

Ceux qui ont envie de s'amuser ainsi peuvent se servir des outils de l'analyse graphique et technique : ils peuvent aider la chance en essayant de voir si la tendance qui se dessine, à la hausse ou à la baisse, a une plus ou moins grande probabilité de se poursuivre ou de s'inverser. Mais il ne faut pas se tromper : ce genre d'exercice à un horizon de quelques minutes est très aléatoire.

Enfin, à tous ces griefs, on pouvait en ajouter un autre : beaucoup de sites proposant des options binaires n'étaient pas en relation avec un prestataire de services d'investissement clairement identifié et n'étaient pas autorisés en France. Pourquoi en parler au passé ? Parce que c'est fini. Dans le même texte prévoyant une limitation temporaire de la commercialisation, de la distribution ou de la vente de CFD, l'ESMA a décidé en mai 2018 une interdiction pure et simple des options binaires aux clients de détail dans l'Union européenne. Et, comme pour les CFD, l'AMF a décidé le 2 juillet 2019 de pérenniser pour la France ces mesures. Les options binaires sont donc définitivement interdites en France aux clients non professionnels, sauf dans certaines conditions. Mais comme ce genre de sport ne concernait guère les professionnels et comme les conditions prévues sont totalement dissuasives, on peut considérer que c'est la fin des options binaires en France.

Dans le texte expliquant sa décision, l'AMF rappelle que « les données des différents régulateurs européens permettent d'établir qu'en moyenne les clients non professionnels enregistrent des pertes dans plus de 80 % des cas lorsqu'ils concluent des transactions sous forme d'options binaires ». Les sites basés à l'étranger et proposant des options binaires existent toujours, mais leur accès est refusé aux internautes ayant une adresse Internet en France. Du moins en ce qui concerne les sites que nous avons testés...

À retenir

Si l'on excepte les options binaires, toutes les techniques présentées dans ce chapitre ont un point commun : elles sont réservées à ceux qui suivent la Bourse de près. Non seulement il faut avoir bien compris comment ça fonctionne et quels sont les risques pris, mais il faut ensuite se tenir informé du déroulement des opérations et réagir très vite, que ce soit pour prendre son bénéfice ou pour limiter ses pertes. Ne vous laissez pas entraîner dans ce genre d'aventure sans être sûr que c'est bon pour vous. Trop souvent encore, malgré un encadrement assez strict en théorie de la commercialisation de ces produits, les journaux financiers reçoivent des appels au secours de gens qui se retrouvent avec des warrants ou des certificats sans savoir exactement ce que c'est...

En tout cas, si vous perdez de l'argent avec des warrants, des certificats turbo ou des CFD, ne vous étonnez pas : tous ceux qui se risquent à utiliser ces produits dérivés ont, un jour ou l'autre, pris une bonne « gamelle ». Ce qui compte, c'est le résultat global de l'ensemble de vos opérations. Et si vous êtes gagnant, vous serez deux à être contents : vous, bien sûr, et votre percepteur. Car, ne l'oubliez jamais, les gains boursiers aussi sont imposés !

DANS CE CHAPITRE

Comment les revenus de valeurs mobilières et les plus-values sont imposés

•

Alléger la facture avec le plan d'épargne en actions et l'assurance-vie

# Chapitre 16

# Tirer le meilleur parti possible des règles fiscales

Payer beaucoup d'impôts est, paraît-il, bon signe : cela prouve qu'on a gagné beaucoup d'argent. Admettons. Mais on peut être bon citoyen et faire attention à ne pas payer plus d'impôts qu'on ne le devrait. De surcroît, il existe des régimes fiscaux particuliers en faveur de l'épargne en actions : pourquoi ne pas les connaître et en bénéficier ? Nous allons en parler. Mais, auparavant, deux remarques.

D'abord, il faut saluer la grande activité déployée par nos ministres, hauts fonctionnaires, députés et sénateurs. Non seulement la législation fiscale est abondante et complexe, mais elle change tout le temps. Dans les pages qui vont suivre, nous faisons le point sur les principales règles en vigueur à l'été 2019. Il se peut qu'au moment où vous aurez besoin de les appliquer, elles aient déjà été modifiées sur quelques points. Soyez vigilants, informez-vous, vérifiez que vos connaissances sont toujours d'actualité.

Ensuite – cette remarque s'adresse aux plus âgés –, certains dispositifs que vous avez rencontrés dans le passé n'existent plus. Il en est ainsi de l'avoir fiscal. Et comme il n'existe plus, nous n'en parlerons pas. Mais le simple fait que ce mécanisme, plusieurs années après sa disparition, soit encore dans beaucoup d'esprits a une explication. Ce dispositif se justifiait parce que les bénéfices réalisés par les entreprises sont déjà frappés par l'impôt sur les sociétés ; il ne pouvait être question de les imposer encore une fois après leur distribution sous forme de dividendes aux actionnaires. Cette problématique de la double imposition existe toujours. Mais d'autres considérations entrent en jeu. Le législateur oscille en permanence, au gré des changements de majorité, entre le désir de ne pas paraître encourager le capital par rapport au travail et le souci d'encourager l'investissement dans les entreprises. À cela s'ajoute, dans un monde ouvert, la nécessité de tenir compte des pratiques fiscales des autres pays. On comprend alors pourquoi l'imposition des valeurs mobilières change aussi fréquemment.

Par ailleurs, l'année 2019 a été un peu compliquée parce que c'était l'année de transition entre l'ancien système d'imposition sur les revenus de l'année précédente et le nouveau système de prélèvement à la source. Cette période délicate passée, nous pouvons désormais raisonner selon les nouvelles règles.

# Les règles de base du régime fiscal des valeurs mobilières

Comme nous avons eu l'occasion de le voir à de multiples reprises au cours des pages précédentes, les gains que l'on peut réaliser en Bourse sont de deux sortes : la plus-value enregistrée au moment de la vente de ses titres, si le prix de vente est supérieur au prix d'achat (sinon, c'est une *moins-value*, qui peut avoir un intérêt fiscal), et la rémunération encaissée le cas échéant pendant la période de détention des titres (dividende ou coupon). Comme on peut le supposer, ces deux formes de gains ne sont pas imposées de la même façon.

**Figure 16-1**
La fiscalité des revenus mobiliers

À compter de 2018, les dividendes et gains réalisés lors de cession d'actions sont imposables au prélèvement forfaitaire unique (PFU). Mais le contribuable peut opter pour l'imposition au barème.

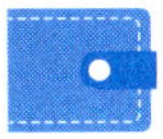

**Dividendes**

- PFU de 30 % (12,8 % + 17,2 % PS)

ou

- Imposition au barème de l'IR (avec abattement de 40 %), et déductibilité partielle de la CSG

**Plus-values**

- PFU de 30 % (12,8 % + 17,2 % PS)

ou

- Imposition au barème de l'IR (avec abattement de 50 à 85 %)

*Source : lafinancepourtous.com*

## Prélèvement forfaitaire unique ou application du barème ?

La règle générale est désormais un prélèvement forfaitaire unique (PFU, ou *flat tax* selon l'expression anglaise) sur les dividendes, les intérêts et les plus-values au taux de 30 % : 17,2 % de prélèvements sociaux et 12,8 % au titre de l'impôt sur le revenu.

Il est possible cependant d'opter pour l'imposition au barème progressif de l'impôt sur le revenu (en plus évidemment des 17,2 % de prélèvements sociaux). Ce choix s'effectue au moment de la déclaration annuelle de ses revenus. Attention : si l'on fait ce choix, il vaut pour l'ensemble des revenus et gains mobiliers, à savoir les dividendes (actions et parts sociales versant un rendement variable) et les placements à revenu fixe (obligations, titres de créance, comptes de dépôt et comptes à terme…), les plus-values de cession, l'assurance-vie, le Plan épargne logement (PEL) et le Compte épargne logement (CEL). Si votre taux marginal d'impôt sur le revenu atteint 30 %, 41 % ou 45 %, le calcul est vite fait : *a priori*, vous avez tout intérêt à opter pour le PFU.

En revanche, si vous n'arrivez pas à la tranche de 30 %, il peut être intéressant de faire le calcul. En effet, si vous choisissez l'imposition au barème progressif, vous avez droit à un abattement de 40 % sur le montant des dividendes reçus (pour éviter la double imposition, dont nous avons parlé précédemment) et vous pouvez aussi bénéficier de certains abattements sur les plus-values de cession variant selon la durée de détention des titres, mais seulement pour les titres acquis avant 2018.

## Les subtilités de l'imposition des plus-values

En théorie, c'est simple : la plus-value imposable résulte de la différence entre le prix de vente et le prix d'achat d'un titre, action ou obligation, en tenant compte des frais. Mais il se peut que toutes vos opérations ne soient pas bénéficiaires (dans la pratique, c'est souvent le cas !) ; alors vous réalisez une moins-value. La base de calcul de votre imposition sera donc la somme algébrique des plus-values et des moins-values que vous avez réalisées. Ne vous inquiétez pas : en principe, l'établissement financier qui détient vos titres calcule vos plus-values et moins-values et il vous remet le récapitulatif de votre situation pour remplir votre déclaration de revenus.

SI les plus-values l'emportent sur les moins-values, vous êtes imposé sur le solde. Si, sur l'ensemble des opérations réalisées au cours de l'année, ce sont les moins-values qui l'emportent, leur montant net pourra venir en déduction d'éventuelles plus-values dans les dix années suivantes.

Comme nous venons de le voir, si vous avez opté pour l'imposition au barème progressif, vous avez droit à des abattements sur les plus-values selon la durée de détention des titres. L'abattement est de 50 % pour les plus-values à l'occasion de la vente de titres qui ont été détenus en portefeuille pendant au moins deux ans ; et si ces titres ont été détenus au moins huit ans, l'abattement passe à 65 %. Cet abattement, rappelons-le, ne s'applique qu'à la vente de titres déjà détenus avant le 1er janvier 2018 et il ne concerne que l'impôt ; dans tous les cas, les prélèvements sociaux s'appliquent à la totalité de la plus-value. Mais l'option pour le barème progressif a l'avantage de rendre la CSG déductible à hauteur de 6,8 % sur les 17,2 % de prélèvements sociaux payés au total.

Ce dispositif vise à encourager l'actionnariat de long terme. Pour la partie de son portefeuille où l'on a mis des titres que l'on compte garder durablement, il est effectivement intéressant. Mais la taxation au tarif normal des plus-values réalisées en moins de deux ans ne doit pas conduire à modifier sa gestion : si on estime que le moment est venu de vendre un titre, on doit le vendre ; le garder uniquement pour des raisons fiscales pourrait conduire à de sévères déconvenues.

Soulignons que si l'on vend des titres détenus depuis plus de huit ans, on peut avoir intérêt à opter pour l'imposition au barème, même si l'on arrive à la tranche la plus haute de 45 %. Tout dépend du montant des autres revenus qui pourraient bénéficier du PFU, puisque l'on ne peut choisir l'imposition au barème pour certains revenus, le PFU pour d'autres. Il faut faire le choix en tenant compte de l'ensemble de ses revenus

Le Code général des Impôts prévoit également un système d'abattement renforcé, encore plus intéressant que l'autre : 50 % pour une durée de détention comprise entre un an et quatre ans, 65 % entre quatre et huit ans et 85 % au-delà de huit ans. Mais cet abattement renforcé ne s'applique que dans des situations bien précises. Premier cas : il faut que les plus-values soient réalisées sur des titres d'entreprises ayant moins de dix ans au moment où ces titres ont été achetés, et à condition que ces entreprises ne soient pas issues d'une concentration, d'une restructuration, d'une extension ou d'une reprise d'activités préexistantes et soient des PME selon la définition européenne (moins de 250 salariés, chiffre d'affaires inférieur à 50 millions d'euros ou total de bilan inférieur à 43 millions d'euros). L'abattement renforcé s'applique aussi dans deux autres circonstances : lorsqu'il s'agit de titres de PME vendus par leurs dirigeants prenant leur retraite ou de titres cédés à un autre membre du groupe familial.

Quand l'année a été mauvaise, il ne faut pas hésiter à vendre des titres et faire apparaître des moins-values qui pourront être déduites des plus-values ultérieures. Si vous souhaitez garder ces titres en portefeuille, vous pouvez faire avant la fin de l'année un vendu-acheté : vous vendez et achetez simultanément vos titres. Résultat : vous les avez toujours, mais vous avez fait apparaître une moins-value. Si vous prévenez votre courtier avant de procéder à cette double opération, il y a des chances qu'il accepte de vous compter des frais pour une seule opération seulement.

## L'imposition des revenus

Pour les actions comme pour les obligations, on a donc le choix entre le prélèvement forfaitaire unique (PFU) ou l'intégration des revenus perçus (dividendes et coupons) dans l'ensemble des revenus du foyer fiscal et donc leur imposition au taux progressif de l'impôt sur le revenu. Dans les deux cas, un acompte est perçu au moment du versement : c'est le prélèvement forfaitaire non libératoire. Il est calculé maintenant comme le PFU : 12,8 % d'impôts, 17,2 % de prélèvement sociaux. Cet acompte perçu à la source vient évidemment en déduction (pour la partie fiscale) de l'impôt dû si l'on choisit l'imposition au barème progressif et, le cas échéant, le fisc rembourse le trop-perçu. Dans le cas de l'imposition au barème, rappelons-le, les dividendes bénéficient d'un abattement de 40 % et la CSG devient déductible à hauteur de 6,8 %.

Un dispositif d'accompagnement a été prévu pour les ménages à revenus modestes : il s'agit de la dispense d'acompte. Les contribuables dont le revenu fiscal de référence est inférieur à 25 000 € pour les célibataires, divorcés ou veufs, ou à 50 000 € pour les personnes soumises à une imposition commune peuvent demander à être dispensés du paiement de la partie fiscale de l'acompte lors du versement d'intérêts ; concernant les dividendes, la dispense de paiement de l'acompte peut être obtenue au-dessous d'un revenu fiscal de référence de 50 000 € pour un célibataire et 75 000 € pour un couple. Dans ce cas, les dividendes et intérêts restent soumis à l'impôt sur le revenu ; simplement, il n'y a pas à avancer le montant de l'acompte. Il s'agit d'une option que le contribuable doit exercer, chaque année, auprès de sa banque ou de son courtier en ligne, avant le 30 novembre de l'année précédant le versement des dividendes ou des intérêts. La demande de dispense d'acompte prend la forme d'une déclaration sur l'honneur.

## Pas de cadeau pour les sociétés foncières

Attention

Si vous avez en portefeuille des actions de sociétés foncières ayant le statut de SIIC (sociétés d'investissement immobilier cotées), l'information n'a pas dû vous échapper : à compter de l'imposition des revenus 2011, les dividendes versés par les sociétés foncières ne bénéficient plus de l'abattement de 40 %. Explication : les SIIC ne paient pas d'impôt sur les bénéfices et leur statut les oblige à redistribuer à leurs actionnaires 85 % des bénéfices tirés de la location de leurs immeubles et 50 % des bénéfices tirés de leur cession. Dans ce cas, l'abattement de 40 % ne paraît guère justifié. Ce statut très favorable avait été voté en toute connaissance de cause fin 2002, car on craignait alors la concurrence des sociétés foncières espagnoles. Cette concurrence ayant diminué fortement du fait des difficultés rencontrées dans l'immobilier en Espagne, le législateur s'est empressé de revenir à des dispositions plus orthodoxes…

Par ailleurs, depuis le 21 octobre 2011, on ne peut plus loger des titres de SIIC dans un PEA, mais ceux qui en avaient dans leur PEA avant cette date peuvent les garder.

## L'imposition des dividendes étrangers

Depuis le 1er janvier 2005, les dividendes versés par des sociétés étrangères bénéficient de l'égalité de traitement avec les dividendes versés par les sociétés françaises. Il est donc possible de choisir entre le prélèvement forfaitaire unique et l'imposition au barème progressif, avec, dans ce cas, le bénéfice de l'abattement de 40 %.

Il subsiste toutefois une difficulté : les dividendes subissent en général une retenue à la source dans le pays dont la société est originaire. Si cet État n'a pas signé de convention fiscale avec la France, ce prélèvement n'est pas récupérable. En revanche, si ce pays a signé une convention fiscale (ce qui est le cas pour les principaux pays partenaires de la France où vous pourriez être tenté d'investir), vous pouvez bénéficier d'un crédit d'impôt équivalent au montant de la retenue à la source effectuée à l'étranger. Problème : les conventions fiscales prévoient généralement un plafonnement du prélèvement à la source de 15 % alors que certains États effectuent ce prélèvement à un taux plus élevé, 30 % voire 35 %. Dans ce cas, la convention fiscale l'emporte sur le droit national et vous pouvez obtenir de l'État étranger soit le prélèvement au bon taux soit le remboursement de la différence entre le prélèvement effectué au taux national et celui qui aurait dû résulter de l'application de la convention fiscale. Ce problème se règle en général entre la banque de la société distributrice du dividende et votre intermédiaire financier, mais il vaut mieux veiller à la bonne application de la convention.

# Des cas particuliers

L'application de ces règles générales peut s'avérer extrêmement complexe. Dans la pratique, vous avez de fortes chances de ne pas vous en apercevoir : votre intermédiaire financier fait tous les calculs et vous remet chaque année un imprimé récapitulant tout ce que vous avez à déclarer, avec la mention des cases à remplir sur la feuille de déclaration. Ensuite, c'est l'administration fiscale qui fait le contrôle et calcule ce que vous devez payer. Mais si vous ne voulez pas avoir de mauvaises surprises, il est tout de même recommandé de savoir comment ça marche.

## Le régime des titres apportés à des offres publiques

Le cas des offres publiques d'achat (OPA), des offres publiques de retrait (OPR) et des retraits obligatoires est simple : les titres apportés en réponse sont considérés comme des cessions et donnent lieu le cas échéant à une imposition des plus-values.

Le cas des offres publiques de rachat (OPRA) est plus complexe : il faut se référer à la notice AMF concernant chaque opération pour savoir ce qui relève de l'imposition des plus-values ou des revenus.

Le cas des offres publiques d'échange (OPE) est en principe plus simple : la question de la cession et d'une éventuelle imposition des plus-values ne se posera qu'au moment de la vente des titres obtenus en échange. Toutefois, si l'offre est mixte, une partie payée en titres et une partie en espèces, et si la soulte (la partie reçue en espèces) dépasse 10 % de la valeur nominale des titres reçus, on considère qu'il y a cession. Les actionnaires doivent alors recevoir une note d'information précisant quelles seront les conséquences fiscales pour eux de l'opération projetée.

Si l'entreprise se scinde en plusieurs entités et remet gratuitement à ses actionnaires des titres d'une société issue de cette séparation (on parle de *spin-off*), ces actions ne sont pas considérées comme un revenu et ne sont pas imposées. Mais lorsqu'elles sont cédées, la somme reçue – diminuée des frais de transaction – est considérée intégralement comme une plus-value, leur valeur d'achat étant égale à zéro.

## Le régime fiscal des produits dérivés

Pour les *trackers*, il n'y a pas de problème : ils sont considérés comme des OPCVM et suivent donc le régime normal des valeurs mobilières. Les sommes qu'ils peuvent distribuer sont assimilées à un dividende et sont donc soumises à la fiscalité des revenus d'actions. Comme les autres OPCVM, ils peuvent être éligibles au PEA.

Les bons de souscriptions, options, certificats, warrants, CFD, futures entrent dans le cadre général de la fiscalité des plus-values. Les moins-values peuvent être déduites des plus-values enregistrées sur d'autres valeurs mobilières.

## Les gains en capital réalisés avec les obligations

Avec les obligations, on peut aussi réaliser des plus-values (ou des moins-values…) en capital. Si on les réalise après avoir cédé ses titres obligataires sur le marché, le gain réalisé entre dans le cadre normal de l'imposition des plus-values mobilières. En revanche, si on a acheté ses titres sur le marché au-dessous du nominal et si on les garde jusqu'au remboursement, le gain enregistré n'est pas considéré par le fisc comme une plus-value : il est assimilé à une prime de remboursement et, comme elle, il est imposé comme un revenu de valeur mobilière.

## Salariés et actionnaires

Avoir des actions de son entreprise ou accumuler une épargne investie en actions dans le cadre de son entreprise, c'est possible et c'est avantageux fiscalement.

L'épargne salariale est principalement développée dans les grandes entreprises, la participation étant obligatoire dans celles qui ont au moins 50 salariés. Le plan d'épargne entreprise (PEE) ou le plan d'épargne inter-entreprises (PEI) peut être alimenté de trois façons différentes : par une épargne personnelle du salarié, avec un complément versé par l'employeur (on parle alors d'« abondement », exonéré d'IRPP et d'une partie des prélèvements sociaux), par la participation aux bénéfices ou par l'intéressement aux performances de l'entreprise. Les sommes ainsi recueillies sont placées soit en titres de l'entreprise, soit dans un FCPE (fonds commun de placement d'entreprise). Les gains sont soumis aux prélèvements sociaux, mais exonérés d'impôts si l'épargne est bloquée pendant au moins cinq ans (on recense toutefois une dizaine de possibilités de déblocage anticipé). Il peut aussi être créé un Perco (plan d'épargne pour la retraite collectif), avec sortie possible en capital ou en rente ; l'épargne est alors bloquée jusqu'à la retraite.

Ces formules ont permis aux salariés de grandes entreprises cotées de développer un actionnariat salarié important ; quand cet actionnariat atteint 3 %, la question de nommer des représentants des salariés actionnaires au conseil d'administration ou au conseil de surveillance doit être posée en assemblée générale.

Être salarié et actionnaire de sa propre entreprise, au-delà du débat idéologique, comporte des avantages certains, mais aussi des inconvénients : en cas de difficultés de l'entreprise, on peut perdre à la fois son travail et son épargne. Les autres formes d'épargne d'entreprise ne comportent que des avantages : il est vivement recommandé d'en bénéficier si on en a l'opportunité.

Mais on ne peut aborder ce sujet sans parler des stock-options, ou options sur les actions de l'entreprise (voir chapitre 10). L'administration réserve un traitement différent aux trois parties du gain réalisé :

Le rabais, qui correspond à la différence entre le cours de l'action au moment de l'attribution des options et le prix d'exercice. Il fait l'objet d'une imposition s'il excède 5 % de la valeur des titres de la société (on parle alors d'un rabais excédentaire) ; la fraction dépassant 5 % est imposée au titre des traitements et salaires. Ce montant est imposé lors de la levée de l'option. Le gain de levée d'option (ou plus-value d'acquisition) ainsi que la plus-value de cession sont imposés au moment de la cession. Pour bénéficier d'une fiscalité allégée, il faut avoir respecté un délai d'indisponibilité de quatre ans entre la date d'attribution de l'option et la date de cession des actions.

La plus-value d'acquisition correspond à la différence entre le prix d'exercice et la valeur de l'action au moment de la levée de l'option. S'il s'agit d'options consenties avant le 28 septembre 2012, l'imposition se fait à des taux forfaitaires différents selon la durée de détention des titres (plus ou moins deux ans au-delà de la durée d'indisponibilité de quatre ans) et le montant de la plus-value. Si les options ont été consenties à partir du 28 septembre 2012, c'est le barème progressif de l'IRPP qui s'applique dans la catégorie traitements et

»

**Salariés et actionnaires** *(suite)*

salaires. Dans tous les cas, aux prélèvements sociaux ordinaires s'ajoute pour les options consenties à partir du 16 octobre 2007 une contribution salariale spécifique de 10 %.

Enfin, la plus-value de cession correspond à la différence entre le prix des actions le jour de leur vente et celui du jour de la levée de l'option. Ce gain est imposé selon le régime des plus-values au barème progressif de l'IRPP, avec des abattements selon la durée de détention voire un abattement renforcé.

Précisons que l'exposé de ces règles est ici très simplifié…

## La fiscalité erratique des actions gratuites

Face à la complexité et à l'alourdissement de la fiscalité sur les stock-options, les entreprises ont été tentées d'avoir davantage recours à la technique des actions gratuites pour récompenser leurs dirigeants et salariés. Mais, du coup, le régime fiscal des actions gratuites s'est mis lui aussi à bouger… Entre 2011 et 2016, il a changé presque chaque année ! Avec la loi Macron de 2015, il a semblé qu'un point final était mis à ces réformes, avec un régime assez favorable tenant compte du fait que les dirigeants de start-up, faute de pouvoir se verser des salaires, se rémunéraient ainsi. En gros, on arrivait à un système assez simple, avec deux périodes, mais une imposition unique. Entre le moment où l'assemblée générale extraordinaire des actionnaires décide de l'attribution d'actions gratuites et celui où ces actions sont effectivement attribuées, on est dans la période d'acquisition. Puis, jusqu'au moment où ces actions sont vendues, il y a la période de conservation. Depuis l'entrée en vigueur de la loi Macron, le 8 août 2015, la période d'acquisition n'est que d'un an au minimum et la période globale de conservation (acquisition + conservation) n'est plus que de deux ans au minimum. Et la fiscalité applicable ensuite, qu'il s'agisse des gains d'acquisition ou des gains de conservation, est celle des plus-values avec abattements pour durée de détention.

Mais la loi de finances pour 2017 est venue alourdir le système : à partir de 300 000 € de gains d'acquisition par an, c'est l'imposition au barème qui s'applique selon les règles des traitements et salaires, sans possibilité d'abattement, avec CSG, CRDS et contribution salariale de 10 %. On se retrouve du coup avec quatre systèmes d'imposition selon la date à laquelle les actions gratuites ont été attribuées : le premier régime s'applique aux actions attribuées avant le 28 septembre 2012, le deuxième concerne les actions attribuées entre le 28 septembre 2012 et le 7 août 2015. Le troisième porte sur les actions attribuées entre le 8 août 2015 et le 31 décembre 2016. Quant au quatrième, il s'applique aux actions attribuées à compter du 1er janvier 2017... Avec le temps, les premiers régimes doivent disparaître progressivement et la situation se simplifier, si le législateur n'a pas l'idée de revenir une nouvelle fois sur le dispositif !

# Des régimes plus favorables

Tout ce que nous avons vu jusqu'ici relève de l'application du régime général d'imposition des plus-values et des revenus de valeurs mobilières. Mais certains régimes particuliers permettent d'intervenir en Bourse dans un cadre fiscal encore plus favorable que la *flat tax*. Évidemment, il y a une contrepartie : l'épargne doit rester investie pendant une durée assez longue, et toutes les opérations ne sont pas permises.

## Les charmes nouveaux du plan d'épargne en actions

Le PEA n'est plus le paradis fiscal des origines. Mais les dernières réformes en font un outil intéressant par sa souplesse.

### La règle du jeu

Au départ, le plan d'épargne est apparu comme une incitation fiscale remarquable à l'investissement en actions, avec une règle simple : exonération complète d'impôt sur les dividendes et les plus-values au bout de cinq ans et, pendant ce temps, liberté absolue de mouvement et possibilité de faire autant d'achats et de ventes que l'on veut. Une seule contrainte : se limiter aux actions des pays de l'Union européenne, de la Norvège, de l'Islande, du Lichtenstein (à l'origine seules les actions françaises étaient admises) et à un certain montant d'investissement (aujourd'hui 150 000 € pour une personne seule et 300 000 € pour un couple).

Mais cette règle a subi quelques accrocs. Si l'exonération fiscale *stricto sensu* subsiste, la hausse de la CSG et l'apparition de nouvelles contributions sociales ont changé la donne : on arrive maintenant à un prélèvement non négligeable de 17,2 %. Calculer ce que l'on doit quand on ferme un PEA ouvert depuis longtemps est aujourd'hui d'une telle complexité que les casse-tête chinois relèvent en comparaison d'un jeu d'enfant. Car le prélèvement est calculé année par année en fonction de la législation en vigueur. Un épargnant voulant clore un PEA ouvert en 1995 doit tenir compte de l'arrivée de la CRDS en 1996 à 0,5 %, puis de la CSG en 1997, d'abord à 3,4 %, puis à 7,5 % et 8,2 % ; ensuite sont arrivés en 2004 le prélèvement social de 2 %, puis 2,2 %, 3,4 % et 4,5 %, la contribution additionnelle de 0,3 %, le prélèvement de solidarité de 2 % et enfin, le 1er janvier 2018, le passage de la CSG à 9,9 %. Si vous voulez vérifier les calculs de votre banque, nous vous souhaitons bon courage.

À l'automne 2013, le gouvernement a envisagé de « simplifier » ce système en soumettant tous les gains enregistrés au fil des ans au prélèvement unique de 15,5 % alors en vigueur. Ce projet a suscité de vives réactions et a été retiré. Mais la législation a été modifiée sur un autre point : les actions de préférence et les bons et droits de souscription ne sont plus éligibles au PEA. Les *actions de préférence*, dont nous n'avons pas parlé jusqu'ici, sont des actions dérogeant au régime général des actions ordinaires, avec ou sans droit de vote, assorties de droits particuliers, et cela à titre temporaire ou permanent ; elles sont créées selon les besoins par les entreprises pour faciliter l'entrée dans leur capital de certains investisseurs financiers et ne concernent guère les particuliers. En revanche, ceux-ci peuvent être gênés par l'interdiction de placer des droits de souscription dans leur PEA.

**Nouveauté**

Mais l'idée d'instaurer un prélèvement social à un taux unique, celui en vigueur au moment de la clôture du plan, n'était pas abandonnée. Elle est devenue la norme à partir du 1er janvier 2018. Cela dit, pour ne pas enfreindre la règle de la non-rétroactivité des lois, il a été nécessaire de définir deux modes de calcul selon la date d'ouverture du plan. Pour les plans ouverts avant le 1er janvier 2018, les prélèvements sociaux restent calculés suivant la règle du taux historique ; le gain de chaque année subit un prélèvement au taux applicable à l'époque, en terminant à 17,2 %. Pour les PEA ouverts depuis le 1er janvier 2018, le taux des prélèvements est celui en vigueur au moment du retrait partiel ou de la clôture du plan ; aujourd'hui, ce taux unique serait donc de 17,2 %.

## Que se passe-t-il en cas de retrait des fonds ?

Tout dépend de la date à laquelle intervient le retrait, sachant que la loi Pacte du 22 mai 2019 a introduit davantage de souplesse dans le dispositif. Auparavant, un retrait avant huit ans de détention conduisait à la clôture du plan et, en cas de retrait partiel après huit ans, le plan restait ouvert, mais il n'était plus possible d'effectuer de nouveaux versements.

Depuis la loi Pacte, il est possible d'effectuer un retrait partiel après cinq ans de détention sans devoir fermer son plan et il est possible d'effectuer de nouveaux versements après un retrait partiel.

Ces nouvelles règles s'accordent mieux avec la fiscalité du PEA, pour lequel le délai de cinq ans est l'élément déterminant. En effet, les gains réalisés sont exonérés d'impôt sur le revenu après cinq ans de détention. Seuls les prélèvements sociaux sont dus à partir de ce moment. En revanche, un retrait effectué avant la fin de cette période de cinq ans entraîne toujours la fermeture automatique du PEA et l'imposition des gains à l'impôt sur le revenu, avec la possibilité d'opter pour le prélèvement forfaitaire unique de 30 % ou l'imposition au barème. Donc, en résumé, si vous arrêtez votre PEA dans les cinq ans qui suivent son ouverture, vous retombez dans la fiscalité normale des valeurs mobilières ; ce n'est que si vous restez engagé plus de cinq ans que vous bénéficiez de tous les avantages du PEA.

Il existe toutefois quelques cas dans lesquels un retrait partiel avant cinq ans n'entraîne pas la clôture automatique du plan : la reprise ou création d'entreprise, le licenciement, l'invalidité ou la mise à la retraite anticipée du titulaire ou de son époux ou partenaire Pacs, enfin le retrait du plan des titres de sociétés en liquidation.

## Ce qu'on peut faire avec un PEA

Même si tout n'est pas permis dans le cadre du PEA, celui-ci laisse une certaine marge de manœuvre. Car on peut y placer une large gamme de produits : actions, sicav actions, parts de FCP, parts de SARL. En cas de doute sur l'éligibilité d'un produit au PEA, on peut trouver toujours ce renseignement sur le site de son intermédiaire financier dans la description des caractéristiques de ce produit. Euronext, sur la fiche de chaque produit coté, précise aussi ce point à la rubrique « caractéristiques ». Rappelons ici que si l'on ne souhaite pas gérer soi-même son portefeuille boursier, on peut acheter des parts ou des actions de fonds dits « PEA », investis à hauteur de 75 % au moins dans les pays européens. Et bien que les liquidités laissées sur un PEA ne soient pas rémunérées en principe, on peut aussi, dans des périodes particulièrement incertaines, opter pour des sicav monétaires construites de façon à être éligibles au PEA. On peut même investir indirectement sur des Bourses lointaines par le biais de trackers répliquant des indices japonais, américains, etc. En revanche, les opérations sur les produits dérivés ou avec le SRD ne sont pas admises. Mais rien n'interdit d'avoir, à côté de son PEA, un compte titres avec lequel on pourra se livrer à ce genre de fantaisies... Rappelez-vous aussi qu'il n'est plus possible de mettre des titres de sociétés foncières cotées (SIIC) dans un PEA, mais on peut garder ceux qui y sont déjà. On peut regretter cette nouvelle disposition car les sociétés foncières sont parfaitement adaptées à un investissement de long terme, et donc à un produit comme le PEA, mais il faut rappeler que, d'une façon générale, tous les titres bénéficiant d'un régime fiscal de faveur sont exclus du PEA.

Le saviez-vous

Le fait que le PEA soit exonéré d'impôts (mais pas de contributions sociales) a une conséquence : on ne peut soustraire ses éventuelles moins-values des plus-values réalisées par ailleurs. Toutefois, dans le cadre d'un plan clos avant la fin de la cinquième année, la moins-value peut être imputée sur les gains imposables dans le cadre des valeurs mobilières de la même année ou des dix années suivantes. Pour les plans clos au-delà de la cinquième année, le fisc peut autoriser l'application de cette disposition, mais dans certaines conditions seulement qu'il vaut mieux voir avec son agent des impôts.

Signalons par ailleurs qu'à côté du PEA bancaire classique existe un PEA assurance, ouvert dans une compagnie d'assurance sous la forme d'un contrat de capitalisation.

**Figure 16-2**
La fiscalité du PEA

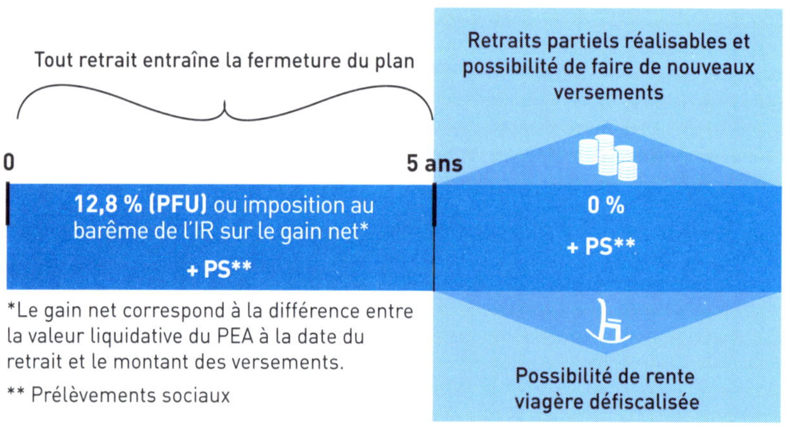


**→Un PEA ne peut pas faire l'objet d'une donation. En cas de succession, les héritiers peuvent décider de vendre ou conserver les valeurs sur un compte titres.**

*Source : lafinancepourtous.com et AMF*

## Le PEA-PME

La loi de finances pour 2014, nous l'avons vu au chapitre 6, a autorisé la création d'un PEA-PME, petit frère du PEA dont il reprenait l'essentiel des caractéristiques – la durée, la fiscalité, les titres éligibles – avec quelques particularités. Depuis sa création jusqu'à la loi Pacte de 2019, le PEA-PME a subi toute une série de transformations, qui ont profondément modifié sa physionomie. À tel point que le petit frère peut aujourd'hui prendre plus d'importance que le grand dans le patrimoine d'un ménage.

Au départ il a été proposé un nouveau PEA, avec un plafond réduit de moitié, à 75 000 euros donc, et investi uniquement en titres de PME ou d'ETI (entreprises de taille intermédiaire) appartenant comme pour le PEA à l'Union européenne, à l'Islande, à la Norvège ou au Liechtenstein, les entreprises concernées devant employer moins de 5 000 personnes, avoir un chiffre d'affaires inférieur à 1,5 milliard d'euros et un total de bilan n'excédant pas 2 milliards d'euros.

En ce qui concerne les titres éligibles, on remarquait aussi une différence avec le PEA classique : la plus grande place pouvant être accordée aux obligations dans les OPCVM. En effet, rappelons-le, la loi prévoit qu'on peut placer dans un PEA-PME des actions ou des parts d'OPCVM à condition qu'ils soient investis à hauteur d'au moins 75 % en titres émis par des sociétés éligibles (PME ou ETI), dont au moins deux tiers d'actions, le solde (soit 50 % de l'encours total du fonds) pouvant être investi en titres de dette (obligations) émis par des sociétés éligibles.

Le PEA-PME n'a pas eu le succès escompté. Pour plusieurs raisons. La première est le fait qu'il a été perçu comme un PEA d'appoint, que l'on souscrit quand on arrive au plafond du PEA ordinaire. La seconde raison est la relative complexité du produit. Il n'est pas simple de savoir si une valeur est éligible au PEA-PME ou si elle ne l'est pas. Pour simplifier la vie des épargnants, le ministère de l'Économie a demandé aux entreprises de faire savoir par communiqué si elles étaient éligibles. Mais cela ne résout pas complètement le problème.

Prenons l'exemple d'Ingenico, qui a d'abord été éligible au PEA-PME. Le 19 juin 2015, la société a publié un communiqué signalant que, depuis la publication des comptes 2014, elle ne remplissait plus les critères d'éligibilité. Conséquence : un épargnant qui avait ouvert un compte PEA-PME en 2014 ou au début de 2015 et y avait placé des titres Ingenico quand ce titre était encore éligible puis a opté pour le paiement du dividende en actions se trouvait dans une situation complexe. Il pouvait garder sur son PEA-PME ses titres Ingenico anciens, mais devait mettre sur un compte titres ordinaire les titres nouveaux reçus en paiement du dividende. On ne peut pas dire que ce genre de situation incitait à l'ouverture d'un PEA-PME.

C'est pourquoi le législateur a décidé de prendre des mesures destinées à renforcer l'attrait du produit. Depuis le 1er janvier 2016, les sommes versées sur un PEA-PME peuvent aussi être employées pour acheter des obligations convertibles ou remboursables en actions. Par ailleurs, les fonds européens d'investissement à long terme (FEILT, ou ELTIF en anglais) créés en 2015 pour permettre des investissements alternatifs de long terme sont éligibles au PEA-PME à condition qu'ils soient investis au moins à 50 % en titres donnant accès au capital de sociétés cotées ou non cotées. Précisons ce que sont les FEILT : ce sont des fonds qui doivent apporter des financements de longue durée à divers projets d'infrastructure, à des sociétés non cotées ou des PME cotées qui émettent des instruments de capitaux propres ou de dette. Cette disposition n'a guère servi : les FEILT sont quasiment inconnus en France.

Une autre mesure, non négligeable celle-là, a été prise dans le domaine fiscal : c'est l'exonération d'impôt sur les plus-values pour les cessions d'OPCVM monétaires détenus dans un compte titres ordinaire à condition que les sommes ainsi dégagées soient transférées sur un compte PEA-PME. Le raisonnement était simple : beaucoup d'investisseurs gardaient de l'argent sur des OPCVM monétaires qui ne leur rapportaient plus rien avec des taux à court terme tombés à zéro, voire au-dessous, parce qu'ils avaient peur de payer l'impôt sur les plus-values réalisées antérieurement. L'exonération d'impôt devait donc inciter à faire passer de l'argent investi à court terme vers un investissement à moyen ou long terme dans des entreprises. L'idée était bonne, mais la mesure était évidemment limitée dans le temps : elle s'est arrêtée le 31 mars 2017.

Ces réformes ont été accompagnées aussi par de nouvelles précisions concernant les sociétés dont les titres peuvent être mis dans un PEA-PME. Aux critères rappelés ci-dessus (nombre de salariés, chiffre d'affaires ou total de bilan), la loi a ajouté de nouveaux critères pour les sociétés cotées : les PME et ETI cotées, c'est-à-dire celles « dont les titres sont admis aux négociations sur un marché réglementé ou sur un système multilatéral de négociation », doivent également avoir une capitalisation boursière inférieure à un milliard d'euros et aucune personne morale ne doit détenir plus de 25 % de son capital. Très clairement, il s'agit d'éviter que le dispositif ne profite aux filiales des grands groupes.

Mais la grande réforme est intervenue dans le cadre de la loi Pacte de mai 1919. Auparavant, rappelons-le, un épargnant pouvait placer jusqu'à 75 000 euros sur son PEA-PME et jusqu'à 150 000 euros sur son PEA classique, soit un plafond global de 225 000 euros. Depuis la loi Pacte, il est possible d'aller au-delà du plafond de 75 000 euros pour un PEA-PME, à condition que le plafond global de 225 000 euros ne soit pas dépassé. En pratique, si l'on n'a pas de PEA classique, on peut donc aller jusqu'à 225 000 euros sur le PEA-PME.

Mais ce n'est pas tout. La loi Pacte a considérablement élargi le champ des titres pouvant être placés dans un PEA-PME, avec une ouverture marquée vers le financement participatif dont nous avons parlé au chapitre 1. Au total, on arrive à une large palette de produits : actions, certificats d'investissement, parts de SARL, de PME et d'ETI, parts d'organismes de placements collectifs (OPCVM, sicav, etc.) investis à plus de 75 % dans les PME ou ETI, titres participatifs, obligations à taux fixe et minibons proposés par les plateformes de *crowdfunding*, obligations remboursables en actions cotées et obligations remboursables en actions non cotées, titres admis aux négociations sur un marché réglementé à condition que la capitalisation boursière de la société ne dépasse pas un plafond de 1 milliard d'euros.

Ainsi, le PEA-PME peut toujours être utilisé en complément du PEA classique mais, de plus en plus, il a vocation à être un véhicule d'investissement à part entière pouvant séduire des épargnants davantage attirés par le monde des PME et le financement participatif. Précisons qu'il peut lui aussi être géré par un assureur sous la forme d'un contrat de capitalisation.

### Et un petit nouveau : le PEA jeunes

**Nouveauté**

Par ailleurs, la loi Pacte a assoupli la limitation du nombre de PEA au sein d'un foyer fiscal. Jusqu'à présent, chacun des parents pouvait ouvrir un PEA, mais cette possibilité était refusée aux enfants majeurs rattachés.

Ces derniers peuvent désormais ouvrir un « PEA jeunes » qui fonctionne comme un PEA classique, mais avec un versement plafonné à 20 000 euros. Ce PEA concerne donc tous les jeunes de 18 à 21 ans et les étudiants jusqu'à 25 ans s'ils réclament le rattachement, ainsi que les majeurs handicapés et rattachés fiscalement à leurs parents. Dès que les détenteurs de ce PEA jeunes deviennent contribuables à part entière, leur PEA devient un PEA classique, avec un plafond de 150 000 euros.

## Investir en Bourse dans le cadre de l'assurance-vie

Il n'est pas question de revenir ici sur la fiscalité détaillée de l'assurance-vie ; ce n'est pas notre sujet. Simplement, nous rappelons l'existence de cette formule à ceux qui veulent investir en Bourse, mais qui n'ont pas envie de gérer eux-mêmes leur portefeuille. Si l'on souhaite déléguer la gestion à un professionnel et si l'on a un horizon de placement assez long, il est logique de penser à l'assurance-vie, qui offre un cadre fiscal intéressant (mais pour combien de temps encore?) du double point de vue de l'impôt sur le revenu et des droits de succession.

Pour cela, il faut souscrire un contrat multisupport, qui permet d'arbitrer entre les contrats classiques en euros, avec un capital garanti et une rémunération annuelle fixée par l'assureur, et les contrats en unités de compte, appelés ainsi parce que les primes versées sont alors investies en parts d'OPCVM, sans garantie du capital. Le contrat multisupport offre une certaine souplesse, dans la mesure où il permet de passer en fonction des circonstances d'un compartiment à l'autre. Mais il n'est pas recommandé d'abuser de cette souplesse, qui a un coût : l'assureur prélève des frais supplémentaires chaque fois que vous transférez des sommes d'un support à l'autre. C'est d'ailleurs l'inconvénient majeur de l'assurance-vie : elle est souvent fortement « chargée » en frais de gestion. Il vaut mieux se renseigner avant de signer. Il faut veiller aussi à ce que l'assureur vous permette l'accès à une large gamme de fonds permettant d'investir sur tous les grands marchés mondiaux, voire les principaux indices boursiers *via* les *trackers* ou certains certificats.

## Taxe sur les transactions financières : le retour de l'impôt de Bourse

L'impôt de Bourse avait été supprimé par la loi de finances pour 2008 ; il est de retour depuis 2012 sous la forme d'une taxe sur les transactions financières décidée par le gouvernement Fillon et alourdie par le gouvernement Ayrault.

En fait, sous cette appellation, on trouve trois taxes, dont une visant le trading à haute fréquence et une autre les CDS (*Credit Default Swaps*) « nus » portant sur les dettes souveraines des pays de l'Union européenne. Nous ne parlerons ici que de la troisième, qui concerne les investisseurs individuels : celle qui porte sur les achats d'actions françaises cotées. Seules rentrent dans ce cadre les sociétés ayant une capitalisation boursière supérieure à 1 milliard d'euros au premier décembre de l'année précédant l'imposition.

La taxe ne s'applique que s'il y a eu transfert de propriété : elle ne s'applique donc pas dans le cadre du *day trading* (action achetée et revendue dans la journée) ni dans celui du SRD, si les actions achetées ont été revendues avant la fin du mois boursier ou si la position a fait l'objet d'un report. Son montant a été porté de 0,2 % à 0,3 % par la loi de finances pour 2017, mais une disposition qui prévoyait l'imposition des opérations intra-journalières a finalement été abandonnée en deuxième lecture à l'Assemblée nationale. La taxe est prélevée directement par votre intermédiaire financier. Selon la liste diffusée chaque année par l'administration fiscale, 132 sociétés cotées étaient concernées au 1er décembre 2018.

Au niveau européen, la Commission a proposé une taxe qui s'appliquerait à tous les marchés (réglementés ou de gré à gré), tous les produits (actions, obligations, produits dérivés, etc.). Son taux serait de 0,1 % pour les actions et les obligations et de 0,01 % pour les produits dérivés. Elle rapporterait entre 30 et 35 milliards d'euros par an.

»

»

Cette proposition a été faite en 2011, mais les travaux avancent lentement. La Grande-Bretagne, soucieuse de ne pas freiner l'activité de la place financière de Londres, s'y est toujours opposée. Onze pays, dont la France, proposent d'agir dans le cadre d'une « coopération renforcée », c'est-à-dire que la taxe ne s'appliquerait que dans les pays qui l'ont adoptée. Les professions financières des pays concernés y sont hostiles. La question reste en suspens...

Si l'on effectue des retraits avant la fin de la huitième année, la façon dont les gains sont imposés dépend de l'ancienneté du contrat. Si les versements ont été effectués au plus tard le 26 septembre 2017, les plus-values sont soumises, par défaut, au barème de l'impôt sur le revenu. Il est possible néanmoins d'opter pour un prélèvement forfaitaire libératoire (PFL) : 35 % avant quatre ans de détention et 15 % entre quatre et huit ans. Cette option est irrévocable et doit s'exercer préalablement à la demande de rachat auprès de l'assureur. Si les versements ont été effectués depuis le 27 septembre 2017, les gains sont soumis au prélèvement forfaitaire unique (PFU) de 12,8 %. Lors de sa déclaration d'impôt sur le revenu, l'épargnant pourra toutefois opter pour une imposition au barème. Dans ce cas, le PFU déjà prélevé viendra en déduction de l'impôt dû, et en cas de solde négatif, sera restitué. Au-delà de huit ans, le prélèvement libératoire est de 7,5 % (ou 12,8 % pour les plus gros contrats) après déduction d'un abattement de 4 600 € pour une personne seule ou de 9 200 € pour un couple. Autrement dit, il est possible de retirer chaque année jusqu'à 4 600 € de gains (ou 9 200 €) en bénéficiant d'une exonération d'impôt. Quant aux prélèvements sociaux, ils interviennent chaque année pour les contrats monosupport en euros et le compartiment euro des contrats multisupport ; pour les supports en unités de compte, le prélèvement s'effectue à la date du dénouement du contrat ou du décès de l'assuré. Quant au taux de ce prélèvement – taux en vigueur au moment où il est effectué ou taux historique, c'est-à-dire taux en vigueur au moment où chacun des gains imposés a été réalisé –, là encore, cela dépend de la date à laquelle le contrat a été mis en place.

Nouveauté

Pour être complet, il faut parler d'un troisième type de support d'assurance-vie, intermédiaire entre les fonds euros et les fonds en unités de compte : il s'agit des fonds eurocroissance. Ces fonds ont été lancés en 2014 pour encourager le placement en actifs plus risqués comme les actions tout en offrant le cadre sécurisant de l'assurance-vie. Mais ces fonds n'ont guère remporté un grand succès, car la technique est assez complexe et pas très compréhensible par le commun des mortels, qui voit un produit composé de deux poches d'actifs, l'une qui garantit complètement ou partiellement le capital investi au terme d'une durée qui ne peut être inférieure à huit ans (ce sont les provisions mathématiques), l'autre investie dans des actifs plus risqués (ce sont les provisions techniques de diversification), le tout avec une perspective de rendement difficile à déterminer. La loi Pacte de mai 2019 tente de relancer ce produit en donnant au souscripteur la possibilité de choisir une deuxième formule à la fois plus souple et plus lisible, l'intégralité des engagements de l'assuré étant exprimée alors en parts d'un seul fonds et non en deux compartiments, tout en gardant le principe de base du produit : la garantie du capital à l'échéance. Il faut attendre et voir ce que les assureurs vont proposer.

Au total, si l'on veut comparer l'investissement boursier dans le cadre d'un PEA à l'assurance-vie, on peut trouver quatre différences majeures : les versements sont illimités dans un contrat d'assurance-vie, mais plafonnés dans un PEA ; les gains ne sont pas imposés à l'impôt sur le revenu dans un PEA détenu depuis plus de cinq ans, alors qu'ils restent imposés à 7,5 % ou 12,8 % au-delà de huit ans en assurance-vie ; l'assurance-vie bénéficie d'un régime favorable en matière de droits de succession (c'est son principal attrait) alors que le PEA est soumis au droit commun ; enfin, et c'est sans doute le plus important pour un vrai boursier, on peut gérer soi-même son PEA et acheter des titres en direct.

En conclusion, le choix du cadre fiscal le plus approprié dépend de ce que vous voulez faire : êtes-vous bien décidé à laisser votre argent en Bourse plusieurs années ? Avez-vous le souci de faire croître votre capital ou plutôt de le préserver en vue d'une éventuelle succession ? Avez-vous envie d'utiliser tous les supports d'investissement possibles, y compris les plus spéculatifs, ou envisagez-vous de gérer votre portefeuille de façon plus classique, voire de déléguer cette gestion ? Il n'y a pas de formule miracle qui convienne à tout le monde, il n'y a que des solutions plus ou moins bien adaptées à votre cas personnel. À vous de décider.

**DANS CE CHAPITRE**

De la crise des ***subprimes*** à une période d'incertitude

•

De lourdes menaces sur la croissance mondiale

•

Pourquoi et comment s'intéresser aux actions dans ce contexte

# Chapitre 17

# Comment investir en Bourse aujourd'hui

Vous êtes patients, vous avez lu sans broncher les 16 chapitres précédents, mais, au fond, vous n'êtes pas vraiment convaincus. Vous vous dites : c'est bien, on prend la peine de tout nous expliquer. Les actions, les obligations, les warrants, nous avons compris ce que c'est. Mais, enfin, nous ne sommes pas fous. Quand on nous raconte au chapitre 2 que les actions sont le meilleur des placements, on nous prend pour plus nuls que nous ne le sommes. Tout le monde peut voir que c'est la catastrophe. En Europe, aux États-Unis, au Japon, partout les actions se sont écroulées après 2007. Elles sont revenues cinq ans, dix ans en arrière, voire plus. La belle affaire ! D'accord, depuis, elles ont bien remonté. Mais peut-on être sûr qu'une nouvelle crise n'est pas en train de se préparer ?

Vous avez raison : les années 2007-2009 ont été terribles pour la Bourse et, après un rebond en 2010, l'année 2011 a encore été mauvaise. Ces événements très graves, qui ont conduit à la crise économique et à la remontée du chômage, constituent, hélas, une illustration saisissante de l'idée de base sur laquelle doit reposer l'investissement en actions : ce n'est pas un jeu où l'on peut gagner indéfiniment. Les gains en Bourse ne s'expliquent que par la réussite de milliers d'entrepreneurs et le travail de millions de salariés. Si les dirigeants économiques ont mené des politiques aventureuses qui se soldent par une explosion des faillites et des licenciements, la Bourse ne peut que plonger.

# La première vraie crise de la mondialisation

Nous pouvons en être sûrs : les événements de ce début de siècle vont susciter l'écriture de centaines voire de milliers de livres à travers le monde. Étudiants et professeurs n'ont pas fini de les disséquer et de les commenter. Nous ne ferons ici que décrire rapidement un certain nombre d'enchaînements et essayer d'en tirer quelques conclusions.

## Le Far West de la finance

On ne peut pas comprendre la crise sans la replacer dans son contexte économique. Schématiquement, à la fin du XX$^{e}$ siècle, on avait la situation suivante : d'un côté, des pays industrialisés, États-Unis en tête, avec un pouvoir d'achat élevé, donc une main-d'œuvre chère, des universités, des technologies de pointe et une industrie financière extrêmement créative ; de l'autre, des pays émergents, Chine en tête, à la main-d'œuvre abondante et bon marché, avec des besoins immenses à satisfaire et une nécessité vitale de croître très vite. Entre les deux, des barrières douanières et des obstacles aux mouvements de capitaux de moins en moins élevés.

Dès lors, on voit très bien ce que pouvait être la suite des événements. Les industriels des pays riches se sont associés à des industriels des pays émergents pour y délocaliser une grande partie de leur production. Les États-Unis voyaient leur déficit commercial se creuser tandis que la Chine voyait son excédent gonfler. Mais les entreprises américaines gagnaient beaucoup d'argent à ce jeu, et le Trésor américain émettait des emprunts considérés comme le placement le plus sûr au monde ; la Chine plaçait donc les devises qu'elle avait accumulées aux États-Unis. Pour ces derniers, les rentrées de capitaux compensaient les devises perdues du fait du déficit commercial ; la boucle était bouclée. On pouvait croire qu'on avait trouvé le mouvement perpétuel.

Pourtant, il y avait une faille dans le système : sous la pression des délocalisations et de la concurrence des industries des pays émergents, les revenus des salariés ne progressaient plus beaucoup dans les pays industrialisés, notamment aux États-Unis. Or, en fin de compte, tout le système reposait sur le consommateur américain. Il fallait absolument lui donner les moyens de consommer. Le crédit hypothécaire devait être l'arme absolue. Le système est génial. Vous empruntez, vous achetez une maison dont le prix augmente dans les mois qui suivent, vous pouvez retourner voir votre banquier pour obtenir un crédit supplémentaire garanti par la hausse du prix de votre maison. Au cours des dernières années, on a introduit un nouveau perfectionnement, le crédit *subprime* : vos revenus sont trop faibles pour que vous puissiez obtenir un crédit normal, de première qualité (*prime*), on vous accorde un crédit dans des conditions très favorables, aux mensualités très faibles dans un premier temps. Si, plus tard, vous ne pouvez pas payer les mensualités, ce n'est pas grave : vous revendez la maison et, comme le prix a augmenté entre-temps, non seulement vous pouvez rembourser votre emprunt, mais vous faites une bonne affaire...

Tout cela évidemment supposait une élévation continue du prix des logements. Avec la hausse des taux d'intérêt de 2004 à 2006, le marché immobilier a commencé à se gripper. Et les incidents de crédit sont apparus.

Problème : ces crédits, les banques ne les avaient pas gardés dans leur bilan. Elles les avaient « titrisés », c'est-à-dire transférés à des structures *ad hoc*, qui émettaient des titres représentatifs de ces crédits ; ces titres ont migré à travers le monde de la finance, mélangés à d'autres, pour constituer des millefeuilles d'apparence alléchante, mais qui se sont révélés peu comestibles. Après le Far West et la conquête de la Lune, ces innovations financières étaient censées représenter les nouvelles frontières qu'il s'agissait d'élargir toujours davantage. Mais le piège s'est refermé.

## Des premiers craquements à la crise

Les premiers grondements se sont fait entendre en février 2007, lorsque la banque britannique HSBC a annoncé un relèvement de ses provisions pour créances immobilières douteuses. Mais l'orage n'a vraiment éclaté qu'à l'été 2007 lorsque les banques, doutant les unes des autres, ont arrêté de se prêter de l'argent entre elles et que le marché interbancaire a cessé de fonctionner. En dépit de l'intervention des banques centrales et des gouvernements, la crise a ensuite continué de s'étendre. Le point culminant a été atteint en septembre 2008, avec la faillite de la banque américaine Lehman Brothers. À partir de ce moment, cela a été la panique générale. Partout dans le monde, les entreprises ont commencé à entrevoir le pire et à réduire leur production pour éviter de se retrouver avec des stocks ingérables. De la crise des *subprimes*, comme on disait au début, on est passé à la crise financière, puis à la crise économique.

## La pire crise boursière depuis 1929

Au début, les marchés boursiers ont bien résisté. On a même vu le 9 octobre 2007 l'indice Dow Jones établir un nouveau record à 14 165 points. Le 9 mars 2009, il se retrouvait à 6 545, soit une baisse de près de 54 %. Partout dans le monde, avec des décalages dans le temps et une amplitude plus ou moins forte, les marchés ont suivi le même mouvement, au point que la comparaison avec le krach de 1929 est devenue évidente.

Un constat s'impose pourtant : ce n'est pas une crise boursière, du moins à l'origine. À la fin des années 1990, les marchés boursiers s'étaient emballés et les niveaux atteints au début de l'année 2000 justifiaient une correction. Cette fois, les excès ont été cantonnés à certains marchés ou à certaines valeurs. Globalement, après la forte hausse enregistrée depuis le printemps 2003, les investisseurs avaient commencé à lever le pied en 2007 : les PER n'étaient pas encore excessifs, mais ils risquaient de l'être si les entreprises ne parvenaient pas à faire encore progresser leurs bénéfices, déjà élevés. Et les relèvements de taux d'intérêt ne laissaient rien présager de bon. Après quatre années consécutives de hausse, il fallait s'attendre à une pause. La suite des événements a montré que ce scénario était encore bien optimiste...

# Des conséquences durables

Une telle crise ne pouvait se résorber du jour au lendemain. Après la chute de l'activité économique, puis la nécessaire consolidation du secteur financier, on est entré dans une seconde phase avec la crise de la dette souveraine en Europe.

Jamais dans l'histoire économique moderne on n'avait vu l'activité s'effondrer aussi vite sur tous les continents. Nous avons vraiment vécu la première récession mondiale à l'heure d'Internet, avec des pays recevant simultanément les mêmes informations et réagissant tous de la même façon au même moment. Même si la coopération internationale n'a pas été aussi étroite qu'on aurait pu le souhaiter, les mesures prises au niveau des gouvernements et des banques centrales ont permis que, après avoir vécu une nouvelle année 1929, on ne revive pas les années 1930.

Certes, le redémarrage s'est fait de façon assez chaotique, surtout en Europe, avec les crises grecque et espagnole et la menace d'un éclatement de la zone euro. Mais les États-Unis ont retrouvé le chemin de la croissance ; en juillet 2019, en entrant dans leur 121e mois d'expansion économique continue, ils ont battu le précédent record qui datait des années 1990 sous la présidence de Bill Clinton. Le Japon s'est lancé dans une nouvelle politique économique plus dynamique et l'Europe a suivi, avec une croissance modérée permettant un recul du taux de chômage à 7,5 % au début de l'été 2019 dans la zone euro, soit le taux le plus bas enregistré depuis juillet 2008.

**Figure 17-1**
Les performances de trois grands indices boursiers sur 10 ans

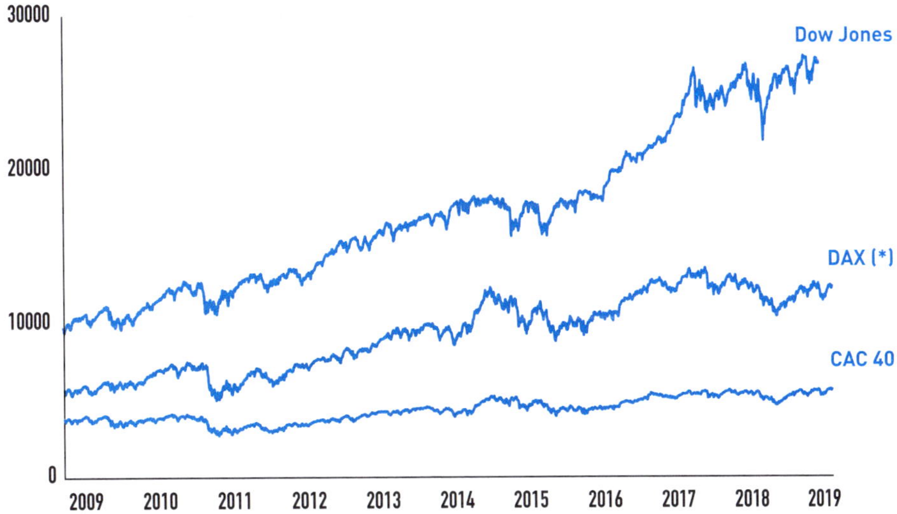


*(*) Dividendes réinvestis*

*Source : lafinancepourtous.com d'après Yahoo Finance*

À New York, les grands indices boursiers sont allés de record en record. À Paris, le CAC 40, qui était tombé en séance le 9 mars 2009 au-dessous de 2 500 points, est remonté au-dessus de 5 000 points. Mais après une chute brutale au dernier trimestre 2018, une franche remontée et des records en 2019, les marchés mondiaux font face à de nouvelles incertitudes :

» **Un climat de guerre commerciale.** La montée en puissance extrêmement rapide de la Chine et la place prise par ce pays dans le commerce mondial pose certes un problème, mais le conflit ouvert par Donald Trump suscite d'autant plus d'inquiétudes que le président américain ne ménage pas non plus ses partenaires occidentaux, qu'il s'agisse de la France ou plus encore de l'Allemagne. Dans les milieux économiques, on redoute un ralentissement du commerce mondial et de la croissance, en Chine notamment, mais aussi aux États-Unis et dans l'ensemble du monde.

- **Des doutes sur la capacité des États et des banques centrales à soutenir l'activité.** Selon les calculs de l'Institute of International Finance, la dette mondiale atteignait 246 000 milliards de dollars au premier trimestre 2019, soit presque 320 % du PIB mondial. À elles seules, celles des États-Unis atteignaient 70 000 milliards de dollars, la dette de l'État fédéral et celle des entreprises non-financières atteignant des records. Donald Trump a multiplié les tweets rageurs contre le président de la Réserve fédérale, mais des baisses de taux plus fortes et rapides sont-elles une solution lorsque l'endettement de l'État et des entreprises est déjà aussi élevé ? Quant à l'Europe, avec des taux négatifs en Allemagne sur toute la courbe des taux, du court terme aux emprunts à trente ans de l'État fédéral, elle n'a plus beaucoup de munitions. La politique monétaire semble avoir atteint des limites et les taux négatifs pèsent sur les résultats des banques, ce qui n'est pas très bon pour l'économie. Quant à la dette publique, elle atteignait 85,9 % du PIB de la zone euro à la fin du premier trimestre 2019. Parmi les grands États de cette zone, seule l'Allemagne serait en mesure en cas de besoin d'augmenter significativement son déficit et sa dette, mais des politiques de ce genre ne sont pas dans ses habitudes. Des économistes de renom incitent les États à profiter des taux bas pour s'endetter et investir ; le raisonnement pourrait être recevable si l'on ne partait pas de niveaux d'endettement déjà aussi élevés. Bref, si le monde était confronté à une nouvelle crise, il serait un peu démuni.
- **Des interrogations sur la croissance qui ne sont pas simplement d'ordre conjoncturel.** C'est le fonctionnement même de notre système économique qui pose problème. Il en est ainsi de la question des inégalités. Pendant longtemps, elles ont été considérées comme un problème social et politique. Mais, depuis plusieurs années, les grandes organisations internationales tirent la sonnette d'alarme : la montée des inégalités est désormais un problème économique. L'ouverture des frontières et les changements technologiques ont réduit le pouvoir de négociation de beaucoup de salariés des pays développés dont le pouvoir d'achat stagne alors que les gains d'une minorité s'envolent. Or, une croissance soutenue et inscrite dans la durée ne peut reposer que sur une augmentation générale du pouvoir d'achat. Mais les entreprises ne peuvent procéder à des hausses de salaires que si celles-ci sont justifiées par des gains de productivité. Et, là, il y a un problème : contrairement à ce que l'on aurait pu espérer, les nouvelles technologies ne semblent plus contribuer que faiblement à augmenter la productivité. Le débat est intense : pour les uns, la faiblesse des gains de productivité est réelle, pour d'autres, elle n'est qu'apparente et s'explique par notre incapacité à mesurer ces gains, très visibles dans l'industrie, mais plus difficiles à appréhender dans les services. En attendant, le résultat est là : le pouvoir d'achat des salariés stagne dans la plupart des grands pays industriels et le soutien à l'activité est de plus en plus artificiel, avec des politiques monétaires très accommodantes.

Ajoutons à cela la question du réchauffement climatique et des multiples pollutions qui menacent notre environnement. L'opinion se divise profondément sur ce sujet : pour les uns, il faut continuer à croître et à innover, car c'est le progrès scientifique et technique qui permettra de résoudre ces problèmes ; pour les autres, de plus en plus nombreux, c'est la croissance même qui doit être remise en cause, car il n'y a pas de croissance sans dépense d'énergie, sans utilisation de matières premières, etc.

Pour l'investissement boursier, la façon dont ces débats influeront sur l'organisation économique du monde est fondamentale : il ne peut y avoir de hausse durable de la Bourse sans hausse des profits et cette hausse des profits peut difficilement se faire sans croissance.

# L'actionnaire individuel a encore une (petite) place

Dans ce contexte incertain, les actionnaires individuels pourraient d'autant plus facilement se laisser gagner par la morosité que le monde financier évolue d'une façon qui ne leur est apparemment pas très favorable.

D'abord, la Bourse ne semble plus être considérée comme un lieu incontournable où les entreprises doivent venir pour financer leur développement. Cela se voit dans les statistiques, et notamment aux États-Unis. Le nombre d'entreprises cotées avait atteint un sommet à 7 600 en 1997, en pleine folie Internet, alors que le nombre d'introductions en Bourse (IPO, pour *Initial Public Offerings*) avait plus que triplé depuis le début de la décennie (jusqu'à plus de 600 dans l'année). Des entreprises ont disparu, d'autres ont été rachetées et le rythme des IPO s'est considérablement ralenti. Un phénomène comparable peut être constaté en Europe. Ainsi, la Bourse de Paris comptait 818 entreprises cotées en 2009, et dix ans plus tard, elle en comptait moins de 700.

Les raisons de ce repli sont nombreuses. Les entreprises cotées, comme les autres, sont mortelles : elles peuvent faire faillite, elles peuvent être absorbées par d'autres entreprises qui cherchent à avoir une dimension mondiale (la taille moyenne des sociétés cotées a beaucoup augmenté), les actionnaires majoritaires peuvent décider d'une sortie de la cote. En sens inverse, il faut que les introductions à la cote soient au moins aussi nombreuses. Or, les entreprises aujourd'hui peuvent avoir beaucoup de raisons de ne pas envisager la cotation.

Les raisons traditionnelles sont toujours présentes, comme le refus de la publicité autour de ses comptes, de sa gestion et de sa stratégie ou le souci des fondateurs de rester maîtres chez eux. Pour illustrer ce dernier point, on a vu aux États-Unis des entreprises se faire coter dans des conditions très particulières : Snap, en 2017 avec des actions sans droit de vote, Lyft et Pinterest, en 2019, avec pour leurs fondateurs des actions dotées de 20 droits de vote, dans le plus parfait mépris de la démocratie actionnariale. Même à New York, où l'on commence à s'habituer aux entreprises de haute technologie qui se font introduire avec des actions apportant 10 droits de vote aux dirigeants, cela a choqué.

Et des raisons nouvelles de ne pas chercher à s'introduire en Bourse apparaissent. Beaucoup de jeunes entreprises ont un développement qui s'appuie plus sur le savoir-faire, l'intelligence et les compétences que sur de lourds investissements en matériel ; elles ont besoin de relativement peu de capitaux et, de surcroît, elles peuvent trouver ces capitaux ailleurs. Beaucoup d'investisseurs sont friands de placements dans le *private equity*, autrement dit les entreprises non cotées, au point que l'on peut se demander si des excès ne sont pas en train de se commettre de ce côté (du moins pour les entreprises intervenant dans les hautes technologies, les autres secteurs ayant plus de mal à se financer dès lors que l'on parle en dizaines ou centaines de millions). Par ailleurs le financement participatif est monté en puissance ; il semble maintenant plafonner, mais, avec l'arrivée des cryptomonnaies, on assiste aussi à des levées de fonds par émission de jetons ou tokens, les ICO (pour *Initial Coins Offerings*). Fait significatif, la loi Pacte dont nous avons déjà eu à parler à plusieurs reprises fournit enfin un cadre juridique clair à ces ICO.

Un autre facteur négatif pour la Bourse, du moins du point de vue de l'investisseur individuel, est l'importance prise par les gestionnaires de fonds sur le marché. Le premier d'entre eux, l'américain BlackRock, gérait plus de 6 800 milliards de dollars à la fin du premier semestre 2019. Le marché est de plus en plus dominé par des professionnels qui interviennent avec des moyens humains et informatiques considérables (voir ce que nous avons dit sur le trading haute fréquence au chapitre 6). Il ne faut pas se raconter d'histoires : particuliers et gérants professionnels ne jouent plus dans la même catégorie.

On pourrait ajouter d'autres éléments, moins importants, mais qui vont dans le même sens. Il en est ainsi d'une conséquence néfaste d'une des dispositions de la directive MIF 2, qui stipule que les intermédiaires financiers sont désormais tenus de distinguer dans leur tarification les frais de transactions de ceux qui sont liés à la recherche financière. Ce louable souci de transparence a eu un effet qui n'était sans doute pas souhaité : comme les notes des analystes financiers sont devenues payantes, beaucoup de sociétés de gestion en demandent moins, les équipes d'analystes ont été réduites et elles se concentrent sur les grandes valeurs cotées, celles pour lesquelles il y a la plus grande demande d'analyses. Au bout de la chaîne, l'investisseur individuel, celui qui peut le plus être tenté de mettre autre chose que des grandes valeurs dans son portefeuille, a de moins en moins accès à des notes de recherche. La gestion passive, celle qui se contente de répliquer des indices, n'encourage pas non plus à la recherche de sociétés méritant d'être suivies. Ce qui compte, c'est de savoir si l'entreprise appartient à un indice sur lequel il y a des transactions. Hors des grands indices, point de salut !

## En conclusion, pourquoi s'intéresser à la Bourse ?

Après toutes ces remarques négatives, on pourrait être tenté de penser que la Bourse n'est plus faite aujourd'hui pour les particuliers et qu'il vaut mieux s'intéresser à autre chose. Ce serait une erreur, pour plusieurs raisons :

» **C'est un placement rémunérateur et utile.** Nous l'avons dit et redit, la vie en Bourse n'est pas un long fleuve tranquille mais, au bout du compte, si l'on suit quelques règles de prudence simples sur lesquelles nous allons revenir dans les deux chapitres suivants, on peut y faire fructifier son épargne. À une époque où les taux d'intérêt sont très bas et où les autres placements sont d'un faible rapport, il peut être conseillé de se tourner vers les actions. Certes, la Bourse n'a pas bonne presse : tout le monde trouve normal de faire de confortables plus-values en revendant des biens immobiliers sans avoir rien fait d'autre que d'attendre et laisser jouer la loi de l'offre et de la demande, mais les gains boursiers sont considérés comme suspects. À l'évidence, dans le monde financier, comme dans tous les endroits où il circule beaucoup d'argent, l'appât du gain peut conduire à des comportements que la morale et/ou la loi réprouvent, mais le financement des entreprises a une utilité sociale évidente. Notons au passage que si le système capitaliste américain voulait se détruire, il ne ferait pas mieux : les rachats d'actions par les entreprises pour faire monter les cours et satisfaire les actionnaires ont une taille qui dépasse de loin aujourd'hui les souscriptions d'actions nouvelles. En clair : la Bourse de New York ne contribue plus à financer l'économie. Mais rien ne nous oblige à suivre le mauvais exemple américain.

» **C'est un placement surveillé et encadré.** La finance a mauvaise réputation et ce n'est pas toujours injustifié... Mais le fonctionnement de marchés boursiers comme Euronext est étroitement réglementé, surveillé, contrôlé. L'investisseur a accès à une information complète et précise, il peut acheter et vendre très vite et facilement. Et, quoi que l'on dise de la volatilité des marchés boursiers, celle-ci est faible en comparaison de celle de beaucoup de cryptomonnaies présentées comme le placement de demain.

- **C'est un placement qui laisse une grande liberté de choix.** La gestion d'un portefeuille boursier peut être orientée dans des directions multiples, selon la personnalité et les convictions de chacun. On peut spéculer de façon effrénée, avec des visions très court-termistes, en cherchant à « faire des coups », on peut au contraire avoir une gestion prudente et chercher à faire des gains « raisonnables » sur la durée ; on peut jouer sur tous les marchés avec tous les produits auxquels on peut avoir accès en cherchant à maximiser son profit sans se poser trop de questions éthiques, mais on peut aussi avoir d'autres objectifs : privilégier les entreprises de son pays, celles qui y investissent, celles qui sont bien notées pour leur politique sociale ou qui se montrent particulièrement soucieuses de l'environnement. Si, par exemple, on est très soucieux d'agir contre le réchauffement climatique, on peut investir dans les entreprises qui agissent de façon déterminée pour réduire leurs émissions de gaz à effet de serre. Si les dirigeants d'entreprise moins attentifs à ce problème voient que les actions de leur société sont moins bien valorisées en Bourse que les autres, ils seront peut-être enclins à faire un effort eux aussi. C'est en tout cas la démarche adoptée par certains gérants qui n'en oublient pas pour autant les préoccupations de rentabilité de leurs clients ; et, semble-t-il, les clients soucieux de donner un sens à leurs investissements sont beaucoup plus nombreux qu'on ne pourrait le croire. On peut en trouver un autre exemple avec les biotechnologies : les valeurs du secteur sont souvent très chères parce qu'elles font l'objet d'achats spéculatifs, mais on rencontre aussi des investisseurs qui les achètent parce qu'ils ont le sentiment de contribuer ainsi à la lutte contre des maladies encore incurables.
- **Gérer soi-même son portefeuille est très satisfaisant.** Une gestion sérieuse implique un suivi régulier de l'actualité mondiale. C'est une excellente formation permanente. Il n'y a pas que l'économie et la finance dans la vie, mais ces problèmes-là, qu'on le veuille ou non, jouent un rôle déterminant que ce soit en politique internationale ou en politique intérieure. Connaître les grands dossiers du moment et être capable de se forger sa propre opinion parce qu'on sait de quoi on parle, c'est gratifiant et cela justifie qu'on y passe un peu de temps. Si, en plus, en se formant son propre jugement sur la situation, on investit au bon moment ou au contraire on réduit la voilure avant que la tempête ne se déchaîne, on a la satisfaction d'avoir fait fructifier son épargne ou de l'avoir mise à l'abri des intempéries. Jamais un professionnel de la finance ne sera aussi motivé que vous : vous gagnez, il gagne aussi ; vous perdez, il gagne encore car il touche ses commissions. À ce jeu-là, il est conseillé d'être le plus autonome possible.
- **Enfin, il ne faut pas l'oublier :** la rémunération de l'épargne a une logique. Plus le placement est à court terme, plus il est éloigné de tout risque, moins il rapporte. L'argent placé dans le capital des entreprises est celui qui doit logiquement offrir le meilleur rendement. Au cours des dernières décennies, aux États-Unis, on a vu monter un courant de pensée ultra-libéral fondé sur une

règle simple : la gestion d'une entreprise doit se faire dans le seul souci de la satisfaction des actionnaires, toute autre considération ne pouvant mener qu'à des déconvenues. Cette vision de l'économie est aujourd'hui remise en cause et les incertitudes actuelles que nous avons brièvement résumées au cours de ce chapitre semblent conduire à une conception plus équilibrée : la gestion doit se faire dans l'intérêt de toutes les parties prenantes, à l'intérieur de l'entreprise (dirigeants, salariés) comme à l'extérieur (clients, créanciers, actionnaires). Soyons réalistes : ce monde parfaitement harmonieux n'est pas près d'exister, mais si l'on fait attention à maintenir un équilibre entre ces intérêts divergents, on peut avoir des actionnaires heureux qui tirent certes un profit de leurs placements, mais contribuent à des investissements utiles à la collectivité.

# Quiz

# Testez vos connaissances !

1. **Les convertibles actions, ce sont :**
   a. des actions convertibles en obligations. ☐
   b. des obligations remboursables obligatoirement en actions. ☐
   c. des obligations qui seront certainement converties en actions. ☐

2. **En cas d'OPA sur une société dont je détiens des actions :**
   a. j'apporte tout de suite mes titres à l'offre. ☐
   b. j'attends pour voir la suite des événements. ☐
   c. dans tous les cas, je garde mes actions. ☐

3. **Avec le SRD, grâce à l'effet de levier, je peux :**
   a. accroître mes gains et réduire mes pertes. ☐
   b. accroître mes gains, mais aussi mes pertes. ☐
   c. ne jamais perdre plus que ma mise initiale. ☐

4. **Une option binaire, c'est :**
   a. un produit qui n'a rien à voir avec les options classiques. ☐
   b. un produit simple, avec lequel j'ai plus de chances de gagner. ☐
   c. un produit binaire car il offre deux chances de gagner. ☐

5. **La barrière désactivante d'un certificat :**
   a. me met à l'abri des mauvaises surprises. ☐
   b. arrête tout dès que j'ai réalisé le gain maximal. ☐
   c. me fait tout perdre si elle est touchée. ☐

6. **Une obligation verte, c'est une obligation :**
   a. qui se tient bien sur le marché, par opposition aux obligations pourries. ☐
   b. qui sert à financer des investissements ayant un impact environnemental positif. ☐
   c. qui est libellée en dollar des États-Unis (le billet vert). ☐

7. **Dans un PEA, on peut mettre des trackers pour suivre l'évolution :**
   a. de la Bourse française. ☐
   b. des bourses des pays de l'Union européenne. ☐
   c. de pratiquement toutes les grandes bourses mondiales. ☐

8. **J'ai acheté en août un *turbo put* CAC 40 à 0,84 €, avec un prix d'exercice et une barrière désactivante de 5 420 points alors que le CAC 40 était à 5344, à échéance le 20 septembre. Si le 20 septembre, le CAC 40 atteint 5 421 points :**

   a. la valeur de mon certificat va gagner environ 77 centimes (5421-5344) et passer à environ 1,61 €. Comme j'en ai acheté 1 000, je vais gagner 1 610 € en à peine un mois. ☐

   b. la valeur de mon certificat va baisser de 77 centimes et ne vaudra plus que 0,07 €. ☐

   c. mon certificat ne vaudra plus rien et j'aurai perdu ma mise. ☐

9. **Une OPE alternative s'ouvre sur des titres que je possède : on me propose soit un échange intégral de titres soit un échange de titres plus une soulte en numéraire. Sur le plan fiscal :**

   a. je dois regarder de plus près ce que donnera la seconde solution. ☐

   b. dans un cas comme dans l'autre, je vais payer la plus-value sur les titres que j'apporterai à l'OPE. ☐

   c. dans un cas comme dans l'autre, l'imposition des plus-values ne se fera que lorsque je vendrai les titres obtenus à l'issue de l'OPE. ☐

## Vérifiez vos réponses

**1. c.**

Les convertibles actions, ce sont des obligations convertibles en actions dont on pense qu'elles seront effectivement converties parce que l'action prend de la valeur et qu'il va être intéressant de l'avoir en portefeuille.

Caractéristique de ces obligations : dès lors que les investisseurs les considèrent presque comme des actions, elles vont être très sensibles aux variations du cours de l'action.

**2. b.**

En cas d'OPA, il ne faut jamais se précipiter. L'offre peut être revue à la hausse, il peut y avoir une contre-offre. On peut aussi tout simplement profiter de l'occasion pour vendre ses titres sur le marché, en profitant de la hausse des cours, ou garder ses titres, si l'offre est hostile et si la direction actuelle de l'entreprise visée nous inspire confiance. Bref, il y a des cas comme celui-là où il faut savoir prendre le temps de la réflexion.

**3. b.**

Malheureusement, l'effet de levier joue de la même façon dans les deux sens. C'est bien pour cela que nous conseillons aux néophytes de se méfier de tous les produits mettant en jeu des leviers importants : c'est merveilleux quand on gagne, cela peut être dramatique quand on perd, car la perte peut aller au-delà de la mise initiale.

**4. a.**

L'option binaire mérite bien son nom parce qu'elle vous met en face d'un choix entre deux possibilités, mais elle ne présente aucune des caractéristiques des options classiques. C'est effectivement un produit simple, mais on peut perdre aussi avec un produit simple et, dans ce cas précis, il n'y a pas de possibilité de rattrapage. Vous perdez ou vous gagnez, point. Et, de toute façon, la vente de ce produit est maintenant interdite en France.

**5. c.**

La barrière désactivante ne préserve pas vos gains et ne vous empêche pas de faire des pertes. Au contraire, si elle est touchée, votre certificat est désactivé, c'est-à-dire que vous ne touchez rien. Problème : il est tentant de s'en approcher car c'est à partir de là qu'on peut gagner le plus !

**6. b.**

Les obligations vertes (ou *green bonds*) servent effectivement à financer des investissements servant à la lutte contre le changement climatique ou à l'adaptation à ce changement, à protéger la biodiversité ou à lutter contre la pollution. Pour les obligations émises en dollar sur le marché américain, on parle d'obligations yankee, de la même façon que l'on parle des obligations panda (émises en yuan sur le marché chinois), des obligations kangourou (en dollar australien sur le marché australien) ou des obligations samouraï (en yen sur le marché intérieur japonais).

**7. c.**

Le miracle des trackers, ou ETF, fait qu'ils peuvent être éligibles au PEA quelle que soit la zone géographique suivie. Tous ne le sont pas, tout dépend de leur conformité à la législation. Mais beaucoup le sont. En gros, près de la moitié des ETF cotés sur Euronext sont éligibles au PEA. La gamme des possibilités d'investissement est donc très large, même s'il n'est pas possible de tout faire avec les ETF.

Mais le miracle s'arrête là. Ensuite, il faut savoir choisir le ou les indices que l'on veut suivre, puis choisir le bon tracker. Par exemple, même si vous restez sur la Bourse de Paris, vous allez trouver plusieurs ETF offrant la possibilité de suivre le CAC 40, mais avec des caractéristiques différentes : le CAC 40 habituel, le CAC 40 Total return (avec dividendes réinvestis), sans parler des ETF avec effet de levier, qui vous permettent de doubler ou tripler les gains, ou de ceux qui vous donnent une performance inversée. Avoir un grand choix, ce n'est pas forcément simple !

**8. c.**

Attention, ce n'est pas un *turbo call* que vous avez acheté, mais un *turbo put*. Avec un *call*, plus le cours du sous-jacent (ici le CAC 40) monte au-dessus du prix d'exercice, plus vous êtes gagnant. Avec un *put*, c'est le contraire : vous faites la différence entre le prix d'exercice et le cours du sous-jacent ; plus le cours monte et se rapproche du prix d'exercice, moins votre certificat vaut cher. Donc, dans notre cas, plus le CAC 40 monte, plus la valeur de votre certificat baisse. Et comme dans notre exemple, l'indice est passé juste au-dessus du niveau de la barrière désactivante, la valeur de votre certificat est tombée à zéro.

**9. a.**

En principe, l'apport de ses titres n'est pas considéré comme une cession. La plus-value éventuelle n'est imposée qu'au moment où l'on vend les titres obtenus en échange, sur la base du prix de revient unitaire des titres apportés à l'OPE pondéré par le coefficient de la parité d'échange. Par exemple, si vous avez apporté 100 titres A à une OPE en échange de 50 titres B, vous serez imposé sur la plus-value le jour où vous revendrez vos titres B sur la base d'un prix de revient unitaire de deux fois vos actions A. Et vous pourrez le cas échéant bénéficier d'un abattement pour durée de détention en fonction de la date d'achat de vos titres A.

Mais la situation peut changer complètement si vous acceptez de recevoir contre vos 100 titres A seulement 40 titres B plus une soulte en numéraire (en cash). Tout dépend du montant de la soulte. Si celui-ci dépasse 10 % de la valeur nominale des actions reçues (les actions B), alors le fisc considère qu'il y a eu cession des titres A et achat des titres B et vous êtes imposé tout de suite sur la plus-value éventuelle enregistrée sur la vente des titres A.

Attention, la valeur considérée n'est pas la valeur de marché des titres B, mais leur valeur nominale. Cette valeur nominale, vous ne la connaissez probablement pas, vous ne la trouverez dans aucune cote, mais la note d'information sur l'OPE qui a reçu le visa de l'AMF doit en faire état et vous informer des conséquences de votre choix de l'un ou l'autre des deux termes de l'offre.

# Partie 5

# La partie des Dix

## Dans cette partie…

C'est la tradition dans les ouvrages *Pour les Nuls* : l'auteur doit savoir en quelques chapitres comportant chacun dix points présenter l'essentiel de ce qu'il faut retenir. C'est l'occasion de revenir sur des thèmes abordés dans les précédents chapitres et de les examiner sous un autre angle, de préciser certaines informations, de formuler conseils et mises en garde. En matière boursière, on voit très bien la nécessité de cette partie. Certains chapitres ont été très techniques. C'était indispensable, mais il nous faut maintenant reprendre un peu de hauteur, voir ce qu'on peut faire ou ce qu'on doit éviter de faire avec toute cette technique. C'est bien de connaître son solfège et les principales caractéristiques de son instrument, il faut aussi savoir choisir des partitions adaptées à ses goûts et à ses capacités. Nous connaissons d'excellents techniciens de la Bourse qui sont de piètres praticiens. Ce qui prouve que l'intelligence et la connaissance ne suffisent pas. Il y a des gens qui « sentent » le marché mieux que d'autres. Mais, à défaut d'avoir ce sixième sens, si l'on garde à l'esprit quelques adages bien choisis et quelques conseils essentiels, on doit pouvoir se comporter en Bourse de façon tout à fait honorable.

**DANS CE CHAPITRE**

Les règles de bon sens rappelées par la sagesse populaire

•

L'art d'intervenir au bon moment… et de se mettre à l'abri quand l'orage gronde

# Chapitre 18

# La Bourse en dix proverbes

Avouons-le : nous n'avons rien inventé. Certains des proverbes cités dans ce chapitre sont archiconnus. Mais d'autres le sont moins. Et même ceux que l'on croit connaître peuvent avoir un sens beaucoup plus profond qu'on ne le soupçonne. Tous valent donc le détour. Et, puis, il faut le reconnaître, cette façon imagée d'aborder les problèmes a un grand mérite : elle permet de retenir plus facilement des règles incontournables.

## Les arbres ne montent jamais jusqu'au ciel

On peut difficilement trouver formule plus éculée. Nous avons tous l'impression de l'avoir entendue au moins cent fois. On en trouve parfois une version plus longue : « Les arbres ne montent jamais jusqu'au ciel et la Bourse est faite du même bois. » C'est encore plus explicite, mais n'apporte rien de vraiment neuf. Tous les boursiers connaissent cet adage, mais tous doivent admettre qu'un jour ou l'autre ils se sont fait prendre en flagrant délit de l'avoir oublié.

L'idée est simple : il ne faut pas croire que les cours peuvent monter éternellement. Il y a un moment où ils vont arrêter de grimper. Et, à la différence des arbres, ils peuvent même revenir en arrière. Toutes les plus grossières erreurs, commises au plan individuel ou collectivement, au niveau d'une valeur ou de l'ensemble du marché, viennent de l'oubli de cette évidence.

Les exemples peuvent être multipliés à l'infini. Toutes les grandes spéculations qui se sont terminées dans un bain de sang ont un point commun : l'idée qu'on a trouvé le chemin d'une hausse pratiquement infinie (« infini », en Bourse, signifie : qui va durer encore plusieurs années). C'était le cas en 1929 évidemment, c'était encore le cas avec la bulle Internet qui a éclaté en 2000, ou au Japon à la fin des années 1980. Le plus étonnant est que, lorsque vous avez des doutes et que vous évoquez ces crises passées, on vous répond toujours très doctement que ce qui se passe actuellement n'a rien à voir, que, cette fois, c'est sérieux, c'est solide, et on vous fournit un tombereau d'arguments censés montrer les différences avec ces précédents fâcheux. Dans la dernière crise (voir le chapitre précédent), l'erreur est venue du fait que beaucoup croyaient en une poursuite du mouvement de hausse des prix dans l'immobilier américain.

Il n'est jamais facile de résister à l'euphorie ambiante. Les gérants professionnels qui estiment que la Bourse commence à devenir déraisonnable et prennent leurs bénéfices se font reprocher leurs médiocres performances par leur employeur et leurs clients si la hausse se poursuit sans eux. Les journaux spécialisés reçoivent des courriers très désagréables de leurs lecteurs parce qu'ils ont conseillé de vendre des titres qui continuent à monter, etc. Pourtant, quand on commence à avoir des doutes sur la pérennité d'un mouvement de hausse, la sagesse recommanderait de procéder à des ventes partielles, pour engranger au moins une partie de ses bénéfices.

## Acheter la rumeur, vendre le fait

C'est un grand classique, qui se vérifie tous les jours. La rumeur dont il est question dans ce proverbe est positive, puisqu'elle déclenche un acte d'achat. Elle peut concerner l'ensemble du marché, s'il s'agit de l'attente d'un plan de relance de l'activité ou de mesures de soutien aux banques, pour reprendre des exemples vécus en 2008 et au début de 2009. Elle peut concerner une seule société : rumeur d'une forte hausse des bénéfices ou de la signature d'un contrat important. Le ou les titres concernés font un bond en avant dès que la rumeur commence à circuler. Ils ne réagissent pas quand la rumeur est confirmée (ce qui est normal, puisque la hausse a déjà eu lieu), et il arrive même fréquemment qu'ils repartent à la baisse si la nouvelle annoncée officiellement n'est pas aussi bonne que les investisseurs le pensaient. Ainsi, on a vu en 2009 le marché s'emballer à l'approche de l'annonce de plans de sauvetage des banques par le secrétaire au Trésor de la nouvelle administration Obama, puis décrocher parce que le plan dévoilé était jugé décevant. La crise grecque, avec ses multiples rebondissements, a également donné naissance à de nombreuses rumeurs : achat de titres grecs par la Chine, défaillance imminente de telle ou telle banque, etc.

Il y a dans les mouvements de Bourse qui s'ensuivent une part de pari non négligeable : si la rumeur est bonne, on a raison d'acheter tout de suite. Si elle est franchement erronée ou partiellement inexacte, on a tort. Mais, dans tous les cas, on ne le sait qu'après. De deux choses l'une : ou on suit les marchés de près et on prend le risque de monter dans le train de hausse dès le départ, ou on est mis au courant de la rumeur trop tard et il est inutile d'essayer de suivre si le mouvement est déjà bien lancé.

Les prévisions de bénéfice effectuées par les analystes s'apparentent, par certains aspects, aux rumeurs. L'annonce officielle d'un excellent résultat n'aura aucun effet sur le cours du titre, voire provoquera son repli, si ce résultat est tout juste conforme, voire un peu inférieur aux prévisions. Prendre position sur un titre juste avant une publication de résultat, c'est parier que ce dernier est encore meilleur que ce qu'attendent les analystes.

## Acheter au son du canon, vendre au son du clairon

La première partie de cet adage n'est pas discutée ; pour la seconde, certains préfèrent parler du son du violon. Mais l'idée est la même. Avec le clairon, on a la version strictement militaire : acheter quand la guerre arrive, vendre quand la paix revient. Avec le violon, on a le sens figuré : acheter quand ça va mal, vendre quand tout a l'air d'aller parfaitement bien.

La version guerrière, d'une façon parfaitement immorale, se vérifie assez bien, surtout quand la guerre a lieu chez les autres. Le dernier exemple remonte à 2003. La crainte d'une guerre avec l'Irak pesait sur les marchés, principalement du fait du risque d'une rupture des approvisionnements en pétrole. Paradoxalement, les premiers bombardements américains le 20 mars ont provoqué une remontée immédiate des indices. Les investisseurs avaient fait le pari d'une guerre courte et donc de la fin prochaine des incertitudes. Ce même exemple peut aussi servir pour illustrer le sens figuré du proverbe : en 2003, les problèmes géopolitiques n'étaient pas seuls à perturber le marché ; celui-ci avait en fait commencé à dévisser deux ans et demi plus tôt avec l'éclatement de la bulle Internet. En mars, on était au plus bas. Certains économistes, et non des moindres, agitaient le spectre de la déflation. La guerre en Irak, cela signifiait des dépenses fédérales importantes, voire un regain d'inflation, comme cela avait été le cas pendant la guerre du Vietnam, et probablement la fin d'une période de ralentissement économique.

De la même façon, en dehors cette fois de toute considération militaire, beaucoup d'investisseurs étaient au début de 2009 dans une période d'attente. Les marchés étaient au plus bas, ils pouvaient encore baisser, mais beaucoup de mauvaises nouvelles étaient déjà dans les cours (autrement dit, elles étaient déjà anticipées) ; les investisseurs commençaient à se demander si ce n'était pas le moment de recommencer à acheter, alors que l'économie mondiale s'enfonçait dans la récession.

Finalement, ce proverbe illustre une autre idée de bon sens : il faut acheter quand les cours sont bas et vendre quand ils sont hauts. Ce serait simple à appliquer si des signaux clairs pouvaient indiquer quand c'est le meilleur moment pour procéder à ces opérations. Malheureusement pour les investisseurs et heureusement pour l'ensemble de l'humanité, il n'y a pas toujours de canons et de clairons pour dire : c'est le moment !

## Il faut en laisser aux autres

Ce proverbe-là, plus sympathique en apparence que le précédent, laisse penser que les financiers sont plus philanthropes que leurs achats au son du canon pourraient le laisser croire. Il nous faut détromper nos lecteurs en leur rappelant un autre adage : « Charité bien ordonnée commence par soi-même. » Si les boursiers en laissent aux autres, c'est parce qu'ils pensent d'abord à eux-mêmes !

Sous une autre forme, on retrouve l'idée suivant laquelle les arbres ne montent pas jusqu'au ciel. Quand on a réalisé une plus-value importante sur un titre, la sagesse conseille de le vendre. S'il continue à monter, ce sont d'autres investisseurs qui en profiteront, mais, si on l'avait gardé et qu'il était reparti brutalement à la baisse, on aurait risqué de perdre ce qu'on avait gagné. En laisser aux autres est en somme la meilleure façon de se préserver.

## Il vaut mieux se couper la main que le bras

On retrouve là une situation que tout actionnaire est amené à connaître un jour ou l'autre. Que faire quand un titre que l'on a en portefeuille commence à baisser ? Il y a des situations simples : les performances de la société en question ne sont manifestement pas celles que l'on attendait ; il faut vendre. Mais, dans la pratique, il arrive souvent que l'on ait du mal à se forger une idée claire de la situation et que l'on hésite sur la conduite à tenir. On peut être tenté dans un premier temps de conserver le titre et d'attendre, en misant sur un prompt rétablissement. Si celui-ci ne vient pas, il arrive pourtant un moment où il faut se rendre à l'évidence : il ne sert à rien de s'entêter. On n'a jamais raison contre le marché. Même si l'on estime que cette valeur ne devrait pas baisser et que le marché a tort, il faut être réaliste : si le titre est inscrit dans une tendance baissière, il faut en tirer les conséquences et vendre. Quitte à continuer à suivre l'évolution de cette valeur et à la racheter plus tard.

Si on ne le fait pas, si l'on ne se décide pas à vendre avec une perte d'ampleur limitée (se couper une main), on risque d'être amené à vendre plus tard à un cours encore plus faible (se couper un bras). La première opération est douloureuse, on ne s'y résigne pas facilement, mais la seconde est beaucoup plus pénible encore. Alors, autant agir tant qu'il n'est pas trop tard.

## On ne rattrape pas un couteau qui tombe

Nous restons dans le domaine de ce qui fait mal et qui saigne. Le couteau qui tombe, c'est une action qui chute. Là encore, on peut avoir envie de se montrer plus malin que le marché et de se porter acheteur d'une valeur en train de dégringoler à toute allure. C'est pratiquement toujours une erreur, qui laisse des traces douloureuses : on se blesse en essayant de rattraper un couteau au vol. La question n'est pas de savoir si la baisse est justifiée ou non, ni si la valeur considérée est tombée à un niveau jugé intéressant. Tant que la tendance reste manifestement baissière, il faut se tenir précautionneusement à l'écart.

On a pu avoir de très belles illustrations de ce proverbe au cours des dernières années, notamment au second semestre 2011. Cela a été particulièrement vrai pour les valeurs bancaires. Certains boursiers, estimant que les cours de Natixis ou de la Société Générale par exemple étaient injustement bas, se précipitaient pour acheter… et enregistraient rapidement des pertes. Certes, le mouvement pouvait temporairement s'inverser et les investisseurs de court terme en profitaient pour revendre avec un gain, mais ceux qui gardaient leurs titres ont vécu un très mauvais moment. De deux choses l'une : soit on travaille sur les fluctuations du marché à très court terme et on peut se permettre des allers et retours gagnants sur des marchés baissiers (mais cela ne marche pas à tous les coups, même avec l'aide de l'analyse graphique), soit on investit pour le moyen ou le long terme. Dans cette seconde hypothèse, il vaut mieux rester à l'écart du marché tant qu'il n'est pas stabilisé. Une valeur qui semble massacrée peut l'être davantage encore le lendemain.

## Sell in May and go away

Dans ce chapitre consacré aux proverbes bien de chez nous, vous croyiez pouvoir échapper à l'anglais. C'était une erreur. En fait, cette phrase souvent citée comporte une seconde partie, un peu oubliée, parce qu'elle ne correspond plus aux réalités du jour : *and buy back on the Derby Day*. Traduction libre : « Vendez début mai, prenez des vacances et rachetez après le très chic Derby d'Epsom », une des plus prestigieuses courses hippiques britanniques, qui a lieu chaque année le premier samedi de juin.

La défense ou la réfutation de cet adage britannique pourrait occuper un chapitre entier. Car on aborde là l'un des sujets les plus étudiés : celui de la saisonnalité des marchés boursiers. Au départ, un constat : les marchés commencent souvent bien l'année. Ensuite, il vaut mieux prendre ses bénéfices, profiter des premiers beaux jours et revenir en Bourse après la baisse. On remarquera tout de suite que les riches Anglais avaient en fait beaucoup de mal à s'éloigner de la City : vendre début mai pour racheter début juin, cela ne fait pas de très longues vacances et laisse une grande place aux mois où il faut investir en Bourse. Dans la version moderne du proverbe, on ne garde que la première partie, avec l'idée qu'il faut vendre en mai et racheter en octobre.

Cela correspond-il à la réalité ? En fait, on peut trouver des études montrant qu'un investisseur gagne plus en achetant systématiquement début octobre et en revendant fin avril qu'un autre qui resterait en Bourse en permanence. Mais on peut aussi trouver des études qui montrent le contraire…

Statistiquement, il semble exact que l'automne et l'hiver sont plus favorables que le printemps et l'été. Mais il faut remarquer aussi que le mois d'octobre compte quelques-uns des krachs les plus fameux de l'histoire. Cela faisait dire à l'humoriste Mark Twain : « Octobre est un mois particulièrement dangereux pour spéculer en Bourse. Mais il y en a d'autres : juillet, janvier, septembre, avril, novembre, mai, mars, juin, décembre, août et février ! » Par ailleurs, on parle beaucoup de la traditionnelle hausse de l'été : à y regarder de plus près, on constate que cette hausse est un mythe, mais il n'empêche que la Bourse a connu quelques beaux étés.

Enfin, on peut citer des études montrant que les hausses se font sur un nombre limité de séances, réparties de façon très aléatoire tout au long de l'année : si l'on n'est pas en Bourse ces jours-là, les performances s'en ressentent. Conclusion la plus logique : quelle que soit la saison, il faut être là !

Il y a tout de même un point sur lequel nos pragmatiques voisins d'outre-Manche ont entièrement raison : il faut préparer ses vacances. Le fait d'avoir un portefeuille boursier n'interdit pas de prendre des congés et de se déconnecter complètement de la Bourse pendant plusieurs jours ou semaines. Mais, avant de partir, il faut prendre quelques précautions : ne garder que les valeurs achetées dans une optique de moyen terme, solder toutes les positions un peu spéculatives, surtout si celles-ci mettent en jeu des produits du type options ou warrants. Éventuellement, pour vous mettre à l'abri de mauvaises surprises, vous pouvez passer des ordres de vente à seuil de déclenchement (ordres stop) : si jamais la Bourse venait à chuter en votre absence, vos titres seraient automatiquement vendus dès qu'ils passeraient au-dessous du seuil de sécurité que vous auriez déterminé. Inversement, vous pouvez laisser des ordres d'achat à seuil ou à plage de déclenchement vous permettant de prendre le train de la hausse si celui-ci démarre en votre absence.

## Comme va janvier va l'année

C'est une autre façon d'aborder la question de la saisonnalité des marchés. Le comportement de la Bourse en janvier serait un bon indicateur de son évolution sur l'ensemble de l'année. Globalement, les statistiques confirment cet adage, mais les exceptions sont suffisamment nombreuses pour dissuader un investisseur de s'en servir pour déterminer sa politique d'investissement. Sans remonter très loin dans le temps, on peut se rappeler que l'année boursière 2011 avait bien démarré dans la zone euro. Inversement, en 2016, l'indice CAC 40 a perdu 4,75 % en janvier, il a encore cédé 1,44 % en février et, pourtant, il a réussi à terminer l'année sur une hausse non négligeable de 4,86 %. Il n'est pas absurde d'accorder une importance particulière à ce qui se passe en janvier : au début de l'année, les gérants revoient l'allocation de leurs portefeuilles. Si des capitaux frais ne se placent pas sur les actions et ne font pas monter les indices de façon claire et nette, c'est que la confiance n'est pas là. En tout cas, la corrélation avec le proverbe précédent est assez juste : si le mois de janvier est bon et si effectivement l'année promet de se terminer sur une note positive, il n'est pas rare que le marché soit médiocre en mai ; après un bon démarrage, des prises de bénéfice sont fréquentes au printemps.

## Il ne faut pas mettre tous ses œufs dans le même panier

Nous avons un peu hésité à rappeler ce dicton populaire souvent cité en Bourse, tant sa banalité nous semble affligeante. Mais, tout bien réfléchi, il mérite quand même d'être rappelé, surtout à l'attention de ceux qui ont le goût du jeu et du risque. Quand on a une conviction forte, que l'on est persuadé d'avoir l'occasion de réussir un beau « coup », on peut être tenté d'y consacrer une part disproportionnée de ses liquidités. Si ça marche, c'est parfait. Si ça rate, ça peut coûter très cher. On n'est vraiment assuré à 100 % du succès de son opération que si l'on bénéficie d'une information privilégiée, si on est « initié ». Et en user n'est vraiment pas conseillé : cela peut aussi coûter très cher, et ce n'est que justice.

## Préférez les filles aux mères

Non, il ne s'agit pas d'un extrait d'ouvrage licencieux qui se retrouverait ici par erreur. C'est le simple constat de la réalité ! Quand, dans un groupe, la société mère est cotée et certaines de ces filiales aussi, on a souvent plus intérêt à investir dans les filiales que dans la société mère. C'est aussi, rappelons-le, le problème des holdings, qui souffrent généralement d'une décote si l'on compare leur valorisation boursière à la somme des valorisations de leurs filiales. En choisissant la fille, on sait précisément ce que l'on achète ; avec la mère, c'est plus compliqué. La Bourse n'a pas beaucoup de moralité, mais elle a du bon sens !

DANS CE CHAPITRE

Le rappel de quelques conseils essentiels

•

Les principales erreurs à éviter (mais que nous commettons tous un jour ou l'autre !)

# Chapitre 19

# Les dix règles d'or de l'investissement boursier

S'il suffisait d'appliquer mécaniquement des recettes apprises dans un livre pour gagner en Bourse, cela se saurait. D'ailleurs, il n'y a pas de recettes. Deux seules choses comptent : d'abord, comprendre comment ça marche, ensuite, se lancer et faire son apprentissage concrètement, sur le terrain. Rien ne remplace l'expérience vécue. Il existe tout de même des règles qu'il vaut mieux observer et garder en mémoire. Les dix proverbes du chapitre précédent nous ont déjà permis d'en expliquer certaines. Nous allons maintenant revenir sur celles qu'il nous semble absolument indispensable de ne jamais oublier.

## Bien passer ses ordres

Cela peut vous paraître ridicule, tellement c'est évident. En plus, cela paraît très simple : quand on passe ses ordres par Internet, des cases vides apparaissent sur l'écran : il suffit de les remplir. Ensuite s'affichent un récapitulatif de toutes les indications données et une demande de confirmation. Comment peut-on se tromper?

Pourtant, les erreurs grossières ne sont pas rares. Tous les courtiers vous raconteront qu'il leur arrive de voir des choses aberrantes, y compris de la part de professionnels, peut-être trop pressés ou trop confiants en eux-mêmes. Citons l'exemple d'un gérant qui était satisfait de voir une valeur monter parce qu'il était persuadé de l'avoir en portefeuille ; or, il avait acheté une autre valeur, au nom très voisin, qui connaissait, elle, une évolution beaucoup moins favorable... Il y a eu aussi dans les dernières années l'exemple fameux d'un professionnel japonais qui avait mélangé les chiffres et s'était retrouvé acheteur de plus d'actions d'une société qu'il n'y en avait sur le marché ; comme en plus il proposait un prix très avantageux, tout le monde s'était empressé de lui vendre ses titres !

Même si cela vous paraît stupide, vérifiez attentivement tous vos ordres : le nom de la valeur, le code des titres concernés, le sens de l'opération (achat ou vente), comptant ou SRD, le type d'ordre et, le cas échéant, les limites ou les seuils de cours, la durée de validité de l'ordre. En cas d'erreur ou de changement d'avis, il est possible de modifier ou de supprimer un ordre pour les valeurs cotées en continu, mais encore faut-il arriver à temps, avant qu'il n'ait été exécuté totalement ou partiellement. Pour les valeurs qui sont cotées au *fixing*, les ordres arrivés dans la demi-heure qui le précède sont considérés comme définitifs. Mieux vaut donc ne pas se tromper.

Quant au type d'ordre choisi, vérifiez bien qu'il s'agit du plus adapté à vos besoins. Les ordres à cours limité, par exemple, s'imposent pour les valeurs à marché étroit ou sur des marchés nerveux susceptibles d'enregistrer de très fortes variations en quelques minutes. Mais n'oubliez pas qu'ils peuvent être exécutés de façon fractionnée, voire ne pas être exécutés du tout, alors que l'ordre au marché vous assure une exécution totale et sans grands risques sur un marché liquide.

Beaucoup de règles dépendent de votre style de gestion. Si vous multipliez les allers et retours en essayant de profiter au mieux de variations même modestes du marché, le choix des bonnes limites est fondamental. Si vous achetez des titres dans une optique de moyen ou de long terme, c'est le choix du moment pour acheter ou vendre qui est important, pas le deuxième chiffre après la virgule de votre cours limite. Ne méprisez pas l'ordre au marché sous prétexte qu'il n'est pas très professionnel.

Et, de toute façon, n'oubliez jamais de regarder le carnet d'ordres avant de passer le vôtre.

## Diversifier son portefeuille sans l'éparpiller

C'est un point acquis : il ne faut pas mettre tous ses œufs dans le même panier et trop concentrer son portefeuille sur quelques valeurs. Quand on démarre, que son portefeuille est encore modeste avec un nombre forcément limité de lignes, il faut absolument éviter d'avoir des actions présentant des caractéristiques trop voisines : uniquement des valeurs de haute technologie, des banques, etc. Pour autant, il ne faut pas tomber dans l'excès inverse : l'éparpillement, avec une multitude de lignes. Un portefeuille doit avoir une cohérence et faire l'objet d'un réexamen d'ensemble périodique. Il faut savoir faire du nettoyage. Pourquoi ?

La première raison tient aux droits de garde. Tous les ans, votre intermédiaire financier (sauf les courtiers en ligne) prélève des droits de garde sur votre portefeuille. L'importance de ces droits et leur mode de calcul diffèrent d'un établissement à l'autre, mais deux éléments sont généralement pris en compte : la taille du portefeuille et le nombre de lignes. Chez le même intermédiaire, deux portefeuilles de taille identique feront l'objet de frais de garde très différents si l'un est bien construit, assez resserré autour d'un nombre limité de titres, et l'autre très dispersé avec un nombre élevé de lignes. Comme ces frais peuvent atteindre près de 1 % de la valeur totale du portefeuille dans les établissements les plus chers, cela mérite d'être regardé de plus près.

Deuxièmement, les hausses enregistrées sur certaines valeurs seront peu profitables si celles-ci sont trop diluées dans l'ensemble du portefeuille. Il faut faire des choix, les assumer et essayer d'en tirer le meilleur parti.

Exemple des questions à se poser : est-il vraiment nécessaire de détenir des valeurs représentant l'ensemble des secteurs d'activité ? Si l'on mise sur un secteur, est-il nécessaire d'avoir quatre ou cinq valeurs de ce secteur ? Ne faut-il pas plutôt concentrer son effort sur une ou deux valeurs particulièrement bien placées ? Si l'on croit au retour en forme de l'automobile, par exemple, faut-il acheter à la fois PSA et Renault ou ne faut-il pas plutôt choisir celui qui paraît le plus apte à profiter du rebond et placer une autre partie de ses liquidités soit sur un constructeur d'un autre pays, soit sur un équipementier ? Un portefeuille n'est pas un catalogue de valeurs !

## Ne pas croire qu'on peut acheter au plus bas et vendre au plus haut

C'est une idée que nous avons évoquée avec le proverbe « Il faut en laisser aux autres ». Garder ses titres en espérant que de nouveaux sommets seront atteints peut conduire à devoir les céder en catastrophe au moment où ils retomberont lourdement. En sens inverse, se précipiter pour acheter une valeur qui a beaucoup baissé peut conduire à revenir trop tôt sur le marché et à subir des pertes significatives. On ne peut jamais savoir sur le moment si l'on est au plus haut ou au plus bas. On ne le sait qu'après et, alors, il est trop tard.

Si, vraiment, on hésite à prendre une décision définitive, il vaut mieux procéder à des achats ou à des ventes partiels, puis compléter sa ligne ou la solder quand on y voit plus clair.

## Savoir prendre son bénéfice

On rejoint là l'idée précédente. Contrairement à ce qu'on pourrait croire, le plus difficile en Bourse n'est pas d'acheter mais de vendre. Des valeurs qui méritent d'entrer en portefeuille, on en trouve toujours dans les périodes favorables. Et quand la Bourse est médiocre, que l'on n'a pas d'idée forte d'investissement, il vaut mieux s'abstenir et garder ses liquidités pour des jours meilleurs. Ce n'est pas la peine d'essayer d'aller contre le vent.

Les vrais problèmes commencent quand on a acheté. Il n'est pas facile de prendre une décision si le titre baisse ; en général, on tarde trop à admettre qu'on a fait une erreur. Mais il est encore plus difficile de prendre une décision quand les titres achetés enregistrent assez vite une hausse conséquente. Que faire ? Vendre tout et prendre son bénéfice, en vendre une partie, tout garder en espérant que ça va continuer à monter ?

À cela, on ne peut que faire une réponse de Normand : tout dépend du contexte boursier, du potentiel de hausse de la valeur considérée et de votre tempérament. En somme, il n'y a pas une seule réponse possible valable universellement (sinon il n'y aurait plus de marché, tout le monde voudrait acheter ou vendre en même temps), il faut raisonner au cas par cas. Vendre ou ne pas vendre ? Ce n'est pas du Shakespeare, mais c'est tout de même une décision très difficile à prendre au début. Le jour où vous arriverez à trancher dans le vif sans avoir trop d'états d'âme, vous serez devenu un vrai boursier.

Celui qui ne veut pas vendre pour gagner encore plus prend de grands risques. Jesse Livermore, un célèbre spéculateur des années 1920, aurait, dit-on, forgé cette maxime édifiante : « Les haussiers [*bulls*, taureaux en anglais] et les baissiers [*bears*, ours] gagnent de l'argent, mais les goinfres [*pigs*], comme les cochons, finissent à l'abattoir. »

Savoir prendre son bénéfice ne signifie pas pour autant qu'il faut s'empresser de vendre dès qu'on a réalisé un gain. Le responsable des formations chez un courtier en ligne a coutume d'apostropher ainsi ses clients : « Vous, les particuliers, vous perdez comme des riches et vous gagnez comme des pauvres ! » Le propos est rude, mais il repose sur un constat lucide. Trop souvent on voit des gens qui hésitent à vendre un titre sur lequel ils sont perdants et qui finissent par perdre beaucoup. En revanche, dès qu'ils réalisent un gain modeste, ils s'empressent de le réaliser en vendant leurs titres. En fait, il faut se fixer des règles de gestion qui ne soient pas symétriques. Par exemple, commencer à se poser la question de vendre un titre dès lors qu'on perd 10 %, mais ne pas envisager de le vendre tant qu'on n'a pas gagné 15 ou 20 % (et bien évidemment le garder même après un gain de 20 %, si les perspectives restent favorables).

## N'acheter que ce que l'on comprend

Beaucoup d'erreurs pourraient être évitées si les investisseurs ne se laissaient pas convaincre par leur banquier, par leur conseiller ou par un proche de faire des choses qu'ils ne comprennent pas. Dans les années 1990, la fièvre spéculative a poussé de nouveaux venus à la Bourse à acheter des actions de sociétés dont ils ne comprenaient pas ce qu'elles faisaient : ils savaient juste que ça avait un rapport avec Internet et les nouvelles technologies de l'information, que ça avait le vent en poupe et que les cours montaient. On a vu le résultat. La conclusion est simple : n'achetez jamais un warrant ou un certificat si vous n'êtes pas tout à fait sûr d'avoir bien compris comment il faut gérer ce type de produit. N'achetez jamais une action si vous ne comprenez pas ce que fait la société concernée. Si vous avez envie de sortir des secteurs traditionnels (distribution, BTP, automobile, etc.), renseignez-vous d'abord sur ces nouveaux métiers, leur rentabilité, leurs perspectives. Ne suivez pas les modes sans savoir où vous allez.

## Se méfier des « tuyaux »

Dans les milieux boursiers ou dans les forums sur Internet circulent beaucoup de prétendues « informations ». Il faut être très vigilant. Certaines rumeurs partent d'un fait réel, d'autres sont complètement infondées. Il est utile de les connaître : elles permettent de comprendre pourquoi un titre décolle ou décroche brusquement sur le marché sans raison apparente. Mais on ne modifie pas sa stratégie d'investissement à partir de simples rumeurs : il faut que d'autres raisons, plus sérieuses, motivent votre achat ou votre vente. Celui qui lance une rumeur n'a généralement d'autre but que de faire bouger le titre dans son propre intérêt, à la hausse ou à la baisse ; ce qui se passera après sera votre problème, si vous l'avez cru.

Dans le même ordre d'idée, méfiez-vous comme de la peste des « conseils » avisés que peut vous donner votre banquier : il se peut qu'il soit sincère, mais il y a de fortes chances qu'il ait été incité à tenir ce discours pour placer sa marchandise. Ceux qui ont acheté des titres Eurotunnel (« Ça va faire un malheur en Bourse ! ») ou Natixis (« Vous ne risquez rien, c'est une belle affaire ! ») sur recommandation de leur agence bancaire peuvent en témoigner.

## Savoir que les réussites du passé ne sont pas celles du futur

L'AMF oblige les établissements qui commercialisent les OPCVM à toujours faire figurer la mention : « Les performances passées ne préjugent pas des performances futures. » Ce qui est parfaitement exact. Mais on pourrait étendre ce raisonnement à toutes les formes d'investissement boursier. Regardez les palmarès boursiers d'aujourd'hui et comparez-les à ceux d'il y a dix ans, vingt ans, trente ans. Vous constaterez que des noms prestigieux ont disparu, soit parce que la société a été achetée par une autre, ce qui est le cas le plus courant, soit parce qu'elle a sombré.

C'est ce qui fait l'intérêt de la Bourse. Tout change en permanence et aucune position n'est acquise. Dans le monde des entreprises, il n'y a pas de certitudes. La belle affaire d'hier peut être le désastre de demain. Celui qui a toujours réussi peut commettre des erreurs. Il faut sans cesse se tenir informé des évolutions en cours et agir en conséquence.

## Avoir des convictions fortes

S'adapter en permanence au changement ne signifie pas qu'il faille changer d'avis tout le temps. Bien au contraire. Il faut se fixer une ligne de conduite, une stratégie, et s'y tenir. Vous ne devez ignorer ni les mouvements d'humeur du marché ni les opinions et les conseils que vous entendez ; de toute façon, l'évolution des cours vous conduira inévitablement à procéder périodiquement à des arbitrages et à ajuster votre portefeuille. Mais si vous écoutez le dernier qui a parlé, si vous changez de stratégie tous les jours, votre gestion risque fort d'être désordonnée et improductive. L'équilibre n'est pas facile à trouver entre le maintien d'une politique d'investissement trop rigide (qui peut tourner à l'obstination et à l'aveuglement) et une application trop souple de cette politique (qui risque de conduire à des volte-face fréquentes et à une absence de vision à long terme). On ne peut pas aller contre le marché, mais on ne doit pas en suivre tous les revirements. Garder son sang-froid est un impératif absolu en toutes circonstances.

## Agir conformément à son tempérament

Il y a mille manières de gérer un portefeuille. Choisissez celle qui convient le mieux à votre tempérament et à votre disponibilité. Vous ne voulez pas avoir à vous encombrer avec ces histoires d'argent tous les jours : choisissez des OPCVM en fonction des objectifs que vous poursuivez et faites le point périodiquement. Vous voulez gérer votre portefeuille vous-même, mais vous ne souhaitez pas y consacrer trop de temps : choisissez des grandes valeurs sur lesquelles vous trouverez des informations facilement et que vous pourrez acheter et vendre sans problème. Vous avez le goût du risque, vous désirez faire fructifier votre capital rapidement et vous êtes prêt à y consacrer du temps tous les jours, voire plusieurs fois par jour : lancez-vous sur le créneau des valeurs moyennes et des produits dérivés ; non seulement vous connaîtrez des émotions fortes, mais vous pouvez obtenir d'excellents résultats.

Et si vos performances ne sont pas fameuses, ayez l'humilité de le reconnaître et changez de méthode. Kenneth Fisher, gérant de capitaux et éditorialiste du magazine américain *Forbes*, avait surnommé le marché d'actions « le grand humiliateur ». Il avait raison. Même les meilleurs experts se laissent régulièrement prendre à contre-pied. Il faut savoir l'admettre. Et si vous êtes vraiment trop souvent pris à contre-pied, il faut vous poser modestement la question : suis-je fait pour la Bourse ? Et tirez-en les conclusions. Beaucoup de gens peuvent gérer un portefeuille d'actions eux-mêmes et auraient intérêt à le faire plutôt qu'à confier leur argent à leur banquier, mais chacun d'entre nous ne peut prétendre être un trader de génie.

Si vous avez des doutes, si vous n'êtes pas tout à fait sûr de vos connaissances et de votre flair boursier, faites un test : gérez un portefeuille fictif. Faites comme si vous aviez à placer une certaine somme d'argent, achetez, vendez, faites des opérations simples et d'autres plus complexes, voyez ce que cela donne. Si vous le souhaitez, vous pouvez trouver des simulateurs boursiers sur Internet qui vous permettront de faire vos premiers pas sans risques.

## Et en conclusion, savoir profiter des circonstances

Sur le marché boursier, le climat change vite. Contrairement à la légende, on n'y gagne pas d'argent en dormant. Il faut rester en permanence aux aguets. Les professionnels ont un avantage sur vous : ils ne font que cela et restent informés minute par minute. Mais vous n'avez pas de contraintes. À la différence d'un gérant de fonds spécialisé sur une zone géographique, un secteur ou un certain type de valeurs, vous n'êtes pas obligé de rester sur un marché qui va mal. À la limite, si l'évolution est défavorable sur l'ensemble des marchés, vous pouvez en sortir et garder vos liquidités en attendant des jours meilleurs. Vous êtes le seul maître de votre action.

Cette liberté, il faut en profiter au maximum. Être investi à 100 % quand la tendance est résolument haussière, être plus prudent dans les périodes d'incertitude et totalement ou presque totalement liquide quand les choses tournent mal.

À propos du début de ce siècle, il a été dit que cela avait été une décennie perdue pour la Bourse. Ce n'était pas faux et beaucoup d'épargnants sont alors sortis du marché après y avoir laissé des plumes. Mais ce n'est pas parce qu'une décennie a été médiocre que les suivantes le seront aussi. Les cycles, cela existe. On se trompe toujours quand on veut faire du futur le prolongement du passé. Et ce qui est vrai pour la baisse l'est aussi pour la hausse. Si radios et télévisions n'arrêtent pas de parler de la Bourse et de ses records, commencez à vous poser des questions : cela signifie que la phase de hausse est arrivée à son terme et qu'il faut envisager de vendre ou, si vous n'êtes pas sur le marché, cela signifie que ce n'est pas le moment d'y entrer.

Mais il ne faut pas l'oublier, même dans les mauvaises années ou les années moyennes, il y a toujours des entreprises qui réussissent à tirer leur épingle du jeu et à réaliser de belles performances. Si vous suivez régulièrement les marchés, si vous vous tenez bien informés, vous pourrez les détecter et faire fructifier votre capital. Et si, avec le temps, vous apprenez à maîtriser les produits dérivés, vous pourrez même traverser honorablement les périodes plus difficiles.

Et des périodes difficiles, il y en a forcément. Même si la deuxième décennie de ce siècle semble devoir se dérouler mieux que la première, elle a tout de même connu un début chaotique et au moins quatre années négatives pour le CAC 40 (2010, 2011, 2014 et 2018). Il faut savoir accepter ces années difficiles et s'organiser pour les traverser au mieux.

Alors, bonne chance !

# Partie 6

# Annexes

## Dans cette partie…

Vous trouverez un certain nombre d'informations pratiques : les adresses et les sites qu'il faut absolument connaître ou qui peuvent être utiles, les principales sources d'information, les courtiers en ligne et, enfin, les coordonnées des principales associations d'actionnaires. Un glossaire vous permettra de vous remémorer la signification de tel sigle ou de tel terme technique sans avoir à vous reporter au chapitre où il est expliqué de façon plus approfondie.

# Annexe A
# Informations pratiques

## Organismes

**Euronext Paris** SA, 14, place des Reflets, 92054 Paris La Défense Cedex. Sur le site www.euronext.com, on devrait en théorie trouver toute l'information utile sur l'organisation du marché et ses règles de fonctionnement. Malheureusement, son site n'est pas du tout conçu pour les investisseurs individuels et si vous cherchez des traductions françaises de tous les textes qui pourraient vous intéresser, vous risquez d'être cruellement déçus. On peut toutefois le consulter avec intérêt pour retrouver les fiches des sociétés cotées et les indices ainsi que pour voir les communiqués publiés par les sociétés.

Précisons qu'Euronext organise des sessions de formation, principalement orientées vers les marchés dérivés, en partenariat avec des courtiers en ligne et des spécialistes de l'analyse graphique.

À la même adresse postale se trouvent la **Fédération des investisseurs individuels et des clubs d'investissement** (www.f2ic.fr) et **l'École de la Bourse** (avec son site pédagogique www.écoledelabourse.com), qui propose des formations à la Bourse (analyse financière, analyse technique, etc.) de différents niveaux, dans ses locaux ou en ligne.

Au Palais Brongniart 28, Place de la Bourse, 75002 Paris, on trouve **Paris Europlace** (www.paris-europlace.net), association professionnelle qui travaille à promouvoir la place financière de Paris à l'étranger, formule des propositions pour renforcer son attractivité et alimente les réflexions sur l'organisation des marchés financiers européens et mondiaux.

**Autorité des marchés financiers – AMF**, 17, place de la Bourse 72082 Paris Cedex 02. Son site www.amf-france.org est une mine d'informations pour les investisseurs sur la réglementation de l'AMF, ses décisions, les communiqués des sociétés cotées, les documents d'information des OPCVM, etc. En cas de litige, on peut s'adresser au médiateur de l'AMF par courrier postal.

**L'Institut pour l'éducation financière du public**, 41, boulevard des Capucines, 75002 Paris, a été créé à l'initiative de l'AMF, de la Banque de France et de la Fédération Bancaire Française. Son site pédagogique www.lafinancepourtous.com est remarquablement bien fait. Et Pascale Micoleau-Marcel, déléguée générale de l'Institut a réalisé un excellent ouvrage pédagogique : *Bien gérer son argent pour les Nuls* !

# Sources d'information

**La presse quotidienne**. Malheureusement, il ne reste plus qu'un quotidien spécialisé dans l'économie et la finance : *Les Échos*. Mais on peut toujours retrouver les articles de *La Tribune* sur son site Internet.

**La presse hebdomadaire spécialisée.** Seuls subsistent deux titres, *Investir – Le Journal des finances* et *Le Revenu*. Chacun des deux hebdomadaires a un site Internet fort utile pour suivre l'actualité au jour le jour.

On trouve aussi **des médias purement Internet** comme www.abcbourse.com ou www.zonebourse.com : ils ont souvent développé des liens étroits avec des sociétés d'investissement. C'est bien évidemment le cas du plus fréquenté de tous ces sites, Boursorama (groupe Société Générale), qui propose de façon intégrée information et services bancaires ; ses forums sont très animés.

Pour **la pédagogie et la simulation d'opérations en Bourse**, citons aussi le site www.edubourse.com créé par la société FinStreet.com.

**Les blogs.** Ils sont de plus en plus nombreux sur le thème de la Bourse. Parmi les plus connus, citons www.leblogfinance.com, avec une bonne vision des marchés, et www.cafedelabourse.com, très pédagogique. Au hasard de vos promenades sur la Toile, vous en trouverez d'autres.

Si vous cherchez les informations que doivent obligatoirement fournir les sociétés cotées, vous pouvez aller sur le site de la société concernée, sur celui de l'AMF ou sur www.info-financiere.fr, site de la Direction de l'information légale et administrative.

Enfin, signalons le site mesmarques-enbourse.com. Vous avez remarqué une marque de produits qui vous semble attrayante et vous vous dites que si c'est une entreprise cotée qui détient cette marque, il serait sans doute intéressant d'investir dans cette entreprise. Sur le site, vous retrouvez la société cotée en question et vous pouvez en devenir actionnaire en passant par l'un des courtiers qui travaillent en partenariat avec le site.

# Courtiers en ligne

Tous les établissements bancaires offrent la possibilité de gérer son portefeuille en ligne, avec des sites parfois très bien faits, mais des tarifs généralement plus élevés que les courtiers en ligne « purs ». Il est difficile de conseiller un intermédiaire plutôt qu'un autre. Les tarifs pratiqués ne sont pas toujours directement comparables ; tout dépend de la façon dont vous comptez intervenir, du montant et de la fréquence de vos ordres. Les services fournis sont également différents. Regardez, comparez et faites votre choix :

» absystème.fr, avec ses quatre forfaits Trader ; ABS est une marque de Bourse Direct.

» axa.fr, banque en ligne du groupe Axa.

» b-capital.com. B*Capital, filiale du groupe BNP Paribas, est issue du rapprochement de deux sociétés de Bourse. Son principal atout est la très large gamme des instruments financiers auxquels on peut avoir accès par son intermédiaire.

» bforbank.com. BforBank est une banque privée en ligne fondée par les caisses régionales du Crédit agricole. Elle a pris le relais de CPR Online.

» binck.fr, succursale française du groupe néerlandais BinckBank.

» bnpparibas.net.

» boursedirect.fr, filiale de Viel & Cie. Ses sessions de formation sont de bonne qualité.

» boursorama.com, créé en 1996, repris par Fimatex, filiale de la Société Générale en 2002, a racheté le courtier Selftrade la même année.

» capitol.fr est aussi une marque de Bourse Direct.

» claresco.fr, à la fois gestionnaire de portefeuilles et intermédiaire, travaille en partenariat avec plusieurs grands établissements bancaires et des assureurs.

» cic.fr, avec son service de banque à distance Filbanque.

» Finance.fi, remarquable outil (payant pour l'essentiel) d'information et de calcul sur tous les produits financiers, actions, obligations, trackers, warrants, certificats.

- degiro.fr, créé en 2013 aux Pays-Bas par cinq anciens employés de BinckBank, ce courtier est maintenant présent dans dix-huit pays et prétend ne pas faire payer les particuliers plus cher que les professionnels.
- easybourse.com, entreprise d'investissement filiale du groupe La Banque postale.
- milleis.fr, après avoir racheté le réseau de Barclays en France, Milleis se présente comme « une banque haut de gamme pour une clientèle aisée ».
- fortuneo.fr, banque en ligne, a pour actionnaire de référence le Crédit Mutuel Arkéa.
- idealing.com/fr, courtier en bourse dont la maison mère est au Royaume-Uni.
- ing.fr, filiale du groupe néerlandais ING.
- labanquepostale.fr
- mesactions.com, autre marque de Bourse Direct.
- fr.saxobank.com, filiale française du groupe danois Saxo Bank, dont la plateforme permet de négocier tous les produits financiers et qui a racheté en 2019 l'entreprise néerlandaise de courtage BinckBank.
- startfinance.com, site de courtage en ligne de la Banque Wormser Frères.
- vegactif.fr, service en ligne de La Compagnie 1818-Banquiers privés (groupe BPCE).
- wargny.com, autre marque de Bourse Direct.
- whselfinvest.com, société de Bourse indépendante enregistrée au Luxembourg.

Précisons que ce secteur d'activité est en perpétuel mouvement, avec des créations et des fusions. Cette liste est purement indicative. Sur des sites comme tradingsat.com ou comparabourse.fr, vous trouverez l'actualité la plus récente sur les courtiers en ligne et des comparaisons portant sur les prix et les services offerts.

À cette liste, il faudrait ajouter celle de toutes les entreprises qui fournissent des analyses graphiques. Mais en règle générale, vous serez incité à travailler avec les prestataires de services partenaires de votre courtier en ligne.

# Associations de défense des actionnaires

Certaines sont permanentes, d'autres se forment pour défendre les actionnaires minoritaires d'une société précise. Nous ne donnons ici que les principales associations à vocation générale.

**Adam, Association de défense des actionnaires minoritaires, présidée par Colette Neuville**
4, rue Montescot
BP 208
28004 Chartres Cedex
Tél. : 02 37 36 70 56

**Anaf, Association nationale des actionnaires de France**
13, avenue du Maréchal-de-Lattre-de-Tassigny
94100 Saint-Maur
Tél. : 01 42 83 27 57
Site Internet : www.anaf-invest.com

**APAI, Association pour le patrimoine et l'actionnariat individuel**
MB 203, 91, avenue Carnot
54130 Saint-Max
Site Internet : www.apai.fr

**Appac, Association des petits porteurs actifs**
158, rue des Murlins
45000 Orléans
Tél. : 02 38 88 09 44
E-mail : association.appac@wanadoo.fr

D'autres adresses peuvent être trouvées sur certains sites boursiers, notamment sur www.f2ic.fr

À cette liste, ajoutons le groupe Deminor, spécialiste du conseil aux actionnaires basé à Bruxelle, mais, présent dans cinq pays européens, qui intervient dans de nombreuses procédures collectives.
www.deminor.com

# Annexe B
# Glossaire

La plupart des termes figurant ci-dessous sont expliqués de façon détaillée dans l'ouvrage. Si vous voulez simplement vérifier le sens de l'un d'entre eux, nous vous en proposons dans ce glossaire une définition simplifiée. Certaines notions précisées ici ne sont pas reprises dans le reste de l'ouvrage.

**ABSA :** Action à bon de souscription d'action. Action nouvelle émise dans le cadre d'une augmentation de capital à laquelle sont attachés un ou plusieurs bons de souscription. Si le bon est remboursable à un prix déterminé (généralement très faible) dans le contrat d'émission, on a alors affaire à une ABSAR.

**Action :** Titre de propriété d'une part du capital d'une société.

**ADP :** Peut signifier Aéroports de Paris, mais aussi action à dividende prioritaire. L'action est sans droit de vote, mais bénéficie d'un dividende supérieur à celui d'une action ordinaire.

**AGE :** Assemblée générale extraordinaire des actionnaires, appelée à se prononcer sur des questions stratégiques ou la modification des statuts.

**AGM :** Assemblée générale mixte, à la fois ordinaire et extraordinaire.

**AGO :** Assemblée générale ordinaire des actionnaires, qui se prononce sur les comptes de l'exercice écoulé et les questions concernant la vie courante de la société.

**AMF :** Autorité des marchés financiers. Organisme réguleur des marchés français.

**Avertissement sur résultats** (*profit warning* en anglais) **:** Communication d'une société pour prévenir que ses résultats seront inférieurs aux prévisions.

**BCVG :** Bon de cession de valeur garantie. Distribué à l'occasion d'une OPA, il donne le droit de céder les actions visées à une date ultérieure et à un prix déterminé.

**BNPA :** Bénéfice net par action.

**BSA :** Bon de souscription d'action. Donne la possibilité de souscrire une ou plusieurs actions à un prix déterminé pendant une période donnée.

***Call* :** Produit dérivé (option ou warrant) permettant de jouer la hausse d'un sous-jacent (action, indice, etc.) sans avoir à le détenir.

**Capitalisation boursière :** Valeur boursière d'une société, obtenue en multipliant son cours de Bourse par le nombre d'actions émises.

**Capitaux propres :** Sommes apportées par les créateurs d'une société, auxquelles il faut ajouter le cas échéant des réserves constituées au fil des ans et le produit des augmentations de capital. On peut aussi employer l'expression « fonds propres ».

**Cash-flow :** On le calcule chaque année en additionnant le résultat net, les amortissements et les provisions. Il mesure la capacité de l'entreprise à investir et à rémunérer ses actionnaires. En français, on devrait normalement employer l'expression « capacité d'autofinancement ».

**CCI :** Certificat coopératif d'investissement. Ce certificat d'investissement, sorte d'action sans droit de vote, est émis par les banques mutualistes et coopératives, comme les caisses régionales du Crédit Agricole.

**CDV :** Certificat de vote. Uni à un certificat d'investissement, il permet de reconstituer une action.

**Certificat d'investissement** : Titre de propriété d'une part du capital d'une société, mais sans droit de vote.

**CIP :** Certificat d'investissement privilégié. Donne droit à un dividende supérieur à celui perçu par les actionnaires.

**Code mnémonique :** Lettres permettant de désigner une société cotée (AC pour Accor, ADP pour Aéroports de Paris, etc.). Il est plus simple à employer que le code ISIN (FR0010340141 pour Accor par exemple).

**Comptes consolidés :** Comptes d'une société, dite société mère, intégrant ceux de ses filiales selon des méthodes comptables différentes selon qu'il s'agit d'une filiale réellement contrôlée par la maison mère ou d'une simple participation.

**Comptes pro forma :** Établis par une société pour permettre des comparaisons avec les années précédentes si son périmètre a changé à la suite de fusions, d'acquisitions ou de cessions.

**Consensus :** Estimation médiane des analystes (ils sont aussi nombreux à annoncer des chiffres supérieurs qu'à s'attendre à des chiffres inférieurs) concernant les résultats non encore publiés d'une société cotée.

**Croissance interne :** Celle qui résulte du développement propre de l'entreprise, par opposition à la croissance externe, qui résulte d'éventuelles fusions ou acquisitions.

**CVG :** Certificat de valeur garantie. Titre remis à l'occasion d'une OPA à l'actionnaire de la société cible.

**Dette nette :** Dette financière d'une entreprise (emprunts bancaires ou obligataires) diminuée du montant de sa trésorerie. À partir de ce chiffre, on peut calculer des ratios donnant une image assez précise de la situation de l'entreprise, notamment le ratio dette nette sur fonds propres.

**Dividende :** Part du bénéfice distribuée aux actionnaires.

**Dow Jones :** Le plus ancien indice de la Bourse de New York, calculé en procédant à la simple somme arithmétique des cours de 30 grandes sociétés.

**EBIT :** *Earnings Before Interest and Taxes.* Équivalent anglo-saxon du résultat d'exploitation.

**EBITDA :** *Earnings Before Interest, Taxes, Depreciation and Amortization.* Équivalent anglo-saxon de l'excédent brut d'exploitation.

**FCP :** Fonds commun de placement.

**F2IC :** Fédération des investisseurs individuels et des clubs d'investissement.

**FT100 :** Principal indice de la Bourse de Londres, couramment appelé « Footsie », calculé à partir des cours des 100 premières sociétés cotées sur la place.

**Gestion indicielle :** Consiste à reproduire les performances d'un indice boursier.

***Goodwill* :** En français, on préférera parler de « survaleur » ou d'« écart d'acquisition ». Différence entre le prix payé pour l'acquisition d'une société et sa valeur comptable.

***Hedge fund* :** Fonds d'arbitrage, fonds spéculatif.

**Jeton ou *token* :** instrument financier émis par une entreprise lors d'une ICO (*Initial Coin Offering*), qui est dans le monde des cryptomonnaies l'équivalent d'une IPO (*Initial Public Offering*) ou introduction en Bourse. Les investisseurs achètent ces jetons ou *tokens* en les payant en cryptomonnaie (les plus utilisées étant le bitcoin et l'ethereum). Il existe plusieurs sortes de jetons : les uns donnent droit à une forme de propriété voisine de celle des actions, d'autres aux dividendes versés par l'entreprise, d'autres enfin aux biens ou services produits par l'entreprise. Les jetons peuvent être négociés sur des places de marché numériques.

**Marché primaire :** Le terme s'emploie pour désigner l'achat de titres à l'émission (comparable au marché du neuf dans l'automobile ou l'immobilier).

**Marché secondaire :** Endroit où s'échangent les titres après leur émission (comparable au marché de l'occasion pour l'automobile ou de l'ancien pour l'immobilier).

**Marge d'exploitation :** Résultat d'exploitation rapporté au chiffre d'affaires. Donne une idée de la rentabilité d'une entreprise. On parle aussi de « marge opérationnelle ».

***Mid cap* :** Abréviation anglaise de « valeur moyenne ».

**Moins-value :** Perte enregistrée au moment de la cession d'un actif mobilier ou immobilier. Se calcule en faisant la différence entre le prix d'achat et le prix de vente, y compris les frais de transaction.

**Nikkei 225 :** Indice le plus connu de la Bourse de Tokyo. Cependant, beaucoup de spécialistes estiment que le Topix est plus représentatif.

**OAT :** Obligation assimilable du Trésor.

**OATi :** Obligation assimilable du Trésor indexée. La valeur nominale et le coupon de ces emprunts d'État évoluent en fonction de l'indice des prix à la consommation.

**Obligation :** Titre de créance négociable représentant une part de la dette d'un État ou d'une entreprise. Elle peut être à taux fixe ou à taux variable.

**OBSA :** Obligation à bon de souscription d'action.

**OC :** Obligation convertible. Peut être échangée à tout moment contre une ou plusieurs actions nouvelles de la société émettrice.

**Océane :** Obligation convertible ou échangeable en actions nouvelles ou existantes. La plupart des émissions de convertibles se font maintenant sous cette forme ou des formes voisines.

**OPA :** Offre publique d'achat. Une société (ou plusieurs personnes morales agissant de concert) annonce son intention d'acquérir tous les titres d'une autre société (la cible) durant un certain délai et à un prix fixé en espèces.

**OPC :** Organisme de placement collectif. Il existe deux catégories d'OPC : les OPCVM (OPC en valeurs mobilières) et les FIA (fonds d'investissement alternatifs).

**OPE :** Offre publique d'échange. Opération identique à une OPA, mais le paiement s'effectue en titres de la société initiatrice et non en espèces.

**OPF :** Offre à prix ferme. Procédure d'introduction en Bourse qui consiste à mettre des titres sur le marché à un prix fixé d'avance.

**OPM :** Offre à prix minimal. Dans cette procédure d'introduction, le prix d'offre est un prix minimal. Seuls sont acceptés les ordres à cours limité d'un montant supérieur.

**OPO :** Offre à prix ouvert. Procédure d'introduction en Bourse de titres à l'intérieur d'une fourchette de prix.

**OPR :** Offre publique de retrait. Opération par laquelle le ou les actionnaires majoritaires proposent de racheter les actions détenues par les actionnaires minoritaires.

**OPRA :** Offre publique de rachat. Opération par laquelle une société propose à ses actionnaires de racheter une partie de leurs titres pour les annuler.

**OPRO :** Offre publique de retrait obligatoire. Généralement initiée à la suite d'une offre publique d'achat, l'OPRO est une opération qui permet à l'actionnaire détenant plus de 90 % d'une société cotée de racheter la totalité des titres qu'il ne détient pas encore. Les actionnaires ont alors l'obligation d'apporter leurs titres.

**ORA :** Obligation remboursable en actions. À l'échéance, elle n'est pas remboursée en espèces, mais en titres de la société émettrice.

***Pay out*** : Mesure, en pourcentage, la part des bénéfices qui est distribuée aux actionnaires.

**PEA :** Plan d'épargne en actions.

**PEG :** *Price Earning Growth*. Permet d'affiner l'information donnée par le PER en fonction de la capacité des entreprises à faire croître leurs bénéfices. On divise le PER par la croissance annuelle attendue des bénéfices.

**Penny stock :** Action tombée à un bas niveau, moins de 1 $, 1 £, 1 €, etc.

**PER :** *Price Earning Ratio*. Sigle anglais pour désigner tout simplement le rapport cours/bénéfice d'une action. Une valeur qui a PER élevé est chère. Toute la question est de savoir si c'est vraiment justifié.

**Plus-value :** Gain enregistré au moment de la cession d'un actif. Une plus-value est potentielle quand le prix actuel de l'actif considéré dépasse le prix auquel on l'a acheté, si on n'a pas encore vendu.

***Price to book ratio*** **:** Compare la capitalisation boursière d'une société à la valeur de son actif net comptable. S'il est inférieur à 1, il signale que l'entreprise a une valeur boursière inférieure à celle de ses fonds propres.

***Private equity*** **:** Investissement en entreprises non cotées.

***Put*** **:** Instrument financier permettant de jouer la baisse d'un sous-jacent (action, indice, etc.).

**Ratio VE/CA :** Valeur d'entreprise (capitalisation boursière plus dette nette, soit le prix qu'un acquéreur devrait payer pour prendre le contrôle de la société) rapportée au chiffre d'affaires. Ce ratio varie évidemment d'une entreprise à l'autre, mais aussi d'un secteur à l'autre.

**Rentabilité des fonds propres :** en anglais *Return On Equity*, ou ROE Rapport entre le bénéfice net et le montant des fonds propres. Cette mesure de la rentabilité des capitaux investis joue un rôle clé dans les débats économiques actuels.

**Réservation des cotations :** Une valeur est dite « réservée », à la hausse ou à la baisse, lorsqu'il est momentanément impossible d'ajuster l'offre et la demande de titres à l'intérieur d'une zone de cours préalablement définie. À l'ouverture de la séance, le cours ne peut être supérieur ou inférieur de 10 % au cours de référence, en l'occurrence le cours de clôture de la veille ; s'il ne peut s'établir à l'intérieur de ces seuils, la valeur est réservée cinq minutes et le seuil atteint devient le nouveau cours de référence. Pour les valeurs qui ne sont pas cotées en continu, une réservation à la hausse ou à la baisse conduit à un report de la cotation à la séance suivante, avec comme référence le cours de réservation. À ces seuils dits statiques de réservation de 10 % s'ajoutent des seuils « dynamiques » : chaque nouvelle transaction ne peut s'effectuer à un niveau supérieur ou inférieur de plus de 2 % à celui du précédent.

**Résultat d'exploitation :** La différence entre les recettes et les charges conduit à l'excédent brut d'exploitation. Après prise en compte des dotations aux amortissements, provisions pour dépréciations d'actifs, etc., on arrive au résultat d'exploitation. Les entreprises préfèrent souvent parler de « résultat opérationnel ».

**Résultat net :** Dernière ligne du compte de résultat. Apparaît après déduction des charges financières. Il est « part du groupe » après déduction de la part revenant aux autres actionnaires des filiales.

**RO :** Retrait obligatoire. Opération par laquelle les titres non présentés à une OPR sont transférés moyennant indemnisation aux actionnaires majoritaires.

**S&P 500 :** Indice Standard & Poor's calculé à partir des cours de 500 valeurs de la Bourse de New York.

**Sicav :** Société d'investissement à capital variable. C'est un OPCVM.

**Sous-jacent :** Se dit d'un actif qui sert de support à des options, des warrants, des bons de souscription, des contrats à terme ou des *trackers*.

**SRD :** Service de règlement différé. Mode de négociation et de règlement qui a succédé au règlement mensuel pour les principales valeurs de la cote.

***Stock picking* :** Sélection de valeurs au cas par cas pour composer un portefeuille.

**Suspension de cotation :** Elle résulte d'une décision d'Euronext, de sa propre initiative ou à la demande de la société ou de l'AMF, dans l'attente d'un communiqué, d'un projet d'offre, etc.

**TP :** Titre participatif. Valeur mobilière qui se situe à mi-chemin entre une action et une obligation.

**Valeur (mobilière) :** Terme générique désignant tous les titres négociables cotés ou non en Bourse.

**Volatilité** : Mesure de la fluctuation des cours d'une action. La volatilité historique se mesure à partir des cours enregistrés, la volatilité implicite à partir du prix des options.

**Warrant :** Valeur mobilière émise par un établissement financier ayant le caractère d'une option. Un *call warrant* donne le droit d'acheter l'actif support (ou sous-jacent), le *put warrant* donne le droit de le vendre à un cours donné et à une date donnée.

# Index

## B

## C

# D

## E

## R

## V

## W